Jeremy J. Siegel

Aktien für die Ewigkeit

Das Standardwerk für die richtige Portfolio-strategie und eine kontinuierliche Rendite

FBV

Bibliografische Information der Deutschen Nationalbibliothek
Die Deutsche Nationalbibliothek verzeichnet diese Publikation in der Deutschen Nationalbibliografie. Detaillierte bibliografische Daten sind im Internet über http://dnb.d-nb.de abrufbar.

Für Fragen und Anregungen:
info@m-vg.de

4. Auflage 2024

ein Imprint der Münchner Verlagsgruppe GmbH
Türkenstraße 89
80799 München
Tel.: 089 651285-0

Übersetzung: Horst Fugger
Redaktion: Veit Ladstetter
Korrektorat: Hella Neukötter
Umschlaggestaltung: Karen Schmidt
Umschlagabbildung: NPFire/Shutterstock.com
Satz: Carsten Klein, München
Druck: Florjancic Tisk d.o.o., Slowenien
Printed in the EU

ISBN Print 978-3-89879-978-2
ISBN E-Book (PDF) 978-3-86248-899-5
ISBN E-Book (EPUB, Mobi) 978-3-86248-900-8

Inhalt

Vorwort

Im Juli 1997 rief ich Peter Bernstein an und sagte zu ihm, ich würde nach New York kommen und mich freuen, mit ihm zu Mittag zu essen. Ich hatte auch noch einen Hintergedanken. Sein Buch *Capital Ideas: The Improbable Origins of Modern Wall Street* und das *Journal of Portfolio Management*, das er gegründet hatte und dessen Herausgeber er war, gefielen mir ganz ausgezeichnet. Ich hoffte auf eine kleine Chance, dass er die Einführung für die zweite Ausgabe von *Aktien für die Ewigkeit* (vormals erschienen unter dem Titel *Langfristig Investieren*) schreiben würde.

Seine Sekretärin vereinbarte ein Treffen im Circus auf der Upper East Side, das zu seinen Lieblingsrestaurants gehörte. Er kam mit seiner Frau Barbara und trug ein Exemplar der ersten Ausgabe meines Buchs unter dem Arm. Als er auf mich zukam, fragte er, ob ich es signieren würde. Ich sagte »natürlich«, und antwortete, es wäre eine Ehre für mich, wenn er ein Vorwort für die zweite Ausgabe schreiben könnte. Er lächelte. »Natürlich!«, rief er. Dann führten wir eine Stunde lang ein höchst faszinierendes Gespräch über das Publizieren, akademische und professionelle Trends in der Finanzszene und auch darüber, was uns beiden an Philadelphia und an New York am besten gefiel.

An dieses Gespräch dachte ich zurück, als ich im Juni 2009 erfuhr, dass er im Alter von 90 Jahren verstorben war. In den 12 Jahren seit unserer ersten Begegnung war er produktiver gewesen als je zuvor, hatte drei weitere Bücher geschrieben, darunter sein bekanntestes, *The Remarkable Story of Risk*. Trotz der bemerkenswerten Geschwindigkeit, die er beibehielt, fand er immer Zeit, bei den nächsten beiden Ausgaben meines Buchs sein Vorwort zu aktualisieren. Als ich seine Worte in der vierten Ausgabe las, war mir klar, dass diese Einsichten, Frustrationen und Belohnungen eines Langfristanlegers heute noch so relevant sind wie vor fast zwei Jahrzehnten, als er sie schrieb. Ich kann Peter keine größere Ehre erweisen, als seine Weisheit hier noch einmal wiederzugeben:

> *Manche Menschen empfinden die Arbeit des Datensammelns als todlangweilig. Andere sehen sie als Herausforderung. Jeremy Siegel hat eine Kunstform daraus gemacht. Man kann das Ausmaß, die sprachliche Klarheit und die schiere Freude nur bewundern, mit denen Professor Siegel Beweise liefert, die seine Argumente für langfristige Aktieninvestments stützen.*
> *Aber dieses Buch liefert viel mehr, als der Titel verspricht. Sie lernen nebenbei auch viel über Wirtschaftstheorie, garniert mit der faszinierenden Geschichte der Kapitalmärkte und der US-Volkswirtschaft. Indem er die Geschichte mit maximalem Effekt nutzt, verleiht Professor Siegel den Zahlen ein Leben und eine Bedeutung, die sie in einem*

weniger fesselnden Setting niemals hätten. Zudem setzt er sich mutig mit allen historischen Episoden auseinander, die seiner These widersprechen könnten. Er bleibt in dieser Auseinandersetzung siegreich – einschließlich der verrückten Jahre in den 1990ern.

Mit dieser vierten Ausgabe setzt Jeremy Siegel seinen fröhlichen und bemerkenswerten Weg fort, Werke von großem Wert über das Thema zu schaffen, wie man am Aktienmarkt am besten investiert. Seine Beiträge über Behavioral Finance, Globalisierung und ETFs haben das bisherige Material mit neuen Einsichten und wichtigen Themen bereichert. Im ganzen Buch hat er Aktualisierungen, wertvolles Faktenmaterial und überzeugende neue Argumente hinzugefügt, die für langfristige Aktienengagements sprechen. Ob Sie im Bereich des Investierens ein Anfänger oder ein erfahrener Profi sind – Sie werden beim Lesen dieses Buchs viel lernen.

Jeremy Siegel ist nie zurückhaltend, und seine Argumente in dieser Ausgabe demonstrieren, dass er nichts an Kühnheit verloren hat. Der interessanteste Aspekt im ganzen Buch ist die doppelte Schlussfolgerung, was gute und schlechte Nachrichten betrifft. Einerseits rechtfertigt die globalisierte Welt heute höhere Kurs-Gewinn-Verhältnisse (KGVs) als früher. Aber das ist nicht nur ein Segen, denn höhere KGVs bedeuten, dass die durchschnittlichen Gewinne in Zukunft niedriger ausfallen werden als früher.

Ich werde mich mit dieser Prognose nicht auseinandersetzen, aber man hätte Ähnliches auch über andere Gegebenheiten in der Vergangenheit sagen können, tragische wie glückliche. Eine der wichtigen Lektionen aus der Geschichte lautet, dass kein wirtschaftliches Umfeld dauerhaft bestehen bleibt. Wir haben nicht die geringste Ahnung, welche Probleme oder Siege in ferner Zukunft liegen, also in 20 Jahren oder mehr, und welchen Einfluss diese Kräfte auf angemessene KGVs haben werden.

Das ist in Ordnung. Professor Siegels wichtigste Bemerkung über die Zukunft geht über diese kontroverse Prognose höherer KGVs und niedrigerer realisierter Gewinne hinaus. »Obwohl diese Renditen vielleicht geringer sein werden als in der Vergangenheit«, schreibt er, »gibt es überwältigende Gründe zu glauben, dass Aktien das beste Investment für alle bleiben werden, die stetige, langfristige Gewinne suchen.«

»Überwältigende Gründe« ist eine Untertreibung. Die Risikoprämien von Aktien müssen langfristig intakt bleiben, wenn das System überleben soll. Im kapitalistischen System können und sollten Anleihen langfristig keine höhere Rendite bringen als Aktien. Anleihen sind Verträge, die man vor Gericht einklagen kann. Aktien versprechen ihren Eigentümern gar nichts – Aktien sind riskante Investments, die einen starken Glauben an die Zukunft erfordern. Aktien sind also nicht per se »besser« als Anleihen, aber wir verlangen von Aktien eine höhere Rendite als Kompensation für die höheren Risiken. Würde man von Anleihen langfristig eine höhere Rendite erwarten als von Aktien, wären auch die Kurse so, dass Risiko keine Belohnung brächte. Das ist eine unhaltbare Situation. Aktien müssen »das beste Investment für alle bleiben, die stetige, langfristige Gewinne suchen«, sonst würde unser System enden, und zwar nicht mit einem Wimmern, sondern mit einem Knall.«

Einführung

Die vierte Ausgabe von *Aktien für die Ewigkeit* wurde 2007 geschrieben. Weil viele meiner gleichaltrigen Kollegen in den vergangenen Jahren das Tempo ihrer Forschungsarbeiten reduziert hatten, wurde ich oft gefragt, warum ich so hart an einer weiteren Ausgabe dieses Buchs arbeitete. Mit ernstem Gesicht antwortete ich: »Ich glaube, dass in den letzten sechs Jahren einige wichtige Dinge passiert sind.«

In der Tat gab es einige solche Ereignisse! In den Jahren 2008 und 2009 kam es zur tiefsten wirtschaftlichen Rezession und zum schlimmsten Börseneinbruch seit der Großen Rezession in den 1930er-Jahren. Die Störungen waren so umfassend, dass ich die Arbeit an dieser Ausgabe unterbrach, bis ich mir ein besseres Bild von den Ursachen und Folgen der Finanzkrise gemacht hatte, von der wir uns noch immer nicht ganz erholt haben.

Folglich habe ich diese Ausgabe stärker verändert als irgendeine der früheren. Nicht weil die Schlussfolgerungen der früheren Ausgaben revidiert werden mussten. Der Anstieg des US-Aktienmarkts auf neue Rekordhochs 2013 bekräftigt sogar die zentrale Aussage dieses Buchs: dass Aktien in der Tat das beste langfristige Investment für diejenigen sind, die deren kurzfristige Volatilität auszuhalten lernen. Die langfristige Realrendite eines diversifizierten Depots aus Stammaktien blieb praktisch unverändert bei den 6,7 Prozent, die schon in der ersten Ausgabe von *Aktien für die Ewigkeit* genannt wurden, wo die Renditen bis einschließlich 1992 untersucht wurden.

Die Konfrontation mit der Finanzkrise

Wegen der schweren Auswirkungen der Finanzkrise war ich der Meinung, dass die Ereignisse der letzten Jahre das Hauptthema dieser neuen Ausgabe sein müssen. Folglich habe ich zwei Kapitel hinzugefügt, in denen die Ursachen und die Folgen des finanziellen Zusammenbruchs geschildert werden. Kapitel 1 stellt die wichtigsten Schlussfolgerungen meiner Forschungen über Aktien und Anleihen vor und zeigt, wie Anleger, Geldmanager und Akademiker Aktien im letzten Jahrhundert betrachtet haben.

Kapitel 2 beschreibt die Finanzkrise und weist, wo das gerechtfertigt ist, die Schuld daran den CEOs der riesigen Investmentbanken, den Regulierern und dem Kongress zu. Ich lege die Serie fataler Fehler dar, die dazu führte, dass Standard & Poor's, die größte Rating-Agentur der Welt, ihr begehrtes AAA-Rating an Subprime-Hypotheken vergab, verbunden mit der idiotischen Aussage, sie seien so sicher wie US-Staatsanleihen.

Kapitel 3 analysiert die außerordentlichen Auswirkungen der Finanzkrise auf die Finanzmärkte: den noch nie dagewesenen Anstieg des »LIBOR-Spreads«, der die Kapitalkosten der Banken misst, den Zusammenbruch der Aktienkurse, der zwei Drittel ihres Werts vernichtete, und die Tatsache, dass die Renditen kurzfristiger US-Staatsanleihen zum ersten Mal seit den finsteren Tagen der 1930er-Jahre auf null und sogar darunter fielen.

Die meisten Ökonomen glaubten, unser System aus Einlagensicherung, Margin-Erfordernissen und finanziellen Regulierungsmaßnahmen habe die genannten Ereignisse praktisch unmöglich gemacht. Der Einfluss der Kräfte, die zur Krise führten, war den Ereignissen bemerkenswert ähnlich, die nach dem Aktien-Crash 1929 eintraten, nur dass diesmal nicht Aktien, sondern hypothekengesicherte Wertpapiere die Hauptschuld trugen.

Obwohl die Fed kläglich daran scheiterte, die Krise vorherzusagen, ergriff Chairman Ben Bernanke nie gesehene Maßnahmen, um die Finanzmärkte offen zu halten, indem er sie mit Liquidität überschwemmte und die Garantie für Kredite und kurzfristige Einlagen in Billionenhöhe übernahm. Diese Aktionen bliesen die Bilanz der Fed auf fast vier Billionen Dollar auf. Das war das Fünffache des Niveaus vor der Krise und warf viele Fragen auf, wie die Fed diesen Anreiz wieder abwickeln wollte.

Die Krise veränderte auch die Korrelation zwischen den Asset-Klassen. Die Korrelation zwischen den Aktienmärkten dieser Welt stieg deutlich, was die Diversifikationsgewinne des globalen Investierens reduzierte, während US-Staatsanleihen und der Dollar zu »sicheren« Assets wurden, was eine ungeahnte Nachfrage nach staatlich garantierten Schuldverschreibungen auslöste. Alle Rohstoffe, einschließlich Gold, litten während der schlimmsten Phasen des wirtschaftlichen Abschwungs, aber die Edelmetalle erholten sich, weil man befürchtete, die expansive Politik der Zentralbank werde zu höherer Inflation führen.

In Kapitel 4 geht es um langfristige Themen, die unser wirtschaftliches Wohlergehen betreffen. Während des Wirtschaftsabschwungs stieg das US-Haushaltsdefizit auf 1,3 Billionen Dollar, das relativ zum BIP höchste Niveau seit dem Zweiten Weltkrieg. Die Verlangsamung des Produktivitätswachstums löste Befürchtungen aus, die Verbesserung des Lebensstandards werde sich markant verzögern oder sogar zum Stillstand kommen. Das wirft die Frage auf, ob unsere Kinder die erste Generation sein werden, deren Lebensstandard unter den ihrer Eltern sinken wird.

In diesem Kapitel werden die Ergebnisse früherer Ausgaben aktualisiert und erweitert, und zwar unter Verwendung der neuesten Daten der Bevölkerungskommission der UN sowie der Produktivitätsprognosen der Weltbank und des IWF. Ich berechne die Verteilung der globalen Produktion der bedeutendsten Länder und Regionen der Welt nun bis zum Ende des 21. Jahrhunderts. Diese Analyse liefert starke Hinweise auf eine bestimmte Schlussfolgerung: Obwohl die entwickelten Länder das Alter für den Eintritt in den Ruhestand erhöhen müssen und medizinische Versorgung staatlicherseits angeboten wird, werden solche Steigerungen moderat ausfallen, wenn das Produktivitätswachstum in den Schwellenländern stark bleibt.

Weiteres neues Material in der fünften Ausgabe

Obwohl die Finanzkrise und ihre Folgen das Hauptthema dieser fünften Ausgabe sind, habe ich auch noch andere bedeutende Änderungen vorgenommen. Ich habe nicht nur alle Charts und Tabellen bis 2012 aktualisiert, sondern auch das Kapitel über Aktienbewertung erweitert, um so wichtige neue Prognosemodelle wie die CAPE Ratio und die Bedeutung von Gewinnmargen als Determinante zukünftiger Aktienrenditen zu analysieren.

Kapitel 18, »Marktvolatilität«, analysiert den »Blitzcrash« vom Mai 2010 und dokumentiert, wie sich die mit der Finanzkrise verbundene Volatilität mit der Bankenkrise der 1930er-Jahre vergleichen lässt. Kapitel 19 zeigt, dass man sich mit dem Befolgen einer einfachen technischen Regel wie dem gleitenden 200-Tage-Durchschnitt – wieder einmal – vor dem schlimmsten Teil der jüngsten Baisse hätte schützen können.

In dieser Ausgabe geht es auch darum, wie die bekannten saisonalen Anomalien, zum Beispiel der »Januar-Effekt«, der »Effekt der kleinen Aktien« und der »September-Effekt« in den vergangenen beiden Jahrzehnten überlebt haben, seit sie in der ersten Ausgabe dieses Buchs beschrieben wurden. Zum ersten Mal habe ich auch eine Beschreibung des »Liquiditäts-Investierens« aufgenommen und erkläre, wie es die »Größen-« und »Value«-Effekte ergänzen kann, die von Forschern als wichtige Determinanten der Renditen einzelner Aktien erkannt worden sind.

Abschließende Bemerkungen

Durch die enorme Beachtung, die *Langfristig Investieren* gefunden hat, fühle ich mich geehrt und geschmeichelt. Seit der Veröffentlichung der ersten Ausgabe vor fast 20 Jahren habe ich in der ganzen Welt Hunderte Vorträge über die Märkte und die Wirtschaft gehalten. Ich habe den Fragen genau zugehört, die aus dem Publikum kamen, und ich habe über die vielen Briefe, Anrufe und E-Mails der Leser nachgedacht.

In den vergangenen Jahren gab es zweifellos einige außergewöhnliche Ereignisse an den Kapitalmärkten. Sogar diejenigen, die noch immer an die langfristige Überlegenheit von Aktien glaubten, wurden während der Finanzkrise auf eine harte Probe gestellt. 1937 schrieb John Maynard Keynes in *Allgemeine Theorie der Beschäftigung, des Zinses und des Geldes:* »Investieren auf der Basis wirklich langfristiger Erwartungen ist heute so schwierig, dass es kaum praktikabel ist.« Heute, 75 Jahre später, ist es nicht einfacher.

Wer aber Aktien die Treue hielt, wurde noch immer belohnt. Niemand hat jemals langfristig Geld verdient, indem er gegen Aktien oder das zukünftige Wachstum unserer Wirtschaft wettete. Ich hoffe, dass diese Ausgabe diejenigen bestärkt, die zwangsläufig zu zweifeln beginnen, wenn der Pessimismus Ökonomen und Investoren wieder einmal im Griff hat. Die Geschichte beweist auf überzeugende Weise, dass Aktien für diejenigen, die langfristige Gewinne anstreben, die beste Investition sind und bleiben werden.

Jeremy J. Siegel
November 2013

Danksagungen

Es ist nicht möglich, alle Menschen und Organisationen aufzulisten, die *Aktien für die Ewigkeit* gepriesen und mich dazu ermutigt haben, die bisherigen Ausgaben zu aktualisieren und zu erweitern. Viele, die mich bei den ersten vier Ausgaben von *Aktien für die Ewigkeit* mit Daten versorgt haben, trugen ihre Daten auch bereitwillig für diese fünfte Ausgabe bei: David Bianco, leitender US-Aktienanalyst bei der Deutschen Bank, dessen Forschungen über historische Unternehmensgewinne und Gewinnmargen im S&P-500 für mein Kapitel über die Bewertung des Aktienmarkts von unschätzbarer Bedeutung waren. Walter Lenhard, leitender Investment-Stratege bei Vanguard, stellte mir für Kapitel 22 wieder historische Daten über die Performance von Fonds zur Verfügung. Jeremy Tobacman, mein neuer Kollege in Wharton, half mir bei der Aktualisierung des Materials über Behavioral Finance.

Diese Ausgabe wäre ohne die harte Arbeit von Shaun Smith, der schon in den frühen 1990er-Jahren das Research und die Datenanalyse für die erste Version von *Aktien für die Ewigkeit* erledigt hat, nicht möglich gewesen. Jeremy Schwartz, mein wichtigster Forscher für »The Future for Investors« leistete mir bei dieser Aufgabe unersetzliche Hilfe.

Mein besonderer Dank gilt den Tausenden Finanzberatern aus Dutzenden Finanzfirmen wie Merrill Lynch, Morgan Stanley, UBS, Wells Fargo und vielen anderen, die mir in Seminaren und offenen Foren zu früheren Ausgaben von *Aktien für die Ewigkeit* wichtige Anregungen geliefert haben.

Wie schon früher war die Unterstützung durch meine Familie auch beim Schreiben dieser Ausgabe von entscheidender Bedeutung. Jetzt, da meine Söhne erwachsen und aus dem Haus sind, musste meine Frau Ellen den gesamten Preis für die vielen Stunden bezahlen, die ich mit der Aktualisierung dieses Buchs verbracht habe. Ich setzte mir den 1. September als Termin zur Abgabe meines Materials beim Verlag, und daher konnten wir eine wohlverdiente Kreuzfahrt von Venedig aus in die Adria unternehmen. Obwohl ich ihr nicht versprechen konnte, dass dies die letzte Ausgabe sein würde, weiß ich, dass die Fertigstellung dieses Projekts uns beiden sehr willkommene Freizeit verschafft hat.

TEIL I:
Aktienrenditen – Vergangenheit, Gegenwart und Zukunft

1. Das Argument für Aktien

Historische Fakten und mediale Fiktionen

Die Fiktion der »neuen Ära« – dass »gute Aktien (oder »Blue Chips«) unabhängig vom für sie bezahlten Preis eine vernünftige Investition sind – war im Prinzip nur eine Rationalisierung der allgemeinen Kapitulation vor dem Glücksspielfieber unter dem Namen »Investment«.

Benjamin Graham und David Dodd
Die Geheimnisse der Wertpapieranalyse[1]

Die Investition in Aktien ist zu einem nationalen Hobby und zur nationalen Besessenheit geworden. Frei nach Marx ist sie die Religion der Massen.

Roger Lowenstein
A Common Market: The Public's Zeal to Invest[2]

Langfristig Investieren *von Siegel? Das kann man heute nur noch als Türstopper verwenden.*

Ein Investor, der im März 2009 bei CNBC anrief[3]

»Jeder sollte reich sein«

Im Sommer 1929 interviewte der Journalist Samuel Crowther John Raskob, einen leitenden Finanzmanager bei General Motors und fragte ihn, wie ein typischer Mensch durch Investitionen in Aktien Wohlstand aufbauen könne. Im August dieses Jahres veröffentlichte Crowther Raskobs Vorstellungen im *Ladies' Home Journal*. Sein Artikel trug die kühne Überschrift »Jeder sollte reich sein«.

In diesem Interview behauptete Raskob, Amerika stehe am Beginn einer gewaltigen industriellen Expansion. Er sagte, mit der Investition von nur 15 Dollar pro Monat in gute Stammaktien könnten Anleger erwarten, ihr Vermögen in den folgenden 20 Jahren stetig bis auf 80.000 Dollar anwachsen zu sehen. Eine solche Rendite, 24 Prozent pro Jahr, hatte es noch nie gegeben, aber in der Atmosphäre der Hausse in den 1920er-Jahren schien es plausibel, ohne Anstrengung ein großes Vermögen anhäufen zu können. Aktien versetzten Anleger in Aufregung, und Millionen Amerikaner steckten ihre Ersparnisse in den Markt, auf der Suche nach schnellen Gewinnen.

Am 3. September 1929, wenige Tage vor der Veröffentlichung von Raskobs Plan, erreichte der Dow Jones Industrial Average ein historisches Hoch von 381,17 Punkten. Sieben Wochen später brach der Aktienmarkt zusammen. In den folgenden 34 Monaten gab es den schlimmsten Einbruch der Aktienkurse in der Geschichte der USA.

Am 8. Juli 1932, als das Gemetzel endlich vorbei war, stand der Dow Industrials bei 41,22 Punkten. Der Marktwert der größten Unternehmen der Welt war um unglaubliche 89 Prozent gesunken. Millionen Investoren hatten die Ersparnisse eines ganzen Lebens verloren, Tausende Investoren, die Aktien auf Kredit gekauft hatten, wurden in den Bankrott gezwungen. Die USA steckten in der schlimmsten wirtschaftlichen Depression ihrer Geschichte.

Jahrelang machte man sich über Raskobs Ratschlag lustig und prangerte ihn an. Es hieß, er repräsentiere den Wahnsinn derjenigen, die glauben, der Markt könne endlos steigen und die Dummheit derer, die die enormen Risiken von Aktien ignorierten. Senator Arthur Robinson aus Indiana machte Raskob öffentlich für den Aktiencrash verantwortlich, weil dieser ganz normale Leute dazu gedrängt hatte, Aktien zum Höchstkurs zu kaufen.[4] 1992, 63 Jahre später, warnte das Magazin *Forbes* Investoren vor der Überbewertung am Aktienmarkt. Die Titelzeile lautete: »Popular Delusions and the Madness of Crowds«. In einem Rückblick auf die Geschichte der Marktzyklen bezeichnete *Forbes* Raskob als den »schlimmsten Straftäter« unter denen, die den Aktienmarkt als garantierte Wohlstandsmaschine sahen.[5]

Die allgemeine Meinung lautet, dass Raskobs tollkühner Rat den Wahnsinn repräsentiert, der die Wall Street regelmäßig überrollt. Aber ist das ein faires Urteil? Die Antwort ist ein klares Nein. Langfristiges Investieren in Aktien war eine Gewinnstrategie, egal ob man mit einem solchen Investitionsplan an einem Markthoch begonnen hatte oder nicht. Wenn man den Wert des Portfolios eines Investors berechnet, der 1929 Raskobs Rat befolgt und geduldig jeden Monat 15 Dollar am Markt angelegt hatte, erkennt man, dass man schon nach weniger als vier Jahren besser dastand als jemand, der die gleiche Summe in kurzfristige Staatsanleihen (Treasury Bills) angelegt hatte. 1949 wäre das Depot fast 9000 Dollar wert gewesen. Die Rendite liegt bei 7,86 Prozent pro Jahr, mehr als doppelt so hoch wie die Rendite von Staatsanleihen. Nach 30 Jahren wäre das Depot auf über 60.000 Dollar angewachsen und die Jahresrendite auf 12,72 Prozent gewachsen. Obwohl diese Renditen nicht so hoch waren wie von Raskob prognostiziert, betrug die Gesamtrendite des Aktiendepots über 30 Jahre mehr als das Achtfache der Rendite langfristiger und das Neunfache der Rendite kurzfristiger Staatsanleihen. Wer nie Aktien gekauft und den großen Crash als Rechtfertigung seiner Vorsicht genannt hatte, lag nun weit hinter Investoren, die geduldig Aktien angesammelt hatten.[6]

Die Geschichte von John Raskobs berüchtigter Vorhersage illustriert ein wichtiges Thema in der Historie der Wall Street. Hausse- und Baissephasen führen zu sensationellen Geschichten über unglaubliche Gewinne und vernichtende Verluste. Dennoch haben geduldige Aktienanleger, die in der Lage waren, über die erschreckenden Schlagzeilen hinaus zu blicken, immer besser abgeschnitten als diejenigen, die Zuflucht in Anleihen oder anderen Assets suchten. Selbst so unheilvolle Ereignisse wie der große Aktiencrash 1929 oder die Finanzkrise 2008 widerlegen die Überlegenheit von Aktien als langfristige Investitionen nicht.

Asset-Renditen seit 1802

Abbildung 1.1 ist der wichtigste Chart in diesem Buch. Sie zeigt, wie sich der reale (inflationsbereinigte) Wohlstand eines fiktiven Anlegers Jahr für Jahr entwickelt hat, der in den letzten beiden Jahrhunderten einen Dollar in (1) Aktien, (2) langfristige Staatsanleihen, (3) kurzfristige Staatsanleihen, (4) Gold und (5) in die amerikanische Währung investiert hat. Diese Renditen werden reale Gesamtrenditen genannt. Sie beinhalten Einkommen aus dem Investment (wenn es Einkommen gab), plus Kapitalgewinne und -verluste, gemessen in konstanter Kaufkraft.

Die Renditen sind in einer logarithmischen Skala abgebildet. Ökonomen verwenden diese Skala zur Beschreibung langfristiger Daten, weil derselbe vertikale Abstand überall im Chart dieselbe prozentuale Veränderung repräsentiert. In einer logarithmischen Skala bildet die Neigung der Trendlinie eine konstante inflationsbereinigte Rendite ab.

Die jährlichen inflationsbereinigten Gesamtrenditen sind in der Abbildung ebenfalls aufgeführt. In den 210 Jahren, die ich untersucht habe, lag die Realrendite eines breit diversifizierten Aktiendepots bei 6,6 Prozent pro Jahr. Das bedeutet, dass ein durchschnittliches diversifiziertes Aktienportfolio, zum Beispiel ein Index-Fonds, seine Kaufkraft in den vergangenen beiden Jahrhunderten alle zehn Jahre nahezu verdoppelt hat. Die Realrendite festverzinslicher Wertpapiere lag weit niedriger. Bei langfristigen Staatsanleihen waren es im Schnitt 3,6 Prozent pro Jahr, bei kurzfristigen nur 2,7 Prozent.

Die durchschnittliche Realrendite von Gold betrug nur 0,7 Prozent pro Jahr. Langfristig blieben die Goldpreise nur knapp über der Inflationsrate. Der Dollar hat seit 1802 im Schnitt 1,4 Prozent pro Jahr an Kaufkraft verloren, aber seit dem Zweiten Weltkrieg verlief die Abwertung deutlich schneller. In Kapitel 5 werden wir die Details dieser Renditereihen untersuchen und sehen, wie sie konstruiert sind.

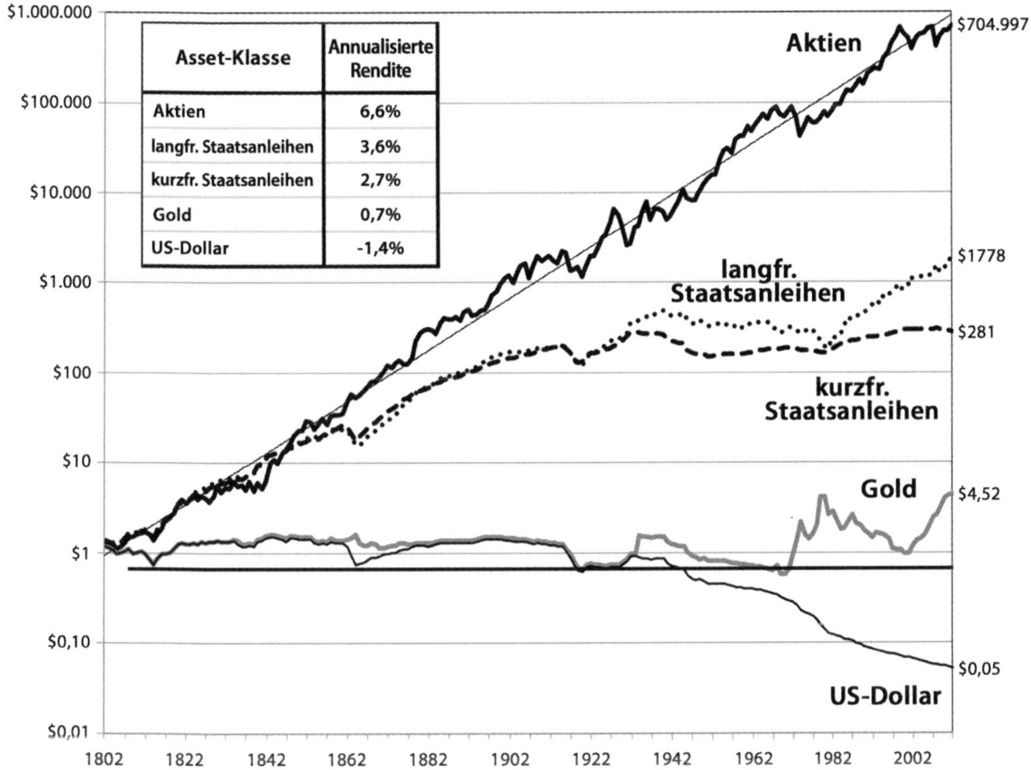

Abbildung 1.1: Reale Gesamtrenditen von US-Aktien, langfristigen und kurzfristigen Staatsanleihen, Gold und Dollar, 1802–2012

Ich habe in Abbildung 1.1 die beste statistische Trendlinie der realen Aktienrenditen eingezeichnet. Die Stabilität der Realrenditen ist erstaunlich. Die Renditen im 19. Jahrhundert weichen nicht wesentlich von denen im 20. Jahrhundert ab. Beachten Sie, dass die Aktien über und unter der Trendlinie oszillieren, letztlich aber zum Trend zurückkehren. Ökonomen bezeichnen das als Rückkehr zum Mittelwert. Das besagt, dass auf Zeiträume mit überdurchschnittlichen Renditen in der Regel Phasen mit unterdurchschnittlichen Renditen folgen – und umgekehrt. Keine andere Asset-Klasse – Anleihen, Rohstoffe oder der Dollar – zeigt eine solche Stabilität der langfristigen Renditen wie Aktien.

Kurzfristig sind Aktienrenditen allerdings sehr volatil. Das liegt an Gewinnschwankungen, Zinsen, Risiken und Unsicherheit und auch an psychologischen Faktoren wie Optimismus, Pessimismus, Angst und Gier. Dennoch sind diese kurzfristigen Marktschwankungen, die Investoren und die Finanzpresse so stark beschäftigen, im Vergleich zur breiten Aufwärtsbewegung der Aktienrenditen irrelevant.

Im weiteren Verlauf dieses Kapitels werde ich untersuchen, wie Ökonomen und Investoren den Investmentwert von Aktien im Lauf der Geschichte gesehen haben und wie sich die großen Hausse- und Baissephasen sowohl auf die Medien als auch auf die Ansichten professioneller Investoren auswirken.

Historische Perspektiven von Aktien als Investments

Im gesamten 19. Jahrhundert galten Aktien als Spielwiese für Spekulanten und Insider, nicht aber für konservative Anleger. Erst im frühen 20. Jahrhundert bemerkten Forscher, dass Aktien unter bestimmten ökonomischen Bedingungen auch für Anleger, die nicht aus diesen traditionellen Lagern stammen, geeignete Investments sein können.

In der ersten Hälfte des 20. Jahrhunderts glaubte Irving Fisher, Professor an der Yale University und zudem ein extrem erfolgreicher Investor, Aktien seien Anleihen in Phasen mit hoher Inflation überlegen, in deflationären Phasen aber wahrscheinlich unterlegen. Diese Meinung wurde damals zur allgemeinen Überzeugung.[7]

Edgar Lawrence Smith, ein Finanzanalyst und Investment-Manager in den 1920er-Jahren, untersuchte historische Aktienkurse und widerlegte diese These. Smith bewies als Erster, dass der Wertzuwachs eines diversifizierten Aktiendepots nicht nur bei steigenden, sondern auch bei fallenden Rohstoffpreisen die Performance von Staatsanleihen übertraf. Smith veröffentlichte seine Studien 1925 in einem Buch mit dem Titel *Common Stocks as Long-Term Investments.* Im Vorwort schrieb er:

> *Diese Studien sind ein Bericht über das Scheitern. Die Fakten stützen eine vorgefasste Theorie nicht … (diese Theorie besagt), dass sich hochwertige Anleihen in Zeiten (sinkender Rohstoffpreise) als die besseren Investments erwiesen haben.*[8]

Smith stellte fest, dass Aktien ein wesentlicher Teil des Depots eines Investors sein sollten. Bei der Untersuchung der Aktienrenditen seit dem Bürgerkrieg fand er heraus: Es ist recht unwahrscheinlich, dass ein Investor lange Zeit warten muss (Smith verstand darunter sechs, maximal 15 Jahre), ehe er seine Aktien mit Gewinn verkaufen kann. Smith kam zu der Schlussfolgerung:

> *Wir haben herausgefunden, dass es bei Stammaktien Beständen eine Kraft gibt, die ständig zu einer Steigerung des Werts tendiert. … Wenn man nicht das extreme Pech hat, am Hochpunkt einer nennenswerten Aufwärtsbewegung zu investieren, sind die Phasen, in denen der durchschnittliche Marktwert unter dem Einstiegswert liegt, von relativ kurzer Dauer. Sogar in solchen Extremphasen scheint es sich allein um ein zeitliches Risiko zu handeln.*[9]

Smith' Schlussfolgerung war nicht nur in historischer, sondern auch in perspektivischer Hinsicht zutreffend. Es dauerte nur knapp mehr als 15 Jahre, um das Geld wieder zu gewinnen, das man am Hoch 1929 investiert hatte, nach einem Crash, der viel schlimmer war als alle, die Smith untersucht hatte. Und seit dem Zweiten Weltkrieg ist der Erholungszeitraum von Aktien sogar noch kürzer. Auch einschließlich der jüngsten Finanzkrise, die zur schlimmsten Baisse seit den 1930er-Jahren führte, war der Zeitraum von fünf Jahren und acht Monaten zwischen August 2000 und April 2006 der längste, bis ein Investor den Wert seines ursprünglichen Investments (einschließlich reinvestierter Dividenden) wieder erreicht hatte.

Der Einfluss von Smith' Arbeit

Smith schrieb sein Buch in den 1920er-Jahren, am Beginn einer der stärksten Haussephasen unserer Geschichte. Seine Schlussfolgerungen sorgten sowohl in akademischen als auch in Investorenkreisen für eine Sensation. Das angesehene Wochenmagazin *The Economist* stellte fest: »Jeder intelligente Investor und Aktienhändler sollte Mr. Smith' höchst interessantes kleines Buch studieren, sollte persönlich die Tests und deren höchst überraschende Resultate untersuchen.«[10]

Smith' Ideen kamen schnell über den Atlantik und sorgten in Großbritannien für viele Diskussionen. John Maynard Keynes, der große britische Wirtschaftswissenschaftler und Schöpfer der Theorie von den Konjunkturzyklen, des Paradigmas späterer Ökonomen-Generationen, rezensierte Smith' Buch mit viel Engagement. Keynes schrieb:

> *Die Ergebnisse sind erstaunlich. Mr. Smith findet heraus, dass sich Stammaktien als die langfristig deutlich besten Investments erwiesen haben, nicht nur bei steigenden, sondern auch bei fallenden Preisen. ... Diese reale Erfahrung in den USA in den vergangenen 50 Jahren liefert einen anschaulichen Beleg, dass das Vorurteil der Anleger und der institutionellen Investoren zugunsten »sicherer« Anleihen und gegen Stammaktien, von denen selbst die besten einen »spekulativen« Beigeschmack haben, zu einer relativen Überbewertung von Anleihen und zu einer Unterbewertung von Stammaktien geführt hat.*[11]

Die Stammaktien-Theorie des Investierens

Smith' Schriften gewannen an akademischer Glaubwürdigkeit, als sie in angesehenen Magazinen wie *Review of Economic Statistics* und *Journal of the American Statistical Association* veröffentlicht wurden.[12] Smith erwarb sich internationale Aufmerksamkeit, als Siegfried Stern eine ausführliche Studie über die Renditen von Stammaktien in 13 europäischen Ländern veröffentlichte, vom Beginn des Ersten Weltkriegs bis einschließlich 1928. Sterns Studie zeigte, dass der Vorteil von Investments in Stammaktien im Vergleich zu Anleihen und anderen Finanzinvestitionen noch viel stärker war als an den amerikanischen Märkten.[13] Forschungen, die die Überlegenheit der Aktien demonstrierten, wurden als Stammaktien-Theorie des Investierens bekannt.[14]

Das Markthoch

Smith' Studien veränderten auch die Meinung des berühmten, in Yale lehrenden Ökonomen Irving Fisher. Er sah Smith' Arbeit als Bestätigung seiner eigenen, schon lange vertretenen Ansicht, Anleihen seien in einem von unsicherer Inflation geprägten Umfeld als sichere Investments überbewertet. 1925 fasste Fisher Smith' Erkenntnisse mit diesen vorausschauenden Bemerkungen über das Anlegerverhalten zusammen:

> *Es sieht also so aus: Der Markt überbewertet die Sicherheit »sicherer« Wertpapiere und zahlt zu viel für sie. Er überbewertet das Risiko »riskanter« Wertpapiere und zahlt zu wenig für sie. Er zahlt zu viel für unmittelbare und zu wenig für zeitlich entfernte Gewinne, und er verwechselt die Stetigkeit des Geldzuflusses aus einer Anleihe mit der Stetigkeit eines Realeinkommens, den sie nicht hat. Was die Stetigkeit des Realeinkommens oder die Kaufkraft betrifft, ist ein diversifiziertes Stammaktien-Depot Anleihen überlegen.*[15]

Irving Fishers »dauerhaft hohes Niveau«

Professor Fisher, Vater der Kapitalmarkttheorie, den viele für den größten US-Ökonomen halten, war nicht nur Akademiker. Er analysierte und prognostizierte die Bedingungen an den Finanzmärkten, schrieb Dutzende Newsletter über Themen von Gesundheit bis zu Investitionen und gründete auf Basis einer seiner eigenen patentierten Erfindungen eine höchst erfolgreiche Kartierungsfirma. Er stammte zwar aus einem bescheidenen Umfeld, aber 1929 lag sein persönliches Vermögen bei über zehn Millionen Dollar, was in heutiger Kaufkraft mehr als 100 Millionen Dollar entspricht.[16]

Irving Fisher glaubte wie viele andere Ökonomen in den 1920er-Jahren, dass die Gründung des Systems der Federal Reserve 1913 entscheidend war, um das Ausmaß wirtschaftlicher Schwankungen zu reduzieren. Tatsächlich waren die 1920er-Jahre ein Zeitraum mit bemerkenswert stabilem Wachstum, weil die Instabilität ökonomischer Variablen wie der Industrieproduktion und der Produzentenpreise deutlich reduziert war. Das trieb die Preise riskanter Assets wie Aktien nach oben. Wie wir im nächsten Kapitel sehen werden, gibt es eine bemerkenswerte Ähnlichkeit zwischen der Stabilität der 1920er-Jahre und den zehn Jahren vor der Finanzkrise 2008. In beiden Zeiträumen gab es nur moderate Schwankungen der Konjunkturzyklen und großes – später zerstörtes – Vertrauen, die Fed sei in der Lage, den Konjunkturzyklus abzumildern, wenn nicht sogar zu eliminieren.

Die Hausse der 1920er-Jahre trieb Millionen Amerikaner an den Aktienmarkt, und Fishers eigener finanzieller Erfolg sowie sein Ruf als Börsenprophet sicherten ihm in Anleger- und Analystenkreisen eine große Anhängerschaft. Die Börsenturbulenzen Anfang Oktober 1929 erhöhten das Interesse an seinen Aussagen massiv.

Marktbeobachter waren nicht überrascht, dass sich am Abend des 14. Oktober 1929, als Irving Fisher im Builder's Exchange Club in New York City ankam, um dort beim Monatstreffen der Purchasing Agents Association eine Rede zu halten, im Versammlungssaal viele Menschen drängten, darunter Nachrichtenreporter. Die Angst der Anleger war gestiegen, seit Roger Babson, ein Geschäftsmann und Börsenprophet, Anfang September einen »schrecklichen Crash der Aktienkurse« vorhergesagt hatte.[17] Fisher hatte Babsons Pessimismus zurückgewiesen und angemerkt, Babson rechne schon seit einiger Zeit mit einer Baisse. Aber das Publikum wollte von dem großen Mann beruhigt werden, der schon so lange Aktien propagiert hatte.

Die Zuhörer wurden nicht enttäuscht. Nach einigen einführenden Bemerkungen sprach Fisher einen Satz aus, der, zu seinem größten Bedauern, später eine der am häufigsten zitierten Aussagen in der Geschichte der Aktienmärkte wurde: »Die Aktienkurse«, so verkündete er, »haben, wie es aussieht, ein dauerhaft hohes Niveau erreicht.«[18]

Am 29. Oktober, zwei Wochen nach Fishers Rede, brachen die Aktien zusammen. Sein »hohes Niveau« verwandelte sich in einen bodenlosen Abgrund. In den drei folgenden Jahren gab es den vernichtendsten Börsenzusammenbruch der Geschichte. Trotz Fishers vieler Errungenschaften waren sein Ruf und die These zerstört, Aktien seien ein vernünftiger Weg zum Aufbau von Wohlstand.

Eine radikale Meinungsänderung

Der Zusammenbruch der Wirtschaft und des Aktienmarkts in den 1930er-Jahren hinterließ eine unauslöschliche Narbe in der Psyche der Investoren. Die Stammaktien-Theorie des Investierens wurde aus allen Ecken attackiert, und viele lehnten schließlich die Idee ab, Aktien seien fundamental vernünftige Investments. Lawrence Chamberlain, ein Autor und bekannter Investmentbanker, stellte fest: »Stammaktien als solche sind Anleihen als langfristige Investments nicht überlegen. Hauptsächlich deshalb, weil sie gar keine Investments sind. Sie sind Spekulationen.«[19]

1934 schrieben der Investmentfonds-Manager Benjamin Graham und David Dodd, Finanzprofessor an der Columbia University, *Security Analysis* (deutscher Titel: *Die Geheimnisse der Wertpapieranalyse*). Das Buch wurde zur Bibel der Value-orientierten Methode der Aktien- und Anleihenanalyse. Mit seinen vielen Auflagen hatte es prägenden Einfluss auf Studenten und Börsenprofis.

Unmissverständlich beschuldigten Graham und Dodd Smith' Buch, die Hausse-Manie der 1920er-Jahre angetrieben zu haben, indem er darin plausibel klingende, aber trügerische Theorien vorbrachte, um den Kauf von Aktien zu rechtfertigen.

Sie schrieben:

> *Die Selbsttäuschung des durchschnittlichen Spekulanten muss aber ihr Element der Rechtfertigung haben. ... In der Hausse der »New Era« war die rationale Basis der Bericht über langfristigen Wertzuwachs diversifizierter Investitionen in Stammaktien. (Es gibt) ein kleines und recht oberflächliches Buch, aus dem die Theorie der »New Era« entsprungen sein könnte. Es heißt Common Stocks as Long-Term Investments von Edgar Lawrence Smith, veröffentlicht 1924.*[20]

Ansichten über Aktienrenditen nach dem Crash

Nach dem großen Crash ließen Medien und Analysten am Aktienmarkt und an denen, die sich für Aktien als Investments aussprachen, kein gutes Haar. Dennoch gab es bei der Forschung über Indizes von Aktienmarktrenditen in den 1930er-Jahren einen starken Schub. Alfred Cowles III., Gründer der Cowles Commission for Economic Research, stellte nach der Marktkapitalisierung gewichtete Indizes bis zurück zum Jahr 1871 zusammen, die alle an der New York Stock Exchange gehandelten Aktien umfassten. Seine Indizes der Gesamtrenditen umfassten reinvestierte Dividenden und sind mit der heutigen Methode, Aktienrenditen zu berechnen, so gut wie identisch. Cowles bestätigte die Resultate, zu denen Smith vor dem Aktiencrash gelangt war, und kam zum Ergebnis, Aktien seien meist unterbewertet und ermöglichten es Investoren, mit entsprechenden Investitionen überlegene Renditen zu erwirtschaften.[21]

Nach dem Zweiten Weltkrieg veröffentlichten Wilford J. Eiteman und Frank P. Smith, beide Professoren an der University of Michigan, eine Studie über die Renditen aktiv gehandelter Industrieunternehmen und fanden heraus, dass man durch regelmäßige Käufe von 92 Aktien, ohne jede Berücksichtigung des Zyklus am Aktienmarkt (man nennt diese Strategie »cost averaging«), Renditen von 12,2 Prozent pro Jahr erreichen konnte, weit mehr als mit Anleihen. Zwölf Jahre später wiederholten sie die Studie mit denselben Aktien. Diesmal waren die Renditen sogar noch höher, trotz der Tatsache, dass sie keine Anpassungen bezüglich neuer Aktien oder neuer Branchen vorgenommen hatten, die in der Zwischenzeit aufgetaucht waren. Sie schrieben:

> *Wenn ein Stammaktien-Portfolio, das mit so offensichtlich dummen Methoden wie den in dieser Studie verwendeten zusammengestellt worden ist, eine jährliche Gesamtrendite von 14,2 Prozent erreicht, kann ein Kleinanleger mit begrenztem Wissen über die Marktbedingungen seine Ersparnisse in eine diversifizierte Liste von Stammaktien investieren und dabei einigermaßen sicher sein, dass ihm dies nach gewisser Zeit die Sicherheit seines Kapitals und eine angemessene Jahresrendite gewährleisten wird.*[22]

Viele lehnten die Studie von Eiteman und Smith ab, weil der untersuchte Zeitraum den großen Crash von 1929 bis 1932 nicht enthielt. Aber 1964 erforschten Lawrence Fisher und James H. Lorie, zwei Professoren an der University of Chicago, die Aktienrenditen einschließlich des Crashs 1929, der Weltwirtschaftskrise und des Zweiten Weltkriegs.[23] Sie fanden heraus, dass Aktien signifikant höhere Renditen boten (9,0 Prozent pro Jahr) als alle anderen Investments im Zeitraum der 35 Jahre von 1926 bis 1960. Sie bezogen sogar Steuern und Transaktionskosten in ihre Berechnungen ein und kamen zu dem Fazit:

> *Viele werden vielleicht überrascht sein, dass die Renditen beständig so hoch waren. ... Die Tatsache, dass viele Personen Investments mit deutlich niedrigeren Durchschnittsrenditen wählten, spricht für die im Grunde konservative Einstellung dieser Investoren und das Ausmaß ihrer Besorgnis über das mit Stammaktien verbundene Risiko.*[24]

Zehn Jahre später, 1974, veröffentlichten Roger Ibbotson und Rex Sinquefield in einem Artikel mit dem Titel »Stocks, Bonds, Bills and Inflation: Year-by-Year Historical Returns (1926–74)« eine noch ausführlichere Studie über Renditen.[25] Sie gaben an, der Studie von Lorie und Fisher viel zu verdanken, und bestätigten die Überlegenheit von Aktien als Langfrist-Investments. Ihre zusammenfassenden Statistiken, die in Jahresberichten veröffentlicht werden, werden oft zitiert und dienen häufig als Rendite-Maßstab für die Wertpapierbranche.[26]

Die große Hausse 1982–2000

Die 1970er-Jahre waren weder für Aktien noch für die Wirtschaft eine gute Zeit. Steigende Inflation und wesentlich höhere Ölpreise führten in den 15 Jahren von Ende 1966 bis Sommer 1982 zu negativen realen Aktienrenditen. Aber als die strikte Geldpolitik der Fed die Inflation bändigte, fielen die Zinsen markant, und der Aktienmarkt startete seine größte Hausse aller Zeiten, während der sich die Aktienkurse mehr als verzehnfachten. Von einem Tief bei 790 Punkten im August 1982 aus stiegen die Aktien scharf an, und der Dow Industrial Average stieg bis Ende 1982 auf ein neues Rekordhoch von über 1000 Punkten und übertraf somit die Hochs von 1973, die er fast zehn Jahre zuvor erreicht hatte.

Viele Analysten waren zwar skeptisch, dass der Anstieg anhalten könnte, aber manche waren sehr optimistisch. Robert Forman, Präsident und Chairman von E. F. Hutton, verkündete im Oktober 1983, wir seien »am Beginn eines neuen Aktien-Zeitalters«, und sagte kühn voraus, der Dow Jones könne bis zum Ende des Jahrzehnts mindestens 2000 Punkte erreichen.

Aber sogar Forman war zu pessimistisch. Der Dow Industrials stieg im Januar 1987 über 2000 Punkte und dann auf über 3000 Punkte, kurz bevor Saddam Hussein im August 1990 in Kuwait einmarschierte. Der Golfkrieg und eine Rezession am Immobilienmarkt lösten eine Baisse aus, die aber ebenso kurzlebig war wie der Crash im Oktober 1987.

Iraks Niederlage im Golfkrieg leitete eines der großartigsten Jahrzehnte in der Geschichte des Aktienmarkts ein. Die Welt erlebte den Zusammenbruch des Kommunismus und eine geringere Gefahr globaler Konflikte. Der Transfer der Ressourcen von Militärausgaben zum inländischen Konsum ermöglichte es den USA, das Wirtschaftswachstum bei gleichbleibend niedriger Inflation zu steigern.

Als die Aktienkurse stiegen, hielten nur wenige die Hausse für dauerhaft. 1992 warnte *Forbes* Investoren in der Titelgeschichte »The Crazy Things People Say to Rationalize Stock Prices«, Aktien steckten »mitten in einer spekulativen Kaufpanik«, und zitierte Raskobs dummen Ratschlag, am Markthoch 1929 zu investieren.[27]

Aber solche Vorsicht war nicht angebracht. Nach dem erfolgreichen Kampf gegen die Inflation 1944 senkte die Fed die Leitzinsen, in der Folge stieg der Dow Anfang 1995 über 4000 Punkte. Wenig später verteidigte *BusinessWeek* die Dauerhaftigkeit der Hausse mit einem Artikel am 15. Mai 1995 mit der Überschrift »Dow 5000? Don't Laugh«. Der Dow überwand diese Barriere im November und erreichte elf Monate später 6000 Punkte.

Ende 1995 veranlasste der beständige Anstieg der Aktienkurse viele weitere Analysten, Alarm zu schlagen. Michael Metz von Oppenheimer, Charles Clough von Merrill Lynch und Byron Wien von Morgan Stanley äußerten starke Zweifel über die Grundlagen der Hausse. 1995 schrieb David Shulman, Chef-Aktienstratege bei Salomon Brothers, einen Artikel mit der Überschrift »Fear and Greed«, in dem er das aktuelle Börsenklima mit dem ähnlicher Aktienmarkt-Hochs 1929 und 1961 verglich. Shulman schrieb, intellektuelle Unterstützung sei eine wichtige Zutat dauerhafter Haussephasen. Er erwähnte die Arbeiten Edgar Smith' und Irving Fishers in den 1920er-Jahren, die Fisher-Lorie-Studie und mein 1994 veröffentlichtes Buch *Langfristig Investieren.*[28] Aber diese Pessimisten erzielten nur wenig Wirkung, weil die Aktienkurse weiterhin stiegen.

Warnungen vor Überbewertung

1996 erreichten die Kurs-Gewinn-Verhältnisse im S&P-500-Index den Wert 20, deutlich höher als der Durchschnitt in der Nachkriegszeit. Weitere Warnungen wurden geäußert.

Roger Lowenstein, ein bekannter Autor und Finanzjournalist, schrieb im *Wall Street Journal:*

> *Die Investition in Aktien ist zu einem nationalen Hobby und zur nationalen Besessenheit geworden. Die Menschen verunglimpfen vielleicht ihre Regierung, ihre Schulen, ihre verwöhnten Sportstars. Aber der Glaube an die Börse ist fast universell. Frei nach Marx ist sie die Religion der Massen.*[29]

Floyd Norris, leitender Finanzredakteur der *New York Times*, reagierte auf Lowensteins Kommentare im Januar 1997 mit einem »In the Market We trust« betitelten Artikel.[30] Henry Kaufman, der Guru von Salomon Brothers, dessen Aussagen über den Anleihenmarkt dort in den 1980er-Jahren häufig einen starken Einfluss hatten, erklärte, »die übertriebene finanzielle Euphorie wird immer deutlicher sichtbar«, und er zitierte die Aussagen von Optimisten, die ähnlich klangen wie Irving Fishers Äußerung, Aktien hätten ein dauerhaft hohes Niveau erreicht.[31]

Warnungen vor dem Ende der Hausse kamen nicht nur aus den Medien und von der Wall Street. Wissenschaftler untersuchten diesen unerwarteten Anstieg der Aktienkurse immer gründlicher. Robert Shiller von der Yale University und John Campbell aus Harvard schrieben eine gelehrte Studie, die zeigte, dass der Markt signifikant überbewertet war, und legten sie Anfang Dezember 1996 dem Board of Governors der Federal Reserve vor.[32]

Als der Dow über 6400 Punkte stieg, äußerte Alan Greenspan, Chairman der Federal Reserve, in einer Rede vor dem jährlichen Abendessen des American Enterprise Institute am 5. Dezember 1996 eine Warnung. Er fragte:

> *Wie können wir wissen, wann irrationaler Überschwang die Asset-Preise unangemessen nach oben getrieben hat, die dann unerwarteten und langen Rückgängen unterliegen, wie es im vergangenen Jahrzehnt in Japan der Fall war? Und wie beziehen wir diese Einschätzung in die Geldpolitik ein?*

Seine Worte hatten einen elektrisierenden Effekt, und der Ausdruck irrationaler Überschwang wurde zur bekanntesten Äußerung während Greenspans Amtszeit als Chairman der Fed. Die japanischen und die europäischen Märkte fielen dramatisch, als seine Worte auf den Computer-Monitoren auftauchten, und am nächsten Morgen eröffnete die Wall Street deutlich niedriger. Aber die Anleger gewannen ihren Optimismus rasch wieder zurück, und die Aktien in New York schlossen nur mit moderaten Verlusten.

Das Spätstadium der großen Hausse, 1997–2000

Von da an ging es nur noch nach oben. Der Dow stieg im Februar 1997 über 7000, im Juli über 8000 Punkte. Sogar »Married to the Market«, *Newsweeks* vorsichtige Titelgeschichte, die eine Hochzeit an der Wall Street zwischen Amerika und einem Bullen zeigte, trug nichts dazu bei, den Optimismus der Investoren zu dämpfen.[33]

Die Börse wurde zu einer immer wichtigeren Beschäftigung für Amerikaner mit mittlerem oder höherem Einkommen. Wirtschaftsbücher und Zeitschriften blühten auf, und die Wirtschafts- und Börsensender, allen voran CNBC, fanden ein riesiges Publikum. Elektronische Ticker und Börsenkanäle im Fernsehen waren in Kantinen, Bars und sogar in den Lounges der bedeutenden Wirtschaftsschulen im ganzen Land zu sehen. Flugpassagiere konnten 11.000 Meter über dem Meeresspiegel auf Monitoren auf der Rückseite des Vordersitzes minutenaktuelle Dow- und Nasdaq-Indizes sehen.

Die explosionsartige Verbreitung der Kommunikationstechnologie verlieh dem ohnehin schon steigenden Markt noch zusätzlichen Auftrieb. Das Internet gab den Anlegern die Möglichkeit, überall auf der Welt in Kontakt mit den Märkten und ihren Depots zu bleiben. In Internet-Chatrooms, auf Finanz-Websites und in E-Mail-Newslettern hatten Investoren Zugriff auf eine Fülle von Informationen in unmittelbarer Reichweite. Aufgrund der enormen Popularität von CNBC sorgten bedeutende Investmenthäuser dafür, dass alle ihre Broker den Sender im Fernsehen oder auf ihren Computern sahen, damit sie ihren Kunden einen Schritt voraus waren, die wegen der neuesten Börsennachrichten anriefen.

Die Hausse-Psychologie schien gegen finanzielle und ökonomische Schocks immun zu sein. Die erste Welle der Asien-Krise sorgte am 27. Oktober 1997 für einen Rekordverlust von 554 Punkten. Die Börse wurde vorübergehend geschlossen. Aber auch das konnte dem Aktien-Enthusiasmus der Anleger wenig anhaben.

Im folgenden Jahr konnte die russische Regierung ihre Staatsanleihen nicht bedienen, und Long-Term Capital Management, nach allgemeiner Meinung der bedeutendste Hedgefonds der Welt, war in spekulative, nicht handelbare Positionen im Wert von mehreren Billionen Dollar verwickelt. Diese Ereignisse ließen den Dow Industrials um fast 2000 Punkte oder 20 Prozent abstürzen, aber nach drei schnellen Leitzinssenkungen der Fed stiegen die Kurse wieder. Am 29. März 1999 schloss der Dow bei mehr als 10.000 Punkten und stieg dann auf ein Rekordhoch von 11.722,98 Punkten am 14. Januar 2000.

Das Markthoch

Es war so, wie es so oft am Höhepunkt einer Hausse geschieht: Die diskreditierten Pessimisten ziehen sich zurück, während die Optimisten, deren Egos durch die kontinuierliche Aufwärtsbewegung gestärkt sind, immer kühner werden. 1999 veröffentlichten die beiden

Ökonomen James Glassman und Kevin Hassett ein Buch mit dem Titel *Dow 36.000*. Sie behaupteten, der Dow Jones Industrial Average sei trotz seines raketenartigen Anstiegs noch immer krass unterbewertet und seine wahre Bewertung liege dreimal höher, also bei 36.000 Punkten. Zu meiner großen Überraschung behaupteten sie, die theoretische Begründung ihrer Analyse stamme aus meinem Buch *Langfristig Investieren*. Sie schrieben: Da ich bewiesen hätte, dass Anleihen auf lange Sicht ebenso riskant seien wie Aktien, müssten die Aktienkurse auf das Dreifache steigen, wenn ihre Renditen ebenso hoch sein sollten wie die der Anleihen. Dabei ignorierten sie, dass man dazu Aktien mit inflationsgesicherten Anleihen vergleichen muss, deren Renditen damals deutlich höher waren.[34]

Trotz der Aufwärtsbewegung des Dow Industrial fand die wirkliche Aktion bei den an der Nasdaq gelisteten Technologieaktien statt. Dazu gehörten Aktien wie Cisco, Sun Microsystems, Oracle, JDS Uniphase und andere Unternehmen ebenso wie eine wachsende Gruppe von Internetaktien. Von November 1997 bis März 2000 stieg der Dow Industrials um 40 Prozent, der Nasdaq-Index aber um 185 Prozent, und der Dotcom-Index aus 24 Online-Firmen stieg fast um das Zehnfache von 142 auf 1350 Punkte.

Die Technologieblase platzt

Am 10. März 2000 erreichte nicht nur die Nasdaq ihren Höchststand, sondern auch viele Internet- und Technologieaktienindizes. Sogar ich als langfristiger Optimist schrieb, dass Technologieaktien zu lächerlichen Kursen gehandelt wurden, und prognostizierte einen Zusammenbruch.[35]

Als die Investitionen in Technologie unerwartet sanken, platzte die Blase und eine gewaltige Baisse begann. Bei den Aktienkursen kam es zu einem Rekordverlust von insgesamt neun Billionen Dollar, Der S&P-500-Index fiel um 49,15 Prozent. Dieser Verlust war höher als der zwischen 1972 und 1974 und der schlimmste seit der Großen Depression. Die Nasdaq fiel um 78 Prozent, der Dotcom-Index um mehr als 95 Prozent.

So wie die Hausse die irrationalen Optimisten entstehen ließ, brachte die Baisse scharenweise Pessimisten zurück. Im September 2002, als der Dow bei etwa 7500 Punkten stand, kurz vor dem Baissetief bei 7268 Punkten, brachte Bill Gross, der legendäre Gründer von PIMCO, des größten Investmentfonds der Welt, ein Papier mit dem Titel »Dow 5000« heraus. Darin schrieb er, trotz des schlimmen Absturzes stünden Aktien bei Weitem noch nicht so tief, wie sie aufgrund der ökonomischen Fundamentaldaten stehen sollten. Es war erstaunlich, dass innerhalb von zwei Jahren ein angesehener Prognostiker sagte, der angemessene Wert des Dow liege bei 36.000 Punkten, während ein anderer behauptete, er sollte bis auf 5000 Punkte fallen.

Die Baisse beendete die Faszination des Publikums für Aktien. In TV-Geräten an öffentlichen Orten lief nicht mehr CNBC, sondern Sport und Gerüchte aus Hollywood. Ein Barbesitzer drückte das anschaulich aus: »Die Leute lecken ihre Wunden und wollen nicht mehr über Aktien reden. Jetzt geht es wieder um Sport, Frauen und darum, wer das Spiel gewonnen hat.«[36]

Die sinkende Börse ließ viele Profis Aktien zutiefst skeptisch sehen, aber Anleihen schienen auch keine attraktive Alternative zu sein, weil ihre Renditen unter vier Prozent gesunken waren. Die Investoren fragten sich, ob es auch außerhalb der Welt von Aktien und Anleihen attraktive Investments gibt.

David Swenson, seit 1985 Hauptverantwortlicher für das Vermögen der Yale University, schien die Antwort auf diese Frage zu liefern. Am Höhepunkt der Hausse schrieb er ein Buch mit dem Titel *Pioneering Portfolio Management: An Unconventional Approach to Institutional Investment*. Darin setzte er sich für die Eigenschaften »nicht traditioneller« (und oft illiquider) Assets wie Private Equity, Venture-Kapital, Immobilien, Bauholz und Hedgefonds ein. Folglich erlebten Hedgefonds, Investment-Pools, die ihr Geld so investieren können, wie auch immer die Manager es für richtig halten, einen Boom.[37] Von nur 100 Milliarden Dollar 1990 stiegen die Assets der Hedgefonds bis 2007 auf über 1,5 Billionen Dollar.

Aber der Kapitalzufluss zu den Hedgefonds trieb die Preise vieler unkonventioneller Assets bis auf Höhen, die man nie zuvor gesehen hatte. Jeremy Grantham, erfolgreicher Vermögensverwalter bei GMO und früher ein großer Fürsprecher unkonventionellen Investierens, stellte im April 2007 fest: »Nach diesen Bewegungen sind viele diversifizierende und exotische Assets extrem überteuert.«[38]

Vorzeichen der Finanzkrise

Nach dem Zusammenbruch der Technologieaktien stieg der Aktienmarkt von seinem Tief (7286 Punkte am 9. Oktober 2002) exakt fünf Jahre später fast auf das Doppelte (14.165 Punkte am 9. Oktober 2007). Im Gegensatz zum Hoch des Technologiebooms, als der S&P-500 ein Kurs-Gewinn-Verhältnis (KGV) von 30 aufwies, gab es am Markthoch 2007 keine generelle Überbewertung. Das KGV lag deutlich niedriger, nämlich bei 16.

Aber es gab Zeichen, dass nicht alles in Ordnung war. Der Finanzsektor, der während der Hausse zum größten Sektor des S&P-500 geworden war, hatte sein Hoch im Mai 2007 erreicht, und die Aktien vieler großer Banken, zum Beispiel die von Citi und die von BankAmerica, waren schon das ganze Jahr über gefallen.

Viele ominöse Entwicklungen kamen vom Immobilienmarkt. Nachdem sich die Immobilienpreise in den zehn Jahren zuvor fast verdreifacht hatten, erreichten sie im Sommer 2006 ihr Hoch und begannen zu sinken. Plötzlich gab es bei Subprime-Hypotheken große Zahlungsprobleme. Im April 2007 meldete New Century Financial, ein bedeutender Emittent von Subprime-Hypotheken, Insolvenz an, und im Juni informierte Bear Stearns seine Investoren, dass die Bank die Rückzahlung ihres High-Grade Structured Credit Strategies

Enhanced Leverage Fund einstellte, eines Fonds, dessen Name ebenso kompliziert ist wie die von ihm gehaltenen Wertpapiere.

Zunächst ignorierte die Börse diese Entwicklungen, aber am 9. August 2007 stellte BNP Paribas, die größte Bank Frankreichs, die Tilgungen ihrer Hypothekenfonds ein, und an den Aktienmärkten in der ganzen Welt kam es zu einem deutlichen Einbruch. Die Aktien erholten sich, als die Fed die Fed Funds Rate bei einer Notfallsitzung im August um weitere 50 Punkte und bei der regulären Sitzung im September um weitere 50 Basispunkte senkte.

Aber 2008 wurden die Probleme mit den Subprime-Papieren nicht geringer. Bear Stearns musste immer mehr Subprime-Hypotheken zurücknehmen und in der eigenen Bilanz verbuchen. Die Bank bekam Finanzierungsprobleme, und der Aktienkurs stürzte ab. Am 17. März 2008 unternahm die Federal Reserve einen Versuch, Bear Stearns vor dem bevorstehenden Bankrott zu retten, und arrangierte den Verkauf sämtlicher Assets von Bear Stearns an JPMorgan, zum Preis von zwei Dollar je Aktie (der später auf zehn Dollar erhöht wurde), also fast 99 Prozent unter dem Kurshoch von 172,61 Dollar, das im Januar 2007 erreicht worden war.

Der Anfang vom Ende für Lehman Brothers

Aber Bear Stearns war nur der Appetithappen für diese Baisse, und der Hauptgang kam schon wenig später. Lehman Brothers, in den 1850er-Jahren gegründet, hatte eine reiche Firmengeschichte, hatte große Unternehmen wie Sears, Woolworth, Macy's, und Studebaker an die Börse gebracht. Die Profitabilität stieg enorm, seit die Investmentbank 1994 selbst an die Börse ging. 2007 veröffentlichte Lehman im vierten Jahr in Folge Rekordgewinne. Die Netto-Einnahmen stiegen auf 19,2 Milliarden Dollar, fast 30.000 Mitarbeiter waren für Lehman tätig.

Aber ebenso wie Bear Stearns war auch Lehman Brothers in den Subprime-Markt involviert, zudem in andere mit hohen Krediten finanzierte Immobilien-Investments. Der Aktienkurs war von über 40 auf 20 Dollar gesunken, als Bear Stearns im März mit JPMorgan fusioniert wurde. Lehman war bekannt für die Finanzierung großer Immobiliengeschäfte und verbuchte hohe Gebühren, wenn Investoren zu immer höheren Preisen kommerziell genutzte Immobilien verkauften und refinanzierten. Im Juli hatte Blackstone, ein weiteres großes Investmenthaus, das im Juli 2007 an die Börse ging, Sam Zells Equity Office Property für 22,9 Milliarden Dollar gekauft und hohe Gebühren dafür kassiert, fast alle Vermögensgegenstände zu verkaufen, bevor die Börse kollabierte.

Trotz des Chaos am Subprime-Markt war Lehman zuversichtlich. Viele Analysten waren überzeugt, dass kommerzielle Immobilien vom Überangebot am Häusermarkt nicht betroffen seien. Tatsächlich stiegen die Preise kommerzieller Immobilien nach dem Hoch des Gesamtmarkts noch weiter. Begünstigt durch sinkende Zinsen erreichte der alle börsennotierten Immobilientrusts enthaltende Dow-Jones-Reit-Index sein Hoch im Februar 2008, vier Monate nach dem Gesamtmarkt und mehr als ein Jahr nachdem die großen Geschäftsbanken ihre Kurshochs markiert hatten.[39]

Im Mai, kurz nach dem Preishoch der kommerziell genutzten Immobilien, finanzierte Lehman einen riesigen, 22 Milliarden Dollar umfassenden Anteil an Archstone-Smith Trust, in der Hoffnung, dessen Vermögenswerte verkaufen zu können, so wie Blackstone es ein paar Monate zuvor getan hatte.[40] Aber bei dieser Reise nach Jerusalem hörte die Musik im Sommer 2008 auf zu spielen. Blackstone bekam den allerletzten Stuhl, Lehman musste stehen bleiben. Am 15. September 2008, als Lehmans CEO Richard Fuld darum kämpfte, in letzter Minute einen Käufer zu finden, meldete Lehman Brothers, ein Investmenthaus, das über 150 Jahre gediehen war, Insolvenz an. Das war die größte Firmenpleite in der Geschichte der USA, und Lehman verzeichnete Verbindlichkeiten in Höhe von 613 Milliarden Dollar. So wie der große Crash 1929 die Große Depression der 1930er-Jahre auslöste, leitete das Ende von Lehman Brothers 2008 die größte Finanzkrise und den tiefsten Konjunktureinbruch ein, den die Welt seit fast 100 Jahren gesehen hatte.

2. Die große Finanzkrise 2008

Ursachen, Auswirkungen und Folgen

Was die Große Depression betrifft, haben Sie recht. Wir waren daran schuld. Das tut uns sehr leid. Aber dank Ihnen werden wir das nie wieder tun.
Ben Bernanke bei der Feier des 90. Geburtstags von Milton Friedman am 8. November 2002

Die Woche, die die Weltmärkte erschütterte

Es war zwar erst Mittwoch, der 17. September, aber ich hatte schon eine sehr anstrengende Woche hinter mir, in der ich versucht hatte, eine Erklärung für die Umwälzungen an den Finanzmärkten zu finden. Am Montag wurden die Investoren von höheren Eröffnungskursen der Aktien überrascht, obwohl am Sonntag die Nachricht über die Insolvenz von Lehman Brothers bekannt geworden war. Dabei handelte es sich um den größten Bankrott in der Geschichte der USA. Ohne finanzielle Hilfe der Regierung hatte Lehman Brothers, ein 150 Jahre altes Investmenthaus, das die Große Depression überlebt hatte, diesmal keine Chance.

Aber dieser hoffnungsvolle Handelsbeginn wurde rasch durch Gerüchte gekontert, dass wichtige Firmen die Börsenaufträge von Lehman-Kunden nicht abwickeln würden. Das versetzte die Märkte in einen Zustand der Angst.[1] Als sich die Gewinne vom Montagmorgen in Verluste verwandelten, griff an den Finanzmärkten Furcht um sich. Die Anleger fragten sich: Welche Assets waren noch sicher? Welche Firma würde als Nächste insolvent werden? Und konnte man diese Krise in den Griff bekommen? Die Risikoprämien stiegen massiv, weil sich die Kreditgeber aus allen Märkten zurückzogen, mit Ausnahme von US-Staatsanleihen.[2] Am Ende dieses Tages war der Dow Industrials um mehr als 500 Punkte gefallen.

Am nächsten Tag attackierten Spekulanten AIG, das größte und profitabelste Versicherungsunternehmen der Welt. Der Aktienkurs von AIG, der ein Jahr zuvor fast 60 Dollar erreicht hatte, fiel unter drei Dollar. Am Freitag der Vorwoche hatte die Aktie noch einen Schlusskurs von über zehn Dollar aufgewiesen. AIGs Zusammenbruch ließ die Aktienkurse massiv abstürzen, aber einige Spekulanten setzten darauf, dass die Fed nicht riskieren konnte, noch ein großes Finanzunternehmen untergehen zu lassen. Sie sollten Recht behalten. Im Lauf des Tages stabilisierte sich der Markt. Tatsächlich gab die Fed nach Handelsschluss bekannt, dass sie AIG einen Kredit von 85 Milliarden Dollar gewährt hatte, um einen weiteren, den Markt erschütternden Bankrott zu verhindern. Die Entscheidung der Fed, AIG zu retten, war eine dramatische Wende, denn Chairman Ben Bernanke hatte die Bitte des Versicherungsriesen um einen Kredit von 40 Milliarden Dollar erst eine Woche zuvor abgewiesen.

Aber die Krise war bei Weitem noch nicht vorbei. Nach Handelsschluss am Dienstag kam vom 36 Milliarden schweren Reserve Primary Money Market Fund eine höchst ominöse Meldung: Weil die von diesem Fonds gehaltenen Lehman-Wertpapiere nichts mehr wert waren, werde Reserve seinen Investoren pro Dollar nur 97 Cent auszahlen.[3]

Obwohl andere Geldmarktfonds ihren Kunden versicherten, keine Lehman-Kredite im Bestand zu haben und alle Auszahlungen zum vollen Wert vorzunehmen, war klar, dass diese Erklärungen kaum dazu beitragen konnten, die Ängste der Anleger zu beseitigen. Bear Stearns hatte den Investoren sechs Monate zuvor mehrfach versichert, alles sei in Ordnung, bis die Fed die Firma zwang, mit JPMorgan zu fusionieren. Auch Richard Fuld, der Chairman von Lehman, sagte den Anlegern noch eine Woche vor dem Insolvenzantrag, alles sei in Ordnung, und beschuldigte Leerverkäufer, den Preis seiner Aktie nach unten zu treiben.

Konnte sich die Große Depression wiederholen?

An diesem Mittwoch ging ich nach dem Mittagessen zurück in mein Büro und blickte auf meinen Bloomberg-Monitor. Ja, die Kurse sanken wieder, und das überraschte mich nicht. Was mir auffiel, war die Rendite kurzfristiger US-Staatsanleihen. Eine an diesem Tag durchgeführte Auktion dreimonatiger Titel war so stark überzeichnet, dass die Investoren den Zinssatz auf 0,06 Prozent drückten.

Ich hatte die Märkte seit fast 50 Jahren sehr genau beobachtet, während der Krise der Sparkassen in den 1970er-Jahren, des Crashs am Aktienmarkt 1987, der Asienkrise, der von Long-Term Capital Management ausgelösten Krise, des russischen Staatsbankrotts, der Attentate vom 11. September und vieler anderer Krisen. Aber ich hatte noch nie gesehen, dass Investoren derart in Staatsanleihen flohen. 75 Jahre zuvor, während der Großen Depression, waren die Renditen der kurzfristigen Staatsanleihen letztmals in Richtung null gefallen.[4]

Ich blickte wieder auf den Bildschirm vor mir, und ein kalter Schauer lief mir über den Rücken. War das die Wiederholung einer Phase, von der wir Ökonomen dachten, sie sei für immer vorbei? Konnte das der Beginn der zweiten »Großen Depression« sein? Konnten Politiker eine Wiederholung dieser finanziellen und ökonomischen Katastrophe verhindern?

In den folgenden Monaten entwickelten sich die Antworten auf diese Fragen. Die Federal Reserve startete massive Programme, um eine weitere Depression zu verhindern. Aber die Kreditausfälle nach Lehmans Bankrott verursachten die weltweit schwerste Wirtschaftskrise und den schärfsten Absturz der Aktienkurse seit der Großen Depression. Und die Erholung von der »Großen Rezession« war die langsamste in der Geschichte der USA. Viele fragten sich, ob die Zukunft der US-Wirtschaft jemals wieder so strahlend aussehen würde, wie es den Anschein hatte, als der Dow Industrials im Oktober 2007 über 14.000 Punkte stieg.

Die Ursache der Finanzkrise

Die Große Mäßigung

Der wirtschaftliche Hintergrund der Finanzkrise 2008 war die »Große Mäßigung«, wie Ökonomen die bemerkenswert lange und stabile Wirtschaftsphase vor der Großen Rezession nannten. Die Volatilität entscheidender ökonomischer Variablen, zum Beispiel die vierteljährlichen Veränderungen des realen und nominalen BIPs, ging im Zeitraum zwischen 1983 und 2005 um die Hälfte zurück, verglichen mit dem durchschnittlichen Niveau seit dem Zweiten Weltkrieg.[5] Obwohl man einen Teil dieser Stabilität der steigenden Bedeutung des Dienstleistungssektors und Fortschritten bei der Inventarkontrolle zuschrieb, die den »Inventarzyklus« abmilderten, führten viele den Rückgang der ökonomischen Volatilität auf die steigende Effektivität der Geldpolitik zurück, die vor allem während der Amtszeit Alan Greenspans als Chairman der Fed von 1986–2006 zum Ausdruck kam.

Erwartungsgemäß sanken während der Großen Mäßigung die Risikoprämien vieler Finanzinstrumente markant, weil die Anleger glaubten, schnelle Aktionen der Zentralbank würden jeder schweren Erschütterung der Wirtschaft entgegenwirken. In der Tat verstärkte die Rezession 2001 die Meinung an den Finanzmärkten, die Wirtschaft sei nun stabiler. Im historischen Vergleich verlief diese Rezession sehr gemäßigt, trotz des Platzens der riesigen Tech-Spekulationsblase 2000 und der Zurückhaltung der Konsumenten nach den Terroranschlägen am 11. September.

Die ungewöhnliche ökonomische Stabilität vor der Rezession war den 1920er-Jahren sehr ähnlich, dem ruhigen Zeitraum vor dem Aktiencrash 1929 und der Großen Depression. Die Standardabweichung der Veränderungen der Industrieproduktion war zwischen 1920 und 1929 nicht einmal halb so hoch wie in den vorangegangenen 20 Jahren. Ähnliches geschah während der Großen Mäßigung. In den 1920er-Jahren schrieben viele Ökonomen, darunter Irving Fisher von der Yale University, die höhere Stabilität der Federal Reserve zu, wie es Ökonomen auch vor der jüngsten Finanzkrise taten. Und in den 1920er-Jahren glaubten die Investoren auch, die im Jahrzehnt zuvor gegründete Fed werde die Wirtschaft im Fall einer Krise »stützen« und jede Abwärtsbewegung mildern.

Leider kann der gestiegene Appetit auf riskante Assets in einem stabilen wirtschaftlichen Umfeld die Grundlage für eine schwerere Krise in der Folgezeit sein. Ein Nachlassen der wirtschaftlichen Aktivitäten, das man in normalen Zeiten gut tolerieren könnte, kann hoch verschuldete Anleger leicht überfordern, weil sie kaum ein Polster gegen einen Marktrückgang haben.

Manche Ökonomen halten den Zyklus sinkender Risikoprämien und steigenden Fremdkapitaleinsatzes für den Hauptgrund wirtschaftlicher Schwankungen. Hyman Minsky, Professor für Wirtschaftswissenschaften an der Washington University in St. Louis, formulierte die »Hypothese der finanziellen Instabilität«[6]. Er glaubte, dass lange Phasen der wirtschaftlichen Stabilität und steigender Asset-Preise nicht nur Spekulanten und »Momentum«-Investoren anziehen, sondern auch Schwindler, die Schneeballsysteme einrichten und normale Investoren in die Falle locken, die von Aufwärtsbewegungen des Marktes profitieren wollen. Minskys Thesen fanden bei den meisten Ökonomen kaum Beachtung, weil er sie nicht klar formuliert hatte. Aber Minsky hatte starken Einfluss auf viele, auch auf den verstorbenen Charles Kindleberger, Professor für Wirtschaftswissenschaften am MIT, dessen fünf Ausgaben von *Manias, Panics, and Crashes: A History of Financial Crises* eine große Leserschaft fanden.

Subprime-Hypotheken

Im Gegensatz zu 1929, als überbordende Kreditaufnahmen bei stark steigenden Aktienkursen zur Finanzkrise beitrugen, war der Hauptgrund der Finanzkrise 2008 das rapide Wachstum von Subprime-Hypotheken und anderen mit Immobilien verbundenen Wertpapieren, die ihren Weg in die Bilanzen sehr großer und stark verschuldeter Finanzinstitute fanden. Als der Immobilienmarkt die Richtung wechselte und die Kurse dieser Wertpapiere abstürzten, gerieten verschuldete Firmen in eine Krise. Manche gingen bankrott, andere wurden zu Fusionen mit stärkeren Firmen gezwungen und wieder andere waren darauf angewiesen, dass ihnen die Regierung Kapital zur Verfügung stellte, um ihr Überleben zu sichern.[7]

Viele Investoren begrüßten diese Hypothekenpapiere mit höherer Verzinsung, weil sie dachten, die Große Mäßigung und das »Sicherheitsnetz« der Federal Reserve habe ihre Pleiterisiken signifikant reduziert. Aber die starke Vermehrung dieser Wertpapiere beschleunigte sich, als die großen Rating-Agenturen wie Standard & Poor's und Moody's an diese Subprime-Hypotheken ihre höchsten Bewertungen vergaben. Das ermöglichte, dass Hypothekenpapiere im Volumen von etlichen Milliarden Dollar weltweit an Pensionsfonds, Kommunen und andere Organisationen verkauft werden konnten, die nur an festverzinslichen Wertpapieren höchster Qualität interessiert waren. Und auch viele Firmen von der Wall Street, die höhere Renditen suchten, ließen sich von den AAA-Ratings verführen.

Manche nehmen an, die Investmentbanken hätten die Rating-Agenturen dazu gedrängt, diesen Wertpapieren Ratings von Investmentqualität zu geben, damit die Banken den Kreis potenzieller Käufer ausweiten konnten, aber in Wirklichkeit wurden ganz ähnliche statistische Techniken angewendet wie bei der Bewertung anderer Wertpapiere. Leider waren diese Techniken kaum dazu geeignet, die Ausfallrisiken in einem Immobilienmarkt zu analysieren, an dem die Preise weit über die fundamentalen Werte hinaus stiegen.

Der entscheidende Rating-Fehler

Abbildung 2.1 zeigt die Häuserpreise seit dem Ende des Zweiten Weltkriegs, real und inflationsbereinigt. Der Zeitraum von 1997–2006 war von einem beschleunigten Anstieg der Immobilienpreise geprägt – real und inflationsbereinigt. In diesen Jahren stiegen die Häuserpreise, gemessen am Case-Shiller-Index, der 20 Großstädte umfasst, beinahe um das Dreifache. Die realen Häuserpreise stiegen um 130 Prozent, weit stärker als in den 1970er-Jahren und übertrafen den bisherigen Rekordanstieg unmittelbar nach dem Zweiten Weltkrieg.

Vor dem Boom am Häusermarkt basierten konventionelle Hypotheken auf 80 Prozent des Werts einer Immobilie, und die Bonität des Kreditnehmers war wichtig für den Gläubiger. Der Grund dafür ist, dass der Preis eines bestimmten Hauses und sogar der Durchschnitt der Häuserpreise in bestimmten geografischen Regionen um mehr als 20 Prozent fallen können, was sich negativ auf den Wert der Sicherheiten des Gläubigers auswirken würde.

Aber was wäre, wenn man Hypotheken aus verschiedenen Regionen in Form eines Wertpapiers bündeln könnte, das die Risiken lokaler Immobilienpreise deutlich reduziert? Dann sollte der Preis der Assets, auf die sich das Papier bezieht, eher wie die nominale Preisserie in Abbildung 2.1 aussehen, die – bis 2006 – kaum eine Abwärtstendenz gezeigt hat. Tatsächlich gab es vor 1997 nur drei Jahre, in denen der nominale landesweite Häuserpreis-Index gesunken war. Zwei dieser Rückgänge lagen unter 1,0 Prozent, der dritte, vom zweiten Quartal 1990 bis zum zweiten Quartal 1991, betrug 2,8 Prozent. Daher hatte es auf Basis der historischen Daten seit dem Zweiten Weltkrieg keinen Zeitraum gegeben, in dem der landesweite Immobilienpreis-Index auch nur annähernd den Rückgang um 20 Prozent erreichte, der notwendig gewesen wäre, um die Sicherheiten einer Standard-Hypothek abzuwerten.[8,9]

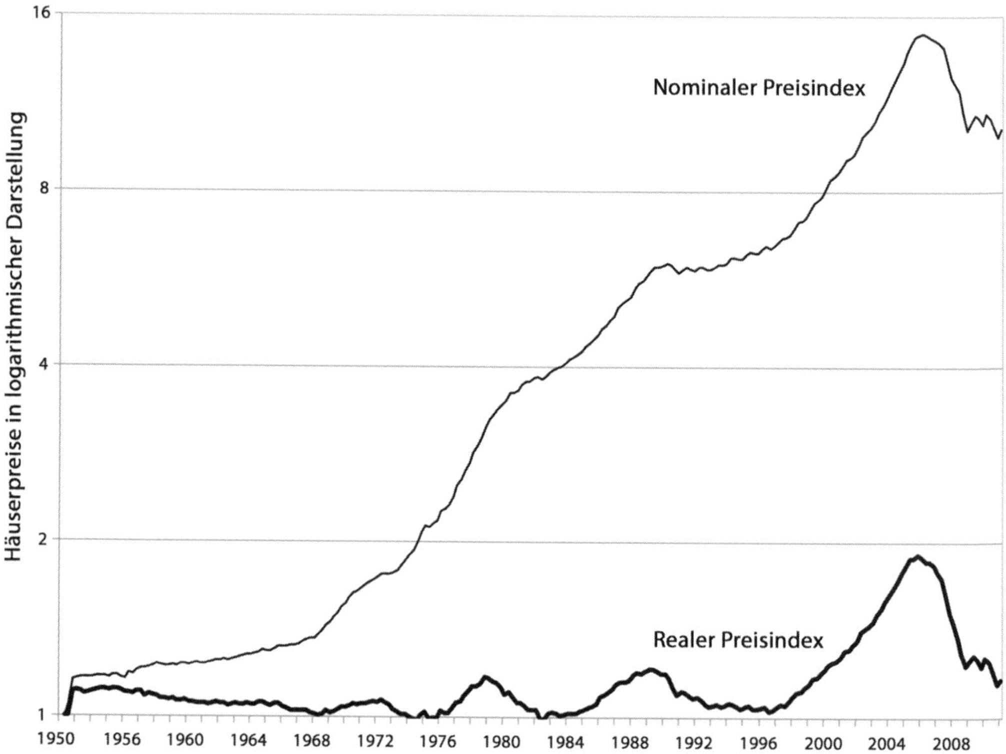

Abbildung 2.1: Nominale und reale Häuserpreise in den USA, 1950–2012

Standard & Poor's, Moody's und andere Rating-Agenturen analysierten diese historische Reihe der Häuserpreise und führten die üblichen statistischen Tests durch, die das Risiko und die Renditen dieser Wertpapiere messen. Auf der Basis dieser Studien berichteten sie, der Wertverlust von Sicherheiten in einem landesweit diversifizierten Hypotheken-Portfolio liege praktisch bei null. Die für Risikomanagement zuständigen Abteilungen vieler Investmentbanken stimmten dieser Schlussfolgerung zu.

Ein ebenso wichtiges Fazit dieser Analysen lautete: Solange die Immobilie als Sicherheit einer Hypothek praktisch immer mehr wert sein wird als die Hypothek, ist die Bonität des Kreditnehmers für den Gläubiger nicht von Bedeutung. Wenn der Kreditnehmer seine Verpflichtungen nicht erfüllt, kann der Gläubiger die Immobilie übernehmen und sie zu einem Preis verkaufen, der über dem Volumen der Hypothek liegt. Daher stempelten die Rating-Agenturen »AAA« auf diese Wertpapiere und ignorierten die Bonität des Hauskäufers. Diese Annahme lieferte den Impetus für den Verkauf von Subprime-Hypotheken und anderer »unkonventioneller« Hypotheken im Volumen von mehreren hundert Milliarden Dollar. Dabei gab es kaum eine oder gar keine Kredit-Dokumentation, wenn der Kredit mit einem Pool geografisch diversifizierter Hypotheken abgesichert war.

Einige Rating-Agenturen wussten, dass die hohen Kredit-Ratings dieser Hypotheken von einem ständigen Wertzuwachs und einem zu vernachlässigenden Verlustrisiko am Immobilienmarkt abhängig waren. Illustriert wird dies durch den folgenden Dialog zwischen einem Teilhaber von First Pacific Advisors, einer kalifornischen Investment-Beratungsfirma, und der Rating-Agentur Fitch im Juni 2007, den Robert Rodriguez veröffentlicht hat, der CEO von First Pacific.

Mein Mitarbeiter fragte (Fitch): »Was sind die wichtigsten Faktoren Ihres Bewertungsmodells?«
Sie (Fitch) nannten FICO-(Kredit-)Bewertungen und die Steigerungen der Häuserpreise im niedrigen und mittleren einstelligen Prozentbereich während der letzten 50 Jahre.
Mein Mitarbeiter fragte dann: »Was passiert, wenn die Immobilienpreise über einen längeren Zeitraum nicht steigen?«
Sie antworteten, ihr System würde dann allmählich versagen.
Mein Mitarbeiter fragte dann: »Was passiert, wenn die Immobilienpreise über einen längeren Zeitraum um ein bis zwei Prozent sinken?«
Sie antworteten, ihr System würde dann komplett versagen.
Dann fragte er: »Bei einem zweiprozentigen Wertverlust – wie weit würde dann die Skala des Ratings negativ beeinflusst?«
Sie antworteten, das könne bis zu den AA- oder AAA-Tranchen reichen.[10]

Ich sollte erwähnen, dass zum Zeitpunkt dieses Gesprächs die Häuserpreise im Vergleich zum Vorjahr schon um vier Prozent gefallen waren. Das war der stärkste Rückgang seit dem Zweiten Weltkrieg, und ein Szenario sinkender Häuserpreise wurde sehr wahrscheinlich. Diese Wahrscheinlichkeit war aber bei den Kredit-Ratings dieser Wertpapiere nicht berücksichtigt worden.

Es kam so, wie Fitch es im oben zitierten Gespräch vorhergesagt hatte: Als die Häuserpreise sanken, fielen die Ratings dieser Top-Hypothekenpapiere rapide. Im April 2006, wenige Monate vor dem Hoch der Häuserpreise, verkaufte Goldman Sachs den Investoren zwölf Hypothekenanleihen. Zehn von ihnen wurden als Titel mit Investmentqualität, drei mit AAA bewertet. Im September 2007 wurden zehn von ihnen auf Junk-Status abgewertet, vier waren völlig wertlos geworden.[11]

Die Immobilienblase

In Abbildung 2.2 finden Sie das, was die Rating-Agenturen alarmiert haben sollte – dass die Häuserpreise nicht weiter steigen konnten. Die Relation zwischen den Häuserpreisen und dem statistischen Mittelwert der Familieneinkommen blieb von 1978–2002 in einer engen

Spanne zwischen 2,5 und 3,1. Dann stieg sie rapide an, über 4,0 im Jahr 2006, also fast 50 Prozent über den vorherigen Niveaus.

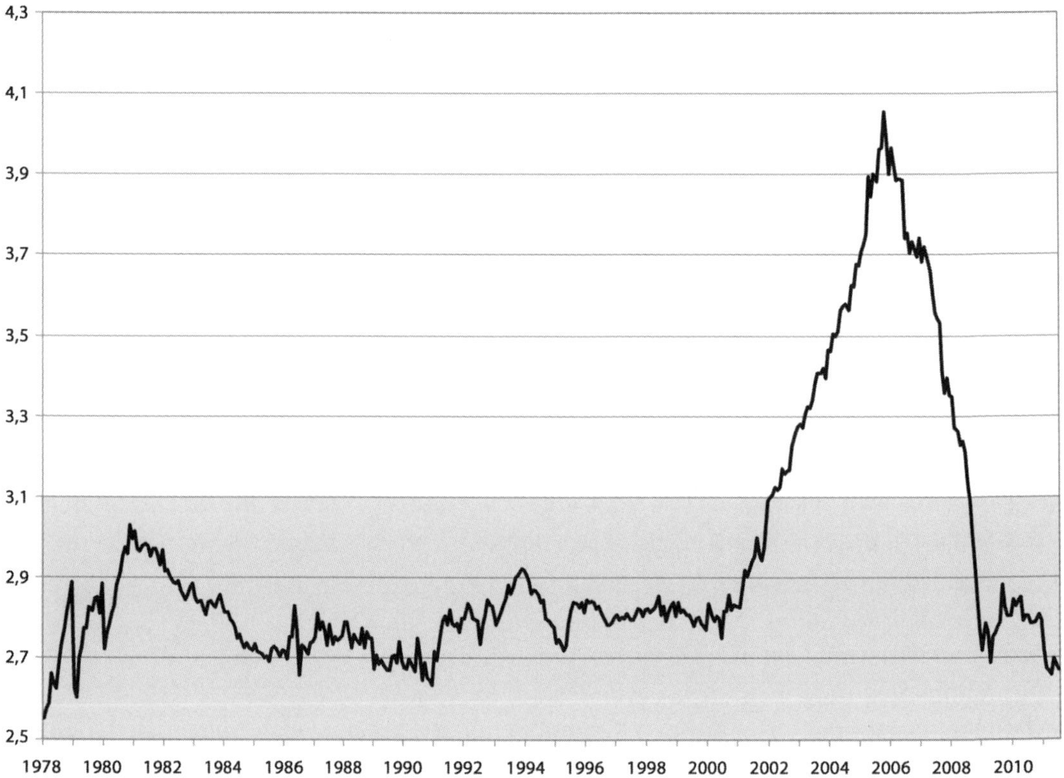

Abbildung 2.2: Relation zwischen Häuserpreisen und dem Mittelwert der Familieneinkommen in den USA, 1978–2012

Aber auch wenn die Asset-Preise über den fundamental angemessenen Wert steigen, heißt das nicht, dass es eine »Blase« gibt. Investoren sollten zur Kenntnis nehmen, dass es strukturelle Veränderungen geben könnte, die den Preisanstieg rechtfertigen. Tatsächlich gab es in der Geschichte Phasen, in denen sich die Preise von den Fundamentaldaten entfernten, was auf der Basis veränderter ökonomischer Rahmenbedingungen aber völlig gerechtfertigt war. Eine solche Episode, die ich in Kapitel 11 beschreiben werde, ist die Relation zwischen der Dividendenrendite von Aktien und der Verzinsung langfristiger Staatsanleihen.

Zwischen 1956 und 1978 lag die Dividendenrendite immer über der Anleihenrendite. Man hielt das für erforderlich, weil Aktien im Vergleich zu Anleihen als riskanter gelten. Die

Strategie, Aktien zu verkaufen, wenn sich der Renditeabstand verringerte, und sie zu kaufen, wenn er größer wurde, war viele Jahrzehnte lang profitabel.

Aber als die USA den Goldstandard verließen, wurde die chronische Inflation allmählich zu einem Einflussfaktor auf die Zinsen. 1957 stiegen die Anleihenrenditen über die Dividendenrenditen, und das blieb ein halbes Jahrhundert lang so. Wer 1957 Aktien verkaufte und Anleihen kaufte, als dieser fundamentale Indikator ein Verkaufssignal gab, erhielt niedrige Renditen. Aktien erwiesen sich als viel besserer Inflationsschutz und lieferten weit höhere Gesamtrenditen als festverzinsliche Papiere.

Es gab auch plausible Gründe, warum die Immobilienpreise in den frühen 2000er-Jahren im historischen Vergleich in Relation zum mittleren Familieneinkommen stiegen. Zunächst gab es einen deutlichen Rückgang der nominalen und realen Zinsen, was die Kosten einer Eigenheimfinanzierung extrem senkte. Zweitens gab es neue Hypotheken-Instrumente wie Subprime- und »Vollfinanzierungs«-Hypotheken, die den gesamten Kaufpreis eines Hauses abdeckten – in manchen Fällen sogar mehr. Diese Hypotheken öffneten Kreditnehmern die Tür, die zuvor nicht kreditwürdig gewesen waren, und verstärkten die Nachfrage am Häusermarkt deutlich. Die Beliebtheit dieser Vollfinanzierungs-Hypotheken wurde von der Nationalen Vereinigung der Immobilienmakler (NAR) angetrieben, als sie im Januar 2006 verkündete, dass 43 Prozent aller Menschen, die erstmals ein Haus kauften, dies ohne Eigenkapital taten, und dass der Mittelwert des Eigenkapitals bei einem durchschnittlichen Haus im Wert von 150.000 Dollar nur bei zwei Prozent lag.[12]

Es gab bekannte und hoch angesehene Ökonomen wie Charles Himmelberg, den leitenden Wirtschaftswissenschaftler der Federal Reserve Bank of New York, Chris Mayer, Direktor des Center for Real Estate an der Columbia University Business School, und Todd Sinai, Immobilienprofessor an der Wharton School, die argumentierten, die niedrigeren Zinsen würden das hohe Niveau der Immobilienpreise rechtfertigen.[13] Manche wiesen auch auf den Boom im Sektor der Zweitwohnsitze hin. Viele dachten, dieser Faktor werde sich viele Jahre lang auswirken, weil die Babyboomer in den Ruhestand gingen.[14]

Aber viele andere bezweifelten die Dauerhaftigkeit des Anstiegs der Häuserpreise. Robert Shiller von der Yale University und sein Kollege Karl Case, die den Case-Shiller-Index der Eigenheime entwickelt hatten, den Maßstab in diesem Bereich, warnten erstmals 2003 in einem Artikel mit dem Titel »Is There a Housing Bubble?«, der in Brookings Papers erschien, vor einer Blase.[15] Dean Baker, Co-Direktor des Center for Economic and Policy Research in Washington, hatte 2005 und 2006 ebenfalls über die Gefahr einer Immobilienblase geschrieben und viele Vorträge darüber gehalten.[16,17] Die Uneinigkeit der Experten über die Existenz einer Immobilienblase hätte die Rating-Agenturen davor warnen müssen, diese Wertpapiere so zu bewerten, als gebe es praktisch keine Wahrscheinlichkeit eines Kreditausfalls.[18]

Das Versagen der Regulierer

Trotz dieser Warnungen glaubten die Regulierungsbehörden im Allgemeinen und vor allem die Federal Reserve nicht, dass die Inflation der Häuserpreise eine Gefahr für die Wirtschaft sei, und sie stellten die hohen Ratings der Subprime-Papiere nicht infrage. Zudem überwachten sie nicht die Anhäufung riskanter Hypothekenpapiere in den Bilanzen der bedeutendsten Finanzinstitutionen. Diese Fehler hinterlassen einen schweren Makel in der Geschichte der Finanzaufsichtsbehörden der USA.

Besonders tragisch ist, dass Alan Greenspan, Chairman der Federal Reserve und bei Weitem der einflussreichste Spitzenbeamte im Bereich der Wirtschaft, die Öffentlichkeit nicht vor den wachsenden Risiken warnte, die der unerwartete Anstieg der Häuserpreise entstehen ließ. Greenspan hätte sich der stark wachsenden Subprime-Kredite und der dadurch entstehenden Gefahren für die Wirtschaft bewusst sein sollen, weil Edward Gramlich, einer seiner Kollegen in der Führung der Federal Reserve, sehr viel über diese Subprime-Instrumente geschrieben und im Juni 2007 ein Buch mit dem Titel *Subprime Mortgages: America's Latest Boom and Bust* veröffentlicht hatte.[19]

Manche haben behauptet, der Fed fehle der Überblick über Finanzinstitutionen, die keine Banken sind, und dass die Auswirkungen hoher Immobilienpreise außerhalb ihres Blickfelds liege. Aber warum sorgte sich Alan Greenspan zehn Jahre zuvor so sehr über den Anstieg der *Aktienkurse*, dass er im Dezember 1996 in seiner berühmten Rede im Economic Club in Washington, D. C. von »irrationalem Überschwang« sprach? Alle Einflussfaktoren auf die Stabilität des Finanzsektors liegen im Verantwortungsbereich der Federal Reserve, ob sie von Banken verursacht werden oder nicht. Greenspans mangelnde Besorgnis über die Anhäufung riskanter Assets in den Bilanzen der Finanzunternehmen wurde deutlich, als er im Oktober 2008 vor Komitees im Kongress erklärte, er sei schockiert und könne nicht fassen, dass die führenden Kreditinstitute keine Maßnahmen ergriffen, um das Eigentum ihrer Aktionäre vor einem starken Rückgang der Häuserpreise zu schützen, und zudem ihre Risiken nicht durch den Einsatz von Finanzderivaten und Credit Default Swaps abdeckten.[20, 21]

Obwohl Greenspan die Finanzkrise nicht vorhersah, mache ich ihn, im Gegensatz zu anderen, nicht dafür verantwortlich, die Immobilienblase verursacht zu haben.[22] Die Politik der Fed, die Leitzinsen langsam zu erhöhen, war nicht die treibende Kraft für den Anstieg der Immobilienpreise. Der Absturz der langfristigen Zinsen, verursacht durch eine Verlangsamung des Wirtschaftswachstums, der Umstieg der Pensionsfonds von Unternehmen von Aktien zu Anleihen, der riesige Reservenaufbau in asiatischen Ländern, vor allem in China, und die starke Zunahme von Subprime- und Vollfinanzierungs-Hypotheken waren weit bedeutender für den Anstieg der Immobilienpreise als die von Greenspan und dem Federal Open Market Committee festgesetzten Leitzinsen. Zudem verstärkten sich die Kräfte, die die Immobilienpreise nach oben trieben, in der ganzen Welt und in Währungen von Nationen mit völlig unabhängigen Zentralbanken. Zum Beispiel stiegen die Häuserpreise in Spanien und Griechenland stark an, also in zwei Ländern, deren Geldpolitik von der Europäischen Zentralbank bestimmt wurde.

Die übermäßige Verschuldung der Finanzinstitutionen mit riskanten Assets

Es ist unwahrscheinlich, dass der Anstieg und der Absturz der Immobilienpreise und der Hypotheken-Wertpapiere *per se* die Finanzkrise oder eine schwere Rezession ausgelöst hätten, wäre es nicht zur Anhäufung dieser Wertpapiere in den Bilanzen wichtiger Finanzunternehmen gekommen. Der Gesamtwert von alt-A (Kredite, deren Qualität leicht über Subprime liegt) und Jumbo-Hypotheken erreichte im zweiten Quartal 2007 2,8 Billionen Dollar.[23] Selbst wenn die Kurse aller dieser Wertpapiere auf null gefallen wären, wäre der Wertverlust geringer gewesen als beim Crash der Technologieaktien sieben Jahre zuvor. Und dieser Kollaps des Aktienmarkts verursachte nur eine gemäßigte Rezession, trotz der Turbulenzen nach den vernichtenden Terroranschlägen vom 11. September.

Der große Unterschied zwischen beiden Episoden besteht darin, dass die Brokerhäuser und die Investmentbanken am Höhepunkt des Tech-Booms nur geringe Mengen spekulativer Aktien hielten, deren Kurse vor dem Absturz standen. Die Investmentfirmen hatten nämlich schon vor dem Platzen der Dotcom-Blase praktisch alle ihre riskanten Assets an Investoren verkauft.

Ganz im Gegensatz dazu war die Wall Street am Höhepunkt des Immobilienmarkts bis zum Äußersten in Immobilientitel investiert. Wie schon erwähnt: Bei sinkenden Zinsen waren die Anleger hungrig auf Rendite, und diese Wertpapiere auf Hypothekenbasis boten höhere Zinsen als vergleichbare Unternehmens- oder Staatsanleihen. Das verleitete Investmentbanken wie Bear Stearns dazu, diese Anleihen mit dem Versprechen höherer Renditen bei vergleichbarer Sicherheit an Investoren zu verkaufen.[24] Obwohl viele Investmentbanken diese Anleihen auch auf eigene Rechnung hielten, wuchsen ihre Bestände an Subprime-Anleihen deutlich, als sie gezwungen waren, wegen Beschwerden der Investoren, sie seien über deren Risiken nicht vollständig informiert worden, die in Schwierigkeiten geratenen Subprime-Fonds zurückzunehmen.[25]

Die Risiken für das Finanzsystem wurden verstärkt, als AIG, das größte Versicherungsunternehmen der Welt, anbot, diese Hypothekenpapiere im Wert von mehreren Milliarden Dollar mit einem Instrument namens *Credit Default Swap* gegen Zahlungsausfälle abzusichern. Als die Preise dieser Hypotheken fielen, musste AIG Reserven in Milliardenhöhe aufbringen, und die hatte AIG nicht. Zeitgleich bemerkten Investmentbanken, die sich heftig verschuldet hatten, um diese Hypotheken zu kaufen, dass ihre Finanzmittel versiegt waren, als Investoren ihre Kredite zurückforderten, die sich auf diese Assets bezogen. Der Wertverlust dieser Hypothekenpapiere löste die Finanzkrise aus. Wahrscheinlich wäre Ende 2000 eine ähnliche Liquiditätskrise entstanden, hätten Investmentbanken damals Technologieaktien auf Kredit gekauft. Das hatten sie aber nicht getan.

Die Rolle der Federal Reserve bei der Milderung der Krise

Kredite sind das Herzblut, das Öl, das für das Funktionieren aller großen Volkswirtschaften erforderlich ist. In einer Finanzkrise werden Institutionen plötzlich misstrauisch betrachtet, die man zuvor für sicher und vertrauenswürdig gehalten hatte. Als Lehman insolvent wurde, breiteten sich Befürchtungen aus, dass viele andere Finanzinstitute ebenfalls Probleme haben könnten. Daher kündigten Gläubiger ihre Kredite und kürzten ihre Kreditrahmen. Gleichzeitig verkauften Investoren riskante Assets und versuchten, den Anteil »sicherer« Assets in ihren Depots zu erhöhen.

Aber es gibt nur eine Institution, die in Krisenzeiten für solche Liquidität sorgen kann, und zwar die Zentralbank – eine Einrichtung, die Walter Bagehot, ein im 19. Jahrhundert lebender englischer Journalist als »letzten verfügbaren Kreditgeber« bezeichnet hat.[26] Die Zentralbank schafft Liquidität, indem sie Banken Reserven zubilligt, die bei ihr Kredite aufnehmen oder ihr Wertpapiere verkaufen. Banken können diese Reserven auf Antrag in Zentralbanknoten oder »Währung« umwandeln, das ultimative liquide Asset. Auf diese Weise können Zentralbanken auf einen »Bankenrun« oder den Wunsch von Investoren reagieren, ihre Guthaben in Form von Währung abzuheben. Sie leiht solchen Banken Reserven auf deren Assets. Dabei spielt es keine Rolle, ob die Qualität oder der Preis dieser Assets gesunken sind oder nicht.

Der letzte verfügbare Kreditgeber in Aktion

Nach der Lehman-Pleite lieferte die Fed die Liquidität, die der Markt sich wünschte. Am 19. September, drei Tage nachdem der Reserve Primary Fund angekündigt hatte, Einlagen nicht in voller Höhe zurückzuzahlen, versicherte das Finanzministerium, es stehe in voller Höhe für die Kundeneinlagen bei Geldmarktfonds gerade. Das Finanzministerium wies darauf hin, es werde dazu das Geld seines Exchange Stabilisation Fund verwenden, das normalerweise für Devisentransaktionen und zur Absicherung seines Pensionsplans eingesetzt wird. Aber weil das Finanzministerium nur 50 Milliarden Dollar in seinem Fonds hatte, weniger als zwei Prozent des in Geldmarktfonds investierten Kapitals, war es auf eine unbegrenzte Kreditlinie der Fed angewiesen, um seine Versprechen halten zu können. Die Fed selbst schuf eine Kreditfazilität, um mehr projektgebundene Darlehen an Banken vergeben zu können, die Wertpapiere von Geldmarktfonds kauften[27], und einen Monat später wurde die Money Market Investor Funding Facility eingerichtet.

Am 29. September 2008 verkündete die Federal Deposit Insurance Corporation (FDIC), sie habe mit Citigroup ein Abkommen zur Teilung von Verlusten getroffen. Es betraf ein Kreditaufkommen in Höhe von 312 Milliarden Dollar. Citigroup werde die ersten 42 Milliarden Verluste übernehmen, die FDIC alle Verluste, die darüber hinausgingen. Die Fed gewährte einen projektgebundenen Kredit für die restlichen 270 Milliarden Dollar. Im Januar folgte eine ähnliche Vereinbarung mit der Bank of America, das etwa ein Drittel dieses Volumens umfasste. Im Gegenzug emittierte Citigroup für die FDIC Vorzugsaktien und Optionsscheine im Gegenwert von zwölf Milliarden Dollar. Am 18. September vereinbarte die Fed mit den führenden Zentralbanken der Welt ein Swap-Abkommen im Volumen von 180 Milliarden Dollar, um die Liquidität an den globalen Finanzmärkten zu erhöhen.

Zusätzlich zu den Geldmarktfonds-Garantien unmittelbar nach der Lehman-Pleite verkündete das FDIC am 7. Oktober eine Erhöhung der Einlagensicherung auf 250.000 Dollar pro Kontoinhaber, autorisiert durch den Emergency Economic Stabilisation Act von 2008, den der Kongress vier Tage zuvor erlassen hatte. Am 14. Oktober schuf das FDIC ein neues Temporary Liquidity Guarantee Program, das vorrangige Kredite aller von der FDIC abgesicherten Institutionen und ihrer Holding-Unternehmen garantierte, zudem Anlagen in unverzinsten Konten.[28] Folglich betraf die Garantie der Regierung im Prinzip alle Einlagen, weil sie laut Insolvenzrecht vorrangig sind.

Nur mit vollständiger Rückendeckung durch die Federal Reserve konnte das FDIC diese Garantien gewähren. Das FDIC hat zwar einen Treuhandfonds, aber dessen Volumen entspricht nur einem winzigen Bruchteil der Einlagen, die es absichert.[29] Die Glaubwürdigkeit des FDIC, seine Versprechen zu halten, ebenso wie die des Exchange Stabilization Fund zur »Absicherung« der Geldmarktkonten hängt von einem unbegrenzten Kreditrahmen der Federal Reserve ab.

Warum führten die Federal Reserve und ihr Chairman Bernanke alle diese kühnen Aktionen durch, um dem Privatsektor ausreichende Liquidität zu sichern? Wegen der Lektionen, die er und andere Ökonomen durch das gelernt hatten, was die Zentralbanken während der Großen Depression *nicht* taten.

Jeder Makroökonom hat das 1963 erschienene Buch *The Monetary History of the United States* studiert, geschrieben von Milton Friedman, Professor für Wirtschaftswissenschaften an der University of Chicago und Nobelpreisträger. Seine Studien verdammten die Federal Reserve dafür, dass sie dabei versagt hatte, während der Großen Depression dem Bankensystem Reserven zur Verfügung zu stellen. Es war sicher, dass Ben Bernanke, der am Massachusetts Institute of Technology über ein Spezialthema der monetären Theorie und Politik promoviert hatte, Friedmans Studien sehr genau kannte und entschlossen war, die Fehler der Fed nicht zu wiederholen.[30] In einer Rede bei der Feier von Friedmans 90. Geburtstag, sechs

Jahre vor der Finanzkrise, sagte Bernanke zu Professor Friedman: »Was die Große Depression betrifft, haben Sie recht. Wir waren daran schuld. Das tut uns sehr leid. Aber dank Ihnen werden wir das nie wieder tun.«[31]

Hätte man Lehman Brothers retten sollen?

Obwohl die Fed *nach* dem Ende von Lehman Brothers aktiv wurde, werden Ökonomen und Analysten noch jahrelang darüber diskutieren, ob die Zentralbank die notleidende Investmentbank hätte retten sollen. Die Federal Reserve behauptet zwar, sie hätte nicht die volle gesetzmäßige Autorität gehabt, Lehman zu retten, aber die Fakten sprechen eine andere Sprache. 1932 ergänzte der Kongress den Federal Reserve Act von 1913 durch Abschnitt 13 (3). Der Wortlaut:

> *Bei ungewöhnlichen und dringlichen Umständen kann das Board of Governors des Federal Reserve System mit Zustimmung von mindestens fünf Mitgliedern jede Federal Reserve Bank ermächtigen, während solcher Phasen, die das genannte Vorstandskomitee bestimmen kann ... für jedes Individuum, jede Handelsgesellschaft und jedes Unternehmen Schuldverschreibungen und Wechsel diskontieren, wenn (sie) nach Ansicht der Federal Reserve Bank ausreichend abgesichert sind. Vorausgesetzt, dass die Bank der Federal Reserve ... Beweise dafür erhält, dass das Individuum, die Handelsgesellschaft oder das Unternehmen nicht in der Lage ist, sich bei anderen Bankinstituten angemessene Kreditbedingungen zu sichern.*[32]

Es besteht kein Zweifel, dass Lehman am Wochenende vor der Insolvenzerklärung die Anforderungen für einen Kredit der Fed erfüllte, denn Lehman war sicherlich »nicht in der Lage, sich bei anderen Bankinstituten angemessene Kreditbedingungen zu sichern«.

Der Grund, warum die Fed Lehman nicht rettete, war eher politischer als ökonomischer Natur. Die vorangegangenen Rettungen von Bear Stearns, Fannie Mae und Freddie Mac waren in der Öffentlichkeit heftig kritisiert worden, vor allem von den Republikanern. Nach der Rettung von Bear Stearns im März entschied die Bush-Regierung: »Keine Rettungsmaßnahmen mehr.« Finanzminister Henry Paulson teilte Lehman Brothers kurz nach der Rettung von Bear Stearns mit, die Bank solle ihre Angelegenheiten regeln und keine Hilfe von der Regierung erwarten. Wenige Tage vor Lehmans Insolvenzantrag hatte die Fed einen Kreditantrag der Firma in Höhe von 40 Milliarden Dollar abgelehnt. Finanzminister Paulson und die Fed hofften, nach so deutlichen Vorwarnungen würden die Finanzmärkte eine Pleite Lehmans ohne große Verwerfungen verdauen können.[33]

In Wahrheit aber war es schon zu spät, als das Finanzministerium Lehman im März aufforderte, seine Bilanz in Ordnung zu bringen. Lehman hatte sich nicht nur stark verschuldet, um Subprime-Hypotheken zu kaufen, sondern zusammen mit der Bank of America einen Kredit von 17 Milliarden Dollar an Tishman Speyer vergeben, damit dieser Kunde für 22,2 Milliarden Dollar den Archstone-Smith Trust kaufen konnte. Lehman hoffte, diese Schuldpapiere zu hohen Gebühren an neue Interessenten verkaufen zu können, so wie Blackstone vorgegangen war, als am Hoch des Markts die Vermögensanteile von Sam Zell verkauft wurden. Aber Lehman blieb auf nicht verkauften Immobilien im Volumen von fünf Milliarden Dollar sitzen. Manche halten dies für das schlechteste Geschäft, das Lehman jemals getätigt hat.[34] Obwohl CEO Richard Fuld weiterhin betonte, Lehman sei zahlungsfähig, wussten die Trader, dass Lehman wegen des fallenden Immobilienmarkts kaum Überlebenschancen hatte. Der Weg zur Insolvenz wurde endgültig beschritten, als Lehman sich auf Hypothekenpapiere und den überhitzten Immobilienmarkt stürzte.

Die Entscheidung der Fed, AIG zu retten, wurde durch das unerwartete finanzielle Chaos notwendig, das unmittelbar auf Lehmans Pleite folgte. Die Fed und das Finanzministerium, schockiert durch den plötzlichen Ansturm der Investoren auf Bargeld und die steigenden Risikoprämien an den internationalen Geldmärkten, war der Meinung, eine weitere Pleite, die Anleihen und Credit Default Swaps im Gegenwert von Hunderten Milliarden Dollar gefährdete, würde wahrscheinlich das globale Finanzsystem zum Einsturz bringen. Trotz der Tatsache, dass AIG als Versicherungsunternehmen wohl weiter vom Verantwortungsbereich der Fed entfernt war als Lehman, rettete die Fed den Versicherungsgiganten.[35] Ich zweifle kaum daran, dass die Fed gezwungen gewesen wäre, Lehman am nächsten Tag zu retten, wäre AIG zuerst in die Pleite gerutscht.

Das Troubled Asset Relief Program (TARP), das ich im folgenden Kapitel detailliert beschreiben werde, war beim Versuch, die Finanzkrise abzuwenden, nicht von nennenswerter Bedeutung. Das lag daran, dass alle vom TARP autorisierten Finanzmittel und sogar mehr schon bei der bisherigen Gesetzeslage ohne Zustimmung des Kongresses zur Verfügung standen. TARP wurde von Bernanke und Paulson vorangetrieben, um sich politische Rückendeckung zu verschaffen. Sie wussten, dass die Rettungsmaßnahmen extrem unpopulär sein würden, und wollten, dass der Kongress ihre Maßnahmen billigte.

Der Fed-Historiker Allan Meltzer, Professor für Wirtschaftswissenschaften an der Carnegie-Mellon University, behauptete, die Fed mache einen schweren Fehler, indem sie Erwartungen wecke, sie werde Finanzinstitute wie Bear Stearns retten, deren Bankrott das Finanzsystem bedrohte, dann aber Lehman kollabieren lasse.[36] Das bestätigte Charles Plosser, Präsident der Federal Reserve Bank of Philadelphia, der glaubte, eine Pleite von Bear Stearns im März hätte vom Markt verkraftet werden und andere Firmen dazu veranlassen können, ihre Liquidität zu erhöhen, um weiteren Schaden zu vermeiden.

Ich halte es aber für viel wahrscheinlicher, dass eine Pleite von Bear Stearns den Run auf Lehman stark beschleunigt und die Krise dann schon im März statt im September ausgelöst hätte. Es ist nicht vorstellbar, dass Finanzunternehmen die Rettung von Bear Stearns durch die Fed als Signal verstanden haben, noch mehr riskante Assets zu kaufen, weil die Fed problembelastete Firmen retten würde. Hier muss angemerkt werden, dass die »Rettung« von Bear Stearns bedeutete, dass die Firma zerlegt wurde und die Aktionäre nur einen winzigen Teil des Buchwerts erhielten. AIGs Anteilseigner führen noch immer Gerichtsprozesse wegen der fast vollständigen Übernahme des Versicherungsriesen durch die Staatsregierung, als er vor der sicheren Pleite gerettet wurde. 2008 war es für die Regulierungsbehörden schon zu spät, der Krise entgegenzuwirken. Sie hätten um Jahre früher aktiv werden müssen, als die Rating-Agenturen ihr AAA auf Subprime-Hypotheken und Banken stempelten, die auf höhere Renditen aus waren. So begann die Verschuldung in diesen Wertpapieren.

Gedanken über die Krise

Der übermäßige Einsatz von Fremdkapital vor der Finanzkrise wurde durch das Absinken der Risiken angeregt, das sich während des langen Zeitraums finanzieller Stabilität vor der Finanzkrise ereignete. Auch durch die Fehlbewertung von Hypotheken-Wertpapieren durch die Rating-Agenturen, die Förderung von Wohneigentum durch das politische Establishment und den mangelnden Überblick wichtiger Regulierungsbehörden, insbesondere der Federal Reserve. Die Hauptverantwortung tragen aber die Manager vieler dieser Finanzunternehmen. Sie waren unfähig, die Bedrohungen ihrer Firmen zu begreifen, falls der Immobilienboom enden sollte, und sie schoben ihre Verantwortung für die Einschätzung von Risiken auf Techniker ab, die fehlerhafte Statistikprogramme anwendeten.

Die Finanzkrise zerstörte auch den Mythos, der während Greenspans Amtszeit als Chairman der Federal Reserve entstand, die Federal Reserve könne die Wirtschaft genau abstimmen und den Konjunkturzyklus eliminieren. Dennoch: Obwohl die Federal Reserve die Krise nicht kommen sah, handelte sie schnell, um für Liquidität zu sorgen, und verhinderte eine wesentlich schlimmere Rezession.

Die Finanzkrise 2008 wird durch folgende Analogie illustriert: Zweifellos haben die Fortschritte im Ingenieurwesen Autos sicherer gemacht, als sie es vor 50 Jahren waren. Das bedeutet aber nicht, dass das Auto bei jeder Geschwindigkeit sicher ist. Eine kleine Unebenheit auf der Straße kann ebenso sicher das modernste Auto zum Überschlag bringen, wenn es mit 190 Kilometer pro Stunde unterwegs ist, wie es bei einem älteren Modell der Fall ist, das mit 130 Kilometern pro Stunde gefahren wird. Während der Großen Mäßigung waren die Risiken tatsächlich niedriger, und es war vernünftig, dass Firmen daraufhin ihre Verschuldung erhöhten. Aber diese Verschuldung wurde zu hoch, und daher war nur ein unerwarteter Anstieg der Ausfallquote von Subprime-Hypotheken – eben diese »Unebenheit auf der Straße – erforderlich, um die Wirtschaft in eine Krise zu stürzen.

3. Die Märkte, die Wirtschaft und die Regierungspolitik nach der Krise

Man sollte eine ernste Krise niemals ungenutzt lassen. Sie bietet die Gelegenheit, wichtige Dinge zu tun, die sonst nicht machbar gewesen wären.
Rahm Emanuel, Chief of Staff im Weißen Haus unter Präsident Obama
November 2008

Der Kreditschock, stark sinkende Immobilienpreise und abstürzende Aktienmärkte lösten in den entwickelten Ländern die tiefste Rezession seit dem Zweiten Weltkrieg aus. In den USA sank das BIP vom vierten Quartal 2007 bis zum zweiten Quartal 2009 um 4,3 Prozent. Das übertraf den früheren Rekordwert einer Rezession von 3,1 Prozent aus den Jahren von 1973–1975 bei Weitem. Die 18-monatige Rezession von Dezember 2007 bis Juni 2009 war die längste seit der 43-monatigen Rezession während der Großen Depression in den frühen 1930er-Jahren, die Arbeitslosenquote stieg auf 10,0 Prozent im Oktober 2009. Obwohl sie um 0,8 Prozent niedriger lag als das Nachkriegs-Rekordniveau von 10,8 Prozent im November 1982, blieb die Arbeitslosenquote drei Jahre lang über acht Prozent, mehr als doppelt so lange wie die Rezession 1981–1982.

Abbildung 3.1 zeigt: Obwohl die Krise in den USA entstand, war der Rückgang des US-BIPs geringer als in den meisten Ländern der entwickelten Welt. Die Produktion sank in Japan um 9,14 Prozent, in der Eurozone um 5,50 Prozent und in Deutschland, der größten Volkswirtschaft Europas, um 6,80 Prozent. In Kanada, wo sich die Banken nie so stark in Immobilien-Wertpapieren verschuldet hatten wie in den USA, gab es den geringsten Rückgang.

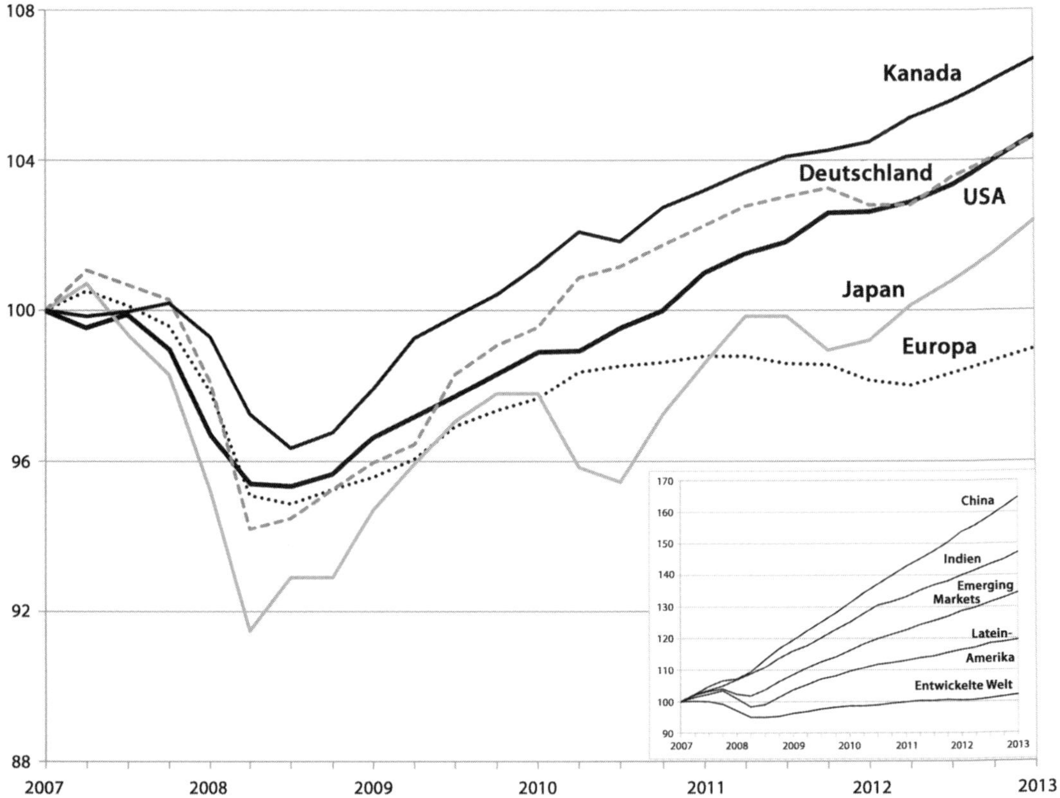

Abbildung 3.1: Internationaler BIP-Vergleich während der Finanzkrise und der Großen Rezession (Quartal 2007 = 100)

Abbildung 3.1 zeigt auch, dass die Volkswirtschaften der Emerging Markets dem ökonomischen Schock weit besser widerstanden als die entwickelte Welt. Das reale BIP-Wachstum verlangsamte sich zwar, aber es ging in schnell wachsenden Ländern wie China und Indien nicht zurück. In den Emerging Markets sank das BIP im Durchschnitt nur um drei Prozent, und im zweiten Quartal hatte ihre Produktion das frühere Hoch übertroffen. Im Gegensatz dazu erreichte die Produktion erst Ende 2011 wieder das alte Niveau, Japan kam Ende 2013 auf ein neues Hoch, in Europa lag die Produktion noch darunter.

Inflationsvermeidung

Trotz der Schwere der Großen Rezession kann man ihr Ausmaß in keiner Weise mit dem Rückgang der Wirtschaftsaktivitäten während der Großen Depression in den 1930er-Jahren vergleichen. Das reale BIP in den USA fiel zwischen 1929 und 1933 um 26,3 Prozent, also mehr als fünf Mal so stark wie während der Großen Rezession, und die Arbeitslosenquote stieg auf 25 bis 30 Prozent.[1,2] Ein Grund für diesen Unterschied war das Verhalten des Preisniveaus. Zwischen September 1929 und März 1933 sanken die Verbraucherpreise um 27 Prozent, der stärkste Rückgang des Verbraucherpreis-Index während der Großen Rezession betrug 3,5 Prozent.[3] Im März 2010 überstieg er sein Hoch vor der Krise, nach der Großen Depression dauerte es 14 Jahre, bis die Verbraucherpreise das Niveau von 1929 wieder erreichten.

Deflation verschlimmert einen Konjunkturzyklus, weil sinkende Löhne und Preise die Schuldenlast vergrößern, die an Realwert gewinnt, wenn die Preise sinken. 2007, vor der Finanzkrise, hatten die Verbraucher schon eine Schuldenlast in Rekordhöhe. Wären Löhne und Preise so stark gesunken wie während der Großen Depression, hätten die Schuldenlast der Verbraucher und die Hypothekenschulden real um ein Drittel zugenommen, was die Zahl der Insolvenzen massiv erhöht hätte.[4] Dies ist der Grund, warum die Stabilisierung des Preisniveaus für die Federal Reserve Priorität hatte, und eine wichtige Ursache dafür, dass die Ausgaben von Konsumenten und Unternehmen während der Rezession von 2007 bis 2009 im Vergleich zu den 1930-Jahren weniger stark sanken.[5]

Die Federal Reserve konnte Deflation vermeiden, indem sie die Geldversorgung stabilisierte. In der Großen Depression sank die Geldversorgung, gemessen an Nachfrage und Bankguthaben (M2) zwischen August 1929 und März 1933 um 29 Prozent.[6] Im Gegensatz dazu stieg die Geldversorgung während der Finanzkrise 2008 sogar, weil die Federal Reserve die Gesamtreserven auf mehr als eine Billion Dollar erhöhte. Das schuf genügend Reserven, und Banken mussten, anders als in den 1930er-Jahren, keine Kredite kündigen. Man kann natürlich die Frage stellen, ob die späteren Injektionen von Reserven (Quantitative Easing genannt) der Wirtschaft halfen, aber es besteht kaum ein Zweifel, dass die ursprüngliche Versorgung mit Liquidität entscheidend war, um die Finanzmärkte zu stabilisieren und einen weit schlimmeren Niedergang zu verhindern.

Die Reaktionen der Finanzmärkte auf die Finanzkrise

Aktien

Trotz der Aktionen der Federal Reserve zur Abmilderung des ökonomischen Rückgangs hatte die Kredit-Kontraktion nach dem Bankrott von Lehman einen zerstörerischen Einfluss auf die Aktienmärkte, die ihren schlimmsten Rückgang seit 75 Jahren erlitten. In den neun Wochen nach dem 15. September fiel der S&P-500-Index um 40 Prozent auf ein Intraday-Tief von 740 Punkten am 21. November. Schließlich sank dieser breit konzipierte Index am 9.März 2009 auf 676 Punkte; fast 57 Prozent unter dem Rekord-Schlussstand anderthalb

Jahre zuvor. Obwohl der Rückgang des maßgeblichen Index den alten Nachkriegsrekord von 48 Prozent übertraf, der zwischen Januar 1973 und Oktober 1974 entstanden war, erreichte er nicht den Rückgang von mehr als 87 Prozent während der Großen Depression.[7] Vom Markthoch im Oktober 2007 bis März 2009 sank der Wert der US-Aktienbörsen um elf Billionen Dollar, was 70 Prozent des US-BIPs entsprach.

Die Volatilität der Aktienkurse stieg markant, wie immer in Baissephasen. Der Volatilitäts-Index VIX, der die Prämien von Puts und Calls am Aktienmarkt misst (also im Prinzip die Kosten der »Versicherung« eines Aktiendepots), stieg von unter 10 im März 2007, vor Anbruch der Krise, auf fast 90 unmittelbar nach der Lehman-Pleite. Das übertraf jedes Niveau in der Nachkriegszeit, mit Ausnahme dessen unmittelbar nach dem Aktiencrash am 19. Oktober 1987.[8]

Ein weiteres Volatilitätsmaß, die Anzahl der Tage mit Aktienkursbewegungen von mindestens fünf Prozent, stieg scharf bis auf Niveaus an, die man seit den frühen 1930er-Jahren nicht mehr gesehen hatte. Zwischen der Lehman-Pleite am 15. September und dem 1. Dezember verzeichnete der Dow Industrials neun Tage mit Kursverlusten und sechs Tage mit Kursgewinnen von mindestens fünf Prozent. Mit Ausnahme der 1930er-Jahre, als es 78 Tage mit solchen Veränderungen gab, übertrafen diese 15 Tage die Gesamtsumme in jedem Jahrzehnt seit 1890.[9]

Der Absturz der US-Aktienmärkte wirkte sich auf andere Länder aus. Auf der ganzen Welt ging ein Aktienwert von etwa 33 Milliarden Dollar verloren, was etwa 50 Prozent des globalen BIPs entsprach.[10] In den Landeswährungen gerechnet sank der Morgan Stanley EAFE-Index für entwickelte Länder außerhalb der USA fast genauso stark wie in den USA, aber weil der Dollar während dieses Zeitraums an Wert zulegte, betrug der Index-Verlust, in Dollar berechnet, 62 Prozent. Ebenfalls in Dollar sanken die Aktien aus den Emerging Markets um 64 Prozent. In den lokalen Währungen waren die Verluste geringer, weil fast alle Währungen der Emerging Markets, mit Ausnahme des chinesischen Yuan, gegen den Dollar an Wert verloren.[11]

Der Rückgang an den Aktienbörsen der Emerging Markets war mit dem während der Asienkrise 1997–1998 fast identisch. Aber die Tiefs der Emerging-Market-Indizes 2009 waren immer noch deutlich höher als am Höhepunkt der Baisse 2002. Das unterschied sich von den USA und den meisten entwickelten Märkten, wo die Indizes unter das Baissetief 2002 sanken.

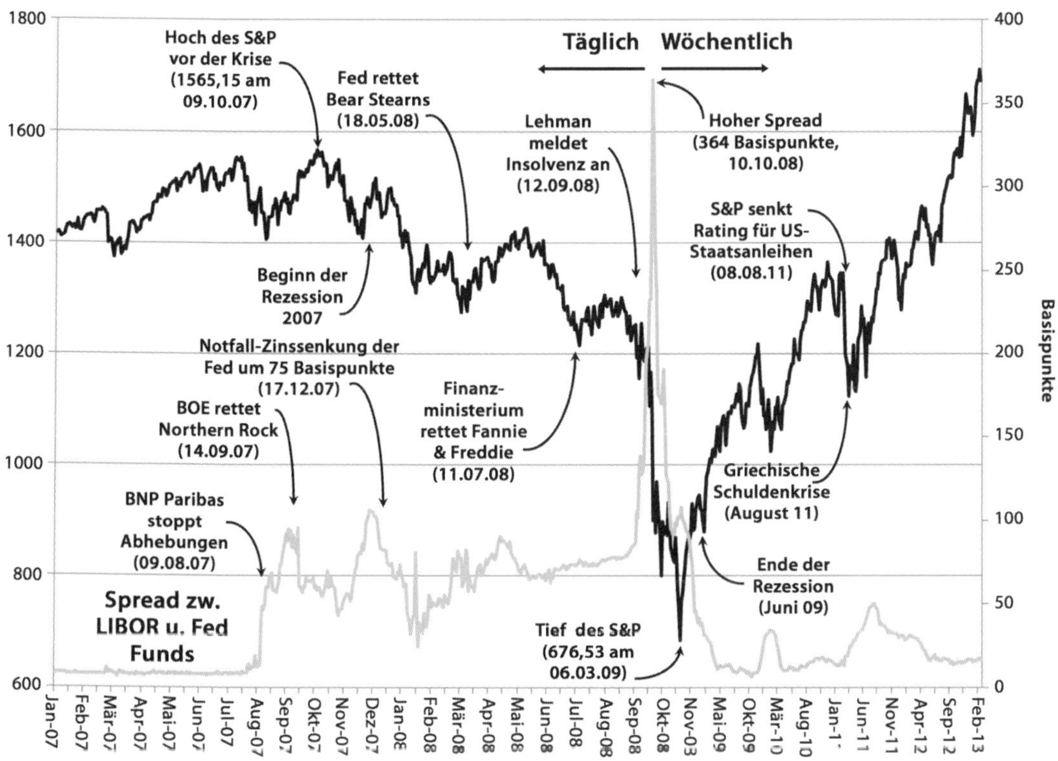

Abbildung 3.2: Der S&P-500 und der Spread zwischen LIBOR und Fed Funds während der Finanzkrise von Januar 2007 bis Juni 2013

Bestimmte Aktiensektoren, die sich während der Frühphase des Rückgangs gut gehalten hatte, fielen massiv, als die Kreditmärkte einfroren. Real Estate Investment Trusts (REITs) sind ein Beispiel. Da sie wegen der Rendite kauften, erwarben zunächst Scharen von Investoren diese Aktien, weil die Zinsen sanken, und REITs stiegen tatsächlich in der Woche nach Lehmans Untergang. Aber als die Anleger dann befürchteten, die Kreditgeber würden die Kreditlinien kürzen, verloren REITs innerhalb von zehn Wochen erstaunliche zwei Drittel ihres Werts und fielen insgesamt um 75 Prozent, bis die Baisse im März 2009 endete. REITs, die mit kurzfristigen Krediten finanziert waren oder sich während des Booms höher verschuldet hatten, um die Rendite für die Investoren zu erhöhen, wurden besonders hart getroffen[12]

Der Finanzsektor des S&P-500 fiel vom Hoch im Mai 2007 bis zum Tief im März 2009 um 84 Prozent, was einen Aktienwert von 2,5 Billionen Dollar vernichtete. Der prozentuale Absturz übertraf den des S&P-Technologiesektors, der von 2000 bis 2002 einen Rückgang von 82,2 Prozent verzeichnet hatte, aber weil die Bewertungen des Tech-Sektors am Höhepunkt mehr als drei Mal so hoch gewesen waren wie die der Finanztitel, sank der damalige Wert viel stärker, nämlich um vier Billionen Dollar.[13] Dennoch: Während der Tech-Crash die

Gesamtmarktgewinne von fünf Jahren auslöschte, waren es während der Finanzkrise 17 Jahre, was die Aktienkurse auf das Niveau von 1992 zurückführte.

Viele Finanzaktien verloren viel mehr als den Branchendurchschnitt von 84 Prozent. Vom Hoch bis zum Tief verlor die Bank of America 94,5 Prozent des Marktwerts ihrer Aktie, bei Citibank waren es 98,3 Prozent, bei AIG erstaunliche 99,5 Prozent.[14] Die Aktionäre von Lehman Brothers, Washington Mutual und vieler kleinerer Finanzinstitute verloren alles, während die Aktionäre von Fannie Mae und Freddie Mac, der riesigen, von der Regierung gesponserten Unternehmen, die in den frühen 1980er-Jahren an die Börse gegangen waren, noch einen Hauch Hoffnung haben, einen Teil ihres Kapitals wiederzuerhalten.[15] Viele internationale Banken schnitten ebenso schlecht ab wie die US-Banken. Vom Hoch bis zum Tief sanken Barclays um 93 Prozent, BNP Paribas um 79 Prozent, HSBC um 75 Prozent und UBS um 88 Prozent. Die Royal Bank of Scotland, die zum Überleben einen Kredit der Bank of England brauchte, verlor 99 Prozent.

Der prozentuale Verlust des S&P-500 war höher als der Rückgang der operativen Gewinne der darin enthaltenen Unternehmen. Die operativen Gewinne sanken vom Rekordstand von 91,47 Dollar in den zwölf Monaten bis zum 30. Juni 1997 auf 39,61 Dollar bis zum 30. September 2009. Aber der Rückgang der veröffentlichten Gewinne war viel stärker: Infolge des *Verlusts* der S&P-500-Firmen von 23,25 Dollar im vierten Quartal 2008 sanken die Jahresgewinne von 84,92 Dollar 1997 auf nur 6,86 Dollar bis zum 31. März 2009. Dieser Gewinnrückgang um 92 Prozent übertraf den zwischen 1929 bis 1932, der bei 83 Prozent lag.[16]

Die riesigen Abschreibungen der Finanzunternehmen waren der Hauptgrund des vernichtenden Gewinneinbruchs des S&P-500 2008 und 2009. Bei der Gewinnberechnung des S&P-500-Index ist es die Politik von Standard & Poor's, Dollar für Dollar alle Gewinne und Verluste der einzelnen Firmen zu addieren und die zusammengefassten Gewinne mit dem Gesamtwert der Aktien im S&P-500 zu vergleichen, um das KGV des Index zu berechnen. Der Verlust von 61 Milliarden Dollar im vierten Quartal 2008 bei AIG, die eine Index-Gewichtung von nur 0,2 Prozent hat, übertraf die gesamten Gewinne der 30 profitabelsten Firmen im Index, deren Gewichtung fast 50 Prozent beträgt. S&Ps Methode der Addition von Firmengewinnen Dollar für Dollar unterschätzt in Rezessionen, wenn einige wenige Firmen hohe Verluste melden, die Gewinne und gibt dem Index-KGV eine viel zu hohe Bedeutung.[17] Tatsächlich sanken die gesamten Nachsteuergewinne, berechnet aus dem Volkseinkommen und den Produktionsberichten von den zwölf Monaten bis zum 30. Juni und denen bis zum 31. März 2009 nur um 24 Prozent.

Immobilien

Ich habe schon angemerkt, dass die Akkumulation von Immobilien und auf Immobilien basierenden Wertpapieren in den Portfolios mit hohen Krediten arbeitender Finanzinstitute der Hauptgrund der Finanzkrise war. Die Federal Reserve berichtete in ihrem vierteljährlichen *Flow of Funds Report*, dass der Wert der Wohnimmobilien vom dritten Quartal 2007 bis zum ersten Quartal 2009 um 27 Prozent von 24,2 Billionen auf 17,6 Billionen Dollar gefallen war. Der Shiller-Index. der die Preise von Wohnimmobilien in 20 großstädtischen Regionen misst, sank um 26 Prozent,[18] und die Preise von Geschäftsimmobilien fielen von Oktober 2007 bis November 2009 um 41 Prozent.[19]

Schwankungen der Immobilienpreise haben wichtige Auswirkungen auf die Wirtschaft. Es wurde geschätzt, dass die Verbraucher während des Immobilienbooms von 2002–2006[20] zwischen 25 und 30 Prozent ihrer Häuserkredite für Konsumzwecke ausgegeben haben. Da solche Kredite im Durchschnitt 0,25 Prozent des BIP ausmachen, trug der durch die Wertsteigerung der Häuser angetriebene Boom des Konsums in diesem Zeitraum etwa 0,75 Prozentpunkte zum BIP oder ein Viertel zur jährlichen Wachstumsrate der US-Wirtschaft bei. Nach 2008 reduzierte der Absturz der Häuserpreise den Konsum und trug wesentlich zur langsamen Erholung von der Großen Rezession bei.

Märkte für Staatsanleihen

Nach Lehmans Bankrott ließ die Flucht in die Sicherheit die Rendite kurzfristiger Staatsanleihen auf null und noch tiefer sinken. Am 4. Dezember 2008 fiel die Rendite der 90-Tage-Titel auf ein Allzeittief von minus 1,6 Basispunkten.[21] Die riesige Nachfrage nach Staatsanleihen dehnte sich auf Titel mit langer Laufzeit aus. Die Rendite der zehnjährigen Anleihen sank Ende 2008 in den Bereich um zwei Prozent. Sie fiel dann noch vier Jahre lang und erreichte im Juli 2012 ihr Tief von 1,39 Prozent.

Während der Krise gewährte die Federal Reserve den Märkten nicht nur Liquidität, sondern senkte auch deutlich die Fed Funds Rate. In einer Dringlichkeitssitzung am 23. Oktober 2008 senkte die Fed das Zinsziel von 2,0 auf 1,5 Prozent, in der regulären Sitzung im November wurde es weiter auf 1,0 Prozent gesenkt. Als sich die Bedingungen weiter verschlechterten, senkte das Federal Open Market Committee die Fed Funds Rate auf ein Allzeittief zwischen 0 und 0,25 Prozent. Ende 2013 stand sie immer noch dort; der längste Zeitraum ohne Veränderung seit dem Zweiten Weltkrieg.

Obwohl die Garantien der Federal Reserve für Bankeinlagen und Geldmarktfonds die Liquiditätspanik stoppten, konnte die Fed die Schockwellen an den Kreditmärkten nicht verhindern. Während die Zinsen langfristiger Staatsanleihen deutlich sanken, stiegen die Zinsen kurzfristiger Titel. Der Spread zwischen der Unternehmensanleihe mit der niedrigsten Investmentqualität und der zehnjährigen Staatsanleihe erreichte im November 2008 6,1 Prozent; der höchste Stand seit dem Spread von 8,91 Prozent im Mai 1932, nahe am Tiefpunkt der Großen Depression. Der Spread zwischen niedriger bewerteten 30-jährigen Unternehmensanleihen und Staatsanleihen stieg von vier auf fast acht Prozentpunkte nach der Rettung von Bear Stearns und bis zum Rekordstand von 15,1 Punkten in der ersten Januarwoche 2009.

Der LIBOR-Markt

Einer der meistbeachteten Spreads am Geldmarkt ist der zwischen dem von der Federal Reserve festgelegten Zins am Fed-Funds-Markt (ein Markt zu Vereinfachung des Borgens und Leihens von Reserven unter US-Banken) und den Interbank-Kreditzinsen außerhalb der USA, genannt London Interbank Offered Rate oder LIBOR).

Es gibt in der gesamten Welt Kredite und Finanzinstrumente im Volumen von hunderten Billionen Dollar, die auf dem LIBOR basieren, darunter fast die Hälfte aller Hypotheken mit variabler Verzinsung. Die Geschichte des LIBOR reicht bis in die 1960er-Jahre zurück, als der Markt für Dollar-Kredite in Übersee dramatisch wuchs, nachdem die US-Regierung den Dollar-Abfluss begrenzt hatte, in einem vergeblichen Versuch, ihr Zahlungsbilanzdefizit zu drehen und das Abfließen von Gold zu bremsen. Der LIBOR-Zins wird für 15 Zeiträume von einem Tag bis zu einem Jahr und für zehn verschiedene Währungen berechnet. Der Dollar-Libor ist dabei bei Weitem der wichtigste.

Kehren wir zu Abbildung 3.2 zurück. Vor der Finanzkrise blieb der LIBOR sehr nahe (meist höchstens zehn Basispunkte) am Ziel der Federal Funds. Die ersten Anzeichen für Probleme im Bankensektor gab es im August 2007, als der Spread zwischen LIBOR und Fed Funds auf über 50 Basispunkte sprang – nach der Ankündigung von BNP Paribas, Rückzahlungen zu stoppen, und den Problemen bei Northern Rock im Vereinigten Königreich. In den folgenden zwölf Monaten, als sich die Subprime-Krise verschlimmerte, blieb dieser Spread meist zwischen 50 und 100 Punkten. Aber nach der Lehman-Pleite schoss er in die Höhe und erreichte am 10. Oktober noch nie gesehene 364 Basispunkte.

Für die Politiker war es außergewöhnlich frustrierend, dass der Zins, auf dem so viele Kredite basierten, zur gleichen Zeit stieg, in der die Fed die Fed Funds Rate aggressiv senkte. Als die Federal Reserve das Finanzsystem mit Reserven überflutete, sank der LIBOR-Spread endlich, aber er fiel nicht deutlich unter 100 Basispunkte, bis sich der Aktienmarkt im März 2009 von seinem Baissetief zu erholen begann, drei Monate bevor das National Bureau of Economic Research erklärte, die Rezession sei vorbei.

Trotz all seiner Bedeutung repräsentiert der LIBOR nicht die tatsächlichen Transaktionen, sondern welche Kosten eine Bank für ihre ungesicherten Kreditaufnahmen *erwartet*, auch wenn sie keine Kredite aufnimmt. Nach der Lehman-Krise schossen die Befürchtungen wegen der Zahlungsfähigkeit der Banken in die Höhe, und die Kreditvergabe der Banken untereinander kam praktisch zum Stillstand. Aber die Banken waren noch immer verpflichtet, ihre LIBOR-Zinsen der British Bankers Association zu melden, obwohl es kaum reale Daten für diese Mitteilungen gab. Mervyn King, Chef der Bank of England, sagte im November

2008 vor dem Parlament des Vereinigten Königreichs: »(Der LIBOR-Zins) ist in mancher Hinsicht der Zins, zu dem Banken einander kein Geld leihen.«[22]

Viele Regulierungsbehörden in den USA und im Vereinigten Königreich hatten den starken Verdacht, dass die Banken ihre Kosten für Kreditaufnahmen zu niedrig darstellten, um dem Markt nicht zu signalisieren, dass Kreditgeber ihre Zahlungsfähigkeit bezweifelten. Dennoch kündigte die Britische Regierung erst im Juli 2012 an, dass sie Barclays eine Geldstrafe von 453 Millionen Dollar auferlegt hatte, weil das Institut falsche Zahlen für die Zinsen im Interbanken-Handel gemeldet hatte und vermutete, dass andere Banken das auch getan hatten.[23] Der Aufschrei über den Skandal führte zur Forderung, diesen Multibillionen-Dollar-Markt zu reformieren. Das würde eine völlig neue Berechnungsmethode dieses Maßstabs oder den Wechsel zu anderen Instrumenten bedeuten.

Die Rohstoffmärkte

In der Frühphase der Subprime-Krise stiegen die Rohstoffpreise rasch an, weil die Schwellenländer weiterhin stark wuchsen. Der Ölpreis (West Texas Intermediate) stieg von 40 Dollar je Barrel im Januar 2007 bis auf sein Allzeithoch von 147,27 Dollar im Juli 2008, und der Commodity Research Bureau Index (CRBI) aus 18 aktiv gehandelten Rohstoffen stieg um über 60 Prozent. Aber nach der Lehman-Krise schickte der Rückgang der Wirtschaftstätigkeit die Preise steil nach unten. Öl fiel auf 32 Dollar je Barrel im Dezember, und der CRBI sank um 58 Prozent auf das niedrigste Niveau seit 2002.

Es ist bemerkenswert, dass der Rückgang der Rohstoffpreise, gemessen am CRBI, fast der gleiche war wie der an den weltweiten Aktienmärkten. Investoren, die glaubten, Rohstoffe böten ihnen einen Schutz gegen einen starken Rückgang am Aktienmarkt, hatten sich getäuscht. Wir werden in diesem Kapitel noch darstellen, warum praktisch kein Asset, mit Ausnahme langfristiger US-Staatsanleihen, ein wirksamer Schutz gegen den plötzlichen und massiven Rückgang der Asset-Werte während der Finanzkrise war. Sogar Gold, dessen Hoch im Juli 2008 bei knapp unter 1000 Dollar je Unze erreicht wurde, fiel nach der Lehman-Pleite unter 700 Dollar.

Devisenmärkte

Nach seinem 15-Jahres-Hoch im Sommer wertete der Dollar gegenüber den Währungen großer entwickelter Länder stetig ab und tat das auch noch in der Frühphase der Finanzkrise. Unmittelbar nach der Fusion von Bear Stearns und JPMorgan erreichte der Dollar am 17. März 2008 sein Allzeittief, volle 23 Prozent unter dem Hoch vor der Krise im November und 41 Prozent unter dem 25-Jahres-Hoch 2001. Aber als sich die Finanzkrise verschlimmerte, erhielt der Dollar seinen Status als »sicherer Hafen« wieder zurück, und ausländische Investoren stiegen auf Dollar-Wertpapiere um. Daher stieg der Greenback gegenüber den Währungen der entwickelten Welt um über 26 Prozent und erreichte sein Hoch am 4. März 2009, nur eine Woche bevor der US-Aktienmarkt auf sein Baissetief sank. Nur der japanische Yen stieg während der Finanzkrise gegenüber dem Dollar, weil die unruhigen Märkte Investoren dazu veranlassten, ihre »Carry Trades« aufzulösen. So nennt man die Strategie, sich in Japan mit den weltweit niedrigsten Zinsen zu verschulden, um anderswo in riskantere Währungen mit höheren Renditen zu investieren. Als die Krise nachließ und die Aktienmärkte sich zu erholen begannen, verlor der Dollar einen Teil seiner Prämie als sicherer Hafen, und der Wechselkurs sank.

Die Auswirkungen der Finanzkrise auf Asset-Renditen und Korrelationen

Eine der wichtigsten Schlussfolgerungen der Finanztheorie lautet, dass Investoren, um die besten Renditen bei einem bestimmten Risiko zu erhalten, ihre Bestände diversifizieren sollten, und zwar nicht nur mit einer, sondern mit mehreren Asset-Klassen. Aus diesem Grund akzeptieren Investoren eine Prämie bei Assets, die negativ mit dem Markt korreliert sind, und diskontieren solche, die eine positive Korrelation aufweisen.

Abbildung 3.3 zeigt die Korrelationen verschiedener Asset-Klassen mit dem S&P-500 in allen Fünf-Jahres-Zeiträumen zwischen 1970–2012. Man erkennt, dass sich die Finanzkrise deutlich auf die Korrelationen zwischen den Asset-Klassen auswirkte. In den meisten Fällen beschleunigte sie Trends, die schon vor der Krise entstanden waren. Die Korrelation zwischen den Aktienmärkten der entwickelten Länder (EAFE) sowie den Aktienmärkten der Schwellenländer (EM) mit dem US-Aktienmarkt stieg signifikant auf 0,91 (EAFE) und 0,85 (EM).

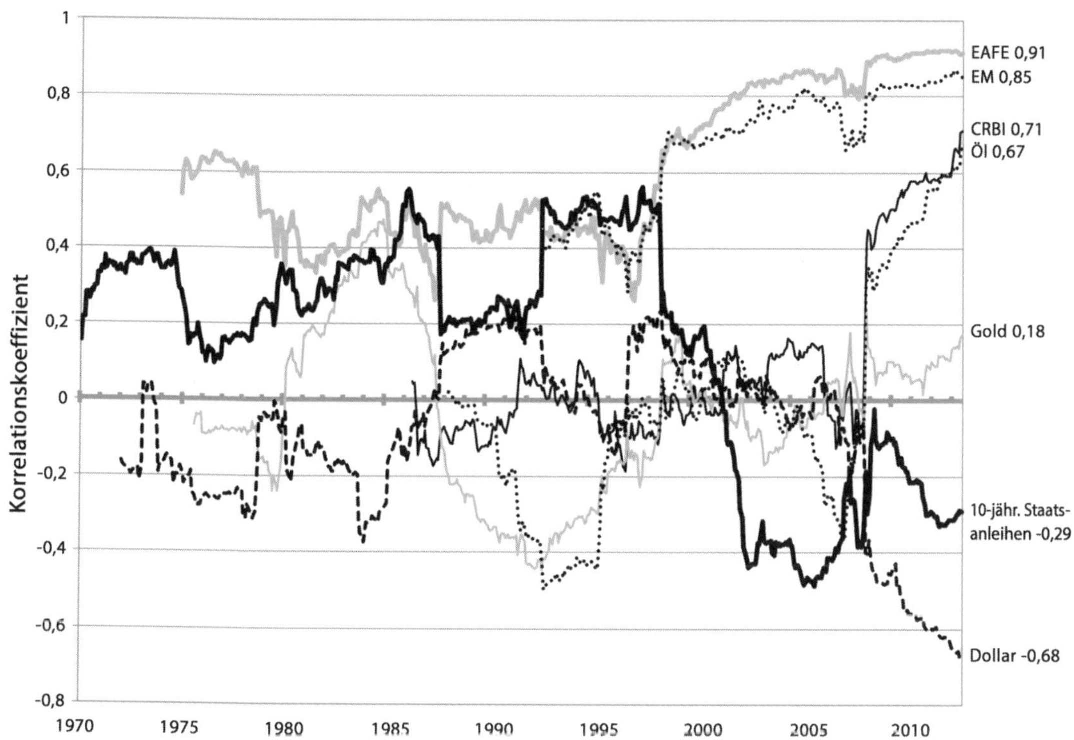

Abbildung 3.3: Monatliche Korrelationen zwischen dem S&P-500 und verschiedenen Asset-Klassen von 1970–2012

Es gibt gute ökonomische Gründe, warum die Korrelation zwischen den Aktienmärkten in den letzten Jahren gestiegen ist. Erstens ist die gegenseitige ökonomische Abhängigkeit gewachsen, weil der Welthandel einen immer größeren Anteil an der weltweiten Produktion hat. Der Grund ist, dass Trader und Investoren an vielen verschiedenen Märkten gleichzeitig handeln. Es ist heute also viel unwahrscheinlicher, dass sich das Marktsentiment auf einen bestimmten Markt beschränkt. Drittens waren sämtliche Schocks an den Finanz- und Rohstoffmärkten seit 2008 im Prinzip globaler Art und stärker als idiosynkratische Schocks, die ein Land oder einen Markt betreffen.

Nicht nur die Korrelation zwischen den Aktienmärkten ist gestiegen. Abbildung 3.3 zeigt, dass die Korrelation zwischen den Aktienmärkten und den Rohstoffen, gemessen am CRBI und dem Ölpreis, seit der Finanzkrise deutlich höher geworden ist.[24] Rohstoffpreise werden durch Nachfragefaktoren beeinflusst, zum Beispiel vom Wachstum der Weltwirtschaft, und von Angebotsfaktoren, zum Beispiel vom Wetter (bei Feldfrüchten) und von politischen Entwicklungen (bei Öl). Nachfrageschwankungen verursachen eine positive Korrelation zwischen Aktienkursen und Rohstoffpreisen, während Angebotsschwankungen zu negativer

Korrelation führen. Wenn der wichtigste Einflussfaktor auf die Rohstoffpreise Angebotsschwankungen sind, dann sind Investitionen in Rohstoffe eine gute Absicherung für Aktienbestände. Wenn aber globale Nachfrageschocks vorherrschen, bewegen sich die Rohstoffpreise im Gleichschritt mit Aktien, und Rohstoffe erweisen sich als schlechter Schutz vor Kursschwankungen am Aktienmarkt.

Es gibt gute Gründe, warum die Korrelation zwischen Rohstoffen und Aktien weiterhin hoch bleiben dürfte. Die jüngsten Entwicklungen an den Energiemärkten zeigen, dass die OPEC wahrscheinlich keinen so großen Einfluss auf die Ölversorgung mehr haben wird wie früher. Alternative Öl- und Gasquellen aus Nicht-OPEC-Ländern wie Ölextraktion aus Schieferschichten, durch Fracking und andere Gewinnungstechniken werden wichtiger. Diese Entwicklungen bedeuten, dass Nachfrageschwankungen bei der Bestimmung der Energiepreise die Oberhand gewinnen könnten. Das wiederum bedeutet, dass Rohstoffe ihre Funktion als effektive Absicherung von Aktienbeständen verlieren könnten.

Manche sagen, die gestiegene Korrelation zwischen den weltweiten Aktienmärkten verringere den Anreiz zur Portfolio-Diversifizierung oder eliminiere ihn sogar. Wenn sich die internationalen Aktien im Gleichschritt bewegen, behaupten die Verfechter dieses Arguments, leisten Investitionen an Auslandsmärkten wenig dafür, die Schwankungen am Heimatmarkt auszugleichen. Aber Korrelationen werden in der Regel über kurze Zeiträume berechnet, zum Beispiel über eine Woche oder einen Monat. Langfristige Korrelationen zwischen Asset-Renditen sind meist deutlich niedriger als kurzfristige. Das bedeutet, dass Langfristinvestoren weiterhin diversifizieren sollten, obwohl solche Diversifizierungen nicht zu signifikant niedrigerer kurzfristiger Volatilität der Portfolio-Renditen führen.

Gesunkene Korrelationen

Im Gegensatz zu Rohstoffen, deren Korrelation mit Aktien seit der Finanzkrise gestiegen ist, gibt es zwei wichtige Assets, deren Renditen nun deutlich geringer mit Aktien korreliert sind: US-Staatsanleihen und der US-Dollar.

Der Preis eines Dollar an ausländischen Börsen wird von der Stärke der US-Wirtschaft und dem Status als sicherer Hafen beeinflusst, den internationale Investoren dem US-Dollar zugestehen. Der erste Faktor führt zu einer positiven Korrelation zwischen US-Aktien und dem Wechselkurs: Gute oder schlechte Nachrichten über die Wirtschaft beeinflussen die Aktienkurse und den Wechselkurs in der gleichen Richtung.

Aber der Status des US-Dollar als sicherer Hafen führt zu einer entgegengesetzten Korrelation: Schlechte Wirtschaftsnachrichten, vor allem von außerhalb der USA, lösen eine Flucht in den Dollar aus. Sein Wert steigt, während die Nachrichten die Kurse amerikanischer und ausländischer Aktien auf Talfahrt schicken. Seit dem Beginn der Finanzkrise und insbesondere der europäischen Währungskrise hat der Status des Dollar als sicherer Hafen dramatisch zugenommen. Schlechte Nachrichten über Europa beeinflussen die globalen Aktienmärkte negativ, treiben an den Devisenmärkten aber den Euro nach unten und den Dollar nach oben. Die Krise in Europa hat zu einer rekordhohen negativen Korrelation zwischen dem US-Dollar und US-Aktien geführt, wie Abbildung 3.3 zeigt.

US-Staatsanleihen genießen seit der Finanzkrise ebenfalls einen höheren Status als sicherer Hafen. Schlechte Nachrichten, entweder aus dem Ausland oder aus den USA, haben Investoren dazu veranlasst, Staatsanleihen zu kaufen, und zu einer starken negativen Korrelation zwischen Anleihen- und Aktienkursen geführt. Diese negative Korrelation erhöht die Attraktivität von Staatsanleihen für Investoren, die ihre Aktiendepots absichern wollen, und hat zweifellos die hohen Kurse und entsprechend niedrigen Renditen langfristiger US-Staatsanleihen während und unmittelbar nach der Finanzkrise gestützt.

Die Fähigkeit, langfristiger US-Staatsanleihen, Aktien abzusichern ist für Investoren, die nicht aus dem Dollarraum kommen, sogar noch höher. Für sie erhöhen schlechte Nachrichten die Nachfrage nach auf Dollar lautenden Wertpapieren, insbesondere nach Staatsanleihen. Das führt zu einer noch höheren negativen Korrelation zwischen den US-Staatsanleihen und den Aktienmärkten, gemessen in Auslandswährungen. Langfristige US-Staatsanleihen sind de facto das ultimative »Hedge-Asset« der Welt geworden. Das erklärt, warum so viele unabhängige Fonds einen hohen Prozentsatz ihrer Assets in Staatsanleihen halten, trotz der niedrigen Zinsen und zu erwartenden Renditen.

Die einzige Asset-Klasse, deren *Korrelation* mit dem Aktienmarkt durch die Finanzkrise nicht beeinflusst wurde, ist Gold. Der Anstieg des Goldpreises nach der Finanzkrise wurde durch gestiegene Furcht vor Hyperinflation und den finanziellen Kollaps verursacht, aber die Korrelation mit dem Aktienmarkt liegt seit 50 Jahren nahe null. Anfang 2013 war der Goldpreis seit 2008 markant gestiegen, obwohl er, inflationsbereinigt, nie so hoch war wie am Top der Spekulationsblase 1980, als er 850 Dollar erreichte, was in Kaufkraft von 2013 2545 Dollar entspricht.

Die positiven Korrelationen der Aktienmärkte mit Rohstoffen und Öl sowie die negative Korrelation mit Staatsanleihen und dem Dollar haben zur Entstehung der Bezeichnung *Risk-on/Risk-off*-Markt geführt. Ein Risk-on-Markt tritt auf, wenn gute Wirtschaftsnachrichten Investoren dazu verleiten, Aktien zu kaufen und in Rohstoffen long zu gehen, den US-Dollar und Staatsanleihen dagegen zu verkaufen. In solchen Märkten steigen Aktienkurse und Rohstoffpreise, während die Anleihenkurse und der Dollar fallen. Risk-off-Märkte sind das Gegenteil davon. Schlechte Wirtschaftsnachrichten verleiten Investoren, US-Staatsanleihen und den Dollar zu kaufen, Rohstoffe und Aktien zu verkaufen. An solchen Tagen kann der Goldpreis entweder steigen oder sinken.

Aber wie Abbildung 3.3 zeigt, war die Korrelation zwischen den Asset-Klassen nicht stabil. Insbesondere war die Korrelation zwischen Aktien und Anleihen in den 1970er- und 1980er-Jahren positiv, nicht negativ. Der Grund ist, dass die Inflation damals die größte Bedrohung für die Wirtschaft war. Nur wenn Inflation keine Bedrohung ist und die finanzielle Stabilität des Privatsektors infrage steht, nehmen Staatsanleihen den Status eines sicheren Hafens an, und die Korrelation mit den Aktienkursen wird negativ.

Bei der aktuellen Geldpolitik ist das Risiko hoch, dass Inflation für die Politiker wieder zum Problem wird. In dieser Situation sind Staatsanleihen kein Asset zur Absicherung mehr, und ihre Kurse können markant fallen, weil die Investoren einen wesentlich höheren Ertrag eines Assets verlangen, das nicht mehr für die Diversifizierung der Aktien in ihren Depots geeignet ist. Die noch nie dagewesene Hausse der Staatsanleihen, gestützt von dem Glauben, sie seien im Fall eines finanziellen Zusammenbruchs eine »Versicherungspolice«, könnte ebenso übel enden wie die Aktienhausse zur Jahrhundertwende. Wenn das Wirtschaftswachstum zunimmt, werden die Inhaber von Staatsanleihen zwei Schläge verkraften müssen: steigende Zinsen und den Verlust des Status als sicherer Hafen.

Eine der wichtigsten Lektionen aus der langfristigen Analyse lautet, dass keine Asset-Klasse sich dauerhaft von den Fundamentaldaten absetzen kann. Aktien wurden abgestraft, als die Technologieblase platzte und das Finanzsystem kollabierte. Mit einiger Wahrscheinlichkeit werden Anleihenbesitzer ein ähnliches Schicksal erleiden, wenn die von den Zentralbanken dieser Welt zur Verfügung gestellte Liquidität zu stärkerem Wirtschaftswachstum und höherer Inflation führt.

Die Folgen der Finanzkrise für die Gesetzgebung

So wie die Große Depression zu vielen neuen Gesetzen führte, zum Securities and Exchange Act, der die SEC entstehen ließ, zum Glass-Steagall Act, der Geschäfts- und Investmentbanken trennte, und zur Einrichtung der Federal Deposit Insurance Corporation, regte die Finanzkrise von 2008 die Legislative an, Gesetze auf den Weg zu bringen, um eine Wiederholung des finanziellen Zusammenbruchs zu verhindern. Das Resultat war ein 849 Seiten umfassendes Gesetzeswerk, entworfen von Senator Christopher Dott (Demokrat, Connecticut) und dem Abgeordneten Barney Frank (Demokrat, Massachusetts), genannt Wall Street Reform and Consumer Protection Act, als Gesetz verabschiedet von Präsident Obama im Juli 2010. Die Vollmachten des Gesetzes reichen von der Festsetzung der Gebühren für Kreditkarten über die Regulierung von Hedgefonds, die Begrenzung »räuberischer Kreditvergabe«, die Thematisierung der Entlohnung von CEOs und anderer Angestellter bis zur Formulierung von Maßnahmen zur Stabilisierung der Wirtschaft und des Finanzsystems. Das Gesetz umfasst 16 Titel und fordert, dass die Regulierer 243 Regeln schaffen, 67 Studien durchführen und 22 regelmäßige Berichte veröffentlichen sollten.[25]

Die drei wichtigsten Teile des Gesetzes, die die Gesamtwirtschaft betreffen, sind (1) die »Volcker Rule«, die den Eigenhandel der Geschäftsbanken einschränkt, (2) Title II, der die Liquidierung großer Finanzfirmen regelt, die nicht unter der Aufsicht der Federal Deposit

Insurance Corporation stehen und (3) Title XI, der für die Fed neue Verantwortlichkeiten, aber auch neue Restriktionen vorsieht.

Die Volcker Rule wurde nach Paul Volcker benannt, dem früheren Chairman der Federal Reserve und Leiter von Präsident Obamas Economic Recovery Advisory Board. Volcker argumentierte, finanzielle Stabilität erfordere, dass der Kongress die Fähigkeit der Banken scharf einschränkte, Geschäfte auf eigene Rechnung zu machen. Im ursprünglichen Gesetzesentwurf, der dem Kongress vorgelegt wurde, war dies nicht enthalten, sondern es wurde später hinzugefügt. Ursprünglich verbot Volckers Gesetzesvorschlag insbesondere einer Bank oder einer Institution, die eine Bank besaß, Eigenhandel zu betreiben, der nicht im Kundenauftrag durchgeführt wird, sowie in einen Hedgefonds oder in einen Private-Equity-Fonds zu investieren. Er wurde aber später modifiziert, erlaubte Banken, bis zu drei Prozent ihres Kapitals für den Eigenhandel zu verwenden und nahm zudem Hedging-Maßnahmen und den Handel von US-Staatsanleihen vom Verbot aus. Die Volcker Rule sollte die Trennung von Geschäfts- und Investmentbanken wiederherstellen, die erstmals im Glass-Steagall Act 1933 festgelegt, 1999 vom Kongress mit dem Granum-Leach-Bliley Act aber faktisch aufgehoben worden war.

Aber hätte Volckers Gesetzesentwurf die Finanzkrise 2008 verhindern können, wäre er 2007 schon in Kraft gewesen? Die Finanzkrise wurde durch die übermäßige Kreditfinanzierung auf Immobilien basierender Wertpapiere bei Bear Stearns und Lehman Brothers ausgelöst. Beide waren Investmentbanken und wären nicht unter die Aufsicht von Volckers Gesetzesentwurf gefallen. Er hätte auch den Versicherungsriesen AIG nicht betroffen, den die Fed lieber rettete, nachdem sie gesehen hatte, welche Turbulenzen die Lehman-Pleite ausgelöst hatte. Hinzu kommt: Banken, die von der Fed Kredite erhielten, insbesondere Citibank und Bank of America, bekamen Probleme wegen fauler Immobilienkredite, nicht durch Eigenhandel. Angesichts dieser Historie ist zweifelhaft, ob Volckers Gesetzesergänzung, wäre sie 2007 schon in Kraft gewesen, den Lauf der Finanzkrise verändert hätte.

Title II des Dodd-Frank Act ermächtigt die Regierung, Finanzinstitute schnell zu zerlegen, die zur Bedrohung der Stabilität des Finanzsystems werden, um das Risiko einer Finanzkrise zu minimieren. Obwohl die Federal Deposit Insurance Corporation Vollmachten hat, Geschäftsbanken zu liquidieren, und die Securities Investor Protection Corporation die Assets von Brokerhäusern liquidieren kann, hat die Regierung keine Richtlinien für die Zerlegung von Investmentbanken wie Bear Stearns und Lehman oder von Versicherungsunternehmen wie AIG. Bei den üblichen Insolvenzgesetzen kann die Bestimmung der Reihenfolge von Ansprüchen Monate oder Jahre dauern. Viel zu lange, um in einer Krise für Beruhigung zu sorgen.

Title II legt fest, dass Finanzfirmen der Regierung die Reihenfolge mitteilen, in der Assets liquidiert werden sollen, wenn ein Unternehmen seine finanziellen Verpflichtungen nicht erfüllen kann, und hindert die Regierung daran, Aktienpositionen in dem Unternehmen einzugehen, das zerlegt werden soll. Das Gesetz legt auch Maßnahmen fest, um zu vermeiden, dass die Steuerzahler Verluste tragen müssen, die von anderen Kreditgebern der Firma absorbiert werden können. Dieser Teil hätte die Fed daran gehindert, Aktienpositionen zu übernehmen, wie sie es bei AIG und Citibank tat, ebenso wie Teile irgendeines anderen Finanzunternehmens.

Titel XI schränkt die Aktivitäten der Fed ein, indem er im Prinzip die Ergänzungen in Section 13(3) des Federal Reserve Act abschafft, die der Zentralbank praktisch unbegrenzte Befugnisse zubilligen, jedem Finanzunternehmen Kredite zu geben, das in Schwierigkeiten steckt. Unter dem neuen Gesetz kann die Federal Reserve Einzelfirmen kein Geld leihen, obwohl sie ihre Macht dazu nutzen kann, dem Finanzsystem Liquidität auf breiter Basis zur Verfügung zu stellen, die Erlaubnis des Finanzministers vorausgesetzt. Zudem verlangt er, dass die Federal Reserve innerhalb von sieben Tagen nach der Autorisierung einer Notfallmaßnahme offenlegt, welche Finanzunternehmen Hilfe erhalten.[26]

Es bleibt abzuwarten, ob sich diese Einschränkungen während der nächsten Finanzkrise als schädlich erweisen werden. Die meisten von ihnen wurden eingefügt, um die Unterstützung der Republikaner für die Verabschiedung dieses Gesetzesentwurfs zu kaufen, da die große Mehrheit der Republikaner gegen die Rettung der Finanzinstitute durch die Fed und den Kongress war. Manche waren besonders mit dem Troubled Assets Recovery Program oder TARP unzufrieden, das am 23. Oktober 2008 verabschiedet wurde. Es sollte Finanzinstituten bis zu 700 Milliarden Dollar zur Verfügung stellen, wurde aber auch dazu verwendet, General Motors Geldmittel zu gewähren.

Das 700 Milliarden Dollar umfassende TARP war ein sehr umstrittenes Gesetz, erstmals vorgeschlagen von Finanzminister Paulson und Fed-Chef Bernanke, wenige Tage nach der Lehman-Pleite. Obwohl Präsident Bush es unterstützte, stimmten die Republikaner den Gesetzentwurf am 29. September 2008 im Repräsentantenhaus nieder, was beim Dow Industrials einen Verlust von 777 Punkten oder 6,98 Prozent auslöste. Nach kleinen Veränderungen (und zweifellos auch nach etlichen Anrufen wütender Investoren bei republikanischen Gesetzgebern) änderten viele Abgeordnete der Republikaner ihre Meinung, und das Gesetz wurde vier Tage später gebilligt.

Wie im letzten Kapitel erwähnt, brauchte Bernanke die Zustimmung des Kongresses zu TARP nicht, um an Firmen aus dem Finanzbereich oder aus anderen Branchen, die durch die Kreditentwicklung belastet waren, Kredite zu vergeben, weil ihn Section 13(3) des Federal Reserve Act dazu ermächtigte. Aber nachdem sie den heftigen Widerstand gegen frühere Interventionen der Fed gespürt hatten, glaubten Bernanke und Paulson, dass sie Zustimmung im Kongress brauchten. Wären die Einschränkungen durch den Dodd-Frank Act 2008 schon in Kraft gewesen, hätte die Fed einzelnen Firmen wie AIG keine Kredite gewähren können; eine Maßnahme, die die Krise anstaute.

Dennoch wird die Fed wohl immer noch flexibel genug sein, einzugreifen, um die Märkte zu beruhigen. Unter dem Dodd-Frank Act kann die Federal Reserve mit Zustimmung des Finanzministeriums Liquidität für Klassen von Instituten zur Verfügung stellen, etwa für

Investmentbanken und sogar für Versicherungen. Sicher hat Finanzminister Henry Paulson in allen Phasen der Finanzkrise eng mit Ben Bernanke zusammengearbeitet, und die beiden Männer entwickelten ein gutes Arbeitsverhältnis. Bernanke hätte höchstwahrscheinlich Paulsons Zustimmung zu den Kreditmöglichkeiten erhalten, die die Fed schuf, um den Markt mit Liquidität zu versorgen.

Dennoch wird das Verhältnis zwischen dem Finanzminister und dem Fed-Chairman vielleicht nicht immer so herzlich sein. Es gab Zeiten, da kritisierte die Administration die Fed, und obwohl der Finanzminister vom Präsidenten jederzeit abgesetzt werden kann, ist der Chairman der Fed für vier Jahre ernannt und kann nur durch ein Amtsenthebungsverfahren vom Senat abberufen werden.

Die Zeit wird zeigen, wie wirksam – oder wie schädlich – die Vorschriften des Dodd-Frank Act sein werden. Die meisten Regeln und Regulierungen müssen erst noch von durch die Regierung ausgewählten Expertenkomitees und Expertengruppen geschrieben werden, um die Regelbücher und die Prozeduren zu schaffen. Es heißt oft, dass der Teufel im Detail steckt, und die meisten dieser Details müssen erst noch formuliert werden.

Abschließende Bemerkungen

Die Finanzkrise und die folgende Rezession lösten die tiefste Aktienbaisse und die größte Anleihenhausse seit der Großen Depression in den 1930er-Jahren aus. Und der scharfe Rückgang der ökonomischen Aktivität, der darauf folgte, verursachte staatliche Haushaltsdefizite wie noch nie in Friedenszeiten, eine der langsamsten wirtschaftlichen Erholungen in der Geschichte unserer Nation und wachsenden Pessimismus hinsichtlich der Zukunft der USA.

Aber Verschuldung, Defizite und langsames Wirtschaftswachstum müssen nicht das Erbe der Großen Rezession sein. Das nächste Kapitel blickt in die Zukunft, um diejenigen Trends zu identifizieren, die während des Rests dieses Jahrhunderts die Wirtschaftslandschaft dominieren werden, und erklärt, warum es gute Gründe gibt, die Zukunft der USA und der Weltwirtschaft optimistisch einzuschätzen.

4. Die Versorgungskrise

Wird die Alterswelle den Aktienmarkt überfluten?

Demografie ist Schicksal.
Auguste Comte

Die Große Rezession führte zu für Friedenszeiten rekordhohen Haushaltsdefiziten in den USA, Europa und Japan und warf ein bezeichnendes Licht auf die Untragbarkeit der großzügigen und immer teurer werdenden Versorgungsprogramme, die Jahre zuvor initiiert worden waren. Außerdem löschte der Zusammenbruch des Häuser- und des Aktienmarkts Billionen Dollar an Wohlstand aus den Bilanzen der Verbraucher. Viele verfügten nicht mehr über genügend Assets, um den komfortablen Ruhestand zu genießen, den sie einmal erwartet hatten.

Vor dem Hintergrund dieses Vermögensrückgangs entdeckten Meinungsforscher einen deutlichen Vertrauensverlust in die Zukunft der USA. Im Jahr 2010 bejahten weniger als die Hälfte der Amerikaner die Frage: »Glauben Sie, dass Ihre Kinder einmal ein besseres Leben haben werden als Sie?«[1] Der Glaube an einen beständig steigenden Lebensstandard verblasste, der während der gesamten Geschichte des Landes der wichtigste Glaubenssatz amerikanischer Familien und ein Leuchtfeuer für Millionen Einwanderer gewesen war.

Dieses Kapitel untersucht, ob der genannte Pessimismus gerechtfertigt ist. Stimmt es, dass unsere Kinder, zum ersten Mal in der Geschichte des Landes, eine trostlosere Zukunft haben werden als ihre Eltern, oder gibt es Kräfte, die den amerikanischen Traum erneuern und das Wirtschaftswachstum wieder in Gang bringen könnten?

Die Realität, vor der wir stehen

In den kommenden Jahrzehnten werden sich zwei einander widerstrebende Kräfte auf die Weltwirtschaft auswirken. Die erste, die staatliche Haushaltsdefizite ansteigen lässt und private und öffentliche Pensionsprogramme belastet, ist die »Alterswelle« oder der noch nie da gewesene Anstieg der Anzahl von Personen in der entwickelten Welt, die in Ruhestand gehen werden. Die Alterswelle stellt zwei fundamentale Fragen: Wer wird die Güter und Dienstleistungen produzieren, welche die Ruheständler konsumieren werden, und wer wird ihre Assets kaufen, die sie verkaufen wollen, um ihren Ruhestand zu finanzieren? Man kann zeigen, dass das Ruhestandsalter deutlich steigen muss, wenn sich die entwickelte Welt zur Produktion dieser Güter ausschließlich auf ihre eigene Bevölkerung verlassen muss.

Der zweite, ausgleichende Faktor ist das starke Wachstum der Schwellenländer, vor allem in Indien, China und den anderen asiatischen Ländern, die bald den Großteil der weltweiten Produktion stellen werden. Ist es möglich, dass die Schwellenländer produktiv genug sein werden, um diese Güter zu produzieren, und genug Ersparnisse ansammeln, um den neuen Ruheständlern ihre Assets abkaufen zu können? Dieses Kapitel beantwortet diese Fragen und zeigt, was den USA und der Weltwirtschaft bevorsteht.

Die Alterswelle

Auguste Comtes berühmtes Zitat »Demografie ist Schicksal« erinnert uns daran, wie wichtig die Alterswelle für die Zukunft der Welt ist. Nach dem Zweiten Weltkrieg wuchs die Bevölkerung rapide, weil diejenigen, die ihre Elternschaft während der Großen Depression und des Kriegs zurückgestellt hatten, die Zukunft jetzt so optimistisch sahen, dass sie Kinder in die Welt setzten. Zwischen 1946 und 1964 stiegen die Geburtenraten signifikant über den Durchschnitt der beiden Jahrzehnte zuvor. So entstand eine Bevölkerungsgruppe, die man die Babyboom-Generation nennt.

Aber auf den Babyboom folgte der Baby Bust: ein starker Rückgang der Geburtenzahlen. Die *Fruchtbarkeitsrate*, also die Zahl von Kindern, die eine Frau zur Welt bringt, fiel Mitte der 1960er-Jahre dramatisch. In den meisten entwickelten Ländern blieb sie unter dem Niveau von 2,1, das die Bevölkerung stabil hält. Die Fruchtbarkeitsrate in Europa sank von über 2,5 im Jahr 1960 auf 1,8 im Jahr 2010. In manchen Ländern, zum Beispiel in Spanien, Portugal, Italien und Griechenland sank sie deutlich unter 1,5. In manchen asiatischen Volkswirtschaften sank sie sogar noch stärker. Heute beträgt sie in Japan und Südkorea 1,3, in Taiwan 1,1, in Shanghai liegt sie unter 1,0. 2001 sank die Fruchtbarkeitsrate in den USA deutlich unter 2,0, und die *Geburtenrate* (Zahl der Geburten pro 1000 Frauen zwischen 15 und 44) sank auf ein Allzeittief von 63,2. Das entspricht in etwa der Hälfte der Rate im Jahr 1957.

Steigende Lebenserwartung

Der Zeitraum seit dem Zweiten Weltkrieg war auch durch eine steigende Lebenserwartung gekennzeichnet. Als die USA 1935 den Social Security Act verabschiedeten, der ab dem Alter von 65 Jahren Einkommenszuschüsse gewährte, lag die Lebenserwartung der Männer, die bei Weitem den Großteil der arbeitenden Bevölkerung stellten, bei nur 60 Jahren. 1955 hatte sie 66,6 und 2010 76,2 Jahre erreicht. Die Lebenserwartung der Frauen lag bei 81,1 Jahren.[2]

James Vaupel und James Oeppen von der Cambridge University haben ermittelt, dass die Lebenserwartung in den entwickelten Ländern seit 1840 pro Jahrzehnt bemerkenswert konstant um 2,5 Jahre gestiegen ist. Dieser Trend zeigt nur leichte Abschwächungserscheinungen.[3] Aber bis Mitte des 20. Jahrhunderts stieg sie hauptsächlich deshalb, weil die Kindersterblichkeit sank. Zwischen 1901 und 1961 stieg die Lebenserwartung von Männern ab Geburt um mehr als 20 Jahre, aber die Lebenserwartung 60-jähriger Männer stieg um weniger als zwei Jahre.

In den vergangenen 50 Jahren wurde die Lebenserwartung älterer Menschen durch Fortschritte der Medizin signifikant gesteigert. Während des größten Teils der Geschichte gab es mehr Junge als Alte, weil Krankheiten, Kriege und Naturgewalten die Bevölkerung dezimierten. Aber das Absinken der Mortalitätsrate bei den Babyboomern und der Rückgang der Fruchtbarkeitsrate haben die Altersverteilung in den entwickelten Ländern der Welt dramatisch verändert. Mitte dieses Jahrhunderts werden die Altersprofile in Japan und vielen südeuropäischen Ländern »invers« sein. Statt des normalen Musters, dass es mehr Junge als Alte gibt, das während des größten Teils der Geschichte galt, werden Menschen in den 70ern und 80ern die größte Bevölkerungsgruppe sein, und es wird mehr über 80-Jährige als unter 15-Jährige geben.

Das sinkende Ruhestandsalter

Trotz der steigenden Lebenserwartung sank das Ruhestandsalter in der entwickelten Welt weiterhin. 1935, als der Social Security Act erlassen wurde, um Menschen über 65 Einkommenszuschüsse zu gewähren, lag das Ruhestandalter im Durchschnitt bei 67 Jahren. Nach dem Krieg beschleunigte sich das Absinken des Ruhestandsalters 1961, als der Kongress Sozialhilfeempfängern erlaubte, schon mit 62 reduzierte Zuschüsse zu beziehen.

In Europa sank das Ruhestandsalter noch stärker als in den USA. In den frühen 1970er-Jahren senkten viele europäische Regierungen das Mindestruhestandsalter von 65 auf 60 Jahre, in vielen Fällen auf 55 Jahre.[4] Im Gegensatz zu den USA, wo die Zuschüsse steigen, wenn man weiter arbeitet, wurden in Europa keine oder kaum Anreize für diejenigen geschaffen, die über einen späteren Ruhestand nachdenken. Von 1970 bis 1998 fiel der Anteil der arbeitenden Menschen in Frankreich zwischen 60 und 64 Jahren von über 70 auf unter 20 Prozent. In Westdeutschland fiel er von über 70 auf 30 Prozent, während er in den USA bei deutlich über 50 Prozent blieb.[5]

Die vereinten Kräfte von steigender Lebenserwartung und sinkendem Ruhestandsalter führten zu einem dramatischen Anstieg der Jahre, die ein Mensch im Ruhestand verbringt.

Ich nenne dies die *Ruhestandsphase*. In den USA stieg die Lebenserwartung zwischen 1950 und 2010 von 69 auf 78 Jahre, während das durchschnittliche Ruhestandsalter von 67 auf 62 Jahre sank. Folglich stieg die Dauer der Ruhestandsphase um mehr als das Achtfache von 1,6 auf 15,8 Jahre. In Europa war der Anstieg noch größer.

Die rapide Ausdehnung der Ruhestandsphase ist eine extrem wichtige Veränderung des Lebensstils eines durchschnittlichen Arbeiters. Vor dem Zweiten Weltkrieg genossen nur sehr wenige Arbeiter einen längeren Ruhestand, und noch weniger taten dies bei guter Gesundheit. Heute gibt es in den USA, Europa und Japan Millionen Menschen, die ihren Ruhestand mit großzügigen Gesundheits- und Einkommenszuschüssen genießen, finanziert entweder vom Staat oder von Ruhestandsplänen ihrer Firmen.

Das Ruhestandsalter muss steigen

Aber dieser goldene Trend mit steigender Lebenserwartung und sinkendem Ruhestandsalter kann sich nicht fortsetzen. Wie Abbildung 4.1 A zeigt, kamen in den USA 1950 auf 100 Arbeitende 14 Ruheständler. Diese Quote stieg bis 2013 auf 28, für 2060 rechnet man mit einer Quote von 56. In Japan wird sie von 49 (2013) auf 113 steigen, in Europa auf 75. Und diese Quoten unterschätzen die Zahl der Ruheständler wahrscheinlich, weil sie von einem Ruhestandsalter von 65 Jahren ausgehen. Das liegt über dem Alter in den USA und Japan und weit über dem Alter in Europa.

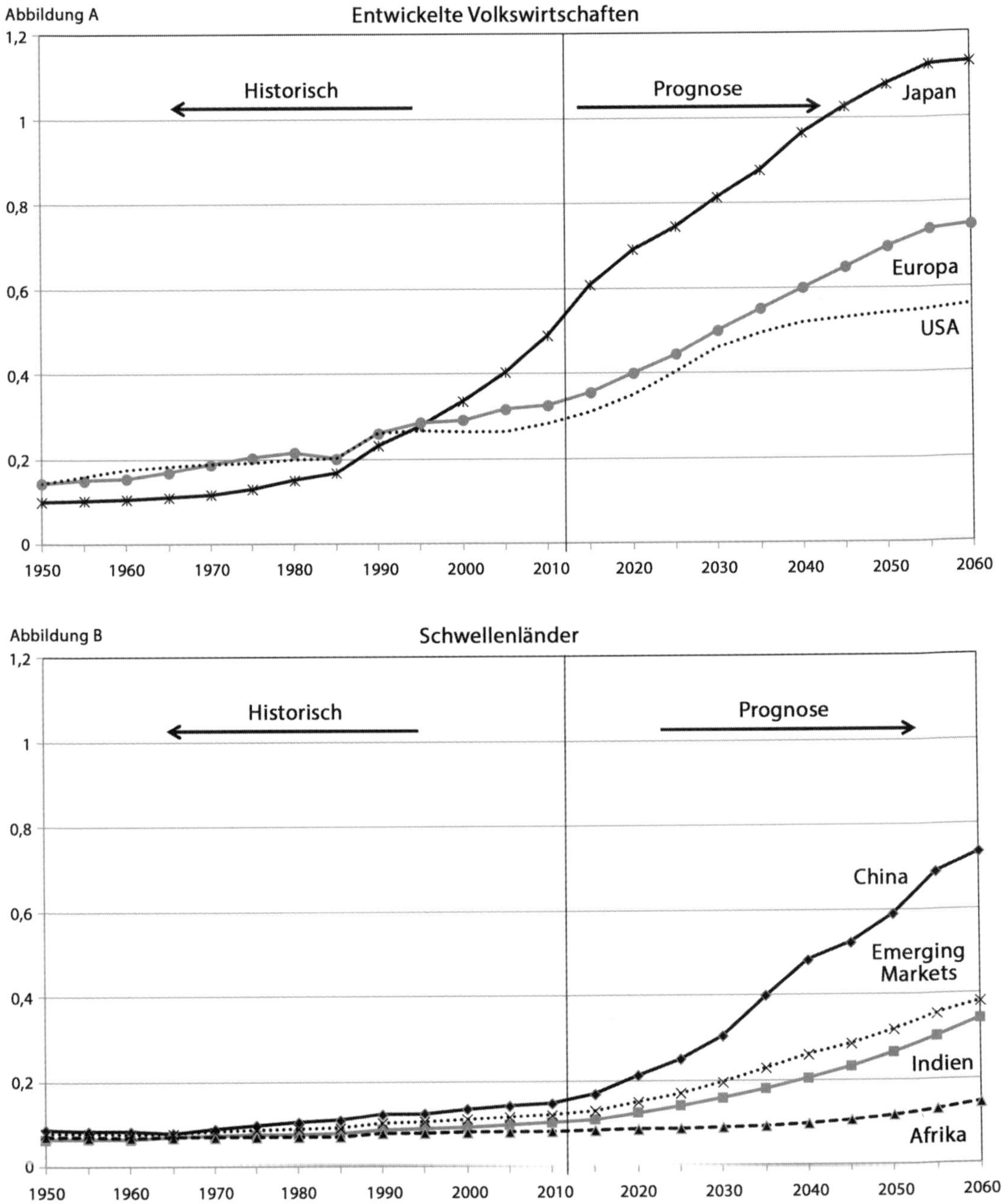

Abbildung 4.1: Quote von Ruheständlern pro Arbeiter in den entwickelten Ländern und in den Schwellenländern, 1950–2060

Obwohl die demografischen Trends in Japan und Europa schlimmer sind als in den USA, betreffen die Ausgaben in diesen Ländern alle Ruheständler, egal wo sie wohnen. Da Güter und Dienstleistungen an den globalen Märkten gehandelt werden, wird die zukünftige Nachfrage europäischer und japanischer Ruheständler die Weltmarktpreise nach oben treiben und sich auch auf die Amerikaner negativ auswirken.

Aber die Auswirkungen der Alterswelle reichen über Preissteigerungen der an den Weltmärkten gehandelten Güter und Dienstleistungen hinaus. Die Alterswelle wirkt sich auch negativ auf den Wert der Assets aus, die Arbeitende akkumulieren, um sie während ihres Ruhestands konsumieren zu können. Das liegt daran, dass der Wert von Aktien und Anleihen, wie der Wert aller Güter, von Angebot und Nachfrage bestimmt wird. Die Käufer sind Sparer, und die Sparer sind die Arbeitenden, die Mittel generieren müssen, um sie konsumieren zu können, wenn sie kein Arbeitseinkommen mehr haben.

Ein Anstieg der Zahl der Ruheständler führt dazu, dass es mehr Verkäufer als Käufer gibt. Diese Situation könnte die Asset-Preise markant nach unten drücken. Mit niedrigeren Asset-Preisen sagt uns der Markt, dass die Wirtschaft die Erwartungen der Ruheständler nicht erfüllen kann, früh aus dem Arbeitsleben auszuscheiden und großzügige Gesundheits- und Einkommenszuwendungen zu erhalten. Wenn der Wert ihrer Assets sinkt, werden die Babyboomer länger arbeiten müssen und später in den Ruhestand gehen können als geplant.

Aber wie viel länger wird das sein? Den Einfluss der Babyboomer auf das Ruhestandsalter in den USA kann man in Abbildung 4.2 sehen. Szenario A zeigt den Fall, in dem sich die entwickelte Welt auf die Produktion ihrer eigenen arbeitenden Bevölkerung verlassen muss, nicht auf steigende Importe aus dem Ausland zur Versorgung mit Gütern, die von den Ruheständlern nachgefragt werden.

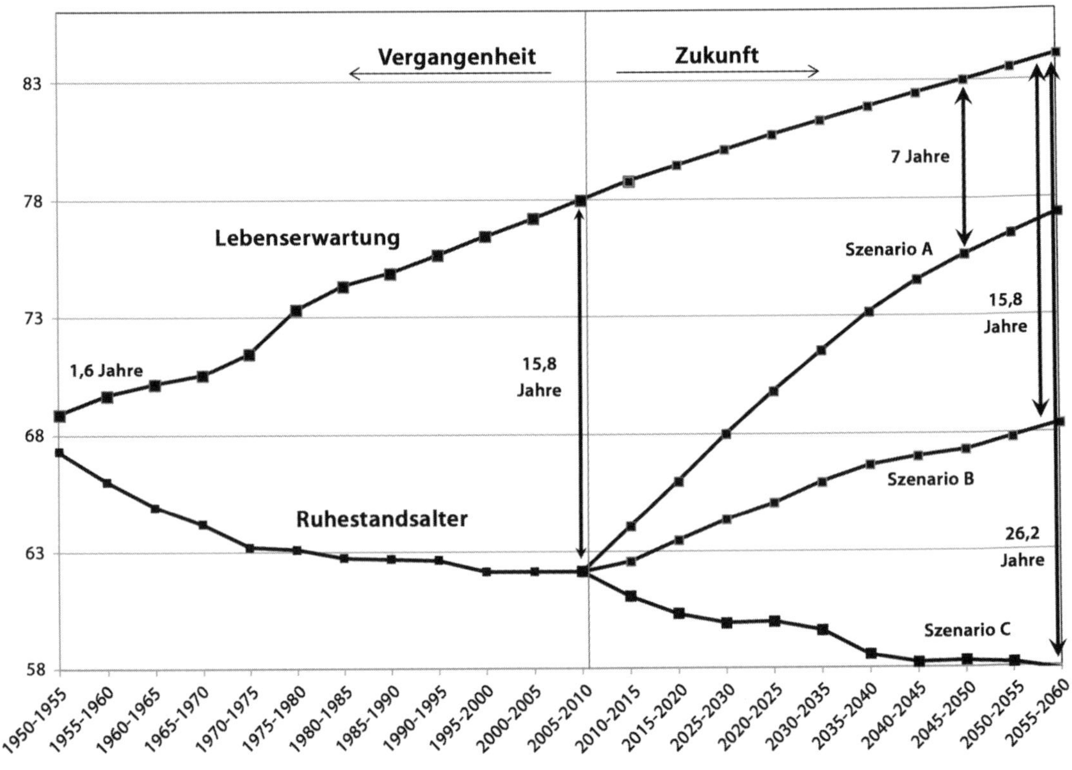

Abbildung 4.2: Lebenserwartung und Ruhestandsalter bei verschiedenen Wachstumsszenarien, 1950–2060

Die Auswirkungen auf das Ruhestandsalter sind dramatisch. Das Ruhestandsalter muss bis Mitte dieses Jahrhunderts von aktuell 62 auf 77 Jahre steigen. Ein Anstieg um 15 Jahre, der den Anstieg der Lebenserwartung deutlich übertrifft. In diesem Szenario verkürzt sich die Ruhestandsphase von 15,8 auf sieben Jahre, ein Rückgang um mehr als 50 Prozent, und er wird den Großteil des Zuwachses während der Nachkriegszeit wieder rückgängig machen.[6]

Die weltweite Demografie und die Alterswelle

Solche Analysen haben zu den pessimistischen Prognosen der Asset-Renditen derjenigen geführt, die die Alterung der Bevölkerung auswerten. Einige Forscher haben die spezielle Demografie jedes Landes dazu verwendet, auf Basis von Angebots- und Nachfragebedingungen die Asset-Renditen in diesen Ländern zu prognostizieren.[7]

Es ist aber falsch, die Zukunft durch die Brille der Demografie einzelner Länder zu betrachten. Man muss sich die Welt als eine einzige Volkswirtschaft vorstellen, nicht als einzelne Nationen, von denen jede ihren Konsum durch ihre eigene Produktion deckt. In einer

Welt des expandierenden globalen Handels können die Jungen in den Schwellenländern Güter für die Ruheständler in hochentwickelten Ländern produzieren – und ihnen ihre Assets abkaufen.

Der Grund dafür: Die entwickelte Welt weist eine markante »Alterswelle« auf, der Rest der Welt aber nicht. Außerhalb von Japan, Europa und den USA ist die Bevölkerung der Schwellenländer sehr jung.

Abbildung 4.1 B zeigt die Quote von Ruheständlern pro Arbeitendem in den Schwellenländern. Sie steigt natürlich in fast allen Ländern. Mit Ausnahme Chinas verläuft sie viel sanfter als in den entwickelten Ländern. Von 2013–2033, wenn die meisten Babyboomer in den entwickelten Ländern in den Ruhestand gehen werden, steigt die Quote von Ruheständlern zu je 100 Arbeitenden in den Schwellenländern nur von 11 auf 18, viel geringer als in den USA, wo sie von 27 auf 45 steigen wird. In Afrika bleibt die Quote praktisch unverändert bei 7,5. Und sogar in China, dem wegen der Ein-Kind-Politik am schnellsten alternden Schwellenland, steigt sie in den kommenden 20 Jahren nur von 14 auf 30. Sie wird die Quote in den USA erst 2060 übersteigen.

Die fundamentale Frage

Die Frage lautet, ob die Arbeitenden in den Schwellenländern genügend Güter produzieren, um die Ruheständler der entwickelten Welt zu versorgen, und genug sparen können, um die Assets zu kaufen, die von den Ruheständlern in den entwickelten Ländern verkauft werden müssen, um ihren Ruhestand zu finanzieren. Noch lautet die Antwort: nein. Obwohl 80 Prozent der Weltbevölkerung in den Schwellen- und Entwicklungsländern leben, entfällt auf diese Volkswirtschaften nur etwa die Hälfte der weltweiten Produktion.

Aber diese Relation verändert sich rapide. In China änderte Deng Xiaoping den Kurs der chinesischen Volkswirtschaft, öffnete sie den Marktkräften und führte das Land in eine Phase rapiden und dauerhaften Wachstums. Das Pro-Kopf-Einkommen, gemessen nach Anpassung der Kaufkraft der amerikanischen und der chinesischen Währung, stieg von 2,1 Prozent des amerikanischen Niveaus 1980 auf 16 Prozent 2010. Da China eine fast vier Mal größere Bevölkerung hat als die USA, wird China die größte Volkswirtschaft der Welt sein, wenn diese Zahl auf 25 steigt. Es wird prognostiziert, dass dies etwa 2016 der Fall sein wird. Und wenn das Pro-Kopf-Einkommen sich in beiden Ländern so weiterentwickelt wie bisher, wird die chinesische Volkswirtschaft 2025 doppelt so groß sein wie die amerikanische.

Ein Jahrzehnt nach dem Beginn des rapiden Wachstums in China trat in Indien eine ähnliche Transformation auf. Premierminister Narasimha Rao und sein Finanzminister Manmohan Singh starteten 1991 die wirtschaftliche Liberalisierung Indiens. Die Reformen schafften viele bürokratische Anforderungen ab, senkten Zölle und Steuern und beendeten viele öffentliche Monopole. Seither hat Indien begonnen, schneller zu wachsen. Obwohl das derzeitige Wachstum geringer ist als das Chinas, wird das Gesamt-BIP wahrscheinlich das in den USA in den 2030er-Jahren übertreffen und schließlich auch Chinas Produktion.

Abbildung 4.3 zeigt, wie sich die Verteilung des globalen BIPs entwickeln wird – basierend auf den Prognosen des IWF und der OECD zum Produktivitätswachstum und den UN-Prognosen des Bevölkerungswachstums in den einzelnen Ländern. 1980 lieferte die entwickelte Welt drei Viertel der Weltproduktion. Allein auf die USA entfiel ein Viertel. Derzeit liegt der Anteil der entwickelten Länder bei etwa 50 Prozent. In 20 Jahren wird er auf ein Drittel schrumpfen, am Ende des Jahrhunderts auf ein Viertel. Im Gegenzug wird die Produktion der Schwellenländer am Ende des Jahrhunderts auf drei Viertel der Weltproduktion steigen.

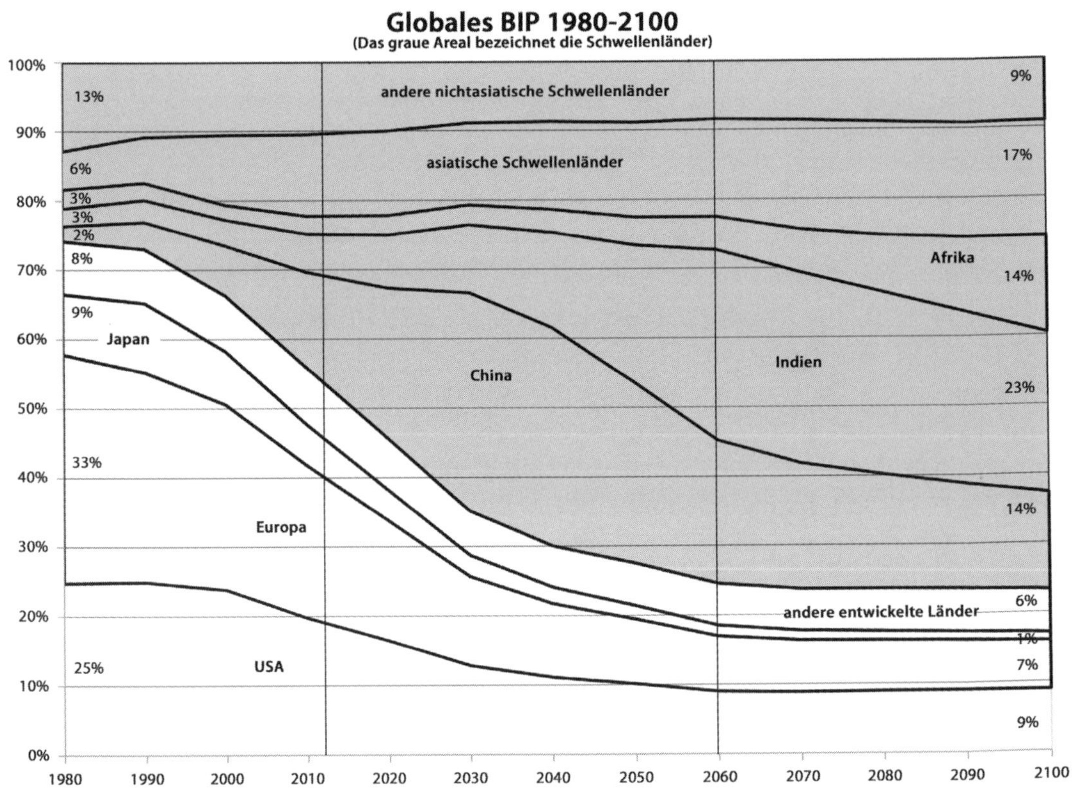

Abbildung 4.3: Globales BIP von 1980–2100, basierend auf den Prognosen von IWF, OECD und UN

Das BIP-Wachstum Chinas und Indiens ist besonders bemerkenswert. Chinas Anteil an der globalen Produktion ist von zwei Prozent 1980 auf heute 16 Prozent gewachsen. Laut Prognosen wird er 2032 sein Maximum von 32 Prozent erreichen und am Ende des Jahrhunderts wieder auf 14 Prozent sinken. Der Grund dieses Rückgangs ist Chinas Ein-Kind-Politik.

Hinzu kommt, dass sich das Wachstum verlangsamen wird, wenn sich das Pro-Kopf-Einkommen dem der entwickelten Länder annähert. Indiens Anteil am globalen BIP ist von drei Prozent 1980 auf heute sechs Prozent gestiegen. Laut Prognosen wird er 2032 elf Prozent erreichen. 2060 dürfte die indische Volkswirtschaft größer sein als die chinesische, weil Indiens Bevölkerung schneller wächst. Laut Prognosen wird Indiens Anteil am globalen BIP von 2040 bis zum Ende des Jahrhunderts etwa ein Viertel betragen.

Afrika bleibt bis 2070 ein relativ kleiner Teil der Weltwirtschaft. Dann wird es rapide expandieren und am Ende des Jahrhunderts 14 Prozent des globalen BIPs erreichen, ebenso wie die chinesische Volkswirtschaft. Die Annahmen zu den Prognosen von Afrikas Wachstum sind recht konservativ und unterschätzen wahrscheinlich seine Bedeutung in der zweiten Hälfte dieses Jahrhunderts. Es ist schwer zu bestimmen, wann und ob eine unterentwickelte Wirtschaft abheben wird, so wie es China 1980 und Indien ein Jahrzehnt später taten. Aktuelle Schätzungen des IWFs gehen für das Afrika südlich der Sahara von einer Wachstumsrate von fünf Prozent aus; höher als in den entwickelten Ländern, aber weit unter dem, was Asien erreicht hat. Da laut Prognosen am Ende des Jahrhunderts fast ein Drittel der Weltbevölkerung in Afrika leben wird (unter der Annahme, dass die Fruchtbarkeitsrate in Afrika in diesem Zeitraum deutlich sinkt), könnte der Kontinent Asien als größter Produzent überholen, wenn er rapides Wachstum schafft.

Andere Forscher haben die Bedeutung der Schwellenländer für die Weltwirtschaft bestätigt. Homi Khara vom OECD Development Centre schätzte, die »Mittelschicht«, definiert als Personen mit einem Jahreseinkommen zwischen 3650 Dollar und 36.500 Dollar, werde zwischen 2009 und 2030 um mehr als drei Milliarden oder 170 Prozent wachsen.[8] Und ihre Ausgaben werden um 150 Prozent oder mehr als 34 Billionen Dollar steigen, was der doppelten Größe der aktuellen US-Wirtschaft entspricht. Mehr als 80 Prozent dieses Wachstums werden auf Asien entfallen. Dagegen werden die Gesamtausgaben in Westeuropa und den USA in diesem Zeitraum kaum steigen.

Das Wachstum der sich entwickelnden Volkswirtschaften hat für die entwickelten Länder erhebliche Folgen. Viele Güter, die von den Ruheständlern in den entwickelten Ländern nachgefragt werden, dürften in den Schwellenländern produziert werden. Und das Einkommen aus dem Verkauf dieser Güter wird nicht nur den Konsum der Arbeitenden erhöhen, sondern auch ihre Ersparnisse. Asiaten weisen traditionell hohe Sparquoten auf. Sogar reiche und gealterte Länder wie Japan haben landesweite Sparquoten von fast 25 Prozent, weit höher als in den meisten westlichen Volkswirtschaften und mehr als doppelt so hoch wie in den USA.

Die wachsenden Ersparnisse der Investoren in den Schwellenländern legen nahe, dass die Finanzmärkte der entwickelten Länder nicht in die Knie gehen werden, wenn die alternden Babyboomer ihre Assets verkaufen. Wenn das Produktivitätswachstum in den Schwellenländern im nächsten halben Jahrhundert im Durchschnitt 4,5 Prozent erreichen kann, was dem Durchschnitt seit 1990 entspricht, wird das zukünftige Ruhestandsalter in den USA Szenario B folgen.

Natürlich erlaubt Szenario B keinen weiteren Rückgang des Ruhestandsalters und stabilisiert auch nicht das Ruhestands*alter* auf dem aktuellen Niveau von 62 Jahren. Aber es stabilisiert die Zahl der Jahre, in denen ein durchschnittlicher Arbeitender im Ruhestand leben wird – indem es das Ruhestandsalter entsprechend dem Anstieg der Lebenserwartung erhöht.

Abbildung 4.4 zeigt die früheren und die prognostizierten zukünftigen Raten des Produktivitätswachstums in Schwellen- und entwickelten Ländern von 1980–2035. Das Produktivitätswachstum in den Schwellenländern lag in den vergangenen 20 Jahren im Schnitt bei fast fünf Prozent; dieser Zeitraum umfasst die Große Rezession.

Ist es möglich, dass das Ruhestandsalter in der entwickelten Welt weiterhin sinken könnte? Szenario C präsentiert die extrem optimistische Annahme, alle Schwellenländer könnten so stark wachsen wie China in den letzten 20 Jahren, also um neun Prozent jährlich. In diesem Fall werden so viele Güter produziert, dass dieser Anstieg der Produktion von Gütern und Dienstleistungen in den Schwellenländern die Nachfrage der Babyboomer in der entwickelten Welt völlig erfüllen würde. Das Ruhestandsalter in den USA würde weiter sinken und zu einer Ruhestandsphase führen, die 2060 länger als 26 Jahre dauert.

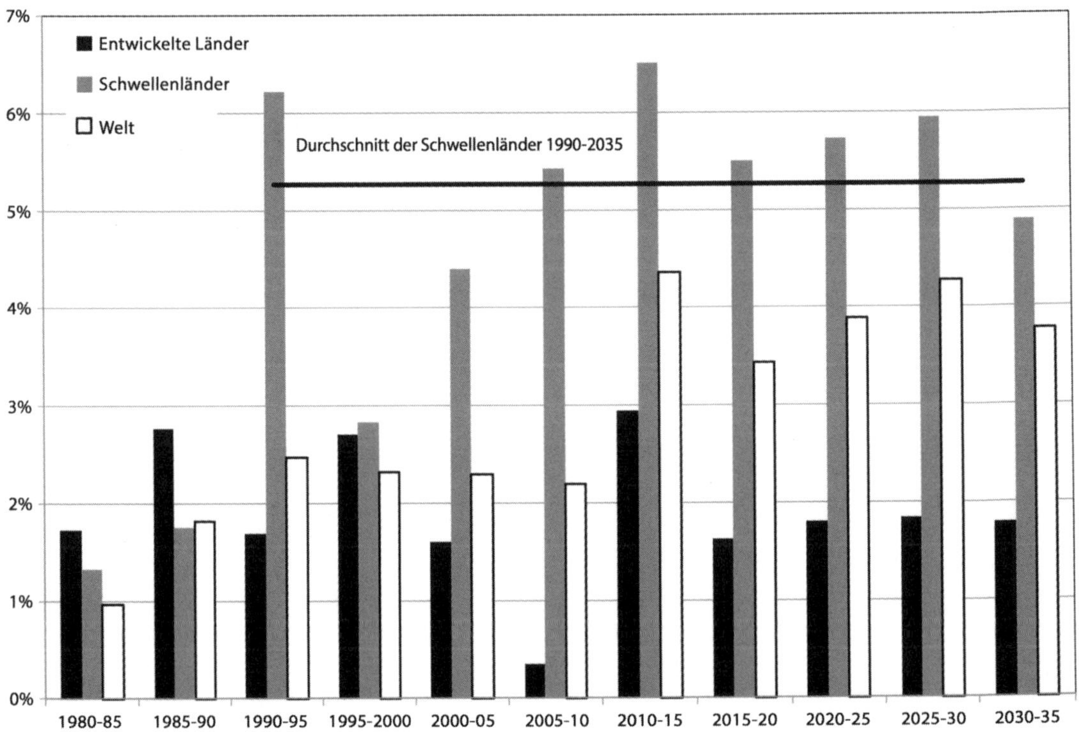

Abbildung 4.4: Historisches und prognostiziertes Produktivitätswachstum in entwickelten und Schwellenländern, 1980–2035

Die Volkswirtschaften der Schwellenländer können die Lücke füllen

Am Anfang dieses Kapitels habe ich die Frage gestellt: Wer wird die Güter produzieren, die Menschen im Ruhestand konsumieren wollen, und wer wird die Assets kaufen, die sie verkaufen müssen, um diesen Konsum finanzieren zu können?

Die Antwort kennen wir jetzt. Es sind die Arbeitenden und die Anleger aus den Schwellenländern. Wenn sie ihre Produkte an die entwickelten Länder verkaufen, werden sie mit dem Verkaufserlös der Aktien und Anleihen bezahlt, die heute die Babyboomer halten. Das Ausmaß, in dem sie die Alterswelle abmildern können, steht in direkter Verbindung zum Wirtschaftswachstum. Wenn sie weiterhin rapide wachsen, ist es wahrscheinlich, dass der größte Teil der von Firmen in den USA, Japan und Europa emittierten Aktien im Besitz der Anleger in den Schwellenländern sein wird. Mitte dieses Jahrhunderts werden Chinesen, Inder und andere Investoren aus diesen jungen Volkswirtschaften die Aktienmehrheit an den meisten großen globalen Unternehmen halten.

Einige werden fragen, warum Anleger aus Schwellenländern Assets aus dem Westen kaufen sollten, wenn ihre eigenen Länder so rapide wachsen. Die Antwort lautet, dass in einem globalen Umfeld die Aussichten der Unternehmen nicht mehr an ihr Herkunftsland gebunden sind. Das Wachstum der Emerging Markets schafft für westliche Firmen enorme Chancen, ihre Produkte an die Mittelklasse zu verkaufen. Zudem stellt das Wachstum in den Schwellenländern deren Infrastruktur vor riesige Anforderungen. Die Infrastrukturausgaben in den sich entwickelnden Volkswirtschaften in den nächsten 20 Jahren werden auf zwei bis drei Prozent des globalen BIPs geschätzt. Das beläuft sich auf mehr als zwei Billionen Dollar pro Jahr, und US-Firmen sind die Hauptprofiteure dieser Ausgaben.[9]

Es gibt kaum Zweifel, dass sich die Konsumenten in den rasch expandierenden Volkswirtschaften zu Markennamen hingezogen fühlen und westliche Markennamen besondere Anziehungskraft haben. Das wird vom Best-Global-Brands-Report 2013 illustriert, herausgegeben von Interbrand, einem Beratungsunternehmen im Besitz der Omnicom Group. Der Report listet die 100 wertvollsten Markennamen auf, und zwar nach Kriterien wie der finanziellen Performance, der Rolle, die eine Marke bei der Kaufentscheidung der Verbraucher spielt, und der Fähigkeit der Marke, die Gewinne eines Unternehmens zu erhöhen. Unternehmen aus den USA besitzen die sieben führenden Marken (Apple, Google, Coca-Cola, IBM, Microsoft, GE und McDonald's) sowie 14 der Top 20.

Was geschieht, wenn westliche Firmen am Weltmarkt nicht effektiv am Wettbewerb teilnehmen? In diesem Fall kann man sicher sein, dass ausländische Wettbewerber auftreten und die Lücke füllen werden. Aber die westlichen Firmen, die Markennamen mit Wiedererkennungswert besitzen, werden mit höherer Wahrscheinlichkeit von ausländischen Investoren gekauft, welche die nötige Expertise haben, um zu wissen, wie man an diesen Auslandsmärkten verkauft.

Kann das Produktivitätswachstum Schritt halten?

Das Produktivitätswachstum treibt unseren Lebensstandard voran.[10] Das rapide Produktivitätswachstum in den sich entwickelnden Volkswirtschaften basiert auf Krediten und der Anwendung der Technologien, die von den meisten fortgeschrittenen Volkswirtschaften bereits entwickelt worden sind.

Aber das Produktivitätswachstum in den entwickelten Ländern muss auf Innovation und Erfindungen basieren, weil diese Volkswirtschaften bereits an der Spitze des technologischen Know-how operieren. Historisch stieg die Produktivität in der entwickelten Welt mit bemerkenswert stabilen zwei bis 2,5 Prozent pro Jahr, was bedeutet, dass sich der Lebensstandard alle 35 Jahre verdoppelt.[11]

Einige Ökonomen wie Professor Robert Gordon von der Northwestern University glauben jedoch, dass das Produktivitätswachstum in den USA dramatisch sinken wird.[12] Er nennt dazu unter anderem das Altern der Bevölkerung, die wachsende Ungleichheit der Einkommen und eine schlechter werdende Ausbildung als Gründe für den Rückgang. Mit Ausnahme des obersten Prozents der Einkommensverteilung, so prognostiziert Gordon, wird die überwältigende Mehrheit der US-Bevölkerung ein Wachstum von nur 0,5 Prozent pro Jahr erleben, weniger als ein Viertel des langfristigen Durchschnitts.

Andere Forscher haben Professor Gordons Pessimismus bestätigt und beklagen, dass Entdeckungen heute das Leben der Menschen nicht mehr so fundamental verändern wie vor 100 Jahren. Tyler Cowen, Ökonom an der George Mason University und Autor von *The Great Stagnation* hat seiner Meinung Ausdruck verliehen, die Welt befinde sich auf einem technologischen Plateau und die niedrig hängenden Früchte seien schon entdeckt worden.[13]

1910–1960	1960–2010
Elektrizität	Geburtenkontrolle
Rohrinstallation in Gebäuden	Mobiltelefon
Waschmaschine	Internet
Kühlung	Personal Computer
Automobil	
Telefon	
Fernsehen/Filme	
Großcomputer	
Luftverkehr	

1910–1960	1960–2010
Antibiotika/Impfstoffe	
Atomenergie	

Tabelle 4.1: Lebensverändernde Erfindungen der vergangenen 100 Jahre

Sehen Sie sich Tabelle 4.1 an. Sie zeigt die wichtigsten, lebensverändernden Erfindungen in den letzten 100 Jahren. Die aus der ersten Hälfte dieses Zeitraums scheinen viel wichtiger zu sein als die aus der zweiten, um das Leben eines Durchschnittsmenschen massiv zu verändern.[14]

In Silicon Valley glauben manche, dass sich die USA in einem Abwärtstrend befinden. Peter Thiel, der Gründer von PayPal hat behauptet, die Innovation in den USA sei »irgendwo zwischen ernsthafter Notlage und tot«.[15] Diese pessimistische Sichtweise hat sich bei vielen Investoren ausgebreitet. Bill Gross und Mohammed El-Erian, Chefs der riesigen Investmentfirma PIMCO, haben 2009 den Ausdruck *New Normal* geprägt, um ein Umfeld zu beschreiben, in dem das Wirtschaftswachstum in den USA auf ein bis zwei Prozent sinken wird, weit unter den Durchschnitt von drei Prozent im Zeitraum seit dem Zweiten Weltkrieg.[16] Auch andere Investmentmanager haben sich dieses Konzept zu eigen gemacht.[17]

Sogar wenn sich das Wachstum in den USA verlangsamt, bedeutet dies nicht, dass die Wachstumsraten weltweit sinken werden. Obwohl die lebensverändernden Innovationen in der ersten Spalte von Tabelle 4.1 in der entwickelten Welt schon lange existiert haben, fangen die Schwellenländer gerade erst an, sich die Annehmlichkeiten fortgeschrittener Länder anzueignen. 2006 schätzte der United Nations Human Development Report, dass 2,6 Milliarden Menschen oder 40 Prozent der Weltbevölkerung kein fließendes Wasser in ihren Häusern hatten. Milliarden Menschen verfügen noch immer nicht über Elektrizität, Kühlung und grundlegende Gesundheitsversorgung. Ein großer Teil des steigenden Einkommens und Wohlstands auf der Welt in den kommenden Jahrzehnten hat damit zu tun, dass die Entwicklungsländer den Lebensstil annehmen werden, den die entwickelte Welt längst hat.

Ich glaube nicht, dass die Produktivität zwingend auf dem Weg nach unten ist, nicht einmal in der entwickelten Welt. Digitalisierung und sofortige Verfügbarkeit von Informationen werden dazu beitragen, ein schnelleres Produktivitätswachstum anzutreiben.

Wenn wir die Geschichte studieren, sehen wir, dass Erfindungen, die die Kommunikation beschleunigten, zum Beispiel Ts'ai Luns Entdeckung des Papiers im 1. Jahrhundert und Johannes Gutenbergs Erfindung der Druckerpresse im 15. Jahrhundert, Phasen rapider Entdeckungen und Innovationen einleiteten.[18] Im 19. und im 20. Jahrhundert trieben der Telegraf und dann das Telefon das Wachstum an, indem sie erstmals die direkte Kommunikation über weite Entfernungen ermöglichten.

Aber keine jüngere Erfindung hat so viel Potenzial zur Förderung von Innovationen wie das Internet. Bald wird buchstäblich alles, was jemals geschrieben oder aufgezeichnet worden ist – auf Band, auf Film, gedruckt oder digital –, sofort online verfügbar sein. Zum ersten Mal in der Geschichte der Menschheit gibt es reale Aussichten auf buchstäblich kostenlose und unbegrenzte Konnektivität jedes Forschers zum gesamten Wissen der Welt über jedes Thema.

Professor Charles Jones von der Stanford University hat intensiv über Produktivitätswachstum geforscht und behauptet, dass 50 Prozent des Wachstums in den USA zwischen 1950 und 1993 auf den Anstieg der weltweiten – nicht nur länderspezifischen – Forschungsintensität zurückzuführen sind. Seine Studie »Sources of U.S. Economic Growth in a World of Ideas« behauptet, es sei eine signifikante Bestimmung des Produktivitätswachstums, »die Ideen der ganzen Welt zu implementieren … was wiederum proportional zur Gesamtbevölkerung der innovativen Länder ist«.[19]

In der Tat zeichnet die wachsende Zahl innovativer Länder ein optimistisches Bild unserer Zukunft. Im vergangenen Jahrhundert waren 90 Prozent der Nobelpreisträger in den naturwissenschaftlichen Bereichen Europäer und Amerikaner, obwohl sie nur einen kleinen Teil der Weltbevölkerung ausmachen. Das wird sich radikal ändern. Allein die Öffnung Chinas und Indiens hat die Zahl derer mehr als verdoppelt, die Zugang zur weltweiten Forschung haben. Und Sprachbarrieren verschwinden, weil die Technologie eine sofortige Übersetzung ermöglicht. Das legt nahe, dass das Produktivitätswachstum in den kommenden Jahrzehnten nicht sinken, sondern steigen wird.[20]

Fazit

Wenn die meisten Staaten mit hohem Einkommen, einschließlich der USA, sich auf ihre eigenen Arbeitskräfte verlassen müssen, um Güter und Dienstleistungen für ihre alternde Bevölkerung zu produzieren, muss das Ruhestandsalter dramatisch erhöht werden. Diese Steigerung würde den erwarteten Anstieg der Lebenserwartung bei Weitem übertreffen. Weil aber die Produktivität in den Schwellenländern wächst, wird es wahrscheinlich genug Arbeitende geben, um die Güter herzustellen, und ausreichend Sparer, die den Babyboomers ihre Assets abkaufen könnten, bei einem nur moderaten Anstieg des Ruhestandsalters. Dieses Wachstum wird ermöglichen, dass die zukünftigen Aktienrenditen in etwa ihr historisches Niveau halten können.

Dieses positive Szenario muss natürlich nicht eintreten. Handelskriege, Einschränkungen des freien Kapitalverkehrs und ein Rückzug von der wachstumsfreundlichen Politik in Asien und anderswo werden sich negativ auf die Wirtschaft und auf die Aktienrenditen auswirken. Es gibt aber auch gute Gründe, dass die Produktivität noch schneller steigen könnte, nicht nur in den Schwellenländern, sondern auch in den entwickelten Volkswirtschaften. Die Kommunikationsrevolution hat es Forschern ermöglicht, in einem Ausmaß zusammenzuarbeiten, das noch vor wenigen Jahren undenkbar war. Und Zusammenarbeit fördert Entdeckungen, Innovation und Erfindungen. Fed-Chairman Bernanke sagte in seiner Rede bei der Abschlussfeier am Bard College in Bard Rock: »Die Fähigkeiten der Menschen zu Innovationen und die Anreize zu Innovationen sind heute größer als zu jeder anderen Zeit in der Geschichte.«[21]

TEIL II:
Das Urteil der Geschichte

5. Die Renditen von Aktien und Anleihen seit 1802

Ich kenne keine andere Möglichkeit, die Zukunft zu beurteilen, als anhand der Vergangenheit.
Patrick Henry, Rede bei der Virginia Convention, 23. März 1775

Finanzmarktdaten von 1802 bis heute

Dieses Kapitel analysiert die Renditen von Aktien, Anleihen und anderen Asset-Klassen in den letzten beiden Jahrhunderten. Die amerikanische Geschichte ist hier in drei Subperioden unterteilt. In der ersten, von 1802–1870, vollzogen die USA den Übergang von der Agrar- zur Industriegesellschaft, vergleichbar mit den Veränderungen in vielen »Emerging Markets« in Lateinamerika und Asien heute. In der zweiten Subperiode, von 1871–1925, wurden die USA zur führenden politischen und wirtschaftlichen Macht der Welt. Die dritte Subperiode, von 1926 bis heute, umfasst die Große Depression, die Expansion nach dem Krieg, die Tech-Blase und die Finanzkrise 2008.

Diese Zeiträume wurden nicht nur deshalb ausgewählt, weil sie historisch signifikant sind, sondern auch deshalb, weil sie Durchbrüche in der Qualität und Verständlichkeit der historischen Daten über Aktienrenditen markieren. Am schwierigsten waren die Aktienrenditen zwischen 1802 und 1871 zu recherchieren, weil aus dieser Zeit nur wenige historische Daten verfügbar sind. In früheren Ausgaben von *Aktien für die Ewigkeit* habe ich einen Aktienkursindex auf Basis der Forschungsarbeiten von Professor William Schwerts verwendet.[1] Aber diese Studien enthalten keine Dividenden. Daher habe ich eine Dividendenrendite geschätzt, indem ich die Dividendendaten und die makroökonomischen Informationen aus der zweiten Subperiode verwendete. Die Dividendenrenditen, die ich für die erste Periode erhielt, waren mit anderen historischen Informationen konsistent, die über die Renditen der ersten Periode veröffentlicht worden sind.[2]

2006 publizierten Bill Goetzman und Roger Ibbotson von der Yale University, zwei der prominentesten Forscher auf dem Gebiet der Aktienrenditen in den USA, die am gründlichsten dokumentierte Studie über Aktienrenditen vor 1871.[3] Ihr Research, an dem sie mehr als zehn Jahre gearbeitet haben, bestimmt Monatskurse und Dividendendaten von 600 einzelnen Wertpapieren über mehr als 100 Jahre. Die jährliche Aktienrendite von 6,9 Prozent, von der ich hier für den Zeitraum zwischen 1802 und 1871 ausgehe, basiert auf dieser Studie von Goetzman und Ibbotson. Sie liegt nur um 0,2 Prozent unter meiner bisherigen Schätzung der Aktienrenditen im frühen 19. Jahrhundert.[4]

Für die Jahre von 1871–1925 wurden die Aktienrenditen anhand eines nach der Marktkapitalisierung gewichteten Index aller NYSE-Aktien (einschließlich reinvestierter Dividenden) berechnet und den angesehenen Indizes entnommen, die von der Cowles Foundation zusammengestellt und von Shiller veröffentlicht wurden.[5] Die Daten der dritten Periode, von 1925 bis heute, sind am gründlichsten recherchiert und stammen vom Center for Research in Security Prices. Diese Renditen repräsentieren einen kapitalgewichteten Index aller Aktien an der NYSE, ab 1962 auch aller Aktien an der American Stock Exchange und an der Nasdaq. Die Entwicklung von Aktien und Anleihen wurde auch von Roger Ibbotson recherchiert. Er hat Jahrbücher veröffentlicht, die zu Standardwerken über Asset-Renditen in den USA seit 1972 geworden sind.[6] Alle Aktien- und Anleihenrenditen in diesem Buch, auch die aus dem frühen 19. Jahrhundert, sind frei vom »Survivorship Bias«, der dadurch entsteht, dass man nur die Renditen derjenigen Aktien betrachtet, die überlebt haben und die niedrigeren Renditen der Firmen ignoriert, die im Lauf der Zeit verschwunden sind.

Asset-Gesamtrenditen

Die Geschichte dieser Assets wird in Abbildung 5.1 erzählt. Sie beschreibt die nominalen (*nicht* inflationsbereinigten) Rendite-Indizes für Aktien, lang- und kurzfristige Staatsanleihen, Gold und Rohstoffe von 1802–2012. Die *Gesamtrendite* beinhaltet Veränderungen des Kapitalwerts plus Zinsen oder Dividenden unter der Annahme, dass alle diese Kapitalzuflüsse automatisch und regelmäßig in das betreffende Asset reinvestiert werden.

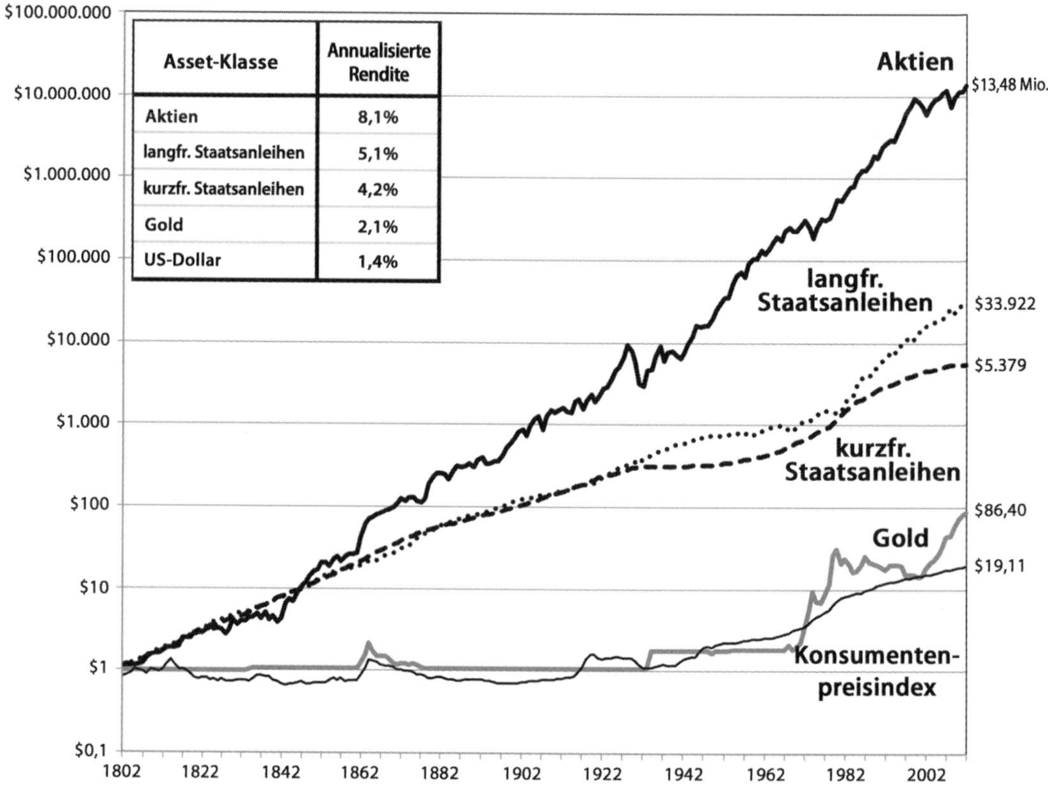

Abbildung 5.1: Nominale Gesamtrenditen und Inflation, 1802–2012

Man erkennt deutlich, dass die Gesamtrendite der Aktien alle anderen Assets dominiert. Aus einem 1802 in ein nach Marktkapitalisierung gewichtetes Aktienportfolio investierter Dollar wäre, bei Reinvestition der Dividenden, bis Ende 2012 zu einem Vermögen von fast 13,5 Millionen Dollar angewachsen. Sogar der katastrophale Aktiencrash 1929, der dazu führte, dass eine ganze Generation Aktien den Rücken kehrte, sieht im Index der Aktien-Gesamtrenditen aus wie eine kleine Delle. Baissephasen, vor denen Aktienbesitzer so viel Angst haben, verblassen im Kontext des Aufwärtstrends der Aktienrenditen.

Es ist wichtig zu verstehen, dass die in Abbildung 5.1 dargestellten Aktien-Gesamtrenditen *nicht* das Wachstum des Gesamtwerts des US-Aktienmarkts repräsentieren. Der Wohlstand in Aktien wächst deutlich langsamer als die Aktien-Gesamtrendite. Der Grund dafür ist, dass Investoren den größten Teil der Aktiendividenden konsumieren und nicht reinvestieren. Daher kann dieses Geld von den Unternehmen nicht dafür eingesetzt werden, Kapital zu generieren. Hätte man 1802 nur 1,33 Millionen Dollar in den Aktienmarkt investiert und die Dividenden reinvestiert, wäre diese Summe bis Ende 2012 auf etwa 18 Billionen Dollar angewachsen, was dem Gesamtwert aller US-Aktien entspricht. Die Summe von 1,33 Millionen

Dollar von 1802 entspricht in heutiger Kaufkraft etwa 25 Millionen Dollar; viel weniger als der damalige Gesamtwert des Aktienmarkts.[7]

Obwohl die Finanztheorie (und staatliche Regulierungen) erfordern, dass die Gesamtrendite einschließlich reinvestierter Dividenden (oder anderer Geldzuflüsse) berechnet wird, kommt es kaum vor, dass jemand über lange Zeiträume Wohlstand akkumuliert, ohne einen Teil der Rendite zu konsumieren. Der längste Zeitraum, in dem Anleger typischerweise ihren Assets die Treue halten, ohne das eingesetzte Kapital und dessen Erträge anzufassen, ist in der Regel der, in dem sie Geldmittel in Pensionsplänen für ihren Ruhestand oder in Versicherungspolicen ansammeln, die dann an ihre Erben weitergegeben werden. Selbst diejenigen, die ihr Vermögen unberührt hinterlassen, müssen damit rechnen, dass das Geld in der nächsten Generation verschwindet oder von Stiftungen ausgegeben wird, denen sie das Geld vererbt haben. Der Aktienmarkt hat die Macht, einen einzigen Dollar über Generationen in Millionen Dollar zu verwandeln, aber nur wenige haben die Geduld oder den Wunsch, die Wartezeit durchzustehen.

Die langfristige Performance von Anleihen

Festverzinsliche Investments sind das größte und wichtigste Finanz-Asset, das mit Aktien konkurriert. Anleihen versprechen fixe Geldzahlungen über die Zeit. Im Gegensatz zu Aktien haben die Geldzuflüsse aus Anleihen einen maximalen Wert, der vertraglich festgelegt ist. Mit Ausnahme der Zahlungsunfähigkeit hängen Anleihenrenditen nicht von der Profitabilität der Firma ab.

Die Anleihenreihen in Abbildung 5.1 basieren auf lang- und kurzfristigen US-Staatsanleihen, falls die Daten verfügbar waren. Falls nicht, wie in einigen frühen Jahren in unserem Beispiel, wurden die Kommunalobligationen mit der höchsten Bonität herangezogen. Ausfallprämien wurden geschätzt und aus den Zinssätzen riskanterer Wertpapiere entfernt, um über den gesamten Zeitraum ein vergleichbares Muster mit hoher Bonität zu erhalten.[8]

Die Zinsen lang- und kurzfristiger Anleihen im Zeitraum von 210 Jahren werden in Abbildung 5.2 gezeigt. Die Zinsschwankungen im 19. und im frühen 20. Jahrhundert blieben in einer engen Spanne. Aber von 1926 bis heute änderte sich die Entwicklung lang- und kurzfristiger Zinsen dramatisch. Während der Großen Depression in den 1930er-Jahren fielen die kurzfristigen Zinsen fast auf null, und im Oktober 1941 sank die Verzinsung 20-jähriger Staatsanleihen auf ein Rekordtief von 1,82 Prozent. Um die rekordhohen Kreditaufnahmen während des Kriegs zu finanzieren, hielt die Regierung die außergewöhnlich niedrigen Zinsen während des Zweiten Weltkriegs und in den ersten Nachkriegsjahren aufrecht.

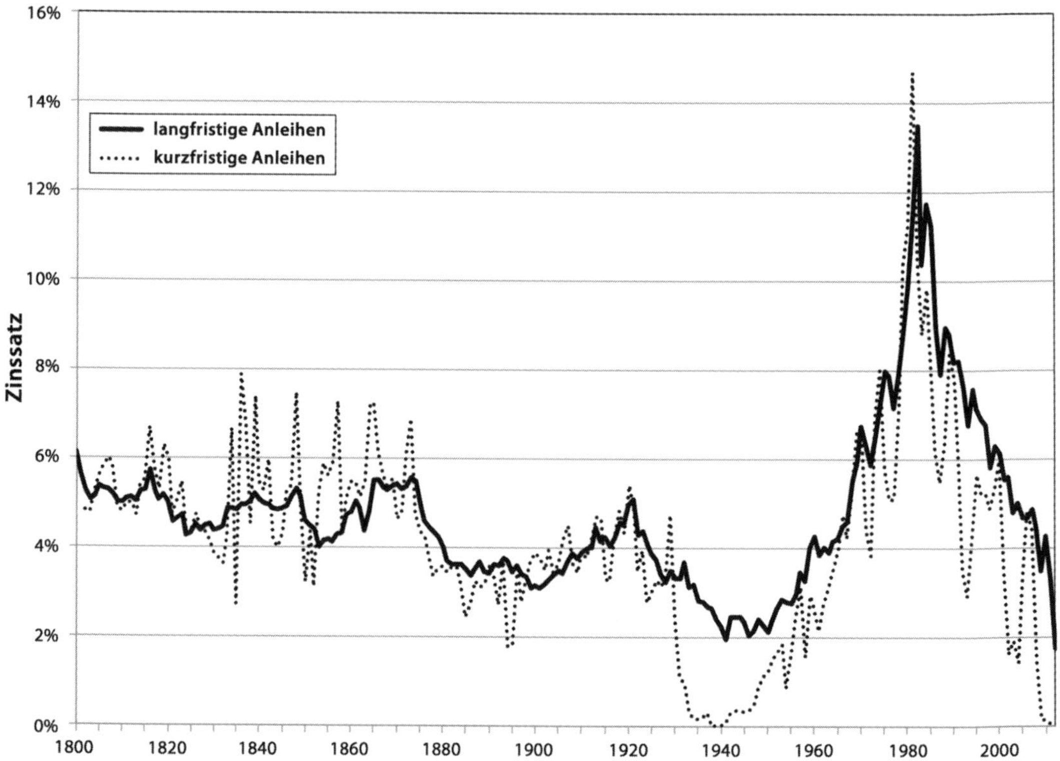

Abbildung 5.2: Lang- und Kurzfristzinsen in den USA, 1800–2012

In den 1970er-Jahren gab es eine noch nie da gewesene Änderung des Verhaltens der Zinsen. Die Inflation erreichte zweistellige Niveaus, und die Zinsen stiegen bis in Höhen, die man seit der Entwertung der kontinentalen Währung in den frühen Jahren der amerikanischen Republik nicht mehr beobachtet hatte. Nie zuvor waren die Inflation und daher die Zinsen für so lange Zeit so hoch gewesen.

Die Öffentlichkeit verlangte von der Regierung Aktionen zur Verlangsamung des Preisanstiegs. Dieser Aufschrei wurde von Paul Volcker, Chairman der Federal Reserve seit 1979, beantwortet, der die Zinsen bis auf fast 20 Prozent anhob und Inflation und Zinsen schließlich auf ein moderates Niveau zurückführte. Die Veränderung der Zinsentwicklung steht in direktem Zusammenhang mit der Veränderungen der Determinanten des Preisniveaus.

Gold, der Dollar und die Inflation

Die Verbraucherpreise in den USA und im Vereinigten Königreich sind in Abbildung 5.3 dargestellt. In beiden Ländern war das Preisniveau am Beginn des Zweiten Weltkriegs in etwa das gleiche wie in den 150 Jahren zuvor. Aber nach dem Zweiten Weltkrieg änderte sich die Natur der Inflation dramatisch. Das Preisniveau stieg nach dem Krieg fast ständig, manchmal ganz allmählich, aber manchmal auch zweistellig, wie in den 1970er-Jahren. Wenn man Kriegszeiten ausklammert, sah man in den 1970er-Jahren die erste rapide und dauerhafte Inflation in der amerikanischen und britischen Geschichte.

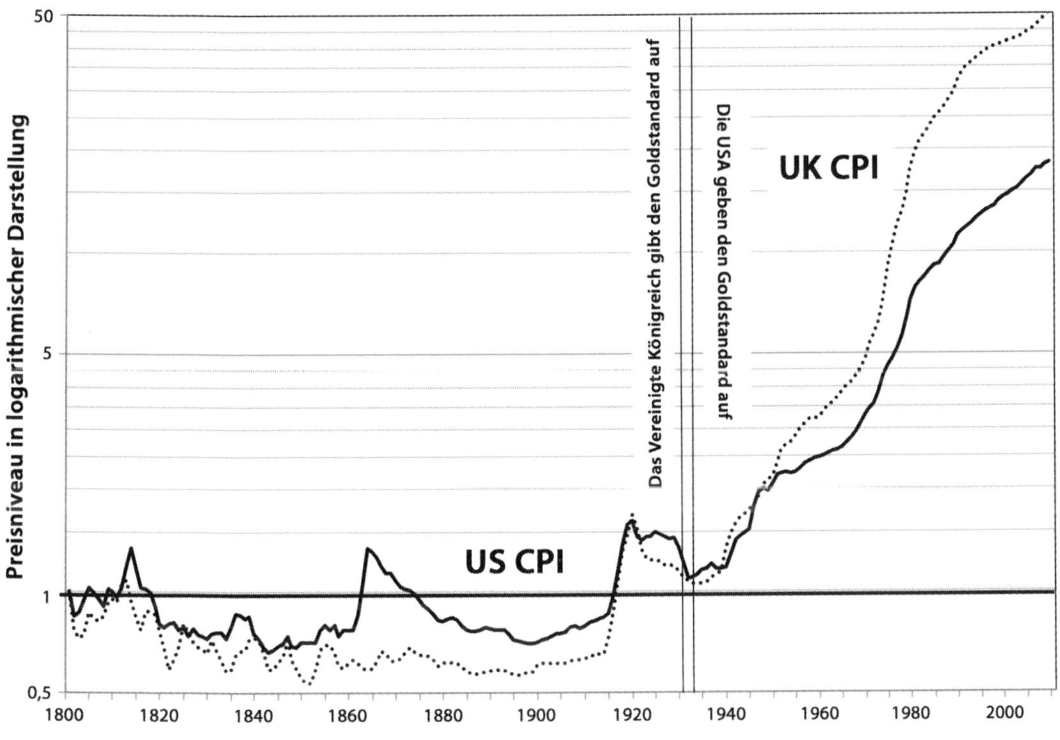

Abbildung 5.3: Der Konsumentenpreis-Index (CPI) in den USA und im Vereinigten Königreich, 1800–2012

Man kann die dramatischen Veränderungen des Inflationstrends mit der Veränderung des monetären Standards erklären. Während des 19. und des frühen 20. Jahrhunderts gab es in den USA, im Vereinigten Königreich und im Rest der industrialisierten Länder den Goldstandard. Wie in Abbildung 5.1 gezeigt, waren der Goldpreis und das Preisniveau damals eng miteinander verbunden. Der Grund: Der Goldstandard beschränkt die Versorgung mit Geld und somit auch die Inflationsrate. Aber ab der Großen Depression und während des Zweiten Weltkriegs wechselte die Welt zu einem Papiergeldstandard. In diesem Umfeld gibt es keine Begrenzung der Versorgung mit Geld, also hängt Inflation von politischen und ökonomischen Kräften ab. Die Preisstabilität hängt vom Wunsch der Zentralbanken ab, das Wachstum der Geldmenge zu begrenzen, um Deficit Spending und anderen inflationären

Kräften entgegenzuwirken, die aus Staatsausgaben und regulatorischen Maßnahmen resultieren.[9]

Die chronische Inflation in den USA und in anderen entwickelten Volkswirtschaften seit dem Zweiten Weltkrieg bedeutet nicht, dass der Goldstandard dem derzeitigen Papiergeldstandard überlegen war. Der Goldstandard wurde wegen seiner Inflexibilität in Wirtschaftskrisen aufgegeben, vor allem während des Zusammenbruchs der Banken in den 1930er-Jahren. Der Papiergeldstandard kann, wenn er richtig angewendet wird, einen Ansturm auf die Banken und schwere ökonomische Depressionen verhindern, die den Goldstandard plagten, während er die Inflation auf niedrigem bis moderatem Niveau hielt.

Aber die Geldpolitik wurde nicht gut angewendet. Der Goldpreis stieg nach der rapiden Inflation während der 1970er-Jahre im Januar 1980 bis auf 850 Dollar je Unze. Als man die Inflation endlich unter Kontrolle hatte, sank der Goldpreis, aber nach der Finanzkrise 2008 stieg er wieder, als die Kreditflut der Zentralbanken die Inflation anheizte. Ende 2012 erreichte der Goldpreis 1675 Dollar je Unze. Ein 1802 in Gold investierter Dollar war Ende 2012 86,40 Dollar wert, während das allgemeine Preisniveau um den Faktor 19,12 gestiegen war. Dennoch: Obwohl Gold Investoren Inflationsschutz gewährt, hat es doch nur wenig mehr zu bieten. Trotz seiner Hedging-Eigenschaften wird dieses Edelmetall die Rendite des Depots eines Langfristanlegers wahrscheinlich markant nach unten ziehen.[10]

Reale Gesamtrenditen

Langfristinvestoren sollten sich auf einen Zuwachs der Kaufkraft ihres Investments konzentrieren – also auf die Entstehung von Wohlstand, bereinigt um den Einfluss der Inflation. Abbildung 5.4 reproduziert Abbildung 1.1 in Kapitel 1. Sie zeigt die um die Preissteigerung bereinigten Veränderungen der Nominalrenditen. Die annualisierten Realrenditen der verschiedenen Asset-Klassen sehen Sie in der oberen linken Ecke.

Die inflationsbereinigte Realrendite von Aktien liegt bei etwa 6,6 Prozent jährlich. Obwohl seit der ersten Ausgabe von *Aktien für die Ewigkeit* 20 weitere Jahre hinzugekommen sind, liegt diese Rendite nur um 0,1 Prozent niedriger als die 1994 angegebenen 6,7 Prozent.[11]

Manche haben behauptet, diese Rendite sei nicht nachhaltig, weil sie fast doppelt so hoch ist wie das Wachstum des realen BIPs, das zwischen 3,0 und 3,5 Prozent liegt.[12] Aber das ist nicht korrekt. Selbst wenn die Wirtschaft überhaupt nicht wächst, wird man mit Kapital eine positive Rendite erzielen, weil es eine rare Ressource ist, so wie man mit Arbeit positive Löhne und mit Landbesitz positive Mieten oder Pachten erzielt. Wie schon erwähnt geht die Berechnung der realen Aktien-Gesamtrenditen davon aus, dass alle Dividenden und Kapitalgewinne reinvestiert werden, und diese Summe wächst schneller als Aktienerträge oder das BIP.[13]

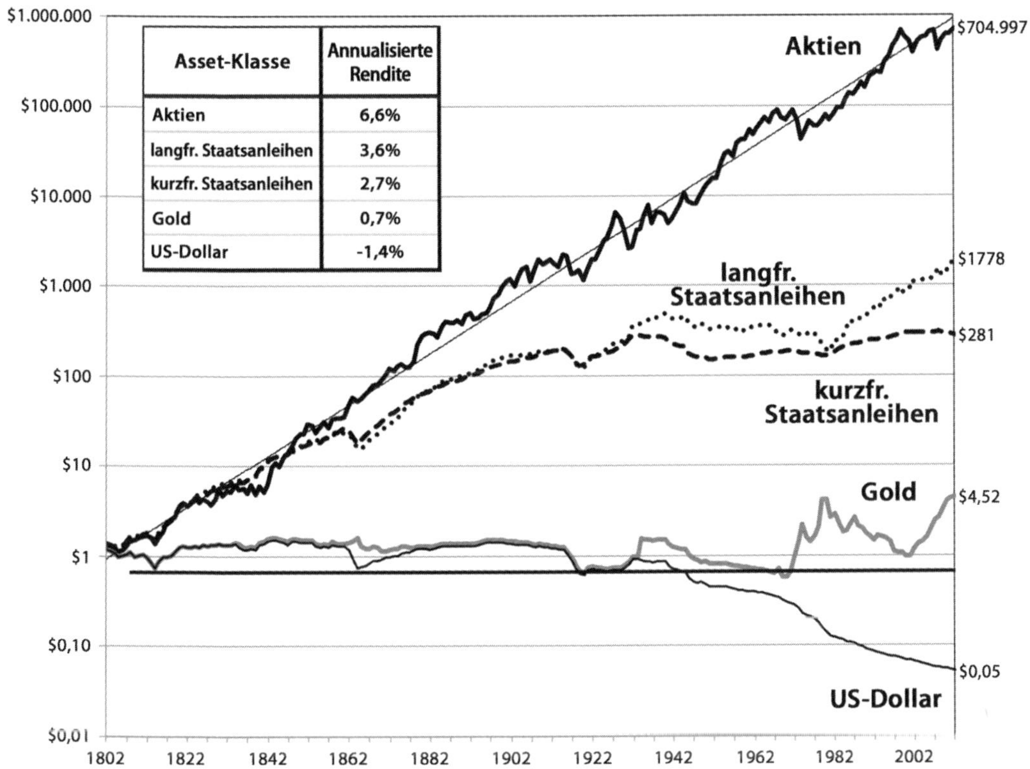

Abbildung 5.4: Gesamtrenditen von US-Aktien, Lang- und kurzfristigen Staatsanleihen, Gold und Dollar, 1802–2012

Die annualisierten Renditen amerikanischer Aktien in verschiedenen Zeiträumen sind in Tabelle 5.1 zusammengefasst. Beachten Sie die außerordentliche Stabilität der Realrenditen von Aktien in allen großen Subperioden: 6,7 Prozent pro Jahr von 1802–1870, 6,6 Prozent von 1871–1925 und 6,4 Prozent von 1926–2012. Sogar seit dem Zweiten Weltkrieg, als sich die Gesamtheit der Inflation in den USA während der letzten 200 Jahre ereignete, lag die durchschnittliche Realrendite der Aktien bei 6,4 Prozent pro Jahr. Das ist praktisch identisch mit der realen Aktienrendite während der vorangegangenen 125 Jahre, in denen es keine Inflation gab. Aktien sind Sachwerte, die langfristig im Gleichschritt mit der Inflation an Wert gewinnen. Daher haben Veränderungen des Preisniveaus keine negativen Auswirkungen auf die realen Aktienrenditen.

			Nominale Gesamtrendite		Nominaler Kapitalzuwachs		Dividendenrendite Risiko	Reale Gesamtrendite		Realer Kapitalzuwachs			
			Rendite	Risiko	Rendite	Rendite		Rendite	Risiko	Reale Goldrendite	Inflationsrate	Reale Goldrendite	Inflationsrate
		1802–2012	**8,1**	17,6	**2,9**	17,2	**5,1**	**6,6**	18,0	**1,5**	17,4	**0,7**	1,4
		1871–2012	**8,7**	18,9	**4,1**	18,4	**4,4**	**6,5**	19,1	**2,0**	18,5	**1,0**	2,0
Große Subperioden	I	1802–1870	**6,9**	14,5	**0,4**	14,0	**6,4**	**6,7**	15,4	**0,3**	14,8	**0,2**	0,1
	II	1871–1925	**7,3**	16,5	**1,9**	15,9	**5,3**	**6,6**	17,4	**1,3**	16,9	**-0,8**	0,6
	III	1926–2012	**9,6**	20,3	**5,5**	19,6	**3,9**	**6,4**	20,2	**2,5**	19,6	**2,1**	3,0
		1946–2012	**10,5**	17,5	**6,8**	16,9	**3,5**	**6,4**	17,8	**2,9**	17,2	**2,0**	3,9
Zeiträume nach dem Zweiten Weltkrieg		1946–1965	**13,1**	16,5	**8,2**	15,7	**4,6**	**10,0**	18,0	**5,2**	17,2	**-2,7**	2,8
		1966–1981	**6,6**	19,5	**2,6**	18,7	**3,9**	**-0,4**	18,7	**-4,1**	18,1	**8,8**	7,0
		1982–1999	**17,3**	12,5	**13,8**	12,4	**3,1**	**13,6**	12,6	**10,2**	12,6	**-4,9**	3,3
		2000–2012	**2,7**	20,6	**0,8**	20,1	**1,9**	**0,3**	19,9	**-1,6**	19,4	**11,8**	2,4

Rendite = Jährliche Gesamtrendite
Risiko = Standardabweichung der arithmetischen Renditen
Alle Daten in Prozent (%)

Tabelle 5.1: Die Realrenditen von Aktien, Gold und Inflation 1802–2012

Die langfristige Stabilität der Aktienrenditen blieb erhalten, trotz der dramatischen Veränderungen, die in den vergangenen beiden Jahrhunderten in unserer Gesellschaft stattgefunden haben. Die USA entwickelten sich von einer Agrar- zu einer Industriewirtschaft, dann zu der postindustriellen, an Dienstleistungen und Technologie orientierten Wirtschaft von heute. Die Welt wechselte vom Goldstandard zu einem Papiergeldstandard. Und Informationen, deren Übermittlung durch das Land früher Wochen dauerte, können nun sofort in die ganze Welt übertragen und gleichzeitig gesendet werden. Doch trotz dieser enormen Veränderungen der Basisfaktoren, die für den Wohlstand der Aktionäre sorgen, haben die Aktienrenditen eine erstaunliche Stabilität gezeigt.

Aber Stabilität der langfristigen Aktienrenditen garantiert in keiner Weise kurzfristige Stabilität. Von 1982–1999, während der stärksten Hausse in der amerikanischen Geschichte, boten Aktien eine außerordentlich hohe inflationsbereinigte Rendite von 13,6 Prozent pro Jahr, mehr als das Doppelte des historischen Durchschnitts. Diese überlegenen Renditen folgten auf die erbärmlichen Aktienrenditen in den 15 Jahren zuvor, von 1966–1981, als die Aktienrenditen unter die Inflationsrate von 0,4 Prozent pro Jahr fielen. Doch die Hausse trug die Aktienkurse zu hoch, und die Marktbewertung erreichte Rekordniveaus, die wiederum zu den schwachen Renditen im nächsten Jahrzehnt führten. Die folgende Baisse und die Finanzkrise ließen die Aktien wiederum deutlich unter den Trend fallen. Die realen Aktienrenditen fielen in den zwölf Jahren nach dem Top der Hausse im Jahr 2000 auf nur 0,3 Prozent.

Die Realrenditen festverzinslicher Wertpapiere

Man kann nicht sagen, dass die langfristigen Renditen festverzinslicher Wertpapiere so stabil waren wie die der Aktien. Wie Tabelle 5.2 zeigt, fiel die Realrendite kurzfristiger Staatsanleihen massiv – von 5,1 Prozent Anfang des 19. Jahrhunderts auf nur 0,6 Prozent seit 1926. Diese Rendite liegt nur knapp über der Inflationsrate. Die Realrendite langfristiger Staatsanleihen zeigte einen ähnlichen, wenn auch weniger starken Rückgang. Diese Rendite sank von großzügigen 4,8 Prozent in der ersten Subperiode auf 3,7 Prozent in der zweiten und nur 2,6 Prozent in der dritten. Man kann diesen Rückgang teilweise mit bestimmten Faktoren erklären, die die Nachfrage nach diesen Papieren anfachten: die deutlich erhöhte Liquidität der Anleihen und die Tatsache, dass sie viele treuhänderische Anforderungen erfüllen, die andere Titel nicht erfüllen. Diese nachfragesteigernden Faktoren erhöhten die Kurse der Staatsanleihen und senkten somit ihre Renditen. Die Realrenditen langfristiger Staatsanleihen wurden auch durch die unerwartete Inflation reduziert, die Anleger in der Zeit nach dem Zweiten Weltkrieg erlebten.

Langfristige Staatsanleihen								Kurzfristige Staatsanleihen			
				Nominale Gesamtrendite		Realrendite			Realrendite		
			Zinscouponhöhe	Rendite	Risiko	Rendite	Risiko	Nominale Rendite	Rendite	Risiko	Inflationsrate
		1802–2012	**4,7**	**5,1**	6,7	**3,6**	9,0	**4,2**	**2,7**	6,0	**1,4**
		1871–2012	**4,7**	**5,2**	7,9	**3,0**	9,3	**3,6**	**1,6**	4,4	**2,0**
Große Subperioden	I	1802–1870	**4,9**	**4,9**	2,8	**4,8**	8,3	**5,2**	**5,1**	7,7	**0,1**
	II	1871–1925	**4,0**	**4,3**	3,0	**3,7**	6,4	**3,8**	**3,1**	4,8	**0,6**
	III	1926–2012	**5,1**	**5,7**	9,7	**2,6**	10,8	**3,6**	**0,6**	3,9	**3,0**
		1946–2012	**5,8**	**6,0**	10,8	**2,0**	11,5	**4,3**	**0,4**	3,2	**3,9**
Zeiträume nach dem Zweiten Weltkrieg		1946–1965	**3,1**	**1,5**	5,0	**-1,2**	7,1	**2,0**	**-0,8**	4,3	**2,8**
		1966–1981	**7,2**	**2,5**	7,1	**-4,2**	8,1	**6,8**	**-0,2**	2,1	**7,0**
		1982–1999	**8,5**	**12,1**	13,8	**8,5**	13,6	**6,3**	**2,9**	1,8	**3,3**
		2000–2012	**4,5**	**9,0**	11,7	**6,5**	11,6	**2,2**	**-0,2**	1,8	**2,4**

Rendite = Jährliche Gesamtrendite
Risiko = Standardabweichung der arithmetischen Renditen
Alle Daten in Prozent (%)

Tabelle 5.2: Die Realrenditen von Anleihen und Inflation 1802–2012

Die kurzfristige Volatilität der Aktienrendite von Jahrzehnt zu Jahrzehnt überrascht nicht. Überraschend für Anleger ist vielleicht, dass die Volatilität der Realrendite von Staatsanleihen ebenfalls recht hoch ist. In den 35 Jahren von 1946–1981 war die Realrendite der Staatsanleihen negativ. Mit anderen Worten: Der Zinscoupon der Anleihen glich den Rückgang der Kurse nicht aus, der von steigenden Zinsen und Inflation verursacht wurde. Wie wir im nächsten Kapitel sehen werden, gab es nicht einmal einen Zeitraum von 20 Jahren, von 35 Jahren ganz zu schweigen, in dem die realen Aktienrenditen negativ waren.

Der Rückgang der Realrenditen von Anleihen seit 1926 wäre noch viel stärker ausgefallen, gäbe es nicht die extrem hohen Anleihenrenditen der letzten 30 Jahre. Seit 1981 hat der Rückgang der Inflation und der Zinsen die Anleihenkurse nach oben geschoben und die Renditen der Anleihenbesitzer stark verbessert. Obwohl die Anleihen während der Mega-Hausse am Aktienmarkt von 1981–1999 hinter den Aktien zurückblieben, schnitten sie im folgenden Jahrzehnt mit Leichtigkeit besser ab als Aktien. In den gesamten drei Jahrzehnten nach dem Hoch der Anleihenerträge 1980 waren die Anleihenrenditen tatsächlich ebenso hoch wie die Aktienrenditen.

Der fortgesetzte Rückgang der Renditen festverzinslicher Wertpapiere

Aber diese spektakulären Anleihenrenditen können nicht von Dauer sein. Die voraussichtlichen realen Anleihenrenditen wurden viel leichter bestimmbar, als das US-Finanzministerium im Januar 1997 die Treasury Inflation-Protected Securities (TIPS) einführte. Kapital und Zinscoupons dieser Anleihen, voll garantiert von der amerikanischen Regierung, sind mit dem US-Verbraucherpreis-Index verbunden. Daher ist die Rendite dieser Anleihen eine *reale* inflationsbereinigte Rendite, die in Abbildung 5.5 gezeigt wird.

Der ständige Renditerückgang dieser Anleihen fällt sofort auf. Als diese Titel erstmals emittiert wurden, lag die Rendite knapp unter 3,5 Prozent. Das ist fast identisch mit der historischen Realrendite von Anleihen, auf die ich bei meiner Analyse der Daten seit 1802 gestoßen bin. Nach der Emission stieg die Rendite der TIPS und erreichte ihr Hoch von 4,40 Prozent im Januar 2000, also in dem Monat, in dem auch das Hoch der Tech- und Internet-Spekulationsblase verzeichnet wurde.

Abbildung 5.5: Realrendite 10-jähriger Treasury Inflation-Protected Securities (TIPS), 1997–2012

Von da an gab es einen unaufhörlichen Renditerückgang. Von 2002–2007 fiel die Rendite auf zwei Prozent. Als sich die Finanzkrise verschlimmerte, sank die Rendite weiter und fiel im August 2011 unter null. Im Dezember 2012 erreichte sie minus ein Prozent.[14] Diese negative Realrendite ähnelte der angenommenen inflationsbereinigten Rendite normaler Staatsanleihen. Die Rendite der zehnjährigen Staatsanleihe fiel im Juli 2012 auf ein 75-Jahres-Tief von 1,39 Prozent, weit unter die aktuelle und prognostizierte Inflationsrate.

Die Realrendite von Staatsanleihen wird von vielen Faktoren bestimmt, zum Beispiel vom Zustand der Wirtschaft, von Inflationsängsten und den Einstellungen der Investoren zu Risiken. Aber in fast allen ökonomischen Modellen ist das Wirtschaftswachstum in diesem Zusammenhang der wichtigste Faktor. Tatsächlich war die Rendite von 3,4 Prozent bei der ersten TIPS-Auktion fast identisch mit dem realen BIP-Wachstum in den 1990er-Jahren. Als sich das Wirtschaftswachstum von 2002–2007 auf etwa zwei Prozent abschwächte, fielen die TIPS-Renditen entsprechend.

Aber 2012 prognostizierte niemand, dass das Wirtschaftswachstum in den nächsten zehn Jahren negativ sein würde, wie es die TIPS-Renditen nahelegten. Nur extreme Risiko-Aversion kann erklären, warum Investoren bereit waren, negative inflationsbereinigte Renditen der Staatsanleihen zu akzeptieren, obwohl andere Assets, zum Beispiel Aktien, beständig langfristige Realrenditen von sechs bis sieben Prozent pro Jahr geliefert haben.

Die Aktienprämie

Der Renditevorsprung von Aktien gegenüber Anleihen (lang- wie kurzfristige) wird *Aktienrisikoprämie* oder einfach *Aktienprämie* genannt. Man kann sie messen, historisch (Abbildung 5.6) und prospektiv, auf der Basis der aktuellen Anleihenrenditen und Aktienbewertungen. Wenn man die Anleihenrenditen (Abbildung 5.2) von den Aktienrenditen (Abbildung 5.1) subtrahiert, sieht man, dass die Aktienprämie im gesamten Zeitraum von 210 Jahren gegenüber langfristigen Staatsanleihen im Durchschnitt bei 3,0 und gegenüber kurzfristigen Staatsanleihen bei 3,9 Prozent lag.

Wegen der außerordentlichen Renditen der Anleihen in den vergangenen 30 Jahren ist die historische Aktienprämie auf null gesunken. Aber die in die Zukunft gerichtete Aktienprämie war Ende 2013 viel höher, weil die prognostizierten Realrenditen langfristiger Anleihen so tief gefallen sind. Wenn die in die Zukunft gerichteten Aktienrenditen ihren historischen Durchschnitt erreichen, sollte die entsprechende Aktienprämie 2013 sechs Prozent oder mehr betragen.[15]

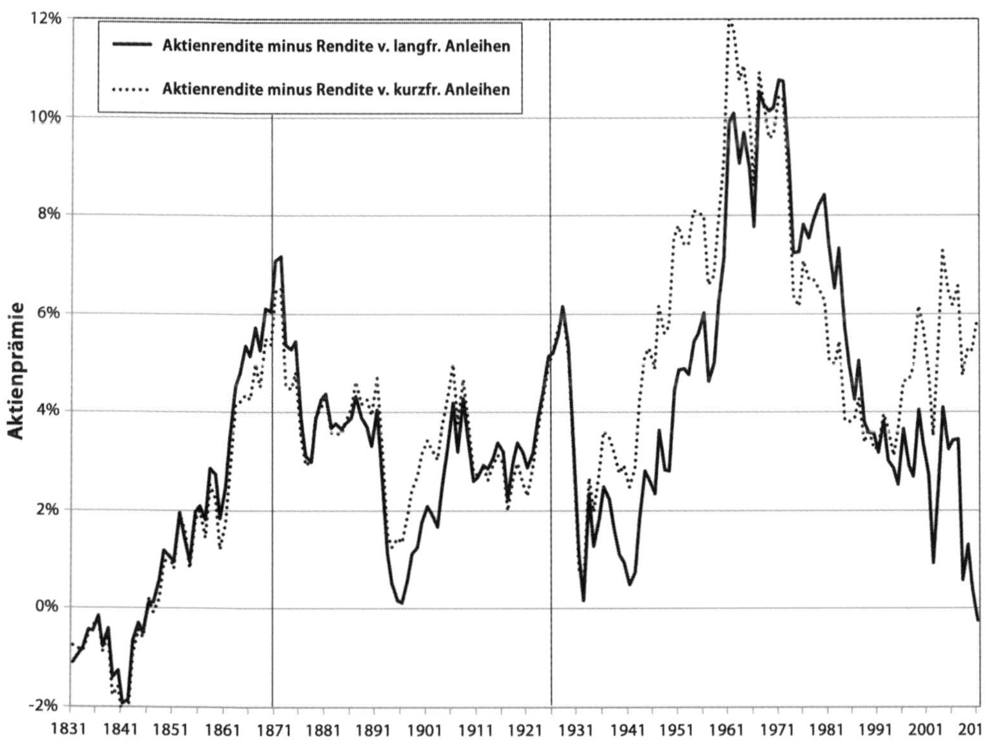

Abbildung 5.6: Die Aktienprämie: Die Differenz zwischen den 30-Jahres-Renditen von Aktien und langfristigen Anleihen sowie Aktien und kurzfristigen Anleihen, 1831–2012

Weltweite Aktien- und Anleihenrenditen

Als ich 1994 *Langfristig investieren* veröffentlichte, fragten einige Ökonomen, ob meine Schlussfolgerungen, die auf US-Daten basierten, die weltweiten historischen Aktienrenditen vielleicht zu hoch einschätzten. Sie behaupteten, die US-Aktienrenditen zeigten den *Survivorship Bias*, der besagt, dass die Daten an erfolgreichen Aktienmärkten wie dem amerikanischen gesammelt werden, aber Aktien in Ländern ignorieren, wo die Titel schwankten oder völlig verschwanden, so wie in Russland oder in Argentinien.[16] Das suggeriert, dass die Aktienrenditen in den USA, einem Land, das sich in den letzten 200 Jahren von einer kleinen britischen Kolonie zur größten Wirtschaftsmacht der Welt entwickelt hat, einzigartig sind – und dass die historischen Aktienrenditen in anderen Ländern niedriger sind.

Angestachelt durch diese Frage untersuchten drei britische Ökonomen die Geschichte historischer Aktien- und Anleihenrenditen in 19 Ländern seit 1900. Elroy Dimson und Paul Marsh, Professoren an der London Business School, und Mike Staunton, Direktor der London Share Price Database, veröffentlichten ihr Research 2002 in einem Buch mit dem Titel *Triumph of the Optimists: 101 Years of Global Investment Returns*.[17] Dieses Buch liefert einen strengen, aber lesbaren Bericht über die weltweiten Finanzmarktrenditen in 19 verschiedenen Ländern.

Aktualisierte Renditen aus diesem Buch sehen Sie in Abbildung 5.7. Sie zeigt die durchschnittlichen historischen Renditen, lang- und kurzfristiger Staatsanleihen aller analysierten Länder von 1900–2012. Trotz der schlimmen Katastrophen in vielen dieser Länder, wie Krieg, Hyperinflation und Depression, zeigen sie alle substanziell positive inflationsbereinigte Aktienrenditen.

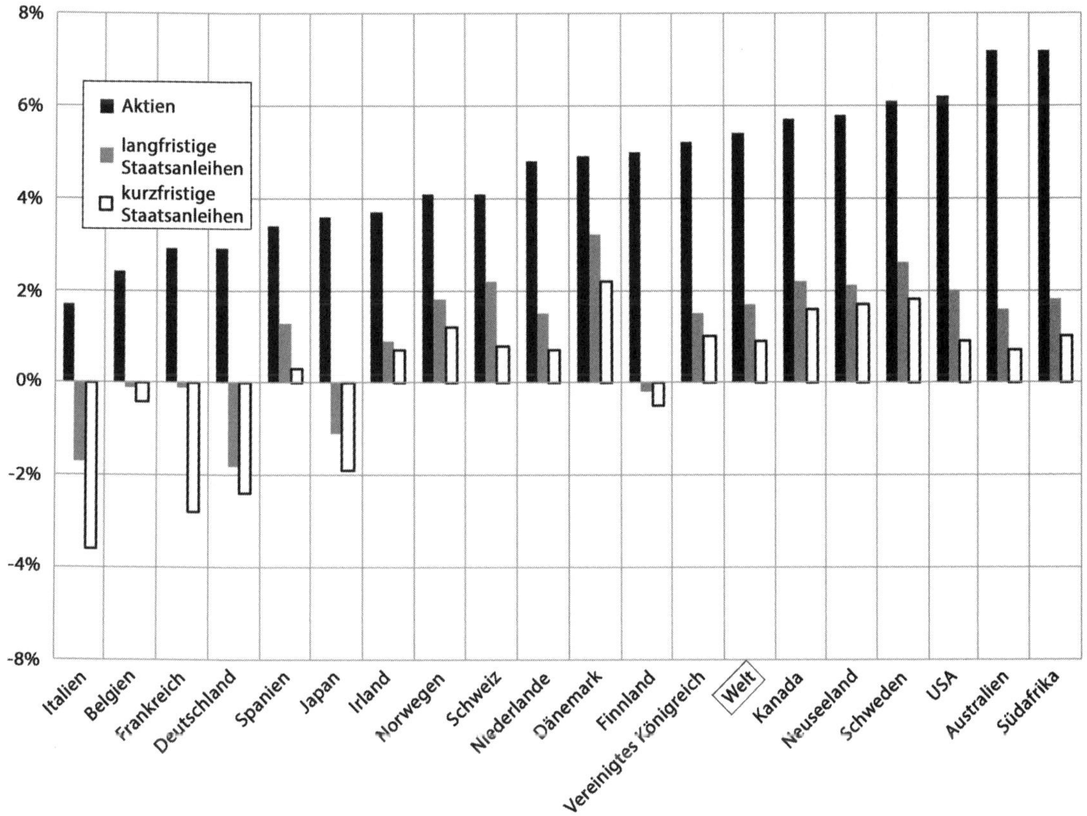

Abbildung 5.7: Internationale Realrenditen von Aktien, lang- und kurzfristigen Staatsanleihen, 1900–2012

Die realen Aktienrenditen reichen vom Tief (1,7 Prozent) in Italien bis zum Hoch (7,2 Prozent) in Australien und Südafrika. Die Aktienrenditen in den USA waren zwar recht gut, aber nicht außergewöhnlich. Der einfache arithmetische Mittelwert der Renditen in diesen 19 Ländern beträgt 4,6 Prozent, und ein in einem dieser Länder 1900 am Aktienmarkt investierter Dollar hätte eine Gesamtrealrendite von 5,4 Prozent erreicht. Das ist nicht sehr weit vom Wert in den USA (6,2 Prozent) entfernt. Und die Länder mit niedrigeren Aktienrenditen hatten auch niedrigere Renditen festverzinslicher Wertpapiere. Die durchschnittliche Aktienprämie gegenüber langfristigen Anlagen lag bei 3,7 Prozent, gegenüber kurzfristigen bei 4,5 Prozent, also sogar höher als in den USA.

Nach der Analyse aller dieser Daten kamen die Autoren zu folgendem Fazit:

> *... die Erfahrungen aus den USA, dass Aktien eine bessere Performance liefern als lang- und kurzfristige Anleihen, hat sich in allen untersuchten Ländern bestätigt. ... In jedem Land war die Performance der Aktien besser als die der Anleihen. Insgesamt*

> *gab es in 101 Jahren nur zwei Märkte für langfristige Anleihen und einen für kurzfristige, die eine bessere Performance lieferten als der schlechteste von uns untersuchte Aktienmarkt.*

Und weiter:

> *Die USA und das Vereinigte Königreich haben zwar gut abgeschnitten, ... aber es gibt keine Hinweise darauf, dass sie stark von anderen Ländern abweichen. ... Sorgen über Erfolg und den Survivorship Bias sind zwar legitim, aber vielleicht ein wenig übertrieben (und) Investoren lagen bei einer Konzentration auf die USA wohl nicht wesentlich falsch.*[18,19]

Diese letzte Feststellung ist signifikant. Über den US-Markt gibt es mehr Studien als über die Märkte jedes anderen Landes auf der Welt. Dimson, Marsh und Staunton sagen, dass die Resultate aus den USA für alle Investoren in allen Ländern relevant sind. Der Titel, den sie ihrem Buch gegeben haben, legt ihre Schlussfolgerungen nahe: Die Optimisten kaufen Aktien, nicht die Pessimisten, und sie haben im vergangenen Jahrhundert deutlich über die vorsichtigeren Anleger triumphiert. Internationale Studien haben das Argument für Aktien verstärkt, nicht geschwächt.

Fazit: Langfristig in Aktien investieren

In den vergangenen 210 Jahren lag die jährliche Gesamtrealrendite eines diversifizierten Depots aus Stammaktien in den USA zwischen sechs und sieben Prozent, und sie hat in dieser Zeit eine bemerkenswerte Beständigkeit gezeigt. Natürlich hängen die Aktienrenditen von Quantität und Qualität von Kapital, Produktivität und Risikobereitschaft ab. Aber die Fähigkeit, Werte zu schaffen, ist auch das Ergebnis geschickten Managements, eines stabilen politischen Systems, das Eigentumsrechte respektiert, und die Fähigkeit, in einem von Wettbewerb geprägten Umfeld den Kunden Werte zu liefern. Schwankungen des Sentiments der Investoren als Ergebnis politischer oder ökonomischer Krisen können Aktien von ihrem langfristigen Weg abdrängen, aber die fundamentalen Kräfte, die zu Wirtschaftswachstum führen, haben Aktien immer in die Lage versetzt, ihren langfristigen Trend wieder aufzunehmen. Vielleicht ist das der Grund, warum Aktien eine solche Stabilität gezeigt haben – trotz der radikalen politischen, ökonomischen und sozialen Veränderungen, in der Welt während der vergangenen beiden Jahrhunderte.

Man muss sich aber des politischen, institutionellen und juristischen Umfelds bewusst sein, in dem diese Renditen erwirtschaftet wurden. Vielleicht kann man die überlegene Performance der Aktien in den vergangenen beiden Jahrhunderten mit der wachsenden Dominanz der Länder erklären, die sich zur freien Marktwirtschaft bekennen. In den dunklen Zeiten der Großen Depression und des Zweiten Weltkriegs erwarteten nur wenige den Triumph der marktorientierten Volkswirtschaften. Aber wenn man sich auf die Lehren aus der Geschichte verlassen kann, könnten Staatsanleihen in unserer Papiergeldwirtschaft bei allen erdenklichen politischen oder wirtschaftlichen Umwälzungen viel schlechter abschneiden als Aktien. Wie das folgende Kapitel zeigt, überwiegen selbst in einem stabilen politischen Umfeld die Risiken von Staatsanleihen für Langfristinvestoren die Risiken von Aktien.

Anhang: Aktien von 1802–1870

Die ersten aktiv gehandelten US-Aktien, 1791 emittiert, wurden von zwei Banken an den Markt gebracht: der Bank of New York und der Bank of the United States.[20] Beide Emissionen waren enorm erfolgreich und wurden bald mit einer Prämie gehandelt. Sie brachen aber im folgenden Jahr zusammen, als William Duer, Alexander Hamiltons Assistent im Finanzministerium, den Markt zu manipulieren versuchte und einen Crash auslöste. Wegen dieser Krise entstanden am 17. Mai 1792 die Vorläufer der New York Stock Exchange.

Joseph David, ein Experte, was Unternehmen im 18. Jahrhundert betrifft, sagte, Aktienkapital sei nicht nur für jedes wahrscheinlich erfolgreiche Unternehmen reichlich verfügbar gewesen, sondern auch, mit seinen Worten, »für unzählige Unternehmungen, bei denen das Risiko groß und die Erfolgschancen verschwindend gering waren«.[21] Obwohl in den USA vor 1801 über 300 Unternehmen registriert wurden, hatten nur zehn von ihnen Wertpapiere, die regelmäßig gehandelt wurden. Zwei Drittel der vor 1801 registrierten Firmen hatten mit Transport zu tun: Piers, Kanäle, Mautschranken und Brücken. Aber die wichtigen Aktien des frühen 19. Jahrhunderts kamen von den Finanzinstituten: Banken, später auch Versicherungen. Banken und Versicherungen hielten Kredite und Anteile vieler Manufakturen, die damals noch nicht das nötige finanzielle Ansehen genossen, um Aktien zu emittieren. Die Schwankungen der Aktienkurse von Finanzunternehmen im 19. Jahrhundert reflektierten den Zustand der Volkswirtschaft im Allgemeinen und die Profitabilität der Firmen, an die sie Kredite vergaben. Eines der ersten nicht aus dem Finanzbereich stammenden Großunternehmen war Delaware and Hudson Canal, emittiert 1825, das 60 Jahre später auch in der ersten Fassung des Dow Jones Industrial Average vertreten war.[22] 1830 wurde als erstes Eisenbahnunternehmen Mohawk and Hudson gelistet. In den folgenden 50 Jahren dominierten Eisenbahnen den Handel an den wichtigsten Börsen.

6. Risiko, Rendite und Portfolio-Allokation

Warum Aktien auf lange Sicht weniger riskant sind als Anleihen

Welches Investment können wir finden, das wirkliche Beständigkeit oder ein sicheres Einkommen bietet? ... Wie jeder Leser dieses Buchs klar erkennen wird, spekuliert jeder Mann und jede Frau, der oder die Anleihen kauft, auf das allgemeine Preisniveau oder die Kaufkraft des Geldes.

Irving Fisher, 1912[1]

Die Messung von Risiko und Rendite

Risiko und Rendite sind die Bausteine des Finanz- und Portfoliomanagements. Sobald das Risiko, die erwartete Rendite und die Korrelationen zwischen beiden spezifiziert sind, kann die moderne Finanztheorie Investoren dabei helfen, ihre Portfolios zusammenzustellen. Aber Risiken und Renditen von Aktien und Anleihen sind keine physikalischen Konstanten wie die Lichtgeschwindigkeit oder die Schwerkraft, die darauf warten, in der natürlichen Umwelt entdeckt zu werden. Anders als in den physikalischen Wissenschaften können Investoren nicht wiederholt kontrollierte Experimente durchführen, indem sie alle anderen Faktoren konstant halten und sich auf den »wahren« Wert jeder Variablen konzentrieren. Wie der Nobelpreisträger Paul Samuelson gern sagte: »Es gibt nur ein Exemplar der Geschichte.« Das bedeutet: Trotz der überwältigenden Menge historischer Daten kann man nie sicher sein, dass die zugrunde liegenden Faktoren, die Asset-Preise generieren, unverändert geblieben sind. In Kapitel 3 haben wir ja gesehen, dass sich die Korrelationen zwischen Assets im Lauf der Zeit wesentlich ändern.

Man muss aber mit der Analyse der Vergangenheit beginnen, um für die Zukunft planen zu können. Das letzte Kapitel hat gezeigt, dass die Renditen festverzinslicher Wertpapiere nicht nur weit unter den Aktienrenditen lagen, sondern dass Anleihen für Langfristanleger auch recht riskant sein können. In diesem Kapitel werden Investoren sehen, dass eine unsichere Inflation zu entscheidender Abhängigkeit der Portfolio-Allokation von ihrem Planungshorizont führt.

Risiko und Haltezeitraum

Für die meisten Inverstoren ist die Darstellung eines Worst-Case-Szenarios die sinnvollste Methode der Risikobeschreibung. Die besten und die schlechtesten inflationsbereinigten Renditen von Aktien, lang- und kurzfristen Anleihen seit 1802 über Haltezeiträume von einem bis zu 30 Jahren werden in Abbildung 6.1 gezeigt. Wie üblich werden die Aktienrenditen durch Dividenden plus Kapitalgewinne oder abzüglich Kapitalverlusten gemessen, und zwar auf breiter Basis, mit einem nach Marktkapitalisierung gewichteten Index amerikanischer Aktien. Beachten Sie: Die Höhe der Balken, die den Unterschied zwischen den besten und den schlechtesten Renditen messen, schrumpft mit zunehmender Haltedauer bei Aktien viel schneller als bei festverzinslichen Wertpapieren.

In Zeiträumen von einem bis zu zwei Jahren sind Aktien fraglos riskanter als lang- oder kurzfristige Staatsanleihen. Allerdings war in allen Fünf-Jahres-Zeiträumen seit 1802 die schlechteste Aktien-Performance, minus 11,9 Prozent pro Jahr, nur wenig schlechter als die schlechteste Performance lang- und kurzfristiger Anleihen. Und in den Haltezeiträumen von zehn Jahren war die schlechteste Aktien-Performance tatsächlich besser als die Performance der Anleihen.

In Haltezeiträumen von 20 Jahren sind die Aktienrenditen nie unter die Inflationsrate gefallen, während die Anleihenrenditen einmal um drei Prozent pro Jahr unter die Inflationsrate fielen. In diesem von Inflation geprägten Zeitraum fiel der Wert eines mit Staatsanleihen bestückten Portfolios, einschließlich aller Zinscoupons, um fast 50 Prozent. Die schlechteste 30-Jahres-Rendite der Aktien blieb mit 2,6 Prozent pro Jahr deutlich über der Inflation; eine Rendite, die nicht weit von der *durchschnittlichen* Rendite der Festverzinslichen entfernt liegt.

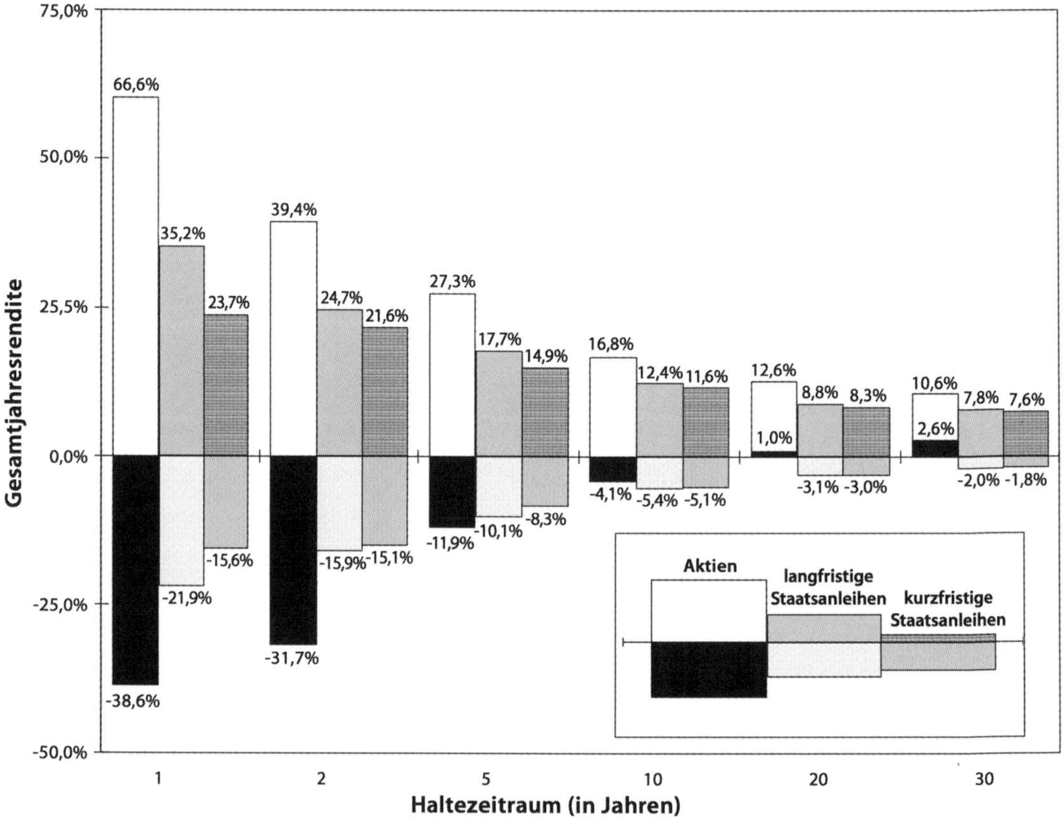

Abbildung 6.1: Höchste und niedrigste Realrenditen von Aktien, lang- und kurzfristigen Anleihen über Zeiträume von 1, 2, 5, 10 und 30 Jahren, 1802–2012

Es ist sehr signifikant, dass Aktien, im Gegensatz zu lang- oder kurzfristigen Anleihen in Haltezeiträumen von 20 Jahren und mehr, nie eine negative Realrendite erzielt haben. Es mag zwar so erscheinen, als sei die Akkumulation von Wohlstand über lange Zeiträume mit Aktien riskanter als mit Anleihen, aber für die Erhaltung der Kaufkraft trifft das exakte Gegenteil zu: Das sicherste Langfristinvestment war ganz klar ein diversifiziertes Aktiendepot. Zweifellos bewahren inflationsgeschützte US-Staatsanleihen vor unerwarteter Inflation. Aber wie in Kapitel 5 erwähnt: Die Realrenditen dieser Wertpapiere, sogar solcher mit Laufzeiten von 20 Jahren, fielen 2012 unter null und blieben sehr niedrig. Im Gegensatz dazu haben Aktien in Zeiträumen von 20 Jahren noch nie negative Realrenditen gezeigt.

Manche Investoren fragen sich, ob Haltezeiträume von 20, 30 und noch mehr Jahren für ihren Planungshorizont relevant sind. Aber einer der größten Fehler, den Investoren machen, ist die Unterschätzung ihrer Haltezeiträume. Das liegt daran, dass viele Investoren an die Haltezeiträume einer bestimmten Aktie, einer Anleihe oder eines Fonds denken. Aber der für die Portfolio-Allokation relevante Haltezeitraum ist die Zeit, in der Anleger *irgendwelche* Aktien oder Anleihen halten, egal wie viele Veränderungen der einzelnen Depotposten vorgenommen werden.

Der Prozentsatz, in wie vielen Fällen Aktienrenditen die Renditen lang- und kurzfristiger Anleihen in verschiedenen Haltezeiträumen übertreffen, wird in Abbildung 6.1 gezeigt. Mit steigender Zeitdauer wächst die Wahrscheinlichkeit dramatisch, dass Aktien besser abschneiden als festverzinsliche Wertpapiere. In Zeiträumen von zehn Jahren schlagen Aktien die Anleihen in etwa 80 Prozent aller Fälle. Bei 20 Jahren sind es etwa 90, bei 30 Jahren fast 100 Prozent.

Haltezeitraum	Aktien zeigen die bessere Performance	Aktien schneiden besser ab als langfristige Anleihen	Kurzfristige Anleihen
1 Jahr	1802–2012	28,8	62,1
	1871–2012	61,3	66,9
2 Jahre	1802–2012	60,5	62,9
	1871–2012	64,1	70,4
3 Jahre	1802–2012	67,2	70,2
	1871–2012	68,7	73,3
5 Jahre	1802–2012	67,6	68,6
	1871–2012	69,0	74,6
10 Jahre	1802–2012	72,3	73,3
	1871–2012	78,2	83,8
20 Jahre	1802–2012	83,9	87,5
	1871–2012	95,8	99,3
30 Jahre	1802–2012	91,2	91,2
	1871–2012	99,3	100,0

Tabelle 6.1: Prozentsatz, in wie vielen Fällen Aktien in verschiedenen Haltezeiträumen besser abschneiden als lang- und kurzfristige Anleihen

In den ersten vier Ausgaben von *Aktien für die Ewigkeit* habe ich angemerkt, dass der letzte 30-Jahres-Zeitraum, in dem langfristige Anleihen besser abschnitten als Aktien, 1861 endete, am Beginn des Amerikanischen Bürgerkriegs. Das trifft nicht mehr zu. Wegen des starken Rückgangs der Renditen von Staatsanleihen in den letzten zehn Jahren übertrifft die jährliche Rendite langfristiger Staatsanleihen in der 30-Jahres-Periode vom 1. Januar 1982 bis Ende 2012 mit 11,03 Prozent leicht die Aktienrendite von 10,98 Prozent. Dieses erstaunliche Ereignis führte einige Forscher zu der Schlussfolgerung, man könne nicht mehr darauf bauen, dass Aktienrenditen höher ausfallen als Anleihenrenditen.[2]

Eine nähere Untersuchung, warum Anleihen in diesem Zeitraum besser abgeschnitten haben als Aktien, zeigt, dass es für Anleihen fast unmöglich ist, dies in den kommenden Jahrzehnten zu wiederholen. 1981 lag der Zinssatz zehnjähriger US-Staatsanleihen bei 16 Prozent. Weil die Zinsen fielen, profitierten die Anleihenbesitzer sowohl von hohen Zinscoupons als auch von Kursgewinnen. Das führte von 1981–2011 zu jährlichen Gesamtrenditen der Anleihen von 7,8 Prozent, was in etwa der Realrendite von Aktien entsprach. Eine Realrendite von 7,8 Prozent liegt nur einen Punkt über dem 210-Jahres-Durchschnitt der Aktien, aber sie entspricht mehr als dem Doppelten der durchschnittlichen historischen Realrendite von Anleihen und mehr als dem Dreifachen der Renditen in den letzten 75 Jahren.

Weil die Zinsen auf historische Tiefs gefallen sind, sind Anleihenbesitzer jetzt mit einer völlig anderen Situation konfrontiert. Ende 2012 lag die Rendite nominaler Anleihen bei etwa zwei Prozent. Anleihen könnten nur dann eine Rendite von 7,8 Prozent erzielen, wenn der Verbraucherpreisindex in den kommenden 30 Jahren um fast sechs Prozent *fällt*. Aber eine Deflation dieser Größenordnung hat in der Geschichte der Welt noch kein Land erlitten. Im Gegensatz dazu können Aktien ihre Performance der letzten drei Jahrzehnte mit Leichtigkeit wiederholen, und angesichts der günstigen Bewertung Ende 2012 ist das sogar wahrscheinlich. Wie im letzten Kapitel angemerkt, wird die Mehrrendite von Aktien gegenüber Anleihen ihren historischen Durchschnitt wahrscheinlich weit übertreffen.

Obwohl die Dominanz der Aktien gegenüber den Anleihen bei den langfristigen Daten offensichtlich ist, ist es ebenfalls wichtig zu bemerken, dass in Zeiträumen von einem oder sogar zwei Jahren Aktien nur in drei von fünf Jahren besser abschneiden als Anleihen. Das bedeutet, dass die Rendite eines Aktionärs in zwei von fünf Jahren unter der Rendite von Anleihen und Bankzertifikaten liegen wird. Die hohe Wahrscheinlichkeit, dass Anleihen oder sogar Bankguthaben auf kurze Sicht besser abschneiden als Aktien ist der wichtigste Grund, warum es vielen Anlegern so schwerfällt, in Aktien investiert zu bleiben.[3]

Standardmaße des Risikos

Das Risiko – definiert als Standardabweichung der jährlichen Realrendite – für Aktien, lang- und kurzfristige Anleihen, basierend auf den historischen Daten aus mehr als 200 Jahren, wird in Abbildung 6.2 gezeigt. Die Standardabweichung ist das Risikomaß, das in der Portfoliotheorie und bei Modellen zur Asset-Allokation verwendet wird.

Obwohl in kurzen Haltezeiträumen die Standardabweichung der Aktienrenditen höher ist als die der Anleihenrenditen, werden Aktien weniger riskant als Anleihen, wenn der Haltezeitraum auf 15–20 Jahre steigt. In 30-Jahres-Zeiträumen fällt die Standardabweichung der Rendite eines Aktiendepots auf weniger als drei Viertel des entsprechenden Werts bei Anleihen. Die Standardabweichung der durchschnittlichen Aktienrenditen sinkt in länger werdenden Zeiträumen fast doppelt so schnell wie die der festverzinslichen Wertpapiere.

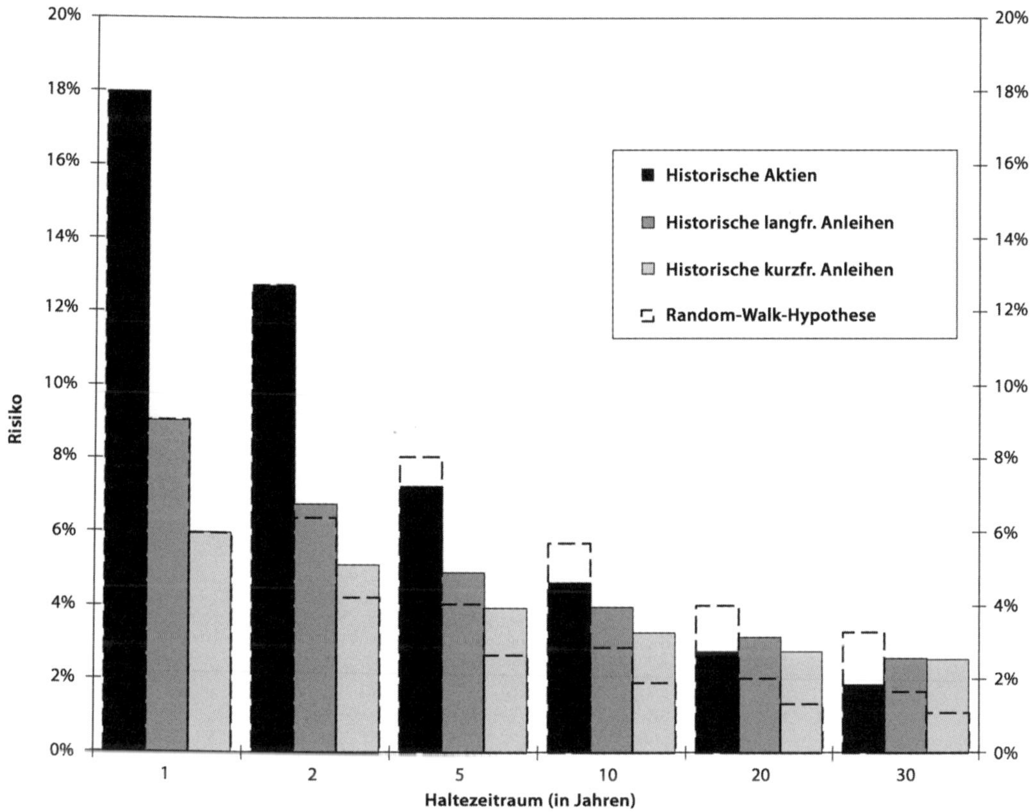

Abbildung 6.2: Standardabweichung der Realrenditen von Aktien, lang- und kurzfristigen Anleihen in verschiedenen Haltezeiträumen: Historische Daten und Random-Walk-Hypothese, 1802–2012

Wenn sich die Asset-Renditen zufällig entwickeln, sinkt die Standardabweichung jedes Assets um die Quadratwurzel des Haltezeitraums. Ein *Random Walk* ist ein Prozess, bei dem zukünftige Renditen vollkommen unabhängig von den Renditen der Vergangenheit sind. Die gestrichelten Balken in Abbildung 6.2 zeigen den von der Random-Walk-Annahme prognostizierten Rückgang des Risikos.

Die historischen Daten zeigen aber, dass die Random-Walk-Hypothese bei Aktien nicht aufrechterhalten werden kann. Der Grund: Das tatsächliche Risiko der durchschnittlichen Aktienrenditen sinkt wegen ihrer Rückkehr zum Mittelwert viel schneller als von der Random-Walk-Hypothese prognostiziert.

Andererseits sinkt die Standardabweichung der durchschnittlichen Renditen festverzinslicher Wertpapiere nicht so schnell, wie es die Random-Walk-Hypothese prognostiziert. Das ist eine Manifestation der *Abweichung vom Mittelwert* der Anleihenrenditen. Abweichung vom Mittelwert bedeutet: Sobald sich die Rendite eines Assets vom langfristigen Durchschnitt entfernt, ist eine noch weitere Abweichung wahrscheinlicher als die Rückkehr zu normaleren Niveaus. Die Abweichung vom Mittelwert der Anleihenrenditen ist für Hyperinflationen besonders charakteristisch, wenn sich die Preise immer schneller ändern, was Papier-Assets wertlos macht. Sie ist aber auch bei den moderateren Inflationen präsent, wie sie die USA und andere entwickelte Länder erfahren haben. Sobald sich die Inflation zu beschleunigen beginnt, wird der Inflationsprozess kumulativ, und Anleihenbesitzer haben praktisch keine Chance, ihre Kaufkraftverluste wieder aufzuholen. Im Gegensatz dazu erleiden Aktienbesitzer, die Zugriff auf reale Assets haben, selten einen dauerhaften, inflationsbedingten Verlust.

Beachten Sie bitte: Ich behaupte nicht, dass das Risiko eines Aktiendepots *sinkt*, wenn man den Zeitraum verlängert. Die Standardabweichung der *gesamten* Aktienrenditen steigt mit der Zeit, aber in abnehmendem Tempo. Andererseits steigt die Standardabweichung der realen Anleihenrenditen wegen der unsicheren Inflation immer schneller, wenn der Anlagehorizont länger wird, und letztlich werden Anleihen riskanter als ein diversifiziertes Depot aus Stammaktien.

Die variierende Korrelation zwischen Aktien- und Anleihenrenditen

Obwohl die Renditen der Anleihen niedriger sind als die der Aktien, können Anleihen dazu dienen, ein Depot zu diversifizieren und das Gesamtrisiko zu senken. Das trifft vor allem dann zu, wenn Aktien- und Anleihenrenditen *negativ korreliert* sind, was dann der Fall ist, wenn Aktien- und Anleihenkurse in entgegengesetzte Richtungen tendieren.[4] Die Diversifizierungskraft eines Assets wird anhand des Korrelationskoeffizienten gemessen. Die Spannbreite des Korrelationskoeffizienten reicht von –1 bis +1 und misst die gemeinsame Bewegung der Rendite eines Assets und der Rendite des restlichen Portfolios. Je niedriger der Korrelationskoeffizient, desto besser eignet sich ein Asset zur Diversifizierung des Depots. Assets mit einer Korrelation von nahe null oder sogar einer negativen Korrelation sind besonders gut geeignet. Wenn der Korrelationskoeffizient zwischen dem Asset und den Depotrenditen steigt, eignet sich das Asset immer weniger zur Diversifizierung.

In Kapitel 3 haben wir die Veränderung des Korrelationskoeffizienten zwischen der Rendite zehnjähriger Staatsanleihen und Aktien – repräsentiert durch den S&P-500-Index – untersucht. Abbildung 6.3 zeigt den Korrelationskoeffizienten zwischen den jährlichen Aktien- und Anleihenrenditen in drei Subperioden zwischen 1926 und 2012. Von 1926–1965 war die Korrelation nur leicht positiv, was zeigte, dass man mit Anleihen ein Aktiendepot recht gut diversifizieren konnte. Der Grund: In diesen Zeitraum fiel die Große Depression. Sie war gekennzeichnet durch sinkende Wirtschaftstätigkeit und Verbraucherpreise; eine Situation, die schlecht für Aktien, aber gut für US-Staatsanleihen war.

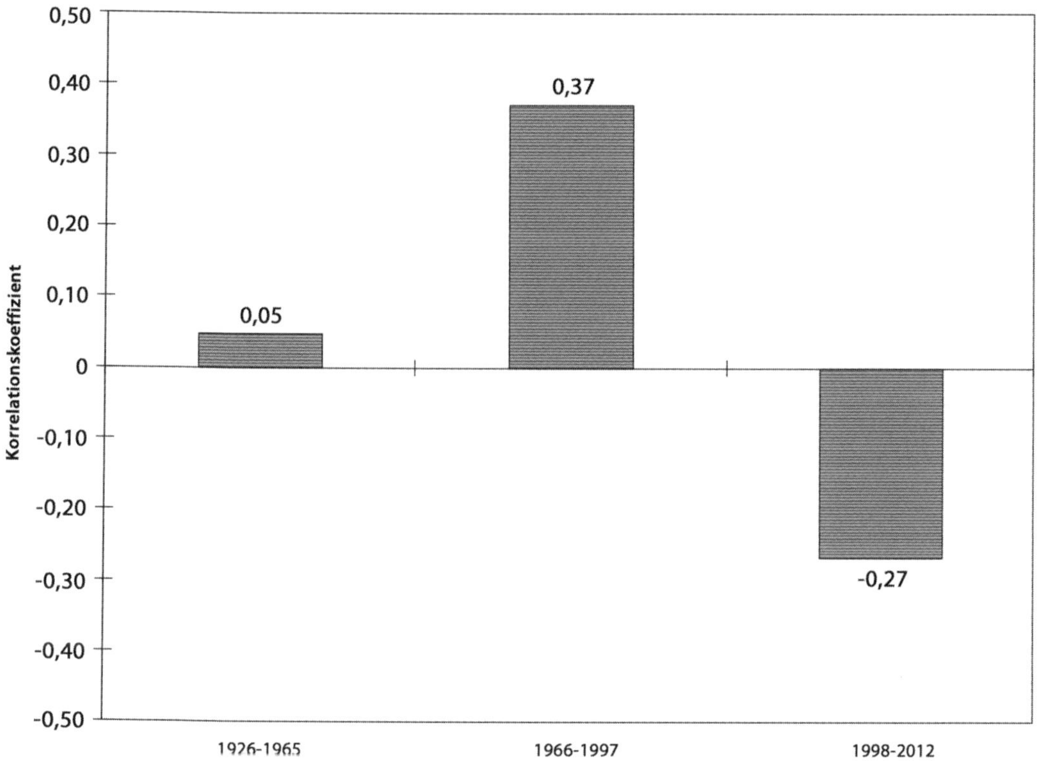

Abbildung 6.3: Die Korrelationen der realen Anleihen- und Aktienrenditen in verschiedenen historischen Zeiträumen

In einem Papiergeldstandard sind schlechte Zeiten für die Wirtschaft wahrscheinlich eher mit *Inflation* als mit Deflation verbunden. Das traf von Mitte der 1960er- bis Mitte der 1990er-Jahre zu, weil die Regierung versuchte, konjunkturellen Krisen mit expansiver Geldpolitik zu begegnen, was die Inflation förderte. Unter diesen Umständen tendieren Aktien- und Anleihenkurse dazu, sich in dieselbe Richtung zu bewegen, was die Diversifizierungsqualitäten von Staatsanleihen drastisch mindert.

Die positive Korrelation hat sich in den letzten Jahrzehnten allerdings wieder geändert. Seit 1998 sind die Aktienkurse mit den Kursen der Staatsanleihen wieder *negativ* korreliert. Dafür gibt es zwei Gründe. In der Frühphase dieses Zeitraums wurden die Weltmärkte durch ökonomische Umwälzungen und Währungskrisen in Asien aufgewühlt, auch durch die Deflation in Japan und die Terroranschläge vom 11. September. Später weckte die Finanzkrise 2008 böse Erinnerungen an die 1930er-Jahre, als Deflation herrschte und Staatsanleihen das einzige Asset waren, das Wertsteigerungen aufwies. Diese Ereignisse führten dazu, dass der Markt für US-Staatsanleihen wieder zum sicheren Hafen für Anleger wurde, die weitere ökonomische Tumulte und niedrigere Aktienkurse befürchteten.

Dennoch ist es unwahrscheinlich, dass sich Staatsanleihen auf lange Sicht als geeignet für die Diversifizierung von Aktiendepots erweisen werden, vor allem, wenn das Inflationsgespenst wieder lauert. Falls die Inflation aber wirklich steigt, wird die derzeitige Prämie von Staatsanleihen als Schutz vor Inflation wieder verloren gehen, was für Anleihenbesitzer weitere Verluste verursacht.

Efficient Frontiers[5]

Die moderne Portfoliotheorie beschreibt, wie Investoren durch eine Veränderung der Mischung der einzelnen Assets Risiko und Rendite eines Depots verändern können. Abbildung 6.4 zeigt die Risiken und Renditen, die durch Veränderungen des Aktien- und Anleihenanteils entstehen, über verschiedene Haltefristen von einem bis zu 30 Jahren, auf Basis der historischen Daten aus 210 Jahren.

Das weiße Quadrat am Beginn jeder Kurve repräsentiert Risiko und Rendite eines nur aus Anleihen bestehenden Depots, das schwarze Quadrat am oberen Kurvenende steht für Risiko und Rendite eines nur aus Aktien bestehenden Depots. Der Kreis auf der Kurve zeigt das erreichbare Minimalrisiko durch die Kombination wechselnder Anteile von Aktien und Anleihen. Die Kurve, die diese Punkte verbindet, repräsentiert Risiken und Renditen aller Depotkombinationen, von 100 Prozent Anleihen bis zu 100 Prozent Aktien. Diese Kurve, *Efficient Frontier* genannt, ist das Herz der modernen Portfolio-Analyse und die Basis aller Modelle der Asset-Allokation.

Beachten Sie: Die Allokation mit dem minimalen Risiko ist eine Funktion der Haltefrist des Investors. Anleger mit einem Ein-Jahres-Horizont, die ihre Risiken minimieren wollen, sollten fast ihr gesamtes Depot mit Anleihen bestücken, auf einen Zwei-Jahres-Horizont trifft dies ebenfalls zu. Bei einem Fünf-Jahres-Horizont steigt der Aktienanteil in einem Depot mit minimalem Risiko auf 25 Prozent, bei einem Horizont von zehn Jahren wächst er auf mehr als ein Drittel. Bei 20 Jahren sind es 50, bei 30 Jahren 68 Prozent.

Angesichts dieser eklatanten Unterschiede scheint es verwunderlich, dass der Haltezeitraum in der Standard-Portfoliotheorie fast nie eine Rolle gespielt hat. Der Grund: Die moderne Portfoliotheorie entstand in einer Zeit, als die große Mehrheit der Wissenschaftler die Random-Walk-Theorie der Wertpapierpreise propagierte. Wie schon erwähnt: Wenn sich die Preise zufällig entwickeln, ist das Risiko in einem beliebigen Zeitraum eine einfache Funktion des Risikos in einem einzigen Zeitraum; das *relative* Risiko verschiedener Asset-Klassen hängt also nicht vom Haltezeitraum ab. In diesem Fall variiert die *Efficient Frontier* also nicht mit dem Zeitraum, und die Asset-Allokation hängt nicht vom zeitlichen Horizont des Investors ab. Wenn die Wertpapiermärkte den Random Walks nicht gehorchen, kann man diese Schlussfolgerung nicht aufrechterhalten.

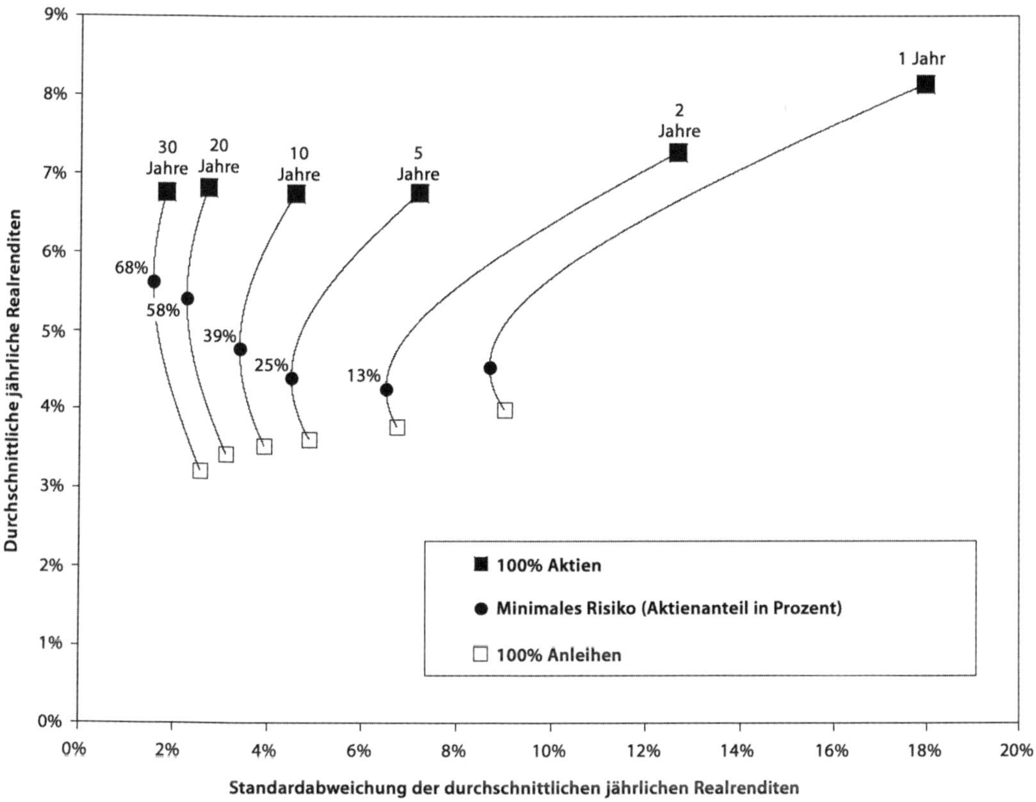

Abbildung 6.4: Risiko-Rendite-Austausch (Efficient Frontiers) für Aktien und Anleihen in verschiedenen Haltezeiträumen, 1802–2012

Fazit

Niemand leugnet, dass Aktien auf kurze Sicht riskanter sind als festverzinsliche Wertpapiere. Aber langfristig, das hat die Geschichte gezeigt, sind Aktien für Langfristanleger tatsächlich sicherer als Anleihen, deren Ziel es ist, die Kaufkraft ihres Kapitals zu bewahren. Die Unsicherheit über die Inflation, die einem Papiergeldstandard inhärent ist, bedeutet, dass »festverzinslich« und »fixierte Kaufkraft« nicht dasselbe sind, wie Irving Fisher schon vor 100 Jahren angemerkt hat.

Trotz der dramatischen Verlangsamung der Inflationsrate im vergangenen Jahrzehnt ist es sehr unsicher, was ein Dollar in Zukunft wert sein wird, vor allem angesichts der großen Staatsdefizite und der lockeren Geldpolitik der Zentralbanken dieser Welt. Die historischen Daten zeigen, dass wir uns bezüglich der Kaufkraft in 30 Jahren mit einem diversifizieren Depot aus Stammaktien sicherer sein können als mit einer Investition in 30-jährige US-Staatsanleihen.

7. Aktienindizes

Die Repräsentanten der Märkte

Man sagt, dass Zahlen die Welt regieren.
Johann Wolfgang Goethe, 1830

Marktindizes

»Was macht der Markt?«, fragt ein Aktieninvestor einen anderen.

»Er hat einen guten Tag – er ist um über 100 Punkte gestiegen.«

Niemand, der das Marktgeschehen beobachtet, würde fragen: »Was ist um 100 Punkte gestiegen?« Der Dow Jones Industrial Average ist für viele immer noch der Maßstab für das Geschehen an der Börse, obwohl ihnen die Grenzen dieses Index sehr bewusst sind. Der allgemein als »Dow« bekannte Index ist so berühmt, dass ihn die Nachrichtenmedien oft mit dem Aktienmarkt gleichsetzen. Egal wie unvollständig der Index die Entwicklung der Aktienkurse abbildet – und so gut wie kein Vermögensverwalter misst seine Performance an ihm –, beschreiben viele Investoren das Auf und Ab am Aktienmarkt anhand des Dow.

Aber heute gibt es viele andere, weit umfassendere Indizes. Der S&P-500, im März 1957 von Standard & Poor's kreiert, heute eine Abteilung von McGraw-Hill Financial, wurde zum unangefochtenen Benchmark-Index für große US-Aktien. Und die Nasdaq, ein automatisierter elektronischer Markt, der 1971 gegründet wurde, wurde zur Börse der Wahl für Technologieunternehmen. Der Nasdaq-Index misst die Performance so großer Technologieunternehmen wie Microsoft, Intel, Google und Apple.

Obwohl der Ausdruck »Industrials« an altmodische produzierende Unternehmen denken lässt, ist der Dow viel repräsentativer für Firmen geworden, die das heutige Umfeld dominieren. 1999 eröffnete der Dow Industrials das Technologiezeitalter, als erstmals zwei Nasdaq-Aktien – Microsoft und Intel – für die ehrwürdige Liste von 30 Aktien ausgesucht wurden. Es folgt nun die Geschichte dieser drei sehr unterschiedlichen Indizes mit drei einzigartigen Reflektionen des Aktienmarkts.

Die Dow Jones Averages

Charles Dow, einer der Gründer von Dow Jones & Co. – der Firma, die auch das *Wall Street Journal* publiziert – schuf die Dow Jones Averages im späten 19. Jahrhundert. Am 16. Februar 1885 begann er mit der Publikation eines täglichen Kursdurchschnitts von zwölf Aktien, zehn Eisenbahngesellschaften und zwei Industrieunternehmen, der aktiv gehandelte Aktien mit hoher Marktkapitalisierung repräsentierte. Vier Jahre später veröffentlichte Dow einen täglichen Durchschnitt von 20 Aktien – 18 Eisenbahngesellschaften und zwei Industrieunternehmen.

Als die Manufakturen und Industrieunternehmen wichtiger wurden als die Eisenbahnen, wurde am 26. Mai 1896 der Dow Jones Industrial Average kreiert, der ursprünglich die zwölf Titel enthielt, die in Tabelle 7.1 zu sehen sind. Der alte Index aus dem Jahr 1889 wurde am 26. Oktober 1896 neu zusammengestellt und in Rail Average umbenannt. 1916 wurde der Industrial Average auf 20 und 1928 auf die seither gültige Größe von 30 Aktien erweitert. Der Rail Average, der 1970 in Transportation Average umbenannt wurde, besteht seit mehr als 100 Jahren aus 20 Aktien.

Die frühen Dow-Firmen kamen hauptsächlich aus dem Rohstoffbereich: Baumwolle, Zucker, Tabak, Blei, Leder, Gummi und dergleichen. Sechs der zwölf Unternehmen haben in ungefähr gleicher Form überlebt, aber nur eines – General Electric – hat sowohl seine Mitgliedschaft im Index als auch seinen ursprünglichen Namen bewahrt.[1]

Fast alle Aktien aus der ersten Fassung des Dow gediehen als große und erfolgreiche Unternehmen, auch wenn sie schließlich aus dem Index entfernt wurden (historische Details finden Sie im Anhang am Ende dieses Kapitels). Die einzige Ausnahme war U.S. Leather Corp., die in den 1950er-Jahren liquidiert wurde. Die Aktionäre erhielten 1,50 Dollar plus eine Aktie von Keta Oil & Gas, einer Firma, die zuvor aufgekauft wurde. Aber 1955 plünderte Präsident Lowell Birrell die Assets von Keta. Später floh er nach Brasilien, um den US-Behörden zu entgehen. Die Aktien von U.S. Leather, 1909 das siebtgrößte Unternehmen in den USA, wurden wertlos.

1896	1916	1928	1965	2013
American Cotton Oil	American Sugar	Allied Chemical	Allied Chemical	3M Co.
American Sugar	American Can	American Can	Aluminum Co. of America	American Express
American Tobacco	American Car & Foundry	American Smelting	American Can	AT&T
Chicago Gas	American Locomotive	American Sugar	American Tel. & Tel.	Boeing
Distilling & Cattle Feeding	American Smelting	American Tobacco	American Tobacco	Caterpillar
General Electric	American Sugar	Atlantic Refining	Anaconda Copper	Chevron

1896	1916	1928	1965	2013
Laclede Gas	American Tel. & Tel.	Bethlehem Steel	Bethlehem Steel	Cisco Systems
National Lead	Anaconda Copper	Chrysler	Chrysler	Coca-Cola
North American	Baldwin Locomotive	General Electric	DuPont	DuPont
Tennessee Coal and Iron	Central Leather	General Motors	Eastman Kodak	ExxonMobil
U.S. Leather	General Electric	General Railway Signal	General Electric	General Electric
U.S. Rubber	Goodrich	Goodrich	General Foods	Goldman Sachs
	Republic Iron & Steel	International Harvester	General Motors	Home Depot
	Studebaker	International Nickel	GoodYear	Intel
	Texas Co.	Mack Trucks	International Harvester	IBM
	U.S. Rubber	Nash Motors	International Nickel	Johnson & Johnson
	U.S. Steel	North American	International Paper Co.	JPMorgan Chase
	Utah Copper	Paramount Publix	Johns-Manville	McDonald's
	Westinghouse	Postum, Inc.	Owens-Illinois Glass	Merck
	Western Union	Radio Corp.	Procter & Gamble	Microsoft
		Sears, Roebuck	Sears, Roebuck	Nike
		Standard Oil (N.J.)	Standard Oil of California	Pfizer
		Texas Corp.	Standard Oil (N.J.)	Procter & Gamble
		Texas Gulf Sulphur	Swift & Company	Travelers
		Union Carbide	Texaco Incorporated	United Technologies
		U.S. Steel	Union Carbride	UnitedHealth
		Victor Talking Machine	United Aircraft	Verizon Comm.
		Westinghouse Electric	U.S. Steel	Visa
		Woolworth	Westinghouse Electric	WalMart
		Wright Aeronautical	Woolworth	WaltDisney

Tabelle 7.1: Aktien im Dow Jones Industrials, 1896–2013

Die Berechnung des Dow-Index

Die ursprünglichen Dow Jones Averages waren einfach die Summe aus den Kursen, dividiert durch die Zahl der Aktien im Index. Dieser Divisor musste allerdings im Lauf der Zeit angepasst werden, um Sprünge im Index zu vermeiden, wenn es Veränderungen der Aktien im Index oder Aktiensplits gab. Im Oktober 2013 lag der Divisor bei 0,1557. Das bedeutet einen Index-Gewinn von 6,5 Punkten, wenn eine Dow-Aktie um einen Punkt steigt.[2]

Der Dow Industrials ist ein *preisgewichteter* Index. Das heißt, dass die Kurse der einzelnen Aktien addiert und dann durch die Zahl der Aktien im Index dividiert werden. Daher haben proportionale Bewegungen hochpreisiger Aktien in den Dow Averages viel größere Auswirkungen als Veränderungen von Aktien mit niedrigen Kursen, unabhängig von der Größe des Unternehmens. Im November 2013 hatte Visa, mit einem Börsenkurs von 200 Dollar, eine Index-Gewichtung von acht Prozent, während Cisco, die Aktie mit dem niedrigsten Kurs, nicht einmal auf ein Prozent kam.[3]

Preisgewichtete Indizes sind ungewöhnlich, weil die Auswirkungen des Aktienkurses eines Unternehmens nichts mit der Größe des Unternehmens zu tun haben. Das steht in starkem Gegensatz zu einem nach der Marktkapitalisierung gewichteten Index wie dem S&P-500, in dem die Index-Gewichtung jedes Unternehmens proportional zum Börsenwert seiner Aktien berechnet wird. Im Oktober 2013 waren die 30 Dow-Unternehmen etwa 4,5 Billionen Dollar wert, was knapp einem Viertel der Kapitalisierung des gesamten US-Markts entsprach. Ende 2013 enthielt der Dow Industrials weder die Aktie mit der weltweit höchsten Marktkapitalisierung, Apple, noch Google, die ebenfalls zu den Top 10 der Aktien mit der höchsten Marktkapitalisierung gehörte.

Langfristige Trends im Dow Jones Industrial Average

Abbildung 7.1 zeigt die monatlichen Hochs und Tiefs des Dow Jones Industrial Average seit seiner Konzeption 1885, bereinigt um die Lebenshaltungskosten. Das kleine Bild zeigt den nicht inflationsbereinigten Dow Industrial Average.

Eine *Trendlinie* und ein *Kanal* entstehen durch statistische Anpassung des Dow an einen Zeittrend. Die obere und die untere Begrenzungslinie liegen eine Standardabweichung oder 50 Prozent oberhalb und unterhalb des Trends. Die Neigung der Trendlinie, 1,94 Prozent pro Jahr, ist die durchschnittliche Gesamtrate, um welche die Dow-Aktien inflationsbereinigt seit 1885 zugelegt haben. Ebenso wie die meisten anderen populären Indizes enthält der Dow keine Dividenden, daher stellt der Index-Anstieg die Gesamtrendite der Dow-Aktien bei Weitem zu niedrig dar. Weil die durchschnittliche Dividendenrendite aller Aktien in diesem Zeitraum bei etwa 4,3 Prozent lag, betrug die reale jährliche Gesamtrendite der Dow-Aktien etwa 6,2 Prozent pro Jahr.[4]

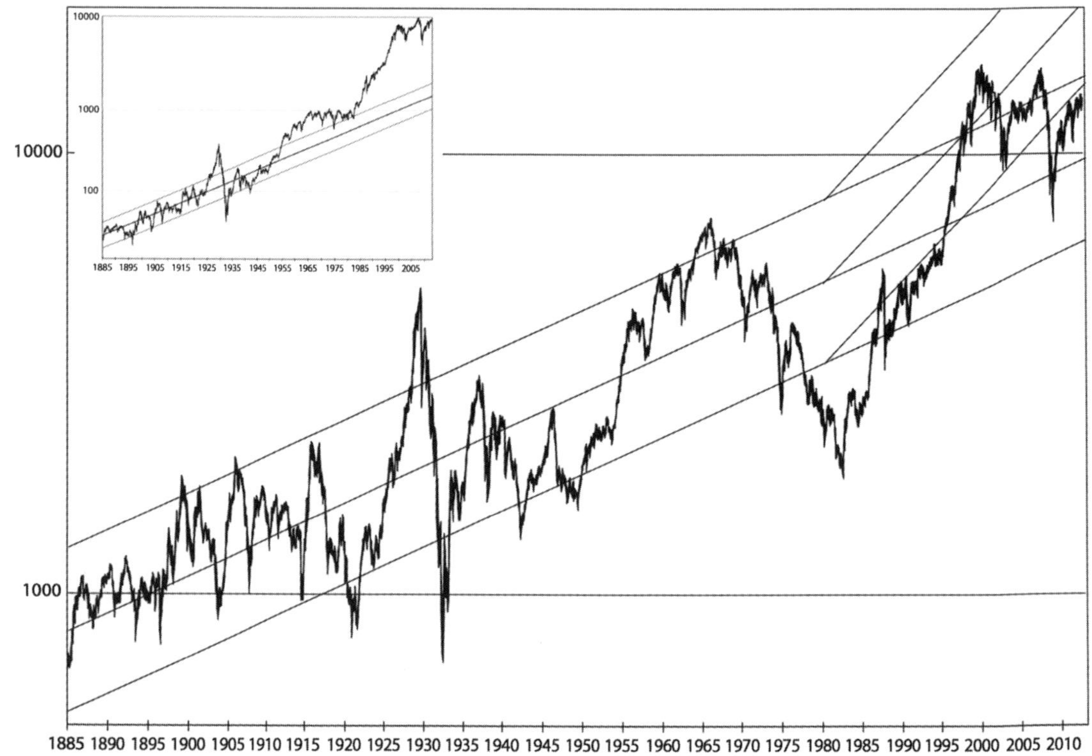

Abbildung 7.1: Der nominale und der reale Dow Jones Industrial Average, 1885–2012

Der inflationsbereinigte Dow blieb in etwa drei Vierteln des Gesamtzeitraums innerhalb des Trendkanals. Wenn der Dow nach oben aus dem Kanal ausbrach, wie es 1929, Mitte der 1960er-Jahre und 2000 der Fall war, erzielten die Aktien im Anschluss kurzfristig schwache Renditen. Wenn er nach unten ausbrach, folgten kurzfristig sehr hohe Renditen. Aus Sicht vom August 2013 entstand das inflationsbereinigte Allzeithoch des Dow Industrials im Januar 2000 bei 16.130 Punkten.

Hüten Sie sich davor, Trendlinien zur Prognose zukünftiger Renditen zu verwenden!

Die Anwendung von Kanälen und Trendlinien zur Prognose zukünftiger Renditen kann in die Irre führen, so verlockend sie auch sein mag. Über lange Zeiträume stabile Trends wurden aus guten ökonomischen Gründen gebrochen. Nicht inflationsbereinigt durchbrach der Dow Industrials die Trendlinie Mitte der 1950er-Jahre und blieb auch oberhalb von ihr, wie man im kleinen Bild in Abbildung 7.1 sieht. Der Grund: Wegen des Wechsels zum Papiergeldstandard trieb die Inflation die Aktienkurse mit Recht über ihren bisherigen Trend, der in Zeiten ohne Inflation entstanden war. Wer Trendlinienanalyse anwendete und die Aktienkurse nicht in *realen* statt in nominalen Zahlen aufzeichnete, hätte 1955 verkauft und wäre *nie wieder* in den Markt eingestiegen.[5]

Aber es gibt jetzt noch eine weitere Rechtfertigung, warum der Kanal erneut nach oben durchbrochen werden könnte. Wie bereits erwähnt berücksichtigen die Aktienindizes nur die Kursentwicklung und stellen daher die Gesamtrenditen zu niedrig dar, die Dividenden beinhalten. Aber die Unternehmen haben einen immer geringer werdenden Teil ihrer Gewinne als Dividenden ausgeschüttet. Den Rest haben sie dazu verwendet, eigene Aktien zurückzukaufen und Kapital in ihr Geschäft zu investieren. Daher kam in der jüngsten Vergangenheit ein höherer Teil der Aktienrendite aus Kapitalgewinnen statt aus Dividendeneinkünften. Weil die durchschnittliche Dividendenrendite der Aktien seit 1980 um 2,88 Prozent gesunken ist, wurde in Abbildung 7.1 ein neuer Kanal eingezeichnet, mit einer um 2,88 Prozent höheren Neigung, um den Anstieg der erwarteten Kapitalgewinne darzustellen. Ende 2012 lag der reale Dow Industrials über dem nicht nach den Veränderungen der Dividendenrenditen korrigierten Mittelwert, aber unter dem Boden des um Dividenden bereinigten Kanals.

Nach Marktkapitalisierung gewichtete Indizes

Standard & Poor's-Index

Obwohl der Dow Jones Industrial Average schon 1885 veröffentlicht wurde, war er sicherlich kein umfassender Index der Aktienwerte, weil er höchstens 30 Aktien enthielt. 1906 wurde die Standard Statistics Co. gegründet und publizierte 1918 den ersten Index der Aktienwerte, in dem die Performance jeder einzelnen Aktie auf der Marktkapitalisierung oder dem Börsenwert basierte, nicht auf dem Kurs, wie es beim Dow Jones der Fall war. Die Gewichtung nach Marktkapitalisierung gilt heute als beste Anzeige der Rendite des Gesamtmarkts. Sie wird fast universell in bewährten Markt-Benchmarks verwendet.[6] 1939 verwendete Alfred Cowles, Gründer der Cowles Commission for Economic Research die Techniken der Gewichtung nach dem Marktwert von Standard & Poor's, um Indizes der Aktienwerte seit 1871 zu konstruieren, die alle an der New York Stock Exchange notierten Aktien umfassten.

Der Standard & Poor's-Aktienkursindex startete 1923, und 1926 wurde er zum Standard & Poor's Composite Index, der 90 Aktien enthielt. Am 4. Mai 1957 wurde der Index auf 500 Aktien erweitert. Damals umfasste der S&P-500-Index etwa 90 Prozent aller an der NYSE gehandelten Aktien. Zu den 500 Aktien zählten exakt 425 Industrie-Unternehmen, 25 Eisenbahngesellschaften und 50 Unternehmen aus dem Bereich Energieversorgung. Vor 1988 war die Zahl der Unternehmen aus jeder Branche durch diese Richtlinien begrenzt, aber seither gibt es bei den ausgewählten Firmen keine Einschränkungen bezüglich der Branchenangehörigkeit.

Für den durchschnittlichen Wert des S&P-Index von 1941 bis 1943 wurde eine Basis von 10 ausgewählt. Als der Index 1957 erstmals publiziert wurde, entsprach daher der durchschnittliche Aktienkurs (der zwischen 45 und 50 Dollar lag) annähernd dem Index-Stand. Damals konnte sich ein Investor leicht mit den Veränderungen des S&P-500-Index identifizieren, weil eine Veränderung um einen Punkt annähernd der Kursveränderung einer durchschnittlichen Aktie entsprach.

Der S&P-500 enthält einige Firmen, die recht klein sind und von Unternehmen stammen, deren Wert gesunken ist und die noch ersetzt werden müssen.[7] Ende 2012 lag der Gesamtwert aller S&P-500-Unternehmen bei etwa 13,6 Billionen Dollar, aber das entsprach nur 75 Prozent des Werts aller in den USA gehandelten Aktien, deutlich weniger als die 90 Prozent bei der Konzeption des Index. Die Geschichte des S&P-500-Index und die Erkenntnisse aus der Analyse dieses weltberühmten Index finden Sie im nächsten Kapitel.

Der Nasdaq-Index

Am 8. Februar 1971 gab es eine revolutionäre Veränderung des Aktienhandels. Ab diesem Tag bot ein elektronisches Handelssystem namens *Nasdaq* (das Kürzel für »National Association of Securities Dealers Automated Quotation«) aktuelle Geld- und Briefkurse für 2400 führende Aktien, die nicht an der NYSE notiert waren. Zuvor waren die Notierungen dieser ungelisteten Aktien vom wichtigsten Händler oder von Brokerhäusern erstellt worden, die diese Titel im Bestand hatten. Die Nasdaq verband die Terminals von landesweit mehr als 500 Primärhändlern zu einem zentralisierten Computersystem.

Im Gegensatz zur Nasdaq tragen bei an der NYSE oder an der American Stock Exchange gehandelten Aktien bestimmte Primärhändler (auch Specialists genannt) die Verantwortung für den ordnungsgemäßen Handel einer Aktie. Die Nasdaq veränderte die Art der Kursfeststellung und machte den Handel dieser Titel für Investoren und Händler wesentlich attraktiver.

Als die Nasdaq entstand, war es weit prestigeträchtiger, an einer Börse (vorzugsweise an der New York Stock Exchange) notiert zu sein, als an der Nasdaq gehandelt zu werden. Nasdaq-Aktien waren meist die Titel kleiner oder junger Firmen, die erst kurz zuvor an die Börse gegangen waren oder die Bedingungen für eine Notierung an einer der größeren Börsen nicht erfüllten. Aber viele junge Technologieunternehmen fanden im computergesteuerten Nasdaq-System eine natürliche Heimat. Einige, wie Intel und Microsoft, entschieden sich dafür, nicht an das Big Board zu gehen, wie die NYSE genannt wird, auch wenn sie die Voraussetzungen dafür erfüllten.

Der Nasdaq-Index, ein nach Marktkapitalisierung gewichteter Index aller an der Nasdaq gehandelten Aktien, wurde am ersten Handelstag 1971 auf 100 gesetzt. Er brauchte fast zehn Jahre, um auf 200 Punkte zu steigen und weitere zehn Jahre, bis er 1991 500 Punkte erreichte. Der wichtige Meilenstein von 1000 Punkten wurde im Juli 1995 erreicht.

Als das Interesse an Technologieaktien wuchs, beschleunigte sich der Anstieg des Nasdaq-Index, und er verdoppelte seinen Wert innerhalb von nur drei Jahren auf 2000 Punkte. Im Herbst 1999 ließ der Technologieboom den Index durch die Decke schießen. Er stieg von 2700 Punkten im Oktober 1999 bis auf sein Allzeithoch von 5048,62 Punkten am 10. März 2000.

Die wachsende Popularität der Technologieaktien führte zu einem enormen Umsatzanstieg an der Nasdaq. Am Anfang entsprachen die Umsätze an dieser elektronischen Börse nur einem kleinen Bruchteil des Umsatzes an der New York Stock Exchange. Aber 1994 überholte das Aktienvolumen an der Nasdaq das an der NYSE, und fünf Jahre später geschah das auch mit dem Dollar-Volumen.[8]

Die Nasdaq war nicht mehr die Heimat kleiner Firmen, die darauf warteten, an der NYSE gelistet zu werden. 1998 hatte die Marktkapitalisierung der Nasdaq schon die Kapitalisierung der Börse in Tokio überstiegen. Am Hoch im März 2000 erreichte der addierte Marktwert aller an der Nasdaq gehandelten Aktien fast sechs Billionen Dollar; mehr als die Hälfte des Werts der NYSE und mehr als jede andere Börse dieser Welt. Zu Beginn des Jahrtausends hatten Microsoft und Cisco die weltweit höchsten Markwerte, und die an der Nasdaq gelisteten Intel und Oracle gehörten ebenfalls zu den Top 10.

Als die Technologieblase platzte, sanken Umsätze und Kurse an der Nasdaq rapide. Der Nasdaq-Index sank von mehr als 5000 Punkten im März 2000 bis auf 1150 Punkte im Oktober 2002, ehe er sich bis Ende 2012 wieder auf 3000 Punkte erholte. Auch die Umsätze fielen von über 2,5 Milliarden Aktien am Hoch des Index bis auf etwa zwei Milliarden Aktien 2007. Trotz des Rückgangs des Nasdaq-Index findet der Handel einiger der umsatzstärksten Aktien der Welt noch immer an der Nasdaq statt.

Die Bedeutung einzelner Börsen und des »Parketthandels« hat jedoch rapide abgenommen, weil die überwältigende Mehrheit der an der New York Stock Exchange notierten Aktien heute elektronisch gehandelt wird. 2008 kaufte die NYSE die American Stock Exchange, und Ende 2012 bot die ICE oder Intercontinental Exchange, eine zwölf Jahre alte Firma mit Sitz in Atlanta, die Future-Kontrakte elektronisch handelt, acht Milliarden Dollar, um die NYSE zu kaufen. Obwohl es für Reporter aufregend ist, vom Handelsparkett der New York Stock Exchange zu berichten, könnten im säulengeschmückten Gebäude, 1903 an der Kreuzung von Broad Street und Wall Street errichtet, um dort die Aktien der größten und wichtigsten Unternehmen der Welt zu handeln, bald die Lichter ausgehen.

Andere Aktienindizes: The Center for Research in Security Prices

1959 erhielt Professor James Lorie von der Graduate School of Business der University of Chicago eine Anfrage vom Brokerhaus Merrill Lynch, Pierce, Fenner & Smith. Die Firma wollte erforschen, wie gut Anleger mit Investments in Stammaktien abgeschnitten hatten, und konnte keine verlässlichen historischen Daten finden. Mit seinem Kollegen Lawrence Fisher baute Professor Lorie eine Wertpapier-Datenbank auf, die diese Frage beantworten konnte.

Die Computertechnologie steckte damals noch in den Kinderschuhen. Lorie und Fisher gründeten das Center for Research in Security Prices (CRSP, ausgesprochen: Crisp) und stellten die erste maschinell lesbare Datenbank von Aktienkursen seit 1926 zusammen. Sie wurde zur allgemein akzeptierten Basis für akademische und professionelle Forschung. Derzeit enthält die Datenbank alle Aktien, die an der New York Stock Exchange, an der American Stock Exchange und an der Nasdaq gehandelt werden.

Ende 2012 lag der Marktwert der fast 5000 Aktien in der Datenbank bei fast 19 Billionen Euro. Das CRSP ist der größte umfassende Index amerikanischer Firmen.

Abbildung 7.2 zeigt die Größe und die gesamte Marktkapitalisierung der Aktien im CRSP. Die größten 500 Firmen, die größtenteils dem S&P-500 entsprechen, machen 78,6 Prozent des Marktwerts sämtlicher Aktien aus. Die 1000 nach Marktkapitalisierung größten Firmen, praktisch identisch mit dem von der Russell Investment Group veröffentlichten Russell 1000, repräsentieren fast 90 Prozent des Gesamtwerts aller Aktien. Der Russell 2000 umfasst die Firmen, die bezüglich der Marktkapitalisierung zwischen Platz 1001 und Platz 3000 liegen. Er entspricht 9,6 Prozent des Gesamtwerts aller Aktien. Der Russell 3000, die Summe aus Russell 1000 und Russell 2000, umfasst 99,1 Prozent des Gesamtwerts aller amerikanischen Aktien. Die restlichen 1788 Aktien entsprechen 0,8 Prozent des Gesamtwerts aller US-Aktien.[9]

Rendite-Verzerrungen der Aktienindizes

Weil Aktienindizes wie der S&P-500 ständig neue Firmen aufnehmen und andere ausschließen, glauben manche Investoren, die von diesen Indizes berechnete Rendite sei höher als die Rendite, die ein Anleger am Gesamtmarkt erzielen kann.

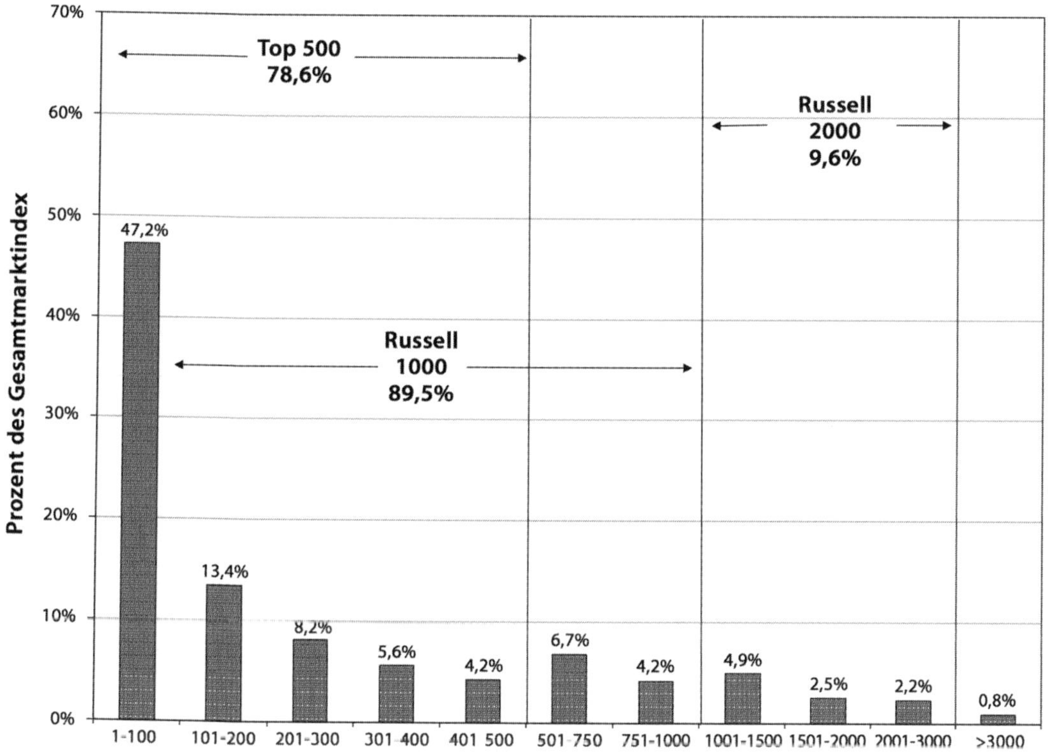

Abbildung 7.2: CRSP Total Market Index, 2012

Das ist jedoch nicht der Fall. Es trifft zu, das die Aktien mit der besten Entwicklung im S&P-500 bleiben, aber dieser Index verpasst die kraftvollen Aufwärtsbewegungen vieler kleiner und mittelgroßer Aktien. Zum Beispiel fand Microsoft erst im Juni 1994 Eingang in den S&P-500, acht Jahre nach dem Börsengang. Die Indizes der kleinen Aktien sind zwar die Brutkästen einiger der großartigsten Wachstumsaktien, aber sie enthalten auch die »abgestürzten Engel«, die aus den großen Indizes entfernt wurden und auf dem Weg nach unten sind.

Ein Index ist nicht verzerrt, wenn seine Performance von einem Investor nachvollzogen und erreicht werden kann. Um einen Index zu replizieren, müssen die Daten der Neuaufnahmen und der Entfernungen von Aktien im Voraus angekündigt werden, damit man die neuen Aktien kaufen und die Ausschlusskandidaten verkaufen kann. Das ist vor allem bei Titeln wichtig, die vor der Insolvenz stehen. Der Kurs nach der Insolvenz (der bei null liegen kann) muss in den Index einfließen. Alle bedeutenden Aktienindizes wie der S&P, der Dow Jones und der Nasdaq-Index können von Investoren repliziert werden.[10] Folglich gibt es keinen statistischen Grund für die Annahme, dass diese Indizes eine verzerrte Darstellung der Marktrenditen sind.

Anhang: Was geschah mit den zwölf Aktien aus der Urfassung des Dow Industrials?

Zwei Aktien (General Electric und Laclede) tragen noch immer ihren ursprünglichen Namen (und sind immer noch in denselben Branchen tätig). Fünf (American Cotton, American Tobacco, Chicago Gas, National Lead und North American) wurden zu großen börsennotierten Unternehmen in ihren ursprünglichen Branchen. Eine (Tennessee Coal and Iron) fusionierte mit dem Giganten U.S. Steel, und zwei (American Sugar und U.S. Rubber) wurden in den 1980er-Jahren privatisiert. Überraschend wechselte nur ein Unternehmen (Distilling & Cattle Feeding) seine Produktlinie (von alkoholischen Getränken zu Petrochemie) und nur eines (U.S. Leather) wurde liquidiert. Es folgt eine Übersicht der zwölf ursprünglichen Dow-Aktien (Marktkapitalisierung im Dezember 2012).

- *American Cotton Oil* wurde 1923 zu Best Food, 1958 zu Corn Products Refining und schließlich 1969 zu CPC International – ein großer Nahrungsmittelkonzern mit Geschäften in 58 Ländern. 1997 spaltete CPC seine Maisverarbeitungssparte als Corn Products International ab und gab sich den neuen Namen Bestfoods. Im Oktober 2000 wurde Bestfoods für 20,3 Milliarden Dollar von Unilever aufgekauft. Unilever (UN) mit Sitz in den Niederlanden hat derzeit einen Börsenwert von 115 Milliarden Dollar.

- *American Sugar* wurde 1970 zu Amstar und 1984 privatisiert. Im September 1991 nahm das Unternehmen den neuen Namen Domino Foods, Inc. an, was seine weltberühmten Domino-Zuckerprodukte in den Vordergrund stellen sollte.

- *American Tobacco* änderte seinen Namen 1969 in American Brands (AMB) und 1997 in Fortune Brands (FO), eine global agierende Konsumprodukte-Holdingfirma mit den Kernbereichen alkoholische Getränke, Büroprodukte, Golfausrüstung und Heimtextilien. American Brands verkaufte 1994 sein Tochterunternehmen American Tobacco, einschließlich der Marken Pall Mall und Lucky Strike, an seine ehemalige Tochterfirma B.A.T. Industries. 2011 änderte Fortune Brands seinen Namen zu Beam Inc. (BEAM) und arbeitet im Vertrieb alkoholischer Getränke. Der Marktwert liegt bei neun Milliarden Dollar.

- *Chicago Gas* wurde 1897 zu Peoples Gas Light & Coke und 1980 zu Peoples Energy Corp. (PGL). Peoples Energy wurde von WPS aufgekauft und änderte 2006 seinen Namen in Integrys Energy Group (TEG). Der Börsenwert beträgt 4,1 Milliarden Dollar. PGL war bis Mai 1997 im Dow Jones Utility Average vertreten.

- *Distilling & Cattle Feeding* hat eine lange und komplizierte Unternehmensgeschichte hinter sich. Die Firma änderte ihren Namen zu American Spirits Manufacturing und dann zu Distillers' Securities Corp. Zwei Monate nach dem Erlass der Prohibition änderte die Firma ihre Statuten, wurde zu U.S. Food Product Corp. und nahm später den Namen National Distillers and Chemical an. 1989 wurde das Unternehmen zu Quantum Chemical Corp., ein führender Produzent petrochemischer Produkte und von Propan. Am Rand der Insolvenz wurde sie für 3,4 Milliarden Dollar von Hanson PLC aufgekauft, einem anglo-amerikanischen Mischkonzern. Im Oktober 1996 wurde sie als Millennium Chemicals (MCH) abgespalten. Lyondell Chemical kaufte Millennium Chemicals im November 2004. 2007 wurde Lyondell von der niederländischen Firma aufgekauft, die sich später den Namen Lyondell Basell Industries (LYB) gab. Der aktuelle Marktwert von Lyondell Basell liegt bei 28 Milliarden Dollar.

- *General Electric,* 1892 gegründet, ist die einzige der ursprünglichen Aktien, die immer noch im Dow Industrials vertreten ist. GE ist ein riesiger Mischkonzern mit den Schwerpunkten Industrie und elektronische Medien sowie Eigentümer von NBC und CNBC. Der Marktwert von 218 Milliarden Dollar ist der dritthöchste aller amerikanischen Aktien.

- *Laclede Gas* (LG) änderte seinen Namen in Laclede Group Inc. und ist ein Erdgasversorger in der Region um St. Louis. Der Marktwert liegt bei 900 Millionen Dollar.

- *National Lead* (NL) änderte seinen Namen 1971 in NL Industries. Die Firma stellt Präzisions-Kugellager, Titan-Dioxis und Spezialchemikalien her. Der Marktwert liegt bei 520 Millionen Dollar.

- *North American* wurde 1956 zu Union Electric Co. (UEP) und ist Stromversorger in Missouri und Illinois. Im Januar 1969 fusionierte UEP mit Cipsco (Central Illinois Public Service Co.) und wurde zu Ameren (AAE) Corp. Der Marktwert beträgt 72 Milliarden Dollar.

- *Tennessee Coal and Iron* wurde 1907 von U.S. Steel aufgekauft und wurde im Mai 1991 zu USX-U.S. Steel Group (X). Im Januar 2002 änderte das Unternehmen seinen Namen wieder zu U.S. Steel Corp. U.S. Steel hat einen Börsenwert von drei Milliarden Dollar.

- *U.S. Leather,* einer der größten Schuhproduzenten zu Beginn des 20. Jahrhunderts, wurde im Januar 1952 liquidiert. Die Aktionäre erhielten je Aktie 1,50 Dollar und eine Aktie eines Öl- und Gasversorgers, die später wertlos wurde.

- *U. S. Rubber* wurde 1961 zu Uniroyal und privatisiert. 1990 wurde Uniroyal vom französischen Unternehmen Michelin aufgekauft, das einen Marktwert von 15 Milliarden Dollar hat.

8. Der S&P-500-Index

Ein halbes Jahrhundert amerikanischer Unternehmensgeschichte

Die meisten Veränderungen, die wir im Leben zu sehen glauben, hängen von Wahrheiten ab, die mal in Mode sind und mal nicht.
Robert Frost, »The Black Cottage«, 1914

Von den drei bedeutenden US-Aktienindizes (Dow, Nasdaq und S&P-500) ist nur einer zum weltweiten Maßstab der Aktienperformance geworden. Er wurde am 28. Februar 1957 geschaffen und entsprang dem Standard & Poor's Composite Index, einem 1926 konzipierten, nach Marktkapitalisierung gewichteten Index, der 90 große Aktien enthielt. Ironischerweise war im Index von 1926 American Telephone & Telegraph nicht enthalten, die damals größte Aktie der Welt, weil S&P nicht wollte, dass die Performance eines so großen Unternehmens den Index dominierte. Um diese Auslassung zu korrigieren und das Wachstum neuer Firmen in der Nachkriegszeit anzuerkennen, stellte Standard & Poor's einen Index der 500 größten Industrie-, Eisenbahn- und Energieversorgungsunternehmen zusammen, die an der New York Stock Exchange gehandelt wurden.

Der S&P-500-Index umfasste fast 90 Prozent des Gesamtwerts aller 1957 am Big Board gelisteten Titel. Bald wurde er zum Standardmaß, mit dem die Performance von institutionellen Investoren und Vermögensverwaltern gemessen wurde, die in große US-Aktien investierten. Der S&P-500-Index enthielt ursprünglich genau 425 Industrieaktien, 25 Eisenbahngesellschaften und 50 Energieversorger, aber diese Aufteilung wurde 1988 aufgegeben, um, wie Standard & Poor's betonte, einen Index zu erhalten, der »500 führende Unternehmen aus führenden Branchen der Volkswirtschaft« umfasste.

Seit seiner Entstehung wurde der Index ständig durch die Aufnahme neuer Aktien aktualisiert, welche die Kriterien von Standard & Poor's hinsichtlich des Marktwerts, der Gewinne und der Liquidität erfüllten, während die gleiche Anzahl von Aktien aus dem Index entfernt wurde, weil sie diesen Standards nicht mehr entsprachen.[1] Insgesamt wurden von 1957 bis

2012 1159 neue Aktien aufgenommen, also im Schnitt etwa 20 pro Jahr. Im Durchschnitt repräsentieren diese neuen Firmen etwa fünf Prozent des Gesamtwerts des Index.

Die größte Index-Umstellung innerhalb eines Jahres fand 1976 statt, als Standard & Poor's 60 neue Aktien hinzufügte, darunter 15 Banken und zehn Versicherer. Zuvor waren die einzigen Finanzaktien im Index Verbraucherkreditfirmen, weil Banken und Versicherer im OTC- oder Over-the-Counter-Markt gehandelt wurden und pünktliche Kursdaten zur Berechnung des Index nicht verfügbar waren, ehe 1971 der Handel an der Nasdaq begann. 2000, auf dem Höhepunkt der Technologieblase, wurden dem Index 49 neue Aktien hinzugefügt, die meisten seit der Aufnahme der Nasdaq-Titel 1976. 2008 sank die Zahl neuer Aktien auf acht, womit der Minusrekord eingestellt wurde.

Sektorenrotation im S&P-500-Index

Die Entwicklung der US-Volkswirtschaft im vergangenen halben Jahrhundert führte zu tiefgreifenden Veränderungen der Industrielandschaft. Stahl-, Chemie-, Automobil- und Ölunternehmen dominierten früher unsere Wirtschaft. Heute florieren Unternehmen aus den Bereichen Gesundheit, Technologie, Finanzen und anderen Dienstleistungen.

Aktive Investoren wenden in zunehmendem Maß die Sektorenanalyse an, um ihre Depots zusammenzustellen. Das populärste System der Branchenklassifizierung wurde 1999 formuliert, als Standard & Poor's sich mit Morgan Stanley zusammentat, um den Global Industrial Classification Standard (GICS) zu kreieren. Dieses System entstand aus dem früheren Standard Industrial Code (SIC), den die US-Regierung entwickelt hatte, und der nun für eine auf Dienstleistungen basierende Volkswirtschaft weniger geeignet war.[2]

Der GICS teilt die Wirtschaft in zehn Sektoren ein: *Material* (Chemie, Papier, Stahl und Bergbau), *Industrie* (Kapitalgüter, Verteidigung, Transport, kommerzielle und Umwelt-Dienstleistungen), *Energie* (Exploration, Produktion, Vermarktung und Verarbeitung von Öl und Gas), *Energieversorgung* (Strom, Gas, Wasser, Kernkraftwerke und Stromtrassen), *Telekommunikationsdienstleistungen* (Festnetz, Mobiltelefone und Kabel), *langlebige Konsumgüter* (Haushaltswaren, Autos, Textilien, Hotels, Restaurants, Medien und Einzelhandel), *Verbrauchsgüter* (Lebensmittel, Tabak, Körperpflege, Einzel- und Großhandel), *Gesundheit* (Medizinische Geräte, Dienstleister im Gesundheitsbereich, Pharmazie und Biotechnologie), *Finanzen* (Geschäfts- und Investmentbanken, Hypothekenbanken, Broker, Versicherer und Immobilien, in diesem Fall REITs, und *Informationstechnologie* (Softwaredienstleistungen, Internet, Unterhaltung, Datenverarbeitung, Computer und Halbleiter).

Der Anteil dieser Sektoren am gesamten Marktwert des S&P-500 von 1957–2012 ist in Abbildung 8.1 dargestellt. Viele dieser Veränderungen verliefen dramatisch. Der Sektor Material, 1957 bei Weitem der größte, wurde bis Ende 2012 zu einem der kleinsten (gemeinsam mit den Energieversorgern und der Telekommunikation). Material und Energie machten 1957 fast die Hälfte des gesamten Marktwerts des Index aus, aber 2013 entsprachen sie nur noch 14 Prozent des Index-Werts. Ganz anders die Sektoren Finanzen, Gesundheit und Technologie: 1957 waren sie die kleinsten und entsprachen nur sechs Prozent des Index-Werts. 2013 waren es fast 50 Prozent.

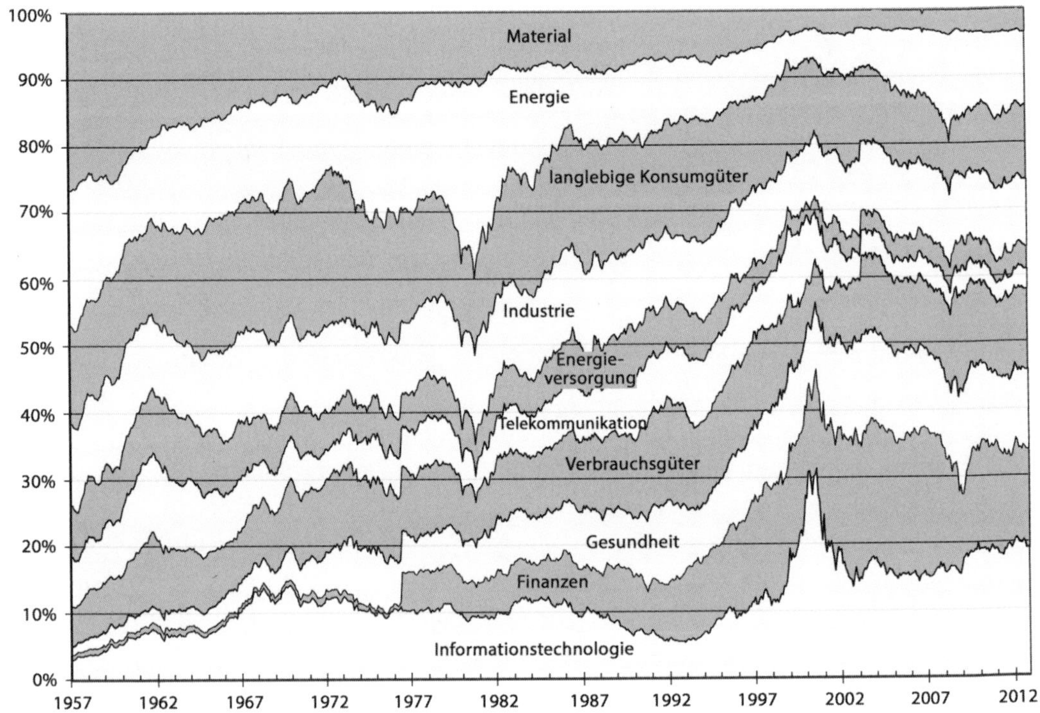

Abbildung 8.1: Der Marktwert der S&P-500-Sektoren als Prozentsatz des Gesamtmarktwerts des S&P-500, 1957–2012

Folgende Feststellung ist wichtig: Über lange Zeiträume gemessen korrelieren steigende oder sinkende Marktanteile nicht notwendigerweise mit steigenden und fallenden Renditen für die Investoren. Das liegt daran, dass die Änderung von Sektorenanteilen oft die Veränderung der *Zahl* der Firmen reflektiert, und nicht nur die Veränderung des *Werts* der einzelnen Firmen. Das gilt vor allem für den Finanzsektor, weil Geschäfts- und Investmentbanken, Versicherungen, Brokerhäuser und von der Regierung finanzierte Unternehmen wie Fannie Mae und Freddie Mac in den Index aufgenommen wurden.[3] Auch der Anteil des Sektors Technologie stieg vor allem wegen der Hinzufügung neuer Firmen. 1957 entsprach IBM zwei Dritteln des Technologiesektors. 2013 war IBM nur das drittgrößte Unternehmen in einem Sektor, der 70 Firmen umfasste.

In Abbildung 8.2 kann man sehen, wie gering die Relation zwischen Änderungen des Marktwerts eines Sektors und seiner Rendite ist. Der am schnellsten wachsende Sektor Technologie hatte nur knapp überdurchschnittliche Renditen, aber der Finanzsektor, der das zweitschnellste Wachstum aufwies, hatte die zweitschlechteste Sektorenrendite. Die Gewichtung der Sektoren Technologie und Finanzen wuchs in erster Linie deshalb, weil viele neue Firmen diesen Sektoren hinzugefügt wurden, nicht weil einzelne Aktien im Wert stiegen.

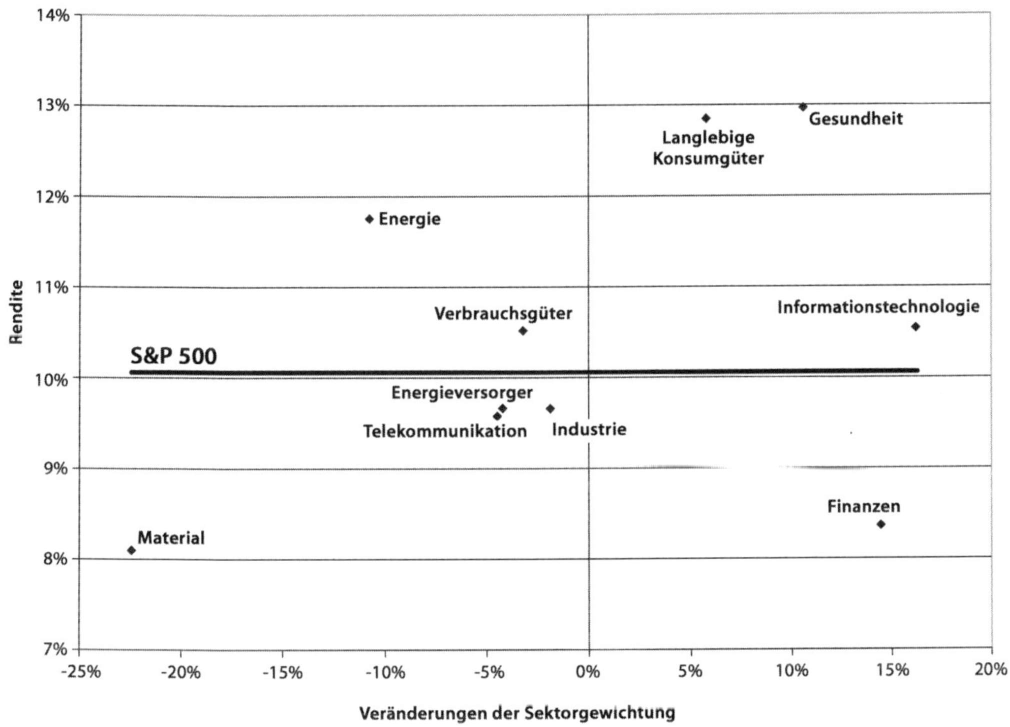

Abbildung 8.2: Relation zwischen Veränderungen der Sektorengewichtung und der Sektorenrenditen im S&P-500, 1957–2012

Es trifft zu, dass die Sektoren Gesundheit und langlebige Konsumgüter ihre Gewichtung erhöht und überdurchschnittliche Renditen erzielt haben. Aber die Marktgewichtung des Energiesektors schrumpfte signifikant von 20 auf 11 Prozent, dennoch lag seine Rendite von 11,76 Prozent deutlich über der des S&P-500. Die statistische Analyse zeigt, dass in den letzten 50 Jahren nur zehn Prozent der Rendite eines Sektors in Relation dazu stehen, ob dieser Sektor expandiert oder schrumpft. Das bedeutet, dass 90 Prozent der Rendite eines Sektors auf den Renditen der Firmen in diesem Sektor basieren, nicht auf dem relativen Wachstum der Branche. Schnell expandierende Sektoren verleiten oft dazu, zu hohe Preise zu bezahlen, was zu niedrigeren Renditen führt. Folglich findet man die preiswertesten Titel oft in stagnierenden oder schrumpfenden Sektoren, die von den Investoren ignoriert werden und deren Kurse relativ zu den fundamentalen Unternehmensdaten niedrig sind.

Die Performance der 20 größten Unternehmen in der Urfassung des S&P-500 von 1957 sehen Sie in Tabelle 8.1. Auffällig ist, dass alle neun Ölunternehmen in dieser Liste zu den Top 10 gehören und dass die Renditen aller dieser Ölkonzerne *pro Jahr* zwischen 96 und 275 Basispunkten über der Rendite des S&P-500 lagen.

Renditerang	Unternehmensname 1957	Jährliche Rendite 1957–2012	Rang bezüglich der Marktkapitalisierung 1957
1	Royal Dutch Petroleum	12,82	12
2	Socony Mobil Oil	12,76	13
3	Gulf Oil	12,46	6
4	Shell Oil	12,40	14
5	Standard Oil Co NJ	12,28	2
6	Standard Oil Co CA	12,02	10
7	IBM·	11,57	11
8	Texaco	11,43	8
9	Standard Oil Co Ind	11,26	16
10	Phillips Petroleum	11,03	20
11	AT&T	9,76	1
12	Union Carbride	9,75	7
13	General Electric	9,65	5
14	Sears, Roebuck	8,04	15
15	Du Pont	7,42	4
16	Eastman Kodak	6,09	19
17	USX Corp.	6,00	9
18	Aluminium Co. Of America	4,24	17
19	General Motors	3,71	3
20	Bethlehem Steel	–	18
	Durchschnittliche Rendite der Top 10	12,09	
	Durchschnittliche Rendite der Top 20	10,94	
	S&P-500	10,07	

Tabelle 8.1: Die Renditen der 20 größten Unternehmen in der Urfassung des S&P-500, 1957–2012

Die Firma mit der besten Performance unter den 20 größten Titeln in der Urfassung des S&P-500 war Royal Dutch Petroleum, gegründet in den Niederlanden und eine der Firmen, die Standard & Poor's 2002 aus seinem Index ausschloss, wie alle anderen Unternehmen mit Sitz außerhalb der USA. Die zweitbeste Performance zeigte Socony Standard Oil. Das Unternehmen strich 1966 das »Socony«, das für Standard Oil of New York stand, aus seinem Namen und fusionierte 1999 mit Exxon. Gulf Oil (Platz 3), Standard Oil of California (Platz 6) und Texas Co. (Texaco) fusionierten zu ChevronTexaco. Der Name wurde später zu Chevron gekürzt. Die Aktie mit der viertbesten Performance war Shell Oil, ein US-Unternehmen, das 1985 von Royal Dutch aufgekauft wurde und nicht mehr im S&P-500 vertreten ist. Die fünftbeste Performance zeigte Standard Oil of New Jersey, das seinen Namen 1972 zu Exxon änderte und derzeit mit Apple um den Rang des wertvollsten Unternehmens der Welt konkurriert. Standard Oil of Indiana (Platz 9) fusionierte 1998 zu BP Amoco, Phillips Petroleum (Platz 10) fusionierte 2002 mit Conoco (Continental Oil Co.) zu ConocoPhillips.

Die einzige Firma, die besser abgeschnitten hat als irgendein Ölkonzern ist IBM, gegründet 1911 als C-T-R (Computer-Tabulating-Recording) Company. IBM hatte von 1983–1985 mit mehr als sechs Prozent die höchste Gewichtung im S&P-500-Index und gehörte 2013 noch immer zu den zehn wertvollsten Unternehmen.

Zehn der ursprünglich 20 größten Unternehmen blieben hinter der Performance des S&P-500-Index zurück. U.S. Steel und AT&T haben schmerzhafte, branchenspezifische Veränderungen und Aufspaltungen durchlitten und schrumpften bis zu einem Bruchteil ihrer früheren Größe. Aber beide sind zurückgekommen, und 2013 lag AT&T in der Rangliste der nach Marktkapitalisierung größten Unternehmen auf Rang 13.

U.S. Steel entstand 1901 durch die Fusion von zehn Stahlunternehmen, angeführt von Andrew Carnegie und finanziert von JPMorgan. Nach der Fusion war U.S. Steel das erste Unternehmen mit Milliardenumsätzen, das es jemals gab, und kontrollierte zwei Drittel des Markts in den USA. Um sich gegen steigende Energiekosten abzusichern, kaufte das Unternehmen 1982 die Marathon Oil Company und benannte sich in USX Corporation um. 1991 wurde U.S. Steel als separates Unternehmen abgespalten, und 2003 sank die Marktkapitalisierung unter eine Milliarde Euro, also auf das Format, das die Firma schon ein Jahrhundert zuvor hatte. Aggressive Kostensenkungen haben U.S. Steel gerettet. Heute ist das Unternehmen der zweitgrößte Stahlproduzent der USA hinter Mittal Steel USA, die, neben anderen Stahlfirmen, auch die Assets der bankrotten Bethlehem Steel kaufte. Bethlehem stand 1957 auf Rang 18 der wertvollsten Unternehmen im S&P-500-Index.

American Telephone and Telegraph Co. war das größte Unternehmen der Welt, als es 1957 in den S&P-500-Index aufgenommen wurde, und verteidigte diese Position bis 1975. Das Unternehmen hatte 1957 einen Börsenwert von 11,2 Milliarden Dollar. 2012 wäre AT&T nur noch in der unteren Hälfte des S&P vertreten gewesen. Das Telefonmonopol, »Ma Bell« genannt, wurde 1984 aufgebrochen, und so entstanden die regional tätigen »Baby Bells«. Aber 2005 wurde die abgemagerte AT&T von SBC Communications, einer ihrer Töchter, aufgekauft, und arbeitete sich durch weitere Käufe bis 2007 wieder unter die 20 nach der Marktkapitalisierung größten Unternehmen der USA hoch. Die 55-Jahres-Rendite von AT&T – unter der Voraussetzung, dass man auch all die Baby Bells nach der Abspaltung von Ma Bell vor 23 Jahren gehalten hätte – lag bei 9,76 Prozent jährlich, entsprach also fast exakt der Index-Rendite.

General Motors, 1908 durch die Konsolidierung von 17 Autoherstellern entstanden, sollte zum größten Autohersteller der Welt werden. Aber zunehmende Konkurrenz aus dem Ausland und steigende Sozialleistungen zwangen GM 2009, während der Großen Rezession, in die Insolvenz. Das Unternehmen ist aber wieder aufgestanden und konkurriert mit Toyota um den Rang des weltgrößten Autobauers. Obwohl die GM-Aktie auf null sank, sicherte der Wert von Delphia, Raytheon und Electronic Data Systems, die vor der Insolvenz abgespalten wurden, den Investoren seit 1957 eine magere Jahresrendite von 3,7 Prozent. Eine etwas höhere Dividende bot Eastman Kodak, das 2012 in die Insolvenz ging, aber 1994 die höchst erfolgreiche Eastman Chemical Company abgespalten hatte. So erhielten die Aktionäre seit 1957 eine Jahresrendite von etwa sechs Prozent. Bei den Aktionären von Bethlehem Steel war das nicht der Fall. Der zweitgrößte Stahlproduzent der Welt wurde 2001 insolvent, und die Aktionäre verloren alles. Die drei übrigen Unternehmen gehören zur Materialbranche. Die Renditen von Union Carbide (jetzt Teil von Dow Chemical) blieben leicht, die Renditen von DuPont und Alcoa deutlich hinter dem Index zurück.

Die Firmen mit den höchsten Renditen

Die 20 Firmen mit der besten Performance aus dem ursprünglichen S&P-500, die mit intakter operativer Struktur überlebt haben, sehen Sie in Tabelle 8.2, dazu die Jahresrendite, den Sektor und die Gesamtrendite je investiertem Dollar. Tabelle 8.3 zeigt die 20 Firmen mit der besten Performance, die intakt blieben oder mit anderen Firmen fusionierten.[4]

Die Aktie mit der bei Weitem besten Performance ist Philip Morris. Das Unternehmen benannte sich 2003 in Altria Group um und spaltete seine internationale Sparte (Philip Morris International)[5] ab. Philip Morris erfand den Marlboro Man, eines der bekanntesten Markensymbole der Welt, zwei Jahre vor der Entstehung des S&P-500. Später wurden Marlboro-Zigaretten die meistverkaufte Marke der Welt und trieben die Aktie von Philip Morris nach oben.

Rang	Name 1957	Name 2012	Symbol	Rendite[1]	Sektor	Was aus einem Dollar wurde[2]
1	Philip Morris	Altria Group Inc.	MO	19,47	Konsumgüter	19.737,35
2	Abbott Labs	Abbott Laboratories	ABT	15,18	Gesundheit	2.577,27
3	Coca-Cola	Coca Cola Co.	KO	14,68	Konsumgüter	2.025,91

Rang	Name 1957	Name 2012	Symbol	Rendite[1]	Sektor	Was aus einem Dollar wurde[2]
4	Colgate Palmolive	Colgate Palmolive Co.	CL	14,64	Konsumgüter	1.990,55
5	Bristol-Myers	Bristol Myers Squibb Co.	BMY	14,40	Gesundheit	1.768,50
6	Pepsi-Cola Co.	Pepsico Inc.	PEP	14,13	Konsumgüter	1.547,44
7	Merck & Co.	Merck & Co. Inc. New	MRK	13,95	Gesundheit	1.419,26
8	Heinz	Heinz H J Co.	HNZ	13,80	Konsumgüter	1.317,34
9	Melville Corp.	CVS Caremark Corp.	CVS	13,65	Konsumgüter	1.224,86
10	Sweets Co.	Tootsie Roll Inds.	TR	13,57	Konsumgüter	1.178,92
11	Crane Co.	Crane Co.	CR	13,57	Industrie	1.178,44
12	Hershey Foods	Hershey Co.	HSY	13,53	Konsumgüter	1.154,02
13	Pfizer Inc.	Pfizer Inc.	PFE	13,38	Gesundheit	1.072,61
14	Equitable Gas	EQT Corp.	EQT	13,16	Energie	964,47
15	General Mills	General Mills Inc.	GIS	13,12	Konsumgüter	947,03
16	Oklahoma Nat Gas	Oneok Inc. New	OKE	13,04	Versorger	907,42
17	Procter & Gamble	Procter & Gamble Co.	PG	13,00	Konsumgüter	890,97
18	Deere & Co.	Deere & Co.	DE	12,86	Industrie	833,05
19	Kroger Co.	Kroger Company	KR	12,70	Konsumgüter	768,88
20	McGraw-Hill Co.	McGraw Hill Co. Inc.	MHP	12,58	Langlebige Verbrauchsgüter	725,52

[1] alle Angaben in Prozent
[2] alle Angaben in US-Dollar

Tabelle 8.2: Renditen der 20 Firmen mit der besten Performance aus dem ursprünglichen S&P-500, 1957–2012

Rang	Ursprünglicher Name	Heutiger Name	Jährliche Rendite
1	Philip Morris	Altria Group, Philip Morris International	19,56 %
2	Thatcher Glass	Altria Group, Philip Morris International	18,43 %
3	Lane Bryant	GmbH	17,84 %
4	National Can	Privatisiert	17,71 %
5	Dr. Pepper	Privatisiert	17,09 %
6	General Foods	Altria Group, Philip Morris International	17,03 %
7	Del Monte Corp.	Altria Group, Philip Morris International	16,51 %
8	Standard Brands	Altria Group, Philip Morris International	16,41 %
9	National Dairy	Altria Group, Philip Morris International	16,30 %
10	Celanese Corp.	Privatisiert	16,19 %

Rang	Ursprünglicher Name	Heutiger Name	Jährliche Rendite
11	RJ Reynolds Tobacco	Altria Group, Philip Morris International	15,78 %
12	National Biscuit	Altria Group, Philip Morris International	15,78 %
13	Penick & Ford	Altria Group, Philip Morris International	15,64 %
14	Flintkote	British American Tobacco	15,60 %
15	Lorillard	Loews Corp.	15,29 %
16	Abbott Laws	Abbott Laws	15,12 %
17	Columbia Pictures	Coca-Cola	14,85 %
18	Coca-Cola	Coca-Cola	14,66 %
19	Colgate-Palmolive	Colgate-Palmolive	14,64 %
20	Bristol-Myers	Bristol-Myers	14,59 %

Tabelle 8.3: Renditen der 20 Firmen aus dem ursprünglichen S&P-500 mit der besten Performance, 1957–2012

Die durchschnittliche Jahresrendite von Philip Morris im vergangenen halben Jahrhundert lag mit 19,47 Prozent fast doppelt so hoch wie die des S&P-500 mit 10,07 Prozent. Diese Rendite bedeutet, dass aus 1000 Dollar, die am 1. März 1957 in Philip Morris investiert wurden, bis Ende 2012 fast 20 Millionen Dollar geworden wären, mehr als das Hundertfache der Summe von 191.000 Dollar, die eine entsprechende Investition in den S&P-500 gebracht hätte.

Philip Morris' herausragende Performance datiert nicht erst seit Mitte des 20. Jahrhunderts. Philip Morris war auch seit 1925 die Aktie mit der besten Performance, also seit dem Datum, als die Gesamtrenditen von Einzelaktien erstmals berechnet wurden. Von Ende 1925 bis Ende 2012 lag die jährliche Gesamtrendite bei 17,3 Prozent; 7,7 Prozent höher als die der Marktindizes. Hätte Ihre Großmutter 1925 für 1000 Dollar 40 Aktien gekauft und die Dividenden reinvestiert, wären diese Aktien Ende 2012 mehr als eine Milliarde Dollar wert gewesen!

Philip Morris' Wachstum kam nicht nur den eigenen Aktionären zugute. Das Unternehmen wurde auch Eigentümer von *zehn* anderen Firmen aus der ersten Fassung des S&P-500. Viele Investoren wurden enorm wohlhabend, weil die Aktien ihrer Firmen gegen Aktien erfolgreicher Unternehmen wie Philip Morris getauscht wurden. Im Kielwasser solcher Gewinner zu segeln bringt vielen Aktionären unerwarteten Wohlstand.

Wie schlechte Firmennachrichten zu guten Nachrichten für Investoren werden

Vielleicht sind manche Leser überrascht, dass Philip Morris der beste Performer für Investoren ist, trotz aller Einschränkungen durch Regierungen und Gerichtsverfahren, die diese Firma zweistellige Milliardenbeträge gekostet und einmal sogar fast in die Pleite getrieben hätten.

Aber an den Kapitalmärkten können schlechte Nachrichten für die Firmen oft gute Nachrichten für die Investoren sein, die ihre Aktien behalten und Dividenden reinvestieren. Wenn Investoren die Aussichten einer Aktie übertrieben pessimistisch sehen, erlaubt es der niedrige Kurs Aktionären, die ihre Dividenden reinvestieren, Unternehmensanteile billig zu kaufen. Diese reinvestierten Dividenden haben die Aktie für diejenigen zu einer Goldgrube gemacht, die Philip Morris die Treue hielten.

Die überlebenden Aktien mit der besten Performance

Philip Morris ist nicht die einzige Firma, die ihren Investoren gute Dienste leistete. Die Renditen der anderen 19 Aktien in Tabelle 8.2 lagen pro Jahr um 2,5 bis 5 Prozent über der S&P-Rendite. Von den 20 besten Firmen gehören 15 zwei Sektoren an: Konsumgüter, repräsentiert durch international bekannte Markenhersteller, und Gesundheit, vor allem große Pharmafirmen. Der Schokoladenhersteller Hershey, Heinz-Ketchup und Tootsie Roll haben sich ebenso wie Coca-Cola und Pepsi-Cola wertvolle Markennamen und das Vertrauen der Verbraucher erworben.

Drei andere Gewinner sind Crane, ein Hersteller von Industrieprodukten, 1855 von Richard Crane gegründet; Deere, ein Hersteller von landwirtschaftlichen und Baumaschinen, 1840 von John Deere gegründet, und McGraw-Hill (heute McGraw Hill Financial), ein globaler Informationsdienstleister, 1899 von James H. McGraw gegründet und heute Eigentümer von Standard & Poor's. In den letzten fünf Jahren kamen zu dieser Gruppe noch die Gasproduzenten EQT, früher Equitable Gas (gegründet 1888 in Pittsburgh) und ONEOK, Inc., früher Oklahoma Natural Gas (gegründet 1906) hinzu.

Eine besonders bemerkenswerte Firma ist CVS Corporation, 1957 als Melville Shoe Corporation Corp. aufgenommen. Der Name stammt vom Gründer, Frank Melville, der 1892 eine Schuhfabrik gründete, die er 1922 als Melville Shoe an die Börse brachte. Schuhfirmen gehörten in den letzten 100 Jahren zu den schlechtesten Investitionen. Sogar Warren Buffett bedauerte seinen Kauf von Dexter Shoe 1991. Aber Melville Shoe hatte das Glück, 1969 die Kette Consumer Value Store zu kaufen, die auf Produkte zur Gesundheitsvorsorge spezialisiert ist. Die Kette wurde bald zum erfolgreichsten Firmenbereich, und 1996 nahm

Melville den Namen CVS an. So wurde ein Schuhproduzent, eigentlich dazu ausersehen, ein schlechtes Investment zu werden, zu Gold, weil das Management das Glück hatte, eine Drogeriekette zu kaufen.

Es gibt Gemeinsamkeiten zwischen den Firmen in Tabelle 8.3, die, wie erwähnt, die 20 Aktien mit der besten Performance enthält, egal ob sie noch den früheren Namen tragen oder mit anderen Firmen fusioniert haben. Thatcher Glass war hinter Philip Morris die Aktie mit der zweitbesten Performance aus der S&P-Urbesetzung und in den frühen 1950er-Jahren der führende Hersteller von Milchflaschen. Aber als der Babyboom endete und Glasflaschen durch Kartons ersetzt wurden, sanken Thatchers Umsätze. Zum Glück für seine Aktionäre wurde die Firma 1966 von Rexall Drug gekauft, später Dart Industries, die 1980 mit Kraft fusionierte und 1988 schließlich von Philip Morris gekauft wurde. Wer 1957 100 Aktien von Thatcher Glass gekauft und die Dividenden reinvestiert hatte, der hätte Ende 2012 140.000 Aktien von Philip Morris und ebenso viele Aktien von Philipp Morris International im Gesamtwert von 16 Millionen Dollar besessen.

Weitere Firmen, die zu Gold wurden

Als in den 1980er-Jahren die medizinischen, juristischen und populistischen Angriffe stärker wurden, diversifizierten Philip Morris und auch der andere Tabakgigant RJ Reynolds in Lebensmittelhersteller mit bekannten Marken. 1985 kaufte Philip Morris General Foods und 1988 Kraft Foods für 13,5 Milliarden Dollar. Kraft gehörte als National Dairy Products zu den Ur-Aktien des S&P-500. Philip Morris rundete sein Kaufprogramm im Lebensmittelmittelbereich 2000 mit der Akquisition von Nabisco Group Holdings ab.

Nabisco Group Holdings war das Unternehmen, das Kohlberg Kravis Roberts & Co. (KKR) 1991 separat an die Börse brachte, nachdem KKR RJR Nabisco 1989 für 29 Milliarden Dollar gekauft hatte, bis dahin der größte mit Fremdkapital finanzierte Unternehmenskauf der Geschichte. Unsere Methode zur Berechnung langfristiger Gewinne lautet: Wenn eine Firma privatisiert wird, nimmt man an, dass der Erlös des Aufkaufs bis zur Abspaltung des Unternehmens in einen S&P-500-Index-Fonds investiert wird. Dann werden die Aktien der neu an die Börse gebrachten Firma gekauft.[6] RJR Reynolds Tobacco Co. hatte zuvor sechs Firmen aus der Urbesetzung des S&P-500 absorbiert: Penick & Ford, California Packing, Del Monte Foods, Cream of Wheat (1971 von Nabisco gekauft), Standard Brands und schließlich 1985 National Biscuit Co. Alle diese Unternehmen gehörten hauptsächlich deshalb zu den Top-20-Performern, weil sie schließlich von Philip Morris aufgekauft wurden.

Die Outperformance der ursprünglichen S&P-500-Firmen

Zu den bemerkenswertesten Aspekten dieser 500 Unternehmen gehört, dass ein Investor, der nur dieses Original-Portfolio aus 500 Aktien und keine andere der mehr als 1000 Aktien gekauft hat, die in den folgenden 50 Jahren in den Index aufgenommen wurden, besser abgeschnitten hätte als der dynamische, aktualisierte Index. Die Rendite der ursprünglichen 500 Firmen liegt um mehr als einen Prozentpunkt höher als die Jahresrendite (10,07 Prozent) des aktualisierten Index.[7]

Wie konnte das geschehen? Wie konnten die neuen Unternehmen, die unser Wirtschaftswachstum beflügelten und die USA zur vorherrschenden Volkswirtschaft der Welt machten, schlechter abschneiden als die alten Firmen? Die Antwort liegt auf der Hand. Obwohl die Gewinne und Umsätze vieler neuer Firmen schneller wuchsen als die der alten Firmen, war der Preis, den die Anleger dafür zahlten, einfach zu hoch, um gute Renditen zu erzielen.

Aktien, die sich für den S&P-500 qualifizieren, müssen genug Marktwert haben, um zu den 500 größten Firmen zu gehören. Aber ein so hoher Marktwert wird oft durch unberechtigten Optimismus seitens der Anleger erreicht. Während der Energiekrise am Beginn der 1980er-Jahre wurden Firmen wie Global Marine oder Western Co. dem Energiesektor hinzugefügt und gingen später bankrott. In der Tat erreichten 12 der 13 Energietitel, die in den späten 1970er- und den frühen 1980er-Jahren dem S&P-500 hinzugefügt wurden, später weder die Performance des Energiesektors noch des Index.

Etwa 30 Prozent der 125 Aktien, die dem Technologiesektor des S&P-500 seit 1957 hinzugefügt wurden, kamen zwischen 1999 und 2000 neu in den Index. Überflüssig zu erwähnen, dass die meisten dieser Firmen weit schlechter abgeschnitten haben als der Markt. Im Telekommunikationssektor gab es zwischen 1957 bis in die frühen 1990er-Jahre buchstäblich keine Neuaufnahmen, aber in den späten 1990ern kamen Firmen wie WorldCom, Global Crossing und Quest Communications unter großem Tamtam in den Index, nur um danach zu kollabieren.

Von allen zehn Sektoren hat nur der Sektor der langlebigen Verbrauchsgüter neue Titel aufgenommen, die dann später besser abschnitten als die ursprünglichen Aktien. Dieser Sektor wurde von den Autoherstellern dominiert (GM, Chrysler und dann Ford), ihren Zulieferern (Firestone und Goodyear) und großen Einzelhändlern wie JCPenney und Woolworth.

Fazit

Die überlegene Performance der ursprünglichen S&P-500-Aktien überrascht die meisten Anleger. Aber Value-Investoren (wie in Kapitel 11 beschrieben) wissen, dass Wachstumsaktien oft zu teuer sind und dass Begeisterung über ihre Aussichten Anleger oft dazu verleitet, einen zu hohen Preis zu bezahlen. Profitable Firmen, die den Investoren nicht auffallen, sind oft unterbewertet. Wenn man die Dividenden solcher Firmen reinvestiert, kauft man unterbewertete Aktien, die signifikant zur Rendite beitragen.

Die Studie der ursprünglichen 500 Firmen zeigt auch, welche dramatischen Veränderungen die US-Wirtschaft im vergangenen halben Jahrhundert durchlaufen hat. Obwohl viele der Top-Performer dieselben Marken produzieren wie vor 50 Jahren, haben die meisten aggressiv im Ausland expandiert. Marken wie Heinz Ketchup, Coca-Cola, Pepsi-Cola und Tootsie Roll sind heute noch so profitabel wie damals, als diese Produkte auf den Markt kamen, manche schon vor mehr als 100 Jahren.

Aber wir sehen auch, dass viele Firmen durch die Fusion mit einem stärkeren Unternehmen zu guten Investments werden. Und vier der Top-Performer unter den ursprünglichen Aktien – Dr. Pepper, Celanese, National Can und Flintkote – gehören heute ausländischen Unternehmen. Sehr wahrscheinlich werden viele der zukünftigen Gewinner ihren Firmensitz nicht in den USA haben. Wie in Kapitel 4 angemerkt, könnten ausländische Firmen, die bei der Gründung des S&P-500 1957 kaum von Bedeutung waren, letztlich die Eigentümer vieler Top-Unternehmen von heute werden.

9. Die Quellen des Shareholder-Value

Gewinne und Dividenden

Die Bedeutung der Dividenden für die Wohlstandsbildung ist offensichtlich. Dividenden stellen nicht nur Inflation, Wachstum und die sich verändernden Bewertungsniveaus jeweils für sich genommen in den Schatten, sondern auch die kombinierte Bedeutung von Inflation, Wachstum und sich verändernden Bewertungsniveaus.
Robert Arnott, 2003[1]

Es ist kurz nach 16.00 Uhr Ostküstenzeit und die großen Aktienbörsen in den USA wurden gerade geschlossen. Der Moderator eines der wichtigen Finanzsender ruft aufgeregt: »Intel hat gerade seine Ergebnisse veröffentlicht! Sie liegen um 20 Cent über den Erwartungen, und die Aktie ist im nachbörslichen Handel um zwei Dollar gestiegen.«

Gewinne treiben Aktienkurse, und ihre Veröffentlichung wird an der Wall Street jeweils begierig erwartet. Aber wie sollten wir die Gewinne berechnen, und wie verwandeln die Firmen diese Gewinne in Shareholder-Value? In diesem Kapitel geht es um diese Fragen.

Diskontierter Cashflow

Die fundamentale Quelle des Werts von Assets erwächst aus den erwarteten Kapitalzuflüssen (Cashflows), die man erhält, wenn man dieses Asset besitzt. Bei Aktien kommen diese Zuflüsse aus Dividenden oder Barausschüttungen, die aus Gewinnen oder dem Verkauf von Assets einer Firma erwachsen. Aktienkurse hängen auch davon ab, inwieweit die zukünftigen Cashflows diskontiert sind. Zukünftige Cashflows werden *diskontiert,* weil zukünftige Zahlungen nicht so viel wert sind wie gegenwärtige. Die Gründe für die Diskontierung der Zukunft sind (1) die Existenz eines *risikofreien Zinssatzes,* des Ertrags sicherer alternativer Assets wie Regierungs- oder mit AAA bewerteten Anleihen, was dem Anleger ermöglicht, einen heute investierten Dollar morgen in eine höhere

Summe zu transformieren; (2) Inflation, die die Kaufkraft von Geld reduziert, das man erst in Zukunft erhält und (3) das mit der *Größenordnung* der erwarteten Cashflows verbundene Risiko, das Anleger in riskanten Assets, zum Beispiel Aktien, dazu verleitet, dafür gegenüber sicheren Anlagen eine Prämie zu verlangen. Die Summe dieser drei Faktoren – risikofreier Zins, Inflationsprämie und Aktienrisikoprämie – determiniert die Diskontierung von Aktien. Diese Diskont-Rate nennt man auch *benötigte Aktienrendite* oder *Aktienkosten*.

Die Quellen des Shareholder-Value

Gewinne sind die Quelle der Cashflows für Aktionäre. Gewinne (auch *Profite* oder *Nettoeinkommen* genannt) sind die Differenz zwischen den Firmeneinnahmen und den Produktionskosten. Die Produktionskosten beinhalten alle Arbeits- und Materialkosten, Zinsen für Verbindlichkeiten, Steuern und Rückstellungen für Abschreibungen.

Unternehmen können die Gewinne auf verschiedene Weise in Cashflows für ihre Aktionäre umwandeln. Die erste und historisch wichtigste Möglichkeit ist die *Zahlung von Bardividenden*.

Gewinne, die nicht für Dividendenzahlungen verwendet werden, nennt man *einbehaltene Gewinne*. Sie schaffen Wert, indem sie zukünftige Cashflows erhöhen, und zwar durch

- Schuldentilgung, was die Zinszahlungen senkt
- Investitionen in Wertpapiere und andere Assets, einschließlich der Akquisition anderer Firmen
- Investitionen in Kapitalprojekte zur Erhöhung zukünftiger Gewinne
- *Rückkauf* eigener Aktien

Wenn eine Firma Schulden tilgt, senkt sie ihre Zinszahlungen und erhöht daher die für Dividenden verfügbaren Gewinne. Wenn eine Firma Assets kauft, steht das Einkommen aus diesen Assets in Zukunft für Dividenden zur Verfügung. Einbehaltene Gewinne können zur Ausweitung des Firmenkapitals verwendet werden, um in Zukunft höhere Einkünfte zu erzielen und/oder die Kosten zu reduzieren und somit die zukünftigen Cashflows für die Aktionäre zu erhöhen. Und wenn eine Firma eigene Aktien zurückkauft, reduziert sie die Zahl der ausstehenden Aktien, erhöht so die Gewinne *je Aktie* und ermöglicht eine Erhöhung der Dividenden je Aktie.

Die letzte Wertquelle, Rückkäufe, verdient eine nähere Erläuterung. Natürlich erhalten Aktionäre Geld, wenn sie ihre Aktien zurück an das Unternehmen verkaufen. Wer aber nicht verkauft, genießt in Zukunft höhere Gewinne und Dividenden *je Aktie,* weil die Firmengewinne auf eine geringere Aktienzahl verteilt werden. Beachten Sie, dass sich zum Zeitpunkt des Rückkaufs nichts verändert, weil ein Asset gegen ein anderes getauscht wird. Aber *im Lauf der Zeit* erhöhen Rückkäufe das Wachstum der Gewinne je Aktie, was wiederum den Aktienkurs erhöht und Kapitalgewinne generiert, die die Dividenden ersetzen, welche die Aktionäre sonst erhalten hätten.

Historische Daten über das Wachstum von Dividenden und Gewinnen

Abbildung 9.1 zeigt die veröffentlichten realen Gewinne und Dividenden je Aktie in den USA von 1871–2012 für den S&P-500-Index und die aggregierten realen Unternehmensgewinne aus den National Income and Product Accounts, die erstmals für das Jahr 1929 berechnet wurden. Tabelle 9.1 fasst diese Daten zusammen. Im gesamten Zeitraum sind Dividenden bei Weitem die wichtigste Renditequelle für Aktionäre. Seit 1871 lag die reale Aktienrendite von Aktien im Durchschnitt bei 6,39 Prozent, bestehend aus einer durchschnittlichen Dividendenrendite von 4,40 Prozent und realen Kapitalgewinnen von 1,99 Prozent. Die Kapitalgewinne entstanden fast ausschließlich durch das Wachstum der Gewinne je Aktie, die in den letzten 140 Jahren um 1,77 Prozent stiegen.[2]

Tabelle 9.1 zeigt auch, dass es seit dem Zweiten Weltkrieg eine signifikante Veränderung der Mixtur aus Dividenden und Gewinnen gab. Die Wachstumsrate der Gewinne je Aktie stieg, während die Dividenden-Auszahlungsquote und die Dividendenrendite sanken. Vor dem Zweiten Weltkrieg schütteten die Unternehmen zwei Drittel ihrer Gewinne als Dividenden aus. Weil die einbehaltenen Gewinne zu gering waren, um Expansion zu finanzieren, emittierten die Firmen zusätzliche Aktien, um das benötigte Kapital zu erhalten, und reduzierten so das Gewinnwachstum je Aktie. Nach dem Krieg aber reduzierten die Firmen ihre Dividenden und erzielten genügend Gewinne, sodass es weniger dringend wurde, neue Aktien zur Finanzierung des Wachstums zu emittieren. Deshalb nahm das Wachstum der Gewinne je Aktie signifikant zu.

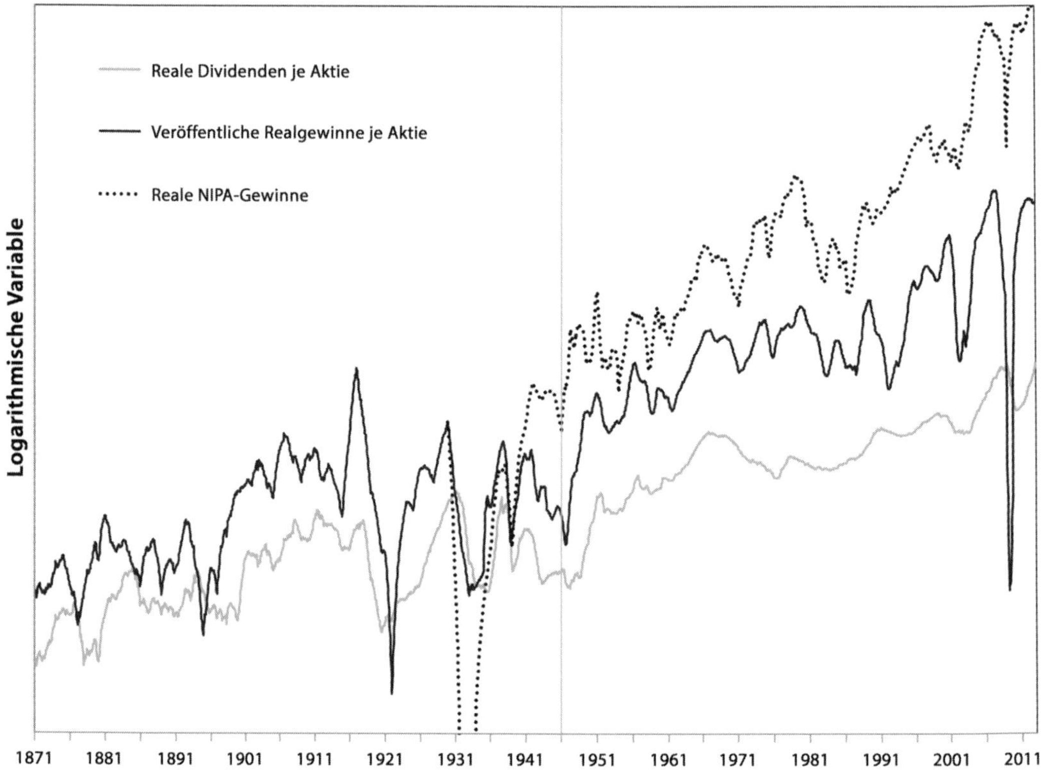

Abbildung 9.1: Reale veröffentlichte Gewinne, Dividenden und NIPA-Gewinne, 1871–2012

Zeitraum	Veröffentlichtes Wachstum der Gewinne je Aktie (in %)	Dividendenwachstum (in %)	Dividendenrendite (in %)	Kapitalgewinne (in %)	Aktienrenditen (in %)	Auszahlungsquote (in %)	NIPA-Gewinne (in %)
1871–2012	1,77	1,35	4,40	1,99	6,39	61,3	
1871–1945	0,69	0,77	5,26	1,03	6,61	71,8	
1946–2012	2,97	1,99	3,43	3,07	6,35	49,6	4,08
1929–2012	1,85	1,20	3,85	2,09	5,69	55,6	3,22

Tabelle 9.1: Dividenden, Gewinne und Auszahlungsdaten für verschiedene historische Zeiträume

Wie schon erwähnt haben wir ab 1929 die NIPA[3]-Daten über die Unternehmensgewinne. Diese Gewinne wachsen signifikant schneller als die Gewinne je Aktie, weil die Firmen im Lauf der Zeit die Anzahl ihrer Aktien erhöhen, um Expansion zu finanzieren.

Es gibt mehrere Gründe, warum die Unternehmen ihre Dividenden-Ausschüttungsquoten seit dem Zweiten Weltkrieg gesenkt haben. Nach dem Krieg stiegen die Steuern auf Dividenden deutlich. Selbst wenn die Steuern auf Dividenden ebenso hoch sind wie die Steuern auf Kapitalgewinne, gibt es immer noch einen Nachteil, weil man die Steuern auf Kapitalgewinne zeitlich nach hinten schieben kann, die Steuern auf Dividenden aber nicht. Und weil Optionen allein auf dem Aktienkurs beruhen, liegt es im Interesse des Managements, das solche Optionen erhält, eine Politik der niedrigen Dividenden zu verfolgen, die den Aktienkurs nach oben treibt. Diese Veränderungen haben den Anteil der Dividenden an der Gesamtrendite der Aktionäre reduziert.

Gordons Dividendenwachstumsmodell der Aktienbewertung

Um zu zeigen, wie sich die Dividendenpolitik auf den Kurs einer Aktie auswirkt, verwenden wir das Dividendenwachstumsmodell der Aktienbewertung, 1962 von Roger Gordon entwickelt.[4] Da der Kurs einer Aktie dem Wert aller zukünftigen Dividenden entspricht, kann man zeigen: Wenn die zukünftigen Dividenden je Aktie mit einer konstanten Rate g wachsen, kann man den Aktienkurs einer Aktie P, der dem diskontierten Wert aller zukünftigen Dividenden entspricht, so beschreiben:

$$P = d/(1 + r) + d(1 + g)/(1 + r)^2 + d(1 + g)^2/1 + r)^3 + \ldots$$

oder

$$P = d/(r - g)$$

Da d die Dividende je Aktie, g die Wachstumsrate der zukünftigen Dividenden je Aktie und r die erforderliche Aktienrendite – also die Summe aus risikofreiem Zins, erwarteter Inflationsrate und Aktienrisikoprämie – ist, sieht es so aus, als sei die Dividendenpolitik entscheidend für die Bestimmung des Werts einer Aktie. Aber solange eine bestimmte Bedingung gilt – *dass die Firmen auf die einbehaltenen Gewinne die gleichen Renditen erzielen wie die erforderliche Aktienrendite* –, beeinflusst die zukünftige Dividendenpolitik weder den Aktienkurs noch den Marktwert des Unternehmens.[5] Das liegt daran, dass heute nicht ausgeschüttete Dividenden zu einbehaltenen Gewinnen werden, die in Zukunft höhere Dividenden generieren. Man kann zeigen, dass der Gegenwartswert dieser Dividenden unverändert bleibt, egal wann sie bezahlt werden.

Das Management kann die Dividendenzahlungen natürlich zeitlich beeinflussen. Je niedriger die *Ausschüttungsquote* liegt, also das Verhältnis zwischen Dividenden und Gewinnen, desto niedriger sind die Dividenden in naher Zukunft. Weil aber eine niedrigere Dividende heute die einbehaltenen Gewinne erhöht, werden die zukünftigen Gewinne steigen und schließlich das Dividendenniveau erhöhen, das es gegeben hätte, wenn man die Ausschüttungsquote nicht reduziert hätte. Angenommen, die Firma verdient auf die einbehaltenen Gewinne die gleiche Rendite wie auf das Eigenkapital, dann wird der Gegenwartswert dieser Dividendenflüsse identisch sein, egal für welche Ausschüttungsquote man sich entscheidet.

Diese Äquivalenz kann man anhand von Gordons Dividendenwachstumsmodell zeigen. Nehmen wir an, die Diskontierungsquote *r* beträgt zehn Prozent, es gibt kein Wachstum ($g = 0$), die Dividende *d* beträgt zehn Dollar und das Unternehmen schüttet sämtliche Gewinne als Dividenden aus. In diesem Fall liegt der Aktienkurs bei 100 Dollar. Nehmen wir nun an, dass die Firma ihre Ausschüttungsquote von 100 auf 90 Prozent senkt, die Dividende je Aktie (*d*) damit auf neun Dollar senkt und die einbehaltenen Gewinne um einen Dollar erhöht.

Wenn die Firma auf die einbehaltenen Gewinne zehn Prozent erzielt, liegen die Gewinne im nächsten Jahr bei 10,10 Dollar und die Dividende beträgt bei einer Ausschüttungsquote von 90 Prozent 9,09 Dollar. Wenn die Firma ihre Ausschüttungsquote beibehält, liegt die Wachstumsrate der Dividende je Aktie bei einem Prozent. Setzt man $g = 0{,}01$ und $d =$ neun Dollar, ergibt sich im Gordon-Modell der gleiche Aktienkurs (zehn Dollar) wie zuvor. Solange *r* bei zehn Prozent bleibt, steigt der Aktienkurs um ein Prozent pro Jahr. Das ist identisch mit dem Wachstum der Gewinne und der Dividenden je Aktie. Die Gesamtrendite der Aktionäre bleibt bei zehn Prozent, wovon neun Prozent auf die Dividendenrendite und ein Prozent auf den Kursanstieg entfallen. Die Rendite der Aktionäre bleibt immer bei zehn Prozent. Die Firma kann dabei jedes Verhältnis zwischen Dividenden und Kapitalgewinnen wählen, indem sie die Ausschüttungsquote der Dividenden zwischen 0 und 100 Prozent variiert.

Dasselbe gilt, wenn eine Firma die einbehaltenen Gewinne für Aktienrückkäufe verwendet. Im genannten Fall würde der eine Dollar, der nicht als Dividende ausbezahlt wird, dazu benutzt, pro Jahr ein Prozent der Aktien zurückzukaufen. Diese Reduzierung um ein Prozent würde bedeuten, dass die Dividenden (und die Gewinne) *je Aktie* um ein Prozent pro Jahr steigen.

Diese Theorie wird durch die langfristigen Daten in Tabelle 9.1 bestätigt. Vor dem Zweiten Weltkrieg lag die durchschnittliche Ausschüttungsquote bei 71,8 Prozent, seither ist sie auf 49,6 Prozent gesunken. Das reduzierte die Dividendenrendite von 5,26 auf 3,43 Prozent, also um fast zwei Prozentpunkte. Aber die Kapitalgewinne sind um etwa zwei Prozentpunkte gestiegen, und daher sind die Gesamtrenditen vor und nach dem Zweiten Weltkrieg fast gleich. Die niedrigere Dividendenrendite hat zu einer Beschleunigung des Wachstums der Gewinne je Aktie von 0,69 auf 2,8 Prozent geführt.

Beachten Sie: Obwohl die Wachstumsrate der zukünftigen Dividenden je Aktie steigt, nachdem die Ausschüttungsquote gesenkt wurde, liegt die Rate des Wachstums der Dividenden viele Jahre unter der Wachstumsrate der Gewinne, wenn man sie von einem Zeitraum vor der Dividendenkürzung aus misst. Genau das zeigen die historischen Daten in Tabelle 9.1: Die Wachstumsraten der Dividenden je Aktie blieben hinter der Rate der Gewinne je

Aktie und dem Kurszuwachs zurück. Wenn die Ausschüttungsquote aber nicht weiter sinkt, besagt die Theorie, dass sich die Wachstumsrate der Dividenden in den kommenden Jahren beschleunigen wird.

Diskontieren Sie die Dividenden, nicht die Gewinne

Obwohl die Gewinne die Summe der ausgezahlten Dividenden bestimmen, entspricht der Aktienkurs immer dem Gegenwartswert aller zukünftigen *Dividenden*, nicht dem Gegenwartswert zukünftiger Gewinne. Nicht an die Anleger ausbezahlte Gewinne können nur dann einen Wert haben, wenn sie später als Dividenden oder andere Barausschüttungen verteilt werden. Die Bewertung von Aktien als gegenwärtiger diskontierter Wert zukünftiger *Gewinne* ist nachgewiesenermaßen falsch und stellt den Wert einer Firma bei Weitem zu hoch dar.[6]

John Burr Williams, einer der größten Investment-Analysten am Beginn des vergangenen Jahrhunderts und Autor des Klassikers *Theory of Investment Value* hat das 1938 überzeugend dargelegt:

> *Die meisten würden der genannten Formel sofort widersprechen und sagen, man solle den Gegenwartswert zukünftiger Gewinne verwenden, nicht den zukünftiger Dividenden. Aber sollten Gewinne und Dividenden nicht beide die gleiche Antwort geben – unter den impliziten Annahmen unserer Kritiker? Wenn alle nicht als Dividenden ausbezahlten Gewinne mit Zinseszinsen zum Vorteil der Aktionäre investiert werden, wie die Kritiker meinen, dann sollten diese Gewinne später Dividenden produzieren. Wenn nicht, dann sind sie verlorenes Geld. Gewinne sind nur Mittel zum Zweck, und man sollte die Mittel nicht mit dem Zweck verwechseln.*[7]

Gewinnkonzepte

Natürlich können Dividenden nicht auf kontinuierliche Weise fließen, wenn die Firma nicht profitabel ist. Daher ist es entscheidend, eine Gewinndefinition zu entwickeln, die Investoren den bestmöglichen Maßstab der dauerhaften Gewinne liefert, die eine Firma braucht, um Dividenden bezahlen zu können.

Wie wir schon angemerkt haben, werden Gewinne auch *Nettoeinkommen* genannt und sind die Differenz zwischen Einnahmen und Kosten. Aber die Bestimmung der Gewinne ist keine »Geld-rein-minus-Geld-raus«-Kalkulation, weil sich viele Kosten und Einnahmen, wie Kapitalausgaben, Abwertung und Kontrakte über zukünftige Lieferungen, über viele Jahre erstrecken. Zudem sind viele Ausgaben und Einnahmen einmalige oder »außerordentliche«

Bilanzposten, zum Beispiel Kapitalgewinne und -verluste oder größere Umstrukturierungen. Sie tragen nicht viel zum Bild der andauernden Profitabilität oder der Dauerhaftigkeit von Gewinnen bei, die für die Bewertung eines Unternehmens so wichtig sind. Aus diesen Gründen gibt es kein einzig »richtiges« Gewinnkonzept.

Gewinnveröffentlichungsmethoden

Es gibt zwei Methoden, wie Firmen über ihre Gewinne berichten. *Nettoeinkommen* oder *berichtete Gewinne* sind die vom Financial Accounting Standards Board (FASB) abgesegneten Gewinne. Diese Organisation wurde 1973 gegründet, um Bilanzierungsstandards festzulegen. Diese Standards nennt man *Generally Accepted Accounting Principles* (GAAP), also allgemein akzeptierte Bilanzierungsvorschriften. Sie werden bei der Berechnung der Gewinne angewendet, die in den Jahresberichten erscheinen und den staatlichen Behörden gemeldet werden.[8]

Das andere und großzügigere Gewinnkonzept nennt man *operating earnings*, also operative Gewinne. Dabei werden oft einmalige Ereignisse wie Restrukturierungskosten (Kosten im Zusammenhang mit der Schließung einer Fabrik oder dem Verkauf einer Abteilung), Gewinne und Verluste aus Investitionen, Abwertungen von Gütern, Ausgaben im Zusammenhang mit Fusionen und Abspaltungen, Abschreibungen, Goodwill und anderes nicht berücksichtigt. Aber der Ausdruck *operative Gewinne* ist vom FASB nicht definiert, und das verschafft den Firmen Ermessensspielraum, was ausgeschlossen werden soll und was nicht. Es gibt Umstände, unter denen der gleiche Typ von Belastung von der einen Firma in die operativen Gewinne aufgenommen wird und von der anderen nicht.

Es gibt zwei grundlegende Versionen der operativen Gewinne. Standard & Poor's berechnet eine sehr strenge Version, die sich von den Gewinnen nach GAAP nur durch den Ausschluss von Asset-Beschädigungen (einschließlich Abschreibungen auf Lagerbestände) und Zahlungen wegen solcher Schäden unterscheidet. Wenn aber Firmen ihre Gewinne veröffentlichen, schließen sie häufig noch viel mehr Einzelposten aus, zum Beispiel Kosten für Gerichtsverfahren, Pensionskosten im Zusammenhang mit veränderten Prognosen über erzielbare Zinsen und Renditen, Kosten für Aktienoptionen etc. Wir werden die von Firmen berichteten Gewinne *operative Gewinne* nennen, obwohl man dafür auch die Ausdrücke *Nicht-GAAP-Gewinne, Pro-forma-Gewinne* und *Gewinne aus fortgeführter Geschäftstätigkeit* verwenden kann.

Tabelle 9.2 fasst die Posten zusammen, die bei Firmen, die nicht aus dem Finanzbereich stammen, in der Gewinn-Verlust-Rechnung enthalten und nicht enthalten sind.[9] Bei Finanzfirmen sind buchstäblich alle diese Posten in den operativen Gewinnen nach S&P, den von den Firmen berichteten Gewinnen und in den GAAP-Gewinnen enthalten. Abbildung 9.2 zeigt diese drei Gewinnversionen für die S&P-500-Unternehmen von 1975 bis heute.

Ab 1988, also seit alle drei Gewinnserien zugänglich sind, lagen die operativen Gewinne nach S&P im Schnitt über den GAAP-Gewinnen, und die von den Firmen berichteten Gewinne lagen um 3,2 Prozent über den Gewinnen nach S&P. Während Rezessionen, vor allem während der Großen Rezession 2007–2009, wurden die Unterschiede zwischen diesen drei Gewinnkonzepten deutlich größer. 2008 lagen die von den Firmen berichteten Gewinne bei 50,84 Dollar und die Gewinne nach S&P bei 39,61 Dollar, während die GAAP-Gewinne auf 12,54 Dollar fielen.

	GAAP-Gewinne	Operative Gewinne nach S&P	Nicht-GAAP-Gewinne
Wertminderung von Vermögenswerten (einschließlich Abschreibungen auf Lagerbestände)	Enthalten	Nicht enthalten	Nicht enthalten
Abfindungen	Enthalten	Nicht enthalten*	Nicht enthalten
Kosten für Fabrikschließungen	Enthalten	Enthalten	Nicht enthalten
Prozesskosten	Enthalten	Enthalten	Nicht enthalten
Änderungen der Pensionsverpflichtungen	Enthalten	Enthalten	Nicht enthalten
Kosten für Optionen	Enthalten	Enthalten	Meist enthalten*
*Außer in Verbindungen mit Asset-Schäden			

Tabelle 9.2: Enthaltene und nicht enthaltene Bilanzposten

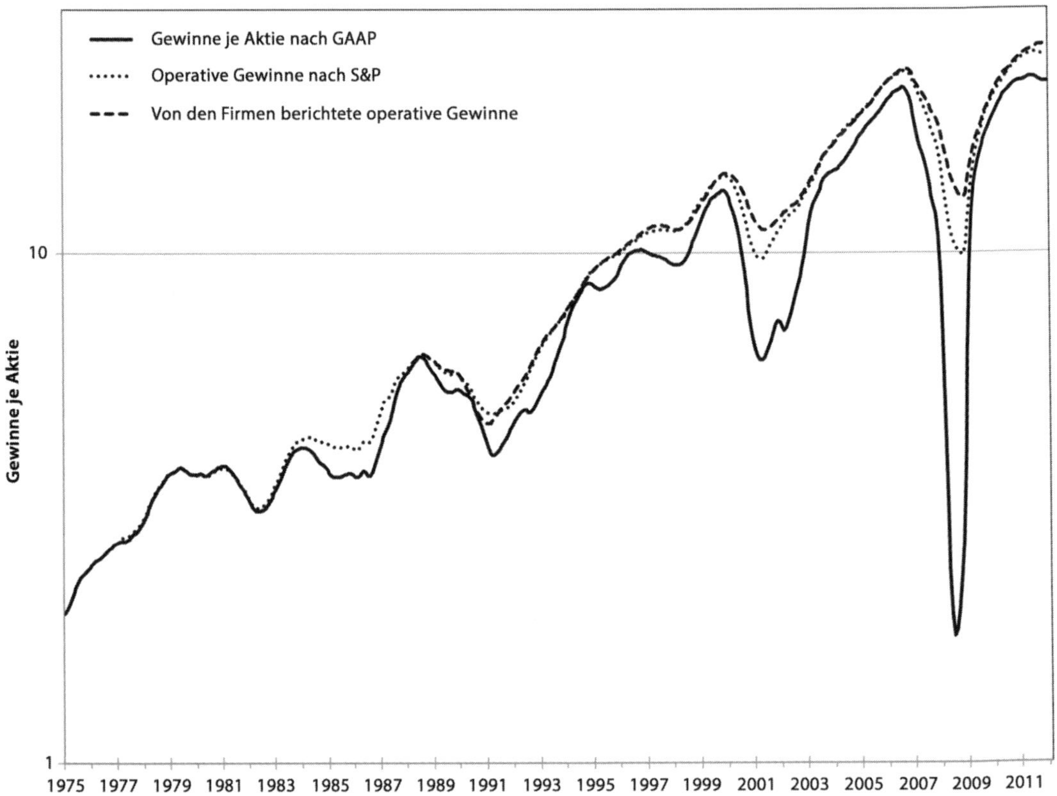

Abbildung 9.2: Drei Maße für den Gewinn je Aktie: GAAP, operative Gewinne nach S&P, von den Firmen berichtete operative Gewinne, 1975–2012

Es wird oft angenommen, dass die »berichteten Gewinne« die wahren Gewinne einer Firma besser repräsentieren als die operativen Gewinne. Aber das stimmt nicht unbedingt. In der Tat hat der zunehmende Konservatismus der FASB-Standards, vor allem was die erforderliche Abschreibung von Asset-Werten betrifft, dazu geführt, dass die berichteten Gewinne deutlich zu niedrig dargestellt werden. Diese Abschreibungen werden von den 2001 erlassenen Regeln 142 und 144 des SFAS (Statement of Financial Account Standard) gefordert. Sie verlangen, dass alle Wertminderungen von Gebäuden, Fabriken, Ausrüstung und nicht greifbarem Vermögen (zum Beispiel Goodwill, der entsteht, wenn Unternehmensanteile zu einem Preis gekauft werden, der über dem Buchwert liegt) mit dem aktuellen Marktwert in die Bücher einfließen. Schon 1993 wurde Regel 144 erlassen, die besagt, dass die Wertpapiere von Finanzinstituten im Handelsbestand zum aktuellen Marktpreis bewertet werden müssen.[10] Diese neuen Standards verlangten von den Unternehmen, Assets »abzuschreiben«, egal ob diese Assets verkauft wurden oder nicht. Die Regeln wirken sich in konjunkturellen Abwärtsphasen, wenn die Marktpreise unter Druck stehen, besonders schwerwiegend aus.[11]

Andererseits dürfen Firmen greifbare Assets nicht höher bewerten als zuvor, auch wenn sie sich von einer früheren Abschreibung erholt haben, solange sie nicht verkauft und als »Kapitalgewinne« gewertet werden.[12]

Ein schlagendes Beispiel für Gewinnverzerrung ist Time Warners Kauf von America Online (AOL) für 214 Milliarden Dollar im Januar 2000, am Höhepunkt des Internetbooms. AOL, damals Mitglied des S&P-500-Index, registrierte für seine Aktionäre einen riesigen Kapitalgewinn, als die Firma von Time Warner, ebenfalls ein S&P-500-Mitglied, gekauft wurde, weil der Kaufpreis weit über dem Buchwert lag. Aber dieser Kapitalgewinn wurde in den Gewinndaten von S&P niemals registriert. 2002, nach dem Platzen der Internetblase, musste Time Warner sein Investment in AOL um 99 Milliarden Dollar abschreiben, damals der höchste Verlust, den je ein amerikanisches Unternehmen verzeichnet hatte. Die kombinierten Gewinne und Marktwerte von AOL und Time Warner sahen nach der Technologieblase nicht wesentlich anders aus als zuvor, aber weil der Kapitalgewinn der AOL-Aktien nie als Gewinn registriert wurde, fielen die addierten Gewinne des S&P-500 dramatisch, als AOLs Aktienkurs abrutschte. Damals nahmen auch viele andere Firmen enorme Abschreibungen auf gekaufte Assets vor, während die Gewinne der aufgekauften Firma durch den Verkauf nie registriert wurden.

Operative Gewinne und NIPA-Gewinne

Beim Blick auf Abbildung 9.1 sehen wir, dass sich die beiden übergroßen Rückgänge während der beiden jüngsten Rezessionen nicht nur vom Verhalten des S&P in früheren Rezessionen scharf unterscheiden, sondern auch vom Verhalten der Unternehmensgewinne nach Steuern, die an das Bureau of Economic Analysis (BEA) berichtet wurden, das die NIPA berechnet. In jeder Rezession vor 1990, außer 1937–1938, lag der Rückgang der berichteten S&P-Gewinne *unter* dem Rückgang der NIPA-Gewinne. Der Durchschnittsumfang der berichteten S&P-Gewinne lag nur knapp über der Hälfte des Rückgangs der NIPA-Gewinne. Aber in den jüngsten drei Rezessionen sanken die Ersteren mehr als doppelt so stark wie die Letzteren. In der Rezession 1990 sanken die veröffentlichten S&P-Gewinne um 43 Prozent, die NIPA-Gewinne nur um vier Prozent. Während der Rezession 2001 fielen Erstere um 55, Letztere um 24 Prozent. Und in der Großen Rezession waren es 92 gegenüber 53 Prozent. Besonders fällt auf, dass der Rückgang der veröffentlichten S&P-Gewinne in der Rezession 2008 und 2009, als das BIP nur um knapp über fünf Prozent sank, viel höher war als ihr Absinken während der Großen Depression (63 Prozent), obwohl das BIP damals um das Fünffache einbrach. 1931 und 1932 waren die NIPA-Unternehmensgewinne negativ, was angesichts der Stärke des Wirtschaftseinbruchs nicht überrascht. Diese Ungleichheiten legen nahe, dass die jüngsten FASB-Regeln zu viel niedrigeren Gewinnausweisen geführt haben, speziell in konjunkturellen Abschwungphasen.[13]

Aber die neuesten FASB-Regeln sind nicht der einzige Grund, warum GAAP die wahre Profitabilität von Firmen oft *zu niedrig* darstellt. Forschungs- und Entwicklungskosten werden routinemäßig als Ausgaben bilanziert, obwohl es gute Gründe gäbe, sie zu kapitalisieren und dann im Lauf der Zeit abzuschreiben.[14] Das bedeutet, dass die ökonomischen Gewinne von Unternehmen mit hohen Forschungs- und Entwicklungskosten, zum Beispiel von Firmen aus der Pharmabranche, zu niedrig ausgewiesen werden.

Ein Beispiel: Pfizer, einer der größten Pharmakonzerne der Welt, hat 2012 etwa acht Milliarden Dollar für Forschung und Entwicklung sowie etwa 1,5 Milliarden Dollar für Produktionskosten und deren Ausstattung ausgegeben. Wegen der geltenden Bilanzierungsregeln zog Pfizer nur fünf Prozent der Ausgaben für Fabriken und Ausrüstung als Abschreibung von seinen Gewinnen ab. Der Rest wird während der gesamten »Lebensdauer« dieser immobilen Assets abgeschrieben.

Aber 100 Prozent der acht Milliarden Dollar, die Pfizer für Forschung und Entwicklung aufgewendet haben, müssen von den Gewinnen abgezogen werden. Das liegt daran, dass Pfizers Forschungs- und Entwicklungsausgaben nach den GAAP-Bilanzrichtlinien nicht als Assets gelten und daher als Ausgaben bilanziert werden müssen. Diese Behandlung trifft auch auf den Technologiesektor zu. Die greifbaren, abschreibungsfähigen Assets von Google und Facebook sind nur ein winziger Bruchteil ihres Börsenwerts. Bei vielen Firmen, deren Produkte Resultate von Forschung und Entwicklung sind, also patentfähige Innovationen, stellen die Standard-Gewinnmaße das wahre Gewinnpotenzial zu niedrig dar.

Auch die Inflation verzerrt die GAAP-Gewinne. Wenn die Inflation steigt, dann steigen auch die Zinsen. Dennoch werden alle Zinsausgaben von den Unternehmensgewinnen abgezogen, obwohl die Inflation oft den gleichen oder einen noch stärkeren Einfluss auf den Realwert der Verbindlichkeiten eines Unternehmens hat. In inflationären Zeiten kann der Einfluss steigender Preise auf fixe Firmenschulden substanziell sein und zu deutlich niedrigeren Bilanzgewinnen als realen Gewinnen führen.

Es trifft zu, dass die Inflation die Firmengewinne in gewisser Weise auch nach oben verzerrt. Abwertung basiert auf historischen Preisen, und daher reichen in inflationären Zeiten die Rückstellungen für Abschreibungen vielleicht nicht aus, um die Kosten für Ersatz und Kapitalaufstockung zu decken. Zudem repräsentieren die Kapitalgewinne, die Firmen auf ihre Lagerbestände erzielen, keinen Anstieg der Gewinnfähigkeit.[15] Daher nimmt die NIPA eine Anpassung bezüglich Abwertung und Wertsteigerungen der Lagerbestände vor, wenn sie Unternehmensgewinne berechnet, obwohl sie den Realwert der Verbindlichkeiten unverändert lässt. Wenn man alle Faktoren in Betracht zieht, stellen die veröffentlichten Unternehmensgewinne in inflationären Zeiten die wahren Unternehmensgewinne wahrscheinlich zu niedrig dar.

Der Quartalsbericht

Die Differenz zwischen den von einem Unternehmen veröffentlichten operativen Gewinnen und den Erwartungen der Börsianer treibt die Aktienkurse während der »Ergebnissaison« an, die hauptsächlich in den drei Wochen nach dem Ende jedes Quartals liegt. Wenn wir hören, dass das Unternehmen »die Erwartungen übertroffen« hat, bedeutet dies unmissverständlich, dass seine Gewinne höher liegen als der Konsens der Prognose seiner operativen Gewinne.[16]

Aber die veröffentlichten Konsensschätzungen entsprechen nicht immer den Erwartungen, die zum Zeitpunkt der Veröffentlichung in einer Aktie stecken. Das liegt daran, dass Analysten und Trader, die Firmen genau beobachten, oft zu Schätzungen kommen, die sich vom Konsens unterscheiden. Diese Schätzungen, oft als *Flüsterschätzungen* bezeichnet, weil sie nicht weit verbreitet werden, sind diejenigen, die im Aktienkurs eingepreist sind. Meist liegen diese Flüsterschätzungen höher als die, die als Konsens zirkulieren, vor allem bei Technologieaktien, die den Konsens oft deutlich übertreffen müssen, um ihre Aktienkurse nach oben zu schicken.

Ein Grund, warum die Flüsterschätzungen höher sind als der Konsens, ist, dass die Aussagen des Managements an die Analysten über die Situation des Unternehmens oft eher zum Pessimismus neigen, damit die Firma in ihren Quartalsberichten positive Überraschungen bieten kann. Wie sonst könnte man erklären, dass in den vergangenen zehn Jahren etwa 65 der vierteljährlichen Gewinnausweise über dem Konsens lagen?[17] Zudem übertrafen viele Firmen den Konsens um exakt einen Penny. Die Zahl ist weit höher, als sie auf statistischer Basis ermittelt werden könnte.

Obwohl Gewinne sehr wichtig sind, sind sie nicht die einzigen Daten in den Quartalsberichten, auf deren Basis Trader agieren. Der Umsatz gilt allgemein als zweitwichtigster Indikator der Aussichten einer Firma. Manche Trader halten die Umsätze sogar für wichtiger als die Gewinne. Wenn man die Umsatzdaten mit den Gewinndaten kombiniert, kann man die Gewinnmarge der Verkäufe berechnen, die ebenfalls ein wichtiger Aspekt sind.

Aber die Gewinn- und die Umsatzdaten sind nicht aus dem gleichen Holz geschnitzt. Die Gewinne werden *je Aktie* berechnet, der Umsatz nicht. Es ist ohne Weiteres möglich, dass eine Firma die Umsatzschätzungen und die Schätzungen der Margen nicht erreicht, die Gewinnschätzungen aber übertrifft, weil sie im vergangenen Quartal die Anzahl ihrer ausstehenden Aktien durch Rückkäufe reduziert hat. Die Gewinne je Aktie können weiterhin steigen, obwohl die Gesamtumsätze stagnieren.

Und schließlich werden Investoren durch die Gewinnprognosen des Firmenmanagements selbst für das nächste Quartal oder Jahr beeinflusst. Liegen diese Prognosen über den später veröffentlichten Gewinnen, dann wirkt sich das mit Sicherheit negativ auf den Aktienkurs aus. Vor Jahren versorgten Manager die Analysten oft mit Tipps, wenn unerwartete gute oder schlechte Nachrichten das Unternehmen betrafen. Aber heute gibt es harte

Regeln, was die Veröffentlichung solcher Nachrichten betrifft, 2000 von der SEC festgelegt. Informationen an ausgewählte Adressaten sind nicht mehr erlaubt. Die vierteljährliche Telefonkonferenz ist für das Management eine ideale Gelegenheit, den Aktionären alle wichtigen Informationen mitzuteilen.

Fazit

Die grundlegende Determinante des Werts von Aktien ist der für die Zukunft erwartete Cashflow an die Aktionäre. Die Kapitalströme, Dividenden genannt, stammen aus den Gewinnen. Wenn eine Firma auf die einbehaltenen Gewinne die gleichen Renditen erzielt wie auf das restliche Unternehmenskapital, dann beeinflusst die Dividendenpolitik eines Unternehmens den aktuellen Aktienkurs nicht, obwohl sie die zukünftige Wachstumsrate der Gewinne und Dividenden je Aktie beeinflusst.

Es gibt viele Gewinnkonzepte. Die operativen Firmengewinne werden von Analysten berechnet und prognostiziert. Sie sind der wichtigste Posten in den Quartalsberichten. Diese operativen Gewinne sind fast immer höher als die veröffentlichten und die GAAP-Gewinne. Aber die jüngst veränderten Regeln der FASB haben dazu geführt, dass die veröffentlichten Berichte tendenziell zu niedrig ausfallen, vor allem während Rezessionen, wenn Firmen gezwungen sind, nicht realisierte Kapitalgewinne in ihren Gewinnberichten auszuweisen. Die Implikationen dieser Gewinndaten für die Bewertungen des Aktienmarkts sind das Thema des nächsten Kapitels.

10. Maßstäbe zur Bewertung des Aktienmarkts

Selbst wenn das dem Kauf (von Stammaktien) zugrunde liegende Motiv nur spekulative Gier ist, sehnt sich die menschliche Natur danach, diesen wenig liebenswerten Impuls hinter einem Schirm aus offensichtlicher Logik und guten Absichten zu verbergen.
Benjamin Graham und David Dodd, 1940[1]

Ein böses Omen kehrt zurück

Im Sommer 1958 kam es zu einem Ereignis von großer Bedeutung für diejenigen, die sich bei der Bewertung des Aktienmarkts nach bewährten Maßstäben richteten. Zum ersten Mal in der Geschichte stiegen die Zinsen langfristiger Staatsanleihen deutlich über die Dividendenrendite der Stammaktien.

BusinessWeek würdigte dieses Ereignis im August 1958 mit einem Artikel, der die Überschrift »Ein böses Omen kehrt zurück« trug, und warnte die Anleger, dass ein starker Einbruch an der Börse bevorstand, wenn die Renditen von Aktien und Anleihen einander nahekamen.[2] Der Aktiencrash 1929 ereignete sich in einem Jahr, als die Dividendenrenditen der Aktien auf das Niveau der Anleihenrenditen sanken. Auch die Aktiencrashs 1891 und 1907 folgten auf Phasen, als die Anleihenrenditen sich den Aktienrenditen bis auf weniger als ein Prozent angenähert hatten.

Wie Abbildung 10.1 zeigt, war die jährliche Dividendenrendite der Aktien immer höher gewesen als die langfristigen Zinsen, und die Anleger dachten, das sollte auch so sein. Aktien waren riskanter als Anleihen, und daher sollten sie auch höhere Renditen bringen. Nach diesem Kriterium war es Zeit zum Verkauf, wenn die Aktienkurse zu hoch stiegen und die Dividendenrenditen unter die Anleihenrenditen sinken ließen.

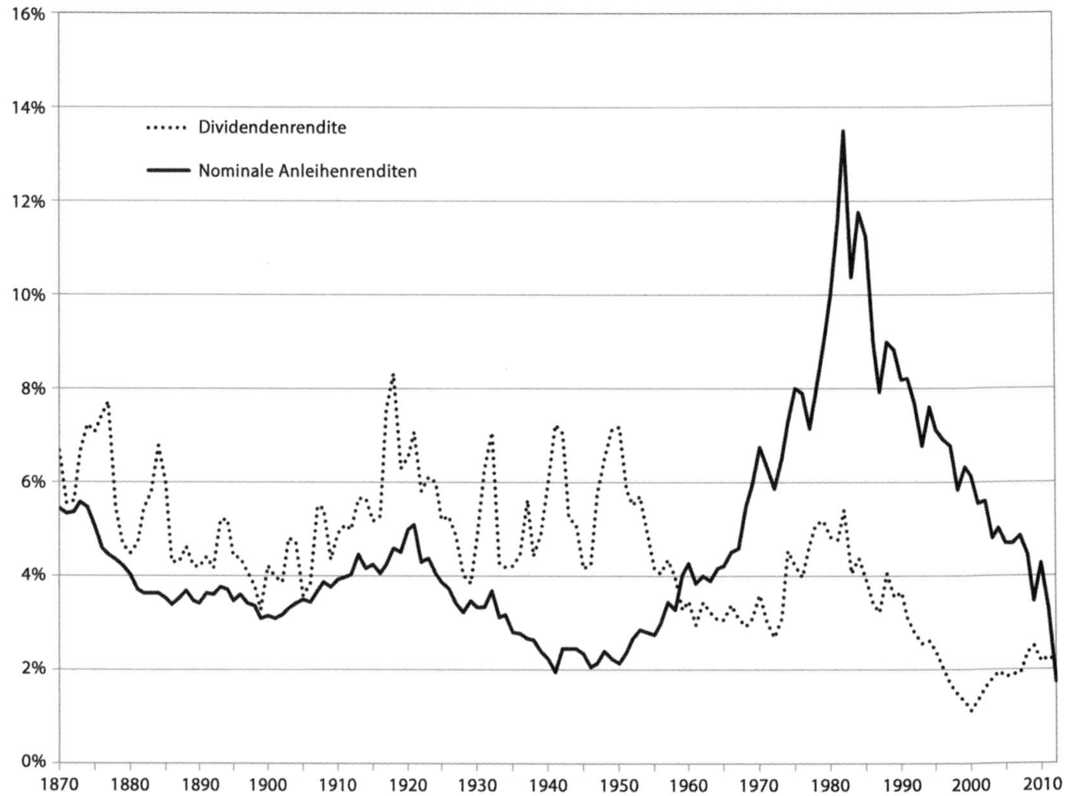

Abbildung 10.1: Dividendenrendite und nominale Anleihenrendite, 1870–2012

Aber 1958 lief es nicht so. Aktien brachten in den 30 Monaten, nachdem die Aktien- unter die Anleihenrenditen gesunken waren, eine Gesamtrendite von mehr als 30 Prozent und stiegen weiter bis in die frühen 1960er-Jahre.

Heute weiß man, dass es gute ökonomische Gründe für das Wegfallen dieses angesehenen Bewertungsindikators gab. Die Inflation steigerte die Anleihenrenditen als Kompensation der Gläubiger für steigende Preise, während die Investoren Aktien kauften, weil diese Ansprüche auf reale Assets verbrieften. Schon im September 1958 stellte *BusinessWeek* fest: »Die Relation zwischen Aktien- und Anleihenrenditen sandte ein klares Warnsignal, aber die Anleger glauben immer noch, dass Inflation unvermeidlich ist und dass Aktien der einzige Schutz davor sind.«[3]

Dennoch machten sich an der Wall Street viele Leute wegen der »großen Renditewende« Sorgen. Nicholas Molodovsky, Vizepräsident von White, Weld & Co. und Herausgeber des *Financial Analysts Journal* bemerkte hierzu:

> *Manche Finanzanalysten nannten (die Wende von Anleihen- und Aktienrenditen) eine durch viele komplexe Ursachen entstandene finanzielle Revolution. Andere da-*

gegen versuchten gar nicht erst, das Unerklärliche zu erklären. Sie zeigten die Bereitschaft, es als Manifestation der Vorsehung im Finanzuniversum zu akzeptieren.[4]

Stellen Sie sich den Investor vor, der sich auf diesen bewährten Indikator verließ, im August 1958 all sein Geld aus dem Aktienmarkt abzog, es in Anleihen steckte und schwor, erst dann wieder Aktien zu kaufen, wenn die Dividendenrenditen über die Anleihenrenditen steigen würden. Ein solcher Anleger hätte 50 Jahre lang bis zur Finanzkrise 2009 warten müssen. Doch in diesem halben Jahrhundert lagen die realen Aktienrenditen im Schnitt bei mehr als sechs Prozent und übertrafen die Renditen festverzinslicher Wertpapiere bei Weitem.

Dieses Beispiel zeigt, dass Bewertungsmaßstäbe nur so lange valide sind, wie die grundlegenden ökonomischen und finanziellen Rahmenbedingungen unverändert bleiben.

Die chronische Inflation nach dem Krieg, entstanden durch den Wechsel zum Papiergeldstandard, veränderte die Art und Weise für immer, wie Anleger die Investmentqualitäten von Aktien und Anleihen beurteilen. Aktien waren Ansprüche auf reale Assets, deren Preise mit der Inflation stiegen, Anleihen waren das nicht. Anleger, die an den alten Methoden der Aktienbewertung festhielten, nahmen nie an einer der stärksten Haussephasen der Geschichte teil.

Historische Maßstäbe zur Bewertung des Markts

Schon viele Maßstäbe wurden angewendet, um zu bewerten, ob Aktienkurse überbewertet oder unterbewertet sind. Die meisten von ihnen messen den Marktwert der ausgegebenen Aktien relativ zu ökonomischen *Fundamentaldaten*, zum Beispiel Gewinne, Dividenden, Buchwert oder zu ökonomischen Variablen wie BIP oder Zinsen.

Das Kurs-Gewinn-Verhältnis und die Gewinnrendite

Der grundlegendste und fundamentalste Maßstab der Aktienbewertung ist das Kurs-Gewinn-Verhältnis (KGV). Dabei handelt es sich einfach um die Relation zwischen Kurs und Gewinn. Das Markt-KGV ist die Relation der aggregierten Gewinne des Markts zum aggregierten Wert des Markts. Das KGV misst, wie viel ein Anleger für einen Dollar aktueller Unternehmensgewinne zu zahlen bereit ist.

Abbildung 10.2 zeigt das historische Markt-KGV von 1871 bis Dezember 2012, basierend auf den letzten zwölf Monaten der veröffentlichten S&P-Gewinne, sowie ein alternatives KGV, basierend auf den Gewinnen der letzten zehn Jahre, CAPE Ratio genannt, das in diesem Kapitel noch beschrieben wird. Das KGV auf Basis der Zwölf-Monats-Gewinne zeichnet sich durch einen scharfen Ausschlag nach oben aus, der während der Rezession 2009 den

Wert von 123,73 erreichte. Dieser Ausschlag wurde nicht durch hohe Aktienkurse verursacht, sondern durch extrem niedrige aggregierte Gewinne, entstanden durch hohe Verluste, die sich auf wenige Firmen beschränkten. Ein kleinerer Ausschlag, ebenfalls durch wenige Firmen verursacht, die hohe Verluste veröffentlichten, trat während der Rezession 2000 auf. Der Median des KGV, im Gegensatz zum arithmetischen Durchschnitt, reduziert den Einfluss dieser Ausschläge und zeigt ein besseres Bild der historischen Marktbewertung. Von 1871–2012 liegt der Median des KGV auf Basis der Gewinne der vergangenen zwölf Monate bei 14,50, auf Basis der Gewinne der folgenden zwölf Monate beträgt er 15,09.

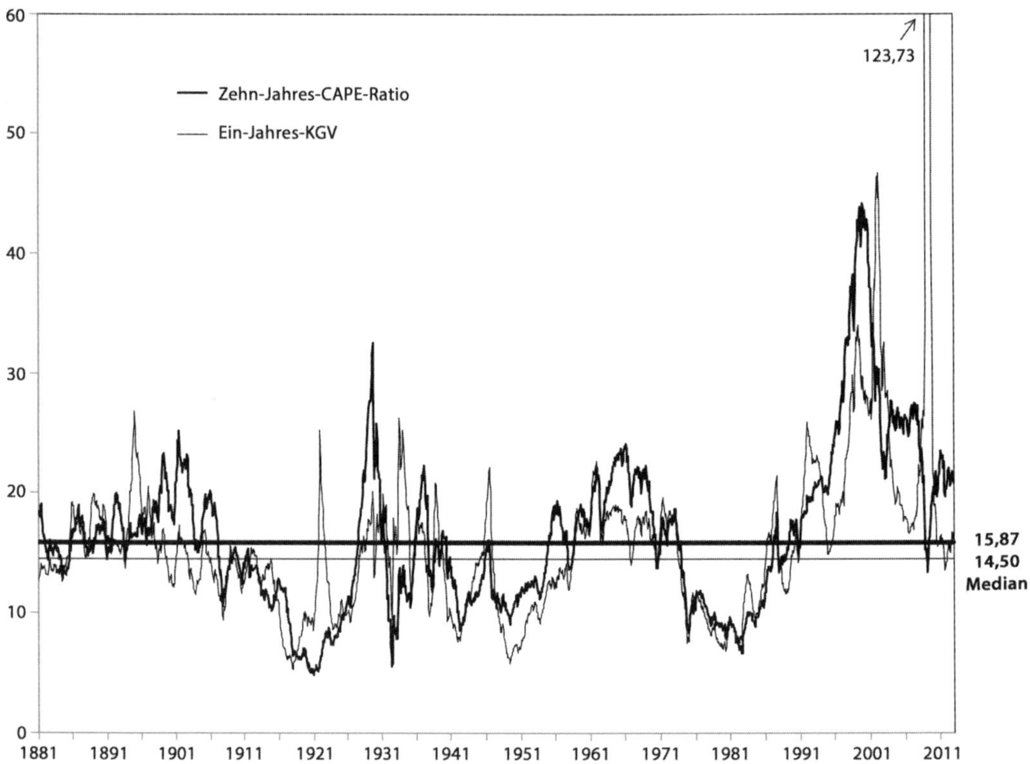

Abbildung 10.2: Ein-Jahres-KGV und Zehn-Jahres-CAPE Ratios, 1871–2012

Verzerrung durch Aggregation

Die traditionelle Methode, das KGV eines Index oder eines Portfolios zu berechnen, ist die Addition der Gewinne der einzelnen Firmen und die Division der Summe durch den Gesamtwert des Index. Normalerweise ergibt dies ein gutes Bild der Bewertung. Wenn aber eine oder mehrere Firmen hohe Verluste bekanntgeben, kann dies zu einem stark verzerrten Bild der Index-Bewertung führen.

Für ein einfaches Beispiel nehmen wir zwei Firmen, A und B. Nehmen wir an, A ist eine gesunde Firma, die einen Gewinn von zehn Milliarden Dollar und ein KGV von 15 aufweist, woraus sich ein Marktwert von 150 Milliarden Dollar errechnet. Nehmen wir weiter an, dass es Firma B nicht gut geht. Sie veröffentlicht einen Verlust von neun Milliarden Dollar und hat einen Marktwert von nur zehn Milliarden Dollar. Ein nach Marktkapitalisierung gewichtetes Portfolio besteht zu etwa 94 Prozent aus Firma A (150/160 Milliarden Dollar) und zu sechs Prozent aus Firma B. Die traditionelle Methode der KGV-Berechnung dieses Portfolios ergäbe aber einen Gesamtgewinn beider Firmen von einer Milliarde Dollar, durch den der Marktwert beider Firmen (160 Milliarden Dollar) geteilt würde. Das ergäbe ein außerordentlich hohes KGV von 160, obwohl über 94 Prozent des Portfolios auf eine Firma entfallen, die ein KGV von 15 hat. Ich nenne das *Verzerrung durch Aggregation.*

Hier ist der Grund, warum es falsch ist, Gewinne und Verluste zu addieren und den aggregierten Marktwert der betreffenden Firmen durch die resultierende Summe zu dividieren: Die Verluste der einen Firma löschen die Gewinne einer anderen Firma nicht aus. Aktionäre haben Rechte, die sich auf ihre Firmen beziehen und mit den Verlusten anderer Firmen nichts zu tun haben.

Die Verzerrung durch Aggregation machte sich in der Rezession 2001–2002 und während der jüngsten Finanzkrise besonders stark bemerkbar. Der große Gewinneinbruch 2001 wurde vom Niedergang des Tech-Sektors und von den hohen Abschreibungen verursacht, die manche Firmen wie Time Warner auf die Investitionen in ihren Portfolios vornehmen mussten. 2009 gab es die hohen Verluste in der Finanzbranche, weil Citibank, BankAmerica und vor allem AIG außergewöhnlich hohe Verluste erlitten, die den größten Teil der Gewinne der profitablen Firmen im S&P-500-Index absorbierten.

Die Verzerrung durch Aggregation lässt sich nicht leicht lösen. Eine Methode ist, die Gewinne und Verluste nach dem Anteil am Gesamtindex zu gewichten.[5] In normalen Zeiten, wenn die meisten Firmen profitabel und die Verluste anderer Firmen gering sind, ist die Verzerrung durch Aggregation recht gering. Wenn aber wenige Firmen hohe Verluste verzeichnen, wird die Verzerrung durch Aggregation signifikant.

Die Gewinnrendite

Eine weitere wichtige Variable ist der Kehrwert des KGV, auch *Gewinnrendite* genannt. Die Gewinnrendite ist analog zur Dividendenrendite und misst die Gewinne je Dollar Börsenwert.[6]

Ein Median des KGV von etwa 15 für den US-Markt bedeutet, dass der Median der Gewinnrendite 1/15 oder 6,67 Prozent beträgt. Ein Wert, der erstaunlich nahe bei der langfristigen

Realrendite der Aktien liegt. Dies ist kein Zufall, sondern tatsächlich das, was die Finanztheorie vorhersagen würde. Im Gegensatz zu Anleihen, deren Zinscoupons und Nominalwerte während einer Inflation unverändert bleiben, verbriefen Aktien Rechte an realen Assets, und reale Assets legen während eines allgemeinen Anstiegs des Preisniveaus an Wert zu. Daher ist die Gewinnrendite von Aktien eine *reale* Rendite und sollte der durchschnittlichen Realrendite entsprechen, die Aktionäre dafür erhalten, dass sie ihre Aktien halten.

Die CAPE Ratio

1998 veröffentlichten Robert Shiller und John Campbell einen bahnbrechenden Artikel: »Valuation Ratios and the Long-Run Stock Market Outlook.«[7] Dieser Artikel, der auf frühere Arbeiten der Autoren über die Prognostizierbarkeit des Aktienmarkts folgte, stellte fest, dass langfristige Aktienmarktreturns nicht zufällig entstehen, sondern mit einem Bewertungsmaß vorhergesagt werden können, das man *Cyclically Adjusted Price/Earnings Ratio* oder *CAPE Ratio* nennt.[8] Die CAPE Ratio wird berechnet, indem man einen breit aufgestellten Index wie den S&P-500 nimmt und ihn durch den Durchschnitt der aggregierten Gewinne der letzten zehn Jahre dividiert, wobei alles in realen Daten gemessen wird. Ihr Zweck ist die Glättung vorübergehender Gewinnfluktuationen, die durch Konjunkturzyklen verursacht werden. Dann führte man eine Regression der CAPE Ratio gegen die zukünftigen realen Zehn-Jahres-Renditen durch und stellte in diesem Fall fest, dass diese Relation eine signifikante Variable für die Prognose langfristiger Aktienrenditen war.[9] Die CAPE Ratio ist neben dem Ein-Jahres-KGV in Abbildung 10.2 zu sehen. Weil die CAPE Ratio auf Durchschnittsgewinnen aus zehn Jahren basiert, zeigt sie nicht die Ausschläge, die im Ein-Jahres-KGV auftauchen.

Die Fähigkeit der CAPE Ratio zur Prognose realer Aktienrenditen impliziert die »Rückkehr zum Mittelwert« der langfristigen Aktienrenditen. Wenn die CAPE Ratio über ihrem langfristigen Mittelwert liegt, prognostiziert das Modell unterdurchschnittliche reale Aktienrenditen und überdurchschnittliche Renditen, wenn die CAPE Ratio unter ihrem Durchschnitt liegt. Die Prognose und die tatsächliche Zehn-Jahres-Rendite des CAPE-Modells sehen Sie in Abbildung 10.3.[10]

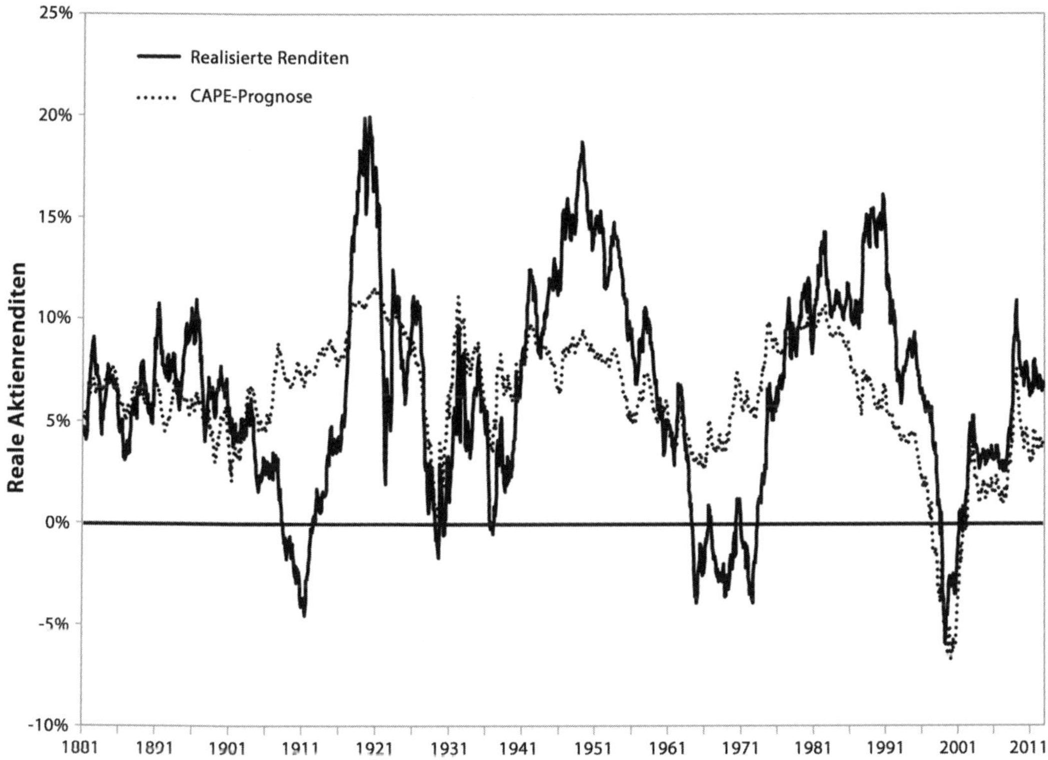

Abbildung 10.3: CAPE-Prognose und tatsächliche reale Aktienrenditen, 1881–2012

Die Cape Ratio erregte Aufmerksamkeit, als Campbell und Shiller am 3. Dezember 1996 dem Board of Governors der Federal Reserve eine vorläufige Version ihrer Arbeit präsentierten und warnten, dass die Aktienkurse in den späten 1990er-Jahren den Gewinnen weit voraus waren. Greenspans Rede über »irrationalen Überschwang«, die er eine Woche später hielt, soll, so sagte man, in Teilen auf Campbells und Shillers Recherchen zurückzuführen gewesen sein.[11] Am Top der Hausse im Jahr 2000 erreichte die CAPE Ratio ihr Allzeithoch von 43, mehr als das Doppelte ihres historischen Durchschnitts, und sie sagte die schwachen Aktienrenditen im folgenden Jahrzehnt korrekt voraus.

Im Januar 2013 erreichte die CAPE Ratio 20,68, etwa 30 Prozent über dem langfristigen Durchschnitt, und prognostizierte für die folgenden zehn Jahre eine zukünftige reale jährliche Aktienrendite von 4,16 Prozent, etwa 2,5 Prozent unter dem langjährigen Durchschnitt. Obwohl die prognostizierten Aktienrenditen immer noch signifikant höher waren als das, was damals am Anleihenmarkt zu haben war, sorgte die CAPE-Prognose bei vielen Aktienmarktprognostikern für Sorgen, dass der Aktienmarkt Ende 2012 überbewertet war und eine neue Baisse vor der Tür stehen könnte.

Aber eine gründlichere Analyse legt nahe, dass die auf den veröffentlichten Gewinnen des S&P-500 basierende CAPE Ratio zu pessimistisch sein könnte. Seit Januar 1991 gab es nur neun Monate, in denen die CAPE Ratio unter ihrem langjährigen Durchschnitt lag, aber in 380 von 384 Monaten von 1981–2012 übertrafen die tatsächlichen Zehn-Jahres-Renditen am Aktienmarkt die Prognosen des CAPE-Modells.

Man kann den ungerechtfertigten Pessimismus des CAPE-Modells auf mehrere Quellen zurückführen. Die wichtigste ist das verzerrte Gewinnniveau, das Standard & Poor's für seinen Benchmark-Index S&P-500 ausweist.[12] Wie im letzten Kapitel gezeigt wurde, haben die neuen FASB-Regeln die berichteten S&P-Gewinne nach unten gedrückt, vor allem während Rezessionen. Zudem macht die Verzerrung durch Aggregation die S&P-Methode der Bestimmung der Marktbewertung besonders unrepräsentativ, wenn einige wenige Firmen extrem hohe Verluste melden. Der übermäßige Rückgang der veröffentlichten S&P-Gewinne 2009 wird die CAPE Ratio nach oben verzerren, bis dieses Jahr 2019 aus dem Zehn-Jahres-Durchschnitt fällt.

Wenn man die veröffentlichten S&P-Gewinne durch die operativen S&P-Gewinne oder die realen Unternehmensgewinne von NIPA ersetzt, entsteht ein ganz anderes Bild.[13] Abbildung 10.4 zeigt die CAPE Ratio relativ zu ihrem langfristigen Durchschnitt unter Verwendung der veröffentlichten S&P-Gewinne, der operativen Gewinne und der NIPA-Unternehmensgewinne. Mit diesen alternativen Maßen wird die Überbewertung des Aktienmarkts in den letzten Jahren eliminiert oder signifikant reduziert.

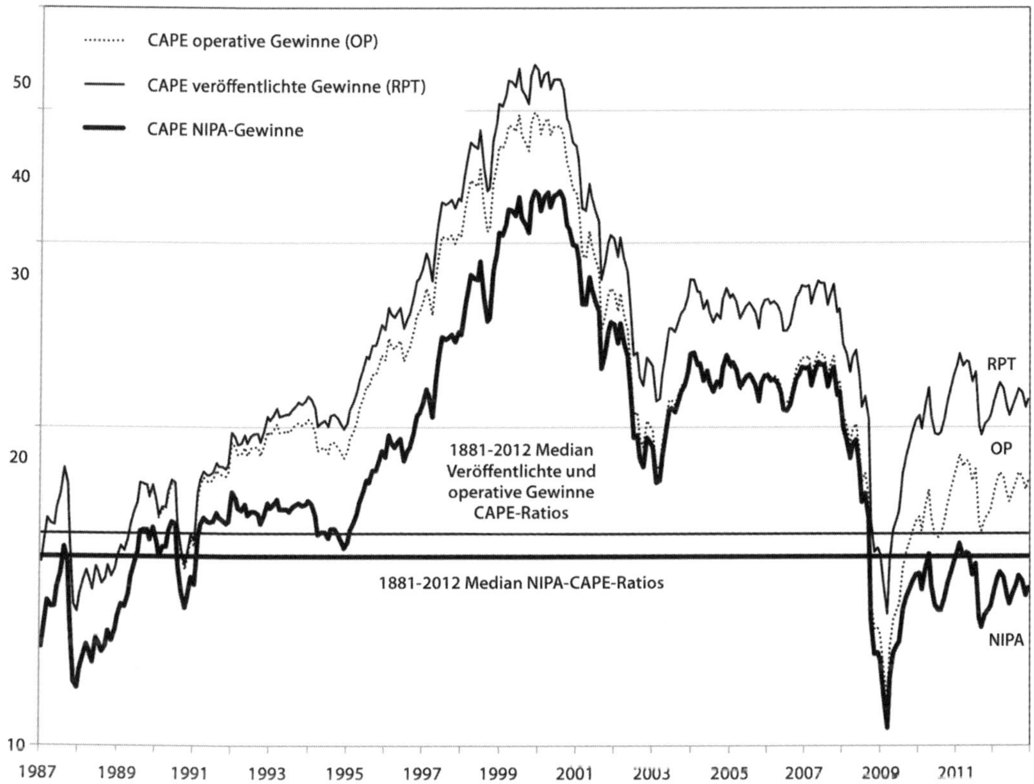

Abbildung 10.4: CAPE Ratios von veröffentlichten Gewinnen, operativen Gewinnen und NIPA-Gewinnen, 1987–2012

Das Fed-Modell, Gewinnrenditen und Anleihenrenditen

In Reaktion auf Alan Greenspans wachsende Besorgnis über den Einfluss des steigenden Aktienmarkts auf die Wirtschaft produzierten drei Forscher der Federal Reserve eine Studie mit dem Titel »Earnings Forecasts and the Predictability of Stock Returns: Evidence from Trading the S&P.«[14] Diese Studie dokumentierte den bemerkenswerten Zusammenhang zwischen den Gewinnrenditen der Aktien und den Zinsen der 30-jährigen Staatsanleihen.

Greenspan unterstützte die Ergebnisse dieser Studie und schlug vor, die Zentralbank sollte den Aktienmarkt als »überbewertet« einstufen, wenn die Gewinnrendite unter die Anleihenrendite sank, und als »unterbewertet«, wenn das Gegenteil geschah. Die Analyse zeigte, dass der Markt im August 1987, kurz vor dem Aktiencrash im Oktober 1987 am stärksten überbewertet und Anfang der 1980er-Jahre, als die große Hausse begann, am stärksten unterbewertet war.

Die Grundidee hinter dem Modell der Fed ähnelt dem Vergleich der Dividendenrendite mit der Anleihenrendite, den wir am Beginn dieses Kapitels erörtert haben. Aber das Modell verwendet die Gewinnrendite statt der Dividendenrendite, weil die Firmen nur einen Bruchteil ihrer Gewinne als Dividenden ausschütten. Wenn die Anleihenrenditen über die Gewinnrenditen steigen, sinken die Aktienkurse, weil die Anleger ihr Depot von Aktien in Anleihen umschichten. Andererseits schichten sie von Anleihen in Aktien um, wenn die Anleihenrenditen unter die Gewinnrenditen fallen.

Aber dieses Modell hat die gleichen Unzulänglichkeiten wie der Maßstab aus Dividendenrendite und Anleihenrendite, der am Beginn dieses Kapitels beschrieben wurde. Staatsanleihen weisen eiserne Garantien auf, dass im Lauf der Zeit eine bestimmte Dollarsumme bezahlt wird, aber sie unterliegen dem Inflationsrisiko. Andererseits sind Aktien reale Assets, deren Kurse mit der Inflation steigen, aber sie bergen das Risiko unsicherer Gewinne. Das Fed-Modell funktionierte deshalb, weil der Markt beide Risiken zu dieser Zeit in etwa gleich hoch einstufte.

Aber die beiden Risiken sind nicht gleich, wenn die Inflation niedrig ist oder Deflation droht. Unter diesen Umständen schneiden Anleihen (insbesondere US-Staatsanleihen) gut ab, aber Deflation untergräbt die Preismacht der Unternehmen und ist schlecht für deren Gewinne. Das Fed-Modell hat nicht gut dabei abgeschnitten, die Aktienrenditen zu prognostizieren, bevor die Inflation in den 1970er-Jahren zum Problem wurde, und ebenfalls nicht in den vergangenen Jahren, als die Deflation nach der Finanzkrise zu einer echten Sorge wurde. Aus diesem Grund hat das Fed-Modell in jüngster Vergangenheit mit Recht weniger Aufmerksamkeit erhalten.

Die Unternehmensgewinne und das Bruttoinlandsprodukt (BIP)

Ein weiterer Indikator der Aktienmarktbewertung ist die Relation der aggregierten Unternehmensgewinne zum BIP. Der Anstieg dieser Relation in den vergangenen Jahren hat einige Aktienmarktanalysten alarmiert, die sich Sorgen machen, dass die Gewinne und somit auch die Aktienkurse leiden werden, wenn der Anteil der Gewinne am Volkseinkommen auf seinen langfristigen Durchschnitt fällt.

Eine gründlichere Untersuchung der Daten lässt solche Ängste jedoch schwinden. Abbildung 10.5 zeigt die Relation zwischen Nachsteuergewinnen und Nachsteuergewinnen plus Einkommen der Eigentümer ab 1929. Das Einkommen der Eigentümer bezeichnet den Gewinn nicht als Kapitalgesellschaften eingetragener Firmen, einschließlich der Gewinne von Personengesellschaften und Einzelkaufleuten.

Man erkennt: Obwohl der Anteil der Unternehmensgewinne relativ zum BIP hoch ist, beträgt die Relation der Unternehmensgewinne plus der Gewinne der Eigentümer zum BIP nur 24,3 Prozent. Das liegt nicht einmal vier Prozent über dem historischen Durchschnitt. In diesem Zeitraum wurden viele Brokerhäuser, Investmentbanken und andere Firmen zu börsennotierten Unternehmen, was eine Verschiebung von den Gewinnen der Eigentümer hin zu den Unternehmensgewinnen zur Folge hatte. Das hat den Anteil der Kapitalgesellschaften an den Gewinnen erhöht, aber nicht den gesamten Anteil der Gewinne am BIP.

Ein weiterer Faktor, der den Anteil der Unternehmensgewinne erhöht, ist der zunehmende Anteil der Gewinne, der aus dem Ausland kommt. 2011 entfielen über 46 Prozent des Gesamtumsatzes der S&P-500-Unternehmen auf das Ausland. Da die US-Wirtschaft relativ zum Volumen der Weltwirtschaft schrumpft, sollten die Gewinne der multinational tätigen US-Konzerne relativ zum US-BIP steigen. Dies ist ein weiterer Grund, warum der wachsende Anteil der Unternehmensgewinne am US-BIP kein Alarmsignal ist.

Buchwert, Marktwert und Tobin's Q

Der *Buchwert* einer Firma ist schon oft als Bewertungsmaßstab verwendet worden. Der Buchwert ist der Wert der Assets einer Firma abzüglich der Verbindlichkeiten, bewertet zu historischen Kosten. Der Nutzen des aggregierten Buchwerts als Maß des Gesamtwerts einer Firma ist sehr begrenzt, denn er verwendet historische Preise und ignoriert somit den Effekt sich verändernder Preise auf den Wert von Vermögensgegenständen (Assets) und Verbindlichkeiten. Wenn eine Firma für eine Million Dollar ein Stück Land gekauft hat, das jetzt zehn Millionen Dollar wert ist, dann wird dies durch die Untersuchung des Buchwerts nicht klar. Im Lauf der Zeit wird der historische Wert von Assets als Maß für den aktuellen Marktwert immer weniger zuverlässig.

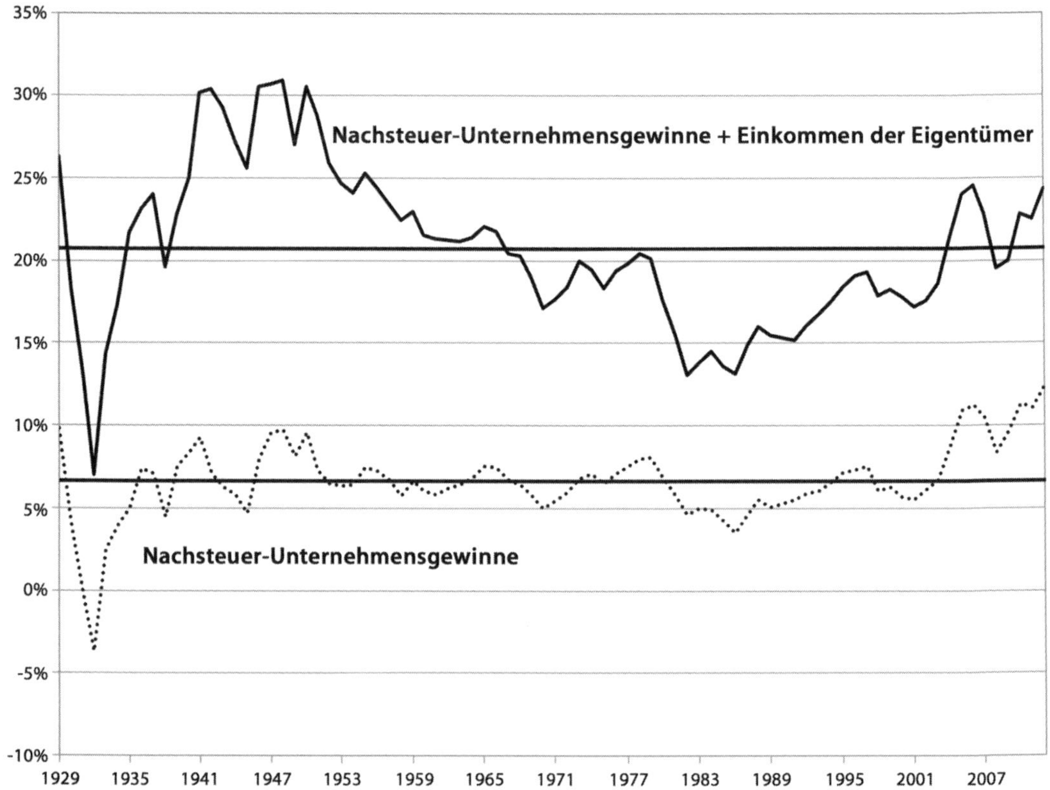

Abbildung 10.5: Einkommen von Unternehmen und Eigentümern als Prozentsatz des BIPs, 1929–2012

Zur Korrektur dieser Verzerrungen bereinigte James Tobin, früherer Professor an der Yale University und Nobelpreisträger, den Buchwert um die Inflation und berechnete die »Wiederbeschaffungskosten« der Assets und Verbindlichkeiten in den Bilanzen amerikanischer Unternehmen.[15] Er schlug vor, der »Gleichgewichts-« oder »korrekte« Marktpreis einer Firma solle ihren inflationsbereinigten Assets minus ihren inflationsbereinigten Verbindlichkeiten entsprechen. Wenn der aggregierte Marktwert einer Firma über den Kapitalkosten liegt, wäre sie profitabel genug, um mehr Kapital zu schaffen, Aktien zu dessen Finanzierung zu emittieren und einen Gewinn einzufahren. Wenn der Marktwert unter die Wiederbeschaffungskosten sinkt, wäre es für die Firma besser, sich aufzulösen und ihr Kapital zu verkaufen oder Investitionen zu stoppen und die Produktion zu kürzen.

Tobin bezeichnete die Relation zwischen Marktwert und Wiederbeschaffungskosten mit dem Buchstaben *Q* und sagte, diese Relation solle bei einer angemessenen Bewertung des Aktienmarkts einheitlich sein. 2000 veröffentlichten die Briten Andrew Smithers und Stephen Wright das Buch *Valuing Wall Street*[16], in dem sie behaupteten, Tobin's Q sei der beste Wertmaßstab. Zudem legten sie dar, dass die US-Börsen ebenso wie die britische und viele andere europäische Börsen nach diesem Kriterium extrem überbewertet waren. Diese Prognose wurde von denjenigen geteilt, die auf die KGVs achteten.

Aber es gibt auch Kritiker der Q-Theorie. Es gibt keinen guten Sekundärmarkt für Kapitalausstattung und Kapitalstrukturen, und daher gibt es auch keine realistische Möglichkeit, einen großen Teil der Kapitalausstattung unabhängig vom Wert des Aktienmarkts zu bewerten. Im Juli 2013 revidierten die USA die Berechnung des nationalen Einkommens, um Forschung, Entwicklung und andere Investitionen in Wissen (wie zum Beispiel Unterhaltung, Literatur oder bildende Kunst) in die Investment-Kategorie aufzunehmen. Diese Veränderungen erhöhten den Kapitalstock um etwa zwei Billionen Dollar und stärkten mit Sicherheit die Relevanz der Q-Theorie. Dennoch ist der Buchwert ein Konstrukt der Vergangenheit. Der Marktwert erwächst aus zu erwartenden Gewinnen und blickt in die Zukunft. Diese zukünftigen Gewinne bilden eine bessere Basis der Aktienbewertung als die historischen Kosten, zu denen die Firmen diese Assets erworben haben.

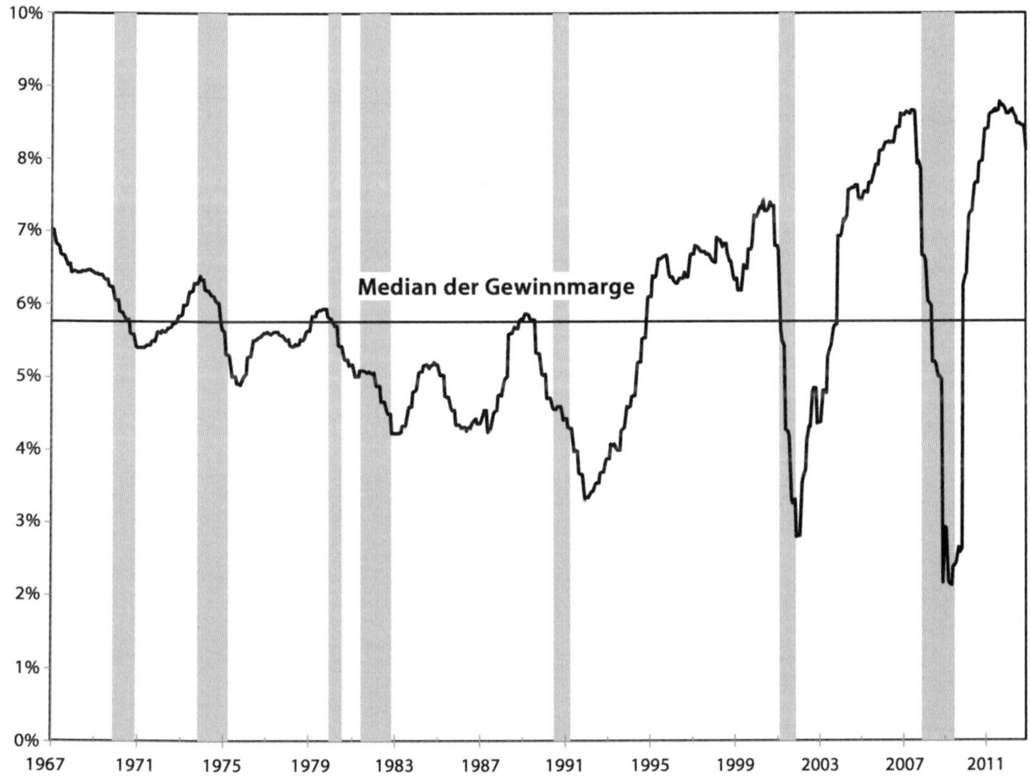

Abbildung 10.6: Gewinnmargen der S&P-500 Firmen, 1967–2012

Eine weitere Relation, die in den vergangenen Jahren Sorgen bereitet hat, ist das Niveau der Gewinnmargen, der Relation der Unternehmensgewinne zu den Umsätzen. Abbildung 10.6 zeigt die Gewinnmargen der S&P-500-Firmen seit 1967. Man sieht, dass die Gewinnmargen kürzlich auf das höchste Niveau seit 45 Jahren gestiegen sind. Viele behaupten, diese Margen seien nicht »dauerhaft« und ein Rückgang der Margen könne zu einem signifikanten Rückgang der Unternehmensgewinne und folglich auch der Aktienkurse führen.

Aber es gibt mehrere Gründe, warum die Unternehmensmargen hoch sind und wahrscheinlich nicht sinken werden.[17] Ein Grund ist die niedrige Fremdkapitalquote amerikanischer Unternehmen, die die Zinsausgaben senkt und die Margen nach oben treibt. Zweitens ist etwa ein Drittel des Anstiegs der Gewinnmargen seit den 1990er-Jahren auf den steigenden Gewinnanteil zurückzuführen, der von Umsätzen im Ausland kommt. Die Margen von Verkäufen im Ausland sind höher als die inländischer Verkäufe, weil die Unternehmenssteuern im Ausland fast immer niedriger sind als in den USA. Und schließlich ist ein großer Teil des Margenwachstums auf das zunehmende Volumen des Energiesektors zurückzuführen, der im historischen Vergleich schon immer hohe Margen hatte. Das liegt am hohen Niveau intellektuellen Kapitals in Technologiefirmen und am hohen Niveau der Umsätze im Ausland.

Diese höheren Margen im S&P-500 werden wahrscheinlich nicht signifikant sinken. Auslandsumsätze werden weiterhin einen zunehmenden Teil zu den S&P-Gewinnen beitragen. Firmen würden ihre Margen senken, wenn sie ihre Fremdkapitalquoten erhöhen, aber wenn der Zins so viel niedriger ist als die Gewinnrendite, werden solche Aktionen die Gewinne je Aktie deutlich nach oben treiben. Die Gewinnmargen könnten sogar noch weiter steigen, wenn die USA ihre Unternehmenssteuersätze senken; eine Maßnahme, die von beiden Parteien unterstützt wird.

Faktoren, die in Zukunft die Bewertungsrelationen erhöhen könnten

Wir haben angemerkt, dass die historische Realrendite von Aktien langfristig zwischen sechs und sieben Prozent pro Jahr lag und dass gleichzeitig ein durchschnittliches KGV von etwa 15 zu verzeichnen war. Aber in der Wirtschaft und an den Finanzmärkten gab es Veränderungen, die das KGV in Zukunft erhöhen könnten. Zu diesen Veränderungen gehören ein Rückgang der Investitionskosten in den Aktienindizes, ein niedrigerer Diskontsatz und ein Zuwachs an Wissen über die Vorteile von Aktieninvestments im Vergleich zu Investments in festverzinsliche Wertpapiere.

Das Absinken der Transaktionskosten

Kapitel 5 hat bestätigt, dass die Aktien-Realrendite gemessen an den Aktienindizes in den letzten beiden Jahrhunderten inflationsbereinigt zwischen sechs und sieben Prozent lag. Aber wegen der Transaktionskosten war es im 19. und im frühen 20. Jahrhundert für einen Investor extrem schwierig, wenn nicht unmöglich, diese Aktienrenditen zu erreichen.

Charles Jones von der Columbia University hat den Rückgang der Aktienhandelskosten in den vergangenen 100 Jahren dokumentiert.[18] Zu diesen Kosten gehören die Brokergebühren sowie der Spread zwischen Geld- und Briefkurs, also die Differenz zwischen Kauf- und Verkaufskursen von Aktien. Seine Analyse zeigt, dass die durchschnittlichen Kosten beim Kauf oder Verkauf von Aktien von über einem Prozent des gehandelten Werts noch 1975 (vor der Regulierung der Brokergebühren) bis 2002 unter 0,18 Prozent gesunken sind und heute sogar noch tiefer liegen.

Der starke Rückgang der Transaktionskosten legt nahe, dass der Aufbau und der Unterhalt eines diversifizierten Stammaktien-Portfolios, das man braucht, um die Index-Renditen zu replizieren, während eines Großteils des 19. und des frühen 20. Jahrhunderts pro Jahr zwischen einem und zwei Prozent des Depotwerts gekostet haben. Wegen dieser Kosten waren die Investoren damals weniger diversifiziert und nahmen höhere Risiken auf sich, als es die Aktienindizes implizierten. Wenn Investoren aber versuchten, alle diese Aktien zu kaufen, um einen breit gefächerten Index zu replizieren, konnten ihre Realrenditen nach Abzug der Transaktionskosten durchaus nur fünf Prozent pro Jahr betragen. Wenn die erforderliche Realrendite von Aktien bei nur fünf Prozent liegt, dann liefert das dem heutigen Investor ein KGV von 20, das einer Gewinnrendite von fünf Prozent entspricht.[19]

Niedrigere Realrenditen festverzinslicher Wertpapiere

Wir haben angemerkt, dass die Realrenditen festverzinslicher Assets in den letzten zehn Jahren dramatisch gesunken sind. Als im Januar 1997 die Zehn-Jahres-TIPS auf den Markt kamen, lag die Realrendite bei fast 3,5 Prozent, und der Ertrag stieg im folgenden Jahr über vier Prozent. Aber seither gab es einen stetigen Rückgang ihres realen Ertrags, der 2011 negativ wurde und Ende 2012 auf beinahe minus ein Prozent fiel. Die implizite Realrendite von Standard-Staatsanleihen fiel ebenfalls unter null.

Es gibt viele Gründe für den Rückgang der Realrenditen, die Anlegern zur Verfügung stehen: die Verlangsamung des Wirtschaftswachstums, das Altern der Bevölkerung und den Wunsch der Pensionsfonds, Anleihen zu kaufen, die zu den Verpflichtungen gegenüber ihren Kunden passen. Was auch immer die Gründe sein mögen, ein solcher Rückgang legt nahe, dass die reale Aktienrendite nicht mehr so hoch sein muss wie früher, um Käufer anzuziehen. Wir haben angemerkt, dass die historische Prämie (die Aktienprämie) von Aktien gegenüber Anleihen bei etwa drei bis 3,5 Prozent lag. Wenn wir annehmen, dass sich der reale langfristige Zins bei zwei Prozent einpendeln wird, also ein bis 1,5 Prozent unter seinem langfristigen Durchschnitt, dann erfordert eine Aktienrisikoprämie von drei Prozent eine Aktien-Realrendite von fünf Prozent, was, wie wir oben angemerkt haben, aus einem KGV von 20 hervorgeht.

Die Aktienrisikoprämie

Der Rückgang der Transaktionskosten und der Rückgang der Diskontierung können jeder für sich ein höheres KGV rechtfertigen. Ein weiterer Grund ist, dass die Aktienrisikoprämie selbst schrumpfen könnte. 1985 veröffentlichten die Ökonomen Rajnish Mehra und Edward Prescott eine Studie mit dem Titel »The Equity Premium: A Puzzle.«[20] In ihrer Arbeit zeigten sie, dass man mit den Standardmodellen von Risiko und Rendite, die Ökonomen im Lauf der Jahre entwickelt haben, die in den historischen Daten zu findende große Renditelücke zwischen Aktien und festverzinslichen Wertpapieren nicht erklären kann. Ökonomische Modelle prognostizierten ihrer Ansicht nach niedrigere Aktienrenditen, höhere Renditen festverzinslicher Assets oder beides. Ihren Studien zufolge könnte eine Aktienprämie von weniger als einem Prozent gerechtfertigt sein.[21]

Es gibt viel Literatur, welche die drei bis 3,5 Prozent Risikoprämie zu rechtfertigen versucht, die man in den historischen Daten im Kontext makroökonomischer Standardmodelle findet. Einige von ihnen basieren auf einer sehr starken Aversion der Menschen. Andere basieren auf dem kurzsichtigen Verhalten derjenigen, denen es widerstrebt, mit ihren Investments kurzfristige Verluste hinzunehmen, auch wenn sie langfristig substanzielle Gewinne verzeichnen. Vielleicht kann man die Höhe der Aktienrisikoprämie zum Teil damit erklären, dass die Investoren das Ausmaß der Outperformance von Aktien nicht kennen.[22] Wäre die Aktienrisikoprämie tatsächlich vollständig bekannt, würde die Nachfrage nach Aktien steigen und die KGVs würden über ihre historischen Niveaus steigen. Genau diese Erklärung gab Professor Chelcie Bosland von der Brown University vor mehr als 75 Jahren. Er stellte 1937 fest, dass die Hausse der 1920er-Jahre und das damalige Schrumpfen der Aktienprämie Konsequenzen des durch Edgar Lawrence Smith' Beiträge verbreiteten Wissens über überlegene Aktienrenditen waren:

> *So paradox es auch erscheinen mag, steckt doch viel Wahrheit in der Feststellung, dass verbreitetes Wissen über die Profitabilität von Stammaktien, aus den durchgeführten Studien gewonnen, tendenziell die Wahrscheinlichkeit senkt, dass auch in Zukunft entsprechend hohe Aktiengewinne erzielt werden können. Das Wettbieten um Aktien, das aus diesem Wissen resultiert, sorgt für hohe Kaufkurse und entsprechend geringere Möglichkeiten von Kapitalgewinnen und hohen Renditen. Der Diskontierungsprozess*

konnte für das Verschwinden eines großen Teils der Gewinne aus Stammaktien-Investitionen und Renditen sorgen, und Investoren könnten mit anderen Wertpapieren tendenziell ebenso gut abschneiden.[23]

Fazit

Die angemessene Bewertung des Aktienmarkts ist für die Prognose zukünftiger Aktienrenditen erforderlich. Wer lange genug wartet, wird Verluste eines diversifizierten Aktienportfolios zwar am Ende aufholen, aber der Kauf von Aktien am Punkt ihrer historischen Bewertung oder in deren Nähe ist die beste Möglichkeit, überlegene Gewinne zu garantieren. Dennoch gibt es überzeugende Gründe, warum die Bewertung des Markts in Zukunft über den historischen Durchschnitt steigen könnte. Das wird zu niedrigeren Langfristrenditen von Aktien, aber zu höheren Renditen während der Übergangsphase zu höherer Bewertung führen. Ob es zu diesem Übergang kommen wird oder nicht – Aktien bleiben die attraktivste Asset-Klasse für Langfristinvestoren.

11. Besser abschneiden als der Markt

Die Bedeutung der Größe, der Dividendenrenditen und der Kurs-Gewinn-Verhältnisse (KGVs)

Die Wertpapieranalyse kann nicht vorgeben, allgemeine Regeln über den »angemessenen Wert« einer bestimmten Stammaktie festzulegen … Die Kurse von Stammaktien sind keine sorgfältig durchdachten Berechnungen, sondern die Ergebnisse einer Vielzahl menschlicher Reaktionen.
Benjamin Graham und David Dodd, 1940[1]

Aktien, die besser abschneiden als der Markt

Welche Kriterien kann ein Investor für die Auswahl von Aktien mit überlegenen Renditen verwenden, die besser abschneiden werden als der Markt? Anleger werden zwangsläufig zu Firmen hingezogen, die hohe Gewinne und Umsatzwachstum generieren. Aber empirische Daten zeigen, dass dieses Streben nach Wachstum oft zu unterdurchschnittlichen Renditen führt. Um zu illustrieren, dass Wachstum nicht unbedingt zu überlegenen Renditen führt, stellen Sie sich für einen Moment vor, sie seien ein Investor in den 1950er-Jahren, ganz am Anfang des Computerzeitalters. Sie haben 1000 Dollar zu investieren und die Wahl zwischen zwei Aktien: Standard Oil of New Jersey (heute ExxonMobil) oder eine viel kleinere und vielversprechende neue Firma namens IBM. Sie teilen der Firma mit, dass Sie alle Dividenden in neue Aktien reinvestieren wollen und rühren Ihr Investment während der folgenden 62 Jahre nicht an, denn es soll Ende 2012 an Ihre Urenkel oder eine gemeinnützige Organisation Ihrer Wahl fließen.

Welche Firma sollten Sie kaufen? Und warum?

Nehmen wir Folgendes an: Um Ihnen bei der Entscheidung zu helfen, schenkt Ihnen ein Flaschengeist Tabelle 11.1. Sie zeigt die tatsächlichen Wachstumsdaten dieser beiden Firmen in den nächsten 62 Jahren.

Tabelle 11.1 A zeigt, dass IBM Standard Oil bei *allen* Wachstumsdaten mit großem Abstand geschlagen hat, die man an der Wall Street bei der Aktienauswahl anwendet: Umsatz, Gewinne, Dividenden und Expansion des Sektors. Bei IBM lag das Wachstum des Gewinns je Aktie, das Lieblings-Aktienauswahlkriterium an der Wall Street, in den folgenden sechs Jahrzehnten um mehr als drei Prozent pro Jahr über dem Gewinnwachstum des Ölgiganten. Weil die Informationstechnologie Fortschritte machte und Technologie für unsere Wirtschaft immer wichtiger wurde, wuchs der Marktanteil des Technologiesektors von drei auf fast 20 Prozent.

Im Gegensatz dazu schrumpfte der Marktanteil der Ölbranche in diesem Zeitraum dramatisch. 1950 entfielen etwa 20 Prozent des Marktwerts aller US-Aktien auf den Ölsektor, 2012 war es noch ungefähr halb so viel.

Nach diesen Wachstumskriterien sollte IBM in der Gunst der Anleger mit Leichtigkeit vorn liegen, aber Standard Oil erwies sich als die bessere Aktie.

Tabelle A

Wachstumsmaße	IBM*	Standard Oil of NJ*	Vorteil
Umsatz je Aktie	10,03	8,31	IBM
Dividenden je Aktie	10,73	6,32	IBM
Gewinn je Aktie	11,14	7,90	IBM
Sektorwachstum**	16,10	-9,11	IBM
** Veränderung des Marktanteils des Technologie- und des Energiesektors, 1957–2012			

Tabelle B

Bewertungsmaße	IBM*	Standard Oil of NJ*	Vorteil
Kurszuwachs	8,95	7,58	IBM
Dividendenrendite	2,17	4,72	Standard Oil of NJ
Gesamtrendite	11,32	12,66	Standard Oil of NJ

Tabelle C

Renditemaße	IBM*	Standard Oil of NJ*	Vorteil
Durchschnitts-KGV	25,06	14,08	Standard Oil of NJ
Durchschnittliche Dividendenrendite	2,17	4,21	Standard Oil of NJ
* Angaben in Prozent			

Tabelle 11.1: Wachstum, Bewertung und Renditen von IBM und Standard Oil (NJ), 1950–2012 (Renditen gemessen am Jahresende 1957–2012)

Obwohl sich beide Aktien gut entwickelten, verdienten Investoren mit Standard Oil pro Jahr einen Prozentpunkt mehr als mit IBM, wie Tabelle 11.1 B zeigt. Beim Öffnen der verschlossenen Schatztruhe nach 62 Jahren wären die 1000 in den Ölgiganten investierten Dollars 1,62 Millionen Dollar wert, mehr als doppelt so viel wie bei einer Investition in IBM.

Warum schlug Standard Oil IBM, obwohl es in jeder Wachstumskategorie weit schlechter abschnitt? Ein einfacher Grund: die *Bewertung*, der Preis, den man für die Gewinne und die Dividenden bezahlt, die man erhält. Der Preis, den die Anleger für IBM bezahlten, war einfach zu hoch. Obwohl der Computergigant weit stärker wuchs als Standard Oil, übertraf Standard Oil IBM hinsichtlich der Bewertung, und die Bewertung bestimmt die Renditen der Investoren.

Wie Sie in Tabelle 11.1 C sehen, lag das durchschnittliche KGV von Standard Oil fast halb so hoch wie das von IBM, und die Dividendenrendite des Ölkonzerns war mehr als zwei Prozent höher.

Dividenden sind ein entscheidender Faktor für die Rendite der Anleger. Weil Standard Oils Aktienkurs niedrig und die Dividendenrendite viel höher war als bei IBM, akkumulierte jeder, der die Ölaktien kaufte und seine Dividenden reinvestierte, das 12,7-Fache der Aktienanzahl, mit der er begonnen hatte. Bei IBM war es nur das 3,3-Fache. Obwohl der Aktienkurs von Standard Oil mit einer Rate stieg, die um zwei Prozent unter der Rate bei IBM lag, machte die höhere Dividendenrendite den Ölriesen zum Gewinner für die Anleger.

Was bestimmt die Rendite einer Aktie?

Was sagt die Finanztheorie über die Bedeutung des Gewinnwachstums für die Bestimmung der Anlegerrenditen? Die Finanztheorie hat gezeigt: Wenn Kapitalmärkte in dem Sinne »effizient« sind, dass bekannte Bewertungskriterien wie Gewinne, Dividenden, Cashflows, Buchwerte und andere Faktoren bereits in den Aktienkursen eingepreist sind, dann werden Investitionen auf Basis dieser fundamentalen Faktoren die Renditen nicht verbessern. In einem effizienten Markt können Investoren nur dann dauerhaft höhere Renditen erzielen, wenn sie höhere »Risiken« eingehen, wobei Risiko als Korrelation der Rendite eines Assets mit dem Gesamtmarkt definiert ist, auch bekannt als *Beta*.[2] Dies ist die fundamentale Schlussfolgerung des *Capital Asset Pricing Model* (CAPM), das in den 1960er-Jahren von William Sharpe und John Lintner entwickelt wurde.[3]

Man kann das Beta aus den historischen Daten bestimmen. Es repräsentiert das Renditerisiko einer Einzelinvestition, das sich in einem gut diversifizierten Depot nicht eliminieren lässt, also das Risiko, für das der Anleger entschädigt werden muss. Wenn das Beta größer als 1 ist, braucht die Aktie eine Rendite, die höher ist als der Gesamtmarkt sie bietet. Liegt es unter 1, reicht eine geringere Rendite. Ein Risiko, das nicht mit dem Gesamtmarkt korreliert ist, kann man durch Diversifizierung eliminieren (*diversifizierbares* oder *Residualrisiko*). Es rechtfertigt keine höhere Rendite. Die *Hypothese vom effizienten Markt* und das CAPM wurden in den 1970er- und 1980er-Jahren zur Grundlage der Analyse von Aktienrenditen.

Nach der Analyse weiterer Daten erwies sich das Beta leider nicht als effektiv bei der Erklärung der Renditedifferenzen zwischen einzelnen Aktien. Tatsächlich war das Beta von Standard Oil of New Jersey viel niedriger als das von IBM, obwohl Standard Oil eine höhere Rendite aufwies.[4] 1992 veröffentlichten Eugene Fama und Ken French im *Journal of Finance* einen Artikel, in dem sie zeigten, dass es zwei Faktoren gibt – einer hat mit der Marktkapitalisierung der Firma zu tun, der andere mit der Aktienbewertung –, die für die Bestimmung der Rendite einer Aktie weit wichtiger sind als das Beta einer Aktie.[5]

Nach der Analyse weiterer Renditen behaupteten sie, die Beweise gegen das CAPM seien »überzeugend« und »die durchschnittlichen Rendite-Anomalien« ... seien »ernsthaft genug für die Schlussfolgerung, dass das (CAPM) Modell keine nützliche Annäherung« an die Rendite einer Aktie sei. Sie regten an, Forscher sollten »alternative« Modelle für Asset-Preise oder »irrationale Storys zur Preisbildung von Assets« untersuchen.[6]

Famas und Frenchs Erkenntnisse veranlassten Finanzökonomen dazu, das Aktienuniversum nach zwei Dimensionen zu klassifizieren: *Größe*, gemessen am Marktwert des Unternehmens, und *Bewertung*, also der Aktienkurs relativ zu den Fundamentaldaten wie Gewinne und Dividenden. Die Betonung der Bewertung, um beim Investieren einen Vorteil zu erreichen, kam nicht von Fama und French. Die Bewertung war der Grundstein der Prinzipien, die Benjamin Graham und David Dodd schon vor mehr als 70 Jahren in ihrem Investment-Klassiker *Security Analysis* beschrieben haben.[7]

Aktien mit niedriger (Small Caps) und hoher (Large Caps) Marktkapitalisierung

Risse in den Prognosen des Asset-Preismodells im Aktienbereich traten schon lange vor Famas und Frenchs Forschungen auf. 1981 untersuchte Rolf Banz, Doktorand an der University of Chicago, die Aktienrenditen mithilfe der Datenbank, die kurz zuvor vom Center for Research in Security Prices (CRSP) seiner Universität aufgebaut worden war. Er fand heraus, dass kleine Aktien systematisch besser abschnitten als große, sogar nach einer Risikoadjustierung, wie sie innerhalb des Rahmens des Asset-Preismodells definiert ist.[8]

Zur Analyse dieser Behauptung zeigt Tabelle 11.2 die Renditen von zehn Aktiengruppen mit insgesamt mehr als 4000 Aktien von 1926–2012, sortiert nach der Marktkapitalisierung.

Die zusammengefasste Jahresrendite des kleinsten Aktiendezils lag mit 17,03 Prozent um fast 9,5 Prozent höher, als das CAPM sie prognostizierte. Die Rendite des zweitkleinsten Dezils lag mit 12,77 Prozent um mehr als 3,5 Prozent über der CAPM-Prognose.[9]

Größendezil (vom kleinsten zum größten)	Geometrische Rendite*	Beta (Durchschnitt)	Arithmetische Rendite*	Rendite über CAPM*
1	17,03	1,38	25,56	9,58
2	12,77	1,35	19,17	3,56
3	11,29	1,26	16,50	1,86
4	11,31	1,24	15,92	1,58
5	10,97	1,22	14,89	0,70
6	10,97	1,21	14,82	0,74
7	11,16	1,18	14,39	0,76
8	10,24	1,12	12,94	-0,09
9	11,04	1,09	13,41	0,80
10	9,28	0,95	11,01	-0,02
Gesamtmarkt	9,67	1,00	11,59	0,00
* Angaben in Prozent				

Tabelle 11.2: Renditen von Größendezilen, US-Aktien, 1926–2012

Trends bei Renditen von Aktien mit geringer Marktkapitalisierung (Small Caps)

Obwohl die historische Rendite der Small Caps die der Large Caps seit 1926 abgehängt hat, schwankte das Ausmaß dieser Outperformance in den vergangenen 86 Jahren auf unvorhersagbare Weise. Ein Vergleich der kumulativen Renditen kleiner Aktien mit dem S&P-500-Index wird in Abbildung 11.1 gezeigt.[10]

Kleine Aktien, gemessen am untersten Dezil der Marktkapitalisierung, haben sich vom Absturz während der Großen Depression gut erholt, aber von 1926 an war ihre Performance nicht besser als die der großen Aktien. Selbst Ende 1974 übertraf die zusammengefasste Jahresrendite der kleinen Aktien die der großen nur um etwa 0,5 Prozent pro Jahr; nicht annähernd genug für das zusätzliche Risiko und die Transaktionskosten.

Aber zwischen 1975 und Ende 1983 explodierten die kleinen Aktien. In diesen Jahren erreichten die kleinen Aktien eine durchschnittliche jährliche Gesamtrendite von 35,3 Prozent, mehr als doppelt so viel wie die 15,7 Prozent Rendite der großen Aktien. Die kumulativen Renditen der kleinen Aktien in diesen Jahren übertraf die Marke von 1400 Prozent. Dennoch zeigt Abbildung 11.2: Wenn man den Neun-Jahres-Zeitraum zwischen 1975 und 1983 ausklammert, ist die Gesamtakkumulation der großen Aktien von 1926–2006 ungefähr genauso hoch.

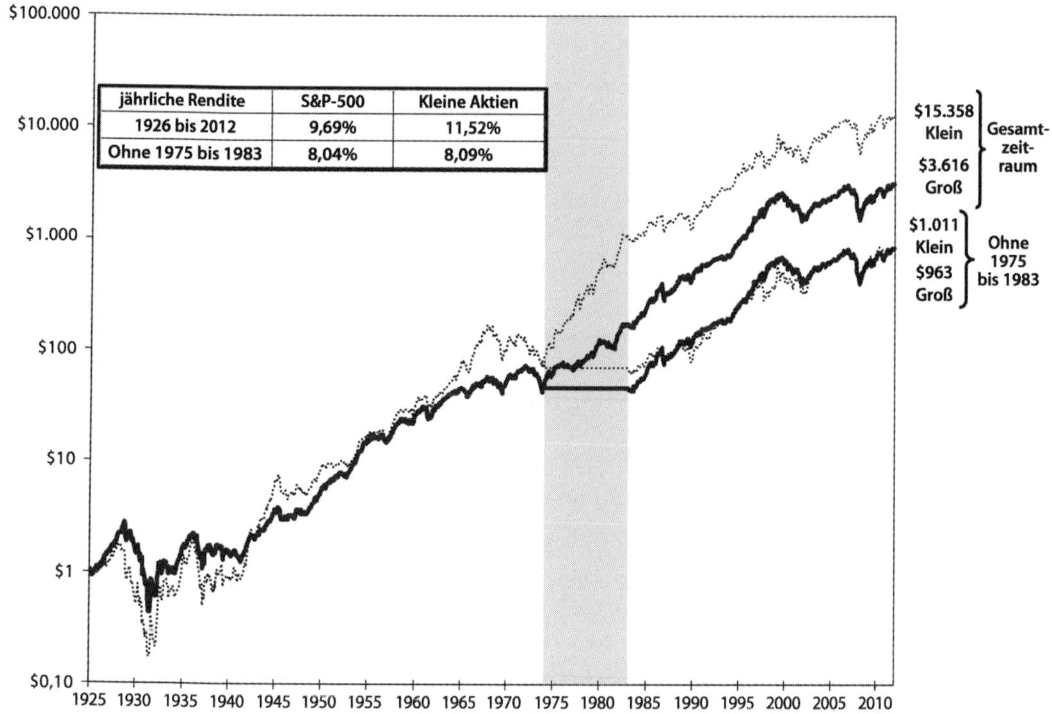

Abbildung 11.1: Renditen kleiner und großer Aktien 1926–2012, mit und ohne den Zeitraum 1975–1983

Was war die Ursache der enormen Performance der kleinen Aktien von 1975–1983? In den späten 1970er- und frühen 1980er-Jahren, nach dem Kollaps der großen Wachstumsaktien, die man »Nifty Fifty« nannte und die in der vorhergehenden Hausse so populär gewesen waren, fühlten sich Fondsmanager und Vermögensverwalter zu kleineren Aktien hingezogen. Zudem machte es der 1974 vom Kongress erlassene Employee Retirement Income Security Act für Pensionsfonds viel leichter, in kleine Aktien zu diversifizieren, was ihre Positionen in diesen Papieren in die Höhe trieb.

Nach 1983 machten die kleinen Aktien eine magere Zeit durch, die 17 Jahre dauerte, weil sie schlechter abschnitten als die großen Titel, vor allem in den späten 1990er-Jahren, als der Technologieboom an Schwung gewann. Aber als die Technologieblase platzte, zeigten die kleinen Aktien wieder eine starke Outperformance. Ab dem Index-Hoch im März 2000 erreichten die kleinen Aktien trotz der schweren Baisse eine jährliche Rendite von 7,2 Prozent, während die im S&P-500 vertretenen großen Aktien mit weniger als einem Prozent pro Jahr rentierten.

Was auch immer die Gründe für die Anstiege der kleinen Aktien sein mögen – die Neigung der Renditen kleiner Aktien zu ausgeprägten Trends bedeutet nicht, dass Anleger diese Firmen meiden sollten. Auf kleine und mittlere Aktien entfallen etwa 20 Prozent des

Marktwerts aller US-Aktien. Man sollte aber gewarnt sein: Die Existenz der Prämie für kleine Aktien bedeutet nicht, dass kleine Aktien in jedem Jahr oder in jedem Jahrzehnt besser abschneiden als große.

Bewertung: »Value«-Aktien bieten höhere Renditen als »Wachstums«-Aktien

Die zweite Dimension, nach der Aktien klassifiziert werden, ist die *Bewertung* – also Faktoren, die sich auf den Aktienkurs relativ zu fundamentalen Maßen des Firmenwerts beziehen, zum Beispiel Dividenden, Gewinne, Buchwerte und Cashflows. Fama und French stellten fest, dass, ähnlich wie Small Caps, Aktien, die relativ zu diesen Fundamentaldaten billig waren, höhere Renditen aufwiesen als vom CAPM prognostiziert.

Aktien, die relativ zu diesen Fundamentaldaten billig sind, nennt man *Value*-Aktien, Titel mit relativ zu den fundamentalen Firmendaten hohen Kursen nennt man *Wachstums*-Aktien. Vor den 1980er-Jahren wurden Value-Aktien oft *zyklische Aktien* genannt, weil Aktien mit niedrigen KGVs oft in Branchen tätig sind, deren Gewinne eng mit dem Konjunkturzyklus zusammenhängen. Als sich bestimmte Investmentstile immer mehr durchsetzten, gefiel Aktienmanagern, die sich auf solche Titel spezialisierten, die Bezeichnung »zyklisch« immer weniger. Sie bevorzugten das Prädikat *Value.*

Value-Aktien gehören meist Branchen wie Öl, Automobile, Finanzen und Energieversorgung an. Hier machen sich die Anleger wenig Hoffnung auf zukünftiges Wachstum und glauben, dass die Gewinne stark mit dem Konjunkturzyklus verbunden sind. Dagegen findet man Wachstums-Aktien meist in Branchen wie Technologie, Marken-Konsumprodukte und Gesundheit. Hier erwarten die Anleger, dass die Gewinne entweder schnell steigen oder weniger vom Konjunkturzyklus abhängig sind.

Dividendenrenditen

Dividenden waren schon immer ein wichtiges Kriterium für die Aktienauswahl, wie Graham und Dodd 1940 feststellten:

> *Die Erfahrung bestätigt das etablierte Urteil des Aktienmarkts, dass ein Dollar Gewinn für den Aktionär mehr wert ist, wenn er ihm als Dividende ausbezahlt wird, als wenn er den Überschüssen zugewiesen wird. Der Investor in Stammaktien sollte in der Regel sowohl ein adäquates Gewinnpotenzial als auch eine adäquate Dividende verlangen.*[11]

Grahams und Dodds Behauptung wurde durch spätere Forschungsarbeiten gestützt. 1978 stellten Krishna Ramaswamy und Robert Litzenberger eine signifikante Korrelation zwischen der Dividendenrendite und den späteren Renditen fest.[12] Vor wenigen Jahren hat James O'Shaughnessy gezeigt, dass von 1951–1994 die 50 Large Caps mit den höchsten Dividendenrenditen eine Rendite erreichten, die um 1,7 Prozent höher lag als die Marktrendite.[13]

Die historische Analyse des S&P-500-Index spricht ebenfalls dafür, die Dividendenrendite zur Erzielung höherer Aktienrenditen heranzuziehen. Am 31. Dezember jedes Jahres seit 1957 habe ich die Firmen im S&P-500-Index in fünf Gruppen (oder Quintile) von den höchsten bis zu den niedrigsten Dividendenrenditen eingeteilt und dann die Gesamtrenditen im folgenden Kalenderjahr berechnet. Die erstaunlichen Resultate sehen Sie in Abbildung 11.2.

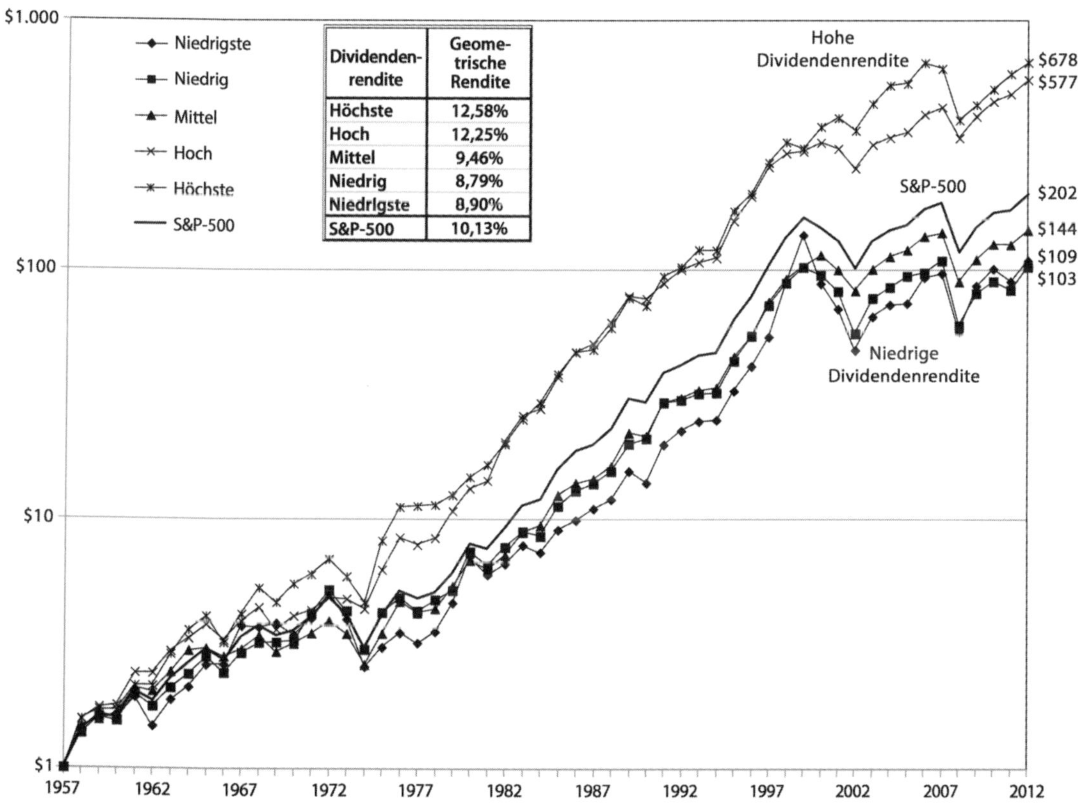

Abbildung 11.2: Gesamtrenditen der S&P-500-Aktien in der Reihenfolge der Dividendenrenditen

Die Portfolios mit höheren Dividendenerträgen brachten Anlegern höhere Gesamtrenditen als die Portfolios mit niedrigeren Dividendenerträgen. Wenn ein Anleger Ende Dezember 1957 1000 Dollar in einen S&P-500-Index-Fonds investierte, hatte er Ende 2012 die Summe von 201.760 Dollar erreicht. Das entspricht einer Jahresrendite von 10,13 Prozent. Ein identisches Investment in die 100 Aktien mit den höchsten Dividendenrenditen wurde zu 678.000 Dollar, mit einer Jahresrendite von 12,58 Prozent.

Die Aktien mit den höchsten Dividendenerträgen hatten zudem ein Beta unter 1, was höhere Stabilität über die Marktzyklen bedeutet, wie Tabelle 11.3 zeigt.

Die Aktien mit den niedrigsten Dividendenerträgen hatten nicht nur die niedrigsten Renditen, sondern auch das höchste Beta. Die jährliche Rendite der 100 dividendenstärksten Aktien im S&P-500-Index seit dessen Start 1957 lag pro Jahr um 3,47 Prozent über der Prognose des Modells vom effizienten Markt, die Rendite der 100 dividendenschwächsten Titel wies eine Rendite auf, die um 2,58 Prozent pro Jahr niedriger war.

Andere Dividendenerträge-Strategien

Dividendenrendite	Geometrische Rendite*	Arithmetische Rendite*	Standard-abweichung*	Beta	Renditeplus zu CAPM*
Höchste	12,58	14,25	19,34	0,94	3,42
Hoch	12,25	13,42	16,26	0,82	3,91
Mittel	9,46	10,77	16,64	0,92	0,18
Niedrig	8,79	10,64	19,29	1,07	-1,75
Niedrigste	8,90	11,62	23,92	1,23	-2,58
S&P-500	10,13	11,55	17,15	1,00	0,00
* Angaben in Prozent					

Tabelle 11.3: Gesamtrenditen der S&P-500-Aktien in der Reihenfolge der Dividendenrenditen, 1957–2012

Es gibt noch weitere Strategien, die sich auf die Dividendenhöhe beziehen und besser abgeschnitten haben als der Markt. Eine ist als »Dogs of the Dow« oder »Dow-10«-Strategie bekannt. Ausgewählt werden dividendenstarke Aktien aus dem Dow Jones Industrial Average.

Die »Dow-10«-Strategie galt als eine der einfachsten und erfolgreichsten Investmentstrategien aller Zeiten. James Glassman von der *Washington Post* hat behauptet, John Slatter, ein Anlageberater und Autor aus Cleveland, habe das »Dow-10« System in den 1980er-Jahren erfunden.[11] Harvey Knowles und Damon Petty haben die Strategie in ihrem Buch *The Dividend Investor* 1992 populär gemacht, ebenso wie Michael O'Higgins und John Downes in *Beating the Dow*.

Die Strategie erfordert, dass der Investor am Jahresende die zehn Aktien mit den höchsten Dividendenrenditen aus dem Dow Jones Industrial Average kauft, sie im folgenden Jahr hält und diese Prozedur jedes Jahr am 31. Dezember wiederholt. Diese hochrentierlichen Aktien sind oft diejenigen, deren Kurse gefallen und die bei den Investoren unbeliebt sind. Daher nennt man diese Strategie oft auch Dogs of the Dow.

Eine natürliche Ausweitung der »Dow-10«-Strategie ist die Auswahl der zehn dividendenstärksten unter den 100 größten Aktien im S&P-500. Die 100 größten Aktien im S&P entsprechen einem weit höheren Anteil am gesamten US-Aktienmarkt als die 30 Aktien im Dow Jones Industrial Average.

Tatsächlich haben beide Strategien sehr gut abgeschnitten, wie Abbildung 11.3 zeigt.[15] Seit 1957 brachte die »Dow-10«-Strategie eine Rendite von 12,63 Prozent pro Jahr, die »S&P-10«-Strategie sogar spektakuläre 14,14 Prozent pro Jahr, deutlich und beständig über den jeweiligen Benchmarks. Und beide Strategien haben ein niedrigeres Beta als der Dow Jones Industrial Average oder der S&P-500-Index, wie Abbildung 11.3 zeigt.

Das schlechteste Jahr für beide Strategien relativ zu ihren Benchmark-Indizes war 1999, als die hochkapitalisierten Tech-Aktien den Höhepunkt der Spekulationsblase erreichten. Die Dow-10 schnitten in diesem Jahr um 16,72 Prozent schlechter ab als der S&P-500-Index, der S&P-10 um mehr als 17 Prozent. In den Spätphasen einer Hausse, wenn Wachstumsaktien die Aufmerksamkeit spekulativer Investoren auf sich ziehen, schneiden auf Value basierende Strategien schlechter ab als nach Marktkapitalisierung gewichtete Strategien.

Aber diese Strategien haben die Verluste in den folgenden Baissephasen aufgeholt – und mehr. Der Dow 30 verlor in der Baisse 1973 und 1974 26,5 Prozent, der S&P-500 37,3 Prozent. Die »S&P-10«-Strategie verlor aber nur zwölf Prozent, während die »Dow-10«-Strategie in diesen beiden Jahren sogar 2,9 Prozent gewann.

Diese dividendenbasierten Strategien widerstanden auch der Baisse 2001 und 2002. Von Ende 2000 bis Ende 2002, als der S&P-500-Index um mehr als 30 Prozent fiel, verlor die »Dow-10«-Strategie weniger als zehn Prozent, die »S&P-10«-Strategie weniger als fünf Prozent. In der Baisse nach der Finanzkrise schützten beide Strategien die Anleger nicht, weil profilierte, Dividenden zahlende Unternehmen wie General Motors Insolvenz anmeldeten. Aber während des gesamten Marktzyklus von 2007–2012 schnitten sie nur wenig schwächer ab als ihre Benchmarks, was ihre langfristige Outperformance nicht signifikant reduzierte.

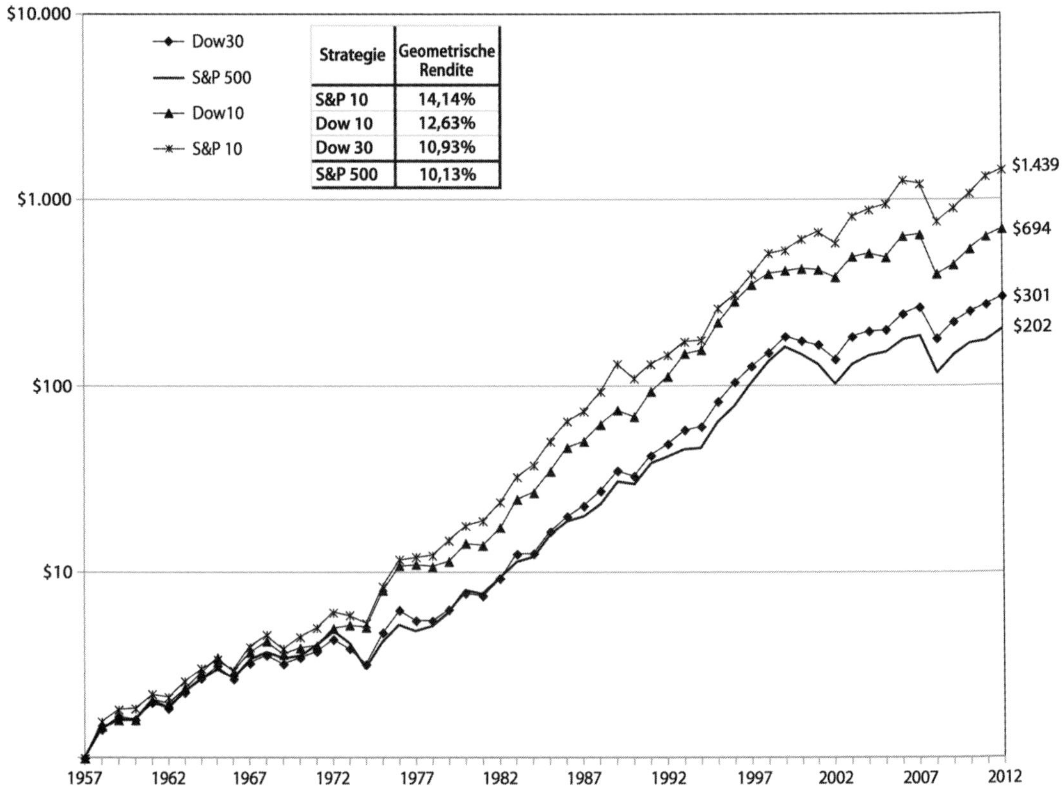

Abbildung 11.3: Renditen des S&P-500, der Dow Industrials und ihrer zehn dividendenstärksten Aktien, 1957–2012

Das Kurs-Gewinn Verhältnis (KGV)

Ein weiteres wichtiges Wertmaß zur Formulierung einer gewinnbringenden Strategie ist das KGV – der Preis (Kurs) einer Aktie relativ zu ihren Gewinnen. Die Forschung über KGVs begann in den späten 1970er-Jahren, als Sanjoy Basu, aufbauend auf den Arbeiten S. F. Nicholsons aus dem Jahr 1960, entdeckte, dass Aktien mit niedrigen KGVs signifikant höhere Renditen aufweisen als Aktien mit hohen KGVs, auch wenn man die Risiken mit einbezieht.[16]

Auch diese Ergebnisse hätten die Value-Investoren Graham und Dodd nicht überrascht, die in ihrem 1934 erschienenen Klassiker *Security Analysis* Folgendes schrieben:

> *Daher könnten wir als Konsequenz von nicht geringer praktischer Bedeutung zu bedenken geben, dass Menschen, die gewohnheitsmäßig Aktien zu Kursen kaufen, die*

> *mehr als dem 16-Fachen ihrer durchschnittlichen Gewinne entsprechen, auf lange Sicht wahrscheinlich beträchtlich viel Geld verlieren werden.*[17,18]

Analog zu meinem Research zu den Dividendenrenditen der S&P-500-Aktien berechnete ich die KGVs aller 500 Aktien im Index am 31. Dezember jedes Jahres, indem ich die Gewinne der jeweils letzten zwölf Monate durch die Jahresschlusskurse dividierte. Dann ordnete ich diese Firmen nach ihren KGVs, teilte sie in fünf Quintile und berechnete ihre Renditen in den folgenden zwölf Monaten.[19] Die Ergebnisse dieser Recherchen ähneln denen hinsichtlich der Dividendenrenditen und werden in Abbildung 11.4 gezeigt.

Aktien mit hohen KGVs (oder niedrigen Gewinnrenditen) sind im Durchschnitt überbewertet und haben Investoren geringere Renditen gebracht. Ein 1000-Dollar-Portfolio aus den Aktien mit den höchsten KGVs erreichte Ende 2012 einen Wert von 64.116, was einer jährlichen Rendite von 7,86 Prozent entspricht, während die Aktien mit den niedrigsten KGVs eine Jahresrendite von 12,92 Prozent und ein Endergebnis von fast 800.000 Dollar erreichten.

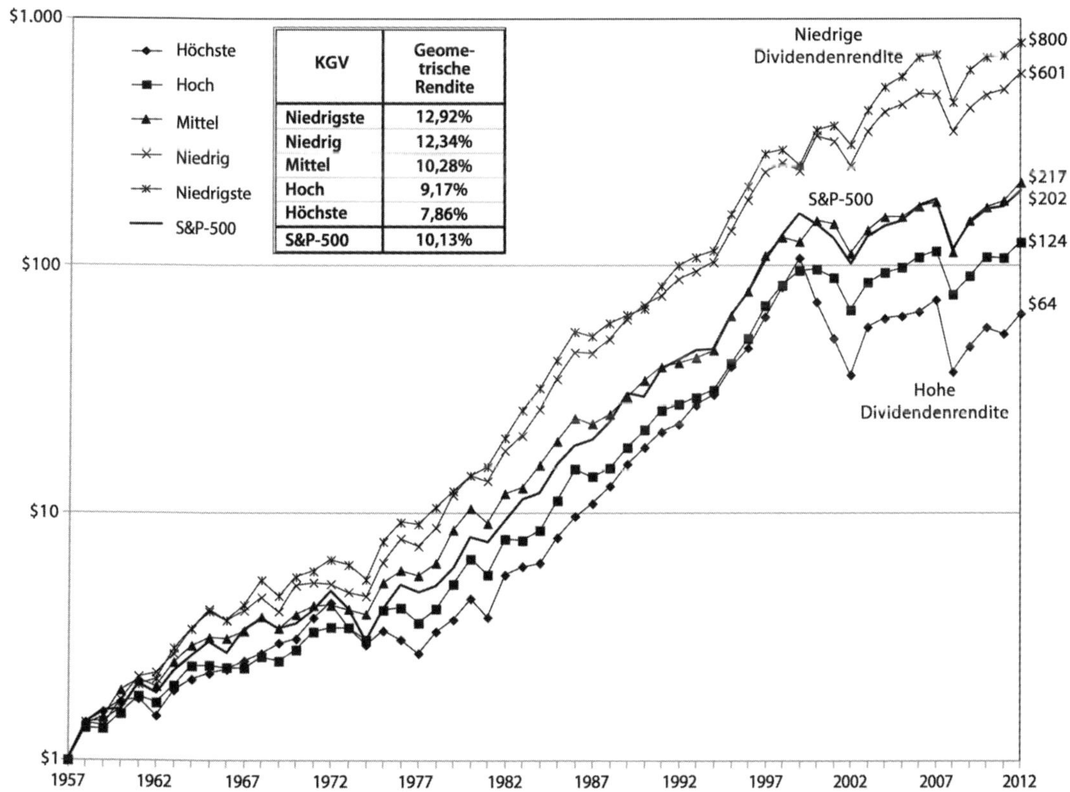

Abbildung 11.4: Renditen der S&P-500-Aktien, geordnet nach dem KGV, 1957–2012

KGV	Geometrische Rendite*	Arithmetische Rendite*	Standard-abweichung*	Beta	Renditeplus zu CAPM*
Niedrigste	12,92	14,20	16,59	0,71	6,01
Niedrig	12,34	13,54	16,23	0,65	6,05
Mittel	10,28	11,45	15,67	0,69	3,46
Hoch	9,17	10,30	15,49	0,73	1,85
Höchste	7,86	9,86	19,84	0,92	-0,78
S&P-500	10,13	11,55	17,15	1,00	0,00
* alle Angaben in Prozent					

Tabelle 11.4: Gesamtrenditen der S&P-500-Aktien in der Reihenfolge der KGVs

Zusätzlich zur höheren Rendite war die Standardabweichung von Aktien mit niedrigen KGVs niedriger und das Beta war viel niedriger als die Durchschnittswerte im S&P-500, wie in Tabelle 11.4 gezeigt wird. Tatsächlich lag die Rendite der 100 Aktien im S&P-500-Index mit den niedrigsten KGVs pro Jahr um mehr als sechs Prozentpunkte höher, als sie das CAPM prognostiziert hätte.

Kurs-Buchwert-Verhältnisse

Kurs-Gewinn-Verhältnisse und Dividendenrenditen sind nicht die einzigen Value-basierten Kriterien. Einige wissenschaftliche Studien, beginnend mit der von Dennis Stattman 1980 und später von Fama und French bestätigt, legten nahe, dass die Kurs-Buchwert-Verhältnisse für die Prognose zukünftiger intersektoraler Renditen vielleicht sogar noch wichtiger sind als die Kurs-Gewinn-Verhältnisse.[20]

Ebenso wie KGVs und Dividendenrenditen hielten Graham und Dodd auch den Buchwert für einen wichtigen Faktor bei der Bestimmung von Renditen.

> *[Wir] behaupten recht vehement, dass der Buchwert zumindest einen flüchtigen Blick wert ist, ehe ein Investor Aktien kauft oder verkauft. ... Lassen wir den Aktienkäufer, wenn er sich für einigermaßen intelligent hält, zumindest in der Lage sein, sich selbst die Frage zu beantworten, was er erstens tatsächlich für ein Unternehmen bezahlt, und zweitens, was er an greifbaren Vermögensgegenständen wirklich für sein Geld bekommt.*[21]

Obwohl Fama und French in ihrer 1992 veröffentlichten Studie zu dem Ergebnis kamen, dass die Relation von Buchwert zu Marktwert ein etwas besserer Maßstab für die Erklärung intersektoraler Renditen ist als die Dividendenrendite oder das KGV, gibt es konzeptionelle Probleme bei der Anwendung des Buchwerts als Value-Kriterium. Der Buchwert ändert sich nicht bei Veränderungen des Marktwerts von Assets, er kapitalisiert auch nicht die Ausgaben für Forschung und Entwicklung. Unsere Studien des Zeitraums von 1987–2012 haben in der Tat gezeigt, dass der Buchwert bei der Erklärung von Renditen schlechter abschnitt als Dividendenrenditen, KGVs oder Cashflows.[22] Es erscheint wahrscheinlich, dass ein steigender Anteil des Werts von Firmen auf intellektuelles Eigentum entfallen wird, und daher könnte der Buchwert in Zukunft ein noch schlechterer Indikator für den Wert einer Firma werden.

Die Kombination von Größen- und Bewertungskriterien

Die zusammengefassten Jahresrenditen von Aktien, sortiert nach 25 Quintilen entsprechend der Größe und des Buchwerts von 1958–2006 sind in Tabelle 11.5 zusammengefasst.[23]

Die historischen Renditen von Value-Aktien haben die Renditen von Wachstumsaktien übertroffen, und diese Outperformance trifft vor allem auf kleinere Aktien zu. Die kleinsten Value-Aktien rentierten mit 17,73 Prozent jährlich, das höchste Ergebnis der 25 analysierten Quintile, während die kleinsten Wachstumsaktien nur mit 4,70 Prozent rentierten – das niedrigste Ergebnis aller Quintile. Wenn Firmen größer werden, wird die Differenz zwischen den Renditen von Value- und Wachstums-Aktien viel kleiner. Die größten Value-Aktien rentierten mit 11,94 Prozent, die größten Wachstumsaktien mit 9,38 Prozent.

		Größen-Quintile				
Gesamtzeitraum		**Klein**	**2**	**3**	**4**	**Groß**
Kurs-Buch-wert-Quintile	Value	17,73	16,39	16,74	14,15	11,94
	2	16,24	15,68	15,18	14,71	10,67
	3	13,56	14,84	13,36	12,92	10,54
	4	12,53	12,17	13,14	10,77	10,21
	Wachstum	4,70	7,88	8,62	10,37	9,38
		Größen-Quintile				
Ohne 1975–1983		**Klein**	**2**	**3**	**4**	**Groß**
Kurs-Buch-wert-Quintile	Value	13,83	13,04	13,97	11,74	10,71
	2	12,67	12,28	12,72	13,01	8,95
	3	9,66	12,25	10,64	10,64	9,50
	4	8,52	8,81	10,21	8,78	9,00
	Wachstum	0,56	4,55	6,02	8,66	9,01

Tabelle 11.5: Renditen, geordnet nach Größe und Kurs-Buchwert-Verhältnissen, 1958–2012 (in Prozent)

Wenn man den Zeitraum von 1975–1983 herausnimmt, schrumpft die Rendite kleiner Aktien wie erwartet. Aber es ist bemerkenswert, dass die *Differenz* der Renditen von kleinen Value- und Wachstumsaktien groß und praktisch unverändert bleibt.

Die dramatischen Unterschiede der kumulativen Renditen der kleinsten Value- und Wachstums-Aktien von 1957–2012 werden in Abbildung 11.5 gezeigt. Die Summe von 1000 Dollar, seit Dezember 1957 in kleine Wachstumsaktien investiert, ist bis Ende 2012 auf 12.481 Dollar angewachsen. Kleine Value-Aktien haben dagegen bis auf erstaunliche 7,9 Millionen Dollar zugelegt.

Akzentuiert wird die Performance-Differenz zwischen kleinen Wachstums- und Value-Aktien durch die Tatsache, dass das anhand des Beta gemessene Risiko der kleinen Value-Aktien bei etwa 1 liegt, während das der kleinen Wachstums-Aktien über 1,5 liegt.

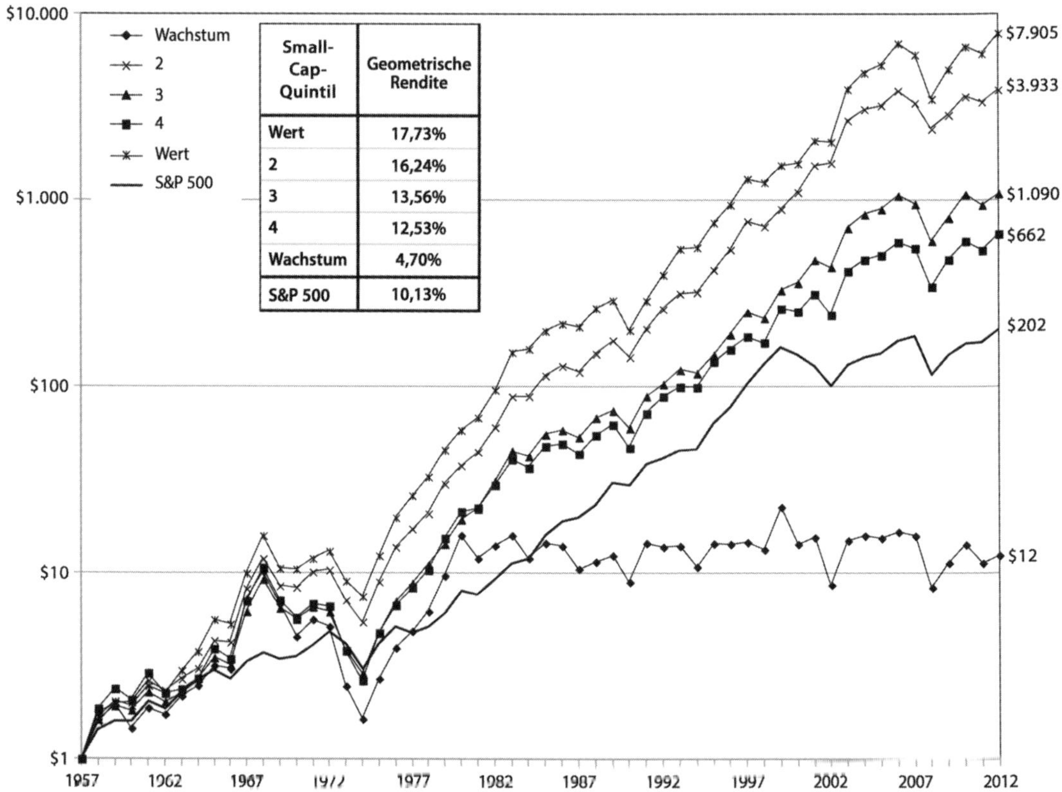

Abbildung 11.5: Renditen der Wachstums- und der Value-Aktien aus dem kleinsten Quintil, 1957–2012

Das bedeutet, dass die historische Rendite kleiner Value-Aktien um mehr als 7,5 Prozentpunkte über der Prognose des effizienten Markts liegt, während die historische Rendite kleiner Wachstums-Aktien um mehr als sieben Prozentpunkte unter dem prognostizierten Niveau liegt.

Börsenneulinge (Initial Public Offerings oder IPOs): Die enttäuschende Gesamtrendite neuer kleiner Wachstums-Unternehmen

Zu den gefragtesten kleinen Aktien gehören Börsenneulinge (IPOs). Neue Unternehmen werden mit einem Enthusiasmus an die Börse gebracht, der Investoren erregt. Sie träumen davon, dass der Neuling zur nächsten Microsoft oder Google werden könnte. Die große Nachfrage nach solchen Titeln führt dazu, dass die meisten IPOs nach dem Börsengang im Kurs steigen, was den Investoren, die sie zum Emissionskurs kaufen konnten, sofortige Gewinne ermöglicht.[24] Folglich werden die allermeisten dieser IPOs als Wachstums-Aktien eingestuft.

Sicherlich gab es unter den früheren IPOs einige große Gewinner. Walmart, das im Oktober 1970 an die Börse ging, machte 1000 investierte Dollars bis Ende 2012 zu 1,38 Millionen Dollar. Anleger, die bei den Börsengängen von Home Depot und Intel 1000 Dollar investiert haben, wurden ebenfalls zu Millionären – falls sie ihren Aktien treu blieben. Auch Cisco Systems war ein Gewinner. Nach dem Börsengang im Februar 1990 lieferte die Aktie dieses Netzwerk-Versorgers bis Dezember jährliche Renditen von 27 Prozent, obwohl sämtliche Gewinne schon in den ersten zehn Jahren nach dem IPO entstanden.

Aber können diese großen Gewinner alle Verlierer ausgleichen? Zur Bestimmung, ob IPOs gute Langfristinvestitionen sind, habe ich die Kaufen-und-Halten-Renditen von fast 9000 IPOs untersucht, die zwischen 1968 und 2001 an die Börse gingen. Ich habe die Renditen auf der Basis berechnet, dass Investoren die IPOs entweder am Ende des ersten Handelsmonats oder zum Emissionspreis gekauft und bis zum 31. Dezember 2003 gehalten haben.[25] Es steht außer Frage, dass unter den IPOs weit mehr Verlierer als Gewinner waren. Von den 8606 untersuchten Firmen haben 6796 oder 79 Prozent später schlechter abgeschnitten als ein repräsentativer Small-Cap-Index, und fast die Hälfte der Firmen hat eine um mehr als zehn Prozent pro Jahr schlechtere Performance gezeigt.

Leider können die riesigen Gewinner wie Cisco und Walmart die Tausende Verlierer unter den IPOs *nicht ausgleichen*. Abbildung 11.6 zeigt die *Differenzen* der Renditen gegenüber einem Portfolio, in dem eine gleich hohe Dollarsumme in alle IPOs investiert wird, die in einem bestimmten Jahr emittiert werden, und einem Portfolio, in dem ein Investor eine äquivalente Dollarsumme in einen Russell-2000-Small-Cap-Aktienindex investiert. Die Renditen wurden von zwei Startpunkten aus berechnet: (1) ab dem Ende des Monats, in dem der Börsengang stattfand, und (2) ab dem in der Regel niedrigeren Emissionskurs.

Die Renditen aller jährlichen IPOs, die von 1968–2000 an die Börse gingen, wurden am 31. Dezember 2003 untersucht, um noch mindestens drei aufeinanderfolgende Renditen kalkulieren zu können. Die Resultate sind deutlich. Von 1968–2000 schnitten die jährlichen IPO-Portfolios in 29 von 33 Jahren schlechter ab als ein Small-Cap-Aktienindex, gemessen *entweder* ab dem letzten Handelstag in Emissionsmonat *oder* ab dem Emissionskurs.

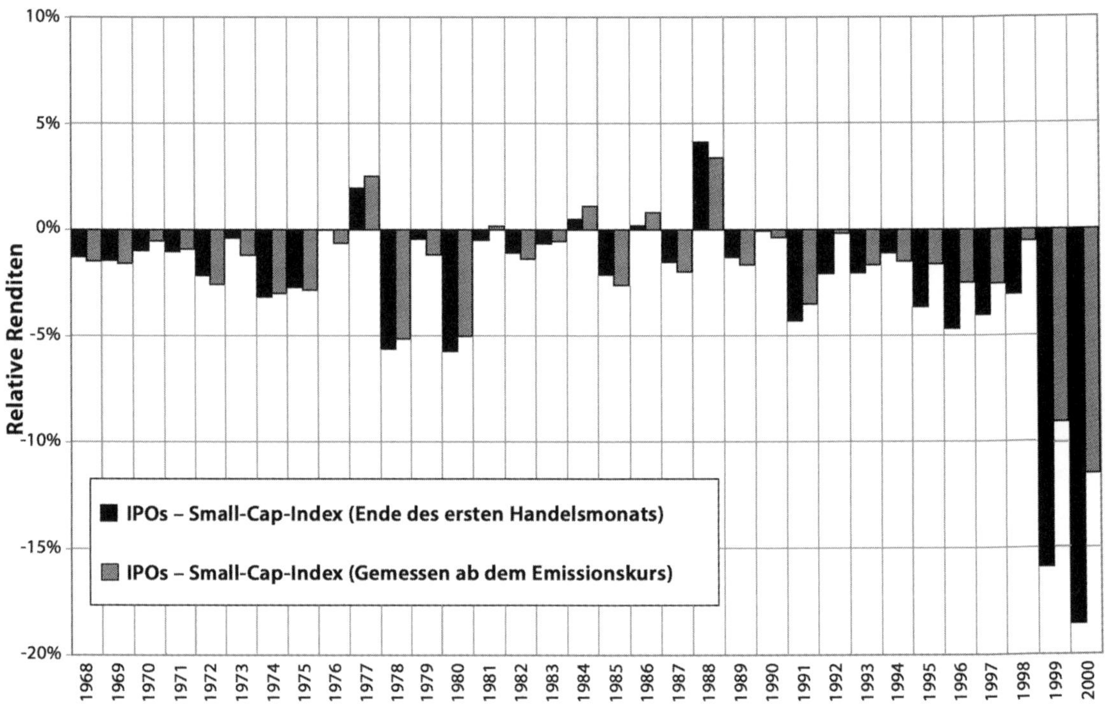

Abbildung 11.6: Kaufen-und-Halten-Renditen von fast 9000 IPOs zwischen 1968 und 2001

Sogar in Jahren wie 1971, als die großen Gewinner Southwest Airlines, Intel und Limited Stores an die Börse gingen, blieb ein Portfolio aus allen IPOs des Jahres hinter den Renditen eines vergleichbaren Small-Cap-Index bis 2003 zurück. Das gilt auch für 1981, als Home Depot an die Börse ging.

Sogar im bemerkenswerten Jahr 1986, als Microsoft, Oracle, Adobe, EMC und Sun System den Börsengang vollzogen und in den folgenden 16 Jahren jährliche Renditen von mehr als 30 Prozent erreichten, schaffte es ein Portfolio aus sämtlichen IPOs gerade so eben, mit dem Small-Cap-Index Schritt zu halten.

Die Entwicklung der meist aus dem Tech-Bereich stammenden IPOs in den späten 1990er-Jahren war katastrophal. Die IPO-Jahresportfolios von 1999 und 2000 schnitten gemessen am Emissionskurs um acht und zehn Prozent schlechter ab als der Small-Cap-Index, gemessen am letzten Kurs des Emissionsmonats um 17 und 19 Prozent.

Sogar Aktien, die sich gleich nach Handelsbeginn verdoppelten – oder mehr –, waren sehr schlechte Langfristinvestments. Corvis entwirft Produkte für das Management des Internet-Verkehrs und ging am 28. Juli 2000 an die Börse. Zu diesem Zeitpunkt hatte die Firma noch keinen Dollar mit seinen Produkten umgesetzt und wies operative Verluste von 72 Millionen Dollar auf. Dennoch hatte Corvis am Ende des ersten Handelstags einen Börsenwert von 28,7 Milliarden Dollar. Mit dieser Kapitalisierung gehörte Corvis zu den 100 wertvollsten Unternehmen in den USA.

Es ist ernüchternd, Corvis Corporation mit Cisco Systems zu vergleichen, das zehn Jahre zuvor an die Börse gegangen war. Beim IPO im Februar 1990 war Cisco schon ein profitables Unternehmen und erzielte gesunde Gewinne von 13,9 Millionen Dollar bei jährlichen Umsätzen von 69,7 Millionen Dollar. Der Marktwert Ciscos am Ende des ersten Handelstags betrug 287 Millionen Dollar, exakt ein Hundertstel des Marktwerts von Corvis Corporation, die beim Börsengang weder Umsätze noch Gewinne aufwies. Man hätte Cisco 1990 als »Wachstums«-Unternehmen mit überdurchschnittlich hohem KGV eingestuft, aber Corvis war ein »Hyperwachstums«-Unternehmen.

Corvis Corporation, mit einem IPO-Kurs von 360 Dollar (nach Aktiensplit adjustiert) am 28. Juli 2000, eröffnete den Handel bei 720 Dollar und stieg Anfang August auf 1147 Dollar. Später sank der Kurs bis auf 3,46 Dollar im April 2005.

Die Eigenschaften von Wachstums- und Value-Aktien

Bei der Auswahl zwischen »Wachstums«- und »Value«-Aktien sollten Investoren bedenken, dass diese Bezeichnungen nicht den Produkten inhärent sind, die das Unternehmen herstellt oder von der Branche abhängen, der es angehört. Die Bezeichnungen hängen allein vom Marktwert relativ zu einigen fundamentalen Maßen des Unternehmenswerts ab, zum Beispiel Gewinne und Dividenden.

Daher könnte man eine Firma aus dem Technologiesektor, der als Branche mit hohen Wachstumsaussichten gilt, tatsächlich als Value-Aktie einstufen, wenn sie bei den Investoren nicht beliebt ist und relativ zu den Fundamentaldaten einen niedrigen Kurs aufweist. Andererseits könnte man einen vielversprechenden Autohersteller aus einer reifen Branche mit begrenztem Wachstumspotenzial als Wachstumstitel bezeichnen, wenn er bei den Investoren beliebt ist und relativ zu den Fundamentaldaten teuer ist. Tatsächlich fluktuieren viele Firmen und sogar Branchen zwischen »Value« und »Wachstum«, weil sich ihre Börsenkurse verändern.

Erklärungen von Größen- und Bewertungseffekten

Es gab schon viele Versuche, die Größen- und Bewertungsfaktoren in Aktienrenditen zu erklären. Fama und French stellten die Hypothese auf, es könne ungewöhnliche finanzielle Belastungen bei Value-Aktien geben, die nur in extremen Krisenzeiten auftreten, und dass Investoren eine Prämie dafür verlangen, unter diesen Umständen Value-Aktien zu halten. Tatsächlich schnitten Value-Titel während der Großen Depression und beim Börsencrash von 1929–1932 schlechter ab als Wachstums-Aktien, aber seither haben sie in Baissephasen und Rezessionen besser abgeschnitten als diese. Es bestehen also Zweifel, ob dies die Antwort ist.[26]

Ein weiterer Grund für die Outperformance von Value-Aktien ist die zu enge Anwendung des Beta zur Beschreibung des Risikos einer Aktie. Das Beta kommt aus der Asset-Preistheorie, einem statischen Preismodell, das von einem unveränderten Umfeld von Investmentchancen abhängt. In einer dynamischen Wirtschaft stellen die Zinsen so etwas wie Veränderungen dieses Umfelds dar, und Aktienkurse reagieren nicht nur auf Gewinnaussichten, sondern auch auf Zinsänderungen.

In einem Artikel mit dem Titel »Bad Beta, Good Beta« unterscheidet John Campbell das Beta im Zusammenhang mit Zinsfluktuationen (das er »gutes Beta« nennt) vom Beta im Zusammenhang mit Konjunkturzyklen (das er »schlechtes Beta« nennt)[27] auf Basis historischer Belege. Aber die jüngsten Daten stützen diese Theorie nicht, weil Wachstums-Aktien gegenüber Value-Aktien von 1997–2000, als die Zinsen stiegen, zunächst zulegten und dann schlechter abschnitten als die Value-Titel, während die Zinsen sanken.

Eine weitere Theorie, warum Wachstums-Aktien schlechter abgeschnitten haben als Value-Titel, hat mit dem Anlegerverhalten zu tun: Die Investoren zeigen sich übermäßig begeistert über die Wachstumsaussichten von Firmen mit rapide steigenden Gewinnen und treiben deren Kurse exzessiv nach oben. »Story Stocks« wie Intel und Microsoft, die in der Vergangenheit fantastische Renditen gebracht haben, nehmen die Phantasie der Anleger in Beschlag, während Firmen mit soliden Gewinnen, aber wenig aufregenden Wachstumsraten vernachlässigt werden.[28]

Die Hypothese vom lärmenden Markt

Eine allgemeinere Theorie für die Outperformance von Value-Aktien lautet, dass Aktienkurse ständig von Käufen und Verkäufen betroffen sind, die mit dem fundamentalen Wert der Firma nichts zu tun haben. Diese Käufer und Verkäufer nennt man in der wissenschaftlichen Literatur »Liquiditäts«- oder »Lärm«-Trader. Ihre Transaktionen können durch Steuern, treuhänderische Verpflichtungen, Ausbalancierung ihrer Depots oder persönliche Gründe motiviert sein. Um die Größen- und Bewertungseffekte zu erklären, die wir in den historischen Daten finden, muss man noch eine weitere Annahme hinzufügen: dass die Kursbewegungen, die solche Liquiditäts-Trader auslösen, nicht *sofort* durch diejenigen revidiert werden, die aufgrund fundamentaler Informationen handeln.

Diese Annahme ist eine Abweichung von der These vom effizienten Markt, die behauptet, dass der Preis eines Wertpapiers zu allen Zeiten die beste unvoreingenommene Schätzung des Werts eines Unternehmens ist. Ich habe die alternative Annahme die »These vom lärmenden Markt« genannt, weil die Käufe und Verkäufe von Lärm- und Liquiditäts-Tradern den fundamentalen Wert der Firma oft überdecken.[29]

Die Hypothese vom lärmenden Markt kann eine Erklärung für die Größen- und Value-Effekte liefern.[30] Ein positiver Liquiditätsschock lässt den Kurs der Aktie über ihren fundamentalen Wert steigen und macht es wahrscheinlicher, dass dieser Titel als »große« oder »Wachstums«-Aktie eingestuft wird. Wenn dieser positive Schock verschwindet, sinken die Kurse dieser großen Wachstums-Aktien und die Rendite wird niedriger. Andererseits lässt ein negativer Liquiditätsschock den Kurs sinken und erhöht die Wahrscheinlichkeit, dass eine Aktie der Kategorie der »kleinen« oder »Value«-Aktien zugeordnet wird, die in der Regel zu niedrige Kurse relativ zu den Fundamentaldaten aufweist. Wenn der negative Schock verschwindet, erreichen diese Value-Aktien höhere Renditen.

Liquiditäts-Investitionen

Kürzlich fand man einen weiteren Faktor zur Erklärung der Rendite: die »Liquidität« einer Aktie. Liquidität ist eine Eigenschaft eines Assets, die den Discount misst, mit dem Verkäufer konfrontiert wären, sollten sie kurzfristig verkaufen müssen. Assets mit hoher Liquidität weisen definitionsgemäß niedrige Diskontierungen auf, Assets mit niedriger Liquidität hohe. Ein bequemes Liquiditätsmaß ist die Relation des durchschnittlichen Tagesumsatzes einer Aktie zur Gesamtzahl der ausgegebenen Aktien. Aktien mit hohen Umsätzen sind liquider als Titel mit niedrigen Umsätzen.

Kürzlich haben Roger Ibbotson und andere bestimmt, dass Aktien mit niedriger Liquidität signifikant höhere Renditen aufweisen als solche mit hoher Liquidität.[31] Nach der Analyse aller an der New York Stock Exchange, an der Amex und an der Nasdaq gehandelten Aktien von 1972 bis heute kamen sie zu dem Fazit, dass Aktien im niedrigsten Umsatzquartil (25 Prozent) eine jährliche Gesamtrendite von 14,74 Prozent erreichen, fast doppelt so viel wie die Aktien im höchsten Liquiditäts-Quartil. Und sie stellten fest, dies sei nicht nur deshalb so, weil viele kleine Aktien niedrige Umsätze haben. Der Liquiditätseffekt ist also mehr als eine bloße Nachbildung des Größeneffekts. Im nach Marktwert kleinsten Aktienquartil war der Liquiditätseffekt sogar noch stärker, mit einer jährlichen Durchschnittsrendite von 15,64 Prozent, verglichen mit nur 1,11 Prozent Rendite der Titel mit den höchsten Umsätzen.[32]

Es gibt einige gute Gründe für den Liquiditätseffekt. Man weiß seit Langem, dass bei Assets mit identischen oder fast identischen Risiko-Rendite-Profilen diejenigen höhere Preise erzielen, die aktiver gehandelt werden. Am Markt für US-Staatsanleihen sind diejenigen langfristigen Titel teurer, die zum jeweiligen Zeitpunkt als Benchmark gelten und am aktivsten getradet werden. Praktisch identische Titel, deren Tilgungsdaten nur ein paar Monate weit entfernt sind, erzielen niedrigere Kurse. Trader und Spekulanten sind bereit, eine Prämie für Assets zu bezahlen, die sie in großen Mengen und mit geringen Transaktionskosten kaufen und verkaufen können. Alle Investoren schätzen Flexibilität – die Möglichkeit, schnell ihre Meinung zu ändern oder auf veränderte Umstände zu reagieren, ohne einen substanziellen Discount oder eine Prämie bezahlen zu müssen, wenn sie Assets kaufen oder verkaufen wollen. Zudem könnten viele große Investmentfonds keine großen Mengen relativ inaktiver Firmen kaufen, denn damit würden sie die Kurse bis zu einem Punkt treiben, an dem die Rendite nicht mehr attraktiv ist.

Die Existenz einer noch höheren Liquiditätsprämie bei kleinen Aktien kann man erklären, weil kleine Aktien, die aktiv getradet werden, Spekulationsobjekte sind, vor allem IPOs oder diejenigen, die Tradern auffallen, die nach ungewöhnlichen Handelsaktivitäten suchen. Nach der Zeit der Spekulation zeigen diese Aktien oft bescheidende Renditen. Es besteht kein Zweifel, dass nach dem Zweiten Weltkrieg IBM für mehr Aufregung und Trading-Aktivitäten gesorgt hat als Standard Oil, obwohl wir am Beginn dieses Kapitels gezeigt haben, dass Standard Oil den Anlegern höhere Renditen eingebracht hat.

Fazit

Historische Studien zeigen, dass Investoren höhere Renditen ohne zusätzliche Risiken erreichen können, wenn sie sich auf Faktoren konzentrieren, die mit der Bewertung von Unternehmen zu tun haben. Die Dividendenrendite war ein solcher Faktor, das KGV ein weiterer. Im Lauf der Zeit haben Portfolios aus Aktien mit höheren Dividendenrenditen, niedrigeren KGVs und geringerer Liquidität den Gesamtmarkt stärker abgehängt, als die Hypothese vom effizienten Markt es prognostiziert hätte.

Dennoch sollten sich Investoren der Tatsache bewusst sein, dass keine Strategie in jeder Phase besser abschneiden wird als der Markt. Kleine Aktien zeigen periodische Anstiege, die dazu führen, dass ihre langfristige Performance besser war als die der großen Aktien, aber meist war ihre Performance nur ebenso gut oder schlechter als die der großen Aktien. Außerdem haben Value-Aktien in Baissephasen allgemein gut abgeschnitten, obwohl Value-Titel wegen des starken Übergewichts der Finanzaktien während der jüngsten Rezession schlechter abgeschnitten haben als Wachstums-Aktien. Das bedeutet, dass Anleger Geduld aufbringen müssen, wenn sie sich für diese renditesteigernden Strategien entscheiden.

12. Globales Investieren

Heute wollen wir über eine Wachstumsbranche sprechen. Die großartige Wachstumsbranche ist internationales Portfolio-Investieren.
John Templeton, 1984[1]

Kapitel 5 hat gezeigt, dass sich die überlegenen Langfristrenditen von Aktien nicht auf die USA beschränkten. Investoren in anderen Ländern erzielten Renditen, die denen in den USA entsprachen oder sogar höher waren. Bis in die 1980er-Jahre waren die ausländischen Märkte allerdings fast exklusiv die Domäne der einheimischen Investoren. Man dachte, sie seien für Außenstehende zu weit weg oder zu riskant.

Das ist heute nicht mehr so. Die Globalisierung der Finanzmärkte ist nicht nur eine Zukunftsprognose, sie ist schon jetzt eine Tatsache. Die USA, früher der unangefochtene Gigant der Kapitalmärkte, sind heute nur eines von vielen Ländern, in denen Investoren Wohlstand ansammeln können.

Am Ende des Zweiten Weltkriegs machten US-Aktien fast 90 Prozent der weltweiten Marktkapitalisierung aus. 1970 waren es immer noch zwei Drittel. Aber heute entsprechen US-Titel weniger als der Hälfte der weltweiten Aktienwerte, und dieser Anteil schrumpft weiter. Abbildung 12.1 zeigt den Prozentsatz des weltweiten Aktienmarkts von Unternehmen, die im Mai 2013 ihre Hauptquartiere in einem bestimmten Land hatten.

Der Anteil der entwickelten Welt ist mit über 85,8 Prozent noch immer hoch, aber dieser Prozentsatz sinkt. Wie in Kapitel 4 gezeigt wurde, produzieren die Schwellen- und Entwicklungsländer heute mehr als die Hälfte des globalen BIPs, und in den nächsten 20 Jahren wird dieser Anteil auf zwei Drittel steigen. Mit Sicherheit wird der Prozentsatz von Unternehmen mit Hauptsitz in den Schwellenländern rapide wachsen.

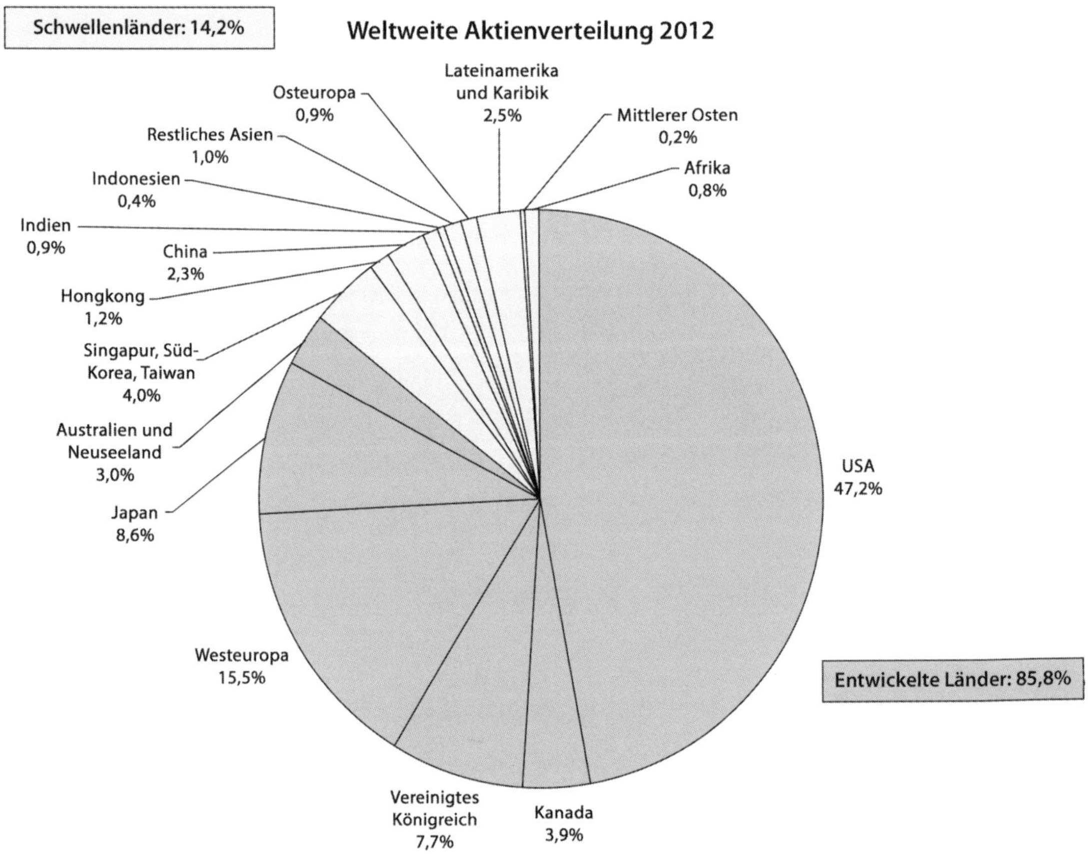

Abbildung 12.1: Die weltweite Aktiendistribution nach Marktwert, 2012

Investieren im Ausland und Wirtschaftswachstum

Das enorme Kapitalwachstum in den sich entwickelnden Volkswirtschaften könnte manche Anleger dazu verleiten, diesen Sektor überzugewichten. Aber die Aussicht auf ökonomisches Wachstum ist nicht der Grund, warum man global investieren sollte. Tatsächlich wird es wohl manchen Leser überraschen, dass es eine negative Korrelation zwischen Wirtschaftswachstum und Aktienrenditen gibt, und dieses Ergebnis gilt nicht nur für die entwickelten Länder, sondern auch für die Schwellenländer.

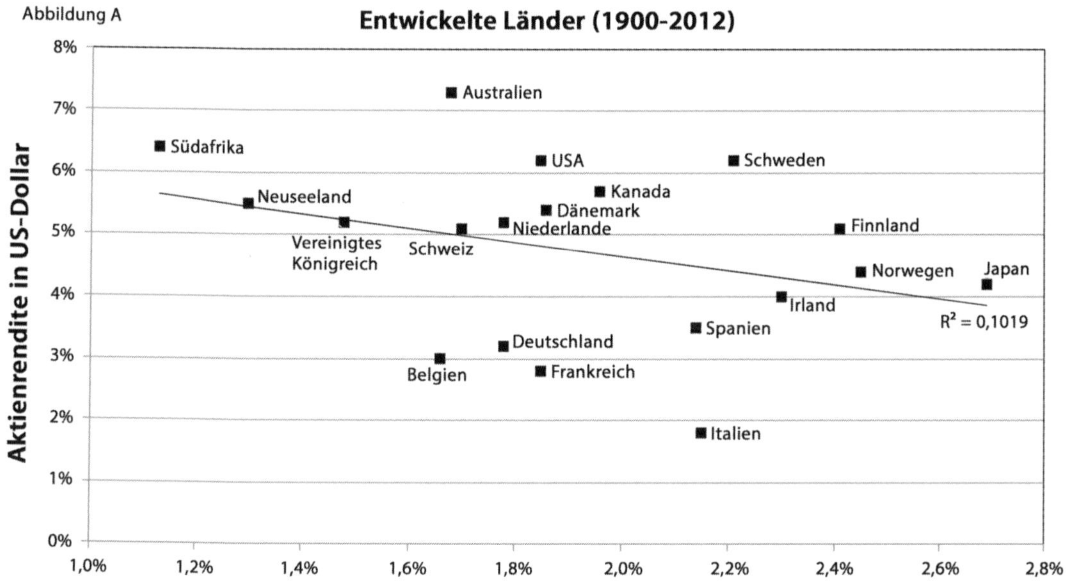

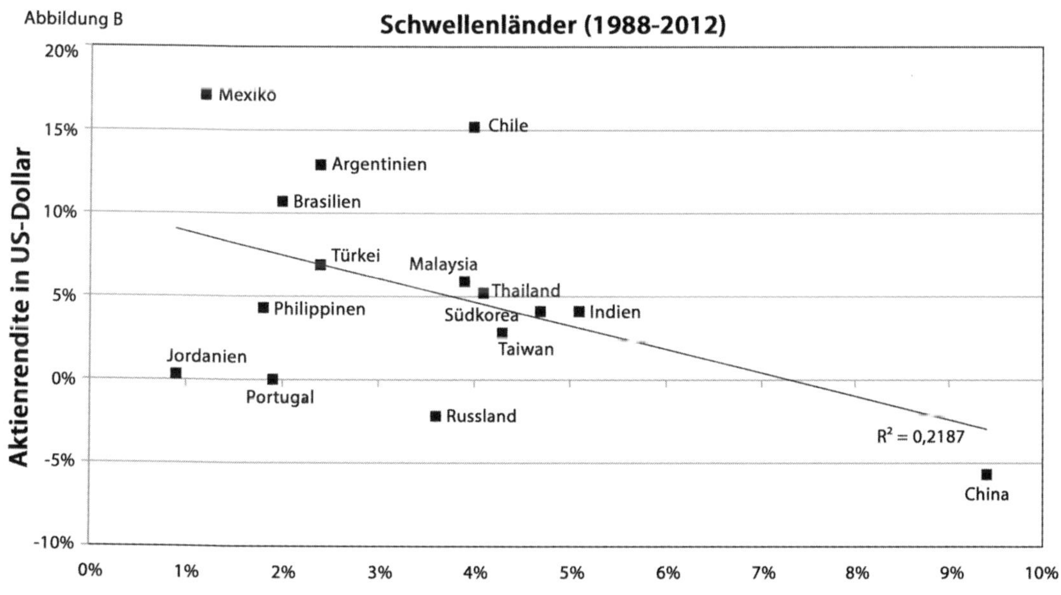

Abbildung 12.2: Dollar-Renditen und BIP-Wachstum pro Kopf in entwickelten Ländern und in Schwellenländern

Abbildung 12.2 A zeigt das Wachstum des realen BIP pro Kopf gegen Dollar-Renditen in den 19 Ländern, die in den Daten von Dimson, Staunton und Marsh von 1900 bis zur Gegenwart vertreten waren.[2] Australien hatte das fünftniedrigste Wachstum, aber die besten Renditen. Südafrika hatte die niedrigste Wachstumsrate und die zweitbesten Renditen. Japan hatte bei Weitem die höchste Wachstumsrate, aber unterdurchschnittliche Aktienrenditen.

Wie Abbildung 12.2 B zeigt, gilt die negative Korrelation zwischen Aktienrenditen und Wachstum auch in den Schwellenländern. Das bei Weitem am schnellsten wachsende Land, China, hatte die schlechtesten Renditen. Mexiko, Brasilien und Argentinien gehörten zu den am langsamsten wachsenden Ländern, haben aber exzellente Renditen für die Investoren erbracht.

Wie konnte das geschehen? Aus dem gleichen Grund, warum Standard Oil of New Jersey bessere Renditen erreicht hat als IBM, obwohl IBM in sämtlichen Wachstumskriterien besser abschnitt als Standard Oil. Niedrige Kurse und hohe Dividendenrenditen gehörten zu den wichtigsten Gründen für Standard Oils überlegene Renditen, und aus diesem Grund liefen Investments in mexikanischen Aktien besser als solche in chinesischen.

Die weit verbreitete Meinung, dass Investoren Aktien in den am schnellsten wachsenden Ländern kaufen sollten, ist aus dem gleichen Grund falsch, wie es falsch ist, die am schnellsten wachsenden Firmen zu kaufen. China war in den vergangenen drei Jahrzehnten zweifellos das am schnellsten wachsende Land der Welt, aber wegen der Überbewertung chinesischer Aktien erzielten Investoren in China nur bescheidende Renditen. Andererseits waren lateinamerikanische Aktien allgemein billig, und relativ zu den fundamentalen Werten blieben sie auch billig. Geduldige Anleger, die lieber in Werte als in einen Hype investierten, trugen den Sieg davon.

Aber dieses Ergebnis führt zu der Frage: Wenn schnelleres Wachstum nicht der Grund ist, internationale Aktien zu kaufen, welchen Grund gibt es dann?

Diversifizierung in die Weltmärkte

Der Grund für internationales Investieren ist die Diversifizierung des Portfolios und die Reduzierung der Risiken. Investitionen im Ausland sorgen ebenso für Diversifizierung wie Investitionen in verschiedene Sektoren der einheimischen Wirtschaft. Es wäre eine schlechte Investmentstrategie, alles auf eine Aktie oder auf einen Sektor der Wirtschaft zu setzen. Und es ist auch keine gute Idee, nur im eigenen Land Aktien zu kaufen, vor allem wenn die entwickelten Volkswirtschaften einen immer kleiner werdenden Teil des Weltmarkts ausmachen.

Internationale Diversifizierung reduziert Risiken, weil die Aktienkurse in verschiedenen Ländern nicht im Gleichschritt steigen oder fallen. Diese asynchrone Bewegung der Renditen dämpft die Volatilität des Portfolios. Solange zwei Assets nicht perfekt miteinander korreliert sind, ihr Korrelationskoeffizient also unter 1 liegt, senkt die Kombination dieser Assets das Risiko ihres Portfolios bei einer bestimmten Rendite oder erhöht alternativ die Rendite bei einem gegebenen Risiko.

Internationale Aktienrenditen

Tabelle 12.1 zeigt die historischen Risiken und Renditen dollarbasierter Investoren an den internationalen Märkten von 1970 bis zur Gegenwart (ab 1988, was die Daten aus den Schwellenländern betrifft). Während des gesamten Zeitraums zeigen die Dollar-Renditen in den verschiedenen Regionen keine großen Unterschiede.

Anleger in US-Aktien erzielten eine jährliche Gesamtrendite von 9,39 Prozent, die im EAFE-Raum (entwickelte Länder ex USA)[3] hatten eine leicht höhere Rendite von 9,74 Prozent. Im Untersuchungszeitraum lag die Korrelation zwischen den EAFE- und den US-Renditen bei 65 Prozent, was bedeutet, dass das Risiko für Dollar-Investoren mit einem EAFE-Depotanteil von 20 Prozent und einem US-Anteil von 80 Prozent bei 0,175 lag, also zwei Prozent niedriger als bei einem reinen US-Depot.

Seit 1970 gab es in Europa leicht höhere Renditen als in den USA, in Japan leicht niedrigere. Umfassende Renditedaten aus den Schwellenländern stehen ab 1988 zur Verfügung. Die Rendite dort betrug im Untersuchungszeitraum 12,73 Prozent jährlich, war also um fast drei Prozent höher als die Rendite amerikanischer Aktien, und US-Aktien waren mit Titeln aus den Schwellenländern schwächer korreliert als mit den EAFE-Renditen. Beachten Sie, dass die EAFE-Renditen seit 1988 geringer ausfielen als die US-Renditen, und zwar fast ausschließlich deshalb, weil Japan von 1988–2012 negative Renditen aufwies.

	US-Dollar-Renditen					
Land oder Region	**1970–2012**	**1988–2012**	**Einheimisches Risiko**	**Wechselkursrisiko**	**Gesamtrisiko**	**Korrelationskoeffizient****
Welt	9,39	7,23	17,48	4,79	18,17	87,50
EAFE	9,74	5,49	20,00	9,62	22,61	65,27
USA	9,63	9,83	17,80	--	17,80	--
Europa	10,33	8,83	20,73	10,75	22,13	76,06
Japan	9,15	-0,14	28,08	12,52	33,29	35,19
Schwellenländer**	--	12,73	68,77	17,87	35,89	52,37

* Korrelation zwischen US-Dollar-Renditen und US-Dollar-Renditen an ausländischen Märkten
** Daten für Schwellenländer von 1988–2012

Tabelle 12.1: Dollar-Risiken und Renditen internationaler Aktien, 1970–2012 (alle Angaben in Prozent)

Die japanische Börsenblase

Der japanische Aktienmarkt im letzten Viertel des 20. Jahrhundert steht für eine der bemerkenswertesten Spekulationsblasen der Weltgeschichte. In den 1970er- und 1980er-Jahren lagen die japanischen Aktienrenditen im Schnitt um mehr als zehn Prozent jährlich höher als die US-Renditen und übertrafen auch die Renditen in jedem anderen Land. Die Hausse in Japan war so dramatisch, dass Ende 1989, zum ersten Mal seit den frühen 1900er-Jahren, der Marktwert amerikanischer Aktien nicht mehr der höchste der Welt war. Japan, ein Land, dessen industrielle Basis im Zweiten Weltkrieg vollkommen zerstört worden war, das nur die Hälfte der Bevölkerung und vier Prozent der Landmasse der USA hatte, war nun das Land mit dem größten Aktienmarkt der Welt.

Die überlegenen Renditen am japanischen Markt während der großen Hausse zogen ausländische Investitionen in Milliardenhöhe an. Ende der 1980er-Jahre erreichten die Bewertungen mancher japanischer Aktien stratosphärische Dimensionen. Nippon Telephone and Telegraph oder NTT, die japanische Version des früheren US-Telefonmonopols AT&T, wies ein KGV von mehr als 300 auf. Allein dieses Unternehmen hatte einen Marktwert, der die aggregierten Aktienwerte aller anderen Länder, mit wenigen Ausnahmen, bei Weitem in den Schatten stellte. Die Bewertungen erreichten diejenigen in der großen US-Technologieblase im Jahr 2000, übertrafen sie in manchen Fällen sogar und lagen weit über allen Bewertungen, die man je an amerikanischen oder europäischen Börsen gesehen hatte.

Während seiner Reisen nach Japan 1987 fragte Leo Melamed, Präsident der Chicago Mercantile Exchange, seine Gastgeber, was derart hohe Bewertungen rechtfertigen könne. »Sie verstehen nicht«, antworteten sie, »wir in Japan haben eine völlig neue Art der Aktienbewertung entwickelt.« Und da wusste Melamed, wie Martin Mayer berichtete, dass japanische Aktien vor dem Untergang standen.[4] Wenn Investoren die Lehren aus der Geschichte beiseiteschieben, dann lassen diese Lehren sie dafür büßen.

Als der Nikkei Dow Jones, der im Dezember 1989 über 39.000 Punkte gestiegen war, in den folgenden Jahren massiv einbrach, war der Mythos des japanischen Markts gebrochen. 2008 fiel der Index auf 7000 Punkte; weniger als 20 Prozent des Werts am Höhepunkt der Hausse zwei Jahrzehnte zuvor.

Viele verweisen auf den japanischen Aktienmarkt als Gegenbeispiel zu der These, dass der Aktienmarkt langfristig immer das überlegene Investment ist. Es gab eindeutige Warnsignale vor der Blase in Japan. Am Top des Markts wiesen japanische Aktien im Schnitt KGVs von über 100 auf; mehr als das Dreifache des Niveaus, das der US-Markt am Höhepunkt seiner größten Blase hatte, die ihr Top im Jahr 2000 erreichte, als Technologie- und Internetaktien auf Allzeithoch standen. Im Gegensatz dazu wurden japanische Aktien 1970 zu den gleichen KGVs gehandelt, die auch im Rest der Welt üblich waren, und in der Tat wiesen sie ab 1970 auch die gleichen Renditen auf wie Titel in anderen Ländern.

Das Hoch der Nasdaq-Blase im März 2000 ähnelte dem des japanischen Markts. Die KGVs in diesem technologielastigen Segment stiegen über 100, die Dividendenrenditen fielen fast auf null. Es war keine Überraschung, dass der Nasdaq-Index 2013, mehr als ein Jahrzehnt nach seinem Topstand, ebenso wie der Nikkei noch immer weit unter seinem Hoch lag.

Aktienrisiken

Die für Dollar-Investoren mit Investitionen in Auslandsaktien verbundenen Risiken werden anhand der Standardabweichung der jährlichen Dollar-Renditen gemessen. Es gibt zwei Risikokomponenten: die Fluktuationen der Aktienkurse, berechnet in ihren lokalen Währungen, und die Fluktuationen der Wechselkurse zwischen dem Dollar und den lokalen Währungen. In Tabelle 12.1 werden sie als einheimisches Risiko und Wechselkursrisiko bezeichnet.

Für die entwickelten Länder außerhalb der USA (EAFE) beträgt das lokale Risiko 20 Prozent, das Wechselkursrisiko ist mit 9,62 Prozent fast halb so hoch. Aber das gesamte Dollar-Risiko ist mit 22,61 Prozent nur um 13 Prozent höher als das lokale Risiko. Das liegt daran, dass das Wechselkursrisiko sich oft in die entgegengesetzte Richtung bewegt wie das lokale Risiko. Das Wechselkursrisiko für den Dollar-Investor ist bei japanischen Aktien etwas höher als bei europäischen.

Die Interpretation des Dollar-Risikos für die Schwellenländer verlangt besondere Sorgfalt. Die Rohdaten zeigen, dass die Fluktuationen des Wechselkurses tatsächlich die Hälfte des lokalen Risikos ausschalten. Aber eine nähere Untersuchung der Daten zeigt, dass dieses Ergebnis von den hohen Inflationsraten in den früheren Daten dominiert wird, die lokale Renditen in die Höhe trieben, während die Wechselkurse rapide nachgaben. Seit 2000, als die meisten Schwellenländer die Inflation auf niedrigere Niveaus drückten, haben die Fluktuationen der Wechselkurse das lokale Risiko tatsächlich erhöht, in manchen Fällen deutlich.

Sollte man sich gegen Wechselkursrisiken absichern?

Da das Wechselkursrisiko in der Regel das lokale Risiko erhöht, kann es für Investoren an ausländischen Märkten wünschenswert sein, sich gegen Währungsbewegungen abzusichern (zu *hedgen*). *Währungs-Hedging* bedeutet, dass man in einen Währungskontrakt einsteigt oder ein Wertpapier kauft, das eine automatische Absicherung gegen Währungsschwankungen bietet.

Aber Hedging von Fremdwährungsrisiken ist nicht immer die richtige Strategie. Die Kosten der Absicherung hängen von der Zinsdifferenz zwischen der Fremdwährung und dem Dollar ab, und wenn man erwartet, dass die Währung eines Landes abwerten wird (typischerweise wegen hoher Inflation) können die Hedging-Kosten recht hoch sein.

Ein Beispiel: Obwohl das britische Pfund im letzten Jahrhundert von 4,80 Dollar auf 1,60 Dollar abwertete, überstiegen die Kosten der Absicherung gegen diesen Rückgang die Abwertung des Pfunds. Daher waren die Dollar-Renditen britischer Aktien höher, wenn Investoren sich nicht gegen die Abwertung des Pfunds absicherten, als wenn sie dies taten.

Für Investoren mit langfristigem Horizont mag die Absicherung gegen Währungsrisiken an ausländischen Aktienmärkten nicht sinnvoll sein. Langfristig werden Wechselkursbewegungen vor allem durch die Inflationsunterschiede zwischen Ländern determiniert. Dieses Phänomen nennt man *Kaufkraftparität*. Da Aktien Rechte an realen Assets verbriefen, haben ihre langfristigen Renditen die Investoren für Veränderungen der Inflation entschädigt und sie vor Währungsabwertungen durch höhere Inflation in den fremden Ländern geschützt.

In kürzeren Zeiträumen können Investoren ihre Dollar-Risiken durch Absicherung gegen Wechselkursrisiken reduzieren. Oft schwächen schlechte Wirtschaftsnachrichten für ein Land sowohl dessen Börse als auch die Währung, und gegen Letzteres können sich Investoren absichern. Hinzu kommt: Falls eine Zentralbank beabsichtigt, die eigene Währung abzuwerten, um die Exporte und die Wirtschaft anzukurbeln, können abgesicherte Investoren Letzteres nutzen, ohne durch Ersteres Verluste zu erleiden. Ein Beispiel: Investoren mit abgesicherten Positionen in japanischen Aktien Ende 2001, als Premierminister Shinzo Abe sich für eine Abwertung des Yen einsetzte, um die Wirtschaft zu stimulieren, erzielten weit höhere Gewinne als diejenigen, die sich nicht gegen den schwächeren Yen abgesichert hatten.

Diversifikation: Sektor oder Land?

Obwohl die Kapitalmärkte globaler werden, gibt es einen Aspekt des internationalen Investierens, der diesem Trend im Weg steht. Internationales Investieren bezieht sich heute auf das Land, in dem die Firma ihr Hauptquartier hat, auch wenn die Firma in diesem Land keine Güter verkauft und nicht einmal herstellt. Der derzeitigen Praxis kommt entgegen, dass Standard & Poor's in den frühen 1990er-Jahren ankündigte, keine nichtamerikanischen Aktien mehr in seinen Benchmark-Index S&P-500 aufzunehmen. 2002 entfernte Standard & Poor's die sieben verbliebenen Firmen mit Hauptsitz außerhalb der USA aus dem Index, darunter Giganten wie Royal Dutch Petroleum und Unilever.[5]

Anhänger dieser Herangehensweise argumentieren, dass staatliche Regulierungen und gesetzliche Strukturen eines Landes eine wichtige Rolle spielen, auch wenn der Großteil der Umsätze, Gewinne und Produktion aus dem Ausland kommt. Aber diese länderspezifischen Einflüsse werden sehr wahrscheinlich an Bedeutung verlieren, wenn die Globalisierung fortschreitet. Es ist weit logischer, eine Investmentstrategie zu verfolgen, bei der man sein Geld auf Sektoren aufteilt, egal wo die Firmen ihren Sitz haben.

Sektoren-Investmentstrategien sind an den US-Aktienmärkten beliebt, aber international sind sie es weniger. Ich aber glaube, dass sich das ändern wird. Tatsächlich stelle ich mir eine Zukunft mit internationalen Unternehmen vor, in der sich Firmen dafür entscheiden, sich von einer Reihe internationaler Regeln leiten zu lassen, auf welche die Länder sich geeinigt haben. Wo das Hauptquartier der Firma steht, wird kaum eine oder überhaupt keine Rolle spielen. Die internationalen Unternehmensstandards werden der wachsenden Popularität der Bilanzstandards ähneln, die vom International Accounting Standards Board verbreitet werden und die nationalen Standards verdrängen. Wenn internationale Unternehmen an Bedeutung gewinnen, wird niemand mehr nach dem Ort des Hauptquartiers fragen, und Investment-Allokationen werden auf der Basis globaler Sektoren oder von Produktionsstätten und Distributionsgebieten festgelegt. In dieser Zukunft wäre ein ausschließlich aus US-Aktien bestehendes Portfolio in der Tat sehr eng. In diesem Fall könnte eine Sektoren-Strategie bei internationalen Investitionen in den kommenden Jahren die auf Ländern basierende Strategie ersetzen.

Sektoren-Allokation rund um die Welt

Wir wollen uns nun die Bedeutung dieser Branchensektoren nach Regionen und Ländern näher ansehen. Die zehn Branchensektoren nach der Global International Classification (GIC) in fünf geografischen Regionen (USA, EAFE, Europa, Japan und Schwellenländer)[6] werden in Tabelle 12.2 in der Reihenfolge der Gewichtung jedes Sektors gezeigt.[7] Die 20 größten Firmen nach Marktkapitalisierung mit Hauptquartier in den USA oder im Ausland sehen Sie in Tabelle 12.3.

	S&P-500	EAFE	Japan	Schwellenländer	Europa	Global
Langlebige Gebrauchsgüter	11,8	11,4	21,4	8,2	9,6	11,4
Konsumgüter	10,6	11,9	6,6	9,3	14,6	10,6
Energie	10,6	7,1	1,2	11,6	9,7	10,1
Finanzen	16,7	25,2	20,7	27,9	21,4	21,2
Gesundheit	12,6	10,4	6,3	1,3	12,8	10,2
Industrie	10,1	12,5	18,9	6,4	11,4	10,5
Informationstechnologie	18,0	4,4	10,9	14,6	2,8	12,2
Grundstoffe	3,3	8,3	6,0	9,7	8,4	6,1
Telekommunikation	2,8	5,1	4,9	7,6	5,3	4,3
Energie	3,2	3,7	3,0	3,5	4,0	3,3

Tabelle 12.2: Sektoren-Allokation nach Weltregionen, Juni 2013 (alle Angaben in Prozent)

Rang	US-Unternehmen (Name)	Sektor	Marktkapitalisierung (in Mrd. US-Dollar)	Rang	Ausländische Unternehmen (Name)	Land	Sektor	Marktkapitalisierung (in Mrd. US-Dollar)
1	Apple	Info-Tech	415	1	PetroChina	China	Energie	243
2	ExxonMobil	Energie	407	2	I&C Bank of China	China	Finanzen	237
3	Microsoft	Info-Tech	298	3	Nestlé	Schweiz	Konsumprodukte	218
4	General Electric	Industrie	247	4	Roche	Schweiz	Gesundheit	213
5	Johnson & Johnson	Gesundheit	239	5	Royal Dutch Shell	Niederlande	Energie	211
6	Chevron	Energie	236	6	HSBC Holdings	GB	Finanzen	205
7	Google	Info-Tech	291	7	China Mobile	Hongkong	Telecom	204
8	IBM	Info-Tech	229	8	China Constr. Bank	China	Finanzen	196
9	Procter & Gamble	Konsumprodukte	213	9	Novartis	Schweiz	Gesundheit	194
10	Berkshire Hathaway	Finanzen	284	10	Toyota	Japan	Langlebige Gebrauchsgüter	194
11	JPMorgan Chase	Finanzen	205	11	Samsung	Südkorea	Info-Tech	188
12	Pfizer	Gesundheit	200	12	BHP Billiton	Australien	Grundstoffe	160
13	Wells Fargo	Finanzen	218	13	Anheuser-Busch	Belgien	Konsumgüter	152
14	AT&T	Telecom	191	14	Vodafone	GB	Telecom	145
15	Coca-Cola	Konsumprodukte	184	15	AG Bank of China	China	Finanzen	143
16	Citigroup	Finanzen	157	16	Sanofi	Frankreich	Gesundheit	142
17	Philip Morris Int.	Konsumprodukte	151	17	BP	GB	Energie	136
18	Merck	Gesundheit	146	18	Bank of China	China	Finanzen	129
19	Verizon	Telecom	144	19	GlaxoSmithKline	GB	Gesundheit	127
20	Bank of America	Finanzen	144	20	Total SA	Frankreich	Energie	119

Tabelle 12.3: Die größten Unternehmen aus den USA und dem Ausland

Trotz des Zusammenbruchs nach der Finanzkrise 2008 ist der Finanzsektor der größte der Welt, fast doppelt so groß wie der nächstgrößte Sektor, die Informationstechnologie. In den USA ist der Finanzsektor mit 16,7 Prozent des Marktwerts der zweitgrößte hinter der Informationstechnologie, liegt aber deutlich unter der 22-Prozent-Gewichtung vor der Finanzkrise. Den größten Teil des Finanzsektors findet man in den Schwellenländern, weil vier chinesische Banken nach Börsenwert unter den 20 größten Firmen außerhalb der USA stehen. Berkshire Hathaway, kürzlich in den S&P-500 aufgenommen, ist wegen seiner großen Anteile an Versicherungen als Finanzunternehmen klassifiziert. In den USA folgt auf Buffetts Berkshire JPMorgan Chase. HSBC Holdings (mit Hauptsitz in Großbritannien) und Commonwealth Bank of Australia sind die größten EAFE-Finanzfirmen.

Bei den langlebigen Gebrauchsgütern hat Japan mit Abstand die höchste Gewichtung aller geografischen Regionen, hauptsächlich wegen Toyota Motors, das zu den zehn weltgrößten Unternehmen außerhalb der USA zählt. In den USA sind Walt Disney und Home Depot die beiden größten Firmen in diesem Sektor, im EAFE-Gebiet folgt Daimler AG auf Toyota.

Europa hat die größte Gewichtung im Sektor der Konsumgüter. Nestlé aus der Schweiz und Anheuser-Busch Inbev aus Belgien gehören nach Marktkapitalisierung beide zu den 20 größten Unternehmen außerhalb der USA. In den USA gehören Procter & Gamble, Coca-Cola und Philip Morris zu den 20 größten Firmen. Die brasilianische AmBev, ein Spezialist für Erfrischungsgetränke, ist der größte Vertreter dieses Sektors in den Schwellenländern.

Im Energiesektor ist nach der Marktkapitalisierung ExxonMobil das größte Unternehmen der Welt. Aber die chinesische PetroChina ist in diesem Bereich die größte Firma außerhalb der USA. Royal Dutch, BP und Total gehören alle zu den größten 20 Firmen außerhalb der USA.

Im Sektor Informationstechnologie folgen auf Apple, das mit ExxonMobil um den Rang des weltgrößten Unternehmens konkurriert, Google, IBM und die südkoreanische Samsung Electronics, während SAP die größte europäische Technologiefirma ist. Im Gesundheitssektor liegt Johnson & Johnson weltweit an der Spitze, gefolgt von Roche Holdings und Novartis aus der Schweiz und den US-Pharmagiganten Pfizer und Merck. Im Industriesektor dominiert General Electric die Liste, gefolgt von der deutschen Siemens. Im Grundstoffsektor steht nur die australische BHP Billiton unter den Top 20, in den USA liegt Monsanto vorn. In der Telekommunikation stehen AT&T und Verizon unter den Top 20 in den USA, China Mobile und die britische Vodafone gehören zu den 20 größten Firmen außerhalb der USA. In beiden Listen findet sich kein Energieversorger unter den ersten 20. Duke liegt hier in den USA an der Spitze, im EAFE-Gebiet ist es die britische National Grid.

Privates und öffentliches Kapital

ExxonMobil mag nach Marktwert die größte Energiefirma der Welt sein und die größten Öl- und Gasreserven der Welt besitzen, was Privatunternehmen betrifft (Schätzung von 2011: 25 Milliarden Barrel). Wenn man aber staatliche Unternehmen mit einbezieht, verliert der

US-Gigant seine Spitzenposition. Aramco aus Saudi-Arabien und NIOC aus dem Iran besitzen zusammengerechnet geschätzte Reserven von mehr als 600 Milliarden Barrel![8] Wenn man diese Reserven nur mit zehn Dollar bewertet, sind diese beiden Unternehmen mehr als sechs Billionen Dollar wert. Und das ist nur ein Bruchteil des staatlichen Eigentums auf der ganzen Welt. In vielen Ländern sind Elektrizitäts-, Gas- und Wasserwerke immer noch im öffentlichen Eigentum und werden von Staaten und Kommunen betrieben. In vielen anderen Branchen halten staatliche Stellen große Anteile, oft haben sie sogar die Kontrolle.

Sogar in privatisierten Ländern wie den USA besitzen die Bundesregierung, die Staaten und die Kommunen Land, natürliche Ressourcen, Straßen, Dämme, Schulen und Parks im Wert von etlichen Billionen Dollar. Es gibt größte Meinungsverschiedenheiten bei der Frage, wie viel von diesem Eigentum, wenn überhaupt, privatisiert werden sollte. Aber es gibt gute Hinweise, dass privatisierte Firmen oft effizienter arbeiten. Das Wachstum des globalen Kapitalstocks wird nicht nur von privaten Unternehmern kommen, sondern auch durch die Privatisierung vieler Assets, die heute noch Staatseigentum sind.

Fazit

Der unaufhaltsame Trend zur Integration der Volkswirtschaften der Welt und der Märkte wird sich in diesem neuen Jahrtausend mit Sicherheit fortsetzen. Kein Land wird jeden Markt dominieren können, und Branchenführer können überall auf der Welt entstehen. Die Globalisierung der Weltwirtschaft bedeutet, dass die Stärke des Managements, die Produktlinien und das Marketing viel wichtigere Erfolgsfaktoren sein werden als der geografische Sitz des Unternehmens.

Sich allein auf US-Aktien zu beschränken ist für Anleger eine riskante Strategie. Kein Berater würde empfehlen, nur in solche Aktien zu investieren, deren Firmennamen mit den Buchstaben *A* bis *F* beginnen. Die Beschränkung auf US-Aktien wäre aber genau eine solche Wette, weil der Weltmarktanteil der Firmen mit Sitz in den USA weiterhin schrumpfen wird. Nur Investoren mit einem voll und weltweit diversifizierten Portfolio werden bei niedrigsten Risiken die besten Renditen erzielen können.

TEIL III:
Wie sich das wirtschaftliche Umfeld auf Aktien auswirkt

13. Gold, Geldpolitik und Inflation

Am Aktienmarkt, ebenso wie beim Pferderennen, treibt Geld die Gäule an. Das monetäre Umfeld übt einen enormen Einfluss auf die Aktienkurse aus.
Martin Zweig, 1990[1]

Sollte Fed-Chairman Alan Greenspan mir zuflüstern, welche Geldpolitik er in den nächsten zwei Jahren verfolgen wird, würde dies nicht das Geringste an dem ändern, was ich tue.
Warren Buffett, 1994[2]

Am 20. September 1931 kündigte die britische Regierung an, England werde den Goldstandard verlassen. Es werde Einlagen bei der Bank of England oder britische Währung, das Pfund Sterling, nicht mehr gegen Gold eintauschen. Die Regierung betonte, dies sei nur eine »vorübergehende« Maßnahme und dass sie nicht die Absicht habe, dauerhaft ihre Verpflichtung abzuschaffen, ihr Geld gegen Gold zu tauschen. Dennoch war dies der Anfang vom Ende des Goldstandards in Großbritannien und in der Welt – eines Standards, der über 200 Jahre lang existiert hatte.

Da sie ein Chaos am Devisenmarkt befürchtete, ließ die britische Regierung die Londoner Aktienbörse schließen. Die Entscheidungsträger an der New York Stock Exchange optierten dafür, die Börse offen zu halten, befürchteten jedoch ebenfalls panikartige Verkäufe. Die Aussetzung der Goldzahlungen durch Großbritannien, die zweitgrößte Industriemacht, führte zu Befürchtungen, dass andere Industrienationen dazu gezwungen sein könnten, Gold aufzugeben. Zentralbanker nannten die Aussetzung »eine Weltfinanzkrise von nie da gewesenen Dimensionen«.[3] Zum ersten Mal überhaupt verbot die New York Stock Exchange Leerverkäufe, um die Aktienkurse zu stützen.

Aber zur großen Überraschung New Yorks stiegen die Aktienkurse nach kurzem Verkaufsdruck steil an, und viele Titel beendeten den Handelstag mit Kursgewinnen. Offensichtlich sah man die englische Suspendierung nicht als negativ für amerikanische Aktien.

Und diese »Finanzkrise von nie da gewesenen Dimensionen« war auch für den britischen Aktienmarkt kein Problem. Als England die Börse am 23. September wieder öffnete, stiegen die Kurse massiv an. Die AP lieferte die folgende schillernde Beschreibung der Wiedereröffnung der Börse:

> *Schwärme von Aktienbrokern, lachend und jubelnd wie Schuljungen, stürmten heute die Börse, um nach der zweitägigen verpflichtenden Schließung den Handel wieder aufzunehmen – und ihre Hochstimmung spiegelte sich in vielen Wertpapierkursen wider.*[4]

Trotz der düsteren Prognosen der Regierungsbeamten betrachteten die Aktionäre den Abschied vom Goldstandard als positiv für die Wirtschaft und als noch besser für Aktien. Als Folge der Gold-Suspendierung konnte die britische Regierung ihr Kreditvolumen erhöhen, indem sie dem Bankensystem Reserven zur Verfügung stellte, und die Abwertung des Britischen Pfunds würde die Nachfrage nach britischen Exportgütern erhöhen. Der Aktienmarkt befürwortete eindeutig die Aktionen, die die Weltfinanziers schockierten. Tatsächlich erreichte der britische Aktienmarkt im September 1931 sein Tief, während die USA und andere Staaten, die am Goldstandard festhielten, weiterhin in die Depression sanken. Die Lektionen aus der Geschichte: Liquidität und leicht zugängliche Kredite füttern den Aktienmarkt, und die Fähigkeit der Zentralbanken, Liquidität zur Verfügung zu stellen, ist ein entscheidendes Plus für die Aktienwerte.

Eineinhalb Jahre später gaben auch die USA den Goldstandard auf, und schließlich gingen alle Länder zu einem »Fiat Money«-Papiergeldstandard über. Aber trotz der inflationären Neigung des Papiergeldstandards hat sich die Welt mit diesem neuen monetären System angefreundet, und der Aktienmarkt genießt die Flexibilität, die er den Politikern zugesteht.

Geld und Preise

1950 verblüffte Präsident Truman das Land in seiner Rede zur Lage der Nation mit der Prognose, das typische amerikanische Familieneinkommen werde bis zum Jahr 2000 12.000 Dollar erreichen. Wenn man bedenkt, dass das mittlere Familieneinkommen damals 3300 Dollar betrug, waren 12.000 Dollar eine fürstliche Summe und implizierten, dass Amerika im nächsten halben Jahrhundert nie da gewesene ökonomische Fortschritte machen würde. Tatsächlich hat sich Präsident Trumans Prognose als recht bescheiden erwiesen. Das mittlere Familieneinkommen lag 2000 bei 41.349 Dollar. Allerdings lag dessen Kaufkraft niedriger als 6000 Dollar in Preisen von 1950; ein Zeugnis der Inflation im letzten halben Jahrhundert. Das typische Familieneinkommen stieg also innerhalb von etwa einem halben Jahrhundert nicht um das Zwölffache von 3300 auf 41.349 Dollar, sondern wegen der Inflation verdoppelte es sich nur von 3300 auf 6000 Dollar.

Inflation und Deflation prägen die Geschichte schon, solange Ökonomen Daten sammeln. Seit 1955 gab es aber kein einziges Jahr, in dem der Verbraucherpreis-Index sank.[5] Was hat sich in den letzten 60 Jahren geändert, warum ist Inflation zur Regel statt zur Ausnahme geworden? Die Antwort ist einfach: Die Kontrolle über die Geldversorgung ist vom Gold zur Regierung übergegangen. Durch diese Verschiebung kann die Regierung immer genug Geld zur Verfügung stellen, damit die Preise nicht sinken.

In Kapitel 5 haben wir das allgemeine Preisniveau in den USA und in Großbritannien während der letzten 210 Jahre analysiert. Insgesamt gab es bis zum Zweiten Weltkrieg keine Inflation, danach herrschte ständig Inflation. Vor der Großen Depression trat Inflation nur als Folge von Krieg, Missernten und anderen Krisen auf, aber die Preisentwicklung nach dem Krieg war völlig anders. Das Preisniveau sank fast nie. Die einzige Frage lautet, wie stark die Preise steigen werden.

Ökonomen wissen schon lange, dass eine Variable entscheidend für das Preisniveau ist: die Menge des umlaufenden Geldes. Die robuste Relation zwischen Geld und Inflation wird durch die Tatsachen klar belegt. Sehen Sie sich Abbildung 13.1 an, die Geld und Preise in den USA seit 1830 zeigt. Der allgemeine Trend des Preisniveaus folgt dem Trend der Geldmenge, bereinigt um das Produktionsniveau.

Die starke Relation zwischen der Geldversorgung und den Verbraucherpreisen ist ein weltweites Phänomen. Ohne ständige Geldschöpfung ist dauerhafte Inflation nicht möglich, und jede Hyperinflation in der Geschichte war mit einer Explosion der Geldversorgung verbunden. Es gibt überwältigende Beweise, dass Länder mit starkem monetärem Wachstum hohe Inflation erleben, während die Inflation in Ländern mit eingeschränktem Geldmengenwachstum niedrig bleibt.

Warum ist die Geldmenge so eng mit dem Preisniveau verbunden? Weil der Preis des Geldes, ebenso wie die Preise aller anderen Güter, von Angebot und Nachfrage bestimmt wird. Das Angebot an Geldmitteln wird von der Zentralbank streng kontrolliert. Die Nachfrage nach Dollars kommt aus der Nachfrage von Haushalten und Firmen, die in einer komplexen Wirtschaft Güter und Dienstleistungen im Wert von Billionen Dollars transferieren. Wenn die Dollar-Nachfrage stärker steigt als die Menge der produzierten Güter, so führt dies zu Inflation. Die klassische Beschreibung des inflationären Prozesses – »zu viele Dollars, die hinter zu wenigen Gütern her sind« – trifft heute noch genauso zu wie früher.

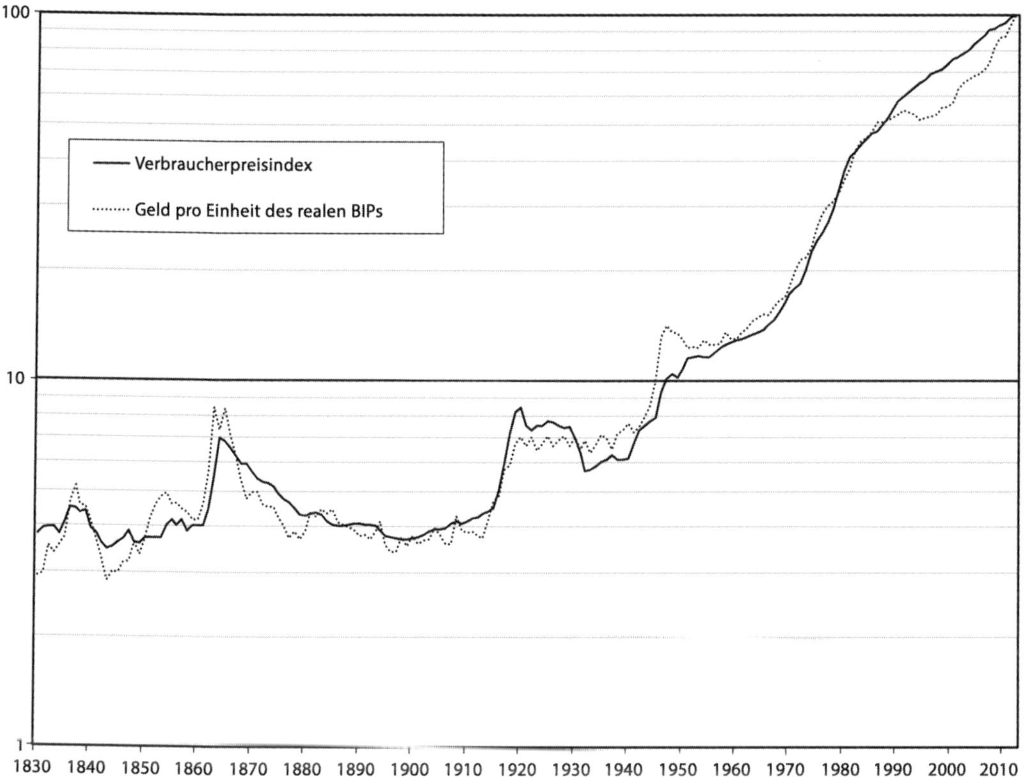

Abbildung 13.1: Geld und Preise in den USA

Man könnte sich fragen, warum die riesige monetäre Expansion der Federal Reserve (und anderer Zentralbanken) seit der monetären Krise nicht zu Inflation geführt hat. In *The Monetary History of the United States* stellte Milton Friedman fest, dass die Menge von Bankeinlagen plus Bargeldumlauf, die er als M2 bezeichnete, die stärkste Verbindung zur Inflation hatte, nicht die monetäre Basis, also die Summe von Reserven und Bargeld. Die monetäre Basis in den USA verdreifachte sich von 2007–2013, aber fast der gesamte Anstieg floss in die Reserven des Bankensystems, die nicht als Kredite vergeben worden waren und daher auch nicht zu Bankeinlagen führten. Natürlich muss die Fed diese Reserven genau beobachten, um zu verhindern, dass exzessive Kreditvergabe zu Inflation führt. Aber die niedrige Inflation, trotz der expansiven Politik der Zentralbanken dieser Welt, war kein Widerspruch zur historischen Verbindung zwischen Geld und Preisen.

Der Goldstandard

In den fast 200 Jahren vor der Großen Depression herrschte im größten Teil der industrialisierten Welt der Goldstandard. Das bedeutete, dass die Zentralbanken dazu verpflichtet waren, die von ihnen herausgegebene Papierwährung auf Verlangen gegen eine bestimmte Menge Gold umzutauschen. Daher mussten die US- und andere Regierungen genügend große Goldreserven halten, um den Geldbesitzern versichern zu können, dass die Regierungen immer dazu in der Lage sein würden, diesen Tausch durchzuführen. Weil die gesamten Goldreserven der Welt nur langsam wuchsen – neue Goldfunde waren recht klein im Vergleich zum Gesamtvorrat auf der Welt –, blieben die Güterpreise stabil.

Suspendiert wurde der Goldstandard nur in Krisen, zum Beispiel in Kriegszeiten. Großbritannien hob den Goldstandard während der Napoleonischen Kriege und während des Ersten Weltkriegs auf, doch in beiden Fällen kehrte man nach Kriegsende wieder zum Goldstandard zurück.[6]

Das Verharren im Goldstandard ist der Grund, warum es im 19. und im frühen 20. Jahrhundert insgesamt weltweit keine Inflation gab. Aber die allgemeine Preisstabilität war nicht umsonst zu haben. Weil das umlaufende Geld der von den Regierungen gehaltenen Goldmenge entsprach, verzichteten die Zentralbanken auf die Kontrolle über das monetäre Umfeld. Das bedeutete, dass die Zentralbank in Wirtschafts- oder Finanzkrisen kein zusätzliches Geld zur Verfügung stellen konnte. In den 1930er-Jahren wurde das Verharren im Goldstandard, der die Regierung daran gehindert hatte, inflationsgerechte Finanzpolitik zu gestalten, mehr und mehr zu einer Zwangsjacke, der die Regierungen entkommen wollten.

Die Gründung der Federal Reserve

Vom strikten Verharren im Goldstandard ausgelöste periodische Liquiditätskrisen veranlassten den Kongress 1913 dazu, den Federal Reserve Act zu erlassen, durch den das Federal Reserve System entstand. Es gehörte zur Verantwortung der Fed, eine »elastische« Währung zur Verfügung zu stellen. Das bedeutete, dass in Zeiten von Bankenkrisen die Fed als letzter Kreditgeber fungieren würde. In schwierigen Zeiten würde die Zentralbank so viel Geld bereitstellen, dass die Bankkunden ihre Einlagen abheben konnten, ohne dass die Banken gezwungen waren, Kredite und andere Assets zu liquidieren.

Auf lange Sicht war die Geldschöpfung durch die Fed noch immer durch den Goldstandard eingeschränkt, weil das Papiergeld der Regierung, die Federal Reserve Notes, die Zahlung einer bestimmten Menge Gold versprachen. Kurzfristig aber konnte die Federal Reserve nach Belieben Geld erschaffen, solange sie nicht die Konvertibilität der Federal Reserve Notes gegen Gold zu 20,67 Dollar je Unze bedrohte, die vor der Großen Depression geherrscht hatte. Aber der Fed wurden vom Kongress oder vom Federal Reserve Act nie

Richtlinien vorgegeben, wie sie Geldpolitik durchführen und die richtige Menge Geld festlegen sollte.

Der Fall des Goldstandards

Dieser Mangel an Führung hatte nur zwei Jahrzehnte später katastrophale Konsequenzen. Nach dem Aktiencrash 1929 gerieten die Volkswirtschaften dieser Welt in eine starke Abwärtsbewegung. Sinkende Asset-Kurse und Unternehmenspleiten ließen die Anleger an den Assets der Banken zweifeln. Als sich herumsprach, dass einige Banken Probleme hatten, die Auszahlungen an ihre Kunden zu gewährleisten, entstand ein Run auf die Geldhäuser.

In einem erstaunlichen Schauspiel institutioneller Unfähigkeit schaffte es die Fed nicht, zusätzliche Reserven zur Verfügung zu stellen, um der Bankenpanik entgegenzuwirken und einen Crash des Finanzsystems zu verhindern, obwohl der Federal Reserve Act die Fed ausdrücklich dazu ermächtigte. Hinzu kam: Wer es geschafft hatte, seine Bankeinlagen abzuheben, suchte noch größere Sicherheit und tauschte beim Finanzministerium seine Banknoten gegen Gold, was die staatlichen Goldreserven extrem unter Druck setzte. Die Bankenpanik breitete sich bald von den USA nach Großbritannien und Kontinentaleuropa aus.

Um einen starken Goldverlust zu vermeiden, tat Großbritannien den ersten Schritt und verließ am 20. September 1931 den Goldstandard, tauschte seine Währung also nicht mehr gegen Gold. 18 Monate später, am 19. April 1933, verließen auch die USA den Goldstandard, weil sich die Depression und die Finanzkrise verschlimmerten.

Die Investoren liebten die neue Flexibilität der Regierung, und die Reaktion auf die Entthronung des Goldes war in den USA noch begeisterter als in Großbritannien. Am Tag, als die Regierung den Goldstandard aufgab, stiegen die Aktien um über neun Prozent, am folgenden Tag noch einmal um sechs Prozent. Das war die stärkste Zwei-Tages-Rallye in der Geschichte des amerikanischen Aktienmarkts. Die Investoren dachten, die Regierung könne nun die zusätzliche Liquidität liefern, die man brauchte, um die Rohstoffpreise zu stabilisieren und die Wirtschaft in Gang zu bringen, was sie für einen treibenden Faktor am Aktienmarkt hielten. Anleihen fielen allerdings, weil die Anleger die inflationären Konsequenzen des Verlassens des Goldstandards fürchteten. *BusinessWeek* veröffentlichte ein positives Editorial über das Verlassen des Goldstandards:

> *Mit einer entschlossenen Geste wirft (Präsident Roosevelt) all den sorgfältig ausgearbeiteten Hokuspokus über die »Verteidigung des Dollars« aus dem Fenster. Er widersetzt sich einem alten Aberglauben und nimmt es mit den Advokaten des gemanagten Geldes auf… Es geht nun darum, unser Geld effizient zu managen, weise und zurückhaltend. Das ist zu schaffen.*[7]

Geldpolitik nach der Abwertung

Während US-Bürgern das Recht vorenthalten wurde, Dollars gegen Gold zu tauschen, wurde dieses Recht ironischerweise schon bald für ausländische Zentralbanken wieder eingeführt, und zwar zum abgewerteten Preis von 35 Dollar je Feinunze. Als Teil des Abkommens von Bretton Woods, das nach dem Zweiten Weltkrieg die Regeln der internationalen Wechselkurse festlegte, versprach die US Regierung, alle Dollars im Besitz ausländischer Zentralbanken zum fixen Preis von 35 Dollar je Unze in Gold zu tauschen, solange diese Länder ihre Währungen an den Dollar koppelten.

Als nach dem Krieg die Inflation stieg und der Wert des Dollars sank, wurde Gold für Ausländer immer attraktiver. Die US-Goldreserven begannen zu schmelzen, trotz offizieller Verlautbarungen, dass die USA nicht planten, von ihrer Politik abzuweichen, die den Tausch einer Unze Gold gegen 35 Dollar vorsah. Noch 1965 sagte Präsident Johnson unmissverständlich in seinem *Economic Report of the President*: »Unsere Fähigkeit und unsere Entschlossenheit, den Goldpreis von 35,00 Dollar beizubehalten, stehen außer Frage. Alle staatlichen Ressourcen dienen diesem Zweck.«[8]

Dem war aber nicht so. Als die Goldreserven schwanden, hob der Kongress 1968 die Golddeckung der amerikanischen Währung auf. Im *Economic Report of the President* des folgenden Jahres erklärte Präsident Johnson: »Mythen über Gold sterben langsam. Aber Fortschritt ist möglich – wie wir bewiesen haben. 1968 hat der Kongress die obsolete Golddeckung unserer Währung beendet.«[9]

Mythen über Gold? Obsolete Golddeckung? Was für eine Wende! Die Regierung räumte schließlich ein, dass die inländische Geldpolitik nicht von der Bindung an Gold abhängig war. Das Leitprinzip der internationalen Finanz- und Geldpolitik seit fast zwei Jahrhunderten wurde schließlich als Relikt fehlerhaften Denkens abgeschafft.

Trotz der Abschaffung der Golddeckung konnten ausländische Zentralbanken aber immer noch 35 Dollar gegen eine Unze Gold tauschen, obwohl Privatanleger an den freien Märkten über 40 Dollar je Unze zahlten. Die ausländischen Zentralbanken erkannten, dass das Ende dieser Tauschoption bevorstand, und daher beschleunigten sie ihre Tauschgeschäfte von Dollars gegen Gold. Die USA, die am Ende des Zweiten Weltkriegs Gold im Wert von fast 30 Milliarden Dollar gehalten hatten, standen im Sommer 1971 mit nur noch elf Milliarden da, und jeden Monat schrumpften die Reserven um Hunderte Millionen Dollar.

Etwas Dramatisches musste geschehen. Am 5. August 1971 verkündete Präsident Nixon in einer der außergewöhnlichsten Aktionen, seit Roosevelt 1933 die Schließung der Banken erklärt hatte, die »New Economic Policy«, das Einfrieren von Löhnen und Preisen sowie die Schließung des »Goldfensters«, das es Ausländern ermöglichte, Dollars gegen Gold zu tauschen. Die Verbindung von Gold zum Geld war dauerhaft – und unwiderruflich – beendet.

Obwohl Konservative über diese Aktion schockiert waren, weinte kaum ein Investor dem alten Goldstandard eine Träne nach. Der Aktienmarkt reagierte begeistert auf Nixons Ankündigung, die auch mit Lohn- und Preiskontrollen sowie höheren Zöllen verbunden war. Die Aktienkurse stiegen bei Rekordumsätzen um fast vier Prozent. Aber das war keine Überraschung für jemanden, der die Wirtschaftsgeschichte studiert hatte. Ausstiege aus dem Goldstandard und Währungsabwertungen führten zu einigen der dramatischsten Aktienrallyes aller Zeiten. Die Anleger waren sich einig, dass Gold ein monetäres Relikt war.

Die Geldpolitik nach dem Goldstandard

Nach dem Abschied vom Goldstandard gab es für die monetäre Expansion keine Einschränkungen mehr, weder in den USA noch in anderen Ländern. Der erste inflationäre Ölschock 1973 und 1974 erwischte die meisten Industrienationen auf dem falschen Fuß. Sie alle litten unter signifikant höherer Inflation, weil die Regierungen vergebens versuchten, sinkende Produktion durch eine Ausweitung der Geldmenge auszugleichen.

Wegen der inflationären Politik der Federal Reserve versuchte der Kongress 1975, die monetäre Expansion durch eine Resolution unter Kontrolle zu bringen. Diese verpflichtete die Zentralbank, monetäre Wachstumsziele aufzustellen. Drei Jahre später erließ der Kongress den Humphrey-Hawkins Act, durch den die Fed verpflichtet wurde, zweimal jährlich vor dem Kongress Rechenschaft über ihre Geldpolitik abzulegen und Geldmengenziele festzulegen. Dies war das erste Mal seit der Verabschiedung des Federal Reserve Act, dass der Kongress die Zentralbank anwies, die Geldmenge zu kontrollieren. Bis heute beachten die Finanzmärkte genau die Rechenschaftslegung des Fed-Chairmans vor dem Kongress, die im Februar und im Juli stattfindet.[10]

Leider ignorierte die Fed größtenteils die Geldziele, die sie sich in den 1970er-Jahren selbst setzte. Der Anstieg der Inflation 1979 setzte die Fed verstärkt unter Druck, ihre Politik zu ändern und die Inflation seriös zu kontrollieren. Am Samstag, dem 6. Oktober 1979, verkündete Paul Volcker, der Nachfolger G. William Millers als Chairman der Fed, eine radikale Veränderung bei der Umsetzung der Geldpolitik. Die Federal Reserve würde ihre Politik nicht mehr über Leitzinsen gestalten. Stattdessen würde sie die Kontrolle über die Geldversorgung ausüben, ohne Zinsveränderungen zu berücksichtigen. An den Märkten wusste man, dass dies deutlich höhere Zinsen bedeutete.

Die Aussichten auf stark eingeschränkte Liquidität waren ein Schock für die Finanzmärkte. Obwohl Volckers Ankündigung am Samstagabend (später als »Saturday Night Massacre« bezeichnet) nicht sofort die Schlagzeilen prägte – im Gegensatz zu den zahllosen Presseberichten über Nixons 1971 verkündete neue Wirtschaftspolitik, die Preise einfror und das Goldfenster schloss –, wühlte sie die Finanzmärkte auf. Die Aktienkurse gerieten in einen Abwärtsstrudel und verloren bei Rekordumsätzen fast acht Prozent in den 2,5 Tagen nach Volckers Ankündigung. Den Aktionären liefen Schauder über den Rücken beim Gedanken an deutlich höhere Zinsen, die notwendig sein würden, um die Inflation zu zähmen.

Die strikte Geldpolitik Paul Volckers brach im Lauf der Jahre schließlich den Inflationszyklus. Nicht nur die Fed, sondern auch die europäischen Zentralbanken und die Bank of Japan ernannten die Inflation zum »Staatsfeind Nr. 1« und richteten ihre Geldpolitik folgerichtig am Ziel der Preisstabilität aus. Die Einschränkung des Geldmengenwachstums erwies sich als einzig wahre Antwort zur Kontrolle der Inflation.

Die Federal Reserve und die Geldschöpfung

Der Prozess, mit dem die Fed die Geldmenge steuert und die Kreditbedingungen kontrolliert, ist sehr direkt. Wenn die Fed die Geldmenge erhöhen will, kauft sie Staatsanleihen am *offenen Markt* – einem Markt, an dem jeden Tag Milliarden Dollar Anleihenwert gehandelt werden. Das Einmalige an der Federal Reserve ist: Wenn sie am offenen Markt Staatsanleihen kauft, zahlt sie dafür, indem sie den Betrag dem Reservekonto des Kunden gutschreibt, von dem die Fed die Anleihen gekauft hat – und somit schafft sie neues Geld. Ein *Reservekonto* ist eine Einlage, die eine Bank bei der Federal Reserve hinterlegt, um Reserve-Anforderungen zu erfüllen und die Abwicklung von Transaktionen zu erleichtern.

Wenn die Fed die Geldversorgung reduzieren will, verkauft sie Staatsanleihen aus ihrem Portfolio. Der Käufer dieser Anleihen instruiert seine Bank, den Verkäufer (die Fed) von seinem Konto zu bezahlen. Dann instruiert die Bank die Fed, das Reservekonto der Bank zu belasten – und dieses Geld verschwindet aus dem Umlauf. Das nennt man *Open Market Sale*, also einen Verkauf am offenen Markt. Kauf und Verkauf von Anleihen nennt man *Open Market Operations.*

Wie sich die Aktionen der Fed auf die Zinsen auswirken

Wie wir gesehen haben, beeinflussen die Staatsanleihenkäufe und -verkäufe der Federal Reserve das Volumen der Reserven im Bankensystem. Unter den Banken gibt es einen aktiven Markt für diese Reserven, an dem täglich Milliarden Dollars umgesetzt werden. Man nennt diesen Markt *Federal Funds Market* und den dort vorherrschenden Zinssatz *Federal Funds Rate.*

Die Bezeichnung *Federal* Funds Market bedeutet nicht, dass dieser Markt von der Regierung organisiert wird oder dass dort Staatsanleihen gehandelt werden. Es handelt sich um einen privaten Kreditmarkt unter Banken, wo die Zinsen durch Angebot und Nachfrage geregelt werden. Allerdings hat die Federal Reserve großen Einfluss auf den Federal Funds Market. Wenn die Fed Wertpapiere kauft, wird das Angebot an Reserven erhöht, und der Zins der Federal Funds sinkt, weil die Banken über üppige Reserven potenzieller Kredite verfügen. Wenn die Fed Wertpapiere verkauft, verringert sich das Angebot an Reserven und die Federal Funds Rate steigt, weil die Banken um die dann knappen Reserven konkurrieren.

Obwohl die Federal Funds über Nacht verliehen werden und der Zins ein Ein-Tages-Zins ist, stellt der Zins auf die Federal Funds den Anker aller anderen kurzfristigen Zinsen dar. Dazu zählen die Prime Rate, also der Benchmark-Zins für alle kommerziellen und kurzfristigen Kredite und die Zinsen kurzfristiger Staatsanleihen. Die Federal Funds Rate ist die Basis für Kredite und Wertpapiere im Volumen von mehreren Billionen Dollar.

Die Zinsen sind ein extrem wichtiger Einflussfaktor auf die Aktienkurse, weil Zinsen die zukünftigen Cashflows von Aktien diskontieren. Anleihen werden attraktiver, wenn die Zinsen steigen. Daher verkaufen die Anleger Aktien, bis die Renditen der Aktien relativ zu den Anleihenrenditen wieder attraktiv werden. Das Gegenteil passiert, wenn die Zinsen fallen.

Aktienkurse und die Politik der Zentralbank

Wegen des enormen Einflusses der Geldpolitik auf die Aktienkurse ist es vernünftig zu erwarten, dass Anleger überdurchschnittliche Renditen erreichen können, indem sie der Politik der Zentralbank folgen. Von Mitte 1950 bis Ende der 1980er-Jahre war dies tatsächlich der Fall. In den drei, sechs und zwölf Monaten nach einer Senkung der Federal Funds Rate waren die Aktienrenditen viel höher als nach einer Anhebung dieses Zinses. Anleger konnten überdurchschnittliche Renditen erzielen, indem sie ihre Aktienbestände nach einer Zinssteigerung reduzierten und sie erhöhten, wenn die Fed ihre Geldpolitik lockerte.

Aber seit 1990 ist dieses Muster nicht mehr so zuverlässig. Abbildung 13.2 zeigt den S&P-500-Index und die Fed Funds Rate von 1990–2013. Nach einer langen Phase der Zinssenkungen während der Rezession 1990 und 1991 erhöhte die Fed am 4. Februar 1994 das Ziel der Fed Funds. Der S&P-500-Index stand damals bei 481 Punkten. Der Aktien- und der Anleihenmarkt reagierten sofort. Die Aktienkurse sanken um 2,5 Prozent und rutschten Anfang April um weitere sieben Prozent ab. Die Anleihenkurse wurden verwüstet. Die 10-jährige Staatsanleihe fiel 1994 um fast 150 Basispunkte und erlitt die schwersten Verluste seit Jahren. Aber ab April stabilisierten sich die Aktien und stiegen, obwohl die Fed die Zinsen anzog. Als die Fed am 6. Juli 1995 endlich die Zinsen senkte, um auf die sich abschwächende Wirtschaft zu reagieren, stand der S&P bei 554, also etwa 15 Prozent höher als an dem Tag, als die Fed mit ihren Zinserhöhungen begonnen hatte.

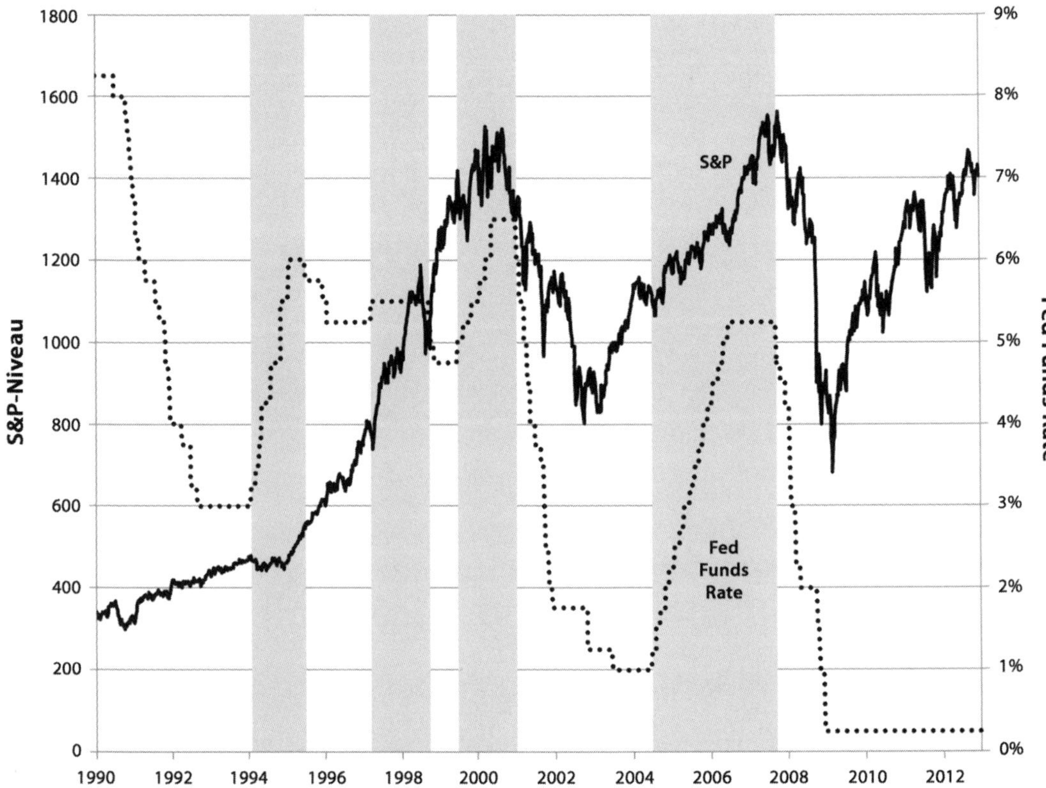

Abbildung 13.2: S&P-500 und Fed Funds Rate, 1990–2013

Als sich die Wirtschaft erholte und wieder Inflation drohte, erhöhte die Fed den Zins am 25. März 1997 um 25 Basispunkte, doch die Aktienkurse stiegen weiter. Als Reaktion auf die Asien-Krise und das durch die Pleite von Long-Term Capital Management verursachte Chaos am Markt für Staatsanleihen senkte die Fed die Fed Funds Rate am 29. September 1998. Aber der Aktienmarkt stand um 33 Prozent höher als 18 Monate zuvor, als die Fed erstmals die Zinsen erhöht hatte.

Als die US-Wirtschaft die Asien-Krise abschüttelte, begann die Fed am 30. Juni 1999 bei einem Stand des S&P-Index bei 1373 Punkten die Zinsen wieder zu erhöhen. Aber die Aktien stiegen weiter, und der S&P erreichte am 24. März 2000 sein Hoch von 1527 Punkten, zwölf Prozent mehr als im Juni des Vorjahrs. In allen diesen Phasen verpassten Investoren, die sich vom Markt ferngehalten hatten, als die Fed die Zinsen erhöhte, hohe Aktienrenditen.

Nach dem Höhepunkt der Hausse Anfang 2000 senkte die Fed die Funds Rate erst im Januar 2001, nachdem die Aktien auf das Niveau vom Juni 1999 gefallen waren, als die Fed mit ihren Zinserhöhungen begonnen hatte. Aber im Januar 2001 war es noch viel zu früh für einen Wiedereinstieg in den Markt, weil die Aktienkurse noch bis zum Oktober 2002 abrutschten, als der S&P-500 ein Fünf-Jahres-Tief bei 776,76 Punkten erreichte. Als die Fed am 30. Juni 2004 die Zinsen wieder zu erhöhen begann, lag der S&P bei 1141 Punkten. Aber nun war es viel zu früh, um aus Aktien auszusteigen, weil die Hausse noch drei Jahre dauerte. Ihr Hoch erreichte sie im Oktober 2007 mit 1565 Punkten, mehr als 37 Prozent höher als zum Zeitpunkt, als die Fed die Zinsen zu erhöhen begann. Als sich die Finanzkrise auf die Wirtschaft auszuwirken begann, senkte die Fed am 8. September 2007 erstmals wieder die Zinsen, nur drei Wochen vor dem Markthoch. Ganz bestimmt nicht der richtige Zeitpunkt, um das Depot mit Aktien vollzupacken.

Alles in allem kommen wir zu folgendem Ergebnis: Wer Aktien bei der ersten Zinssenkung durch die Fed kaufte und sie bei der ersten Zinserhöhung wieder verkaufte, erreichte (ohne Dividenden) von Februar 1994 bis Ende 2012 eine Gesamtrendite von 55 Prozent. Wer die Aktien 1994 kaufte und bis 2012 behielt, kam auf 212 Prozent, also fast auf das Vierfache.

Es gibt einen guten Grund, warum Aktien heute nicht mehr so auf die Politik der Fed reagieren wie in der Vergangenheit. Die Anleger sind so darauf versessen, die Politik der Fed zu beobachten und zu antizipieren, dass der Effekt von Zinserhöhungen und -senkungen bereits am Markt eingepreist ist. Falls die Anleger erwarten, dass die Fed die Wirtschaft stabilisiert, ist dies in den Aktienkursen längst enthalten, wenn die Fed mit ihren stabilisierenden Aktionen beginnt.

Aktien als Absicherung gegen Inflation

Obwohl die Zentralbank die Macht hat, den Konjunkturzyklus abzumildern (wenn auch nicht zu eliminieren), hat ihre Politik auf dem Gebiet der Inflation die stärksten Auswirkungen. Wie schon erwähnt, entstand die Inflation der 1970er-Jahre durch die übermäßige Expansion der Geldversorgung. Dies war eine Aktion, die die Zentralbank in der vergeblichen Hoffnung durchführte, sie könne die Auswirkungen der eingeschränkten Öllieferungen der OPEC ausgleichen. Diese expansive Geldpolitik ließ die Inflation in den am stärksten industrialisierten Ländern bis in den zweistelligen Bereich steigen – in den USA erreichte sie 13, im Vereinigten Königreich mehr als 24 Prozent.

Im Gegensatz zu den Renditen festverzinslicher Wertpapiere sind die historischen Belege überwältigend, dass die Aktienrenditen über lange Zeiträume mit der Inflation Schritt gehalten haben. Weil Aktien Rechte an den Gewinnen realer Assets verbriefen – Assets, deren Wert intrinsisch mit den von ihnen produzierten Gütern und Dienstleistungen verbunden ist –, sollte man erwarten, dass ihre langfristigen Renditen nicht von der Inflation geschädigt werden. Zum Beispiel war der Zeitraum seit dem Zweiten Weltkrieg der inflationärste der Geschichte, und dennoch waren die Realrenditen ebenso hoch wie in den 150 Jahren zuvor. Die Fähigkeit eines Assets, wie zum Beispiel Aktien, seine Kaufkraft in inflationären Zeiten zu bewahren, macht Aktien zu einer Absicherung (Hedge) gegen Inflation.

Tatsächlich wurden Aktien in den 1950er-Jahren allgemein als Schutz vor steigenden Verbraucherpreisen gepriesen. Wie in Kapitel 10 erwähnt, blieben viele Anleger damals Aktien treu, obwohl sie sahen, dass die Dividendenrendite ihrer Aktien unter die Verzinsung langfristiger Anleihen fiel. Aber in den 1970er-Jahren wurden Aktien durch die Inflation verwüstet, und man betrachtete sie nicht mehr als effektiven Schutz vor Inflation.

Was sagen die Tatsachen über die Effektivität von Aktien als Inflationsschutz aus? Die jährlichen Gesamtrenditen von Aktien, lang- und kurzfristigen Staatsanleihen im Vergleich zur Inflation für Haltezeiträume zwischen einem und 30 Jahren werden in Abbildung 13.3 gezeigt.

Die Daten legen nahe, dass weder Aktien noch lang- noch kurzfristige Staatsanleihen auf kurze Sicht wirksam vor Inflation schützen. Die kurzfristigen Realrenditen dieser Finanz-Assets sind am höchsten, wenn die Inflation niedrig ist, und ihre Renditen sinken, wenn die Inflation steigt. Aber die Realrenditen von Aktien werden über lange Zeiträume von der Inflation tatsächlich nicht beeinflusst. Anleihenrenditen dagegen bleiben in sämtlichen Haltezeiträumen hinter den Aktienrenditen zurück.

Das war die wichtigste Schlussfolgerung in Edgar L. Smith' erschienenem Buch *Common Stocks as Long-Term Investments*. Smith zeigte, dass Aktien in Zeiten steigender Preise ebenso besser abschneiden als bei sinkenden Preisen, wobei er den Zeitraum nach dem Bürgerkrieg bis zum Ende des 19. Jahrhunderts untersuchte. Smith' Ergebnisse sind robust und haben den Daten aus den folgenden 90 Jahren standgehalten.

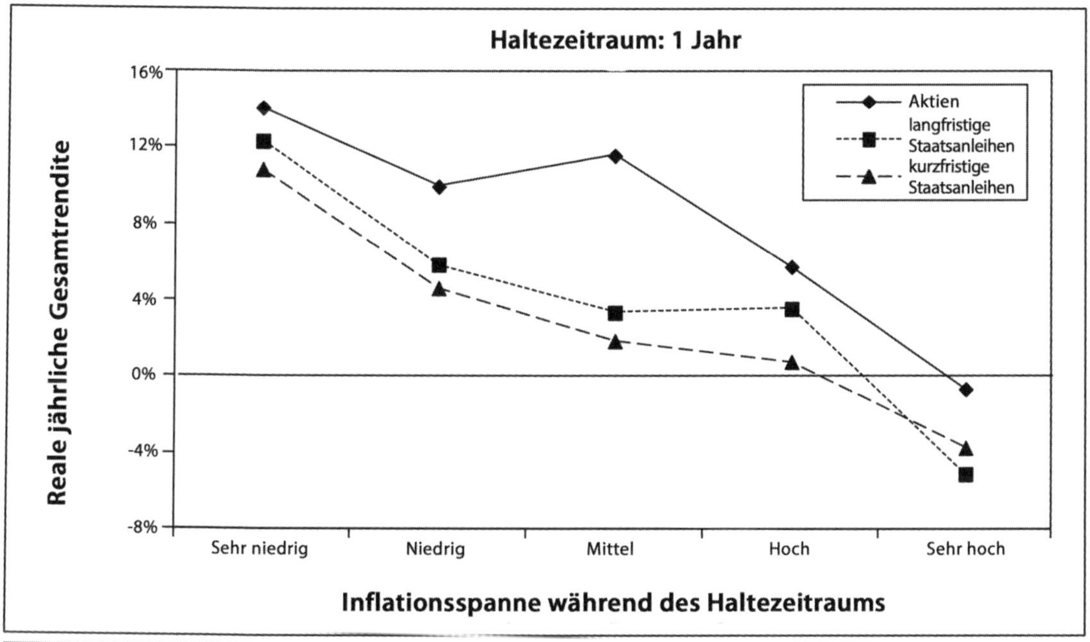

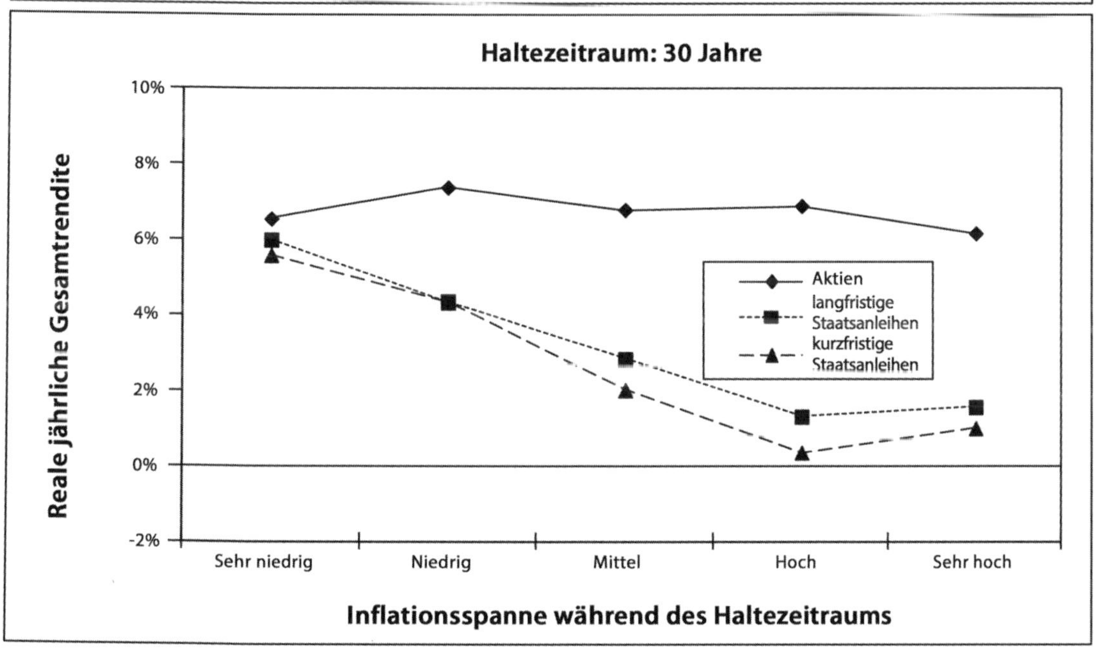

Abbildung 13.3: Haltezeiträume und Inflation, 1871–2012

Warum Aktien als kurzfristiger Inflationsschutz scheitern

Höhere Zinsen

Wenn Aktien reale Assets repräsentieren, warum scheitern sie dann als kurzfristiger Inflationsschutz? Eine populäre Erklärung lautet, dass die Inflation die Anleihenzinsen steigen lässt, und höhere Anleihenzinsen drücken auf die Aktienkurse. Mit anderen Worten: Die Inflation muss die Aktienkurse genügend nach unten schicken, um ihre Dividenden oder Gewinnrenditen ausreichend zu steigern, damit sie den höheren Anleihenzinsen entsprechen. Das ist der Gedanke hinter dem in Kapitel 10 beschriebenen Fed-Modell.

Diese Erklärung ist allerdings nicht korrekt. Natürlich lässt die Erwartung höherer Preise die Zinsen steigen. Irving Fisher, der berühmte amerikanische Ökonom am Beginn des 20. Jahrhunderts, merkte an, dass Kreditgeber sich gegen Inflation schützen wollen, indem sie die erwartete Inflation zum realen Zins addieren, den sie von den Kreditnehmern verlangen. Das wurde nach dem Entdecker *Fisher-Gleichung* genannt.[11]

Aber die höhere Inflation erhöht auch die erwarteten zukünftigen Cashflows für die Aktionäre. Aktien sind Ansprüche auf die Gewinne realer Assets, egal ob diese Assets die Produkte von Maschinen, Arbeit, Land oder Ideen sind. Die Inflation erhöht die Kosten der Inputs und folglich auch die Preise der Outputs (und diese Preise sind ja der Maßstab der Inflation). Daher steigen mit dem Anstieg der Preisniveaus auch die zukünftigen Cashflows.

Man kann zeigen, dass bei einer Inflation, welche die Preise von Inputs und Outputs gleichermaßen betrifft, der Gegenwartswert zukünftiger Cashflows durch die Inflation nicht negativ beeinflusst wird, obwohl die Zinsen steigen. Höhere zukünftige Cashflows kompensieren die höheren Zinsen. Somit steigen im Lauf der Zeit die Aktienkurse – so wie Gewinne und Dividenden – mit der Inflationsrate. In der Theorie sind Aktienrenditen der ideale Schutz vor Inflation.

Nicht neutrale Inflation: Effekte auf der Angebotsseite

Die Unempfindlichkeit von Aktienkursen gegenüber der Inflationsrate gilt, wenn die Inflation rein monetärer Natur ist und Kosten und Einnahmen gleichermaßen beeinflusst. Aber es gibt viele Umstände, in denen die Gewinne nicht mit der Inflation Schritt halten. Die Aktienkurse sanken in den 1970er-Jahren, weil die Öl-Lieferbeschränkungen der OPEC die Energiekosten dramatisch erhöhten. Die Firmen waren nicht in der Lage, die Preise ihrer Erzeugnisse so stark zu erhöhen, wie ihre Energiekosten stiegen.

In diesem Kapitel wurde schon angemerkt, dass die Inflation der 1970er-Jahre das Ergebnis einer schlechten Geldpolitik war, die versuchte, den konjunkturschädlichen Einfluss der Ölpreissteigerungen durch die OPEC auf die Unternehmensgewinne in den USA zu kompensieren. Amerikanische Produzenten, die jahrelang von niedrigen Energiekosten profitiert hatten, waren in keiner Weise darauf vorbereitet, mit steigenden Energiekosten zurechtzukommen. Die Rezession, die auf die erste Lieferbeschränkung der OPEC folgte, ließ den Aktienmarkt sinken, die Produktivität ließ deutlich nach, und Ende 1974 waren die realen Aktienkurse, gemessen am Dow Jones Industrial Average, ab dem Hoch vom Januar 1966 um 65 Prozent gefallen – der stärkste Rückgang seit dem Crash 1929. Der Pessimismus reichte so tief, dass im August 1974 fast die Hälfte aller Amerikaner dachte, die Wirtschaft laufe auf eine Depression wie diejenige zu, die man in den 1930er-Jahren erlebt hatte.[12]

Die Inflation kann auch dann auf die Aktienkurse drücken, wenn sie die Befürchtungen der Anleger nährt, dass die Zentralbank restriktive Aktionen durchführen wird, indem sie die kurzfristigen Zinsen erhöht. Auf solche restriktiven Maßnahmen folgt oft eine konjunkturelle Abschwächung, die ebenfalls auf die Kurse drückt.

In vielen Volkswirtschaften, vor allem in weniger entwickelten Ländern, ist die Inflation auch mit hohen Haushaltsdefiziten und exzessiven Regierungsausgaben verbunden. Daher signalisiert sie oft, dass die Regierung in der Wirtschaft eine zu große Rolle spielt, was häufig zu niedrigerem Wachstum, niedrigeren Unternehmensgewinnen und tieferen Aktienkursen führt. Kurz gesagt: Es gibt viele gute ökonomische Gründe, warum Aktienkurse in Reaktion auf steigende Inflation sinken sollten.

Steuern auf Unternehmensgewinne

Ökonomische Faktoren sind jedoch nicht der einzige Grund, warum Aktien kurzfristig kein guter Inflationsschutz sind. Die amerikanischen Steuergesetze bestrafen Investoren in Zeiten der Inflation. Es gibt zwei signifikante Gebiete, auf denen die Steuergesetze zum Schaden der Aktionäre funktionieren: Unternehmensgewinne und Kapitalgewinne.

Die Gewinne werden durch die GAAP-Regeln verzerrt, die die Auswirkungen der Inflation auf die Unternehmensgewinne nicht angemessen bewerten. Diese Verzerrung zeigt sich vor allem im Umgang mit Abschreibung, Bewertung der Lagerbestände und Zinskosten.

Die Abschreibung von Fabriken, Ausrüstung und anderen Kapitalinvestitionen basiert auf *historischen Kosten*. Diese Abschreibungspläne werden Änderungen des Preises von Kapital, die während der Lebensdauer eines Assets auftreten können, nicht angepasst. Inflation erhöht die Kapitalkosten, aber die berichtete Abschreibung enthält keine Adjustierung an die Inflation. Daher werden die Abschreibungsmöglichkeiten reduziert und die steuerpflichtigen Gewinne werden zu hoch eingeschätzt, was den Unternehmen eine höhere Steuerschuld beschert.

Die Abschreibung ist jedoch nicht die einzige Quelle der Verzerrung in den veröffentlichten Gewinnen. Bei der Berechnung der Kosten verkaufter Güter müssen die Firmen mit historischen Kosten arbeiten; entweder nach dem Inventurgrundsatz »First-in-first-out« oder gemäß der Regel »Last-in-first-out«. In einem inflationären Umfeld erweitert sich die Lücke zwischen historischen Kosten und Verkaufspreisen, was der Firma Inflationsgewinne einbringt. Diese »Gewinne« repräsentieren keinen Anstieg der realen Profitabilität der Firma. Sie stehen nur für den Teil des Kapitals einer Firma – nämlich für das Inventar –, der umgesetzt und als monetärer Profit realisiert wird. Die Bewertung des Inventars unterscheidet sich vom restlichen Kapital einer Firma, zum Beispiel von einer Fabrik und von Maschinen, die nicht ständig neu bewertet werden, um die Gewinne berechnen zu können.

Das Handelsministerium als für die Erhebung von Statistiken zuständige Regierungsbehörde ist sich dieser Verzerrungen wohl bewusst. Es hat in den Statistiken über das Nationaleinkommen und die Produktion eine Adjustierung der Abschreibungen und eine Adjustierung der Inventarbewertung berechnet. Aber die Steuerbehörde erkennt keine dieser Anpassungen für steuerliche Zwecke an. Die Firmen müssen Steuern auf die veröffentlichten Gewinne zahlen, auch wenn diese Gewinne wegen der Inflation höher ausgewiesen werden müssen, als sie tatsächlich waren. Solche Verzerrungen erhöhen letztlich die Steuern auf Kapital.

Inflationäre Verzerrungen der Zinskosten

Es gibt noch eine weitere Verzerrung der Unternehmensgewinne, die in den Regierungsstatistiken nicht auftaucht. Sie basiert auf den inflationsabhängigen Komponenten der Zinskosten, und im Gegensatz zur Abschreibung und zum Inventar führt sie dazu, dass die Unternehmensgewinne in inflationären Zeiten *zu niedrig* dargestellt werden.

Die meisten Firmen besorgen sich Kapital, indem sie festverzinsliche Assets herausgeben, zum Beispiel Anleihen, oder indem sie Bankkredite in Anspruch nehmen. Diese Aufnahme von Fremdkapital hebelt die Assets der Firma, weil jeder Profit, der den Schuldendienst übersteigt, an die Aktionäre fließt. In einem inflationsgeprägten Umfeld steigen die nominalen Zinskosten, auch wenn die realen Zinskosten unverändert bleiben. Aber die Unternehmensgewinne werden berechnet, indem man die *nominalen* Zinskosten subtrahiert, was die realen Zinskosten der Firma zu hoch darstellt. Daher sind die veröffentlichten Unternehmensgewinne niedriger als die tatsächlichen wirtschaftlichen Profite.

In der Tat zahlt die Firma ihre Schulden mit abgewerteten Dollars zurück, und daher werden die höheren nominalen Zinskosten durch die Wertreduzierung der Anleihen und Kredite der Firma exakt ausgeglichen. Aber diese Reduzierung der realen Verschuldungshöhe wird in keinem Gewinnbericht der Firma ausgewiesen. Bei Firmen mit hohem Fremdkapitalanteil in der Bilanz kann diese Verzerrung die Auswirkungen der fehlerhaften Bewertung von Inventar und Abschreibung mit Leichtigkeit überwiegen. Leider ist es nicht einfach, diese Verzerrung zu quantifizieren, weil es schwerfällt, den Teil der inflationsbedingten Zinskosten von den realen Zinsen zu trennen.

Fazit

Dieses Kapitel dokumentiert die Rolle des Geldes in der Wirtschaft und an den Finanzmärkten. Vor dem Zweiten Weltkrieg gab es in den USA und in anderen industrialisierten Ländern keine dauerhafte Inflation. Aber als man sich während der Großen Depression vom Goldstandard verabschiedete, ging die Kontrolle über das Geld auf die Zentralbanken über. Und als der Dollar nicht mehr an Gold gebunden war, erwies sich nicht Deflation, sondern Inflation als das Hauptproblem, das die Zentralbanken zu kontrollieren versuchten.

Die Botschaft dieses Kapitels lautet: Auf kurze Sicht sind Aktien kein guter Schutz vor Inflation. Das trifft allerdings auch auf kein anderes Asset zu. Auf lange Sicht bieten Aktien extrem guten Schutz vor Inflation – im Gegensatz zu Anleihen. Aktien sind auch das beste Finanz-Asset, wenn Sie eine rapide Inflation befürchten, denn viele Länder mit hoher Inflation können dennoch recht stabile, wenn nicht sogar boomende Aktienmärkte haben. Im Gegensatz dazu können festverzinsliche Assets Investoren nicht vor exzessiver Geldschöpfung durch die Regierung schützen.

Zum Glück für Investoren sind Zentralbanker auf der ganzen Welt entschlossen, die Inflation niedrig zu halten, und in der Regel taten sie dies mit Erfolg. Wenn aber erneut Inflation aufkommt, werden Investoren mit Aktien besser abschneiden als mit Anleihen.

14. Aktien und der Konjunkturzyklus*

Der Aktienmarkt hat neun der letzten fünf Rezessionen prognostiziert.
Paul Samuelson, 1966[1]

Ich würde gern Marktentwicklungen vorhersagen und Rezessionen antizipieren können, aber weil das unmöglich ist, bin ich ebenso wie Buffett damit zufrieden, profitable Unternehmen zu finden.
Peter Lynch, 1989[2]

Ein angesehener Wirtschaftswissenschaftler wird gleich eine Rede vor einer großen Gruppe aus Finanzanalysten, Anlageberatern und Aktienbrokern halten. Im Publikum herrscht offensichtliche Besorgnis. Der Aktienmarkt ist fast jeden Tag auf neue Allzeithochs gestiegen, hat die Dividendenrenditen nach unten und die KGVs gen Himmel geschickt. Ist dieser Optimismus gerechtfertigt? Das Publikum will wissen, ob sich die Wirtschaft wirklich gut genug entwickeln wird, um diese hohen Aktienkurse zu rechtfertigen.

Die Rede des Ökonomen ist höchst optimistisch. Er prognostiziert, dass das reale BIP der USA in den nächsten vier Quartalen um über vier Prozent steigen wird – eine sehr gesunde Wachstumsrate. Es wird mindestens drei Jahre lang keine Rezession geben, und falls danach eine auftritt, wird sie sehr kurz sein. Die Unternehmensgewinne, einer der wichtigsten Antriebsfaktoren für die Aktienkurse, werden mindestens drei Jahre lang jährlich zweistellig steigen. Und dann prognostiziert er auch noch, dass bei den Präsidentschaftswahlen im kommenden Jahr ein Republikaner mit Leichtigkeit ins Weiße Haus einziehen wird, offensichtlich eine beruhigende Situation für das zum allergrößten Teil konservative Publikum. Den Leuten gefällt sichtlich, was sie da hören. Die Ängste der Zuhörer sind verflogen, und viele Berater sind bereit, ihren Kunden eine Aufstockung ihrer Aktienbestände zu empfehlen.

* Dieses Kapitel ist eine Adaptation meines Papiers »Does it Pay Stock Investors to Forecast the Business Cycle?« in *Journal of Portfolio Management*, Bd. 18 (Herbst 1991) S. 27–34. Das Material profitierte sehr von Diskussionen mit Professor Paul Samuelson.

Die Rede wird im Sommer 1987 gehalten, kurz vor einem der schärfsten Einbrüche aller Zeiten am Aktienmarkt, einschließlich des rekordhohen Einbruchs um 23 Prozent am 19. Oktober 1987. In wenigen Wochen sinken die Aktienkurse auf die Hälfte ihres Niveaus am Tag der Rede. Aber die größte Ironie bei alledem ist, dass der Ökonom mit jeder einzelnen seiner optimistischen Wirtschaftsprognosen völlig richtigliegt.

Die Lektion daraus ist, dass die Märkte und die Wirtschaft oft aus dem Gleichschritt geraten. Es ist keine Überraschung, dass viele Investoren Wirtschaftsprognosen nicht beachten, wenn sie ihre Börsenstrategie planen. Der Kern von Paul Samuelsons berühmten Worten, die am Beginn dieses Kapitels zitiert wurden, trifft auch nach 45 Jahren noch zu.

Aber missachten Sie den Konjunkturzyklus nicht zu schnell, wenn Sie Ihr Depot untersuchen. Der Aktienmarkt reagiert immer noch sehr stark auf Änderungen der Wirtschaftsaktivitäten. Die Reaktionen des S&P-500 auf den Konjunkturzyklus ab 1971 sehen Sie in Abbildung 14.1. Die Aktienkurse beginnen oft kurz vor den schattierten Zonen zu sinken, die Rezessionen anzeigen, und sie steigen deutlich, wenn es Anzeichen einer bevorstehenden wirtschaftlichen Erholung gibt. Wenn Sie den Konjunkturzyklus vorhersagen können, dann können Sie die Kaufen-und-Halten-Strategie schlagen, für die ich mich im gesamten Buch ausgesprochen habe.

Aber das ist keine leichte Aufgabe. Um durch die Prognose des Konjunkturzyklus Geld zu verdienen, muss man die Hochs und Tiefs der Wirtschaftsaktivitäten identifizieren können, *bevor* sie tatsächlich auftreten, und diese Fähigkeit haben, wenn überhaupt, nur sehr wenige Ökonomen. Dennoch ist die Prognose von Konjunkturzyklen an der Wall Street sehr populär. Nicht weil sie erfolgreich ist – meist ist sie es nicht –, sondern weil die Belohnung so groß ist, wenn man den Wendepunkt des Konjunkturzyklus identifizieren kann.

Abbildung 14.1: Aktienkurse, Gewinne, Dividenden und Rezessionen, 1871–2012

Wer benennt den Konjunkturzyklus?

Für viele ist es überraschend, dass die Datierung von Konjunkturzyklen nicht von einer der zahllosen staatlichen Behörden vorgenommen wird, die Wirtschaftsdaten sammeln. Stattdessen fällt diese Aufgabe dem National Bureau of Economic Research (NBER) zu, einer privaten Forschungseinrichtung, die 1920 zu dem Zweck gegründet wurde, Konjunkturzyklen zu dokumentieren und einige Datenserien über das Nationaleinkommen zu entwickeln. In den frühen Jahren stellten die Mitarbeiter der Einrichtung umfassende chronologische Berichte über die Veränderungen der ökonomischen Bedingungen in vielen industrialisierten Volkswirtschaften zusammen. Insbesondere wurden monatliche Datenreihen über die wirtschaftlichen Aktivitäten in den USA und Großbritannien zusammengestellt, die bis ins Jahr 1854 zurückreichen.

In einem 1946 erschienenen Buch mit dem Titel *Measuring Business Cycles* lieferten Wesley C. Mitchell, einer der Gründer des Büros, und Arthur Burns, ein bekannter Fachmann für Konjunkturzyklen und späterer Chef des Federal Reserve Board die folgende Definition von Konjunkturzyklen:

> *Konjunkturzyklen sind ein Typus der Fluktuation, den man in der gesamtwirtschaftlichen Aktivität von Nationen findet, die ihre Arbeit hauptsächlich in Unternehmen organisieren. Ein Zyklus besteht aus einer Expansion, die in etwa gleichzeitig bei vielen wirtschaftlichen Aktivitäten eintritt, gefolgt von ähnlich allgemeinen Rezessionen oder Kontraktionen und Wiederbelebungen, die sich zur Expansionsphase des nächsten Zyklus vereinen. Diese Abfolge von Veränderungen wiederholt sich, verläuft aber nicht periodisch. Die Dauer von Konjunkturzyklen variiert zwischen einem und zehn bis zwölf Jahren; man kann sie nicht in kürzere Zyklen von ähnlichem Charakter aufteilen.*[3]

Man nimmt allgemein an, dass eine Rezession eintritt, wenn das reale Bruttoinlandsprodukt, das umfassendste Maß des ökonomischen Outputs, in zwei aufeinanderfolgenden Quartalen sinkt. Aber das muss nicht unbedingt so sein. Obwohl dieses Kriterium eine vernünftige Faustregel für die Indikation einer Rezession ist, wendet das NBER keine einzelne Regel oder ein einzelnes Maß an. Es konzentriert sich auf vier verschiedene Datenreihen, um den Wendepunkt der Konjunktur zu bestimmen: Beschäftigung, Industrieproduktion, reales persönliches Einkommen und reale Umsätze von Industrie und Handel.

Das Komitee zur Datierung von Konjunkturzyklen im NBER bestätigt die Daten der Zyklen. Dieses Komitee besteht aus Wirtschaftswissenschaftlern, die mit dem Büro verbunden sind und zusammen Wirtschaftsdaten untersuchen, wann immer die Situation dies rechtfertigt. Im gesamten Zeitraum von 1802 bis 2012 gab es in den USA 47 Rezessionen. Sie dauerten im Durchschnitt 19 Monate, während die Expansionsphasen im Schnitt 34 Monate dauerten.[4] Das bedeutet, dass die Wirtschaft in diesen 210 Jahren für fast ein Drittel der Zeit in einer Rezession steckte. Seit dem Zweiten Weltkrieg gab es allerdings elf Rezessionen, die im Schnitt 11,1 Monate dauerten, während die Expansionsphasen 58,4 Monate dauerten. Nach dem Krieg herrschte also nur während eines Sechstels der Gesamtzeit eine Rezession, weit weniger als vor dem Krieg.

Die Datierung des Konjunkturzyklus ist von großer Bedeutung. Die Festlegung, dass sich die Wirtschaft in einer Rezession oder in einer Expansion befindet, hat politische und ökonomische Implikationen. Zum Beispiel sorgte es in Washington für Stirnrunzeln, dass das NBER den Beginn der Rezession 1990 auf Juli statt auf August terminierte. Das war so, weil die Bush-Regierung der Öffentlichkeit gesagt hatte, die Invasion des Irak in Kuwait und der Anstieg der Ölpreise seien für die wirtschaftliche Rezession verantwortlich. Diese Erklärung wurde unterminiert, als das Büro den Beginn der Rezession einen Monat früher terminierte. Ein ähnliches Beispiel: Die Rezession 2001 begann im März, als die Ausgaben für Technologie massiv einbrachen, also deutlich vor den Terroranschlägen vom 11. September.

Das Komitee zur Datierung von Konjunkturzyklen hat es nicht eilig, die Wendepunkte des Zyklus zu bestimmen. Noch nie wurde eine Datierung revidiert, weil neue oder andere Daten auftauchten – und das NBER will, dass das so bleibt. Robert E. Hall, derzeit Vorsitzender des siebenköpfigen Komitees zur Datierung von Konjunkturzyklen, drückte es so aus: »Das NBER hat nie ein Hoch oder Tief eines Konjunkturzyklus verkündet, bevor es kaum noch einen Zweifel gab, dass keine Veränderung wegen der späteren Verfügbarkeit neuer Daten zu erwarten war.«[5]

Die jüngsten Beispiele für die Datierung durch das NBER bestätigen das. Das Tief vom März 1991 wurde erst 21 Monate später datiert, im Dezember 1992, und das November-Tief der Rezession 2001 wurde erst im Juli 2003 benannt. Das Hoch der Expansion von 2002–2007 wurde erst im Dezember 2008 datiert, ein Jahr später und deutlich nachdem die Lehman-Krise die Finanzmärkte gelähmt hatte und die Aktienkurse ins Trudeln geraten waren. Das Abwarten, bis das Büro Konjunkturzyklen datiert, ist für das Timing an der Börse also nutzlos, weil die Daten zu spät kommen.

Aktienrenditen an den Wendepunkten der Konjunkturzyklen

Fast ausnahmslos dreht der Aktienmarkt schon vor Beginn einer Rezession nach unten und steigt vor einer Erholung der Wirtschaft. In der Tat gingen 43 der 47 Rezessionen ab 1802, also mehr als 90 Prozent, Rückgänge der Aktienindizes um mindestens acht Prozent voraus oder sie wurden davon begleitet. Nach dem Zweiten Weltkrieg gab es zwei Ausnahmen: Die Rezession 1948 und 1949 gleich nach dem Krieg und die Rezession 1953, als die Aktienkurse um etwas weniger als acht Prozent sanken.

Rezession	Hoch des Aktienindex (1)	Hoch des Konjunkturzyklus (2)	Monate zwischen des Hochs	Rückgang des Aktienindex zwischen (1) und (2)*	Maximaler Zwölf-Monats-Verlust der Aktien*
1948–1949	Mai 1948	Nov 1948	6	-8,91	-9,76
1953–1954	Dez 1952	Jul 1953	7	-4,26	-9,04
1957–1958	Jul 1957	Aug 1957	1	-4,86	-15,32
1960–1961	Dez 1959	Apr 1960	4	-8,65	-8,65
1970	Jul 1957	Dez 1969	13	-12,08	-29,16
1973–1975	Dez 1972	Nov 1973	11	-16,29	-38,80
1980	Jan 1980	Jan 1980	0	0,00	-9,55
1981–1982	Nov 1980	Jul 1981	8	-4,08	-13,99

Rezession	Hoch des Aktienindex (1)	Hoch des Konjunkturzyklus (2)	Monate zwischen des Hochs	Rückgang des Aktienindex zwischen (1) und (2)*	Maximaler Zwölf-Monats-Verlust der Aktien*
1990–1991	Jul 1990	Jul 1990	0	0,00	-13,84
2001	Aug 2000	Mär 2001	7	-22,94	-26,55
2007–2009	Okt 2007	Dez 2007	2	-4,87	-47,50
		Durchschnitt	5,4	-7,90	-20,20
* alle Angaben in Prozent					

Tabelle 14.1: Aktienkurse und die Hochs von Konjunkturzyklen, 1948–2012

Die Renditen während der elf Rezessionen nach dem Zweiten Weltkrieg sind in Tabelle 14.1 zusammengefasst. Wie Sie sehen, erreichte der Aktienindex null bis 13 Monate vor dem Beginn einer Rezession sein Hoch. Die Rezessionen, die im Januar 1980 und im Juli 1990 begannen, sind die beiden einzigen, bei denen der Aktienmarkt vorab nicht vor einer wirtschaftlichen Abwärtsbewegung warnte.

Wie das Zitat Samuelsons am Beginn dieses Kapitels besagt, neigt der Aktienmarkt aber auch zum falschen Alarm, und nach dem Krieg kam es immer öfter dazu. Rückgänge des Dow Jones Industrial Average nach dem Krieg von mehr als zehn Prozent, auf die keine Rezession folgte (die »falschen Alarme«), sind in Tabelle 14.2 aufgelistet. Der Rückgang um 35,1 Prozent von August bis Anfang Dezember 1987 war der stärkste in der 210-jährigen Geschichte der Aktienrenditen, auf den keine Rezession folgte.[6]

Das Tief des Index der Aktienrenditen und das Tief des NBER-Konjunkturzyklus werden in Tabelle 14.3 miteinander verglichen.

Der durchschnittliche Zeitraum zwischen dem Tief des Markts und dem Tief einer wirtschaftlichen Erholung betrug 4,6 Monate, in acht der elf Rezessionen handelte es sich um extrem enge Zeitspannen zwischen vier und sechs Monaten. Dagegen liegt das Markthoch im Schnitt 5,4 Monate vor dem Hoch des Konjunkturzyklus. Die Zeit zwischen dem Markthoch und dem ökonomischen Hoch zeigte zudem eine weit höhere Variationsbreite als die Zeit zwischen dem Markttief und dem Tief der Wirtschaft.[7]

Hoch des Aktienindex	Tief des Aktienindex	Rückgang in %
29. Mai 1946	17. Mai 1947	-23,2
13. Dez 1961	26. Jun 1962	-27,1
18. Jan 1966	29. Sep 1966	-22,3
25. Sep 1967	21. Mär 1968	-12,5
28. Aug 1971	23. Nov 1971	-16,1
17. Aug 1978	27. Okt 1978	-12,8
29. Nov 1983	24. Jul 1984	-15,6

Hoch des Aktienindex	Tief des Aktienindex	Rückgang in %
25. Aug 1987	04. Dez 1987	-35,1
06. Aug 1997	27. Okt 1997	-13,3
17. Jul 1998	31. Aug 1998	-19,3
19. Mai 2002	09. Okt 2002	-31,5
26. Apr 2010	02. Jul 2010	-13,6
29. Apr 2011	03 Okt 2011	-16,8

Tabelle 14.2: Falsche Rezessionsalarme durch den Aktienmarkt, 1945–2012

Rückgänge des Dow Jones in der Nachkriegszeit um zehn Prozent oder mehr, auf die innerhalb von zwölf Monaten keine Rezession folgte.

Rezession	Tief des Aktienindex (1)	Tief des Konjunkturzyklus (2)	Monate zwischen den Tiefs	Anstieg zwischen (1) und (2)*
1948–1949	Mai 1949	Okt 1949	5	15,59
1953–1954	Aug 1953	Mai 1954	9	29,13
1957–1958	Dez 1957	Apr 1958	4	10,27
1960–1961	Okt 1960	Feb 1961	4	21,25
1970	Jun 1970	Nov 1970	5	21,86
1973–1975	Sep 1974	Mär 1975	6	35,60
1980	Mär 1980	Jul 1980	4	22,60
1981–1982	Jul 1982	Nov 1982	4	33,13
1990–1991	Okt 1990	Mär 1991	5	25,28
2001	Sep 2001	Nov 2001	2	9,72
2007–2009	Mär 2009	Jun 2009	3	37,44
		Durchschnitt	4,6	
		Standardabweichung	1,80	
* alle Angaben in Prozent				

Tabelle 14.3: Aktienkurse und die Tiefs der Konjunkturzyklen, 1948–2012

Es ist wichtig zu beachten, dass der Aktienmarkt im Durchschnitt um 23,8 Prozent gestiegen ist, wenn die Wirtschaft das Ende der Rezession erreicht. Wenn ein Investor auf greifbare Hinweise wartet, dass der Konjunkturzyklus sein Tief erreicht hat, hat er bereits einen sehr substanziellen Anstieg des Markts verpasst. Und, wie oben erwähnt: Das NBER verkündet erst viele Monate nach der wirtschaftlichen Wende nach oben, dass eine Rezession vorbei ist.

Gewinne durch das Timing des Konjunkturzyklus

Meine Studien zeigen: Könnten Investoren *im Voraus* prognostizieren, wann Rezessionen beginnen und enden, könnten sie höhere Renditen erzielen als ein Anleger, der seine Aktien einfach kauft und hält.[8] Würde ein Investor vier Monate vor dem Beginn einer Rezession von Aktien zu Cash (kurzfristige Anleihen) wechseln und vier Monate vor dem Ende der Rezession wieder zurück zu Aktien, dann würde er auf risikoadjustierter Basis pro Jahr fast fünf Prozent höhere Gewinne erzielen als jemand, der seine Aktien kauft und hält. Etwa zwei Drittel dieses Gewinns sind das Ergebnis der richtigen Prognose des Endes der Rezession, wenn, wie Tabelle 14.3 zeigt, der Aktienmarkt zwischen vier und fünf Monate vor dem Ende der wirtschaftlichen Abwärtsbewegung sein Tief erreicht. Das letzte Drittel kommt aus dem Verkauf der Aktien vier Monate vor dem Hoch. Wer aber in dem Monat zwischen Aktien und Anleihen wechselt, in dem das NBER (weit nach dem Ereignis) den Beginn und das Ende einer Rezession verkündet, gewinnt nur ein halbes Prozent mehr als der Kaufen-und-Halten-Anleger.

Wie schwierig ist es, den Konjunkturzyklus zu prognostizieren?

Wenn jemand im Voraus wüsste, wann es zu Rezessionen kommt, wären seine Gewinne substanziell. Vielleicht werden deshalb Milliarden Dollar für den Versuch ausgegeben, den Konjunkturzyklus zu prognostizieren. Aber die Bilanz dieser Versuche ist sehr dürftig.

Stephen McNees, Vizepräsident der Federal Bank of Boston, hat intensiv über die Genauigkeit der Vorhersagen von Wirtschaftsprognostikern geforscht. Er sagt, ein bedeutender Faktor bei der Genauigkeit von Prognosen sei der Zeitraum, für den die Prognose erstellt wurde, und speziell was die Wendepunkte von Konjunkturzyklen betrifft, sei die Fehlerquote »enorm«.[9] Es sind aber exakt diese Wendepunkte, die es einem Prognostiker erlauben, ein erfolgreicher Markt-Timer zu sein.

Die Rezession 1974 und 1975 war für die Ökonomen besonders schwierig. Fast keiner der annähernd zwei Dutzend Top-Ökonomen des Landes, die im September zu Präsident Fords Anti-Inflations-Konferenz in Washington eingeladen wurden, war sich bewusst, dass die US-Wirtschaft mitten in ihrer bislang schwersten Rezession während der Nachkriegszeit steckte. McNees studierte die Vorhersagen von fünf prominenten Prognostikern aus dem Jahr 1974 und kam zu dem Ergebnis, dass der Mittelwert der Prognosen das BIP-Wachstum um sechs Prozent überschätzte und die Inflation um vier Prozent unterschätzte. Die Früherkennung der Rezession 1974 war so armselig, dass die Ökonomen gleich auf die nächste Rezession aufsprangen, die erst 1980 einsetzte – während die meisten Ökonomen dachten, sie habe schon Anfang 1979 begonnen.

Von 1976–1995 dokumentierten Robert J. Eggert und später Randell Moore die Wirtschaftsprognosen bekannter Experten und fassten sie zusammen. Diese Prognosen wurden gesammelt und in einer monatlich erscheinenden Publikation namens *Blue Chip Economic Indicators* veröffentlicht.

Im Juli sagte der *Blue Chip Economic Indicators*-Report, eine starke Mehrheit der Prognostiker glaube, dass bereits eine Rezession begonnen habe. Sie sagten ein negatives BIP-Wachstum im zweiten, dritten und vierten Quartal 1979 vorher. Das NBER erklärte jedoch, das Hoch des Konjunkturzyklus sei erst im Januar 1980 aufgetreten, und die Wirtschaft habe im gesamten Jahr 1979 expandiert.

Bei der Prognose der schweren Rezession 1981 und 1982, als die Arbeitslosenquote ein Nachkriegshoch von 10,8 Prozent erreichte, schnitten die Experten auch nicht besser ab. Die Überschrift des *Blue Chip Economic Indicators*-Reports lautete: »Wirtschaftlicher Überschwang 1982 in Sicht«. Stattdessen war 1982 ein Desaster. Im November 1981 bemerkten die Prognostiker, dass die Wirtschaft ins Straucheln geraten war, und aus Optimismus wurde Pessimismus. Die meisten dachten, die Wirtschaft sei in eine Rezession eingetreten (was schon vier Monate zuvor geschehen war), 70 Prozent dachten, diese werde im ersten Quartal 1982 enden (was sie nicht tat, um stattdessen im November den Rekord für die längste Rezession der Nachkriegszeit aufzustellen), und 90 Prozent dachten, die Rezession werde mild ausfallen statt hart – wieder falsch!

Im April 1985, als die Expansion schon längst begonnen hatte, wurden die Prognostiker gefragt, wie lange sich die Wirtschaft in einer Expansionsphase befinden werde. Die Antwort lag im Durchschnitt bei 20 Monaten. Damit wäre das Hoch im Dezember 1986 erreicht worden, mehr als dreieinhalb Jahre bevor der Zyklus dann tatsächlich endete. Selbst die optimistischsten Prognostiker meinten, die nächste Rezession werde spätestens im Frühling 1988 beginnen. Diese Frage wurde 1985 und 1986 wiederholt gestellt, und kein Prognostiker konnte sich vorstellen, dass die Expansion der 1980er-Jahre so lange dauern würde, wie es dann tatsächlich der Fall war.

Nach dem Aktiencrash 1987 senkten die Prognostiker ihre Schätzungen des BIP-Wachstums von 1987–1988 von 2,8 auf 1,9 Prozent. Das war die tiefste Absenkung in der elfjährigen Geschichte dieser Publikation. Stattdessen lag das Wirtschaftswachstum 1988 bei fast vier Prozent, weil die Wirtschaft trotz des Zusammenbruchs des Aktienmarkts stark wuchs.

Als sich die Expansion fortsetzte, verwandelte sich die Erwartung einer bevorstehenden Rezession in den Glauben an dauerhafte Prosperität. Die anhaltende Expansion förderte die wachsende Überzeugung, der Konjunkturzyklus sei womöglich überwunden – entweder durch die Politik der Regierung oder durch die »rezessionssichere« Natur unserer an Dienstleistungen orientierten Wirtschaft. Ed Yardeni, Ökonom bei Prudential-Bache Securities, schrieb Ende 1988 ein »New-Wave-Manifest«, in dem er zu dem Fazit kam, sich selbst reparierende, wachsende Volkswirtschaften seien für den Rest des Jahrzehnts wahrscheinlich.[10] Am Vorabend einer der schlimmsten Rezessionen der Nachkriegszeit schrieb Leonard Silk, leitender Wirtschaftsredakteur der *New York Times*, im Mai 1990 in einem Artikel mit der Überschrift »Is there Really a Business Cycle? (Gibt es wirklich einen Konjunkturzyklus?)«:

> *Die meisten Ökonomen erwarten für 1990 und 1991 keine Rezession, und 1992 finden Präsidentschaftswahlen statt, was ebenfalls gegen eine Rezession spricht. Japan, Westdeutschland und die meisten anderen kapitalistischen Länder in Europa und Asien befinden sich ebenfalls in einer langen Aufwärtsbewegung. Ein Ende ist nicht in Sicht.*[11]

Im November 1990 berichtete *Blue Chips Economic Indicators* allerdings, die Mehrheit seines Expertenteams glaube, die US-Wirtschaft sei bereits ins Rutschen geraten und auf dem Weg in eine Rezession – oder sie stehe kurz davor. Aber im November steckte nicht nur die Wirtschaft schon seit vier Monaten in einer Rezession, sondern der Aktienmarkt hatte sein Tief schon hinter sich und befand sich auf dem Weg nach oben. Hätten die Investoren damals, als die Rezession schon bestätigt zu sein schien, dem vorherrschenden Pessimismus nachgegeben, hätten sie verkauft, nachdem das Tief erreicht war und die Aktien eine drei Jahre dauernde, starke Hausse starteten.

Auch die zehnjährige Expansion der US-Wirtschaft von März 1991 bis März 2001, bis heute Rekord, löste wieder Gerede über eine »Wirtschaft der neuen Ära« und Volkswirtschaften ohne Rezession aus.[12] Sogar Anfang 2001 sah die große Mehrheit der Prognostiker keine Rezession. Tatsächlich glaubten noch im September 2001, wenige Tage vor den terroristischen Angriffen, nur 13 Prozent der von *Blue Chip Economic Indicators* befragten Ökonomen, dass sich die USA in einer Rezession befanden, obwohl das NBER später sagte, dass die Rezession in den USA schon im März begonnen hatte, also sechs Monate zuvor.[13] Und im Februar 2002 glaubten weniger als 20 Prozent, dass die Rezession 2001 ihr Ende gefunden hatte, obwohl das NBER dieses Ende schließlich auf den November 2001 datierte.[14] Wieder einmal waren die Ökonomen erst mit großer Verspätung in der Lage, den Wendepunkt des Konjunkturzyklus zu bestimmen.

Bei der Vorhersage der Großen Rezession 2007–2009 schnitten die Prognostiker auch nicht besser ab. Das NBER bestimmte den Beginn der Rezession erst im Dezember 2008, ein Jahr nach ihrem Beginn und als der S&P-500-Index schon um mehr als 40 Prozent gefallen war. Die Federal Reserve begann im September 2007 die Zinsen zu senken, drei Monate vor dem Beginn der Rezession, aber die Fed hatte nicht verstanden, dass eine Rezession bevorstand. Im Treffen des Federal Open Market Committee am 11. Dezember 2007, dem Monat, in dem die Rezession begann, fasste der Fed-Ökonom Dave Stockton die Prognose der Federal Reserve wie folgt zusammen:

> *Offensichtlich prophezeien wir kein Hoch des Konjunkturzyklus. In unserer Prognose sagen wir also nicht, dass wir uns auf der nach unten gerichteten Seite des Konjunkturzyklus befinden. Wir sehen in dieser Prognose einen »Wachstumsrückgang« (eine Verlangsamung des Wirtschaftswachstums) und nicht mehr als das.*

Fazit

Die Werte von Aktien basieren auf Unternehmensgewinnen, und der Konjunkturzyklus gehört zu den wichtigsten Determinanten dieser Gewinne. Man kann hohe Profite erzielen, wenn man es versteht, die Wendepunkte von Konjunkturzyklen zu prognostizieren, aber dies mit einiger Präzision zu leisten, haben Ökonomen aller Denkschulen bisher nicht geschafft.

Der größte Fehler, den ein Investor begehen kann, ist, sich an der vorherrschenden Meinung über wirtschaftliche Aktivitäten zu orientieren. Das führt dazu, dass der Investor zu hohen Kursen kauft, wenn die Zeiten gut und alle optimistisch sind, und dann am Tief verkauft.

Die Lektionen für die Anleger sind klar. Besser abzuschneiden als der Markt mithilfe der Analyse realer wirtschaftlicher Aktivität erfordert ein Maß an Voraussicht, das die Prognostiker noch nicht haben.

15. Wie sich weltbewegende Ereignisse auf die Finanzmärkte auswirken

Ich kann die Bewegungen von Himmelskörpern vorhersagen,
nicht aber die Verrücktheit der Menschen.
Isaac Newton

Als die Sonne an einem schönen Dienstagmorgen am 11. September 2001 über New York aufging, erwarteten die Händler einen langweiligen Tag an der Wall Street. Aus Washington kamen keine Wirtschaftsdaten, keine Gewinnveröffentlichungen standen auf dem Tagesplan. Am Freitag zuvor waren die Kurse nach einem schrecklichen Arbeitsmarktbericht gefallen, aber am Montag hatten sie sich wieder leicht erholt.

Die US-Aktienmärkte waren noch nicht geöffnet, aber Kontrakte auf die S&P-500-Index-Futures waren wie üblich die ganze Nacht über an der elektronischen Börse Globex gehandelt worden. Die Futures-Märkte standen im Plus, was zeigte, dass man an der Wall Street einen starken Handelstag erwartete. Aber dann kam um 8.48 Uhr ein Bericht über etwas, das zu einem der schicksalhaftesten Tage der Weltgeschichte werden sollte: Ein Flugzeug war in den Nordturm des World Trade Centers gekracht. Das Muster des Tradings in den folgenden 27 Minuten, bevor der Markt schloss, wird in Abbildung 15.1 gezeigt.

Die Nachricht über den Einschlag des Flugzeugs verbreitete sich rasch, aber kaum jemand konnte sich vorstellen, was wirklich passiert war. War es ein großes oder ein kleines Flugzeug? War es ein Unfall? Oder passierte da etwas Schlimmeres? Obwohl noch niemand die Antwort kannte, sank der Aktienindex-Future sofort um einige Punkte, wie es oft geschieht, wenn die Unsicherheit wächst. Innerhalb weniger Minuten tauchten aber wieder Käufer auf und der Index stieg auf sein vorheriges Niveau, weil die meisten Trader dachten, es sei nichts Wichtiges passiert.

Abbildung 15.1: S&P-500-Futures-Markt am Dienstagmorgen, 11. September 2001

15 Minuten später, um 9.03 Uhr, während neue Kameras auf das World Trade Center gerichtet sind und Millionen Menschen auf der ganzen Welt zuschauen, kracht ein zweites Flugzeug in den Südturm. In diesem Moment änderte sich die ganze Welt. Die schlimmsten Befürchtungen Amerikas waren Wirklichkeit geworden. Es war ein terroristischer Angriff. Zum ersten Mal seit dem Zweiten Weltkrieg wurden die USA im eigenen Land attackiert.

Um 9.05 Uhr, zwei Minuten nach dem Einschlag, stürzten die S&P-Futures um 30 Punkte oder etwa drei Prozent ab. Wären die Börsen geöffnet gewesen, hätten US-Aktien fast 300 Milliarden Dollar an Wert verloren. Aber dann traten wundersamerweise Käufer auf. Trotz der Enormität der Ereignisse, die sich da entfalteten, wetteten manche Trader darauf, dass die Märkte auf diese Attacken überreagiert hatten und dachten, dies sei eine gute Gelegenheit, Aktien zu kaufen. Die Futures stabilisierten sich und beendeten die Börsensession um 9.15 Uhr mit einem Minus von 15 Punkten, wobei sie die Hälfte der früheren Gewinne wieder aufgeholt hatten.

Trotz dieser Erholung verstand man allmählich die Bedeutung dieses Terroranschlags. Alle Aktien-, Anleihen- und Rohstoffbörsen verschoben zunächst die Handelseröffnung und sagten dann den Handel an diesem Tag ab. Tatsächlich blieben die Aktienbörsen in den USA für den Rest der Woche geschlossen. Das war die längste Schließung, seit Franklin Delano

Roosevelt im März 1933 einen »Bank Holiday« erklärt hatte, um zu versuchen, das kollabierende Bankensystem wieder zu stabilisieren.

Ausländische Aktienbörsen blieben jedoch geöffnet. Als die Flugzeuge einschlugen, war es in London 14.00 Uhr und in Kontinentaleuropa 15.00 Uhr. Der deutsche Index DAX fiel sofort um mehr als neun Prozent und beendete die Sitzung auch in etwa auf diesem Niveau. In London litten die Aktien nicht so stark. Es gab das Gefühl, einige Geschäfte könnten nach London verlagert werden, weil die USA, das Finanzzentrum der Welt, anfällig für Anschläge war. Das Britische Pfund und der Euro stiegen gegenüber dem Dollar stark an. Normalerweise ist der Dollar der Gewinner bei internationalen Krisen, aber diesmal waren die ausländischen Trader unsicher, wohin sie gehen sollten, weil sich die Anschläge auf New York konzentrierten.

Als die New York Stock Exchange am folgenden Montag, dem 17. September, wieder öffnete, fiel der Dow Industrials um 685 Punkte oder 7,13 Prozent; das bedeutete Platz 17 in der Rangliste der prozentual höchsten Tagesverluste seiner Geschichte. Der Dow fiel in dieser Woche weiter und schloss am Freitag, dem 21. September, bei 8236 Punkten – mehr als 14 Prozent unter dem Schlussstand vom 10. September und fast 30 Prozent unter dem Allzeithoch von 11.723 Punkten am 14. Januar 2000.

Was bewegt den Markt?

Warum der Markt nach den Terroranschlägen fiel, war vollkommen klar. Aber es mag Anleger überraschen, dass in der großen Mehrheit aller Fälle starke Marktbewegungen *nicht* von Nachrichten begleitet werden, die bedeutend genug wären, um die Kursveränderungen zu erklären. Seit 1885, als die Dow Jones Averages erstmals formuliert wurden, gab es 145 Tage, an denen sich der Dow Jones Industrial Average um mindestens fünf Prozent veränderte. 15 von diesen Bewegungen fanden von September 2008 bis zum März 2009 statt, als die Weltwirtschaft tief in der Finanzkrise steckte. Ein weiterer Absturz folgte am 8. August 2011, als Standard & Poor's das Rating der US-Staatsanleihen senkte.

Von allen 145 großen Veränderungen kann man nur 35 mit einem signifikanten weltpolitischen oder ökonomischen Ereignis wie Krieg, politische Umwälzungen oder Änderungen der Regierungspolitik in Verbindung bringen. Während und unmittelbar nach der Finanzkrise 2008 standen nur vier der 15 großen Veränderungen mit spezifischen Ereignissen in Verbindung. Seit 1885 kann man weniger als ein Viertel aller großen Marktveränderungen mit einem bestimmten Ereignis von weltweiter Bedeutung assoziieren. Eine Rangfolge der 54 größten Veränderungen wird in Tabelle 15.1 gezeigt[1], und Marktveränderungen von mehr als fünf Prozent, die mit bestimmten Ereignissen zusammenhängen, werden in Tabelle 15.2 gezeigt.[2]

Rang	Datum	Änderung**	Rang	Datum	Änderung**	Rang	Datum	Änderung**
1	18. Okt 1987	-22,61	19	18. Dez 1899	-8,72	37	24. Sep 1931	-7,07
2	15. Mär 1933	15,34	20	8. Okt 1931	8,70	38	20. Jul 1933	-7,07
3*	06. Okt 1931	14,87	21	12. Aug 1932	-8,40	39*	29. Sep 2008	-6,98
4	28. Okt 1929	-12,82	22	14. Mär 1907	-8,29	40*	13. Okt 1989	-6,91
5	30. Okt 1929	12,34	23	26. Okt 1987	-8,04	41*	30. Jul 1914	-6,90
6	29. Okt 1929	-11,73	24	10. Jun 1932	7,99	42	8. Jan 2009	-6,85
7	21. Sep 1932	11,36	25	15. Okt 2008	-7,87	43*	23. Mär 2009	6,84
8*	13. Okt 2008	11,08	26	21. Jul 1933	-7,84	44	14. Okt 1932	6,83
9	28. Okt 2008	10,88	27	18. Okt 1937	-7,75	45	11. Nov 1929	-6,82
10	21 Okt 1987	10,15	28	1. Dez 2008	-7,70	46*	14. Mai 1940	-6,80
11	06. Nov 1929	-9,92	29	9. Okt 2008	-7,33	47	5. Okt 1931	-6,78
12	03. Aug 1932	9,52	30*	5. Sep 1939	7,26	48*	21. Mai 1940	-6,78
13*	11. Feb 1932	9,47	31*	1. Feb 1917	-7,24	49	15. Mär 1907	6,70
14*	14. Nov 1929	9,36	32*	27. Okt 1997	-7,18	50	13. Nov 2008	6,67
15	18. Dez 1931	9,35	33	5. Okt 1932	-7,15	51*	20 Jun 1931	6,64
16	13. Feb 1932	9,19	34*	17. Sep 2001	-7,13	52	24. Jul 1933	6,63
17*	06. Mai 1932	9,08	35	3. Jun 1931	7,12	53*	26. Jul 1934	-6,62
18*	19. Apr 1933	9,03	36	6. Jan 1932	7,12	54	20. Dez 1895	-6,61

* bedeutet den Bezug zu einer Nachricht
** alle Angaben in Prozent

Tabelle 15.1: Die stärksten Tagesveränderungen, 1888–2012

Rang	Datum	Veränderung*	Nachrichten-Schlagzeile
3	06. Okt 1931	14,87	Hoover erzwingt 500 Mio. Dollar, um den Banken zu helfen
8	13. Okt 2008	11,08	Die Fed gibt ausländischen Zentralbanken »unbegrenzte Liquidität«
13	11. Feb 1932	9,47	Liberalisierung der Fed-Diskontpolitik
14	14. Nov 1929	9,36	Fed senkt den Diskontsatz/Steuersenkung vorgeschlagen
17	06. Mai 1932	9,08	U.S. Steel vereinbart eine Lohnkürzung von 15 Prozent
18	19. Apr 1933	9,03	Die USA verlassen den Goldstandard
30	05. Sep 1939	7,26	In Europa beginnt der Zweite Weltkrieg
31	01. Feb 1917	-7,24	Deutschland verkündet den uneingeschränkten U-Boot-Krieg
32	27. Okt 1997	-7,18	Attacke auf den Hongkong-Dollar
34	17. Sep 2001	-7,13	Terroranschlag auf das World Trade Center
39	29. Sep 2008	-6,98	Repräsentantenhaus lehnt 700-Milliarden-Dollar-Rettungspaket ab
40	13. Okt 1989	-6,91	Übernahme von United Airlines scheitert
41	30. Jul 1914	-6,90	Ausbruch des Ersten Weltkriegs

Rang	Datum	Veränderung*	Nachrichten-Schlagzeile
43	23. Mär 2009	6,84	Finanzministerium kündigt Public-Private-Plan im Volumen von einer Billion Dollar zum Aufkauf fauler Bankkredite an
46	14. Mai 1940	-6,80	Die Deutschen marschieren in Holland ein
48	21. Mai 1940	-6,18	Die Alliierten weichen in Frankreich zurück
51	20. Jun 1931	6,64	Hoover unterstützt Auslandsschulden-Memorandum
53	26. Jul 1893	-6,62	Kämpfe in Österreich; Mobilisierung in Italien
56	26. Sep 1955	-6,54	Eisenhower erleidet Herzinfarkt
60	24. Jul 2002	6,35	JPMorgan leugnet Verwicklung in den Enron-Skandal
63	26. Jul 1893	-6,31	Bankrott von Erie Railroad
77	31. Okt 1929	5,82	Fed senkt Diskontsatz
78	16. Jun 1930	-5,81	Hoover unterzeichnet Zollvereinbarungen
79	20. Apr 1933	5,80	Fortsetzung der Rallye nach dem Verlassen des Goldstandards
87	02. Mai 1898	5,64	Dewey besiegt die Spanier
91	28. Mär 1898	5,56	Berichte über Waffenstillstand mit Spanien
93	08. Aug 2011	-5,55	Standard & Poor's stuft US-Staatsanleihen herab
100	22. Dez 1916	5,47	Lansing bestreitet, dass die USA kurz vor dem Kriegseintritt stehen
103	18. Dez 1896	-5,42	Der Senat stimmt für ein freies Kuba
105	25. Feb 1933	-5,40	Die Banken in Maryland werden geschlossen
109	23. Okt 1933	5,37	Roosevelt wertet den Dollar ab
111	21. Dez 1916	-5,35	Staatssekretär Lansing deutet Kriegseintritt der USA an
120	09. Apr 1938	5,25	Der Kongress verabschiedet die Besteuerung von Zinsen auf US-Staatsanleihen
139	05. Nov 2008	-5,05	Die Demokraten gewinnen die Kongressmehrheit und die Präsidentschaftswahlen
144	20. Okt 1931	5,03	ICC erhöht die Eisenbahn-Transportgebühren
145	31. Mär 1932	-5,02	Das Repräsentantenhaus schlägt Besteuerung von Aktienverkäufen vor

* alle Angaben in Prozent

Tabelle 15.2: Die größten mit Nachrichten zusammenhängenden Veränderungen des Dow Jones Industrial Average, 1888–2012

Die Geldpolitik ist der größte Antreiber dieser massiven Ausbrüche von Euphorie und Furcht an der Börse. Von den fünf stärksten Bewegungen am Aktienmarkt während des letzten Jahrhunderts, für die es einen klar erkennbaren Grund gab, standen vier in direktem Zusammenhang mit Änderungen der Geldpolitik. Die wichtigste Veränderung, die mit Nachrichten zu tun hatte, war der Gewinn von 14,87 Prozent am 6. Oktober 1931, als Hoover vorschlug, einen Pool von 500 Millionen Dollar einzurichten, um den Banken zu helfen. Die zweitgrößte war der Gewinn von 11,08 Prozent am 13. Oktober 2008, als die Federal Reserve ausländischen Zentralbanken unbegrenzte Liquidität anbot, um den Währungstausch gegen Dollar zu erleichtern.

Wenn man sich auf die zehn stärksten Tagesbewegungen seit 1885 konzentriert, kann man zwei von ihnen auf spezifische Ereignisse und entsprechende Nachrichten zurückführen. Der Rekordverlust von 22,6 Prozent am 19. Oktober 1987 war nicht mit einer eindeutig identifizierbaren Nachricht verbunden. Von 1940 bis zur jüngsten Finanzkrise gab es nur vier Tage mit starken Bewegungen, deren Ursachen klar waren: der Sturz am 17. September 2001, als die Märkte nach den Terroranschlägen wieder geöffnet wurden, der Verlust von 7,18 Prozent am 27. Oktober 1997, als ausländische Devisenspekulanten den Hongkong-Dollar angriffen, der Verlust von 6,91 Prozent am Freitag, dem 13. Oktober 1989, als der Aufkauf von United Airlines scheiterte, und der Sturz um 6,54 Prozent am 26. September 1955, als Präsident Eisenhower einen Herzinfarkt erlitt.[3]

Während der Finanzkrise 2008 und 2009 waren die anderen mit Nachrichten verbundenen Kursbewegungen (neben der oben genannten Fed-Aktion) der Anstieg um 6,8 Prozent am 23. März 2009, als die Obama-Regierung eine Public-Private-Partnership in Billionenhöhe ankündigte, um Geschäftsbanken »toxische« Assets abzukaufen; der Rückgang um 7,0 Prozent am 29. August 2008, als das US-Repräsentantenhaus das von Finanzminister Paulson und Fed-Chef Bernanke vorgeschlagene, 700 Milliarden Dollar umfassende TARP (Troubled Asset Repurchase Program) ablehnte, und der Verlust von 5,05 Prozent am 5. November 2008, als die Demokraten bei den Wahlen das Weiße Haus und den Kongress eroberten.

Krieg bewegt die Märkte in der Regel sehr. Aber der Absturz am 17. September 2011 nach den Terroranschlägen war mehr als doppelt so tief wie der Verlust von 3,5 Prozent am Tag nach dem Angriff auf Pearl Harbour und stärker als jeder andere Ein-Tages-Verlust, wenn sich die USA im Krieg befanden.

Auch wenn der Tag mit Nachrichten gefüllt ist, kann es starke Meinungsverschiedenheiten darüber geben, *welche* Nachricht die Kursbewegung ausgelöst hat. Am 15. November 1991, als der Dow um mehr als 120 Punkte fiel, veröffentlichte *Investor's Business Daily* einen Artikel über den Markt mit der Überschrift: »Der Dow stürzt in einem panischen Aktienausverkauf um 120 Punkte ab; Biotechs, Programme, Erschöpfung und der Kongress werden beschuldigt.«[4] Im Gegensatz dazu veröffentlichte die Londoner *Financial Times* auf Seite 1 den Artikel eines New Yorker Autors mit der Überschrift: »Wall Street fällt wegen Befürchtungen über die Entwicklung in Russland um 120 Punkte.« Interessant ist, dass solche Nachrichten, vor allem, dass die russische Regierung Öllizenzen suspendiert und die Goldreserven übernommen hatte, in *Investor's Daily* mit keinem Wort erwähnt wurden! Dass eine bedeutende Zeitung »Ursachen« herausstellen kann, über die ein anderes Printmedium nicht einmal berichtet, illustriert die Schwierigkeiten, fundamentale Erklärungen für die Börsenbewegungen zu finden.

Unsicherheit und der Markt

Der Aktienmarkt hasst Unsicherheit. Daher können Ereignisse, die Anleger von ihrer üblichen Art abbringen, die Welt zu analysieren, zerstörerische Auswirkungen haben. Der 11. September ist das perfekte Beispiel. Die Amerikaner waren unsicher, was diese Terroranschläge für die Zukunft bedeuteten. Wie schwer würde der Rückgang der Luftfahrt – oder jeder Art des Transports – wiegen? Wie stark würde das die Tourismusbranche treffen, die 600 Milliarden Dollar Umsatz erzielte? Unbeantwortete Fragen führen zu Ängsten und rückläufigen Kursen.

Die Unsicherheit über die Präsidentschaft ist ein weiterer Dämpfer für Aktien. Der Markt sinkt fast immer in Reaktion auf plötzliche, unerwartete Veränderungen, die mit dem Präsidentenamt zu tun haben. Wie bereits erwähnt: Der Herzinfarkt Präsident Eisenhowers am 26. September 1955 führte beim Dow Industrials zu einem Verlust von 6,54 Prozent, dem fünftgrößten der Nachkriegszeit. Dieser Absturz war ein klares Zeichen für Eisenhowers Beliebtheit bei den Anlegern. Der Mord an Präsident Kennedy am Freitag, dem 22. November 1963, ließ den Dow Industrials um 2,9 Prozent fallen, und die New York Stock Exchange schloss um zwei Stunden früher, um Panikverkäufe zu verhindern. Wegen Kennedys Beerdigung blieben die Börsen am folgenden Montag, dem 25. November, geschlossen. Aber am folgenden Dienstag, als Lyndon Johnson die Regierungsgeschäfte übernommen hatte, stieg der Markt um 4,5 Prozent. Es war einer der besten Börsentage der Nachkriegszeit.

Als William McKinley am 14. September 1901 erschossen wurde, fiel der Markt um mehr als vier Prozent. Aber die Aktien holten schon am nächsten Handelstag alle Verluste wieder auf. Der Tod Warren Hardings 1923 verursachte einen geringeren Rückgang, der bald aufgeholt war. Solche Ausverkäufe bieten Anlegern oft gute Gelegenheiten, Aktien zu kaufen, weil der Markt in der Regel bald wieder die Richtung wechselt. Aber es gibt Politiker, denen die Anleger nie vergeben. Die Aktien stiegen in der Woche nach der Nachricht vom Tod Franklin D. Roosevelts um vier Prozent. Er war nie ein Favorit der Wall Street gewesen.

Demokraten und Republikaner

Es ist bekannt, dass Investoren allgemein die Republikaner den Demokraten vorziehen. Die meisten Unternehmensführer und Aktienhändler sind Republikaner, und viele politische Maßnahmen der Republikaner gelten als begünstigend für Aktien und Kapitalbildung. Die Demokraten werden als weniger dazu neigend wahrgenommen, Kapitalgewinne und Dividenden günstig zu besteuern, und gelten als Verfechter von Regulierung und Einkommensverteilung. Aber der Aktienmarkt hat unter demokratischen Präsidenten tatsächlich besser abgeschnitten als unter republikanischen.

Die Entwicklung des Dow Jones Industrials während jeder Amtszeit seit der Wahl Grover Clevelands 1888 wird in Abbildung 15.2 gezeigt. Die größte Baisse der Geschichte ereignete sich unter der republikanischen Regierung Herbert Hoovers, während Aktien unter Franklin D. Roosevelt recht gut abschnitten, obwohl man in Vorstandsbüros und Brokerhäusern im ganzen Land häufig über den Demokraten schimpfte. Die unmittelbare Reaktion an der Börse – am Tag vor der Wahl und am Tag danach – bestätigt tatsächlich, dass Investoren Republikaner lieber mögen als Demokraten. Seit 1888 fiel der Markt am Tag nach dem Sieg eines Demokraten im Durchschnitt um 0,6 Prozent. Nach dem Sieg eines Republikaners stieg er um 0,7 Prozent. Aber diese Marktreaktionen haben sich seit dem Zweiten Weltkrieg geändert. Es gab Gelegenheiten, zum Beispiel Clintons zweiten Wahlsieg, als die Kurse stiegen, weil die Republikaner die Mehrheit im Kongress verteidigt hatten, nicht weil der Demokrat Clinton wiedergewählt wurde.

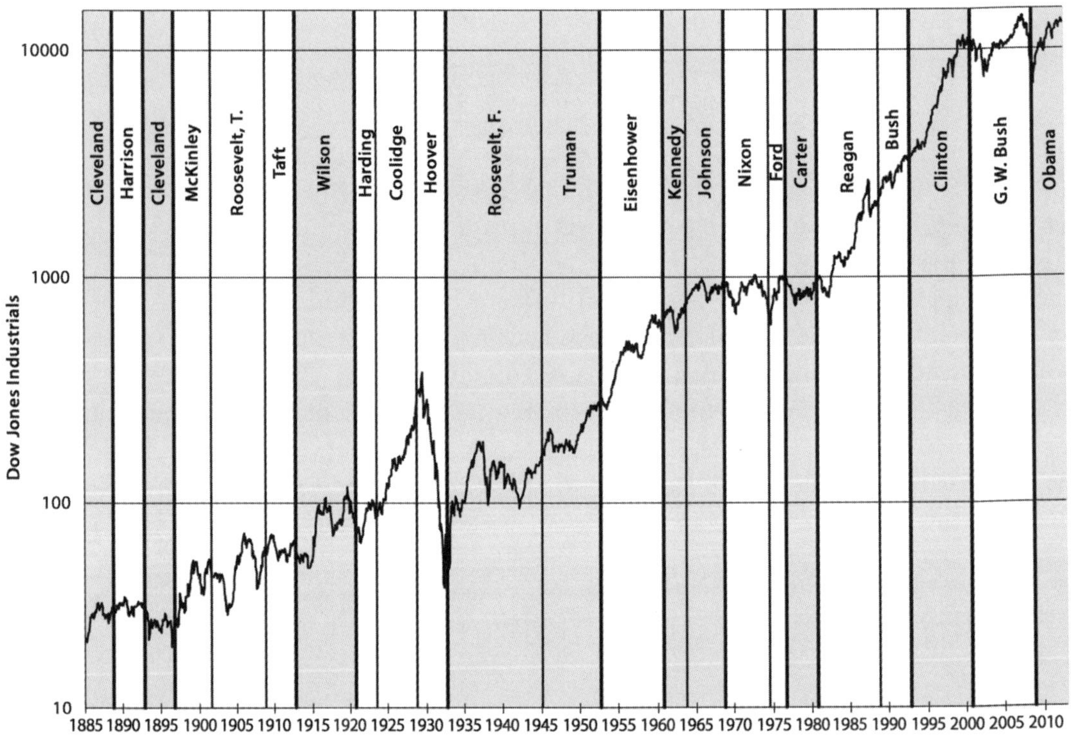

Abbildung 15.2: Dow Jones Industrial Average und die Amtszeiten der US-Präsidenten (schattiert: Demokraten), 1885–2012

Name des Präsidenten	Partei	Wahltag	Von 1 Tag vor der Wahl bis 1 Tag nach der Wahl*	Erstes Jahr*	Zweites Jahr*	Drittes Jahr*	Viertes Jahr*
Harrison	R	06.11.1888	0,4	11,8	-6,6	16,6	13,5
Cleveland	D	08.11.1892	-0,5	-15,3	11,9	11,3	-4,5
McKinley	R	03.11.1896	2,7	18,9	11,0	9,9	-1,3
McKinley	R	06.11.1900	3,3	35,3	0,3	-18,1	28,5
Roosevelt, T.	R	08.11.1904	1,3	25,2	2,0	-32,5	39,0
Taft	R	03.11.1908	2,4	16,6	-0,6	0,5	11,7
Wilson	D	05.11.1912	1,8	-13,0	-2,5	24,2	3,7
Wilson	D	07.11.1916	-0,4	-30,9	-5,8	13,5	-19,3
Harding	R	02.11.1920	-0,6	4,0	53,4	-11,1	21,5
Coolidge	R	04.11.1924	1,2	33,3	15,8	36,0	36,5
Hoover	R	06.11.1928	1,2	33,2	-29,6	-32,3	-13,6
Roosevelt, F.	D	08.11.1932	-4,5	43,3	-4,13	7,2	43,6
Roosevelt, F.	D	03.11.1936	2,3	-26,8	18,6	3,3	-11,8
Roosevelt, F.	D	05.11.1940	-2,4	-10,2	-6,1	28,9	12,4
Roosevelt, F.	D	07.11.1944	-0,3	30,6	-19,1	-0,5	4,3
Truman	D	02.11.1948	-3,8	7,9	28,8	18,2	8,1
Eisenhower	R	04.11.1952	0,4	3,4	42,3	35,7	11,5
Eisenhower	R	06.11.1956	-0,9	-9,9	25,8	13,5	-3,8
Kennedy	D	08.11.1960	0,8	29,6	-15,8	32,4	18,5
Johnson	D	03.11.1964	-0,2	8,8	-16,0	25,0	6,8
Nixon	R	05.11.1968	0,3	-10,1	-13,1	14,7	12,1
Nixon	R	07.11.1972	-0,1	-4,3	-41,1	24,0	13,2
Carter	D	02.11.1976	-1,0	-9,7	3,6	-2,4	16,2
Reagan	R	04.11.1980	1,7	-12,2	11,6	28,4	-1,4
Reagan	R	06.11.1984	-0,9	14,2	30,1	16,3	-1,6
Bush	R	08.11.1988	-0,4	23,8	-13,9	26,5	6,5
Clinton	D	03.11.1992	-0,9	12,5	0,2	25,4	19,4
Clinton	D	05.11.1996	2,6	35,2	8,6	24,3	4,6
Bush, G.W.	R	07.11.2000**	-1,6	-23,1	-20,9	21,2	6,0
Bush, G.W.	R	02.11.2004	1,1	4,0	14,9	11,0	-37,9
Obama	D	04.11.2008	-1,3	13,7	10,6	1,4	19,0
Obama	D	06.11.2012	-1,5				
Durchschnitt von 1988 bis Juni 2012		Demokraten	-0,6	5,0	0,9	16,1	8,1
		Republikaner	0,7	9,6	4,8	9,4	8,3
		Gesamt	0,1	7,7	3,0	13,0	8,4

Name des Präsidenten	Partei	Wahltag	Von 1 Tag vor der Wahl bis 1 Tag nach der Wahl*	Erstes Jahr*	Zweites Jahr*	Drittes Jahr*	Viertes Jahr*
Durchschnitt von 1948 bis Juni 2012		Demokraten	-0,7	12,3	2,5	15,5	11,6
		Republikaner	0,0	-1,6	4,0	21,2	0,5
		Gesamt	-0,3	5,2	3,5	19,7	6,1

* alle Angaben in Prozent
** Das Wahlergebnis stand erst am 13. Dezember 2000 fest

Tabelle 15.3: Aktienrenditen während der Präsidentschaftswahlen und während der Jahre der Amtszeit

Die Renditen im ersten, zweiten, dritten und vierten Jahr während der Amtszeit eines Präsidenten werden in Tabelle 15.3 gezeigt. Die Renditen sind allgemein im dritten Jahr am höchsten. Das ist erstaunlich, denn das dritte Jahr beinhaltet auch den katastrophalen Einbruch um 43,3 Prozent 1931, während des dritten Jahrs von Hoovers unglücklicher Regierung und die schlechteste Ein-Jahres-Performance in 120 Jahren. Aber das dritte Jahr ist nicht immer angenehm. Das dritte Jahr in Obamas erster Amtszeit war für Aktien das schlechteste dritte Jahr seit Carters Amtszeit 1979.

Warum das dritte Jahr der Präsidentschaft heraussticht, ist nicht klar. Man würde glauben, dass das vierte Jahr das beste Aktienjahr ist, weil die Regierung die Ausgaben erhöht oder den Druck auf die Fed steigert, für die bevorstehende Wahl die Wirtschaft zu stimulieren. Das vierte Jahr ist zwar gut, doch bei Weitem nicht das beste. Vielleicht antizipiert der Markt eine günstige Politik im Wahljahr, was dazu führt, dass die Aktienkurse im dritten Jahr steigen.

Die überdurchschnittliche Performance unter demokratischen Präsidenten in den vergangenen Jahren ist in Tabelle 15.4 dokumentiert. Diese Tabelle zeigt die gesamten realen und nominalen Renditen am Aktienmarkt, zudem die Inflation unter demokratischen und republikanischen Regierungen. Seit 1888 hat der Markt nominal unter Demokraten besser abgeschnitten als unter Republikanern, aber weil die Inflation unter republikanischen Präsidenten niedriger war, waren die realen Renditen unter beiden Parteien in etwa gleich. Auf die letzten 60 Jahre trifft das aber nicht zu, weil der Markt unter Demokraten viel besser abschnitt, mit oder ohne Berücksichtigung der Inflation. Vielleicht ist das der Grund, warum die Reaktion der Börse auf den Wahlsieg eines demokratischen Präsidentschaftskandidaten in den letzten sechs Jahrzehnten nicht mehr so negativ ausfiel wie früher.

Name des Präsidenten	Partei	Im Amt von … bis	Monate im Amt	Annualisierte nominale Aktienrendite*	Annualisierte Inflation*	Annualisierte Realrendite*
Harrison	R	11/88 – 10/92	48	5,48	-2,73	8,43
Cleveland	D	11/92 – 10/96	48	-2,88	-3,06	0,19
McKinley	R	11/96 – 08/01	58	19,42	3,69	15,18

Name des Präsidenten	Partei	Im Amt von ... bis	Monate im Amt	Annualisierte nominale Aktienrendite*	Annualisierte Inflation*	Annualisierte Realrendite*
Roosevelt, T.	R	09/01 – 10/08	86	5,02	1,95	3,01
Taft	R	11/08 – 10/12	48	9,56	2,59	6,80
Wilson	D	11/12 – 10/20	96	3,55	9,26	-5,23
Harding	R	11/20 – 07/23	33	7,43	-5,16	13,28
Coolidge	R	11/28 – 10/32	63	26,99	0,00	26,99
Hoover	R	11/28 – 10/32	48	-19,31	-6,23	-13,96
Roosevelt, F.	D	11/32 – 03/45	149	11,42	2,37	8,83
Truman	D	04/45 – 10/52	91	13,84	5,49	7,91
Eisenhower	R	11/52 – 10/60	96	15,09	1,38	13,52
Kennedy	D	11/60 – 10/63	36	14,3	11,11	13,06
Johnson	D	11/63 – 10/68	60	10,64	2,76	7,66
Nixon	R	11/68 – 07/74	69	-1,39	6,02	-6,99
Ford	R	08/74 – 10/76	27	16,56	7,31	8,62
Carter	D	11/76 – 10/80	48	11,66	10,01	1,50
Reagan	R	11/80 – 10/88	96	14,64	4,46	9,75
Bush	R	11/88 – 10/92	48	14,05	4,22	9,44
Clinton	D	11/92 – 10/00	96	18,74	2,59	15,74
Bush, G.W.	R	11/00 – 10/08	96	-2,75	2,77	-5,38
Obama	D	11/08 – 12/12	50	12,10	1,41	10,54
Durchschnitt von 1988 bis Juni 2012		Demokraten	674	10,80	3,86	6,80
		Republikaner	816	8,47	1,90	6,45
		Gesamt	100%	9,53	2,78	6,61
Durchschnitt von 1952 bis Juni 2012		Demokraten	290	14,20	3,47	10,48
		Republikaner	432	8,37	3,80	4,45
		Gesamt	100%	10,71	3,67	6,87
* alle Angaben in Prozent						

Tabelle 15.4: Aktienrenditen während der Regierung der Präsidenten, 1888–2012

Aktien und Krieg

Seit 1885 befand sich die US-Wirtschaft in einem Fünftel der Zeit entweder in einem Weltkrieg oder knapp davor. Nominal schneidet der Aktienmarkt in Kriegs- und Friedenszeiten gleich gut ab. Allerdings lag die Inflation in Kriegszeiten im Schnitt bei fast sechs, in Friedenszeiten bei weniger als zwei Prozent. Daher übertreffen die Realrenditen im Frieden die im Krieg bei Weitem.

Obwohl die Renditen im Frieden höher waren, war der Aktienmarkt im Frieden tatsächlich volatiler als im Krieg, gemessen an der monatlichen Standardabweichung des Dow Industrials. Die höchste Volatilität an den US-Märkten trat Ende der 1920er- und Anfang der 1930er-Jahre auf, lange bevor die USA in den Zweiten Weltkrieg einstiegen, sowie 2008 und 2009 während der jüngsten Finanzkrise. Nur im Ersten Weltkrieg und während des kurzen Golfkriegs waren die Aktien volatiler als im historischen Durchschnitt.

Theoretisch sollte Krieg einen tiefen negativen Einfluss auf die Aktienkurse haben. Die Regierungen gebieten über enorme Ressourcen, während hohe Steuern und hohe Kreditaufnahmen durch die Regierung mit der Nachfrage der Anleger nach Aktien konkurrieren. Ganze Industriezweige werden verstaatlicht, um den Kriegseinsatz zu fördern. Und wenn es als möglich gilt, dass ein Krieg verloren wird, könnten Aktien sinken, weil die Sieger den Besiegten Sanktionen auferlegen. Die Volkswirtschaften Deutschlands und Japans wurden nach dem Krieg schnell wieder aufgebaut, und daraufhin boomten die Aktien.

Die Börsen während der Weltkriege

Im Ersten Weltkrieg war der Markt viel volatiler als im Zweiten Weltkrieg. In der Frühphase des Ersten Weltkriegs stieg der Markt um fast 100 Prozent, dann fiel er um 40 Prozent, als die USA in die Feindseligkeiten verwickelt wurden, und stieg massiv, als der Krieg endete. Im Gegensatz dazu wich der Markt während der sechs Jahre des Zweiten Weltkriegs nie um mehr als 32 Prozent von seinem Vorkriegsniveau ab.

Der Ausbruch des Ersten Weltkriegs löste Panik aus, weil europäische Anleger sich beeilten, Aktien abzustoßen und in Gold und Cash zu investieren. Nachdem Österreich-Ungarn am 28. Juli 1914 Serbien den Krieg erklärt hatte, schlossen alle bedeutenden europäischen Börsen. Die Panik in Europa sprang auf New York über. Am Donnerstag, dem 30. Juli, fiel der Dow Industrials um fast sieben Prozent. Das war der drastischste Kursverlust seit dem Absturz um 8,3 Prozent während der Panik 1907. Minuten vor Handelsbeginn am Freitag beschloss die New York Stock Exchange ihre Schließung auf unbestimmte Zeit.

Der Markt öffnete erst wieder im Dezember. Nie zuvor war die NYSE für so lange Zeit geschlossen geblieben – und sie war es auch nie danach. Notfalltransaktionen waren erlaubt, aber nur nach der Prüfung durch ein spezielles Komitee und nur zu Kursen, die mindestens so hoch waren wie bei den letzten Abschlüssen vor der Schließung der Börse. Aber sogar dann wurde das Handelsverbot unterlaufen, weil illegale Trades außerhalb der Börse abgewickelt wurden, zu Kursen, die bis Oktober weiter sanken. Inoffiziell hieß es im Herbst, die Kurse lägen 15 bis 20 Prozent unter den letzten Kursen vom Juli.

Es erscheint ironisch, dass die längste Schließungsphase der NYSE auftrat, als die USA noch nicht im Krieg waren und keinerlei finanzielle oder ökonomische Probleme hatten. In der Tat: Als die Börse geschlossen war, bemerkten die Trader, dass die USA vom Konflikt in Europa wirtschaftlich stark profitieren würden. Sobald die Anleger realisierten, dass die USA die Munition herstellen und Materialien an die kriegführenden Länder liefern würden, stieg das öffentliche Interesse an Aktien deutlich.

Als die Börse am 12. Dezember wieder geöffnet wurde, stiegen die Kurse rapide. Der Dow Industrials beendete die historische Samstagssitzung etwa fünf Prozent über den Schlusskursen vom Juli. Die Rallye setzte sich fort, und 1915 wurde zum besten Jahr in der Geschichte des Dow Industrials, weil die Aktien um 82 Prozent stiegen. 1916 stiegen sie weiter und erreichten ihr Hoch im November. Die Kurse waren nun mehr als doppelt so hoch wie zwei Jahre zuvor. Aber dann gaben sie um etwa zehn Prozent nach, als die USA am 16. April 1917 formal in den Krieg eintraten und sanken um weitere zehn Prozent bis November 1918, als der Waffenstillstand geschlossen wurde.

Die Botschaft des großen Booms von 1915 hatten die Trader eine Generation später nicht vergessen. Als der Zweite Weltkrieg ausbrach, dachten sie daran, was am Beginn des Ersten Weltkriegs geschehen war. Als Großbritannien Deutschland am 3. September 1939 den Krieg erklärte, war der Kursanstieg so explosiv, dass die Börse Tokio verfrüht schließen musste. Als in New York der Handel begann, brach eine Kaufpanik aus. Der Dow Industrials legte um mehr als sieben Prozent zu, und selbst die europäischen Börsen zeigten sich fest, als der Handel wieder begann.

Der Enthusiasmus zu Beginn des Zweiten Weltkriegs schwand schnell. Präsident Roosevelt war entschlossen, die Unternehmen nicht so leichte Gewinne erzielen zu lassen wie im Ersten Weltkrieg. Diese Gewinne hatten öffentliche Kritik ausgelöst. Die Amerikaner meinten, die Kosten des Krieges seien nicht gleichmäßig verteilt, weil in Übersee junge Männer starben, während die Unternehmen Rekordgewinne scheffelten. Eine Steuer auf die Gewinne, die der Kongress im Zweiten Weltkrieg verabschiedete, eliminierte die Kriegsprämie, die sich die Investoren durch den Konflikt erwartet hatten.

Am Tag vor dem japanischen Angriff auf Pearl Harbour lag der Dow 25 Prozent unter dem Hoch von 1939 und mehr als zwei Drittel unter seinem Allzeithoch von 1929. Am Tag nach Pearl Harbour sanken die Aktienkurse um 3,5 Prozent und fielen weiter, bis sie am 28. April 1942 ein Tief erreichten, weil die Amerikaner in den ersten Monaten nach ihrem Kriegseintritt Verluste im Pazifik erlitten.

Aber als die Alliierten die Oberhand gewannen, begann der Markt zu steigen. Als Deutschland am 7. Mai 1945 seine bedingungslose Kapitulation erklärt hatte, lag der Dow Industrials

20 Prozent über seinem Vorkriegsniveau. Die Explosion der Atombombe über Hiroshima, ein entscheidendes Ereignis in der Geschichte der Kriegsführung, löste einen Kursanstieg um 1,7 Prozent aus, weil die Anleger erkannten, dass das Kriegsende kurz bevorstand. Der Zweite Weltkrieg erwies sich für Investoren jedoch nicht als so profitabel wie der Erste Weltkrieg, weil der Dow in den sechs Jahren vom deutschen Einmarsch in Polen bis zum Sieg über Japan nur um 30 Prozent stieg.

Konflikte nach 1945

Der Koreakrieg erwischte die Anleger auf dem falschen Fuß. Als Nordkorea am 25. Juni 1950 im Süden einmarschierte, fiel der Dow um 4,65 Prozent, stärker als am Tag nach Pearl Harbor. Aber die Marktreaktion auf den sich ausweitenden Konflikt blieb begrenzt, und die Aktien sanken nie um mehr als zwölf Prozent unter ihr Vorkriegsniveau.

Der Vietnamkrieg war der längste und einer der am wenigsten populären aller Kriege, an denen die USA beteiligt waren. Den Ausgangspunkt für die Verwicklung der USA in den Konflikt kann man auf den 2. August 1964 datieren, als angeblich zwei amerikanische Zerstörer im Golf von Tonkin angegriffen wurden.

Eineinhalb Jahre nach dem Vorfall im Golf von Tonkin erreichte der Dow ein Allzeithoch von 995 Punkten, mehr als 18 Prozent höher als vor dem Angriff von Tonkin. Aber in den folgenden Monaten verlor er fast 30 Prozent, weil die Fed die Kreditzügel anzog, um die Inflation einzugrenzen. Als die amerikanische Truppenstärke Anfang 1968 ihr Hoch erreichte, hatte sich der Markt wieder erholt. Zwei Jahre später, als Nixon Truppen nach Kambodscha schickte, die Zinsen massiv stiegen und eine Rezession drohte, fiel der Markt wieder um fast 25 Prozent unter sein Niveau vor Kriegsausbruch.

Der Friedenspakt zwischen Nordvietnam und den USA wurde am 27. Januar 1973 in Paris unterzeichnet. Aber die Gewinne, die Anleger in den acht Kriegsjahren verzeichneten, waren ziemlich gering, weil der Markt durch steigende Inflation und Zinsen sowie von anderen Problemen gebremst wurde, die nicht in direkter Verbindung zum Vietnamkrieg standen.

Wenn der Vietnamkrieg einer der längsten Kriege der USA war, dann war der Golfkrieg gegen den Irak 1991 der kürzeste. Er wurde am 2. August 1990 ausgelöst, als der Irak in Kuwait einmarschierte, die Ölpreise steil nach oben schickte und eine militärische Konzentration der USA in Saudi-Arabien auslöste. Der Anstieg der Ölpreise in Kombination mit einer schon schwächer werdenden US-Wirtschaft ließ das Land tiefer in eine Rezession sinken. Der Aktienmarkt stürzte jäh ab, und am 18. Oktober fiel der Dow mehr als 18 Prozent unter sein Vorkriegsniveau.

Die USA starteten ihre Offensive am 17. Januar 1991. Es war der erste große Krieg in einer Zeit, in der die Märkte für Öl, Gold und amerikanische Staatsanleihen 24 Stunden am Tag in Tokio, Singapur, London und New York aktiv waren. Die Märkte kannten den Sieger schon nach wenigen Stunden. Ein paar Minuten nach den Berichten über die amerikanischen Bombenangriffe auf Bagdad wurden Anleihen abverkauft, aber die erstaunlichen Nachrichten über die Erfolge der USA und ihrer Verbündeten schickten Anleihen und japanische Aktien Minuten später steil nach oben. Die Ölpreise im Nahen Osten kollabierten, Brent fiel von 29 Dollar je Barrel vor dem Ausbruch der Feindseligkeiten auf 20 Dollar.

Am nächsten Tag stiegen die Aktienkurse auf der ganzen Welt. Der Dow sprang um 115 Punkte oder 4,4 Prozent nach oben, in ganz Europa und Asien gab es hohe Gewinne. Als die USA Bodentruppen einsetzten, um in Kuwait einzumarschieren, hatte der Markt schon zwei Monate lang gewusst, dass der Sieg greifbar nahe war. Der Krieg endete am 28. Februar, und in der ersten Märzwoche stand der Dow um 18 Prozent höher als am Beginn des Kriegs.

Wie am Beginn dieses Kapitels schon erwähnt, begann der Krieg gegen den Terrorismus mit den Terroranschlägen gegen New York und das Pentagon am 11. September 2001. Gegenüber dem Schlussstand von 9606 Punkten am 10. September sank der Dow um 16 Prozent bis auf ein Intraday-Tief von 8062 am Freitag, dem 21. September. Aber der Markt erholte sich in der folgenden Woche kräftig und stand bei 9120 Punkten, als die USA am 7. Oktober ihre Offensive gegen die Taliban in Afghanistan begannen.

Wegen der aggressiven Lockerungsmaßnahmen der Federal Reserve und der erfolgreichen ersten Durchführung des Kriegs in Afghanistan übertraf der Dow am 13. November das Niveau vom 10. September und stieg bis zum Jahresende weiter. Vom Intraday-Tief – 8062 Punkte – am 21. September bis zum Intraday-Hoch – 10.184 Punkte – am 28. Dezember stieg der Dow innerhalb von drei Monaten um erstaunliche 26,3 Prozent.

Der Markt stieg weiter bis auf 10.673 Punkte am 19. März 2002, aber die Baisse, die zwei Jahre zuvor begonnen hatte, war noch längst nicht vorbei. Eine stagnierende Wirtschaft in Kombination mit den Bilanzskandalen von Enron, WorldCom und anderen schickte die Aktien auf eine erneute Talfahrt, die erst am 10. Oktober 2002 endete, als der Dow ein Intraday-Tief von 7197 erreichte. Ab dem Intraday-Hoch von 11.750 Punkten am 14. Januar 2000 bis zum Tief am 10. Oktober 2002 fiel der Dow um fast 39 Prozent – und damit bei Weitem nicht so stark wie der S&P-500, der von überbewerteten Technologie-Aktien aufgeblasen worden war.

Dann stieg der Markt über 9000 Punkte, aber Ängste wegen einer zweiten US-Operation im Irak ließen die Aktien in den fünf Monaten bis zum 11. März 2003 auf 7524 Punkte sinken – nur zwei Tage vor der Invasion. Aber wie am Beginn des Golfkriegs zwölf Jahre zuvor stieg der Markt deutlich, als Nachrichten über die Invasion eintrafen und stiegen weiter – trotz der wachsenden Unruhen im Irak, die den Krieg besonders unpopulär machten.

Trotz der Niederlage der Republikaner im Kongress im November 2006 erreichten die Aktien im Sommer 2007 neue Allzeithochs und hatten damit nicht nur alles aufgeholt, was sie in der Baisse von 2002 verloren hatten. Von Ende März 2003, dem ersten Monat der Invasion im Irak, bis zum Juni 2007 betrug die Jahresrendite des Aktienmarkts extrem starke 17,5 Prozent – bis alle diese Gewinne durch die Finanzkrise wieder ausgelöscht wurden.

Fazit

Wenn man die Gründe der bedeutenden Marktbewegungen untersucht, ist es ernüchternd zu bemerken, dass nicht einmal jede vierte mit einer Nachricht von großer politischer oder wirtschaftlicher Bedeutung in Verbindung steht. Das bestätigt die Unvorhersagbarkeit des Marktes und die Schwierigkeit, Marktbewegungen zu prognostizieren. Wer beim Ausbruch des Ersten Weltkriegs in Panik verkaufte, verpasste 1915 das beste Aktienjahr aller Zeiten. Wer aber am Beginn des Zweiten Weltkriegs im Glauben kaufte, die Gewinne aus dem Ersten Weltkrieg würden sich wiederholen, wurde bitter enttäuscht, weil die Regierung entschlossen war, Kursgewinne während des Kriegs zu begrenzen. Weltbewegende Ereignisse schockieren den Markt vielleicht kurzfristig, aber zum Glück haben sie sich als unfähig erwiesen, den langfristigen Renditen zu schaden, die für Aktien kennzeichnend sind.

16. Aktien, Anleihen und der Strom der Wirtschaftsdaten

Was die Märkte am stärksten bewegt? Alles.
James Palysted Wood, 1966

Wir schreiben Freitag, den 5. Juli 1996, 8.28 Uhr Ostküstenzeit. Ein Handelstag, der zwischen einem Feiertag und dem Wochenende liegt, ist in der Regel träge, mit geringen Umsätzen und Kursbewegungen. Aber nicht heute. Trader in der ganzen Welt haben sich erwartungsvoll vor ihren Terminals versammelt und blicken gebannt auf das Laufband, das jeden Tag Tausende von Schlagzeilen zeigt. Die ganze Woche über haben Aktien-, Anleihen- und Devisentrader auf diesen Tag gewartet. Noch zwei Minuten bis zur wichtigsten Nachricht des Monats – der US-Arbeitsmarktstatistik. Der Dow steht wenige Punkte unter seinem Ende Mai erreichten Allzeithoch. Aber die Zinsen sind gestiegen, und die Trader sind besorgt. Die Sekunden ticken herunter. Exakt um 8.30 Uhr laufen folgende Worte über den Ticker:

ANSTIEG DER ARBEITSPLÄTZE UM 239.000, ARBEITSLOSIGKEIT AUF SECHS-JAHRES-TIEF VON 5,3 PROZENT, STUNDENLÖHNE STEIGEN UM NEUN CENT. STÄRKSTER ANSTIEG SEIT 30 JAHREN.

Präsident Clinton begrüßte die Nachricht und stellte fest: »Wir sehen die robusteste US-Konjunktur seit einer Generation. Die Löhne amerikanischer Arbeiter steigen endlich wieder.«

Die Finanzmärkte aber waren geschockt. Die Kurse langfristiger Anleihen brachen an den in- und ausländischen Börsen sofort zusammen, weil die Trader mit steigenden Zinsen gerechnet hatten. Die Zinsen kurz- und langfristiger Anleihen stiegen um fast einen Viertelpunkt. Die Börse würde zwar erst in einer Stunde öffnen, aber der Index-Future auf den S&P-500, der Rechte auf diesen Benchmark-Index verbrieft und im nächsten Kapitel detailliert beschrieben wird, fiel um ungefähr zwei Prozent. An den europäischen Börsen, die schon geöffnet waren, kam es sofort zu einem Ausverkauf. Der DAX in Deutschland, der CAC in Frankreich und der FTSE in Großbritannien fielen um fast zwei Prozent. In Sekundenschnelle gab es an den weltweiten Aktienmärkten Verluste von 200 Milliarden Dollar – und mindestens ebenso hohe an den Anleihenmärkten.

Diese Episode zeigt: Was der Großteil der Bevölkerung als »gute« Nachricht versteht, führt oft zu Kursverlusten an den Börsen. Das liegt daran, dass nicht nur Gewinne Einfluss auf die Aktien haben. Zinsen, Inflation und die zukünftige Richtung der Geldpolitik der Federal Reserve wirken sich ebenfalls stark aus.

Wirtschaftsdaten und der Markt

Nachrichten bewegen die Börsen. Viele kommen überraschend, wie Kriege, politische Entwicklungen und Naturkatastrophen. Die meisten aber, besonders die Wirtschaftsdaten, kommen zu festgelegten Zeiten, die schon ein Jahr zuvor bekannt sind. Es gibt jedes Jahr mehr als 300 zeitlich fixierte Wirtschaftsdaten. Sie kommen meist von Regierungsbehörden, zunehmend aber auch von privaten Firmen. Fast alle diese Daten haben mit Wirtschaftswachstum und Inflation zu tun, und sie alle haben das Potenzial, an den Börsen starke Bewegungen auszulösen.

Wirtschaftsdaten prägen nicht nur die Art, wie Trader die Wirtschaft sehen, sondern sie beeinflussen auch die Erwartungen der Händler an die Geldpolitik der Fed. Stärkeres Wirtschaftswachstum oder höhere Inflation erhöhen die Wahrscheinlichkeit, dass die Fed eine rigidere Geldpolitik durchführen oder die Kreditzügel straffen wird. Wirtschaftsnachrichten beeinflussen die Erwartungen der Trader bezüglich der zukünftigen Entwicklung der Zinsen, der Konjunktur und letztlich auch der Aktienkurse.

Die Prinzipien der Reaktionen an den Börsen

Die Börsen reagieren auf den Unterschied zwischen den Erwartungen der Marktteilnehmer und der tatsächlichen Nachricht. Ob die Nachricht an sich gut oder schlecht ist, spielt keine Rolle. Wenn der Markt erwartet, im letzten Monat seien 200.000 Arbeitsplätze verloren gegangen, und im Report ist dann nur von 100.000 die Rede, dann wird das an den Börsen als »starke Wirtschaftsnachricht« interpretiert und hat an den Finanzmärkten etwa die gleichen Folgen wie ein Zugewinn von 200.000 Arbeitsplätzen, wenn man nur 100.000 erwartet hatte.

Der Grund: Die Börsen reagieren nur auf Nachrichten, die von den Erwartungen abweichen, weil die Kurse umsatzstarker Wertpapiere die erwartete Information bereits enthalten. Wenn man von einem Unternehmen schlechte Gewinnmeldungen erwartet, dann hat die Börse diese Information schon eingepreist. Fällt die Gewinnmeldung dann nicht ganz so schlecht aus wie erwartet, wird der Kurs der Aktie steigen. Das gleiche Prinzip gilt für die Reaktionen von Anleihen, Aktien und Devisenkursen auf Wirtschaftsdaten.

Um eine Kursbewegung zu verstehen, muss man wissen, wie die *Erwartungen* an der Börse aussehen, was die zu veröffentlichenden Daten betrifft. Die allgemeine Erwartung, oft auch Konsens der Schätzungen genannt, wird von Nachrichten- und Forschungsorganisationen ermittelt. Sie fragen Wirtschaftsexperten, professionelle Prognostiker, Trader und andere Marktteilnehmer nach ihrer Einschätzung einer bevorstehenden behördlichen oder privaten Veröffentlichung. Die Ergebnisse ihrer Umfrage werden an die Wirtschaftspresse weitergegeben und in zahlreichen wichtigen Zeitungen sowie im Internet veröffentlicht.[1]

Der Informationsgehalt veröffentlichter Daten

Die Wirtschaftsdaten werden wegen ihrer Implikationen für zukünftiges Wirtschaftswachstum, Inflation und die Politik der Federal Reserve analysiert. Das folgende Prinzip fasst die Reaktionen der Anleihenmärkte auf die Veröffentlichung von Daten zusammen, die sich auf Wirtschaftswachstum beziehen:

> *Stärker als erwartet ausgefallenes Wirtschaftswachstum führt zu steigenden Kurz- und Langfristzinsen. Fällt das Wirtschaftswachstum schwächer aus, sinken die Zinsen.*

Schneller als erwartet ausgefallenes Wirtschaftswachstum führt aus mehreren Gründen zu steigenden Zinsen. Zunächst erhöht es die private Kreditnachfrage. Die Konsumenten haben mehr Vertrauen in die Wirtschaft und sind eher bereit, sich Geld auf ihr zukünftiges Einkommen zu leihen. Es motiviert auch Unternehmen, ihre Produktion zu erhöhen, weil sie steigende Nachfrage erwarten. Daher erhöht sich die Kreditnachfrage sowohl von Firmen als auch von Privatleuten. Der Nachfrageanstieg führt zu steigenden Zinsen an den Anleihenmärkten.

Ein zweiter Grund, warum die Zinsen im Gleichschritt mit einem stärker als erwartet ausgefallenen Wirtschaftsbericht steigen, ist, dass dieses Wachstum die Inflation anheizen kann, vor allem am Ende einer ökonomischen Expansionsphase. Wirtschaftswachstum in Kombination mit Produktivitätssteigerung, wie es in den frühen und mittleren Expansionsphasen oft vorkommt, ist nur selten inflationsfördernd.

Zurück zu unserem Beispiel. Inflationsängste waren der Hauptgrund, warum die Zinsen stiegen, als das Arbeitsministerium am 5. Juli 1996 seinen Report veröffentlichte. Trader befürchteten, dass der starke Anstieg der Löhne, verursacht durch den engen Arbeitsmarkt und die fallende Arbeitslosenrate, Inflation verursachen würde – eine Bedrohung für die Anleihen- und die Aktienmärkte.

Berichte über Wirtschaftswachstum haben auch signifikante Implikationen für die Aktionen der Zentralbanken. Die Inflationsbedrohung durch eine übermäßig starke Wirtschaft macht es wahrscheinlich, dass die Zentralbank die Kreditzügel anziehen wird. Wenn die Gesamtheit der Nachfrage relativ zum Angebot von Gütern und Dienstleistungen zu schnell expandiert, kann die Zentralbank die Zinsen erhöhen, um eine Überhitzung der Wirtschaft zu verhindern.

Im Fall eines schwächer als erwartet ausgefallenen Arbeitsmarktberichts kann der Anleihenmarkt natürlich steigen, während die Zinsen sinken – in Reaktion auf schwächere Kreditnachfrage und geringeren Inflationsdruck. Erinnern Sie sich daran, dass sich die Anleihenkurse entgegengesetzt zu den Zinsen entwickeln.

Ein wichtiges Prinzip lautet, dass der Markt stärker reagiert, wenn mehrere Berichte in dieselbe Richtung weisen. Wenn zum Beispiel ein Inflationsbericht höher ausfällt als erwartet, wird der Markt im folgenden Monat noch stärker reagieren, wenn der Bericht erneut ein unerwartet hohes Niveau aufweist. Der Grund dafür ist, dass es in einzelnen Berichten viele Nebengeräusche gibt und dass die Daten eines einzelnen Monats von späteren Daten widerlegt werden könnten. Wenn diese Daten aber den früheren Bericht bestätigen, wird es wahrscheinlicher, dass sich der Trend etabliert hat und der Markt sich entsprechend bewegen wird.

Wirtschaftswachstum und Aktienkurse

Es überrascht die Öffentlichkeit und sogar die Finanzpresse, wenn die Börse nach einem starken Wirtschaftsbericht sinkt. Aber Wirtschaftswachstum hat zwei Implikationen mit völlig gegensätzlichen Folgen für den Aktienmarkt. Eine starke Wirtschaft steigert die künftigen Unternehmensgewinne. Das ist positiv für die Aktien. Aber es lässt auch die Zinsen steigen, und das erhöht den Diskontierungssatz, mit dem diese zukünftigen Gewinne diskontiert werden. Ein schwacher Wirtschaftsbericht kann die erwarteten Gewinne senken, aber wenn die Zinsen sinken, könnten die Aktienkurse möglicherweise steigen – wegen des sinkenden Diskontierungssatzes dieser Gewinne. Es ist ein Kampf zwischen dem Zähler, der die zukünftigen Cashflows enthält, und dem Nenner, der diese Cashflows diskontiert.

Welcher Effekt stärker ist – die Zinsveränderung oder die Veränderung der Unternehmensgewinne –, hängt oft davon ab, wo die Wirtschaft innerhalb des Konjunkturzyklus steht. Neuere Analysen zeigen, dass in einer Rezession ein unerwartet starker Wirtschaftsbericht die Aktienkurse steigen lässt, weil die Implikationen für die Unternehmensgewinne wichtiger sind als die Veränderungen der Zinsen in diesem Stadium des Konjunkturzyklus.[2] Umgekehrt drückt ein unerwartet schwacher Bericht die Aktienkurse nach unten. In wirtschaftlichen Expansionsphasen und vor allem an deren Ende fällt der Zinseffekt meist stärker aus, weil die Inflation eine größere Bedrohung ist.

Viele Aktientrader betrachten zu ihrer Orientierung die Bewegungen am Anleihenmarkt. Das trifft vor allem auf Portfoliomanager zu, die auf der Basis von Zinsveränderungen und erwarteter Aktienrenditen ihre Bestände zwischen Aktien und Anleihen aufteilen. Wenn die Zinsen nach einem schwachen Wirtschaftsbericht sinken, sind diese Investoren sofort bereit, den Aktienanteil ihrer Portfolios zu erhöhen, weil sich in diesem Moment die relativen Renditen von Aktien und Anleihen zugunsten der Aktien ändern. Andererseits könnten Anleger Aktien verkaufen, wenn sie erkennen, dass ein schwacher Arbeitsmarktbericht vielleicht niedrigere Gewinne bedeutet. Oft schwankt der Aktienmarkt dann den ganzen Tag, während die Investoren die Implikationen der Daten für Gewinne und Zinsen verdauen.

Der Arbeitsmarktbericht

Der *Arbeitsmarktbericht*, zusammengestellt vom Bureau of Labor Statistics (BLS), ist der wichtigste Bericht, der monatlich von der Regierung veröffentlicht wird. Um die Beschäftigung zu messen, führt das BLS zwei völlig verschiedene Untersuchungen durch. Eine misst die Beschäftigung, die andere die Arbeitslosigkeit. Die *Lohnlistenübersicht (Payroll Survey)* zählt die Gesamtzahl der *Arbeitsplätze*, die Unternehmen auf ihren Gehaltslisten haben, während die *Haushaltsübersicht (Household Survey)* die Zahl der Menschen misst, die einen Job haben oder einen suchen. Die *Lohnlistenübersicht* sammelt die Lohnlistendaten von fast 400.000 Unternehmen und Angestellten im öffentlichen Dienst. Damit werden fast 50 Millionen Arbeitende oder etwa 40 Prozent aller Arbeitenden abgedeckt. Die meisten Prognostiker verwenden diese Übersicht, um den zukünftigen Lauf der Wirtschaft beurteilen zu können. Von größter Bedeutung für Trader ist die Veränderung der *Nonfarm Payroll* (die Zahl der Arbeitskräfte in der Landwirtschaft wird ausgeklammert, weil sie sehr volatil ist und nicht mit zyklischen ökonomischen Trends in Verbindung steht).

Die *Arbeitslosenquote* wird von einer ganz anderen Umfrage festgelegt als die Zahl der Arbeitskräfte. Erstere wird in den Abendnachrichten aber oft an erster Stelle genannt. Sie wird aus dem Household Survey errechnet, in dem Daten von etwa 60.000 Haushalten gesammelt werden. Eine der Fragen darin lautet, ob jemand aus diesem Haushalt in den vergangenen vier Wochen »aktiv« Arbeit gesucht hat. Wer diese Frage bejaht, wird als arbeitslos eingestuft. Die daraus resultierende Zahl arbeitsloser Menschen wird durch die Gesamtzahl der arbeitenden Menschen geteilt, und so erhält man die Arbeitslosenquote. Die Arbeitenden in den USA, definiert als Summe aller Menschen mit und ohne Arbeitsplatz, umfassen etwa zwei Drittel der erwachsenen Bevölkerung. Diese Quote ist in den 1980er- und 1990er-Jahren kontinuierlich gestiegen, weil immer mehr Frauen mit Erfolg Arbeit gesucht haben, doch in jüngster Vergangenheit ist sie wieder gesunken.

Die Interpretation der BLS-Statistiken kann schwierig sein. Weil die Lohnlisten- und die Haushaltsdaten auf zwei völlig verschiedenen Umfragen basieren, ist es nicht ungewöhnlich, dass die Zahl der Arbeitsplätze gleichzeitig mit der Arbeitslosenquote steigt – und umgekehrt. Ein Grund dafür ist, dass der Payroll Survey Arbeitsplätze zählt, der Household Survey dagegen Menschen. Personen mit zwei Jobs werden daher im Household Survey nur einmal gezählt, im Payroll Survey aber zweimal. Außerdem werden Selbstständige im Payroll Survey nicht gezählt, im Household Survey aber schon. Und schließlich können Anstiege der Zahl der Arbeitssuchenden im Frühstadium einer wirtschaftlichen Erholung die Arbeitslosenquote steigern, weil in einem nun verbesserten Arbeitsmarkt mehr Menschen eine Anstellung suchen.

Aus diesem Grund haben Wirtschaftsexperten und Prognostiker die Arbeitslosenquote lange Zeit als irrelevant für die Vorhersage des Konjunkturzyklus abgetan. Das mindert aber nicht die politische Bedeutung der Arbeitslosenquote. Sie ist eine leicht zu verstehende Zahl, und sie repräsentiert den Teil der Arbeitsbevölkerung, der einen Job sucht, aber keinen findet. Die Politiker beachten diese Zahl mehr als jede andere, wenn es um die Beurteilung der Wirtschaftslage geht. Zudem hat Fed-Chairman Ben Bernanke die Arbeitslosenquote zu einem Schwellenwert für die Frage gemacht, wann die Fed nach der Finanzkrise und der Großen Rezession anfangen würde, die Leitzinsen zu erhöhen. Folglich gilt die Arbeitslosenquote heute bei Tradern und Marktbeobachtern als sehr wichtig.

Seit 2005 veröffentlicht Automatic Data Processing Corporation (ADP) ihre eigenen Lohnlistendaten unter dem Namen *The ADP National Employment Report*. Der ADP-Report ist ein Maß für die Beschäftigung außerhalb der Landwirtschaft, basierend auf etwa der Hälfte von ADPs 500.000 Geschäftskunden in den USA mit etwa 23 Millionen Mitarbeitern. Da ADP die Gehaltsschecks für jeden sechsten Angestellten im US-Privatsektor erstellt, in allen Zahlungszeiträumen und in einem breiten Spektrum von Branchen, Firmengrößen und geografischen Örtlichkeiten, liefern ADPs Zahlen einen guten Hinweis auf die zukünftigen Arbeitsmarktdaten.

Der Berichtszyklus

Der Arbeitsmarktreport ist nur einer von mehreren Dutzend ökonomischen Ankündigungen, die jeden Monat herausgegeben werden. Die üblichen Veröffentlichungsdaten der verschiedenen Datenberichte in einem typischen Monat werden in Tabelle 16.1 gezeigt. Die Zahl der Sternchen steht für die Bedeutung für den Finanzmarkt.

Der ADP Payroll Report ist der Höhepunkt der wichtigen Daten über das Wirtschaftswachstum, die zur Monatswende veröffentlicht werden. Am ersten Arbeitstag jedes Monats wird eine Umfrage des Institute for Supply Management (ISM, früher National Association of Purchasing Managers) herausgegeben. Sie nennt sich *Einkaufsmanager-Index* (*Purchasing Managers Index* oder *PMI*).

Hierzu werden 250 Einkaufsmanager produzierender Firmen befragt, ob Aufträge, Produktion, Zahl der Arbeitsplätze oder andere Indikatoren steigen oder fallen. Aus diesen Daten wird ein Index gebildet. Ein Index-Stand von 50 bedeutet, dass je die Hälfte aller Manager über steigende und über sinkende Aktivitäten berichtet. Ein Stand von 52 oder 53 spricht für eine normal expandierende Wirtschaft. 60 bedeutet eine starke Wirtschaft, in der drei Fünftel der Manager über Wachstum berichten. Ein Stand unter 50 steht für einen rückläufigen produzierenden Sektor, und ein Stand unter 40 ist fast immer ein Zeichen einer Rezession.

Zwei Tage später, am dritten Arbeitstag des Monats, veröffentlicht das ISM einen ähnlichen Index für den Dienstleistungssektor der Wirtschaft.

Es gibt noch andere Veröffentlichungen von Datenberichten über die Aktivitäten der Industrie. Der *Chicago Purchasing Managers Report* erscheint am letzten Arbeitstag des Monats, einen Tag vor dem landesweiten PMI-Report. Die Region um Chicago hat eine breit diversifizierte Industrie, und daher weist der Chicago-Index in zwei Dritteln aller Fälle in die gleiche Richtung wie der landesweite Index. Seit 1968 wird der *Philadelphia Fed Manufacturing Report* am dritten Donnerstag jedes Monats veröffentlicht, was ihn zum ersten Produktionsbericht des Monats macht. Aber um nicht hinter dem südlichen Nachbarn zurückzubleiben, publiziert die New Yorker Fed seit einigen Jahren ein paar Tage früher den *Empire State Report* über die Industrieproduktion in New York. Und seit 2008 veröffentlicht Markit Group Limited, eine Finanzdienstleistungsfirma mit Sitz in London, schon vor dem ISM-Bericht Einkaufsmanagerberichte für viele Länder (darunter auch die USA).

Ebenfalls von Bedeutung sind die Indikatoren des Verbraucher-Sentiments; einer von der University of Michigan und einer vom Conference Board, einer Handelsorganisation. In diesen Umfragen werden Kunden über ihre aktuelle finanzielle Situation und ihre Zukunftserwartungen befragt. Die Umfrage des Conference Board, die am letzten Dienstag des Monats veröffentlicht wird, gilt als guter Frühindikator für Verbraucherausgaben. Viele Jahre lang wurde der monatliche Index der University of Michigan erst nach den Daten des Conference Board veröffentlicht, aber der Wunsch nach früh erscheinenden Berichten hat die Universität dazu bewogen, schon vor dem Conference Board einen vorläufigen Bericht zu publizieren.

Monday	Tuesday	Wednesday	Thursday	Friday
1 10:00 Purchasing Mgrs. Index** (PMI)	**2** Vehicle Sales	**3** 8:15 ADP Employment Est** 10:00 Service PMI**	**4** 8:30 Jobless Claims** Trade Report*	**5** 8:30 Employment Report****
8	**9**	**10**	**11** Jobless Claims**	**12** 8:30 PPI**** 9:55 U of Mich Cons Conf
15 8:30 NY Fed* Retail Sales***	**16** 8:30 CPI*** 9:15 Ind. Prod* 10:00 NAHB Index**	**17** 8:30 Housing Stats*** Building Permits***	**18** 8:30 Jobless Claims** 10:00 Philly Fed*	**19**
22 10:00 Existing Home Sales**	**23** 8:30 Durable Goods Orders**	**24** 10:00 New Home Sales*	**25** 8:30 Jobless Claims** Durable Goods**	**26**

Monday	Tuesday	Wednesday	Thursday	Friday
29	**30** 8:30 Quaterly GDP*** 9:00 Case-Shiller Home Prices* 10:00 Conf Board Cons Conf*	**31** 8:30 Empl Cost Index* Income, Spending, PCE Defi*** 9:45 Chicago PMI*		
Sternchen beschreiben die Bedeutung für den Markt (*** = höchste Wichtigkeit)				

Tabelle 16.1: Kalender der wiederkehrenden Wirtschaftsdatenverkündung

Inflationsberichte

Obwohl der Arbeitsmarktbericht den Markstein der Berichte zum Wirtschaftswachstum darstellt, weiß man an der Börse, dass die Fed auch die Inflationsentwicklung beobachtet. Die Fed lockert die Kreditzügel in der Regel nicht, wenn sie nicht sicher sein kann, dass die Inflation unter Kontrolle ist. Die Zentralbank versteht sich als Wächter der Währungsstabilität und kann die Inflation daher nicht ignorieren. Einige der frühesten Signale auf diesem Gebiet liefert die Mitte des Monats veröffentlichte Inflationsstatistik.

Die erste monatliche Veröffentlichung zum Thema ist der *Produzentenpreis-Index* (*Producer Price Index* oder *PPI*), der bis 1978 »Großhandelspreis-Index« hieß. Der PPI, erstmals 1902 publiziert, ist eine der ältesten kontinuierlichen Serien statistischer Daten, die von der Regierung veröffentlicht werden.

Der PPI misst die Preise, die Produzenten im Großhandel für ihre verkauften Güter erhalten, also bevor die Güter an die Endverbraucher verkauft werden. Etwa ein Viertel des PPI kommt aus dem Preis von Kapitalgütern, die an Produzenten verkauft werden, und 15 Prozent des PPI haben mit Energie zu tun. Dienstleistungen sind im PPI nicht enthalten. Gleichzeitig mit dem PPI werden auch die Preise von halbfertigen Gütern und Rohprodukten veröffentlicht (oft Pipeline-Inflation genannt), die beide die Inflation in frühen Produktionsstadien aufzeigen.

Der zweite monatliche Inflationsbericht, etwa einen Tag nach dem PPI veröffentlicht, ist der hochwichtige *Verbraucherpreis-Index* (*Consumer Price Index* oder *CPI*). Er umfasst die Preise von Dienstleistungen und Gütern. Die Dienstleistungen, darunter auch Mieten, Wohnkosten, Transport und medizinische Dienstleistungen, machen heute fast die Hälfte der CPI-Index-Gewichtung aus.

Der CPI gilt als wichtigstes Inflationsmaß. Bei Vergleichen des Preisniveaus auf historischer oder internationaler Basis ist er fast immer der Index der Wahl. Zudem sind sehr viele private und öffentliche Verträge ebenso wie Sozialabgaben und Besteuerungsgrenzen an den CPI gebunden.

Der Finanzmarkt beachtet den Konsumentenpreis-Index wahrscheinlich ein wenig mehr als den Produzentenpreis-Index, weil der CPI oft für Indexierungen verwendet wird und politisch bedeutend ist. Aber viele Ökonomen meinen, der Produzentenpreis-Index reagiere sensibler auf frühe Preistrends, weil Inflation sich oft zunächst auf der Ebene des Großhandels bemerkbar macht, ehe sie im Einzelhandel wirksam wird.

Kerninflation

Von Bedeutung für den Markt ist nicht nur die allgemeine Inflationsrate, sondern auch die Inflation, die die volatilen Sektoren Nahrungsmittel und Energie ausklammert. Weil das Wetter großen Einfluss auf die Nahrungsmittelpreise ausübt, hat ein Anstieg oder Rückgang der Nahrungsmittelpreise über einen Monat keine große Bedeutung für den allgemeinen Inflationstrend. Auch die Schwankungen der Öl- und Erdgaspreise hängen vom Wetter ab, von vorübergehenden Angebotsproblemen und spekulativem Trading, die sich in den folgenden Monaten nicht unbedingt fortsetzen müssen. Um einen Inflations-Index zu erhalten, der die beständigeren und längerfristigen Inflationstrends misst, berechnet die Regierung auch die Kern-Produzenten- und Verbraucherpreisindizes, die Inflation unter Ausschluss von Nahrungsmittel- und Energiepreisen messen.

Die Kerninflationsrate ist für die Zentralbanken wichtiger als der allgemeine Index, der Nahrungsmittel und Energie einschließt, weil er den grundlegenden Preistrend besser identifiziert. Prognostiker sagen die Kerninflationsrate in der Regel treffender voraus als die allgemeine Inflationsrate, die von den volatilen Nahrungsmittel- und Energiepreisen beeinflusst wird. Ein Schätzfehler von 0,3 Prozent im Konsens der Prognosen für die Inflationsrate von Monat zu Monat ist vielleicht nicht besonders schwerwiegend, aber bei der Kerninflationsrate würde man eine solche Abweichung für recht groß halten, und sie würde sich signifikant auf die Finanzmärkte auswirken.

Der Index, den die Federal Reserve als wichtigsten Inflationsindikator verwendet, ist der *Personal Consumption Expenditure Deflator (PCE)*. Dabei handelt es sich um einen Preis-Index, der den Anteil des Konsums am Bruttoinlandsprodukt (BIP) berechnet. Der PCE-Deflator weicht vom Konsumentenpreis-Index insofern ab, als er ein aktuelleres Gewichtungsschema verwendet und die Kosten der von Arbeitgebern und Arbeitnehmern bezahlten Krankenversicherungsbeiträge mit einbezieht. Der PCE-Deflator liegt in der Regel 0,25 bis 0,5 Prozentpunkte unter dem Konsumentenpreis-Index und ist der Index, auf den sich die Fed mit ihrer Inflationszielmarke von zwei Prozent bezieht.

Arbeitskosten

Weitere inflationsrelevante Veröffentlichungen beziehen sich auf die Arbeitskosten. Der monatliche Arbeitsmarktbericht des BLS enthält Daten über die Höhe der Stundenlöhne und beleuchtet den Kostendruck auf dem Arbeitsmarkt. Da Arbeitskosten etwa zwei Drittel der Produktionskosten einer Firma ausmachen, erhöhen Anstiege der Stundenlöhne, die nicht von gesteigerter Produktivität ausgeglichen werden, die Arbeitskosten und drohen Inflation auszulösen. In jedem Kalenderquartal veröffentlicht die Regierung zudem den Arbeitskosten-Index. Dieser Index enthält Sozialversicherungsbeiträge ebenso wie Löhne und gilt als umfassendster Bericht über Arbeitskosten.

Die Auswirkungen auf die Finanzmärkte

Das Folgende fasst die Auswirkungen der Inflation auf die Finanzmärkte zusammen:

> *Ein unerwartet niedrig ausgefallener Inflationsbericht senkt die Zinsen und treibt die Anleihen- und die Aktienkurse an. Höhere Inflation als erwartet erhöht die Zinsen und drückt Aktien- und Anleihenkurse nach unten.*

Dass Inflation schlecht für Anleihen ist, kann nicht überraschen. Anleihen sind festverzinsliche Wertpapiere, deren Cashflows nicht inflationsbereinigt werden. Anleihenbesitzer verlangen höhere Zinsen, um ihre Kaufkraft zu schützen, wenn die Inflation steigt.

Höher als erwartet ausgefallene Inflation ist auch für den Aktienmarkt schlecht. Wie in Kapital 13 erwähnt, haben sich Aktien auf kurze Sicht als schlechter Schutz vor Inflation erwiesen. Aktionäre wissen, dass steigende Inflation die effektive Steuerquote auf Unternehmensgewinne und Kapitalgewinne erhöht und die Zentralbank dazu veranlasst, die Kreditzügel anzuziehen, was die realen Zinsen steigen lässt.

Die Politik der Zentralbank

Die Politik der Zentralbank ist für die Finanzmärkte von größter Bedeutung. Martin Zweig, ein bekannter Vermögensverwalter, beschrieb diesen Zusammenhang wie folgt:

> *Am Aktienmarkt, ebenso wie beim Pferderennen, treibt Geld die Gäule an. Das monetäre Umfeld übt einen enormen Einfluss auf die Aktienkurse aus. In der Tat ist das monetäre Klima – vor allem der Zinstrend und die Politik der Federal Reserve – der dominante Faktor bei der Bestimmung der vorherrschenden Richtung am Aktienmarkt.*[3]

Kapitel 15 hat gezeigt, dass vier der fünf stärksten Ein-Tages-Rallyes in der Geschichte der Wall Street mit Geldpolitik zu tun hatten. Die Senkung der kurzfristigen Zinsen und die großzügige Versorgung des Bankensystems mit Krediten sind Aktionen, die Aktienanlegern fast immer extrem willkommen sind. Wenn die Zentralbank die Kreditzügel lockert, senkt sie den Zinssatz, zu dem zukünftige Cashflows von Aktien diskontiert werden, und fördert die Nachfrage, was die zukünftigen Gewinne erhöht.

Die Federal Reserve hält jährlich acht reguläre Sitzungen des Federal Open Market Committee ab, danach wird jeweils eine Stellungnahme herausgegeben. Das letzte Treffen im Quartal, wenn die Fed eine Pressekonferenz abhält, ist von besonderer Bedeutung. Die Aussage der Fed gegenüber dem Kongress, vor allem die halbjährliche Stellungnahme vor dem Repräsentantenhaus und dem Senat im Februar und im Juli, ist sehr signifikant. Aber der Chairman kann jederzeit Bemerkungen über die Richtung der Fed-Politik machen und Hinweise geben, und daher kann jede seiner Reden die Märkte bewegen.

Kapitel 13 hat gezeigt, dass von den 1950er- bis zu den 1980er-Jahren Zinserhöhungen durch die Fed mit schwachen Renditen im folgenden Jahr verbunden waren, während Zinssenkungen den Markt antrieben. Weil Veränderungen der Geldpolitik der Fed nun weit im Voraus antizipiert werden, waren Zinsveränderungen in jüngster Vergangenheit nicht mehr so zuverlässig. Aber überraschende Aktionen der Zentralbank zwischen den regulären Sitzungsterminen sind so einflussreich, wie sie es schon immer waren. Die unerwartete Senkung der Fed Funds Rate von 6,5 auf 6,0 Prozent am 3. Januar 2001 ließ den S&P-500-Index um fünf Prozent und den technologielastigen Nasdaq-Index um 14,2 Prozent steigen – was ein Allzeitrekord war. Und als Fed-Chairman Ben Bernanke am 19. Juni 2013 ankündigte, die Fed plane, ihr Quantitative Easing-Programm (QE) auslaufen zu lassen, erlitten die Aktien- und Anleihenmärkte ihre höchsten Verluste seit fast zwei Jahren.

Aktien reagieren nur dann auf Zinssenkungen durch die Fed, wenn diese die Zinsen exzessiv senkt und der Markt somit einen Inflationsanstieg befürchtet. Aber wenn die Zentralbank die Zinsen exzessiv senkt, wäre ein Anleger lieber in Aktien als in Anleihen engagiert, weil festverzinsliche Wertpapiere stärker von unerwarteter Inflation in Mitleidenschaft gezogen werden als Aktien.

Fazit

Die Reaktionen der Finanzmärkte auf die Veröffentlichung von Wirtschaftsdaten erfolgen nicht zufällig, sondern können anhand von ökonomischen Analysen prognostiziert werden. Starkes Wirtschaftswachstum führt unweigerlich zu steigenden Zinsen, aber es hat einen zweischneidigen Effekt auf die Aktienkurse, vor allem in der Spätphase einer wirtschaftlichen Expansion, weil höhere Zinsen gegen stärkere Unternehmensgewinne kämpfen. Steigende Inflation ist für Aktien- und für Anleihenmärkte negativ. Leitzinssenkungen durch die Zentralbank sind sehr positiv für Aktien und haben im historischen Vergleich einige der stärksten Aktienrallyes ausgelöst.

Dieses Kapitel betont die kurzfristige Reaktion der Finanzmärkte auf Wirtschaftsdaten. Obwohl es faszinierend ist, die Reaktion des Markts zu beobachten und zu verstehen, ist es recht kompliziert, auf der Basis dieser Datenveröffentlichungen zu investieren. Man überlässt das besser Spekulanten, die mit der kurzfristigen Volatilität besser umgehen können. Die meisten Investoren werden gut abschneiden, wenn sie sich das alles von außen ansehen und einer Investmentstrategie langfristig treu bleiben.

TEIL IV:
Kurzfristige Aktienschwankungen

17. Exchange Traded Funds, Aktienindex-Futures und Optionen

Als ich jung war – Laufbursche bei Merrill Lynch für 25 Dollar pro Woche – hörte ich einen von den alten Händlern sagen: »Das Großartigste zum Handeln wären Aktien-Futures – aber das kann man nicht tun, das ist Glücksspiel.

Leo Melamed, 1988[1]

Warren Buffett meint, Aktien-Futures und Optionen sollten verboten werden, und ich stimme ihm zu.

Peter Lynch, 1989[2]

Wenn jemand fragen würde, welches börsengehandelte Wertpapier 2012 in den USA das größte Dollar-Volumen hatte, was würden Sie sagen? Apple, Google, ExxonMobil? Die überraschende Antwort ist ein Wertpapier, das erst seit 1993 existiert und nicht einmal ein Unternehmen repräsentiert. Das Wertpapier mit den höchsten Dollar-Umsätzen war *Spiders*, der Spitzname, den man den S&P-500 Depository Receipts (SPDRs) gab. Dabei handelt es sich um einen börsennotierten Fonds, der den Wert des S&P-500-Index repräsentiert. 2012 wurden über 50 Milliarden Anteile gehandelt, was einem Wert von über sieben Billionen Dollar entspricht.

Exchange Traded Funds

Exchange Traded Funds sind das innovativste und erfolgreichste neue Finanzinstrument seit dem Debüt der Index-Futures Kontrakte zwei Jahrzehnte zuvor. ETFs sind Anteile, die von einem Investment-Unternehmen emittiert werden und ein zugrunde liegendes Portfolio repräsentieren. Sie werden den ganzen Tag über an einer Börse gehandelt, wo die Preise durch Angebot und Nachfrage bestimmt werden. Die meisten in den 1990er-Jahren emittierten ETFs bildeten nur bekannte Aktienindizes ab, aber seit Kurzem repräsentieren sie auch neu konzipierte Indizes und sogar aktiv gemanagte Portfolios.

Das Wachstum der ETFs war explosiv. Abbildung 17.1 zeigt das Wachstum der Fonds-Assets und der ETFs seit 1995.[3] Ende 2012 beliefen sich die Assets der ETFs auf insgesamt 1,3 Billionen Dollar, und obwohl das nur zehn Prozent der 134 Billionen Dollar entspricht, die in herkömmlichen Fonds investiert sind, wuchsen die ETFs seit 2002 um das Dreizehnfache.

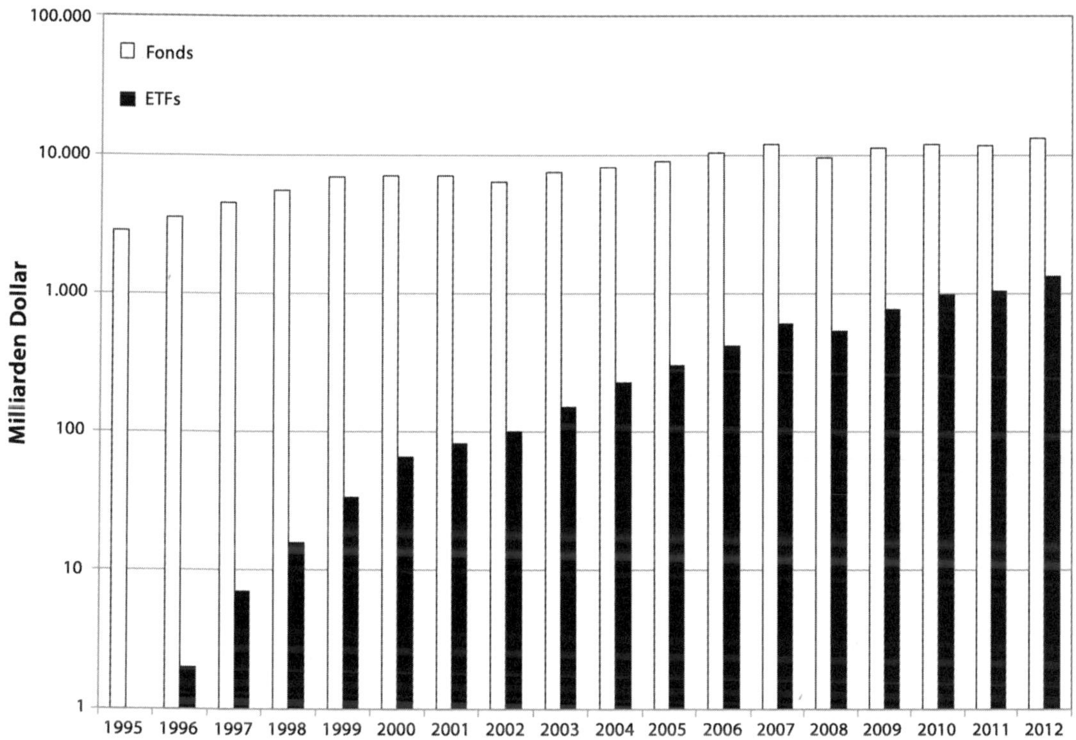

Abbildung 17.1: Wachstum der Assets von Fonds und ETFs, 1995–2012

Spiders waren das erste und erfolgreichste ETF, 1993 emittiert. Aber zu den Spiders gesellten sich bald andere mit Spitznamen wie *Cubes*, eine Umformung des Tickersymbols QQQ, das für den Nasdaq-100-Index steht, und *Diamonds*, mit dem Tickersymbol DIA, das für den Dow Jones Industrial Average steht.

Diese ETFs bilden ihre jeweiligen Indizes extrem genau ab. Das liegt daran, dass die designierten Institutionen, Market Maker und große Investoren, die man *autorisierte Marktteilnehmer* oder *Authorized Participants* nennt, die zugrunde liegenden Aktien im Index kaufen und sie dem Emittenten im Tausch gegen ETF-Einheiten liefern oder ihm ETF-Einheiten im Tausch gegen die zugrunde liegenden Aktien überlassen können. Die Minimalgröße für einen solchen Tausch, *Creation Unit* genannt, beträgt in der Regel 50.000 Aktien. Zum Beispiel erhält ein autorisierter Marktteilnehmer, der 50.000 Spiders-Anteile an State Street

Bank & Trust liefert, eine festgelegte Zahl von Aktien jeder Firma im S&P-500. Diese autorisierten Marktteilnehmer halten die Kurse der ETFs extrem nahe am Index-Wert. Bei aktiv gehandelten ETFs wie Spiders und Cubes liegt der Spread zwischen Geld- und Briefkurs bei nur einem Prozent.

ETFs haben herkömmlichen Fonds gegenüber verschiedene Vorteile. Im Gegensatz zu Fonds kann man sie tagsüber jederzeit kaufen oder verkaufen. Zweitens kann ein Investor ETFs leerverkaufen, in der Hoffnung, einen Gewinn zu erzielen, indem er sie später zu einem niedrigeren Kurs zurückkauft. Das ist eine sehr bequeme Möglichkeit, die Gewinne eines Portfolios abzusichern, wenn ein Anleger befürchtet, dass der Markt fallen könnte. Und schließlich sind ETFs steuerlich sehr effizient, im Gegensatz zu Fonds generieren sie nämlich fast keine Kapitalgewinne, weder durch die Verkäufe anderer Investoren noch durch Portfolio-Veränderungen des Index. Das liegt daran, dass der Tausch zwischen ETFs und den zugrunde liegenden Aktien steuerlich nicht relevant ist. Später in diesem Kapitel werden wir die Vor- und Nachteile von ETFs im Vergleich mit anderen Formen von Index-Investitionen auflisten.

Aktienindex-Futures

ETFs sind das Ergebnis einer der wichtigsten Trading-Innovationen der letzten 50 Jahre – der Entwicklung von Aktienindex-Futures in den frühen 1980er-Jahren. Trotz der enormen Popularität dieser neuen Exchange Traded Funds sind die Dollar-Umsätze in ETFs immer noch winzig im Vergleich zu den Dollar-Umsätzen beim Trading von Index-Futures, von denen die meisten zunächst in Chicago gehandelt wurden, jetzt aber im elektronischen Handel getradet werden. Verschiebungen des allgemeinen Börsen-Sentiments betreffen oft zunächst die Märkte der Index-Futures und werden dann auf die in New York gehandelten Aktien übertragen.

Um zu verstehen, wie wichtig Index-Futures in den 1980er- und 1990er-Jahren für die Aktienkurse waren, muss man nur betrachten, was am 13. April 1992 geschah. Er begann als normaler Handelstag, aber etwa um 11.45 Uhr vormittags wurden die beiden großen Futures-Börsen in Chicago, das Board of Trade und die Mercantile Exchange, geschlossen, weil ein massives Leck vom Chicago River durch die Tunnel unter dem Finanzdistrikt floss und für massive Stromausfälle sorgte. Die Intraday-Bewegung der Futures auf den Dow Industrials und den S&P-500 wird in Abbildung 17.2 gezeigt. Sobald der Futures-Handel in Chicago gestoppt wurde, sank die Volatilität des Aktienmarkts signifikant.

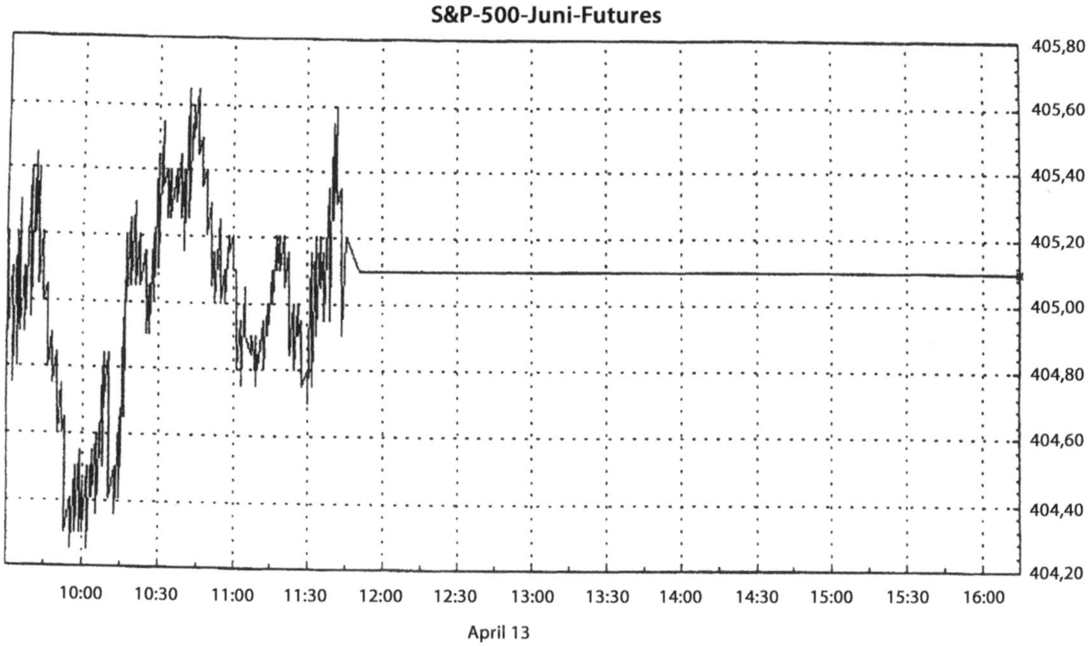

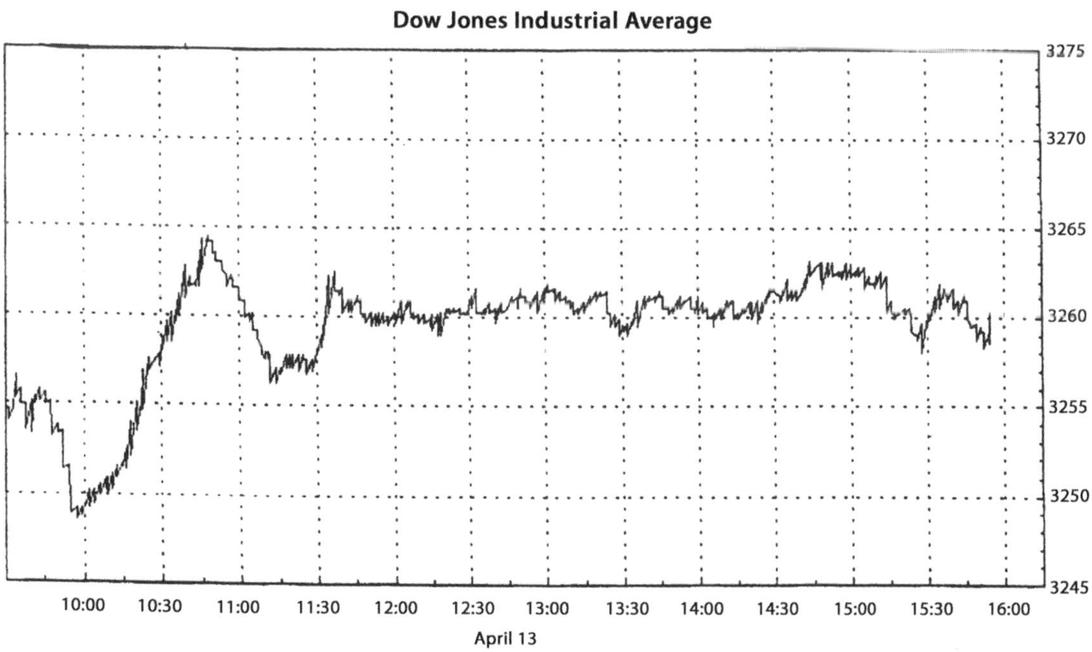

Abbildung 17.2: Als der Handel der Aktienindex-Futures am 13. April 1992 eingestellt wurde

Es sieht fast so aus, als sei die New York Stock Exchange »hirntot« geworden, als die Führung aus Chicago fehlte. Die Umsätze in New York fielen um mehr als 25 Prozent an dem Tag, als der Futures-Markt in Chicago geschlossen wurde. Manche Händler behaupteten, dass es bei der Ausführung mancher Trades in New York Liquiditätsprobleme geben könnte, wenn die Futures-Börse weiterhin geschlossen blieb.[4] Michael Metz, ein Marktstratege bei Oppenheimer & Co., erklärte: »Es war absolut angenehm, alles schien so ruhig. Es erinnerte mich an die schönen Tage an der Wall Street, ehe sich die Programmtrader festgesetzt haben.«[5]

Wer sind diese *Programmtrader*, über die Anleger so viel hören, und was tun sie? Das Handelsparkett der New York Stock Exchange wurde schon immer von Leuten bevölkert, die Lieferorders erteilten, herumrannten und ihre Deals machten. Aber Mitte der 1980er-Jahre, nur ein paar Jahre nach der Einführung der Index-Futures, wurde der Lärmpegel immer wieder vom Tat-Tat-Tat Dutzender automatischer Maschinen unterbrochen, die Hunderte Kauf- und Verkaufstickets ausdruckten. Diese Orders kamen fast immer von *Arbitrageuren* im Bereich der Aktienindex-Futures. Also von Programmtradern, die auf die Unterschiede zwischen den Kursen der in Chicago gehandelten Aktienindex-Futures und der betreffenden Aktien vertrauen, die in New York gehandelt werden.

Die Nebengeräusche signalisierten, dass sich der Futures-Markt in Chicago schnell bewegte und dass sich die Aktienkurse in New York bald entsprechend entwickeln würden. Es war eine unheimliche Warnung, etwas wie das Schwirren der Heuschreckenschwärme in biblischen Zeiten, das Missernten und eine Hungersnot ankündigte. Und zur Hungersnot könnte es führen, denn in den 1980er- und in den frühen 1990er-Jahren gingen einigen der schlimmsten Kursstürze am Aktienmarkt Computer voraus, die Orders auswarfen, die von den Futures-Märkten ausgelöst worden waren.

In diesen Tagen hatten die meisten Veränderungen des Gesamtniveaus der Aktien ihren Ursprung nicht an der Wall Street, sondern am Wacker Drive, dem Sitz der Chicago Mercantile Exchange. Die *Specialists* an der New York Stock Exchange, diese Händler, deren Aufgabe es ist, den Handel bestimmter Aktien zu organisieren und zu überwachen, starrten auf den Futures-Markt, um herauszufinden, wohin sich die Aktien bewegen würden. Diese Händler lernten aus Erfahrung, Index-Futures nicht im Weg zu stehen, wenn sie sich schnell bewegen. Wenn sie es tun, könnten sie unter einer Handelslawine begraben werden, wie einige Specialists am 19. Oktober 1987, diesem schicksalhaften Tag, als der Dow um fast 23 Prozent abstürzte.

Die Grundlagen der Futures-Märkte

Die meisten Investoren halten Index-Futures und ETFs für esoterische Wertpapiere, die wenig mit dem Markt zu tun haben, an dem Aktien gekauft und verkauft werden. Viele Investoren schneiden gut ab, indem sie Aktien handeln, ohne etwas über diese neuen Instrumente zu wissen. Aber niemand kann die kurzfristigen Marktbewegungen begreifen, ohne Aktienindex-Futures und ETFs zu verstehen.

Futures werden schon seit Hunderten von Jahren gehandelt. Der Ausdruck *Futures* stammt vom Versprechen, einen Rohstoff zu einem zukünftigen Datum und einem bestimmten Preis zu kaufen oder zu liefern. Das Futures-Trading gedieh zunächst bei landwirtschaftlichen Feldfrüchten. Die Bauern wollten einen garantierten Preis für die Früchte, die sie zu späteren Zeitpunkten ernten würden. Es entwickelten sich Märkte, an denen Käufer und Verkäufer, die Unsicherheit vermeiden wollten, zu einer Preisvereinbarung für zukünftige Lieferungen gelangen konnten. Die Verpflichtungen, die Vereinbarungen einzuhalten, *Futures-Kontrakte* genannt, waren frei transferierbar, und es entstanden Märkte, an denen sie aktiv gehandelt wurden.

Aktienindex-Futures wurden im Februar 1982 vom Kansas City Board of Trade unter Verwendung der etwa 1700 Aktien im Value Line Index an den Markt gebracht. Zwei Monate später wurde an der Mercantile Exchange in Chicago der erfolgreichste Aktienindex-Future der Welt eingeführt. Er basierte auf dem S&P-500-Index. 1984 überstieg der Wert der Kontrakte dieses Index-Futures die Dollar-Umsätze aller Aktien an der New York Stock Exchange. Heute liegt der Wert der Aktien, die vom Trading der S&P-Futures repräsentiert werden, bei mehr als 100 Milliarden Dollar *pro Tag*.

Alle Aktienindex-Futures sind ähnlich konstruiert. Im Fall des Verkäufers ist der S&P-Index-Future ein Versprechen, ein bestimmtes Vielfaches des Werts des S&P-500-Index an einem bestimmten Datum in der Zukunft, *Settlement Date* genannt, zu liefern. Im Fall des Käufers ist der S&P-Index-Future das Versprechen, ein bestimmtes Vielfaches des Werts des S&P-500-Index entgegenzunehmen. Das Vielfache des S&P-Index-Futures ist 250. Wenn also der S&P-500 bei 1700 Punkten steht, beträgt der Wert eines Kontrakts 425.000 Dollar. 1998 wurde eine *Mini-Version* des Kontrakts (*e-mini* genannt) mit einem Index-Vielfachen von 50 angeboten, die an den elektronischen Märkten gehandelt wird. Die Dollar-Umsätze dieser Minis liegen heute weit über denen der größeren Kontrakte.

Es gibt, im gleichen Abstand, vier *Settlement Dates* oder Abwicklungsdaten im Jahr. Sie fallen jeweils auf den dritten Freitag im März, im Juni, im September und im Dezember. Jedes Abwicklungsdatum entspricht einem bestimmten Kontrakt. Wenn man einen Futures-Kontrakt kauft, ist man berechtigt, das 250-Fache des Unterschieds zwischen dem Wert des S&P-500 zum Abwicklungsdatum und dem Preis einzustreichen, zu dem man den Kontrakt gekauft hat. Wenn es aber schiefläuft, ist man verpflichtet, den entsprechenden Betrag zu bezahlen.

Ein Beispiel: Wenn man einen September-Kontrakt auf den S&P-500 zu 1700 kauft und der Index steht am dritten Freitag im September bei 1710, hat man zehn Punkte gewonnen, was 2500 Dollar Gewinn bedeutet (250 Dollar × 10). Wenn der Index bis zum Abwicklungsdatum aber auf 1690 fällt, verliert man natürlich 2500 Dollar. Für jeden Punkt, um den der Index sinkt oder steigt, verliert oder gewinnt man je Kontrakt 250 Dollar.

Andererseits sind die Renditen des Verkäufers eines S&P-500-Futures-Kontrakts das Spiegelbild der Renditen des Käufers. Der Verkäufer verdient Geld, wenn der Index fällt. Im obigen Beispiel verliert der Verkäufer des S&P-Kontrakts zu 1700 2500 Dollar, wenn der Index bis zum Abwicklungstag auf 1710 steigt und gewinnt den gleichen Betrag, wenn der Index auf 1690 fällt.

Ein Grund für die Popularität von Aktienindex-Futures ist ihre einzigartige Abwicklungsprozedur. Wenn man einen Standard-Futureskontrakt kauft, hat man bei der Abwicklung das Recht, eine bestimmte Menge des Guts zu erhalten, auf das der Kontrakt lautet. Der Verkäufer hat das Recht, diese Menge zu liefern. Es gibt viele Geschichten zweifelhafter Herkunft über Trader, die vergessen hatten, ihre Kontrakte glattzustellen, und dann am Abwicklungstag große Mengen Weizen, Mais oder gefrorene Schweinebäuche in ihren Gärten fanden.

Würden die Lieferregeln aus dem Rohstoffbereich auch für die S&P-500-Futures gelten, dann müssten bestimmte Zahlen aller 500 Aktien im S&P-500 geliefert werden. Das wäre natürlich außerordentlich umständlich und kostspielig. Um dieses Problem zu vermeiden, legten die Designer der Aktienindex-Kontrakte fest, dass die Abwicklung in Geld erfolgt, berechnet anhand der Differenz zwischen dem Kontraktpreis beim Kauf/Verkauf und dem Indexwert am Abwicklungstag. Eine Lieferung von Aktien findet nicht statt. Wenn ein Trader einen Kontrakt nicht vor der Abwicklung glattstellt, wird sein Konto an diesem Tag einfach belastet oder der entsprechende Betrag wird ihm gutgeschrieben.

Die Erschaffung der mit Bargeld abzuwickelnden Futures-Kontrakte war keine einfache Angelegenheit. In den meisten Staaten, vor allem in Illinois, wo die großen Futures-Börsen ihren Sitz haben, galt die Abwicklung von Futures-Kontrakten mit Geld als Wette, und wetten war illegal, abgesehen von ganz besonderen Umständen. Aber 1974 wurde die Commodity Futures Trading Commission, eine Bundesbehörde, vom Kongress gegründet, um alle Arten des Futures-Handels zu regulieren. Da das Trading von Futures nun durch die neue Bundesbehörde überwacht wurde und weil es kein Bundesgesetz gegen Wetten gab, wurden die hinderlichen Gesetze auf Bundesebene umgangen.

Index-Arbitrage

Die Preise von Rohstoffen (und Finanz-Assets) an den Futures-Märkten können sich nicht von den Preisen der zugrunde liegenden Rohstoffe abkoppeln. Wenn der Wert eines Futures-Kontrakts genügend über den Preis des am offenen Markt sofort lieferbaren Rohstoffs steigt, den man oft auch *Cash-* oder *Spotmarkt* nennt, können Trader den Rohstoff kaufen, ihn einlagern und ihn dann am Abwicklungstag mit Gewinn gegen den höherpreisigen Futures-Kontrakt liefern. Wenn der Preis eines Futures-Kontrakts zu tief unter den aktuellen Spotpreis sinkt, können die Eigentümer des Rohstoffs ihn heute verkaufen, den Futures-Kontrakt kaufen und sich den Rohstoff später zu einem niedrigeren Preis liefern lassen. Damit machen sie im Prinzip einen Gewinn mit Gütern, die sie ohnehin auf Lager haben.

Ein solcher Prozess des Kaufens und Verkaufens von Rohstoffen gegen ihre Futures-Kontrakte ist eine Art der Arbitrage. Zur Arbitrage gehören Trader, die man Arbitrageure nennt. Sie nutzen vorübergehende Diskrepanzen der Preise identischer oder fast identischer Güter oder Assets. Arbitrage ist am Markt für Aktienindex-Futures und am ETF-Markt sehr verbreitet. Wenn der Preis der Futures-Kontrakte den Stand des zugrunde liegenden S&P-500-Index in ausreichendem Maß übersteigt, zahlt es sich für Arbitrageure aus, die Aktien zu kaufen und die Futures-Kontrakte zu verkaufen. Wenn der Preis der Futures genügend unter den Index fällt, verkaufen Arbitrageure die Aktien und kaufen die Futures. Am Abwicklungstag muss der Futures-Preis entsprechend den Regeln des Kontrakts mit dem Indexstand übereinstimmen. Daher ist die Differenz zwischen dem Futures-Preis und dem Index – *Prämie* genannt, wenn sie positiv ist, und *Discount*, wenn sie negativ ist – eine Gewinnchance.

Index-Arbitrage ist zu einer fein abgestimmten Kunst geworden. Die Preise der Aktienindex-Futures und der ETFs bewegen sich in der Regel innerhalb sehr enger Spannen des Indexwerts, basierend auf dem Preis der zugrunde liegenden Aktien. Wenn Käufe oder Verkäufe von Aktienindex-Futures oder ETFs die Preise aus dieser Spanne heraustreiben, steigen die Arbitrageure ein, und eine Flut von Kauf- und Verkaufsorders wird sofort an die Börsen übermittelt, an denen die Aktien in diesem Index gehandelt werden. Diese simultan platzierten Orders nennt man *Programmtrading*, und sie bestehen entweder aus *Kauf-* oder aus *Verkaufsprogrammen*. Wenn Marktkommentatoren sagen, dass »Verkaufsprogramme den Markt geprägt« haben, dann meinen sie, dass Index-Arbitrageure Aktien kaufen und Aktien verkaufen oder Futures kaufen, die einen Discount aufweisen.

Die Prognose der Handelseröffnung in New York mit Globex-Trading

Obwohl der Handel von Index-Futures um 16.15 Uhr Ostküstenzeit endet, beginnt 15 Minuten nach dem Schlussgong an der New York Stock Exchange erneut der Handel mit Index-Futures, um 16.30 Uhr an einer elektronischen Börse namens *Globex*. Die Globex hat kein zentrales Handelsparkett. Die Trader platzieren ihre Kauf- und Verkaufsorders an Computerbildschirmen, zu denen alle interessierten Parteien unmittelbaren Zugang haben. Das Trading an der Globex dauert die ganze Nacht bis 9.15 Uhr am nächsten Morgen, 15 Minuten vor dem Beginn des Aktienhandels in New York.

Das Trading von Index-Futures kann gleich nach dem Ende des regulären Handels an der NYSE und an der Nasdaq Fahrt aufnehmen. Dieses Trading ist vor allem in den Wochen nach dem Quartalsende populär, wenn viele Firmen ihre Gewinnberichte herausgeben und

Orientierung über die Richtung ihrer zukünftigen Gewinne und Umsätze geben. Wenn es keine überraschenden Nachrichten gibt, ist der Handel in den Nachtstunden meist ruhig, obwohl die Aktivität zunehmen kann, wenn es zu dramatischen Bewegungen an den Börsen in Tokio oder Europa kommt. Das Trading nimmt dann gegen 8.30 Uhr wieder Fahrt auf, wenn seitens der Behörden viele Wirtschaftsdaten wie der Arbeitsmarktreport und der Verbraucherpreis-Index veröffentlicht werden.

Marktbeobachter können den Globex-Future im S&P, im Nasdaq und im Dow verwenden, um zu prognostizieren, wie der Markt in New York eröffnen wird. Der faire Marktwert dieser Index-Futures wird auf der Basis der Arbitrage-Konditionen zwischen dem Future und den aktuellen Aktienkursen berechnet.

Der faire Marktwert des Futures-Kontrakts wird auf der Basis des aktuellen Index-Werts berechnet, wenn die Märkte öffnen, und am letzten Schlusskurs, wenn die Börsen geschlossen sind. Wegen des ständigen Nachrichtenstroms wird der Futures-Preis über Nacht entweder über oder unter dem fairen Marktwert liegen, der zum Börsenschluss berechnet wurde. Wenn zum Beispiel China besser als erwartete Daten veröffentlicht oder die Märkte in Europa steigen, werden die US-Aktien-Futures oft über dem zum Börsenschluss ermittelten fairen Wert liegen. Die Differenz des aktuellen zum fairen Preis ist die beste Schätzung des Eröffnungspreises in New York. Viele Finanznachrichtensender berichten über die Über-Nacht-Preise von S&P-, Dow- und Nasdaq-Futures, um ihr Publikum über die wahrscheinlichen Preise bei der Markteröffnung zu informieren.

Die Formel zur Berechnung des fairen Marktwerts der Futures-Kontrakte hängt von zwei Variablen ab: von der Dividendenrendite der Aktien und von den Zinsen. Wenn ein Anleger heute eine bestimmte Geldsumme in risikofreie Anleihen investiert, erwirtschaftet diese Summe Zinsen, entsprechend dem aktuellen Zinsniveau. Wenn der Anleger ein Aktienportfolio kauft und gleichzeitig einen einjährigen Futures-Kontrakt verkauft, der den Preis dieser Aktien ein Jahr ab dem aktuellen Datum garantiert, erhält er die Dividendenrendite der Aktien und eine garantierte Rendite auf seine Aktien, die der Differenz zwischen dem Future-Preis und dem aktuellen Preis entspricht.

Weil beide Instrumente eine garantierte, risikofreie Summe garantieren, müssen sie dieselbe Rendite erzielen. Ob der Future-Preis über oder unter dem aktuellen oder Spotwert des Index liegt, hängt von der Differenz zwischen dem Kurzfristzins und der Dividendenrendite ab. Vor der Finanzkrise, als die Zinsen die Dividendenrenditen beinahe übertrafen, lag der Future-Preis der Aktien über dem Spotpreis. Seit der Finanzkrise liegt der Future-Preis der Aktien unter dem Spotpreis, weil die Kurzfristzinsen seither nahe null liegen.

Double und Triple Witching

Index-Futures spielen an den Tagen, an denen sie abgewickelt werden, seltsame Spiele mit den Aktienkursen. Denken Sie daran, dass Index-Arbitrage über den gleichzeitigen Kauf oder Verkauf gegen Index-Kontrakte funktioniert. Am Abwicklungstag der Kontrakte wickeln Arbitrageure ihre Aktienpositionen zur selben Zeit ab, in der die Futures-Kontrakte auslaufen.

Wie schon angemerkt laufen Index-Futures-Kontrakte am dritten Freitag des letzten Monats jedes Quartals aus: im März, im Juni, im September und im Dezember. Index-Optionen und Optionen auf einzelne Aktien, die später in diesem Kapitel beschrieben werden, werden am dritten Freitag jedes Monats abgewickelt. Daher laufen viermal im Jahr alle drei Kontraktarten gleichzeitig aus. Das hat in der Vergangenheit oft für heftige Preisturbulenzen am Markt gesorgt und folgerichtig zur Bezeichnung *Triple Witching Hour* geführt. *Der dritte Freitag* eines Monats, an dem keine Futures-Kontrakte abgewickelt werden, wird *Double Witching* genannt und zeigt geringere Volatilität als beim Triple Witching.

Es ist kein Geheimnis, warum der Markt an Double- oder Triple-Witching-Tagen volatil ist. An diesen Tagen werden die Specialists an der New York Stock Exchange und die Market Maker an der Nasdaq instruiert, zum Handelsschluss große Aktienblöcke zu kaufen oder zu verkaufen, egal zu welchem Preis, weil institutionelle Investoren ihre Arbitrage-Positionen schließen. Wenn es ein großes Ungleichgewicht von Kauforders gibt, werden die Preise markant steigen. Wenn Verkaufsorders vorherrschen, werden die Preise fallen. Diese Schwankungen machen den Arbitrageuren aber nichts aus, weil der Gewinn der Futures-Position die Verluste der Aktienposition ausgleicht und umgekehrt.

1988 überzeugte die New York Stock Exchange die Chicago Mercantile Exchange davon, ihre Prozeduren zu ändern und den Futures-Handel am Ende des Handels am Donnerstag zu stoppen und die Kontrakte zu den Eröffnungskursen am Freitag statt zu den Schlusskursen an diesem Tag abzuwickeln. Diese Änderung gab den Specialists mehr Zeit zur Ausbalancierung von Kauf- und Verkaufsorders und sie hat die Kursbewegungen der Aktien an den Tagen des Triple Witching deutlich abgemildert.

Marge und Hebel

Einer der Gründe für die Popularität der Futures-Kontrakte ist, dass das Geld, das man zum Einstieg in einen Trade braucht, nur einem kleinen Teil des Kontraktwerts entspricht. Anders als bei Aktien fließt bei Kauf und Verkauf eines Futures-Kontrakts kein Geld zwischen Käufer und Verkäufer. Eine kleine Sicherheit, *Margin* oder *Marge* genannt, verlangt der Broker vom Käufer und vom Verkäufer, um sicherzustellen, dass beide Parteien ihre Verpflichtungen einhalten werden. Beim S&P-500-Index liegt die Anfangs-Margin derzeit bei etwa fünf Prozent des Kontraktwerts. Diese Margin kann in kurzfristigen Staatsanleihen gestellt werden, die für den Investor Zinsen abwerfen. Daher erfordert das Traden eines Futures-Kontrakts weder einen Bargeldtransfer noch einen Verlust an Zinseinkommen.

Der *Hebel*, oder die Menge an Aktien, die man relativ zur Margin kontrolliert, ist enorm. Für jeden Dollar Cash (oder kurzfristige Staatsanleihen), den man als Margin gegen einen S&P-Futures-Kontrakt hinterlegt hat, kontrolliert man Aktien im Wert von etwa 20 Dollar. Und beim *Day Trading*, bei dem man seine Positionen am Ende des Tages glattstellt, sind die Margin-Anforderungen noch viel geringer. Diese niedrigen Margen stehen im Kontrast zur Margin-Anforderung von 50 Prozent für den Kauf von Einzelaktien oder ETFs, die seit 1974 gilt.

Die Möglichkeit, 20 oder mehr Dollar Aktienwert mit einem Dollar Cash zu kontrollieren, erinnert an die überbordende Spekulation in den 1920er-Jahren, ehe man Mindestmargen bei Aktien einführte. In den 1920er-Jahren wurden Einzelaktien oft mit Margen von zehn Prozent gekauft. Es war populär, mit geborgtem Geld zu spekulieren, denn solange der Markt stieg, verloren nur wenige Investoren Geld. Aber wenn der Markt massiv abstürzte, bemerkten Margin-Käufer oft, dass sie nicht nur ihre Aktien verloren hatten, sondern außerdem bei der Brokerfirma in der Kreide standen. Der Kauf von Futures-Kontrakten mit niedrigen Margins kann heute zu ähnlichen Erschütterungen führen. Im nächsten Kapitel erörtern wir die Tendenz niedriger Margins, die Marktvolatilität zu erhöhen.

Wohin soll man seine indexbezogenen Investments stecken: ETFs, Futures oder Index-Fonds?

Durch die Entwicklung von Index-Futures und ETFs haben Investoren nun drei Möglichkeiten, die Performance eines von vielen Aktienindizes zu erreichen: Exchange Traded Funds, Index-Futures und herkömmliche Index-Fonds, die im Detail in Kapitel 23 beschrieben werden. Die wichtigen Merkmale aller drei Investments sind in Tabelle 17.1 aufgeführt.

Was die Flexibilität des Tradings betrifft, stellen ETFs und Index-Futures normale Fonds weit in den Schatten. ETFs und Index-Futures können während des Handelstags jederzeit gekauft und verkauft werden, danach an der Globex und anderen Börsen. Im Gegensatz dazu können Fondsanteile nur zum Handelsschluss verkauft werden, und der Auftrag des Investors muss oft schon Stunden zuvor erteilt werden. ETFs und Index-Futures können auch leerverkauft werden, um ein Portfolio abzusichern oder auf einen Marktrückgang zu spekulieren. Mit Fondsanteilen geht das nicht. Und ETFs können gehebelt werden wie Aktien (bei den derzeitigen Fed-Regeln zu 50 Prozent), während Index-Futures das höchste Maß an Hebelwirkung haben, weil Investoren das 20-Fache oder mehr der Marge an Aktienwert kontrollieren können.

	ETFs	Index-Futures	Normale Index-Fonds
Ständiger Handel	Ja	Ja	Nein
Leerverkauf möglich	Ja	Ja	Nein
Hebel	Bis 50 %	Bis über 90 %	Keine
Ausgabenquote	Extrem niedrig	Keine	Sehr niedrig
Trading-Kosten	Wie Aktien	Futures-Gebühren	Keine
Reinvestition von Dividenden	Nein	Nein	Ja

Tabelle 17.1: Vergleich indexbezogener Investments

Die Flexibilität beim Trading von ETFs oder Futures kann für Investoren Fluch oder Segen sein. Es ist leicht, übertrieben auf den Strom optimistischer und pessimistischer Nachrichten zu reagieren, was einen Anleger dazu verleiten kann, nahe am Tief zu verkaufen oder nahe am Hoch zu kaufen. Außerdem kann die Möglichkeit, Aktien leerzuverkaufen (außer zum Hedging) oder die Hebelwirkung einzusetzen, Investoren dazu bringen, ihre kurzfristigen Stimmungen am Markt auszuleben. Das ist ein sehr gefährliches Spiel. Bei den meisten Investoren erhöht sich die Gesamtrendite, wenn sie nicht zu oft traden und ihre Hebel reduzieren.

Auf der Kostenseite sind alle diese Instrumente sehr effizient. Herkömmliche Index-Fonds sind für jährliche Kosten von 15 Basispunkten oder weniger erhältlich und die meisten ETFs sind noch billiger. Aber sowohl ETFs als auch Futures müssen über ein Brokerkonto gekauft werden, und dazu muss man sowohl eine Gebühr als auch einen Spread zwischen Geld- und Briefkurs bezahlen, obwohl diese bei aktiv gehandelten ETFs ziemlich niedrig sind. Andererseits können die meisten Index-Fonds ohne Gebühren gekauft und verkauft werden. Hinzu kommt: Obwohl Index-Futures keine jährlichen Kosten verursachen, muss man diese mindestens einmal im Jahr in neue Kontrakte umwandeln, was zusätzliche Gebühren verursacht.

Index-Optionen

Obwohl ETFs und Index-Futures für professionelle Investoren und Institutionen sehr wichtig sind, hat der Optionsmarkt die Fantasie vieler Anleger beflügelt. Und das ist keine Überraschung. Der große Vorteil einer Option steckt schon im Namen: Man hat die Option, aber nicht die Verpflichtung, zu einem bestimmten Preis zu einer bestimmten Zeit Aktien oder Indizes zu kaufen oder zu verkaufen. Für den Optionskäufer beschränkt diese Option, im Gegensatz zu Futures, automatisch die maximale Zahlungsverpflichtung auf den Betrag, den man für die Option bezahlt hat.

Es gibt zwei Haupttypen von Optionen: Puts und Calls. *Calls* geben Ihnen das Recht, eine Aktie (oder Aktien) innerhalb eines bestimmten Zeitraums zu einem fixen Preis zu kaufen.

Puts verbriefen das Recht, eine Aktie zu verkaufen. Puts und Calls auf Einzelaktien gibt es schon seit Jahrzehnten, aber sie wurden nicht in einem organisierten Trading-System gekauft oder verkauft, bis 1974 die Chicago Board of Options Exchange (CBOE) gegründet wurde.

Den Investoren gefällt an Puts und Calls, dass ihre Verpflichtungen strikt begrenzt sind. Wenn sich der Markt gegen Optionskäufer bewegt, können sie den Kaufpreis verlieren. Das ist ein großer Unterschied zu Futures-Kontrakten, bei denen sich die Verluste schnell anhäufen können, wenn sich der Markt entgegen der gewünschten Richtung bewegt. In einem volatilen Markt können Futures extrem riskant sein, und es kann für Investoren unmöglich werden, ohne substanzielle Verluste aus einem Kontrakt auszusteigen.

1978 begann an der CBOE der Handel von Optionen auf populäre Aktienindizes wie den S&P-500.[6] Die CBOE-Optionen werden in Vielfachen von 100 Dollar je Punkt des Indexwerts gehandelt – billiger als das Vielfache von 250 Dollar je Punkt bei den populären Index-Futures auf den S&P-500.

Ein Index-Call erlaubt es Investoren, den Aktienindex innerhalb eines bestimmten Zeitraums zu einem fixen Preis zu kaufen. Nehmen wir an, der S&P-500 steht jetzt bei 1700 Punkten, sie erwarten aber einen Anstieg des Markts. Nehmen wir weiter an, sie können eine Call-Option mit Basispreis 1750 und einer Laufzeit von drei Monaten für 30 Punkte oder 3000 Dollar kaufen. Den Kaufpreis der Option nennt man die Prämie, und der Preis, bei dem die Option einen Wert hat, wenn sie ausläuft – in diesem Fall 1750 – heißt *Strike Price* oder *Basispreis*. Wenn Sie wollen, können Sie innerhalb der folgenden drei Monate jederzeit ihre Option ausüben und für jeden Punkt, um den der S&P-500 über 1750 Punkten steht, 100 Dollar Gewinn einstreichen.

Sie müssen Ihre Option nicht ausüben, um einen Gewinn zu erzielen. Es gibt einen extrem aktiven Markt für Optionen, und man kann sie immer noch vor dem Ablaufdatum an andere Investoren verkaufen. In diesem Beispiel muss der S&P-500 über 1780 steigen, damit Sie einen Gewinn erzielen, wenn sie 3000 Euro für die Option bezahlt haben und sie bis zum Ablaufdatum halten. Das Schöne an Optionen ist aber: Wenn Sie falschliegen und der Markt sinkt, können Sie nicht mehr verlieren als die 3000 Dollar, die Sie als Prämie bezahlt haben.

Ein Index-Put funktioniert genauso wie ein Call, aber in diesem Fall verdient der Käufer Geld, wenn der Markt sinkt. Stellen Sie sich vor, Sie kaufen einen Put auf den S&P-500-Index mit Basispreis 1650 und zahlen eine Prämie von 3000 Dollar. Jeder Punkt, um den der S&P-500 beim Ablauf unter 1650 steht, bringt 100 Dollar von der anfänglichen Prämie zurück. Wenn der Index bis zum Ablaufdatum unter 1620 fällt, verlassen Sie die Verlustzone. Jeder Punkt unter 1620 bringt einen Gewinn.

Der Preis, den man für eine Index-Option zahlt, wird vom Markt bestimmt und hängt von vielen Faktoren ab, darunter Zinsen und Dividendenrenditen. Aber der wichtigste Faktor ist die erwartete Volatilität des Markts selbst. Je volatiler der Markt ist, desto teurer sind natürlich Puts oder Calls. In einem trägen Markt ist es unwahrscheinlich, dass der Markt stark genug steigt (bei Calls) oder sinkt (bei Puts), um dem Optionskäufer einen Gewinn zu ermöglichen. Wenn man erwartet, dass sich diese niedrige Volatilität fortsetzt, sind die Optionspreise niedrig. In volatilen Märkten dagegen steigen die Prämien von Puts und Calls, weil Trader es für wahrscheinlicher halten, dass die Optionen am Ablauftag einen Wert haben werden.[7]

Die Preise von Optionen hängen vom Urteil der Investoren über die Wahrscheinlichkeit ab, dass sich der Markt stark genug bewegen wird, damit die Rechte, Aktien zu einem festen Preis zu kaufen oder zu verkaufen, einen Wert aufweisen. Aber die Optionspreistheorie erhielt in den 1970er-Jahren einen gewaltigen Schub, als zwei akademische Ökonomen, Fischer Black und Myron Scholes, die erste mathematische Formel der Preisbildung von Optionen entwickelten. Die *Black-Scholes-Formel* war sofort ein Erfolg. Sie gab Tradern eine Benchmark der Bewertung, wo sie sich früher auf ihre Intuition verlassen hatten. Die Formel wurde auf die Taschenrechner und die PCs von Tradern in aller Welt programmiert. Obwohl es Umstände gibt, in denen die Formel modifiziert werden muss, haben empirische Forschungen gezeigt, dass sich die Black-Scholes-Formel nahe an den Preis gehandelter Optionen annähert. Myron Scholes wurde für seine Entdeckung 1997 mit dem Nobelpreis für Wirtschaftswissenschaften ausgezeichnet.[8]

Der Kauf von Index-Optionen

Optionen sind tatsächlich grundlegendere Instrumente als Futures oder ETFs. Man kann mit Optionen jeden Future und jeden ETF nachbilden, doch umgekehrt geht das nicht. Optionen bieten dem Investor weit mehr Strategien als Futures. Solche Strategien reichen von sehr spekulativ bis extrem konservativ.

Stellen Sie sich vor, sie wollen sich vor einem Marktrückgang schützen. Sie können einen Index-Put kaufen, dessen Wert steigt, wenn der Markt sinkt. Natürlich müssen Sie für diese Option eine Prämie bezahlen, etwa so wie eine Versicherungsprämie. Wenn der Markt nicht sinkt, haben Sie die Prämie verloren. Wenn er aber sinkt, hat der Wertzuwachs Ihres Puts den Verlust Ihres Aktienportfolios abgefedert oder sogar komplett kompensiert.

Ein weiterer Vorteil von Puts ist, dass man genau das Ausmaß an Schutz kaufen kann, das man haben will. Wenn Sie sich nur gegen einen totalen Zusammenbruch des Markts schützen wollen, können Sie einen Put kaufen, der weit *aus dem Geld* notiert. Mit anderen Worten: einen Put, dessen Basispreis weit unter dem aktuellen Index-Niveau liegt. Diese Option zahlt sich nur aus, wenn der Markt massiv abstürzt. Zudem kann man auch Puts mit einem Basispreis über dem aktuellen Indexstand kaufen. So behalten die Optionen auch dann einen gewissen Wert, wenn der Markt nicht sinkt. Natürlich sind diese Optionen, die *im Geld* stehen, viel teurer.

Es gibt viele Berichte über fantastische Gewinne mit Puts und Calls. Aber für jede Option, die so spektakulär an Wert gewinnt, gibt es Tausende von Optionen, die wertlos verfallen.

Einige Börsenprofis schätzen, dass 85 Prozent aller Investoren am Optionsmarkt Geld verlieren. Optionskäufer müssen nicht nur die Marktrichtung richtig einschätzen, sondern auch ihr Timing muss nahezu perfekt sein, zudem muss die Auswahl des Basispreises angemessen sein.

Der Verkauf von Index-Optionen

Natürlich muss es für jeden Optionskäufer auch jemanden geben, der einen Optionskontrakt verkauft oder *schreibt*. Die Verkäufer – oder Schreiber – von Call-Optionen glauben, dass der Markt nicht genügend steigen wird, um Optionskäufern einen Gewinn zu ermöglichen. Verkäufer von Call-Optionen verdienen in der Regel Geld, wenn sie Optionen verkaufen, weil der Großteil der Optionen wertlos verfällt. Sollte sich der Markt allerdings scharf gegen die Optionsverkäufer wenden, können ihre Verluste enorm sein.

Aus diesem Grund sind die meisten Verkäufer von Call-Optionen Investoren, die bereits Aktien besitzen. Diese Strategie, *kaufen und schreiben*, ist bei vielen Anlegern beliebt, weil sie als Vorgehensweise gilt, mit der man nur gewinnen kann. Wenn die Aktien sinken, vereinnahmen sie eine Prämie von den Käufern der Calls, und daher sind die Investoren besser dran als ohne den Verkauf der Optionen. Wenn Aktien sich nicht bewegen, nehmen sie dennoch die Prämien ein und sind besser dran. Wenn Aktien steigen, verdienen die Call-Schreiber mit den Aktien, die sie besitzen, immer noch mehr, als sie mit den verkauften Calls verlieren. Sie sind also immer noch im Vorteil. Wenn die Aktien stark steigen, verpassen sie natürlich einen Teil der Rallye, weil sie versprochen haben, die Aktien zu einem fixen Preis zu liefern. In diesem Fall wären die Call-Schreiber tatsächlich besser dran, wenn sie keine Calls verkauft hätten. Aber sie verdienen immer noch mehr Geld, als wenn sie die Aktien gar nicht besessen hätten.

Die Käufer von Put-Optionen versichern ihre Aktien gegen Kursrückgänge. Aber wer verkauft solche Optionen? Hauptsächlich sind es Leute, die diese Aktien kaufen wollen, aber nur dann, wenn der Kurs sinkt. Ein Put-Verkäufer erhält eine Prämie, aber er bekommt die Aktie nur, wenn sie unter den Basispreis sinkt. Da Put-Verkäufer aber nicht so häufig sind wie Call-Verkäufer, sind die Prämien für Puts aus dem Geld recht hoch.

Die Bedeutung indexbezogener Produkte

Die Entwicklung von Aktienindex-Futures und Optionen in den 1980er-Jahren war für Investoren und Vermögensverwalter eine wichtige Sache. Hochkapitalisierte Firmen wie die im Dow Jones Industrials repräsentierten haben wegen ihrer herausragenden Liquidität schon immer Geld angezogen. Aber mit Aktienindex-Futures konnten Investoren den ganzen Markt kaufen, repräsentiert von den bekannten Indizes.

Zehn Jahre später gaben ETFs den Investoren noch eine weitere Möglichkeit, zu niedrigen Kosten quer durch alle Märkte zu diversifizieren. Diese ETFs waren so vertraut wie Aktien, aber, wie Index-Futures, wesentlich liquider. Wenn sich Investoren heute am Markt positionieren wollen, können sie dies am einfachsten mit Aktienindex-Futures oder ETFs tun. Index-Optionen geben Investoren die Möglichkeit, den Wert ihres Portfolios zum niedrigsten möglichen Preis zu versichern und Transaktionskosten zu sparen.

Trotz des Widerstands namhafter Investoren wie Warren Buffett und Peter Lynch gibt es keine handfesten Beweise, dass diese Index-Produkte die Volatilität erhöht oder Investoren geschadet haben. In der Tat glaube ich, dass diese Index-Produkte die Liquidität an den Aktienmärkten der Welt erhöht, bessere Diversifizierung ermöglicht und zu höheren Aktienkursen geführt haben, als ohne sie vorgeherrscht hätten.

18. Die Marktvolatilität

Das Wort Krise besteht im Chinesischen aus zwei Schriftzeichen. Das erste ist das Symbol für Gefahr, das zweite für Chance.

Kann man aus der Vergangenheit auf die Zukunft schließen? Der Dow Jones Industrial Average von 1922–1932 und von 1980–1990 wird in den Abbildungen 18.1 A und 18.1 B gezeigt. Es gibt eine frappierende Ähnlichkeit zwischen diesen beiden Bullenmärkten. Im Oktober 1987 fanden die Redakteure des *Wall Street Journal*, als sie den Chartverlauf bis zu diesem Zeitpunkt betrachteten, die Ähnlichkeit so unheilvoll, dass sie eine ähnliche Grafik in der Zeitung abdruckten, die am Montagmorgen, dem 19. Oktober 1987 erschien. Sie wussten natürlich nicht, dass an diesem Tag der größte Ein-Tages-Einbruch in der Geschichte des US-Aktienmarkts stattfinden würde, der den großen Crash vom 29. Oktober 1929 noch weit in den Schatten stellte. Bezeichnenderweise entwickelte sich der Markt im Rest des Jahres dann ganz ähnlich wie 1929.Viele Prognostiker zitierten die Ähnlichkeiten zwischen den beiden Zeiträumen, waren sich sicher, dass eine Katastrophe bevorstand, und rieten ihren Kunden zum Verkauf.

Aber die Ähnlichkeit zwischen 1929 und 1987 hörte am Jahresende auf. Der Aktienmarkt erholte sich vom Crash im Oktober 1987 und erreichte im August 1989 ein neues Hoch. Im Gegensatz dazu steckte der Dow zwei Jahre nach dem Crash im Oktober 1929 mitten in der Agonie der schwersten Baisse der amerikanischen Geschichte, hatte mehr als zwei Drittel seines Werts verloren und verlor dann noch einmal zwei Drittel.

Was war diesmal anders? Warum entwickelten sich die unheimlichen Ähnlichkeiten dieser beiden Ereignisse so dramatisch auseinander? Die einfache Antwort lautet, dass die Zentralbank 1987 die Macht hatte, die ultimative Quelle der Liquidität in der Wirtschaft zu kontrollieren – die Versorgung mit Geld. Und im Gegensatz zu 1929 zögerte sie auch nicht, diese Macht einzusetzen. Um die schmerzlichen Lektionen aus den Fehlern der frühen 1930er-Jahre zu vermeiden, flutete die Fed die Wirtschaft mit Geld und versprach, alle Bankeinlagen zu garantieren, um sicherzustellen, dass alle Aspekte des Finanzsystems angemessen funktionieren würden.

Die Öffentlichkeit war beruhigt. Es gab keine Runs auf die Banken, keine Schrumpfung der Geldversorgung, keine Abwertung von Rohstoffen und Assets. Tatsächlich expandierte die Wirtschaft, trotz des Zusammenbruchs an der Börse. Der Crash am Aktienmarkt im Oktober

1987 war für Investoren eine wichtige Lektion. Die Welt war wirklich eine andere als 1929, und ein scharfer Abverkauf kann eine Gewinnchance sein, nicht die richtige Zeit für Panik.

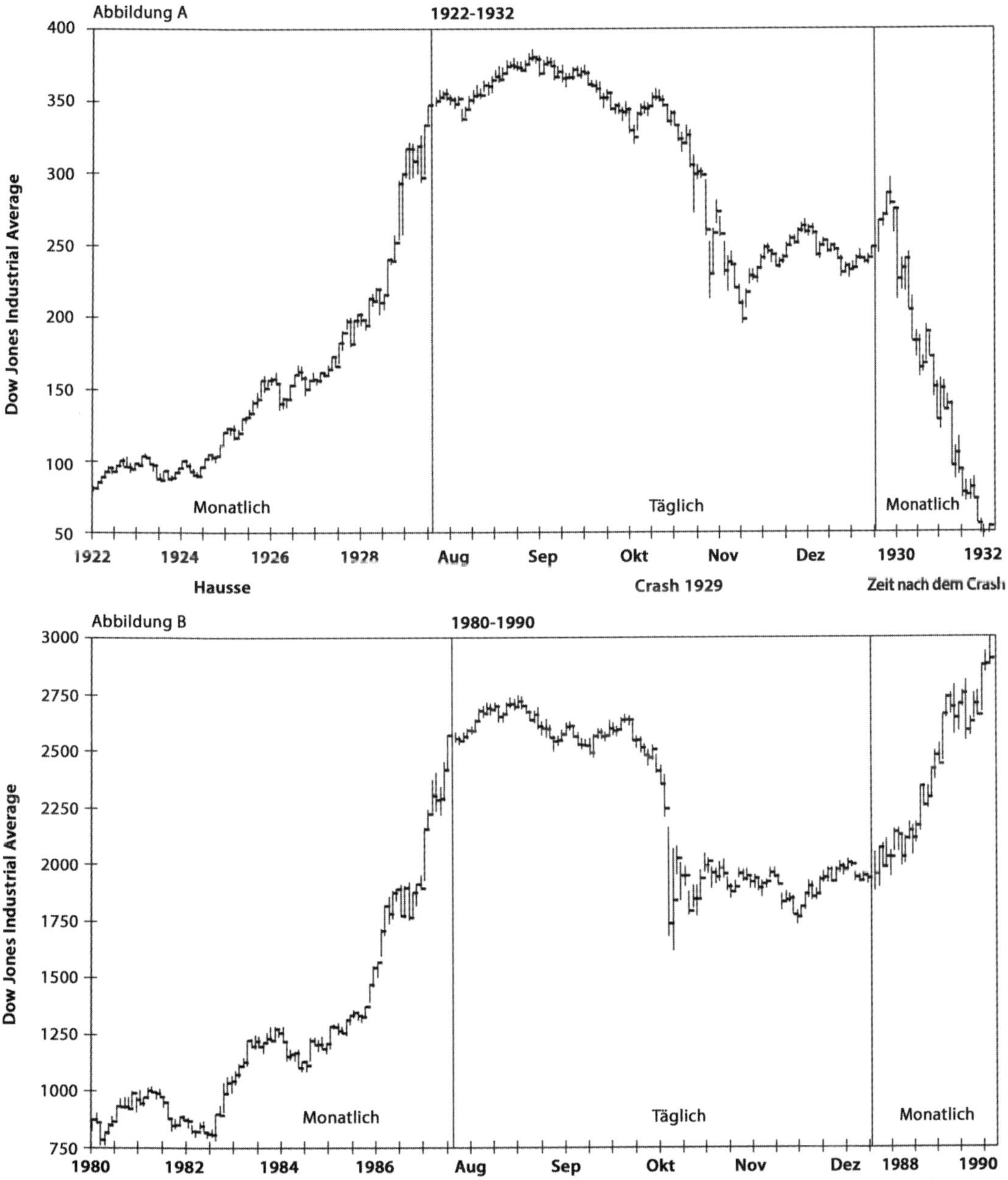

Abbildung 18.1: Die Aktiencrashs 1929 und 1987

Der Aktiencrash im Oktober 1987

Der Aktiencrash am Montag, dem 19. Oktober 1987, war eines der dramatischsten Finanzereignisse der Nachkriegszeit. Der Sturz des Dow Jones Industrials um 508 Punkte oder 22,6 Prozent, von 2247 auf 1739 Punkte, war bis zu diesem Zeitpunkt bei Weitem der höchste Verlust und der größte Ein-Tages-Verlust der Geschichte. Die Umsätze an der New York Stock Exchange stiegen auf Rekordniveau, überstiegen am Montag und am Dienstag die Marke von 600 Millionen Aktien, und in dieser schicksalhaften Woche lag die Zahl der gehandelten Aktien über den Gesamtumsätzen des Jahres 1966.

Der Crash an der Wall Street erschütterte die ganze Welt. Tokio, das zwei Jahre später selbst in eine massive Baisse stürzte, fiel noch am wenigsten, aber trotzdem gab es einen Rekord-Tagesverlust von 15,6 Prozent. Die Aktien in Neuseeland fielen um fast 40 Prozent, und die Börse Hongkong schloss, weil die kollabierenden Kurse zu massiven Zahlungsausfällen am Markt für Aktienindex-Futures führten. Allein in den USA fielen die Aktienwerte an diesem berüchtigten Tag um etwa 500 Milliarden Dollar, und der weltweite Wertverlust der Aktien überstieg eine Billion Dollar. Ein ähnlicher prozentualer Verlust an den heutigen Märkten würde weltweit zehn Billionen Dollar auslöschen – eine Summe, die höher ist als das BIP jedes Landes auf der Welt, mit Ausnahme der USA.[1]

Der Rückgang am Aktienmarkt begann ernsthaft in der Woche vor dem »Schwarzen Montag«, wie man den 19. Oktober später nannte. Um 8.30 Uhr am Mittwoch der Vorwoche berichtete das Handelsministerium, dass die USA ein Handelsdefizit von 15,7 Milliarden Dollar verzeichneten, zu diesem Zeitpunkt eines der höchsten in der Geschichte der USA und weit über den Markterwartungen. Die Finanzmärkte reagierten sofort. Die Zinsen langfristiger Staatsanleihen stiegen zum ersten Mal seit November 1985 über zehn Prozent, und der Dollar verlor massiv an Wert. Der Dow Industrials fiel an diesem Mittwoch um 95 Punkte oder vier Prozent, was damals, in Punkten gemessen, ein Rekordverlust war.

Die Situation verschlechterte sich am Donnerstag und am Freitag, als der Dow um 166 Punkte oder sieben Prozent auf 2246 Punkte fiel. Am späten Freitagnachmittag, etwa 15 Minuten vor der Schlussglocke, wurden die Märkte für Aktienindex-Futures in Chicago von massiven Verkäufen getroffen. Die Indizes waren unter wichtige Unterstützungsniveaus gefallen, was in Chicago zu einer Flut von Verkaufsaufträgen von Leuten führte, die um jeden Preis aus Aktien aussteigen wollten.

Der Futures-Kontrakt auf den S&P-500 mit Lieferdatum im Dezember fiel um noch nie gesehene drei Prozent unter den Spot-Index. Die Entwicklung eines derart breiten Discounts bedeutete, dass die Geldmanager bereit waren, große Mengen mit erheblichen Zugeständnissen zu verkaufen, nur um schnell verkaufen zu können, statt zu riskieren, dass ihre Verkaufsorders für Einzelaktien unausgeführt in New York feststeckten. Zum Handelsschluss am Freitag hatte der Aktienmarkt seine schlechteste Woche seit fast 50 Jahren hinter sich.

Bevor die NYSE am folgenden Montag geöffnet wurde, gab es ominöse Vorgaben von den Weltmärkten. Über Nacht war der Nikkei-Index in Tokio um 2,5 Prozent gefallen, in Sydney und Hongkong gab es scharfe Kursrückgänge. In London waren die Kurse um zehn Prozent gefallen, weil viele Geldmanager versuchten, dort notierte US-Aktien noch vor dem antizipierten Rückgang in New York zu verkaufen.

An der New York Stock Exchange verlief der Handel am Schwarzen Montag chaotisch. Bei der Handelseröffnung um 9.30 Uhr wurde keine Aktie aus dem Dow Industrials gehandelt, um 9.45 Uhr waren es erst sieben. Um 10.30 Uhr hatten elf Dow-Aktien den Handel noch immer nicht begonnen. »Portfolioabsicherer«, die in diesem Kapitel noch beschrieben werden, verkauften massiv Aktienindex-Futures und versuchten, in einem abstürzenden Markt die Risiken für ihre Käufer zu isolieren. Am späten Nachmittag wurden die Index-Futures auf den S&P-500 mit einem Discount von 25 Punkten oder zwölf Prozent auf den Spotmarkt verkauft. Ein solcher Spread hatte zuvor als unvorstellbar gegolten. Am späten Nachmittag kamen über das Computersystem der NYSE riesige Verkaufsorders von Programmverkäufern. Der Dow Industrials brach in der letzten Handelsstunde um fast 300 Punkte ein, was den Tagesverlust auf den Rekord von 508 Punkten oder 22,6 Prozent erhöhte.

Obwohl man sich an den 19. Oktober als den Tag des großen Aktiencrashs erinnert, war es in der Tat am folgenden Tag –»Terrible Tuesday«, wie man ihn später nannte –, als die Börse fast kollabiert wäre. Nach dem Handelsbeginn zehn Prozent über dem Niveau vom Montag begann der Markt in der Mitte des Vormittags abzustürzen und fiel kurz nach Mittag unter den Schlussstand vom Montag. Der Markt der Index-Futures auf den S&P-500 stürzte auf 181 Punkte ab – unglaubliche 40 Punkte oder 22 Prozent unter den berichteten Index-Wert. Wäre Index-Arbitrage möglich gewesen, dann hätten die Futures-Preise einen Dow von 1450 Punkten bedeutet. Nach dieser Kalkulation lagen die Aktien am größten Markt der Welt um fast 50 Prozent unter ihrem Hoch von 2722, das erst sieben Wochen zuvor erreicht worden war.

Nun wäre es fast zum Zusammenbruch der Börse gekommen. Die NYSE schloss nicht, aber der Handel von fast 200 Aktien wurde unterbrochen. Zum ersten Mal wurde auch der Handel der S&P-500-Index-Futures in Chicago gestoppt.

Der einzige Futures-Markt von einiger Größe, der geöffnet blieb, war der Major Market Index, der am Chicago Board of Trade gehandelt wurde und ähnlich wie der Dow Industrials die Blue Chips unter den Aktien repräsentierte. Diese Blue Chips wurden mit derart tiefen Abschlägen gegenüber den Kursen in New York gehandelt, dass diese Werte für manche Investoren unwiderstehlich waren. Und da es sich um den einzigen noch offenen Markt handelte, warfen sich diese tapferen Käufer in die Bresche, die Futures stiegen innerhalb von Minuten um ein Dow-Äquivalent von 120 Punkten oder fast zehn Prozent. Als Trader und die Specialists an der NYSE sahen, dass die Blue Chips wieder gekauft wurden, stiegen die Kurse in New York deutlich an, und der schlimmste Teil der Börsenpanik war vorbei. Später zeigte ein investigativer Bericht des *Wall Street Journal*, dass dieser Futures-Markt bei der Abwendung des katastrophalen Zusammenbruchs der Börse eine entscheidende Rolle spielte.[2]

Die Gründe des Crashs im Oktober 1987

Es war kein einzelnes auslösendes Ereignis wie eine Kriegserklärung, ein terroristischer Akt, ein Attentat oder ein Bankrott, das den Schwarzen Montag verursachte. Allerdings hatten seit einiger Zeit besorgniserregende Trends den steigenden Aktienmarkt bedroht: deutlich höhere Langfristzinsen, verursacht durch den fallenden Dollar und die rasche Entwicklung einer neuen Strategie, *Portfolioabsicherung* genannt, die dazu gedacht war, Portfolios von einem Rückgang des Gesamtmarkts zu isolieren. Diese Strategie entstand durch das explosive Wachstum der Märkte für Aktienindex-Futures, das wir im vorherigen Kapitel erörtert haben. Diese Märkte hatten sechs Jahre zuvor noch gar nicht existiert.

Wechselkurspolitik

Die Wurzeln des Zinsanstiegs, der dem Aktiencrash im Oktober 1987 vorausging, liegen in den vergeblichen Versuchen der USA und anderer G7-Staaten (Japan, Vereinigtes Königreich, Deutschland, Frankreich, Italien und Kanada), eine Abwertung des Dollars an den internationalen Devisenmärkten zu verhindern.

Mitte der 1980er-Jahre war der Dollar infolge riesiger japanischer und europäischer Käufe von auf Dollar lautenden Wertpapieren und einer starken US-Wirtschaft auf nie dagewesene Höhen gestiegen. Ausländische Investoren wurden von den hohen Dollarzinsen angezogen, aber auch von der Stärkung der US-Wirtschaft und der kapitalfreundlichen Präsidentschaft Ronald Reagans. Im Februar 1986 war der Dollar massiv überbewertet, und US-Exporte waren kaum noch wettbewerbsfähig, was das US-Handelsbilanzdefizit deutlich verschlechterte. Dann wechselte der Dollar die Richtung und begann steil zu sinken.

Zunächst begrüßten die Zentralbanker das Absinken des überbewerteten Dollars, aber sie machten sich Sorgen, als der Dollar weiter fiel und das US-Handelsbilanzdefizit stieg, statt zu sinken. Im Februar trafen sich die Finanzminister in Paris mit dem Ziel, den Dollar zu stützen. Sie waren besorgt, dass ihre eigenen Exporte in die USA unter einem schwachen Dollar leiden könnten, nachdem sie substanziell gestiegen waren, als der Dollar hoch stand.

Die Federal Reserve nahm nur zögerlich am Dollar-Stabilisierungsprogramm teil, dessen Erfolg entweder von einer Verbesserung der US-Handelsposition abhängig war oder, wenn das nicht gelingen würde, von einer Verpflichtung der Federal Reserve, die Zinsen zu erhöhen, um den Dollar zu stützen.

Aber das Handelsdefizit verbesserte sich nicht. Es verschlechterte sich sogar noch nach der Einführung der Stabilisierungsmaßnahmen für den Dollar. Die Trader wurden wegen der immer schwächeren US-Handelsbilanz nervös und verlangten immer höhere Zinsen für US-Assets. Leo Melamed, Chairman der Chicago Mercantile Exchange, antwortete sehr offen auf die Frage nach den Gründen des Schwarzen Montags: »Den Crash ausgelöst hat dieses Herumgepfusche mit den Währungen der Welt.«[3]

Zunächst ignorierte der Aktienmarkt die steigenden Zinsen. Der US-Markt boomte ebenso wie die meisten anderen Aktienmärkte auf der ganzen Welt. Der Dow Jones Industrials, der das Jahr 1987 mit 1933 Punkten begonnen hatte, erreichte am 22. August 2725 Punkte – 250 Prozent über dem Tief vom August 1982, das fünf Jahre zuvor zu Buche gestanden war. Alle Märkte der Welt partizipierten. Im selben Fünf-Jahres-Zeitraum stieg die britische Börse um 164 Prozent, die Schweizer um 209 Prozent, die deutsche um 217 Prozent, die japanische um 288 Prozent und die italienische um 421 Prozent.

Doch steigende Anleihenrenditen in Verbindung mit höheren Aktienkursen bedeuteten Probleme für die Aktienmärkte. Der Zins der langfristigen Staatsanleihen, der das Jahr bei sieben Prozent begonnen hatte, übertraf im September die Marke von neun Prozent und stieg weiter. Weil die Aktienkurse stiegen, sanken die Dividenden und die Gewinnrenditen, und die Lücke zwischen der Realrendite der Anleihen und den Gewinnen und Dividendenrenditen der Aktien erreichte ein Nachkriegshoch. Am Morgen des 19. Oktober hatte der Zins der langfristigen Anleihe 10,47 Prozent erreicht, trotz der Tatsache, dass die Inflation gut unter Kontrolle war. Die Rekordlücke zwischen den Aktienrenditen und den realen Anleihenrenditen bereitete dem Aktiencrash den Boden.

Die Futures-Märkte

Der S&P-500-Futures-Markt trug zweifellos ebenfalls zum Crash bei. Seit der Einführung des Markts für Aktienindex-Futures war eine neue Technik, Portfolioabsicherung genannt, ins Portfoliomanagement eingeführt worden.

Vom Konzept her unterschied sich die Portfolioabsicherung nicht wesentlich von einer oft angewandten Technik, die man *Stop-Loss-Order* nennt. Wenn ein Investor eine Aktie kauft und vor einem Verlust schützen will (oder wenn er einen bereits erreichten Gewinn absichern will), kann er eine Verkaufsorder unterhalb des aktuellen Kurses erteilen, die ausgelöst wird, wenn der Kurs auf oder unter dieses Niveau fällt. Aber »Stopps« sind keine Garantie, dass man aus dem Markt aussteigen kann. Wenn die Aktie unter den festgelegten Kurs sinkt, wird die Stopp-Order zur *unlimitierten Order*, die zum nächstbesten Kurs ausgeführt wird. Wenn die Aktie eine *Kurslücke* bildet oder dramatisch abstürzt, könnte Ihre Order weit unter dem erhofften Kurs ausgeführt werden. Das bedeutet, dass sich eine Panik entwickeln könnte, wenn viele Anleger ihre Stopp-Orders in etwa auf dem gleichen Niveau platzieren. Ein Kursrückgang könnte dann eine Flut von Verkaufsaufträgen auslösen, die den Markt überwältigt.

Portfolioabsicherer, die den Aktienindex gegen große Depots verkauft hatten, um sich vor einem Marktrückgang zu schützen, hielten sich für immun gegen solche Probleme. Es schien extrem unwahrscheinlich, dass die Index-Futures auf den S&P-500 jemals dramatisch abstürzen und der ganze US-Aktienmarkt, der größte der Welt, keine Käufer finden würde. Das ist ein Grund, warum der Aktienmarkt trotz massiv höherer Zinsen weiterhin stieg.

Aber der gesamte Markt kippte am 19. Oktober 1987 nach unten. In der Woche ab dem 12. Oktober sank der Markt um zehn Prozent, und eine große Zahl von Verkaufsaufträgen überflutete den Markt. Daher versuchten viele Trader und Geldmanager, die Strategien zur Portfolioabsicherung anwendeten, Index-Futures zu verkaufen, um die Gewinne ihrer Kunden abzusichern, falls der Futures-Markt kollabierte. Es gab absolut keine Käufer und die Liquidität schwand dahin.

Was die überwältigende Mehrheit der Aktientrader für unvorstellbar gehalten hatte, wurde nun zur Realität. Weil die Preise der Index-Futures so weit unter den in New York gehandelten Aktien lagen, kauften die Investoren in New York keine Aktien mehr. Der größte Markt der Welt zog keine Käufer mehr an.

Nach dem Crash verschwand die Portfolioabsicherung schnell. Sie war überhaupt kein Absicherungskonzept, weil die Kontinuität und die Liquidität des Markts nicht sicher waren. Es gab allerdings eine alternative Form der Depotabsicherung: Index-Optionen. Nach der Einführung der Optionsmärkte in den 1980er-Jahren konnten die Investoren explizit eine Versicherung gegen Marktrückgänge erwerben, indem sie Puts auf einen Börsenindex kauften. Optionskäufer mussten sich nie Sorgen über Kurslücken oder darüber machen, aus ihren Positionen aussteigen zu können, weil die Versicherungsprämie zum Zeitpunkt des Kaufs schon feststand.

Natürlich haben auch noch andere Faktoren als die Portfolioabsicherung zum Schwarzen Montag beigetragen. Aber die Portfolioabsicherung und ihr Urahn, die Stopp-Loss-Order, begünstigten den Absturz. All das hat seine Wurzeln in der grundlegenden Trading-Philosophie, Gewinne laufen zu lassen und Verluste zu begrenzen. Diese Philosophie kann dramatische Marktbewegungen vorbereiten, egal ob man sie mit Stopps, Index-Futures oder nur mit dem Vorsatz umsetzt, aus einer Aktie auszusteigen, wenn sie um einen bestimmten Betrag gesunken ist.

Circuit Breakers

Als Resultat des Crashs führten die Chicago Mercantile Exchange, wo die Index-Futures auf den S&P-500 gehandelt werden, und die New York Stock Exchange Regeln ein, die den Handel einschränkten oder stoppten, sobald bestimmte Preisgrenzen erreicht wurden. Um destabilisierende Spekulation zu verhindern, wenn sich der Dow Jones Industrial Average um mindestens zwei Prozent bewegt hatte, platzierte die New York Stock Exchange Regel 80 a, die die Index-Arbitrage zwischen dem Futures-Markt und der New York Stock Exchange einschränkt.[4]

Wichtiger waren allerdings Maßnahmen, die den Handel am Futures-Markt und an der NYSE scharf einschränkten oder stoppten, wenn die Kursbewegungen sehr stark waren. Von 1988–2013 galt die neue Regel, dass der Handel für eine Stunde/zwei Stunden/den Rest des Tages unterbrochen werden musste, wenn der Dow Industrials um 10/30/30 Prozent fiel. Im April 2013 änderte die SEC diese Circuit-Breaker-Regeln. Sie führte eine Unterbrechung von 15 Minuten ein, wenn der S&P-500 um sieben Prozent fiel, und eine weitere, wenn er um 13 Prozent fiel. Bei einem Verlust von 20 Prozent sollte der Handel für den Rest des Tages ausgesetzt werden. Wenn die NYSE geschlossen ist, muss der Futures-Handel eingestellt werden.[5]

Der Sinn dieser Circuit-Breaker-Regeln ist, dass eine Unterbrechung des Handels den Investoren Zeit gibt, die Situation zu überdenken und ihre Strategie auf der Basis sich rapide verändernder Preise zu formulieren. Diese Auszeit könnte Käufer zurück in den Markt bringen und den Market Makers helfen, die Liquidität zu sichern.

Das Argument gegen Unterbrechungen ist, dass sie die Volatilität erhöhen, indem sie Kurzfristtrader vom Kauf abhalten, wenn die Kurse deutlich fallen, weil diese ihre Positionen dann vielleicht nicht mehr abstoßen können, wenn der Handel später unterbrochen wird. Das könnte zu einer Beschleunigung der Preisrückgänge in Richtung der Limits führen und die kurzfristige Volatilität steigern, wie es am 27. Oktober 1997 geschah, als die Kurse diese Limits erreichten.[6]

Der Flash Crash am 6. Mai 2010

Montag, der 19. Oktober 1987, und der folgende Dienstag waren die beiden volatilsten Tage in der Geschichte des US-Aktienmarkts. Die Anleger verloren aber auch beim Börsenkollaps am 6. Mai 2010 die Nerven. Dieses Ereignis wurde als »Flash Crash« oder Blitzcrash bekannt. Gleich nach 14.30 Uhr Ostküstenzeit brach der Dow Industrials innerhalb von Minuten um mehr als 600 Punkte oder sechs Prozent ein – und erholte sich ebenso schnell wieder. Der Absturz war weder auf eine Wirtschafts- noch auf eine Finanznachricht zurückzuführen. Tausende von Einzelaktien wurden 60 Prozent niedriger gehandelt als ein paar Minuten zuvor (und einige andere viel höher). Einige bekannte Aktien kosteten nur einen Penny.

Die Aktienkurse waren wegen der europäischen Schuldenkrise schon den ganzen Tag unter Druck gestanden. Um 14.42 Uhr, ohne signifikante Nachrichten und nach einem Rückgang des Dow um 300 Punkte, trafen die Aktien auf eine »Luftblase«. Der Index sank in fünf Minuten um mehr als 600 Punkte und erreichte sein Tief um 14.47 Uhr, 999 Punkte oder fast zehn Prozent unter dem Schlussstand des Vortags. Innerhalb von fünf Minuten hatten amerikanische Aktien 800 Milliarden Dollar an Wert verloren. In den nächsten 30 Minuten stieg der Markt um 700 Punkte, ehe er den Tag mit 10520 Punkten abschloss, was einem Tagesverlust von 348 Punkten entsprach. Abbildung 18.2 zeigt den Tagesverlauf Minute für Minute; ein Muster der Preisvolatilität, das auf unheimliche Weise an den in Abbildung 18.1

gezeigten Aktiencrash im Oktober 1987 erinnert, aber in einem viel kürzeren Zeitrahmen über die Bühne ging.

Nach fast fünf Monate dauernden Untersuchungen veröffentlichten die SEC und die Commodity Futures Trading Commission einen gemeinsamen Bericht,[7] in dem sie als Ursache einen ungewöhnlich großen, vier Milliarden Dollar schweren Verkauf von S&P-500-Futures durch einen großen Fonds nannten. Der Verkauf begann um 14.41 Uhr und dauerte drei Minuten, was den Markt rasch um weitere drei Prozent nach unten schickte.[8] Viele dieser Verkäufe wurden anfangs von *High-Frequency Tradern* (HFTs) absorbiert, die von Computerprogrammen dazu angehalten werden, schnell Wertpapiere zu kaufen und zu verkaufen, um die Tiefe des Markts einzuschätzen und die zukünftigen Preise zu prognostizieren. Aber als der Markt weiter fiel, begannen viele HFTs in einen sehr dünnen und instabilen Markt hinein zu verkaufen, was weitere Preisrückgänge auslöste.[9] Um 14.45:28 Uhr wurde das Trading des e-mini für fünf Sekunden unterbrochen, als der Circuit Breaker der Chicago Mercantile Exchange ausgelöst wurde. In dieser kurzen Pause tauchten Käufer auf, und die Preise erholten sich schnell.

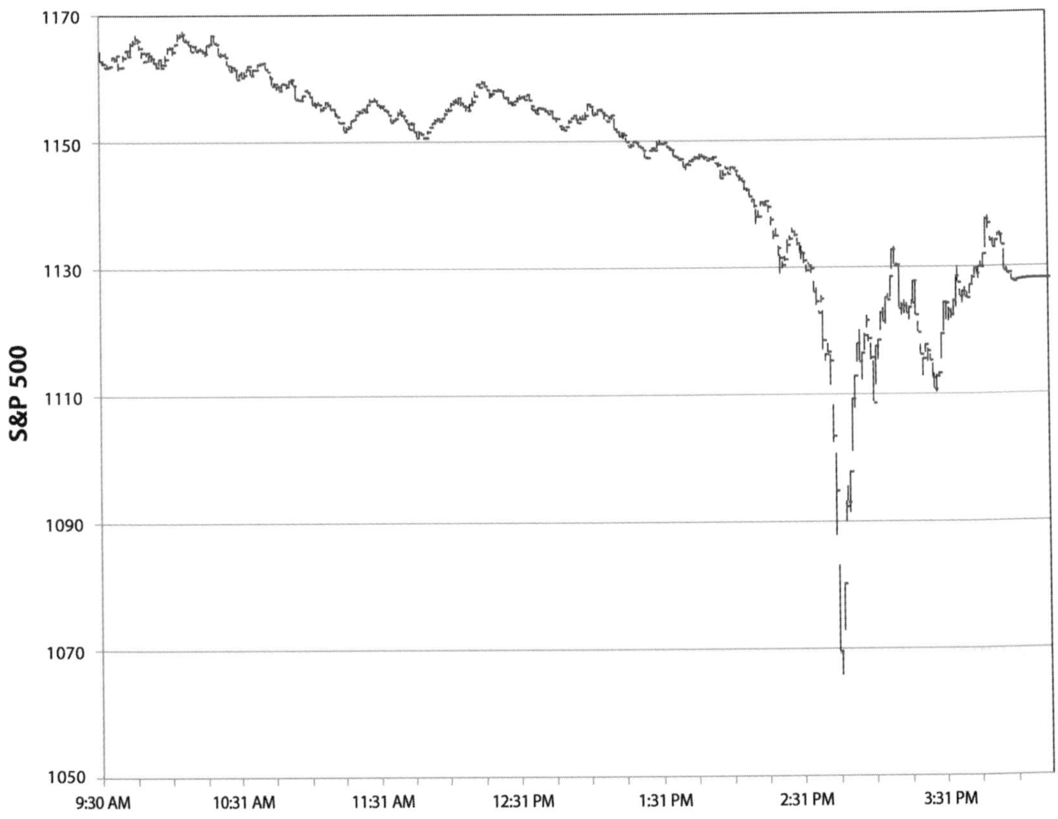

Abbildung 18.2: Der »Flash Crash« am 6. Mai 2010

Der Absturz der breit gefassten Indizes war schon entnervend genug, aber was den Tradern besonders auffiel, waren die außergewöhnlich niedrigen Kurse, auf die einige Blue Chips gefallen waren, gleich nachdem die S&P-Futures-Kontrakte ihr Tief erreicht hatten. Procter & Gamble wurde zu 39,37 Dollar gehandelt, mehr als 50 Prozent unter dem Eröffnungskurs von 86 Dollar, und die Beratungsfirma Accenture, ebenfalls ein Mitglied des S&P-500, die um 14.47 Uhr zu 38 Dollar gehandelt worden war, fiel zwei Minuten später auf *einen Penny* je Aktie! Accenture war nicht allein. Im breit gefassten S&P-1500-Index gab es acht Aktien, die einen Cent je Stück kosteten.[10] Insgesamt gab es 20.000 Transaktionen in 300 Wertpapieren, die mindestens 60 Prozent unter dem Niveau von wenigen Minuten zuvor abgewickelt wurden. Nach dem Schluss erklärte die NYSE in Absprache mit der Financial Industry Regulatory Authority (FINRA) alle Trades für ungültig, die 60 Prozent oder mehr unter dem vorherigen Kursniveau abgeschlossen worden waren.

Es ist sehr wahrscheinlich, dass es nicht zu diesen extremen Kursen gekommen wäre, wenn Specialists, diese Repräsentanten der Börse, die vor dem Entstehen des Computerhandels die Märkte der ihnen zugewiesenen Aktien organisiert hatten, immer noch den Strom von Kauf- und Verkaufsorders kontrolliert hätten. Diese Specialists wären eingeschritten und hätten die Aktien zu Kursen weit über den absurd niedrigen Notierungen gekauft, zu denen es dann kam. Aber die meisten Computerhandelssysteme waren darauf programmiert, ganz anders zu reagieren, als die Specialists es getan hätten. Wenn die Kurse steil abzustürzen beginnen, werden die Computer instruiert, sich vom Markt zurückzuziehen. Das liegt daran, dass starke Bewegungen einzelner Aktien fast immer mit unternehmensspezifischen Neuigkeiten zu tun haben, zu denen die computerisierten Systeme keinen Zugang haben. Sie sind darauf programmiert, von der normalen Ebbe und Flut der Trading-Aktivität zu profitieren, von der an diesem Tag natürlich nichts zu spüren war.

Als die Aktienkurse abstürzten, setzte ein System von Handelsunterbrechungen ein, das die New York Stock Exchange unter der Bezeichnung *Liquidity Replenishment Points* eingeführt hatte. Aber anstatt für Liquidität zu sorgen, schickte das System einige Verkaufsaufträge an andere Börsen, an denen die Händler noch mit *Stub Quotes* arbeiteten. Dabei handelt es sich um »Platzhalter«, also Kurse in weiter Entfernung vom aktuellen Marktkurs, die nicht für tatsächliche Umsätze gedacht sind. Aber da keine anderen Aufträge in den Büchern standen, wurden diese Stub Quotes bei vielen Aktien ausgeführt.

In Reaktion auf den Flash Crash kooperierten die SEC, die Börsen und die FINRA, um sofort ein Circuit-Breaker-Pilotprogramm für den Handel von Einzelaktien zu implementieren, das an sämtlichen Märkten funktionieren würde. Nach diesen neuen Regeln wird der Handel eines Wertpapiers für fünf Minuten unterbrochen, wenn es in den vorherigen fünf Minuten eine Kursveränderung von zehn Prozent gab. Am 10. Juni 2010 billigte die SEC die neuen Regeln für die Aktien im S&P-500, und am 10. September billigte sie die Ausweitung des Programms auf die Aktien im Russell-1000-Index und bestimmte ETFs. Im April 2013 änderte die SEC die Zehn-Prozent-Regel zu einer »Limit-up-Limit-down«-Regel, die auf die

Volatilität der einzelnen Wertpapiere zugeschnitten war. Bei Aktien mit Kursen über drei Dollar (außer gehebelten ETFs) bleibt das Limit bei zehn Prozent, mit Ausnahme der ersten und letzten 15 Handelsminuten, in denen das Limit auf 20 Prozent ausgedehnt wird.[11]

Der Flash Crash, der nur ein Jahr nach der tiefsten Baisse seit 75 Jahren auftrat, schadete dem Vertrauen der Öffentlichkeit in einen fairen und ordentlichen Aktienmarkt. Viele hielten die Beschuldigung der High Frequency Trader durch die SEC für den Beweis, dass der Markt sich gegen Kleinanleger richtete. Aber das High Frequency Trading ging nach dem Flash Crash zurück, und einige Forscher bezweifelten, ob dieses Trading beim Kursabsturz an diesem Tag eine bedeutende Rolle gespielt hatte. Die von der SEC eingeführten neuen Regeln haben die »abwegigen« und extremen Trades so gut wie eliminiert, die während des Flash Crashs stattfanden. Aber allgemeiner betrachtet sollten Privatanleger kurzfristige Marktvolatilität nicht fürchten. Würden Sie nicht gern in einem Geschäft einkaufen, in dem Sie immer wieder hören: »In den nächsten 30 Minuten alle Artikel um zehn bis 20 Prozent billiger«? Kurzfristige Volatilität war schon immer ein Teil des Aktienmarkts, und der Flash Crash hatte keine nachhaltigen Folgen für die Erholung nach der Baisse von 2007–2009.

Die Natur der Marktvolatilität

Obwohl die meisten Anleger eine starke Abneigung gegen Marktfluktuationen haben, muss man Volatilität akzeptieren, um die überlegenen Renditen einstreichen zu können, die Aktien bieten. Das Akzeptieren von Risiken ist für überdurchschnittliche Renditen erforderlich. Anleger können nicht mehr als den risikofreien Zins einstreichen, wenn sie nicht mit der Möglichkeit leben wollen, dass es auch weniger werden kann.

Während die Volatilität des Aktienmarkts viele Investoren abschreckt, fasziniert sie andere. Die Möglichkeit, eine Position Minute für Minute zu beobachten, erfüllt das Bedürfnis vieler, ihr Urteil schnell auswerten zu können. Für viele ist der Aktienmarkt wirklich das größte Casino der Welt.

Aber diese Möglichkeit, jederzeit genau zu wissen, wie man finanziell dasteht, kann auch Ängste auslösen. Viele Investoren schätzen das sofortige Urteil des Finanzmarkts nicht. Manche ziehen sich auf Investitionen wie Immobilien zurück, bei denen es keine täglichen Preisfeststellungen gibt. Andere meinen, den aktuellen Preis nicht zu kennen, mache ein Investment irgendwie weniger riskant. Keynes sagte vor 75 Jahren über das Investitionsverhalten des Stiftungskomitees der Cambridge University:

> *Einige Finanzverwalter kaufen bedenkenlos unnotierte und unverkäufliche Immobilieninvestments, die ihre Haare ergrauen ließen, gäbe es bei jeder Sitzung eine aktuelle Preisnotierung. Die Tatsache, dass man nicht weiß, wie hoch die Wertschwankungen sind, macht ein Investment, der verbreiteten Meinung zum Trotz, nicht sicher.*[12]

Historische Trends der Aktienvolatilität

Die jährliche Variabilität amerikanischer Aktien, gemessen anhand der Standardabweichung der monatlichen Renditen von 1834–2012 sehen Sie in Abbildung 18.3. Es ist erstaunlich, dass es in der Marktvolatilität kaum einen allgemeinen Trend gibt.

Der Zeitraum der höchsten Volatilität war während der Großen Depression, das Jahr mit der höchsten Volatilität war 1932. Die annualisierte Volatilität 1932 betrug 63,7 Prozent, fast 20 Mal höher als 1993, das mit einer Standardabweichung von 3,36 das Jahr mit der geringsten Volatilität war. Die Volatilität 1987 war die höchste seit der Großen Depression, knapp vor 2008, dem Jahr der Finanzkrise. Wenn man den Zeitraum von 1929–1939 ausklammert, betrug die Volatilität im Durchschnitt zwölf Prozent und lag in den vergangenen 180 Jahren bemerkenswert stabil zwischen 13 und 14 Prozent.

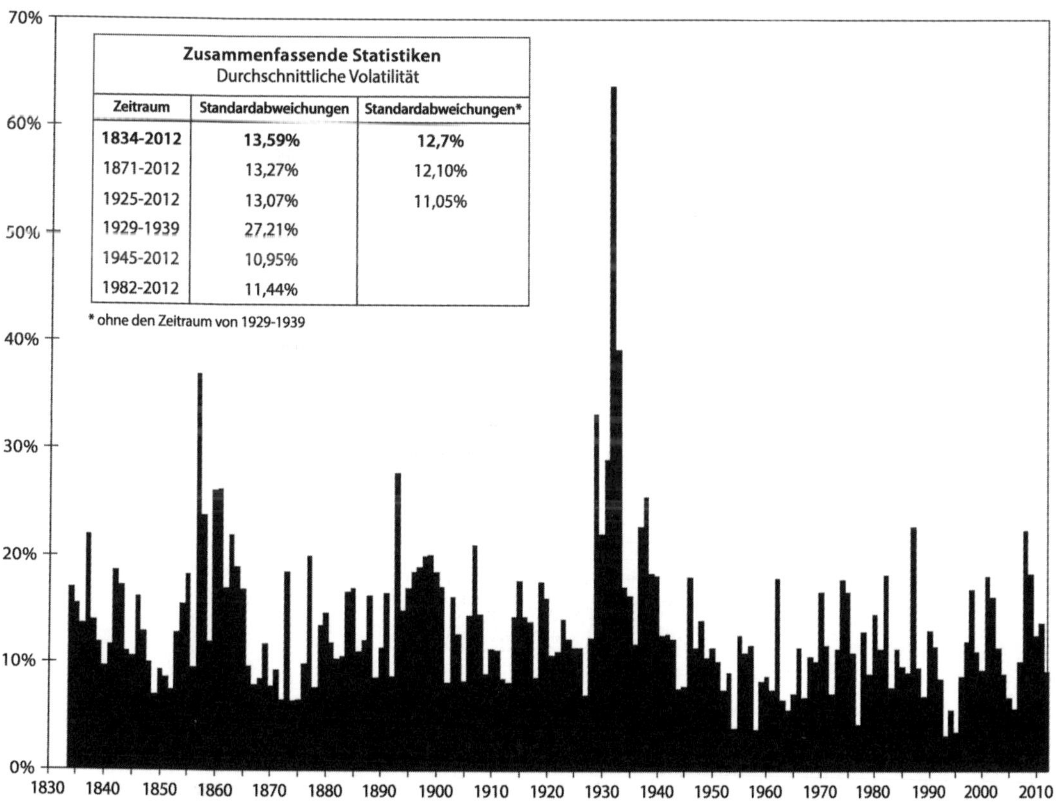

Zusammenfassende Statistiken
Durchschnittliche Volatilität

Zeitraum	Standardabweichungen	Standardabweichungen*
1834-2012	**13,59%**	**12,7%**
1871-2012	13,27%	12,10%
1925-2012	13,07%	11,05%
1929-1939	27,21%	
1945-2012	10,95%	
1982-2012	11,44%	

* ohne den Zeitraum von 1929-1939

Abbildung 18.3: Die Volatilität des Aktienmarkts, 1834–2012, gemessen als Standardabweichung der monatlichen Renditen

Abbildung 18.4 A zeigt die durchschnittliche, tägliche, prozentuale Veränderung des DJIA in jedem Jahr von 1896 bis heute. Die durchschnittliche tägliche Veränderung in den letzten 117 Jahren beträgt 0,74 Prozent. Mit Ausnahme der 1930er-Jahre gab es einen Abwärtstrend der Volatilität von 1896–1960 und danach einen Aufwärtstrend. Ein Grund für diesen Aufwärtstrend ist die schnellere Reaktion des Markts auf ökonomische Entwicklungen. Informationen, die früher Stunden oder Tage brauchten, um in den Marktindizes vollständig reflektiert zu werden, werden heute in Minuten, wenn nicht in Sekunden verarbeitet. Ein Teil des Abwärtstrends der Dow-Volatilität kann durch den zahlenmäßigen Anstieg der Aktien im Dow Industrials von zwölf auf 20 und ab 1928 auf 30 erklärt werden. Die Tagesvolatilität während des Krisenjahrs 2008 war mit 1,63 Prozent die höchste seit der Großen Depression.

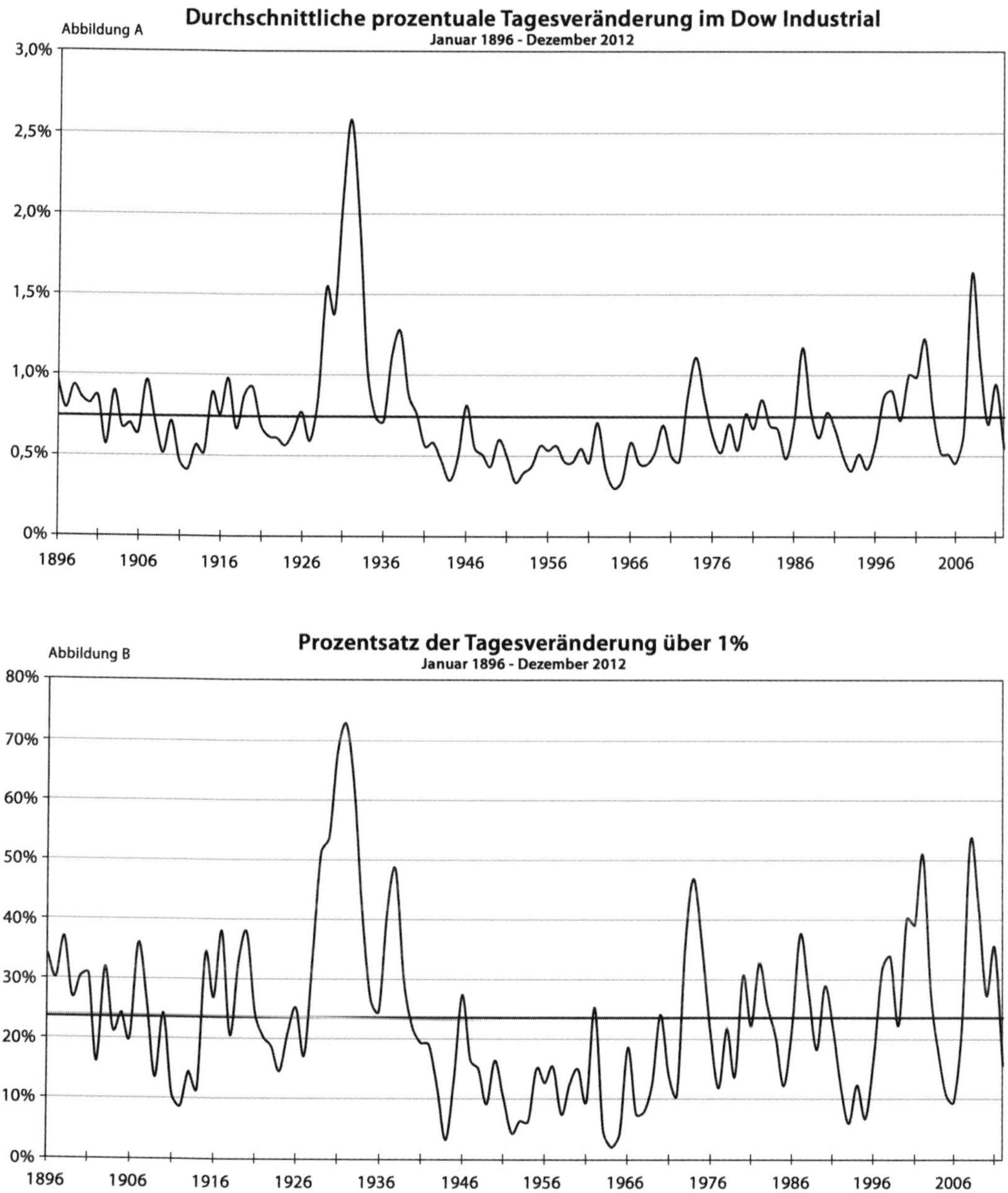

Abbildung 18.4: Tagesvolatilität des Dow Jones Industrial Average, 1986–2012

Der Prozentsatz der Handelstage, an denen sich der Dow Industrials um mehr als ein Prozent bewegte, wird in Abbildung 18.4 B gezeigt. Der Durchschnitt liegt bei 24 Prozent im gesamten Zeitraum, also bei etwa einem solchen Ereignis pro Woche. Aber das schwankte zwischen 1,2 Prozent 1964 und 67,6 Prozent 1932, als sich der Dow an mehr als zwei von drei Handelstagen um mehr als ein Prozent bewegte. Die Finanzkrise führte zur höchsten Volatilität und zur tiefsten Rezession seit der Großen Depression in den 1930er-Jahren.

Die meisten Zeiträume mit hoher Volatilität treten während Baissephasen auf. In Rezessionsphasen ist die Standardabweichung der täglichen Renditen um 25 Prozent höher als in Expansionsphasen. Es gibt zwei Gründe, warum die Volatilität in einer Rezession steigt. Erstens sind Rezessionen eher die Ausnahme als die Regel und von größerer wirtschaftlicher Unsicherheit gekennzeichnet als Expansionen. Zweitens: Wenn die Gewinne sinken, verursacht die Last der fixen Kosten eine höhere Volatilität der Gewinne. Das führt zu höherer Volatilität der Aktienkurse.

Wenn sich Gewinne in Verluste verwandeln, ist der Aktienwert der Firmen so etwas wie eine Call-Option »aus dem Geld«, die sich nur dann auszahlt, wenn die Firma letztlich genug Gewinne macht, um ihre Kosten decken zu können. Ansonsten ist sie wertlos. Es ist kein Rätsel, warum die Volatilität während der Großen Depression am höchsten war, als die aggregierten Unternehmensgewinne negativ waren und der Aktienmarkt wie ein Call »aus dem Geld« gehandelt wurde.

Der Volatilitätsindex

Die Messung der *historischen* Volatilität ist eine einfache Sache, aber viel wichtiger ist, die Volatilität zu messen, die Investoren am Markt *erwarten*. Das liegt daran, dass die erwartete Volatilität ein Signal für das am Markt herrschende Maß an Ängsten ist. Phasen starker Ängste waren schon oft Wendepunkte für Aktien.

Durch die Untersuchung der Preise von Put- und Call-Optionen auf die bedeutenden Börsenindizes kann man die Volatilität messen, die am Markt »eingebaut« ist und die man *implizite Volatilität* nennt.[13] 1993 führte die Chicago Board Options Exchange den *CBOE Volatility Index* ein, den man auch *VIX Index* oder *VIX* nennt (erstmals erwähnt in Kapitel 3). Er basiert auf den tatsächlichen Preisen von Index-Optionen auf den S&P-500-Index und wurde zurück bis Mitte der 1980er-Jahre berechnet.[14] Den wöchentlichen Verlauf des VIX seit 1986 sehen Sie in Abbildung 18.5.

Auf kurze Sicht gibt es eine starke negative Korrelation zwischen dem VIX und dem *Niveau* des Markts. Wenn der Markt fällt, sind die Investoren bereit, mehr für die Absicherung nach unten zu bezahlen, und sie kaufen Puts, was den VIX steigen lässt. Wenn der Markt ansteigt, fällt der VIX in der Regel, weil die Investoren Vertrauen gewinnen und weniger Bedarf spüren, ihre Depots gegen Verluste abzusichern.

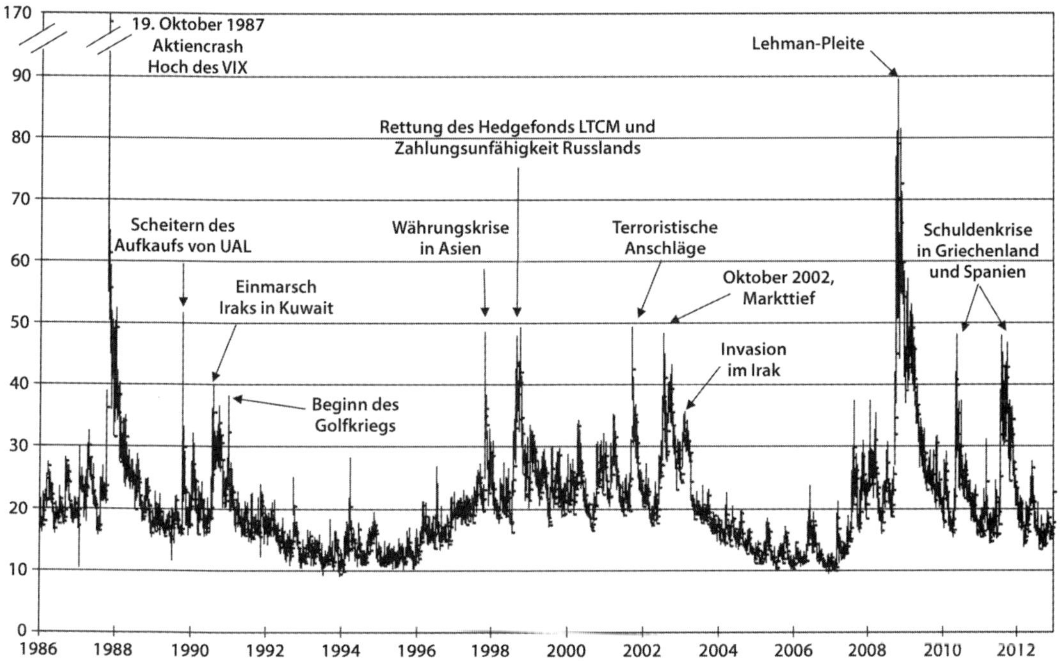

Abbildung 18.5: Der Volatilitätsindex (VIX), 1986–2012

Diese Korrelation mag rätselhaft sein, weil man ja erwarten könnte, dass die Investoren mehr Schutz suchen, wenn der Markt hoch steht, als wenn er niedrig steht. Eine Erklärung für das Verhalten des VIX ist, dass die historische Volatilität in Baissephasen höher ist als in Haussephasen und sinkende Märkte den VIX steigen lassen. Ein überzeugenderes Argument ist aber, dass Veränderungen des Anlegervertrauens die Bereitwilligkeit der Investoren ändern, sich mit Puts abzusichern. Wenn die Put-Preise nach oben getrieben werden, verkaufen Arbitrageure, die Puts verkaufen, auch Aktien, um ihre Positionen abzusichern, was auf die Aktienkurse drückt. Das Gegenteil passiert, wenn Anleger mehr Vertrauen in Aktienrenditen haben.

In Abbildung 18.5 ist leicht zu erkennen, dass die Hochs des VIX mit Zeiten extremer Unsicherheit und deutlich niedriger Aktienkurse korrespondieren. Der VIX erreichte sein Hoch von 172 am Dienstag nach dem Aktiencrash vom 19. Oktober 1987, und dieses Hoch stellt alle anderen deutlich in den Schatten.

Anfang und Mitte der 1990er-Jahre sank der VIX in den Bereich zwischen zehn und 20. Aber am Beginn der Krisen in Asien 1997 stieg er in den Bereich zwischen 20 bis 30. Ausschläge des VIX zwischen 40 und 50 gab es bei drei Gelegenheiten: im Oktober 1987, als der Dow während der Attacke auf den Hongkong-Dollar um 550 Punkte fiel, im August 1998, als Long-Term Capital Management liquidiert wurde, und in der Woche nach den Terroranschlägen am 11. September 2001. Nach dem Aktiencrash 1987 erreichte der VIX maximal 90, kurz nach dem Bankrott von Lehman Brothers im September 2008. Ein weiteres Hoch erreichte der VIX während der Staatsschuldenkrise in Spanien und Griechenland. Das Allzeittief des VIX wurde im Dezember 1993 erreicht, als der Volatilitätsindex auf 8,89 fiel.

In den vergangenen Jahren war es eine profitable Kurzfriststrategie zu kaufen, wenn der VIX hoch stand, und zu verkaufen, wenn er tief stand. Das gilt aber auch für Käufe bei Markttiefs und Verkäufe bei Markthochs. Die wirkliche Frage lautet: Wie hoch ist hoch und wie tief ist tief? Zum Beispiel hätte ein Investor am 16. Oktober 1987 in Versuchung geraten können zu kaufen, als der VIX auf 40 stieg. Aber ein solcher Kauf wäre eine Katastrophe gewesen, weil es am folgenden Montag einen Tagesverlust in Rekordhöhe gab.

Die Verteilung starker Ein-Tages-Bewegungen

In Kapitel 15 haben wir angemerkt, dass es von 1885–2012 145 Tage gab, an denen sich der Dow Industrials um mindestens fünf Prozent bewegte: 68 Mal ging es nach oben, 77 Mal nach unten. 79 dieser Tage oder fast zwei Drittel von allen traten zwischen 1929 und 1933 auf. Das hinsichtlich der Tagesveränderungen bei Weitem volatilste Jahr war 1932, das 35 solche Tage bot. Der längste Zeitraum zwischen zwei Tagesbewegungen von mindestens fünf Prozent waren die 17 Jahre vor dem Aktiencrash am 19. Oktober 1987.

Die kalendarischen Merkmale starker Tagesveränderungen werden in Abbildung 18.6 gezeigt. Die meisten großen Veränderungen gab es am Montag, die weitaus wenigsten am Dienstag (exklusive Samstag). Am Montag ereignen sich die meisten starken Abwärts-, am Mittwoch die bei Weitem meisten Aufwärtsbewegungen.

36 der starken Bewegungen fanden im Oktober statt, mehr als doppelt so viele wie in jedem anderen Monat. Der Ruf des Oktobers als volatiler Monat ist vollkommen gerechtfertigt. Im Oktober gab es nicht nur mehr als ein Viertel aller starken Bewegungen, sondern auch die beiden größten Aktiencrashs der Geschichte, im Oktober 1929 und im Oktober 1987. Es ist interessant zu bemerken, dass fast zwei Drittel der starken Kursverluste in den letzten vier Monaten des Jahres stattgefunden haben. In Kapitel 20 werden wir noch weitere saisonale Eigenschaften von Aktienrenditen untersuchen.

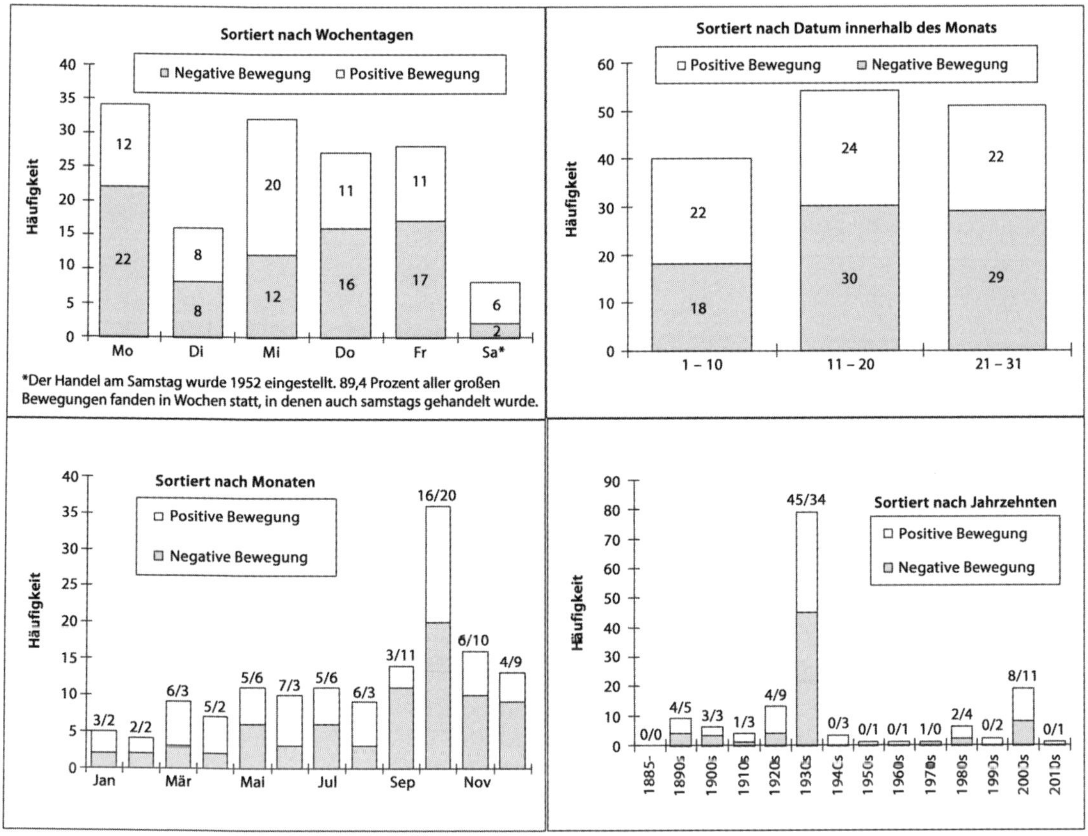

Abbildung 18.6: Verteilung der Dow-Veränderungen von mehr als fünf Prozent, 1885–2012

Eine der interessantesten Informationen über starke Marktbewegungen bezieht sich auf den Zeitraum des größten Zusammenbruchs des Aktienmarkts. Vom 3. Dezember 1929 bis zum 8. Juli 1932 fiel der Dow um fast 89 Prozent. In dieser Zeit gab es 37 Tage, an denen sich der Dow um fünf Prozent oder mehr bewegte. Interessanterweise waren 21 dieser Bewegungen Anstiege! Viele von diesen starken Rallyes waren das Ergebnis von Short-Eindeckungen, zu denen es kam, wenn Spekulanten, die den Markt für eine Einbahnstraße hielten, eilig Aktien verkauften, die sie nicht besaßen, und dann gezwungen waren, sie zurückzukaufen oder ihre Positionen einzudecken, wenn der Markt anstieg.

Es ist nicht ungewöhnlich, dass es an Märkten, die in eine Richtung zu tendieren scheinen, gelegentlich scharfe Bewegungen in die Gegenrichtung gibt. In einer Hausse ist der Ausdruck »auf der Treppe hinauf, mit dem Fahrstuhl hinunter« eine treffende Beschreibung des Marktverhaltens. Normale Investoren sollten gewarnt sein: Geld verdienen in einem Trendmarkt ist nicht so einfach, wie es aussieht, und wer diese Märkte spielen will, muss bereit sein, schnell auszusteigen, wenn der Markt sichtlich seine Richtung ändert.

Die Ökonomie der Marktvolatilität

Viele Klagen über Marktvolatilität basieren auf der Überzeugung, dass die Märkte übertrieben stark auf eine veränderte Nachrichtenlage reagieren. Wie Nachrichten aber die Märkte beeinflussen sollten, ist so schwierig zu bestimmen, dass nur wenige die angemessenen Auswirkungen eines Ereignisses auf den Kurs einer Aktie bestimmen können. Daher folgen Trader oft der »Masse« und versuchen zu prognostizieren, wie andere Trader reagieren werden, wenn es Neuigkeiten gibt.

Vor mehr als einem halben Jahrhundert schilderte Keynes das Problem von Investoren, die versuchen, Aktien gemäß wirtschaftlicher Fundamentaldaten zu bewerten, statt der Masse zu folgen:

> *Investieren auf der Basis einer echten langfristigen Überzeugung ist heute so schwierig, dass es kaum praktikabel ist. Wer es versucht, hat sicher arbeitsreichere Tage und geht höhere Risiken ein als jemand, der versucht, besser als die Masse selbst zu erraten, wie die Masse reagieren wird, und bei gleich hoher Intelligenz macht er vielleicht mehr katastrophale Fehler.*[15]

1981 entwickelte Robert Shiller von der Yale University eine Methode zur Bestimmung, ob Aktieninvestoren tendenziell zu heftig auf Veränderungen von Dividenden und Zinsen reagieren, der fundamentalen Bausteine des Werts von Aktien.[16] Aus der Untersuchung der historischen Daten berechnete er, was der Wert des S&P-500 hätte sein sollen – in Anbetracht der späteren Entwicklung von Dividenden und Zinsen. Wir kennen diesen Wert, weil, wie in Kapitel 9 gezeigt, Aktienkurse die gegenwärtigen Werte zukünftiger Cashflows sind.

Er kam zum Ergebnis, dass Aktienkurse viel zu variabel waren, um nur durch die spätere Entwicklung von Dividenden und Zinsen erklärt werden zu können. Die Aktienkurse schienen übermäßig auf Veränderungen der Dividendenzahlungen zu reagieren und dabei nicht zu berücksichtigen, dass die meisten Veränderungen von Dividendenzahlungen nur vorübergehend waren.[17] Zum Beispiel bewerteten Investoren Aktien in einer Rezession so, als erwarteten sie deutlich sinkende Dividenden, was völlig im Widerspruch zu historischen Erfahrungen steht.

Das Wort *Zyklus in Konjunkturzyklus* impliziert, dass Aufwärts- und Abwärtstrends der ökonomischen Aktivitäten einander abwechseln. Da Gewinne und Profite tendenziell dem Konjunkturzyklus folgen, sollten sie sich auch auf zyklische Weise verhalten und im Lauf der Zeit zu einem Durchschnittswert zurückkehren. Unter diesen Umständen sollte ein vorübergehendes Absinken der Dividenden (oder der Gewinne) während einer Rezession nur geringe Auswirkungen auf den Kurs einer Aktie haben, der die Dividende für unbegrenzte Zeit diskontiert.

Wenn Aktien kollabieren, haben Worst-Case-Szenarien bei den Anlegern Hochkonjunktur. Am 6. Mai 1932, nachdem die Aktien gemessen am Hoch aus dem Jahr 1929 um 85 Prozent eingebrochen waren, verschickte Dean Witter das folgende Memorandum an seine Kunden:

> *Es gibt für die Zukunft nur zwei Prämissen: Entweder wird es Chaos oder eine Erholung geben. Die erstgenannte Theorie ist töricht. Im Chaos behält nichts seinen Wert; weder Anleihen noch Aktien noch Bankguthaben noch Gold werden wertvoll bleiben. Immobilien werden wertlose Assets sein, weil die Eigentumsrechte unsicher sind. Auf dieser unmöglichen Voraussetzung kann keine Politik beruhen. Daher muss sich Politik an der Theorie der Erholung ausrichten. Die derzeitige Depression ist nicht die erste. Sie ist vielleicht die schlimmste, aber so sicher, wie sich die Umstände in der Vergangenheit wieder gebessert haben und schrittweise wieder zur Normalität zurückgekehrt sind, so wird es auch diesmal wieder geschehen. Die einzige Unsicherheit ist, wann das sein wird ... Ich möchte nachdrücklich sagen, dass die aktuellen Preise in wenigen Jahren ebenso lächerlich erscheinen werden, wie die Werte von 1929 heute fantastisch hoch erscheinen.*[18]

Zwei Monate später erreichte der Aktienmarkt sein Allzeittief und stieg dann stark an. Im Rückblick zeugten diese Worte von großer Weisheit und gesundem Urteilsvermögen über die vorübergehenden Verzerrungen der Aktienkurse. Aber als sie geäußert wurden, waren die Anleger von Aktien so enttäuscht und derart mit Gedanken an den Untergang beschäftigt, dass die Botschaft auf taube Ohren stieß. In Kapitel 21 werden wir erörtern, warum Investoren auf kurzfristige Ereignisse oft überreagieren und den langfristigen Blick auf den Markt verlieren.

Die Bedeutung der Marktvolatilität

Trotz des Dramas um den Marktkollaps im Oktober 1987 gab es erstaunlich wenige bleibende Auswirkungen auf die Weltwirtschaft oder auch nur auf die Finanzmärkte. Weil die Episode von 1987 keinen weiteren Kollaps der Aktienkurse oder einen Einbruch der wirtschaftlichen Aktivitäten ankündigte, wird sie nie so berühmt-berüchtigt werden wie der Crash von 1929. Dennoch ist diese Lektion vielleicht sogar noch wichtiger. Ökonomische Schutzmaßnahmen wie die prompte Aktion der Federal Reserve, der Wirtschaft Liquidität zur Verfügung zu stellen und das Funktionieren der Finanzmärkte zu gewährleisten, können ein Wirtschaftsdebakel von der Art verhindern, wie es unsere Volkswirtschaft während der Großen Depression befiel.

Das bedeutet nicht, dass die Märkte vor heftigen Schwankungen sicher sind. Weil die Zukunft immer unsicher sein wird, dominieren Psychologie und Sentiment oft die ökonomischen Fundamentaldaten. Wie Keynes vor mehr als 70 Jahren in seiner *Allgemeinen Theorie* so scharfsinnig formuliert hat: »Die entscheidende Tatsache ist die extreme Unsicherheit der Wissensbasis, auf der unsere Schätzungen erwarteter Renditen erstellt werden müssen.«[19] Unsichere Schätzungen können sich schnell ändern, daher sind die Preise an freien Märkten volatil. Aber die Geschichte hat gezeigt, dass Anleger, die bereitwillig in den Markt einsteigen, wenn andere zu den Ausgängen laufen, die Früchte der Marktvolatilität ernten.

19. Technische Analyse und Investieren mit dem Trend

Es trifft zu, dass viele Skeptiker dazu neigen, die ganze Prozedur (der Chartanalyse) als etwas Ähnliches wie Astrologie oder Nekromantie abzulehnen. Aber das Gewicht ihrer Bedeutung an der Wall Street erfordert, dass man ihre Annahmen mit einiger Sorgfalt untersucht.

Benjamin Graham und David Dodd, 1934[1]

Die Natur der technischen Analyse

Flaggen, Wimpel, Untertassen und Kopf-Schulter-Formationen. Stochastik, Moving-Average-Convergence-Divergence (MACD)-Indikatoren und *Candlesticks (Kerzen)*. Dies ist die geheimnisumwobene Sprache des technischen Analysten, eines Investors, der zukünftige Renditen anhand früherer Kurstrends prognostiziert. Nur wenige Gebiete der Investmentanalyse haben mehr Kritiker auf den Plan gerufen, aber kein Gebiet hat einen Kern derart treuer und glühender Fans. Die technische Analyse, die von akademischen Ökonomen oft als so nützlich wie Astrologie abgetan wird, erhält gerade ein neues Aussehen, und einige der jüngsten Ergebnisse sind überraschend positiv.

Technische Analysten oder Chartisten, wie sie manchmal genannt werden, stehen in scharfem Gegensatz zu Fundamentalanalysten, die zur Prognose von Aktienrenditen Variablen wie Dividenden, Gewinne und Buchwerte verwenden. Chartisten ignorieren diese fundamentalen Variablen und behaupten, man könne die für die Prognose von Kursbewegungen wichtigen Informationen durch die Analyse von Kursmustern aus der Vergangenheit ermitteln. Einige dieser Muster sind das Ergebnis von Veränderungen der Marktpsychologie, die dazu tendieren, sich zu wiederholen, während andere von informierten Anlegern verursacht werden, die spezielles Wissen über die Aussichten einer Firma haben. Wenn man diese Muster richtig liest, so behaupten die Chartisten, kann man sie dazu verwenden, besser abzuschneiden als der Markt, und an den Gewinnen derjenigen partizipieren, die mehr über die Aussichten eines Unternehmens wissen.

Charles Dow, technischer Analyst

Der erste technische Analyst, der viel publizierte, war Charles Dow, der Begründer des Dow Jones Industrial Average. Aber Charles Dow analysierte nicht nur Charts. Im Zusammenhang mit seinem Interesse an Marktbewegungen gründete Dow das *Wall Street Journal* und publizierte seine Strategie in Editorials in den frühen 1900er-Jahren. Dows Nachfolger William Hamilton dehnte Dows technische Zugangsweise aus und veröffentlichte 1922 sein *Stock Market Barometer*. Zehn Jahre später formalisierte Charles Rea Dows Konzepte in einem Buch mit dem Titel *Dow Theory*.

Charles Dow verglich die Ebbe und Flut der Aktienkurse mit den Wellen in einem Ozean. Er behauptete, es gebe eine Primärwelle, die, ähnlich wie die Gezeiten, den Gesamttrend festlegt. Im Rahmen dieses Trends gebe es Sekundärwellen und kleinere Kräusel. Zudem behauptete er, man könne den aktuellen Markttrend identifizieren, indem man einen Chart des Dow Jones Industrial Average, das Umsatzvolumen an der Börse und den Dow Jones Rail (heute: Transportation) Average analysiert.

Die Anhänger der Dow-Theorie wissen, dass diese Strategie vor dem Crash im Oktober 1929 Anleger davon abgehalten hätte, in den Markt einzusteigen. Martin J. Pring, ein bekannter technischer Analyst, behauptet, dass Investoren, die 1897 Aktien des Dow Jones Industrial Average gekauft und jedes Kauf- und Verkaufssignal dieser Theorie beachtet hätten, aus einem ursprünglichen Investment von 100 Dollar 116.508 Dollar gemacht hätten – im Gegensatz zu 5682 Dollar mit einer Kaufen-und-Halten-Strategie (diese Berechnungen verstehen sich ohne Reinvestition der Dividenden).[2] Aber die Bestätigung von Gewinnen mit Trading auf Basis der Dow-Theorie ist schwierig, weil die Signale zum Kauf und Verkauf rein subjektiv sind und nicht durch präzise numerische Regeln determiniert werden können.

Die zufällige Entwicklung von Aktienkursen

Obwohl die Dow-Theorie heute vielleicht nicht mehr so populär ist wie früher, ist die technische Analyse noch immer hochlebendig. Das Grundziel der technischen Analyse ist die Idee, dass man die wichtigsten Börsentrends identifizieren, Haussephasen nutzen und Baissephasen meiden kann.

Dennoch attackieren die meisten Ökonomen noch immer den fundamentalen Glaubenssatz der Chartisten – dass Aktienkurse vorhersagbaren Mustern folgen. Für diese akademischen Forscher entsprechen die Kursbewegungen an den Börsen eher einem Muster, das man *Random Walk* nennt, als speziellen Formationen, die zukünftige Renditen prognostizieren.

Der erste Ökonom, der zu dieser Schlussfolgerung kam, war Frederick MacCauley, ein Ökonom am Beginn des 20. Jahrhunderts. Seine Kommentare bei einem Dinner der American Statistical Association zum Thema »Die Prognose von Wertpapierkursen« wurden im offiziellen Journal des Verbands veröffentlicht:

> *MacCauley bemerkte, es gebe eine auffallende Ähnlichkeit zwischen den Schwankungen des Aktienmarkts und denen einer Zufallskurve, die man beim Würfeln erhält. Jeder wird einräumen, dass man den Verlauf einer solchen reinen Zufallskurve nicht vorhersagen kann. Wenn man den Aktienmarkt aus einer Grafik seiner Bewegungen prognostizieren kann, muss er sich von der Zufallskurve unterscheiden.*[3]

Mehr als 30 Jahre später simulierte Harry Roberts, Professor an der University of Chicago, Marktbewegungen, indem er Preisveränderungen aufzeichnete, die völlig zufällig zustande gekommen waren, zum Beispiel durch das Werfen einer Münze. Diese Simulationen sahen aus wie die Charts realer Aktienkurse, bildeten Muster und folgten Trends, die Chartisten für signifikante Vorboten zukünftiger Renditen halten. Aber weil die Preisveränderung im jeweils nächsten Zeitraum definitionsgemäß völlig zufällig war, konnten solche Muster logischerweise keinen prognostischen Wert haben. Diese frühen Forschungen stützten die Auffassung, dass die offensichtlichen Muster in Aktienkursen aus der Vergangenheit das Ergebnis völlig zufälliger Ereignisse waren.

Aber ergibt die zufällige Entwicklung von Aktienkursen einen ökonomischen Sinn? Faktoren, die Angebot und Nachfrage beeinflussen, treten nicht zufällig auf und lassen sich oft von einem Zeitraum aus für den nächsten vorhersagen. Sollten die vorhersagbaren Faktoren nicht dazu führen, dass sich Aktienkurse auf nicht zufällige Art und Weise entwickeln?

1965 zeigte Professor Paul Samuelson vom MIT, dass die Zufälligkeit der Wertpapierkurse den Gesetzen von Angebot und Nachfrage nicht widersprach.[4] Tatsächlich war diese Zufälligkeit ein Ergebnis des freien und effizienten Markts, in den die Anleger schon alle bekannten Faktoren eingepreist hatten, die den Kurs einer Aktie beeinflussen. Das ist die Crux der *Hypothese vom effizienten Markt.*

Wenn der Markt effizient ist, ändern sich die Preise nur, wenn neue, unvorhergesehene Nachrichten an den Markt kommen. Weil solche Nachrichten besser, aber auch schlechter ausfallen können als erwartet, ist die daraus resultierende Aktienkursbewegung zufällig. Daher sehen die Kurscharts wie ein zufälliger Spaziergang aus und können nicht prognostiziert werden.[5]

Simulationen zufälliger Aktienkurse

Wenn sich Aktienkurse tatsächlich zufällig entwickeln, sollten ihre Bewegungen von am Computer generierten Zufallssimulationen nicht zu unterscheiden sein. Abbildung 19.1 weitet das Experiment aus, das Professor Roberts vor 60 Jahren durchgeführt hat. Statt nur die Schlusskurse zu generieren, habe ich den Computer dazu programmiert, Intraday-Kurse und die populären Grafiken mit Hoch, Tief und Schlusskurs zu generieren, die man in den meisten Zeitungen und Chartpublikationen findet.

In Abbildung 19.1 gibt es acht Charts. Vier wurden von einem Zufallsgenerator geschaffen. In diesen Charts gibt es absolut keine Möglichkeit, aus der Vergangenheit Rückschlüsse für die Zukunft zu ziehen, weil zukünftige Entwicklungen von der Vergangenheit völlig unabhängig sind. Die anderen vier Charts sind tatsächliche Daten aus dem Dow Jones Industrial Average. Bevor Sie weiterlesen, versuchen Sie bitte zu bestimmen, welche vier Charts tatsächliche historische Kurse und welche computergeneriert sind.

Eine solche Aufgabe ist recht schwierig. Tatsächlich fanden es die meisten Top-Broker einer führenden Firma an der Wall Street unmöglich, den Unterschied zwischen den echten und den gefälschten Daten zu benennen. Zwei Drittel der Broker identifizierten korrekterweise Abbildung 19.1 D, die den Zeitraum rund um den Aktiencrash vom 19. Oktober 1987 zeigt. Bei den restlichen sieben Charts zeigten die Broker nicht die Fähigkeit, die echten von den computergenerierten Daten zu unterscheiden. Die echten historischen Kurse werden in den Charts B, D, E und H gezeigt. Die computergenerierten Charts sind A, C, F und G.[6]

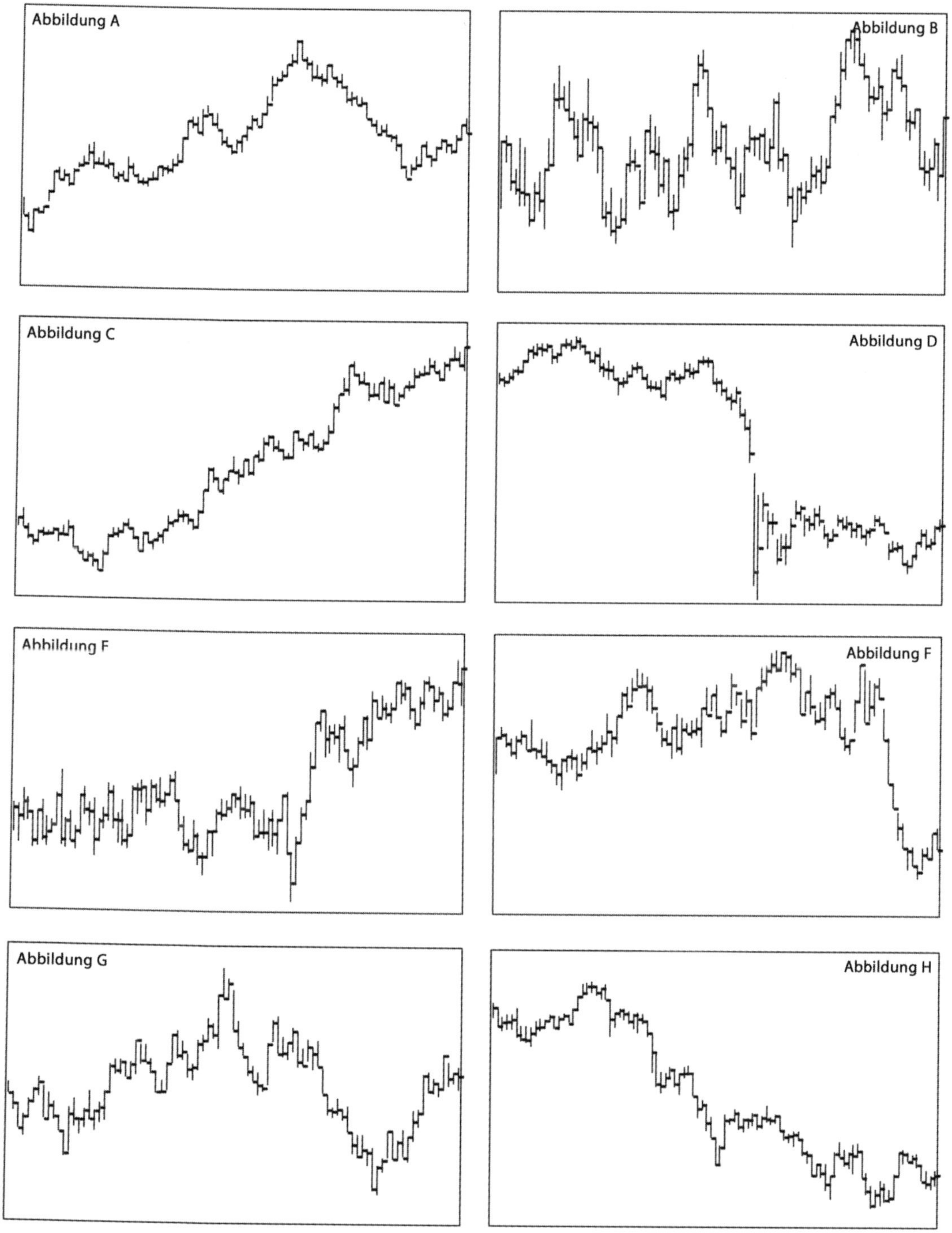

Abbildung 19.1: Reale und simulierte Aktienindizes

Trendmärkte und Kurswenden

Trotz der Tatsache, dass viele »Trends« in Wirklichkeit das Ergebnis völlig zufälliger Aktienkursbewegungen sind, investieren viele Anleger nicht gegen einen Trend, den sie identifiziert zu haben glauben. Zwei der bekanntesten Aussprüche der Markttimer lauten: »Mach den Trend zu deinem Freund« und »Vertraue auf den Schub«.

Martin Zweig, ein bekannter Markttimer, der fundamentale und technische Variablen zur Prognose von Markttrends verwendete, behauptete voller Überzeugung: »Ich kann gar nicht genug betonen, wie wichtig es ist, dem Markttrend treu zu bleiben, sich am Kursticker zu orientieren und nicht gegen große Bewegungen anzukämpfen. Gegen den Kursverlauf zu kämpfen, ist eine offene Einladung zum Desaster.«[7]

Wenn ein Trend etabliert zu sein scheint ziehen die technischen Analysten Trendkanäle mit oberen und unteren Begrenzungslinien, innerhalb derer der Markt sich bewegt hat. Die untere Begrenzung eines Kanals nennt man oft *Unterstützungsniveau*, die obere *Widerstandsniveau*. Wenn der Kurs die Begrenzungen des Kanals durchbricht, folgt oft eine starke Bewegung.

Schon allein die Tatsache, dass viele Trader an die Bedeutung von Trends glauben, kann ein Verhalten auslösen, das die Trendfolge-Strategie so populär macht. Solange der Trend intakt ist, verkaufen die Trader, wenn die Kurse das obere Ende des Kanals erreichen, und kaufen, wenn das untere Ende erreicht wird. Sie versuchen von den offensichtlichen Kursschwankungen innerhalb des Kanals zu profitieren. Wenn die Trendlinie durchbrochen wird, drehen viele dieser Trader ihre Positionen: Sie kaufen, wenn der Markt die obere, und verkaufen, wenn er die untere Begrenzung verletzt. Dieses Verhalten beschleunigt oft die Bewegungen von Aktienkursen und verstärkt die Bedeutung des Trends.

Auch das Optionstrading der Trendfolger verstärkt das Verhalten der Markttimer. Wenn sich der Kurs innerhalb eines Kanals bewegt, verkaufen Trader Puts und verkaufen Calls zu Basispreisen, die der oberen und der unteren Begrenzung des Kanals entsprechen. Solange der Markt innerhalb des Kanals bleibt, streichen diese Spekulanten Prämien ein, weil die Optionen wertlos verfallen.

Wenn der Markt die Trading Range durchbricht, sind Optionsverkäufer hohen Risiken ausgesetzt. Erinnern Sie sich daran, dass die Optionsverkäufer (wenn sie die zugrunde liegenden Aktien nicht besitzen) möglicherweise vor riesigen Verpflichtungen stehen. Diese Verpflichtungen können ein Vielfaches der Prämie umfassen, die beim Verkauf der Option vereinnahmt wurde. Wenn solche unbegrenzten Verluste lauern, beeilen sich diese Optionsschreiben, ihre Positionen glattzustellen oder ihre Optionen zurückzukaufen, was die Preisbewegung beschleunigt.

Gleitende Durchschnitte

Erfolgreiches technisches Trading erfordert nicht nur die Identifizierung des Trends. Noch wichtiger ist zu erkennen, wann sich der Trend drehen wird. Ein populäres Werkzeug zur Bestimmung, wann der Trend sich umkehren könnte, untersucht die Relation zwischen dem aktuellen Kurs und einem gleitenden Durchschnitt der vergangenen Kursbewegungen; eine Technik, die mindestens bis in die 1930er-Jahre zurückreicht.[8]

Ein *gleitender Durchschnitt* ist einfach der arithmetische Durchschnitt einer bestimmten Zahl von Schlusskursen einer Aktie oder eines Index aus der Vergangenheit. Nach jedem neuen Handelstag wird für die Berechnung des Durchschnitts der älteste Kurs gestrichen und durch den jüngsten ersetzt.

Gleitende Durchschnitte sind weit weniger volatil als die täglichen Kurse. Wenn die Kurse steigen, liegt der gleitende Durchschnitt unter dem Marktpreis und bildet – so behaupten die technischen Analysten – ein Unterstützungsniveau für die Aktienkurse. Wenn die Kurse sinken, liegt der gleitende Durchschnitt über den aktuellen Kursen und bildet ein Widerstandsniveau. Die Analysten behaupten, ein gleitender Durchschnitt erlaube es Investoren, den grundlegenden Markttrend zu identifizieren, ohne dabei von der täglichen Volatilität des Markts abgelenkt zu werden. Wenn die Kurse den gleitenden Durchschnitt durchbrechen, zeigt dies an, dass mächtige zugrunde liegende Kräfte eine Wende des Basistrends signalisieren.

Der beliebteste gleitende Durchschnitt verwendet die Preise der letzten 200 Handelstage und heißt daher *gleitender 200-Tage-Durchschnitt*. Er wird oft in Zeitungen und Börsenbriefen als entscheidende Determinante von Investmenttrends abgebildet. Einer der frühen Anhänger dieser Strategie war William Gordon. Er sagte, im Zeitraum von 1897–1967 habe der Kauf von Aktien, wenn der Dow seinen gleitenden Durchschnitt nach oben durchbrochen hatte, eine fast sieben Mal höhere Rendite erreicht als der Kauf nach einem Durchbruch nach unten.[9] Robert Colby und Thomas Meyers behaupten, für die USA sei ein gleitender 45-Wochen-Durchschnitt der beste. Das ist nur wenig länger als der gleitende 200-Tage-Durchschnitt.[10]

Test des gleitenden Durchschnitts des Dow Jones

Um die Strategie des gleitenden 200-Tage-Durchschnitts zu testen, habe ich die täglichen Ergebnisse des DJIA von 1885 bis heute untersucht. Im Gegensatz zu den oben genannten Studien über Strategien mit gleitenden Durchschnitten beinhalten die auf die Haltefrist bezogenen Renditen die Reinvestition von Dividenden, wenn die Strategie für Investitionen spricht, und die Investition in kurzfristige Zinspapiere, wenn sie nicht dafür spricht. Die annualisierten Renditen werden im ganzen Zeitraum und in den Subperioden untersucht.

Ich habe die folgenden Kriterien übernommen, um die Strategie des Kaufens und Verkaufens zu bestimmen: Immer wenn der Dow Jones Industrial Average *mindestens* ein Prozent über dem 200-Tage-Durchschnitt schloss (der aktuelle Tag wird dabei nicht berücksichtigt), wurden Aktien zum Schlusskurs des aktuellen Tages gekauft. Und immer wenn der DJIA *mindestens* ein Prozent unter seinem gleitenden 200-Tage-Durchschnitt schloss, wurden Aktien zu den Schlusskursen verkauft. Nach dem Verkauf wurde das Geld in kurzfristige Staatsanleihen investiert.

Diese Strategie hat zwei bemerkenswerte Aspekte. Das Band von einem Prozent rund um die gleitenden Durchschnitte soll verhindern, dass Investoren immer wieder in den Markt einsteigen und gleich wieder aussteigen müssen. Je schmaler das Band ist, desto größer wird die Zahl von Käufen und Verkäufen.[11] Ein sehr schmales Band würde dazu führen, dass Anleger ständig Aktien kaufen und wieder verkaufen, um den Markt zu schlagen. Wegen des starken Anstiegs der Transaktionskosten senkt so etwas die Renditen der Anleger dramatisch.

Der zweite Aspekt dieser Strategie nimmt an, dass ein Investor Aktien nicht während des Handelstags, sondern zum Schlusskurs kauft und verkauft. Erst in den letzten Jahren wurde das exakte Intraday-Niveau der populären Durchschnitte berechnet. Bei der Anwendung historischer Daten ist es unmöglich zu bestimmen, um welche Uhrzeit der Durchschnitt den gleitenden 200-Tage-Durchschnitt durchbrochen hatte. Mit der Festlegung, dass der Marktdurchschnitt über oder unter dem Durchschnitt der 200 letzten Schlusskurse schließen muss, präsentiere ich eine Theorie, die man während des gesamten Zeitraums hätte in die Praxis umsetzen können.[12]

Der Rücktest des gleitenden 200-Tage-Durchschnitts

Abbildung 19.2 zeigt die täglichen und die gleitenden 200-Tage-Durchschnitte des DJIA in zwei ausgewählten Zeiträumen: von 1924–1936 und von 2001–2012. Die Zeiträume, in denen Investoren nicht am Aktienmarkt (sondern in kurzfristigen Staatsanleihen) engagiert sind, wurden schattiert dargestellt. Ansonsten sind die Investoren voll in Aktien investiert. Die Renditen der Strategie mit den gleitenden 200-Tage-Durchschnitten und einer Kaufen-und-Halten-Strategie über den gesamten Zeitraum sind in Tabelle 19.1 zusammengefasst. Von Januar 1886 bis Dezember 2012 schlugen die 9,73 Prozent Jahresrendite der Timing-Strategie die jährliche Rendite der Haltestrategie von 9,39 Prozent. Wie oben angemerkt hatte die Timing-Strategie ihren größten Erfolg durch die Vermeidung des Crashs von 1929–1932. Wenn man diesen Zeitraum ausschließt, liegen die Renditen der Timing-Strategie 68 Basispunkte pro Jahr niedriger als die der Haltestrategie, obwohl die Timing-Strategie mit geringeren Risiken verbunden ist.

Haltestrategie			Timing-Strategie					
Zeitraum	Rendite*	Risiko*	Keine Transaktionskosten		Netto-Transaktionskosten			
			Rendite*	Risiko*	Rendite*	Risiko*	% im Markt*	Zahl der Transaktionen
1886–2012	9,39	21,4	9,73	16,5	8,11	17,2	62,4	376
Unterperioden								
1886–1925	9,08	23,7	9,77	17,7	8,10	18,0	56,6	122
1926–1945	6,25	31,0	11,13	21,8	9,47	22,7	62,2	60
1946–2012	10,53	16,2	9,28	14,1	7,71	15,0	66,5	194
1990–2012	9,57	15,7	4,92	15,6	2,66	16,8	70,1	100
2001–2012	4,07	16,4	1,33	12,3	-1,09	13,2	60,5	58
Ausgenommen Crash von 1929–1932								
1886–2012	10,60	20,1	9,92	16,3	8,38	16,9	63,6	358
1926–1945	13,94	24,5	12,38	20,3	11,21	20,8	70,8	42
* alle Angaben in Prozent								

Tabelle 19.1: Annualisierte Renditen von Timing- und Haltestrategien, 1886–2012

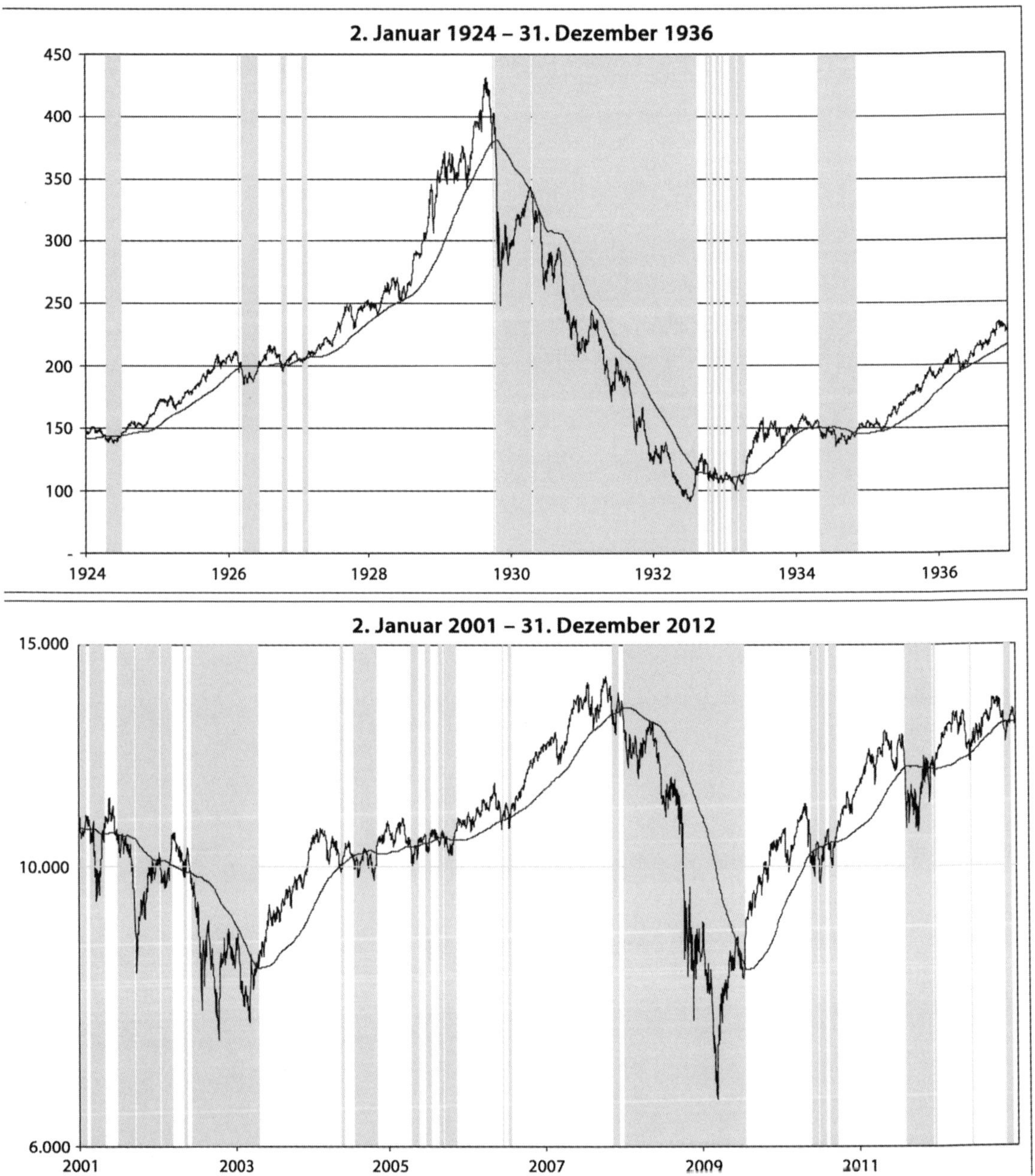

Abbildung 19.2: DJIA und die Strategie mit dem gleitenden 200-Tage-Durchschnitt

Hinzu kommt: Wenn man die Transaktionskosten bei Anwendung der Timing-Strategie in die Berechnung mit einbezieht, sind die Überrenditen im gesamten Zeitraum einschließlich des großen Crashs von 1929–1932 mehr als verschwunden. Zu den Transaktionskosten zählen die Brokergebühren und die Spreads zwischen Geld- und Briefkursen, ebenso wie die Kapitalgewinnsteuer, wenn die Aktien verkauft werden. Sie summieren sich bei jedem Kauf oder Verkauf auf durchschnittlich ein halbes Prozent. Diese Zahl ist wahrscheinlich zu niedrig angesetzt, vor allem für die frühen Jahre, aber sie überschätzt wohl die Kosten in der jüngsten Vergangenheit.

Der Schein trügt. Wenn man die Renditen ab 2001 in Abbildung 19.2 untersucht, sieht es so aus, als würden die Renditen der Timing-Strategie die Haltestrategie weit hinter sich lassen, aber das ist nicht der Fall. Von 2001–2012 schlägt die Kaufen-und-Halten-Strategie die Timing-Strategie um mehr als zwei Prozentpunkte, selbst ohne Einbeziehung der Transaktionskosten. Das liegt daran, dass die niedrigen Renditen der Timing-Strategien dann entstehen, wenn sich der Markt nicht in einem starken Aufwärts- oder Abwärtstrend befindet und der aktuelle Kurs den gleitenden 200-Tage-Durchschnitt immer wieder kreuzt, was hohe Transaktionskosten verursacht.

Obwohl die Renditen der Timing-Strategie oft hinter die Haltestrategie zurückfallen, liegt der Hauptvorteil der Timing-Strategie darin, dass sich der Timing-Investor vor dem Tief jeder Baisse aus dem Markt zurückzieht. Da der Markttimer in weniger als zwei Dritteln der Zeit am Markt engagiert ist, wird die Standardabweichung der Renditen im Vergleich zu den Renditen eines Kaufen-und-Halten-Investors um etwa ein Viertel reduziert. Das bedeutet, dass auf einer jährlichen risikoadjustierten Basis die Rendite der Strategie mit dem gleitenden 200-Tage-Durchschnitt dennoch eindrucksvoll ist, auch wenn man die Transaktionskosten mit einbezieht.

Die Vermeidung starker Baissephasen

Ich habe erwähnt, dass die Strategie mit dem gleitenden 200-Tage-Durchschnitt in den 126 Jahren der Geschichte des Dow Jones Industrial Average während des Booms und des Crashs der 1920er- und der frühen 1930er-Jahre ihren größten Triumph feierte. Nach den oben erwähnten Kriterien hätten Anleger am 27. Juni 1924 Aktien gekauft, als der Dow bei 95,33 Punkten stand und wären – mit zwei kurzen Unterbrechungen – während der ganzen Hausse engagiert geblieben, bis zum Top von 381,17 Punkten am 3. September 1929. Sie wären am 19. Oktober 1929 bei 323,87 Punkten ausgestiegen, nur zehn Tage vor dem großen Crash. Mit Ausnahme einer kurzen Periode 1930 hätte die Strategie Investoren während der schlimmsten Baisse der Börsengeschichte vom Aktienmarkt ferngehalten. Wieder eingestiegen wären sie schließlich am 6. August 1932, als der Dow bei 66,56 Punkten stand, nur zehn Punkte über seinem absoluten Tief.

Mit dieser Strategie wäre man auch dem Crash am 19. Oktober 1987 aus dem Weg gegangen und hätte am 16. Oktober, also am Freitag der Vorwoche, verkauft. Im Gegensatz zum Crash von 1929 fielen die Aktien aber nicht weiter. Obwohl der Markt am 19. Oktober um

23 Prozent abstürzte, wären die Investoren erst im folgenden Juni wieder eingestiegen, nur fünf Prozent unter dem Ausstiegsniveau vom 16. Oktober. Aber immerhin hätte man mit dieser Strategie den 19. und den 20. Oktober vermieden, traumatische Tage für viele Investoren, die Aktien hielten.

Außerdem entgingen Anleger mit der Strategie des gleitenden 200-Tage-Durchschnitts dem größten Teil der schrecklichen Baisse von 2007–2009, weil Timing-Investoren am 8. Januar 2008 aus Aktien ausstiegen, als der Dow Industrials bei 13.044 Punkten lag, etwa acht Prozent unter dem Hoch vom Oktober 2007, und erst am 15. Juli 2009 wieder einstiegen, als der Dow 40 Prozent niedriger bei 8616 Punkten lag. Aber 2010, 2011 und 2012 stiegen diese Investoren 20 Mal ein und wieder aus, was sie vor Transaktionskosten etwa 20 Prozent ihrer Renditen kostete.

Die Verteilung von Gewinnen und Verlusten

Die Strategie des gleitenden 200-Tage-Durchschnitts vermeidet tatsächlich große Verluste, aber sie erleidet viele kleine Rückgänge. Abbildung 19.3 zeigt die Verteilung der jährlichen Gewinne und Verluste (nach Transaktionskosten) der Timing- und der Haltestrategie für den Dow Industrials in jedem Jahr von 1886–2012. Der Timing-Stratege partizipiert an den meisten Haussen und vermeidet Baissen, aber die Verluste, wenn der Markt ohne nennenswerten Trend schwankt, sind signifikant.

Die Verteilung von Gewinnen und Verlusten ähnelt deutlich der des Kaufen-und-Halten-Investors, der Index-Puts gekauft hat, um Marktrückgänge abzufedern. Wie in Kapital 17 schon angemerkt, entspricht der Kauf von Index-Puts einer Versicherungspolice für die Börse. Wenn keine Verluste realisiert werden, mindern die Kosten der Puts die Renditen. Die Timing-Strategie involviert eine große Zahl kleiner Verluste, die durch die häufigen Ein- und Ausstiege verursacht werden. Daher liegt die Jahresrendite der Timing-Strategie zwischen null und fünf Prozent, während die Rendite des Kaufen-und-Halten-Investors fünf bis zehn Prozent beträgt. Die negativste Jahresrendite der Timing-Strategie gab es 2000, als die Investoren 16 Mal ein- oder aussteigen mussten und eine negative Rendite von mehr als 33 Prozent erlitten; weit unter der Rendite von minus fünf Prozent des Kaufen-und-Halten-Investors.

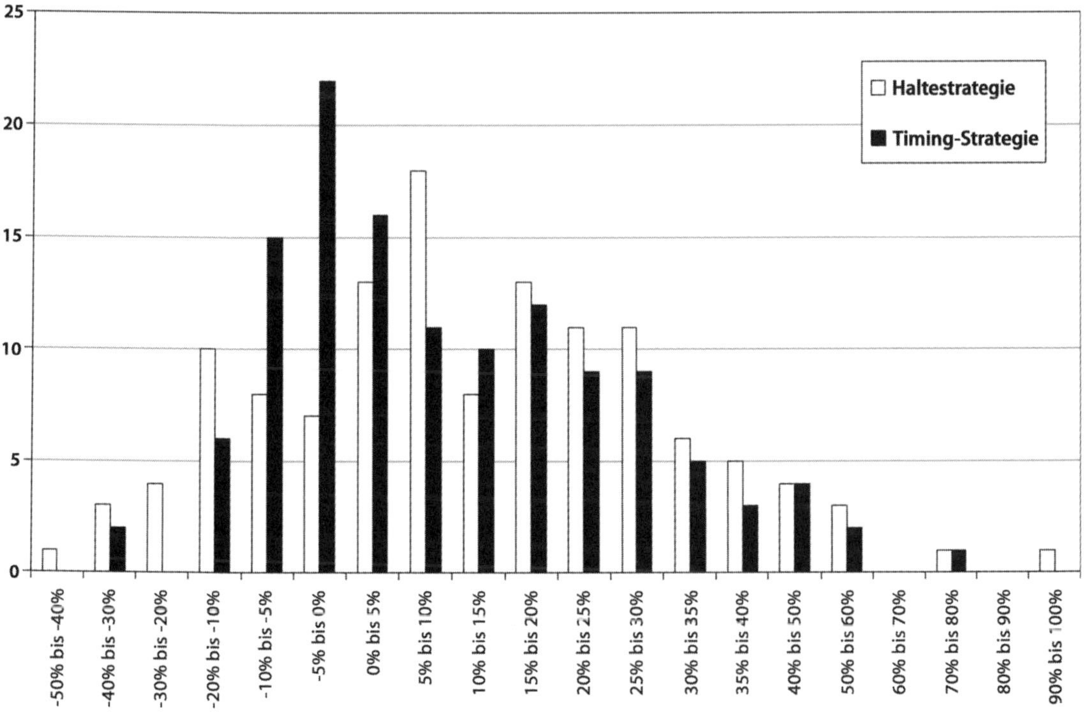

Abbildung 19.3: Verteilung der jährlichen Gewinne und Verluste Dow Industrials: Timing- versus Kaufen-und-Halten-Strategie

Momentum Investing

Man kann die technische Analyse auch zum Kauf einzelner Aktien verwenden. Wirtschaftswissenschaftler nennen das *Momentum Investing*, und es hat zunehmend für Aufmerksamkeit gesorgt. Momentum-Strategien verlassen sich, im Gegensatz zu fundamentalen Strategien, ausschließlich auf die Renditen der Vergangenheit, unabhängig von Gewinnen, Dividenden oder anderen Bewertungskriterien. Momentum-Investoren kaufen Aktien, die kürzlich gestiegen sind, und verkaufen Aktien, die kürzlich gesunken sind, weil sie erwarten, dass sich der Kurs noch für eine gewisse Zeit in die gleiche Richtung bewegen wird.

Das steht zwar scheinbar im Widerspruch zur alten Maxime des »Billig kaufen, teuer verkaufen«, aber es gibt etliche Forschungen, die diese Strategie des »Kaufe teuer, verkaufe noch teurer« stützen. 1993 fanden Narasimhan Jegadeesh und Sheridan Titman heraus, dass Aktien, die zu den zehn Prozent der größten Gewinner gehörten, gegenüber Aktien, die zu den zehn schlechtesten Prozent zählten, in den folgenden sechs Monaten um etwa ein Prozent pro Monat besser abschnitten.[13,14] Andere technische Strategien wie der Kauf von

Aktien, die in der Nähe ihres 52-Wochen-Hochs stehen, haben sich ebenfalls als erfolgreich erwiesen.[15]

Es sollte betont werden, dass diese Momentum-Strategien nur kurzfristig funktionieren und nicht Teil einer Langfriststrategie sein sollten. In der Studie von Jegadeesh und Titman wurde mehr als die Hälfte der in den ersten zwölf Monaten erzielten Extrarenditen in den folgenden beiden Jahren wieder verloren. Über längere Zeiträume wird der Vorteil des Kaufs von »Gewinner«-Aktien vollständig eliminiert. Eine frühere Studie von Werner De Bondt und Richard Thaler ergab in der Tat, dass Aktien, die zuvor drei bis fünf Jahre lang schlecht abgeschnitten hatten, in den folgenden drei bis fünf Jahren signifikant *überdurchschnittliche* Renditen erzielten. Das legt eine Rückkehr zum Mittelwert der längerfristigen Aktienrenditen nahe.[16]

Der Erfolg des Momentum Investings kann innerhalb des Rahmens eines effizienten Markts nicht erklärt werden. Es sieht so aus, dass Investoren zunächst nicht stark genug auf Informationen reagieren. Das führt dazu, dass der Aktienkurs nicht sofort, sondern erst im Lauf der Zeit auf neue Informationen reagiert. Leider garantiert Momentum Investing keinen Erfolg. Jüngste Hinweise ergeben, dass zwar professionelle Investoren mit der Momentum-Strategie Überrenditen erzielen, Einzelanleger aber schlechter abschneiden als der Markt. Vielleicht liegt das daran, dass sich Privatanleger oft auf die Aktien mit der allerbesten Performance konzentrieren, die tendenziell schnell überteuert sind und schwache Renditen erzielen, während Aktien mit guter Performance, die nicht ganz oben in der Liste stehen und von Profis gekauft werden, tendenziell die höheren Momentum-Renditen aufweisen.[17]

Fazit

Die Verfechter der technischen Analyse behaupten, diese könne die bedeutenden Markttrends identifizieren und bestimmen, wann diese Trends drehen könnten. Es wird aber lebhaft darüber diskutiert, ob solche Trends existieren oder nur Abfolgen guter und schlechter Renditen sind, also das Ergebnis zufälliger Kursbewegungen.

Burton Malkiel hat sich sehr klar ausgedrückt, was seine Ablehnung der technischen Analyse betraf. In seinem Bestseller *A Random Walk Down Wall Street* verkündet er:

> *Die technischen Regeln sind erschöpfend geprüft worden, mit Aktiendaten von beiden großen Börsen, bis zurück zum Beginn des 20. Jahrhunderts. Die Ergebnisse zeigen schlüssig, dass man frühere Bewegungen der Aktienkurse nicht zur Prognose zukünftiger Bewegungen heranziehen kann. Die Grundannahme der Chartanalyse ist absolut falsch, und Investoren, die ihren Vorschriften folgen, werden nichts erreichen als eine substanzielle Steigerung der Brokergebühren, die sie bezahlen.*[18]

Doch diese Behauptung, die früher fast einstimmig von den Wirtschaftswissenschaftlern unterstützt wurde, bröckelt dahin. Vor Kurzem durchgeführte ökonometrische Untersuchungen haben gezeigt, dass man mit so simplen Trading-Regeln wie den gleitenden 200-Tage-Durchschnitten oder dem kurzfristigen Kursmomentum seine Renditen erhöhen kann.[19]

Trotz der anhaltenden akademischen Debatte hat die technische Analyse an der Wall Street und unter erfahrenen Investoren eine riesige Zahl von Anhängern. Die Analyse in diesem Kapitel stimmt diesen Strategien vorsichtig zu, solange die Transaktionskosten nicht zu hoch sind. Aber wie ich im ganzen Buch erwähnt habe, könnten die Aktionen der Investoren, die von der Vergangenheit profitieren wollen, die Renditen in der Zukunft verändern. Wie drückte es Benjamin Graham vor mehr als 70 Jahren doch so treffend aus:

> *Schon ein Moment des Nachdenkens zeigt, dass es so etwas wie eine wissenschaftliche Vorhersage ökonomischer Ereignisse unter menschlicher Kontrolle nicht geben kann. Schon die »Zuverlässigkeit« einer solchen Prognose wird menschliche Handlungen auslösen, die sie wertlos machen. Daher geben nachdenkliche Chartisten zu, dass fortgesetzter Erfolg davon abhängt, dass nur wenige Leute die erfolgreiche Methode kennen.*[20]

Ein Wort zum Schluss: Technische Analyse erfordert die ständige Aufmerksamkeit des Investors. Am 16. Oktober 1987, also am Freitag vor dem Crash, fiel der Dow erst ganz am Ende des Handels unter den gleitenden 200-Tage-Durchschnitt. Wenn man seine Aktien an diesem Nachmittag aber nicht verkaufte, wäre man vom 22-Prozent-Albtraum am Schwarzen Montag nach unten gespült worden.

20. Kalendarische Anomalien

Oktober. Dies ist einer der besonders gefährlichen Monate für Aktienspekulationen. Die anderen sind Juli, Januar, September, April, November, Mai, März, Juni, Dezember, August und Februar.
Mark Twain

Das Wörterbuch definiert Anomalie als etwas, das mit dem natürlich zu Erwartenden nicht konsistent ist. Und was ist unnatürlicher als die Erwartung, den Markt zu schlagen, indem man Aktienkurse einfach auf der Basis des Tages oder der Woche oder des Monats innerhalb des Jahres prognostiziert? Es sieht aber so aus, dass dies möglich ist. Forschungen haben aufgedeckt, dass es verlässliche Zeiten gibt, in denen der Aktienmarkt und insbesondere bestimmte Aktiengruppen besonders gut abschneiden.

Die Analyse in der ersten Ausgabe von *Aktien für die Ewigkeit*, 1994 veröffentlicht, basierte auf einer langen Datenreihe, die in den frühen 1990er-Jahren analysiert wurde. Die in dieser Ausgabe beschriebenen kalendarischen Anomalien forderten Anleger dazu auf, den Markt zu schlagen, indem sie ihre Strategien diesen ungewöhnlichen kalendarischen Ereignissen anpassten. Wenn aber immer mehr Investoren von diesen Anomalien hören und entsprechend handeln, könnten sich die Aktienkurse so anpassen, dass ein großer Teil oder sogar die gesamte Anomalie eliminiert wird. Das wäre jedenfalls die Vorhersage der Hypothese vom effizienten Markt.

In dieser Ausgabe von *Aktien für die Ewigkeit* betrachte ich auch die Daten seit 1994, um zu prüfen, ob die Anomalie überlebt hat oder nicht. Die Ergebnisse sind überraschend. Einige Anomalien haben sich abgeschwächt oder sogar gedreht, während andere so stark sind, wie sie immer schon waren. Hier ein Überblick.

Saisonale Anomalien

Die wichtigste historische Kalenderanomalie ist, dass Aktien mit niedriger Marktkapitalisierung die mit hoher Marktkapitalisierung bei Weitem abgehängt haben. Dieser Effekt ist so stark, dass ohne die Januar-Rendite die kleinen Aktien seit 1925 eine niedrigere Rendite aufweisen würden als die mit hoher Marktkapitalisierung.[1]

Diese Outperformance der kleinen Aktien im Januar hat man als *Januar-Effekt* bezeichnet. Entdeckt wurde er Anfang der 1980er-Jahre von Donald Keim,[2] basierend auf seinen Forschungen als Doktorand an der University of Chicago. Dies war das erste signifikante Forschungsergebnis, das der Hypothese vom effizienten Markt krass widersprach, die ja behauptete, es gebe bei Aktienkursen keine vorhersagbaren Muster.

Der Januar-Effekt könnte der Vorläufer aller kalendarischen Anomalien sein, aber er ist nicht die einzige Abnormität. Aktien schneiden generell in der ersten Monatshälfte viel besser ab als in der zweiten, entwickeln sich gut vor Feiertagen und fallen im September. Außerdem schneiden sie zwischen Weihnachten und Neujahr außergewöhnlich gut ab und bis vor Kurzem stiegen sie am letzten Handelstag im Dezember deutlich. An diesem Tag wird der Januar-Effekt gestartet.

Der Januar-Effekt

Von allen auf den Kalender bezogenen Anomalien wurde über den Januar-Effekt am meisten geschrieben. Von 1925–2012 betrug die durchschnittliche arithmetische Rendite des S&P-500-Index im Januar 1,00 Prozent, die durchschnittliche Rendite der kleinen Aktien aber 5,36 Prozent. Die Überrendite der kleinen Aktien von 4,36 Prozentpunkten im Januar liegt weit über der Differenz der jährlichen Renditen zwischen kleinen und großen Aktien. Mit anderen Worten: Von Februar bis Dezember wiesen kleine Aktien niedrigere Durchschnittsrenditen als große auf. Auf Basis der historischen Entwicklung ist der Januar der einzige vorteilhafte Monat, um kleine Aktien zu halten.

Um zu sehen, wie wichtig der Januar-Effekt ist, betrachten Sie Abbildung 20.1. Sie zeigt die Gesamtrenditen großer und kleiner Aktien, wenn man deren Januar-Rendite durch die Rendite des S&P-500 im Januar ersetzt. Ein einziger 1926 in kleine Aktien investierter Dollar wäre bis Ende 2012 auf 11.480 Dollar angewachsen, ein in große Aktien investierter Dollar nur auf 3063 Dollar. Wenn man aber die Rendite der kleinen Aktien im Januar eliminiert, akkumuliert sich die Gesamtrendite der kleinen Aktien auf nur 469 Dollar, weniger als ein Sechstel der kumulierten Renditen der großen Aktien.

Abbildung 20.1 zeigt auch: Wenn die hohe Rendite kleiner Aktien im Januar anhält, könnte sie zu erstaunlichen Ergebnissen beim Investieren führen. Durch den Kauf kleiner Aktien Ende Dezember und den Transfer zum S&P-500-Index Ende Januar wäre ein Ende 1925 investierter Dollar in dieser Strategie bis Ende 2012 auf 75.020 Dollar angewachsen – eine erstaunliche Jahresrendite von 13,8 Prozent.

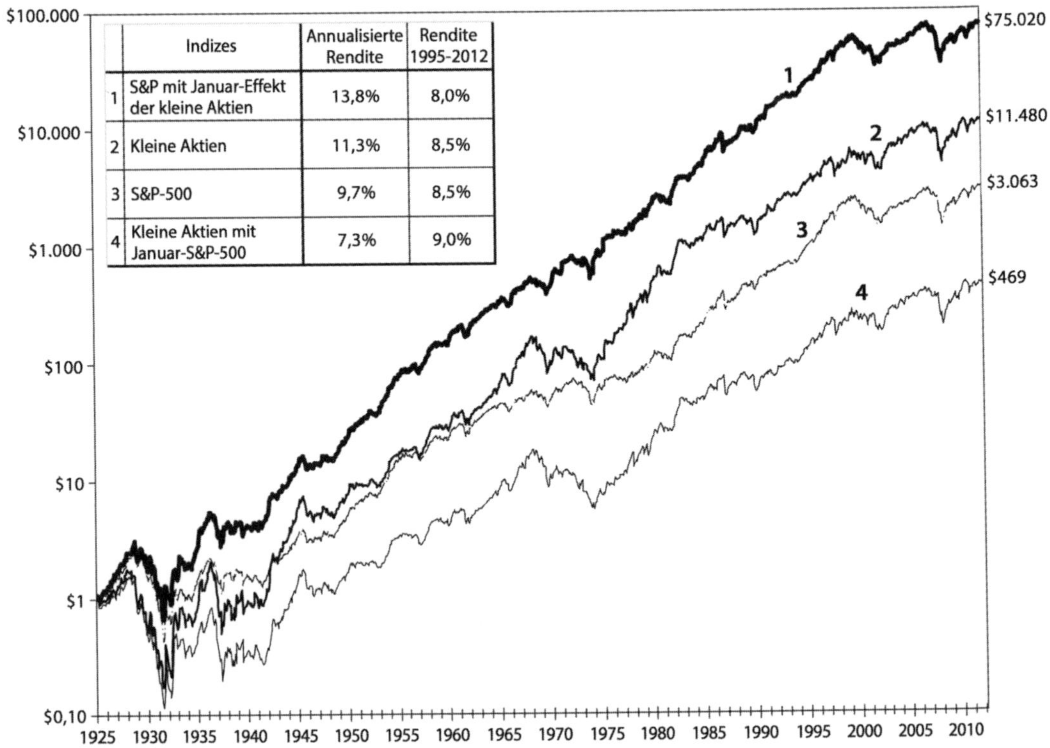

Abbildung 20.1: Kleine und große Aktien, mit und ohne Januar-Effekt, 1926–2012

Seit 1925 gab es nur 20 Jahre, in denen große Aktien im Januar besser abgeschnitten haben als kleine. Und wenn kleine Aktien schlechter abschneiden als große ist der Unterschied meist nicht groß: die deutlichste Underperformance betrug 5,1 Prozent im Januar 1929. Dagegen lagen die Renditen der kleinen Aktien im Januar in 28 Jahren um mindestens fünf Prozent über den Renditen der großen, in 13 Jahren um mindestens zehn Prozent und in zwei Jahren um mehr als 20 Prozent.

Der Januar-Effekt blieb auch während der mächtigsten Baisse unserer Geschichte bestehen. Von August 1929 bis zum Sommer 1932, als die kleinen Aktien mehr als 90 Prozent ihres Werts verloren, zeigten sie 1930, 1931 und 1932 aufeinander folgende Januar-Monatsrenditen von 13, 21 und zehn Prozent. Es ist ein Beweis für die Kraft des Januar-Effekts, dass Investoren während des schlimmsten Aktiencrashs der Geschichte ihr Vermögen um 50 Prozent hätten erhöhen können, indem sie in diesen drei Jahren Ende Dezember kleine Aktien kauften, sie am Ende des folgenden Januars verkauften und ihr Geld für den Rest des Jahres in Cash hielten!

Eine faszinierende Eigenschaft des Januar-Effekts ist, dass man nicht den ganzen Monat auf die hohen Gewinne der kleinen Aktien warten muss. Der größte Teil der Käufe kleiner

Aktien beginnt am letzten Handelstag im Dezember (oft am späten Nachmittag), weil manche Anleger die günstig zu habenden Aktien einsammeln, die von anderen zum Jahreswechsel abgestoßen werden. Die starken Gewinne der kleinen Aktien setzen sich am ersten Handelstag im Januar fort und in abgeschwächter Form dann auch in der ersten Handelswoche. Auf der Basis von 1989 veröffentlichter Studien legten die kleinen Aktien allein am ersten Handelstag im Januar um vier Prozent stärker zu als große Titel.[3] Bis Mitte des Monats hat sich der Januar-Effekt größtenteils erschöpft.

Wenn man auf eine Anomalie wie den Januar-Effekt stößt, ist es wichtig, ihre internationale Reichweite zu untersuchen. Als sich die Forscher ausländischen Märkten zuwandten, stellten sie fest, dass der Januar-Effekt kein auf die USA beschränktes Phänomen war. In Japan, dem zweitgrößten Kapitalmarkt der Welt, lagen die Überschussrenditen der kleinen Aktien im Januar bei 7,2 Prozent pro Jahr, also noch höher als in den USA.[4] Wie Sie in diesem Kapitel noch sehen werden, ist der Januar in vielen Ländern der Welt für große und für kleine Aktien der beste Monat des Jahres.[5]

Wie konnte ein solches Phänomen so lange von Anlegern, Depotmanagern und Finanzökonomen unbemerkt bleiben? Weil in den USA die Renditen im Januar für große Aktien, die den Großteil der analysierten Indizes ausmachen, nichts Ungewöhnliches sind. Das soll nicht heißen, dass der Januar kein guter Monat für große Aktien ist, denn große Aktien schneiden im Januar recht gut ab, vor allem an ausländischen Märkten. Aber in den USA ist der Januar keineswegs der beste Monat für Aktien großer Unternehmen.

Die Ursachen des Januar-Effekts

Warum haben Anleger im Januar kleine Aktien favorisiert? Niemand weiß es mit Sicherheit, aber es gibt mehrere Hypothesen. Im Gegensatz zu Institutionen halten Privatanleger einen übermäßig hohen Anteil kleiner Aktien, und sie reagieren sensibler auf die steuerlichen Folgen ihres Tradings. Kleine Aktien, vor allem solche, die in den elf Monaten zuvor gesunken sind, werden im Dezember aus steuerlichen Gründen verkauft. Diese Verkäufe drücken auf die Kurse einzelner Titel. Im Januar, nachdem die Verkäufe abgewickelt sind, erholen sich die Kurse wieder.

Es gibt Hinweise, die diese Erklärung stützen. Aktien, die das ganze Jahr über gesunken sind, sinken im Dezember noch stärker und steigen im Januar dann oft dramatisch. Außerdem gibt es Hinweise, dass der Januar-Effekt vor der Einführung der US-Einkommensteuer 1913 nicht existiert hat. Und in Australien, wo das Steuerjahr am 1. Juli beginnt und am 30. Juni endet, weisen kleine Aktien im Juli außergewöhnlich hohe Renditen auf.

Wenn die Steuern ein Faktor sind, können sie aber nicht der einzige sein, denn den Januar-Effekt gibt es auch in Ländern, die keine Kapitalgewinnsteuer kennen. In Japan gibt es diese Steuer für Privatanleger erst seit 1989, aber der Januar-Effekt trat dort schon zuvor auf. In Kanada wurden Kapitalgewinne vor 1972 nicht besteuert, aber auch dort gab es den Januar-Effekt. Und schließlich: Aktien, die das ganze Jahr gestiegen sind und keinen steuerlich motivierten Verkäufen unterliegen sollten, steigen im Januar weiter, wenn auch nicht so stark wie solche, die im Vorjahr gesunken sind.

Es gibt noch andere mögliche Erklärungen für den Januar-Effekt. Arbeitende erhalten zum Jahresende oft zusätzliches Einkommen in Form von Boni und anderen Arten der Kompensation. Sie investieren ihr Geld oft in der ersten Januarwoche in Aktien. Daten zeigen, dass die Relation von privaten Kauforders zu Verkaufsorders zur Jahreswende deutlich steigt. Weil Privatanleger einen großen Anteil kleiner Aktien halten, könnte dies ein wichtiger Schlüssel zum Verständnis des Januar-Effekts sein.[6]

Obwohl alle diese Erklärungen recht einleuchtend klingen, geht keine von ihnen mit dem konform, was man einen »effizienten Kapitalmarkt« nennt. Wenn Geldmanager wissen, dass kleine Aktien im Januar steigen werden, sollten diese Titel schon deutlich vor der Jahreswende gekauft werden, um diese spektakulären Renditen zu vereinnahmen. Das würde einen Kursanstieg der kleinen Aktien im Dezember auslösen, der andere Manager dazu brächte, schon im November zu kaufen und so weiter. Auf diese Weise würde der Aktienkurs im Jahresverlauf geglättet und das Phänomen würde verschwinden.

Der Januar-Effekt hat sich in den vergangenen Jahren abgeschwächt

Vielleicht hat all die Publicity um den Januar-Effekt Investoren und Trader motiviert, von dieser kalendarischen Anomalie zu profitieren, weil der Januar-Effekt seit 1994 größtenteils verschwunden ist. Von 1995 bis Januar 2012 lag die durchschnittliche Januar-Rendite des Russell-2000-Index der kleinen Aktien mit 1,36 Prozent nur knapp über der Rendite des S&P-500 von 0,70 Prozent. Zudem war die Rendite des Russell 2000 am letzten Handelstag im Dezember und am ersten im Januar, die früher so hoch gewesen war, nicht höher als die des S&P-500 – und beide lagen nahe null. Die Extrarendite der kleinen Aktien an den ersten sieben Handelstagen im Januar, die vor 1995 so hoch war, ist ebenfalls verschwunden.

Die Monatsrenditen großer Aktien

Andere saisonale Muster haben mit Aktienrenditen neben dem Januar-Effekt zu tun. Die monatlichen Renditen des Dow Industrials und des S&P-500 sehen Sie in Abbildung 20.2. November und Dezember waren gute Monate und sind es neuesten Daten zufolge noch immer. Aber die Rendite im Januar, früher eine der höchsten, hat in den vergangenen Jahren nachgegeben. Auch der April war ein exzellenter Monat, aber mit Ausnahme des Juli waren die Renditen im Sommer bis zum frühen Herbst weit unterdurchschnittlich. Der Spruch »Sell in May and go away« hat sicher seine empirische Berechtigung. Seit dem Zweiten Weltkrieg gibt es keine Hinweise auf eine »Sommerrallye«, von der Broker und Anlageberater in den 1950er- und 1960er-Jahren so viel und laut gesprochen haben.

Diese monatlichen Renditemuster gelten weltweit. Auch im Ausland war der Januar historisch ein exzellenter Monat. Die Januar-Renditen in den 20 Ländern, die der Morgan Stanley Capital Market Index umfasst, waren alle überdurchschnittlich hoch.

In jedem Land liegen die Januar-Renditen über dem Jahresdurchschnitt. Sie sind doppelt so hoch wie der Durchschnitt der anderen elf Monate. Aber im Ausland und in den USA hat der Januar seine Magie verloren. Seit 1994 waren die Januar-Renditen in der Tat negativ und fielen in 14 Ländern unter den Durchschnitt, darunter auch die USA.

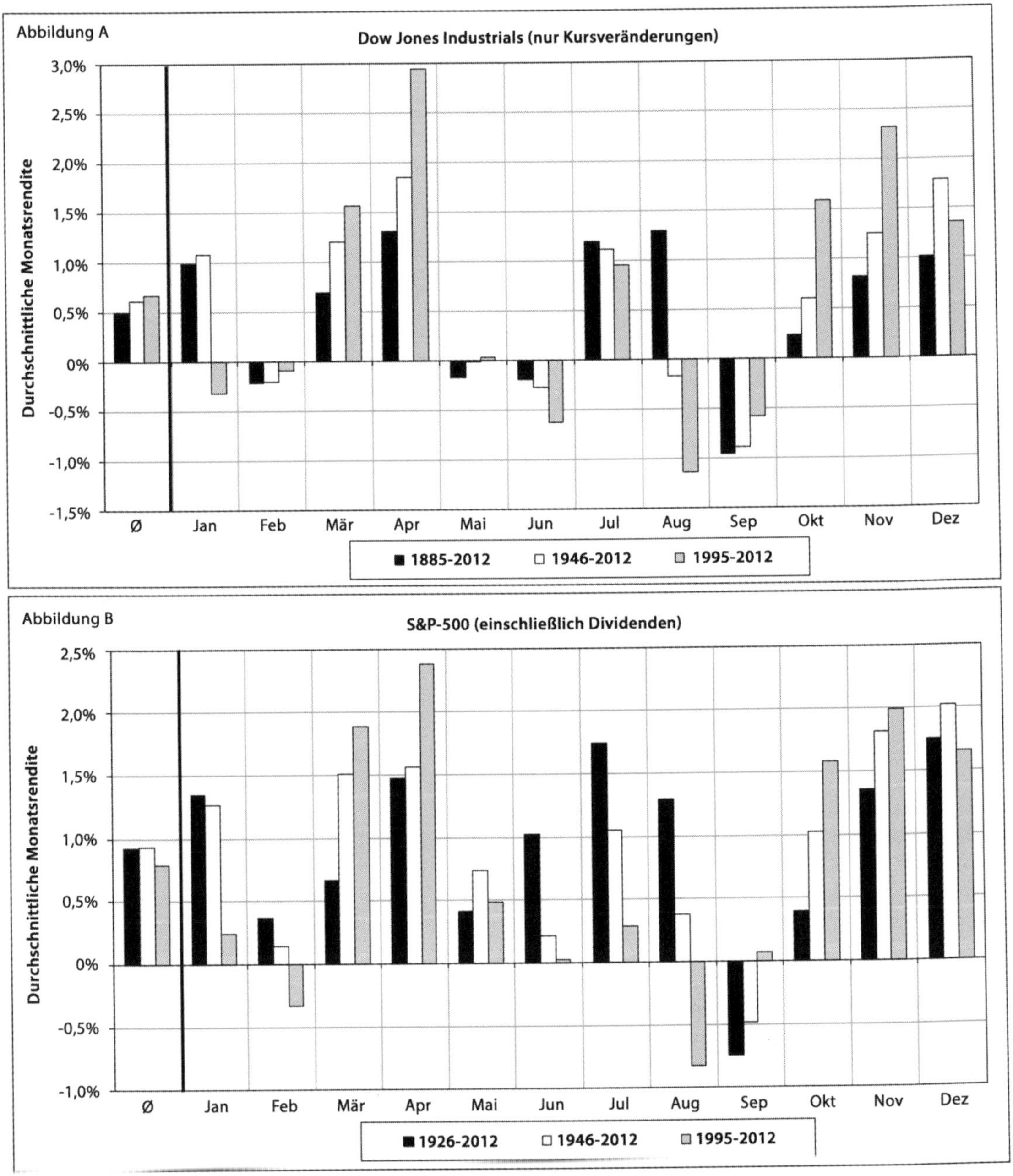

Abbildung 20.2: Monatsrenditen des Dow Jones Industrials und des S&P-500

Der September-Effekt

Während der Juli gute Renditen bietet, muss man im Rest des Sommers aufpassen, vor allem im September. Der September ist mit Abstand der schlechteste Monat des Jahres. In den USA ist er der einzige Monat mit negativer Rendite, sogar bei Reinvestition der Dividenden. Dicht auf den September folgt der Oktober, in den, wie in Kapital 18 geschildert, einige große Crashs fielen.

Abbildung 20.4 zeigt den DJIA von 1885–2012, mit und ohne den Monat September. Ein Investment von einem Dollar im Dow Jones 1885 wäre (ohne Dividenden) Ende 2012 511 Dollar wert gewesen. Ein seit 1885 nur im September investierter Dollar wäre dagegen nur 23 Cent wert! Andererseits: Wenn man das Geld in jedem Monat *außer im September* im Aktienmarkt belassen hätte, dann wäre dieses Investment Ende 2012 2201 Dollar wert gewesen.

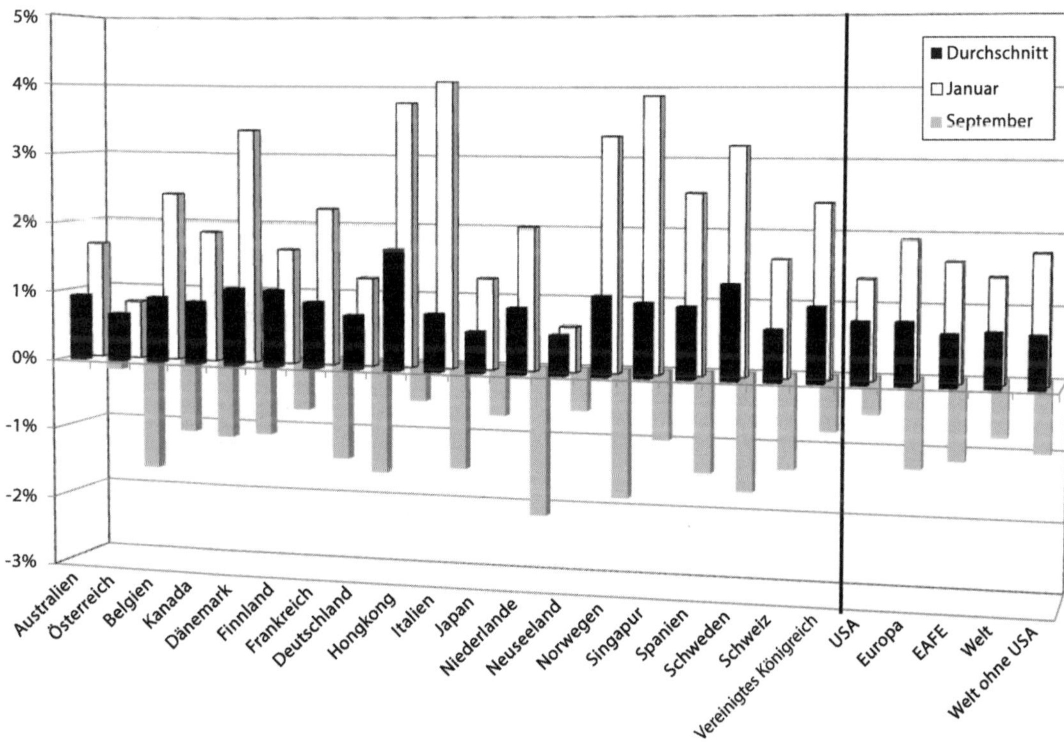

Abbildung 20.3: Internationale Januar- und September-Effekte, 1970–2012

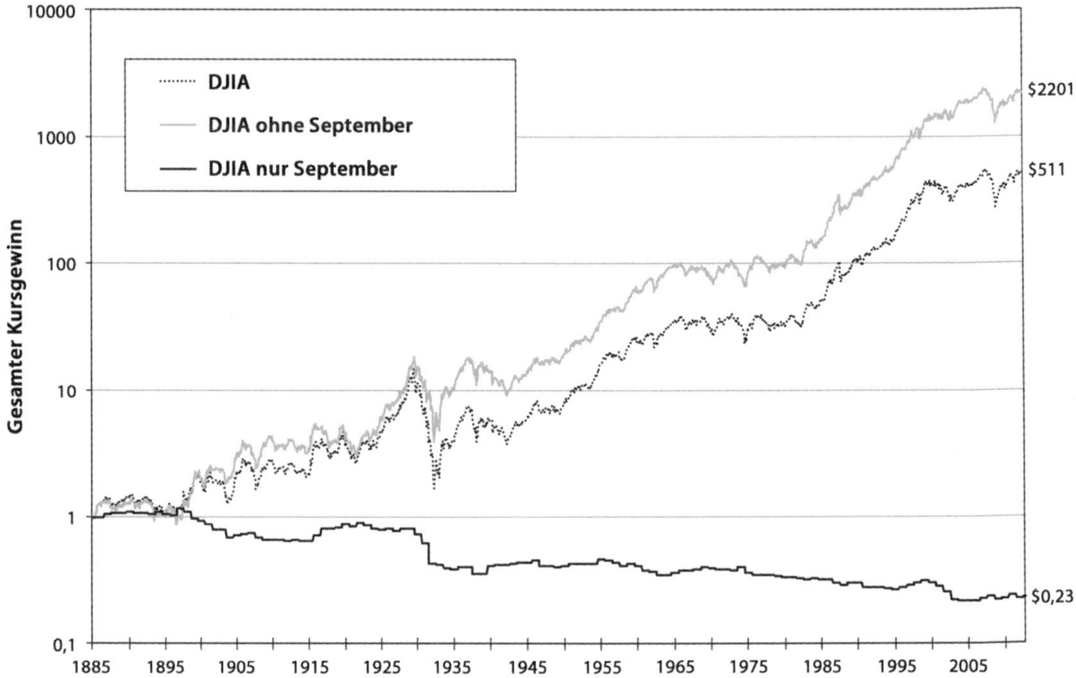

Abbildung 20.4: Der September-Effekt: Dow Jones Industrial Average, 1885–2012

Die schwachen Renditen im September herrschen auch im Rest der Welt vor. Es ist erstaunlich, dass in einem nach Marktwert gewichteten Index nur der September eine negative Rendite aufweist. Das bedeutet, dass Anleger ihr Geld im September lieber unverzinst ruhen lassen sollten, statt es am Aktienmarkt zu investieren. Der September bot negative Renditen in *allen* 20 Ländern, die in den auf entwickelte Märkte zugeschnittenen Indizes von Morgan Stanley vertreten sind; ebenso in den großen globalen Indizes wie dem EAFE-Index und dem Morgan-Stanley-All-World-Index.

Im Gegensatz zum Januar-Effekt, der in den jüngsten Daten weitgehend verschwunden ist, ist der September-Effekt so wirksam wie eh und je, obwohl sich seit der ersten Ausgabe von *Aktien für die Ewigkeit* ein großer Teil des Marktrückgangs in den August vorverlagert hat. Tatsächlich waren die September-Renditen, gemessen am S&P-500, leicht positiv, aber in 17 der anderen 19 entwickelten Länder blieben sie negativ.

Wir können nur darüber spekulieren, warum die Renditen im September so schwach sind. Vielleicht haben sie mit dem herannahenden Winter und dem deprimierenden Effekt der rasch kürzer werdenden Tage zu tun. Psychologen betonen, dass Sonnenlicht für persönliches Wohlgefühl unverzichtbar ist. Kürzlich haben Forschungen bestätigt, dass die New York Stock Exchange an bewölkten Tagen signifikant schlechter abschneidet als an sonnigen Tagen.[7] Aber diese Erklärung scheitert »down under«, denn der September ist auch in Australien und Neuseeland ein schlechter Börsenmonat, wo dieser Monat den Beginn des Frühlings und länger werdende Tage markiert.[8]

Vielleicht sind die schwachen Renditen im September das Ergebnis von Aktienliquidationen (oder Kaufzurückhaltung) der Anleger, die ihren Sommerurlaub bezahlen. Wie bereits erwähnt war bis vor Kurzem der Montag der schlechteste Börsentag der Woche. Für viele ist der September die Monatsversion des Montags, wenn man nach einer Zeit der Erholung wieder arbeiten muss. Aber selbst der September-Effekt könnte in Zukunft dem effizienten Markt zum Opfer fallen. Wie oben erwähnt fangen Anleger in den USA an, Aktien früher zu verkaufen, was seit 1995 den August zum schlechtesten Monat des Jahres machte.

	1885–2012	1885–1925	1926–1945	1946–1986	1946–2012	1995–2012
Allgemeine Durchschnitte						
Ganzer Monat	0,0233	0,0192	0,0147	0,0273	0,0293	0,0342
Erste Monatshälfte	0,0402	0,0203	0,0621	0,0500	0,0465	0,0365
Zweite Monatshälfte	0,0062	0,0182	-0,0316	0,0040	0,0112	0,0316
Letzter Tag im Monat	0,0926	0,0875	0,1633	0,1460	0,0746	-0,0923
Wochentage						
Montag	-0,0902	-0,0874	-0,2106	-0,1313	-0,0558	0,0741
Dienstag	0,0415	0,0375	0,0473	0,0307	0,0422	0,0870
Mittwoch	0,0566	0,0280	0,0814	0,0909	0,0665	0,0092
Donnerstag	0,0246	0,0012	0,0627	0,0398	0,0274	0,0091
Freitag	0,0630	0,0994	0,0064	0,0942	0,0577	-0,0063
Mit Samstag	0,0539	0,0858	-0,0169	0,0747	NA	NA
Ohne Samstag	0,0714	0,3827	0,3485	0,0961	0,0566	-0,0063
Samstag	0,0578	0,0348	0,0964	0,0962	NA	NA
Feiertagsrenditen						
Tag vor dem Feiertag						
4. Juli	0,2989	0,2118	0,8168	0,2746	0,1976	0,1598
Weihnachten	0,3544	0,4523	0,3634	0,3110	0,2918	0,2582
Neujahr	0,2964	0,5964	0,3931	0,2446	0,0840	-0,2394
Feiertagsdurchschnitt	0,3165	0,4201	0,5244	0,2767	0,1911	0,0595
Weihnachtswoche	0,2247	0,3242	0,2875	0,1661	0,1331	0,0425

Tabelle 20.1: DJIA: Tagesrenditen, 1885–2012 (alle Angaben in Prozent)

Andere saisonale Renditen

Obwohl Psychologen sagen, dass viele Menschen um Weihnachten und Neujahr still an Depressionen leiden, glauben Aktienanleger, dies sei die richtige Zeit, um fröhlich zu sein. Tabelle 20.1 zeigt die Tagesrenditen, gemessen am DJIA, für verschiedene Zeiten im Jahr und im Monat. In den letzten 127 Jahren lagen die Tagesrenditen zwischen Weihnachten und Neujahr zehn Mal so hoch wie der Jahresdurchschnitt.

Noch auffälliger ist die Differenz zwischen den Aktienrenditen in der ersten und in der zweiten Monatshälfte.[9] Im gesamten Untersuchungszeitraum von 127 Jahren lag die prozentuale Veränderung in der ersten Monatshälfte – die vom letzten Handelstag des Vormonats bis zum 14. Handelstag des laufenden Monats reicht – fast sieben Mal so hoch wie der in der zweiten Monatshälfte erzielte Gewinn.[10] Die durchschnittlichen prozentualen Veränderungen im DJIA an jedem Kalendertag des Monats finden Sie in Abbildung 20.5.

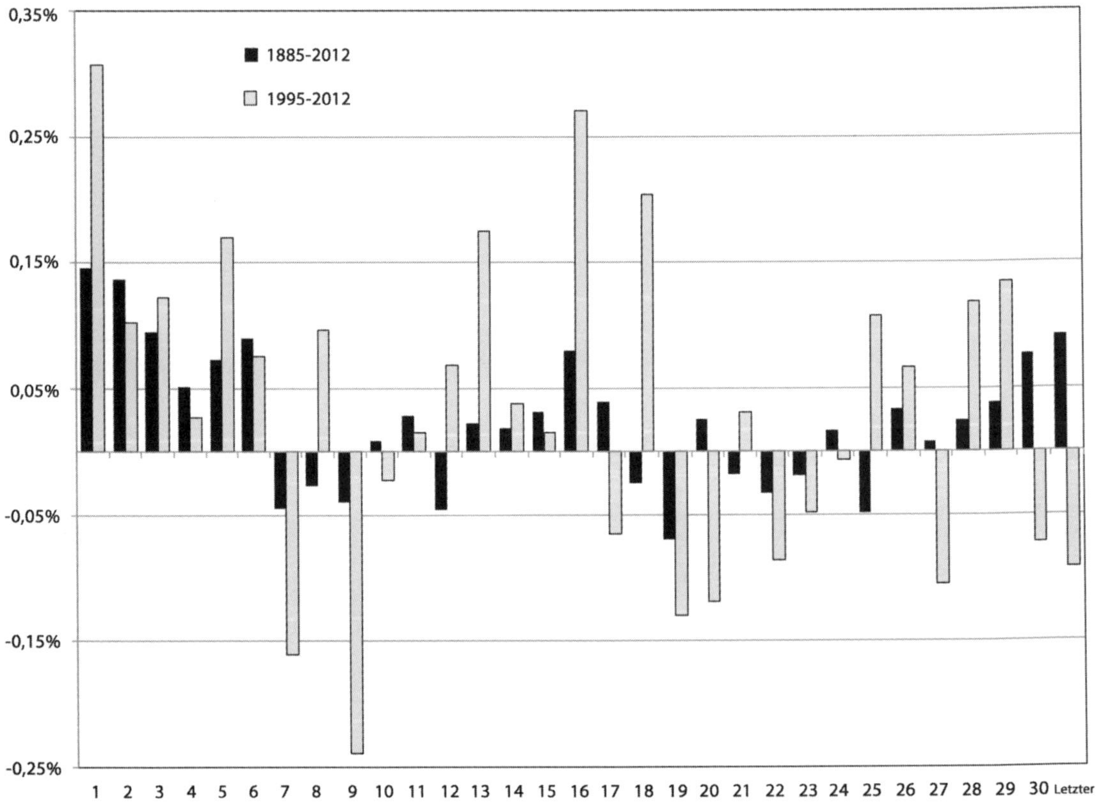

Abbildung 20.5: Tagesrenditen des Dow Jones Industrial Average, 1885–2012

Im gesamten Zeitraum fällt auf, dass der durchschnittliche prozentuale Gewinn am letzten Handelstag des Monats (und des 13. Kalendertags, wenn dieser nicht der letzte Handelstag ist, sowie an den ersten sechs Kalendertagen) höher ist als der Gewinn des ganzen Monats! Die Summe der Netto-Veränderungen aller anderen Tage ist negativ.

Aber dieses Muster hat sich in den letzten Jahren ein wenig geändert. Obwohl die Gewinne an den ersten sechs Tagen des Monats tatsächlich noch höher geworden sind, wurde die Veränderung am letzten Handelstag des Monats deutlich negativ, während der erste Handelstag noch positiver wurde.

Die hohen Gewinne am Anfang des Monats haben wahrscheinlich mit dem Zufluss von Finanzmitteln an den Aktienmarkt zu tun. Er kommt von Arbeitnehmern, die sich dafür entschieden haben, jeweils am ersten Handelstag des Monats einen Teil ihres Gehalts direkt am Aktienmarkt zu investieren. Man bemerkt einen weiteren Zuwachs am 16. des Monats. Dann investieren Arbeitnehmer, deren Gehalt zweimal im Monat ausgezahlt wird. Aber seit 1995 ist die Rendite in der ersten Monatshälfte nur noch knapp höher als in der zweiten.

Wochentags-Effekte

Viele Menschen hassen Montage. Es ist nicht angenehm, am Montag wieder arbeiten zu müssen, nachdem man sich zwei Tage lang entspannt und getan hat, was man wollte. Und Aktienanleger hegen offensichtlich die gleichen Gefühle. Der Montag war mit Abstand der schlechteste Börsentag. In den vergangenen 127 Jahren waren die Renditen am Montag deutlich negativ – so negativ, dass die historische Realrendite von Aktien pro Jahr über 13 Prozent läge, also doppelt so hoch wie der historische Durchschnitt, wenn sich die Rendite am Monat so dargestellt hätte wie die von Dienstag bis Freitag!

Die Anleger hassen Montage und haben die Freitage genossen. Der Freitag war der beste Tag der Woche und brachte Kursrenditen, die drei Mal so hoch waren wie der Tagesdurchschnitt. Sogar als die Märkte am Samstag noch geöffnet waren (in jedem Sommer vor 1946 und außerhalb des Sommers vor 1953), waren die Freitagsrenditen die höchsten.

Aber diese Tagesmuster haben sich in den vergangenen Jahren dramatisch geändert. Seit 1995 wurde der Montag vom schlechtesten zum zweitbesten Wochentag hinter dem Dienstag. Und der Freitag wurde nicht nur vom besten zum schlechtesten Wochentag, sondern er brachte sogar negative Renditen. Ein Grund für diese Veränderung ist, dass viele Aktientrader ihre Positionen über das Wochenende absichern wollen und am Freitag zum Börsenschluss verkaufen. Die negativen Renditen am Freitag könnten auch von Tradern verursacht werden, die am Freitag verkaufen, weil sie gehört haben, dass der Montag meist ein schlechter Tag ist. Dann bauen die Trader ihre Positionen am Montag wieder auf, wodurch die Renditen an diesem Tag steigen. Was auch die Gründe sein mögen, beweist diese Veränderung doch, dass Anomalien, über die viel geschrieben wird, oft durch Arbitrage aus dem Markt eliminiert werden.

Eine weitere Kalenderanomalie ist, dass Aktien vor wichtigen Feiertagen sehr gut abschneiden, wie Tabelle 20.1 zeigt. Die Kursrenditen vor dem 4. Juli, Weihnachten und Neujahr betragen im Schnitt das 14-Fache der durchschnittlichen Tagesrenditen. Aber einige dieser Anomalien, zum Beispiel der Wochentags-Effekt, haben sich in jüngster Vergangenheit verändert. Obwohl die Aktienrenditen am Tag vor dem 4. Juli und vor Weihnachten stark geblieben sind, haben sich die Renditen am letzten Börsentag des Jahres seit 1994 von stark positiven 0,30 Prozent auf deutlich negative 0,24 Prozent verändert. Die negativen Renditen am letzten Handelstag in den letzten Jahren wurden wahrscheinlich durch eine große Zahl von Verkaufsaufträgen zum Schlusskurs ausgelöst, die automatisch ausgeführt werden, um Positionen in Aktienindex-Futures, ETFs und anderen maßgeschneiderten Hedging-Instrumenten abzustoßen. Die Abwärtsbewegung der Aktienkurse tritt in der Regel in den letzten 30 Handelsminuten auf. Natürlich ist es möglich, dass auch dieses Muster verschwinden wird, sobald es weithin bekannt wird.

Und schließlich scheint auch noch ein tageszeitliches Muster der Aktienrenditen zu existieren. Es gibt Hinweise darauf, dass es am Vormittag meist eine Verlustphase gibt, vor allem am Montag. Gegen Mittag wird der Markt stärker, dann legt er eine Pause ein oder schwächt sich in der Mitte des Nachmittags ab, bevor er in der letzten halben Handelsstunde stark ansteigt. Das führt oft dazu, dass der Markt am Tageshoch schließt.

Was soll ein Investor tun?

Diese Anomalien sind eine extrem verführerische Anleitung zur Formulierung einer Anlagestrategie. Aber diese auf den Kalender bezogenen Renditen treten nicht immer ein, und weil sich Anleger dieses Themas stärker bewusst werden, schwächen sich manche ab und andere verschwinden völlig. Der berühmte Januar-Effekt war in den letzten beiden Jahrzehnten größtenteils nicht vorhanden. Andere Anomalien haben sich komplett gedreht, wie die Renditen am letzten Handelstag des Jahres und die Renditen an Montagen und Freitagen. Aber einige sind noch immer wirksam, zum Beispiel die hohen Renditen am Monatsanfang und die schwachen Renditen im September.

Wenn man versucht, von diesen Anomalien zu profitieren, muss man Aktien kaufen und verkaufen, was Transaktionskosten verursacht und (wenn man nicht steuergeschützte Fonds tradet) eventuell zu Kapitalgewinnsteuerzahlungen führt. Wenn Investoren sich aber bereits zum Kauf oder Verkauf entschlossen haben und das Timing frei wählen können, könnten sie diese kalendarischen Anomalien berücksichtigen, ehe sie ihre Trades durchführen.

21. Behavioral Finance und die Psychologie des Investierens

Der rationale Mensch wird – wie das Monster von Loch Ness – oft gesichtet, aber selten fotografiert.
David Dreman, 1998[1]

Der Markt ist am gefährlichsten, wenn er am besten aussieht; er ist am einladendsten, wenn er am schlechtesten aussieht.
Frank J. Williams, 1930[2]

Dieses Buch ist voll von Daten, Zahlen und Charts, die eine international diversifizierte, langfristige Strategie für Aktienanleger unterstützen. Es ist aber viel leichter, einen Rat in der Theorie anzunehmen, als ihn in der Praxis umzusetzen. Finanzprofis wird immer klarer, dass psychologische Faktoren rationale Analyse überwinden und Anleger davon abhalten können, die besten Ergebnisse zu erreichen. Das Studium dieser psychologischen Faktoren ist zur *Behavioral Finance* geworden.

Dieses Kapitel ist als Erzählung geschrieben, um die grundlegenden Forschungen und Themen der Behavioral Finance leichter verständlich zu machen. Dave ist ein Investor, der in psychologische Fallen tappt, die ihn an effektivem Vorgehen hindern. Vielleicht erkennen Sie Ähnlichkeiten zwischen seinem Verhalten und Ihrem. Wenn ja, dann sollten Ihnen die Ratschläge in diesem Kapitel helfen, ein erfolgreicherer Investor zu werden. Zunächst spricht Dave mit seiner Frau Jennifer, dann mit einem Anlageberater, der etwas von Behavioral Finance versteht. Die Erzählung beginnt im Herbst 1999, einige Monate vor dem Höhepunkt der Technologie- und Internetblase, die den Markt zur Jahrhundertwende dominiert.

Die Technologieblase, 1999–2001

ZEIT: OKTOBER 1999

Dave: Jen, ich habe ein paar wichtige Anlageentscheidungen getroffen. Unser Depot enthält nichts anderes als diese altbackenen Aktien wie Philip Morris, Procter & Gamble und Exxon. Diese Aktien machen jetzt rein gar nichts. Meine Kollegen Bob und Paul haben gerade ein Vermögen mit Internetaktien verdient. Ich habe mit meinem Broker Allan über die Aussichten dieser Aktien gesprochen. Er meint, die Experten sagen, dass das Internet die Welle der Zukunft ist. Ich verkaufe jetzt ein paar von unseren Aktien, die sich nicht bewegen, und kaufe Internetaktien wie AOL, Yahoo! Und Inktomi.

Jennifer: Ich habe gehört, dass diese Aktien ziemlich spekulativ sind. Bist du sicher, dass du weißt, was du tust?

Dave: Allan sagt, dass wir vor einer »New Economy« stehen, ausgelöst von einer Kommunikationsrevolution, die unsere Art, Geschäfte zu machen, total verändern wird. Unsere Aktien sind »Old Economy«-Aktien. Sie haben ihre Zeit gehabt, aber jetzt sollten wir in die Zukunft investieren. Ich weiß, dass diese Internetaktien volatil sind, und ich werde sie sehr sorgfältig beobachten, damit wir kein Geld verlieren. Vertraue mir. Ich glaube, wir kommen jetzt endlich auf die richtige Spur.

ZEIT: MÄRZ 2000

Dave: Jen, hast du unsere letzten Depotabrechnungen gesehen? Wir haben seit Oktober 60 Prozent gewonnen. Die Nasdaq ist über 5000 gestiegen, und keiner glaubt, dass das schon vorbei ist. Die Aufregung über den Markt verbreitet sich immer mehr. Im Büro redet man über nichts anderes mehr.

Jen: Ich glaube, du kaufst und verkaufst Aktien viel öfter als früher. Ich weiß nicht mehr, was wir haben!

Dave: Informationen kommen immer schneller an den Markt. Ich muss ständig mein Depot anpassen. Die Gebühren sind jetzt so niedrig, dass es sich auszahlt, auf jede Nachricht hin zu traden. Vertraue mir. Schau nur, wie gut wir dastehen.

ZEIT: JULI 2000

Jen: Dave, Ich habe unsere Depotaufstellung gelesen. Wir haben diese Internetaktien nicht mehr. Jetzt haben wir (sie liest aus der Depotaufstellung vor) Cisco, EMC, Oracle, Sun Microsystems, Nortel Networks, JDS Uniphase. Ich weiß bei keiner dieser Firmen, was sie tut. Weißt du das?

Dave: Als die Internetaktien im April zusammengebrochen sind, habe ich verkauft, bevor alle unsere Gewinne wieder weg waren. Leider haben wir mit diesen Aktien nicht viel gewonnen, aber wir haben auch nichts verloren.

Ich weiß, dass wir jetzt auf der richtigen Spur sind. Diese Internetfirmen haben kein Geld verdient. Unsere neuen Firmen bilden das Rückgrat des Internets und alle sind profitabel. Allan hat mir von einem wichtigen Prinzip erzählt: Weißt du, wer beim Goldrausch in Kalifornien in den 1850er-Jahren das meiste Geld verdient hat? Nicht die Goldgräber. Ein paar von den frühen Diggers haben Gold gefunden, aber die meisten fanden gar nichts. Die wahren Gewinner des Goldrauschs waren diejenigen, die den Goldgräbern ihre Ausrüstung verkauften. Pickel, Stiefel, Pfannen und Kleidung. Die Lektion ist ganz klar: Die meisten Internetfirmen werden scheitern, aber die, die das Rückgrat des Internets bilden – die Hersteller von Routern, Software und optischen Kabeln –, werden die großen Gewinner sein.

Jen: Aber ich glaube, ich habe einen Ökonomen sagen hören, dass diese Firmen jetzt viel zu teuer sind. Sie haben dreistellige KGVs.

Dave: Ja, aber schau dir ihr Wachstum in den letzten fünf Jahren an – so etwas hat es noch nie gegeben. Die Wirtschaft verändert sich und viele der traditionellen Bewertungsmaßstäbe gelten nicht mehr. Vertraue mir. Ich werde diese Aktien beobachten. Ich bin ja auch rechtzeitig aus den Internetaktien ausgestiegen, oder etwa nicht?

ZEIT: NOVEMBER 2000

Dave (zu sich selbst): Was soll ich tun? Die letzten Monate waren furchtbar. Ich liege 20 Prozent im Verlust. Vor zwei Monaten stand Nortel noch über 80. Jetzt bei ungefähr 40. Sun Microsystems war bei 65 und steht jetzt bei 40. Diese Kurse sind so niedrig. Ich glaube, ich werde mit einem Teil meiner Reserven noch mehr Aktien zu diesen niedrigen Kursen kaufen. Dann müssen meine Aktien nicht so hoch steigen, damit ich aus dem Verlust herauskomme.

ZEIT: AUGUST 2001

Jen: Dave, ich habe gerade unsere Depotaufstellung gesehen. Wir sind ruiniert! Fast drei Viertel unserer Altersvorsorge sind weg. Ich dachte, du würdest unsere Investments genau beobachten. Unser Depot zeigt nichts anderes als riesige Verluste.

Dave: Ich weiß. Ich fühle mich furchtbar. Alle Experten haben gesagt, dass sich diese Aktien erholen würden, aber sie sind immer weiter gesunken.

Jen: Das ist nicht zum ersten Mal passiert. Ich frage mich, warum du so schlecht abschneidest. Jahrelang hast du die Börse genau beobachtet, all diese Finanzreports studiert und scheinst sehr gut informiert zu sein. Trotzdem triffst du falsche Entscheidungen. Du kaufst an den Hochs und verkaufst an den Tiefs. Du behältst die Verlierer und verkaufst die Gewinner. Du ...

Dave: Ich weiß, ich weiß. Meine Aktieninvestments gehen immer schief. Ich glaube, ich lasse jetzt die Finger von Aktien und bleibe bei Anleihen.

Jen: Hör zu, Dave. Ich habe mit ein paar anderen Leuten über deine Probleme beim Investieren gesprochen und möchte, dass du einen Anlageberater aufsuchst. Anlageberater verwenden Behavioral Finance, um Investoren verstehen zu helfen, warum sie so schlecht abschneiden. Er wird dir helfen, dieses Verhalten zu korrigieren. Dave, ich habe schon einen Termin für dich vereinbart. Bitte geh hin.

Behavioral Finance

ZEIT: DIE FOLGENDE WOCHE

Dave war skeptisch. Er dachte, um Aktien zu verstehen, brauche man Kenntnisse über Wirtschaft, Bilanzen und Mathematik. Das Wort *Psychologie* hatte er in diesem Zusammenhang noch nie gehört. Aber er wusste, dass er Hilfe brauchte, und es konnte ja nicht schaden, das einmal auszuprobieren.

Anlageberater (AB): Ich habe Ihr Profil gelesen und lange mit Ihrer Frau gesprochen. Sie sind der typische Investor, den wir hier beraten. Ich gehöre einem neuen Zweig der Wirtschaftswissenschaften an, den man *Behavioral Finance* nennt. Viele Ideen meines Berufs basieren auf psychologischen Konzepten, die früher nur selten auf den Aktienmarkt und auf Portfoliomanagement angewendet worden sind.

Ein paar Hintergrundinformationen dazu: Bis vor Kurzem wurden die Finanzwissenschaften von Theorien dominiert, die annahmen, dass Anleger ihren erwarteten Nutzen oder ihr Wohlergehen maximieren und immer rational handeln. Das war eine Erweiterung der rationalen Theorie der Konsumentenauswahl unter sicheren Bedingungen, die nun auf unsichere Ergebnisse angewendet wurde.

In den 1970er-Jahren haben die beiden Psychologen Daniel Kahneman und Amos Tversky bemerkt, dass sich viele Individuen nicht so verhielten, wie die Theorie es vorhersagte. Kahneman und Tversky entwickelten ein neues Modell – Erwartungstheorie genannt –, wie sich Individuen tatsächlich verhalten und Entscheidungen treffen, wenn sie mit Unsicherheit konfrontiert sind.[3] Ihr Modell machte sie zu den Pionieren der Behavioral Finance, und ihr Research hat im Finanzbereich für Aufsehen gesorgt.

Modeerscheinungen, soziale Dynamik und Aktienblasen

AB: Reden wir erst einmal über Ihre Entscheidung, in Internetaktien einzusteigen. Denken Sie zurück an den Oktober 1999. Erinnern Sie sich, warum Sie sich dazu entschieden haben, diese Aktien zu kaufen?

Dave: Ja. Meine Aktien haben sich einfach nicht bewegt. Meine Kollegen investierten ins Internet und verdienten viel Geld. Da war so viel Aufregung um diese Aktien! Jeder sagte, das Internet sei eine Revolution der Kommunikation und würde das Geschäftsleben für immer verändern.

AB: Wenn sich jeder für die Börse begeistert, sollte man extrem vorsichtig sein. Aktienkurse basieren nicht nur auf ökonomischen Werten, sondern auf psychologischen Faktoren, die den Markt beeinflussen. Der Wirtschaftswissenschaftler Robert Shiller von der Yale University, einer der Anführer der Bewegung der Behavioral Finance, hat herausgestellt, dass Modeerscheinungen und soziale Dynamik bei der Festlegung von Asset-Preisen eine

Rolle spielen.[4] Shiller hat gezeigt, dass Aktienkurse viel zu volatil waren, als dass man diese Schwankungen mit ökonomischen Faktoren wie Dividenden oder Gewinnen erklären könnte.[5] Er hat die Hypothese aufgestellt, dass ein großer Teil der zusätzlichen Volatilität durch Modeerscheinungen erklärt werden kann, die einen starken Einfluss auf die Entscheidungen der Anleger haben.

Dave: Ich hatte meine Zweifel über diese Internetaktien, aber jeder andere schien sich sicher zu sein, dass man damit Geld gewinnen würde.

AB: Beachten Sie, wie andere Ihre Entscheidung wider besseres Wissen beeinflusst haben. Psychologen wissen schon lange, wie schwer es ist, sich von einer Gruppe getrennt zu halten. Das wurde von einem Sozialpsychologen namens Solomon Asch bestätigt. Er hat ein berühmtes Experiment durchgeführt, bei dem den Versuchspersonen vier Linien vorgelegt wurden. Dann bat man sie, daraus die beiden Linien mit gleicher Länge herauszusuchen. Die richtige Antwort war offensichtlich, aber als heimliche Mitarbeiter von Dr. Asch andere Meinungen äußerten, gaben die Versuchspersonen oft die falsche Antwort.[6]

Spätere Experimente haben bestätigt, dass nicht sozialer Druck die Versuchspersonen dazu gebracht hat, wider ihr besseres Wissen zu entscheiden, sondern der Unglaube, dass eine größere Gruppe von Menschen falschliegen kann.[7]

Dave: Genau. So viele Leute waren von diesen Aktien begeistert, dass ich das Gefühl hatte, da müsse etwas dran sein. Wenn ich die Internetaktien nicht kaufte, würde ich etwas verpassen.

AB: Ich weiß. Die Internet-/Technologieblase ist ein perfektes Beispiel dafür, wie sozialer Druck Aktienkurse beeinflusst. Die Gespräche im Büro, die Schlagzeilen der Zeitungen und die Prognosen der Analysten – sie alle haben den massiven Drang gefüttert, in diese Aktien zu investieren. Psychologen nennen diese Neigung, der Masse zu folgen *Herdeninstinkt* – die Tendenz von Individuen, ihr Denken der vorherrschenden Meinung anzupassen.

Die Internetblase hat viele Vorgänger. 1852 schrieb Charles Mackay den Klassiker *Extraordinary Delusions and the Madness of Crowds*. Er listet darin einige Finanzblasen auf, in denen Spekulanten durch eine Aufwärtsbewegung der Preise in die Raserei getrieben wurden: die Südsee-Spekulationsblase in England und die Mississippi-Blase in Frankreich um 1710 und die Tulpenmanie in Holland ein Jahrhundert zuvor.[8] Ich möchte Ihnen meinen Lieblingsabsatz aus diesem Buch vorlesen. Sehen Sie mal, ob Sie etwas damit anfangen können:

> *Wir sehen, dass ganze Gemeinschaften plötzlich auf ein Thema fixiert sind und den Verstand dabei verlieren, dieses Thema zu verfolgen; dass Millionen Menschen gleichzeitig von einer Selbsttäuschung befallen werden und ihr nachlaufen ... Nüchterne Nationen sind plötzlich zu verzweifelten Glücksspielern geworden und haben den größten Teil ihrer Existenz auf ein bestimmtes Papier gesetzt. ... Die Menschen, so heißt es, denken in Herden ... Sie werden herdenweise verrückt, während sie nur langsam, einer nach dem anderen, wieder zu Verstand kommen.*

Dave (kopfschüttelnd): Das passiert in der ganzen Geschichte immer wieder. Obwohl andere im letzten Jahr auf genau diese Exzesse aufmerksam gemacht haben, war ich überzeugt: »Diesmal ist es anders.«

AB: Ebenso wie viele andere. Die Neigung der Anleger der Masse zu folgen, ist ein permanentes Kennzeichen der Finanzgeschichte. Die »Masse« hat oft recht,[9] aber der Masse zu folgen, kann einen auch in die Irre führen.

Dave, waren Sie jemals in einer fremden Stadt und mussten sich zwischen zwei Restaurants entscheiden? Eine absolut rationale Möglichkeit der Entscheidung zwischen zwei benachbarten Restaurants ist zu prüfen, in welchem von ihnen mehr los ist, denn es ist gut möglich, dass zumindest einer der Gäste beide Restaurants ausprobiert und sich nun entschieden hat, im besseren von ihnen zu essen. Wenn man aber dort isst, wo mehr Gäste sind, erhöht man die Wahrscheinlichkeit, dass der nächste hungrige Fremde mit derselben Begründung ebenfalls dort essen wird – und so weiter. Letztlich essen dann alle im selben Restaurant, obwohl das andere vielleicht viel besser ist.

Ökonomen nennen diesen Entscheidungsfindungsprozess eine *Informationskaskade* und nehmen an, dass sie an den Finanzmärkten oft vorkommt.[10] Wenn zum Beispiel ein Unternehmen ein anderes kaufen will, treten oft noch weitere Bieter auf. Wenn eine Neuemission viele Fans hat, steigen noch andere Investoren ein. Individuen glauben, dass »jemand etwas weiß« und dass sie dies nicht verpassen sollten. Manchmal ist das richtig, aber sehr oft ist es falsch.

Exzessives Trading, Selbstüberschätzung und das Repräsentationsvorurteil

AB: Dave, ich möchte das Thema wechseln. Bei der Untersuchung Ihrer Trading-Berichte habe ich gesehen, dass Sie ein extrem aktiver Trader waren.

Dave: Ich musste es sein. Ständig prasselten neue Informationen auf den Markt herein. Ich hatte das Gefühl, ich müsse mein Depot ständig neu positionieren, um die neuen Informationen zu reflektieren.

AB: Ich möchte Ihnen etwas sagen. Trading bringt nichts als zusätzliche Ängste und niedrigere Renditen. Im Jahr 2000 haben einige Ökonomen einen Artikel mit der Überschrift »Trading is Hazardous to your Wealth« veröffentlicht (und, wie ich hinzufügen möchte, es ist auch gefährlich für Ihre Gesundheit). Nach der Untersuchung der Aufzeichnungen Zehntausender Trader konnten sie zeigen, dass die Renditen der eifrigsten Trader um 7,1 Prozent niedriger waren als die der Investoren, die nur unregelmäßig tradeten.[11]

Dave: Sie haben recht. Ich glaube, dass das Trading meinen Renditen geschadet hat. Ich dachte, ich sei den anderen einen Schritt voraus, aber das war ich wohl nicht.

AB: Es ist außerordentlich schwierig, ein erfolgreicher Trader zu sein. Auch intelligente Leute, die ihre ganze Energie ins Aktientrading stecken, erzielen nur selten überlegene Renditen. Das Problem ist, dass die meisten Menschen ihre eigenen Fähigkeiten einfach *überschätzen*. Anders ausgedrückt: Das durchschnittliche Individuum – sei er ein Student, ein Trader, ein Autofahrer oder sonst etwas – hält sich für überdurchschnittlich gut, was natürlich statistisch unmöglich ist.[12]

Dave: Was ist der Grund dieser Selbstüberschätzung?

AB: Sie kommt aus verschiedenen Quellen. Erstens gibt es die *selbstwertdienliche Verzerrung*, die einen denken lässt, eine glückliche Wendung der Dinge sei der eigene Verdienst, auch wenn das nicht stimmt.[13]

Dave: Das kenne ich! Ich erinnere mich daran, dass ich im März 2000 meiner Frau gegenüber angegeben habe, wie klug ich war, diese Internetaktien zu kaufen. Und ich lag falsch!

AB: Ihr früher Erfolg hat Ihre Selbstüberschätzung gefördert.[14] Sie und Ihre Freunde haben Aktiengewinne Ihrem geschickten Investieren zugeschrieben, obwohl diese Ergebnisse oft durch Glück verursacht wurden.

Eine weitere Quelle der Selbstüberschätzung ist die Tendenz, zu viele Parallelen zwischen Ereignissen zu sehen, die gleich zu sein scheinen.[15] Man nennt das *Repräsentativitätsverzerrung*. Es entsteht tatsächlich durch den menschlichen Lernprozess. Wenn wir etwas sehen, das uns vertraut vorkommt, bilden wir eine Repräsentationsheuristik, die uns beim Lernen helfen soll. Aber die Parallelen, die wir sehen, sind oft nicht valide, und unsere Schlussfolgerungen sind daher fehlgeleitet.

Dave: Der Börsenbrief, den ich beziehe, sagt, dass der Markt immer, wenn etwas so oder so passiert ist, sich in eine bestimmte Richtung bewegt hat, was impliziert, dass es wieder so passieren wird. Aber wenn ich das ausprobiere, funktioniert es nie.

AB: Konventionelle Finanzökonomen warnen schon seit Jahren davor, in den Daten Muster zu finden, wenn es dort keine Muster gibt. Die Suche nach Mustern in alten Daten nennt man »Data Mining«, und das geht jetzt leichter als je zuvor, weil Computerleistung so billig geworden ist.[16] Wenn man eine Menge Variablen einsetzt, um die Bewegungen von Aktienkursen zu erklären, findet man immer spektakuläre Übereinstimmungen – zum Beispiel, dass die Aktienkurse in den letzten 100 Jahren an jedem dritten Donnerstag im Monat gestiegen sind, wenn gerade Vollmond war!

Die Repräsentativitätsverzerrung war für einige spektakulär falsche Bewegungen am Aktienmarkt verantwortlich, auch wenn die Situationen bemerkenswert ähnlich aussahen. Als im Juli 1914 der Erste Weltkrieg ausbrach, hielten die Funktionäre der New York Stock Exchange das für eine solche Katastrophe, dass sie die Börse für fünf Monate schlossen. Falsch! Die USA wurden zum Waffenhändler Europas. Die Geschäfte blühten, und 1915 wurde eines der besten Jahre in der Geschichte des Aktienmarkts.

Als Deutschland 1939 in Polen einmarschierte, sahen sich die Investoren das Verhalten des Markts beim Ausbruch des Ersten Weltkriegs an. Als sie auf die fantastischen Renditen aufmerksam wurden, kauften sie Aktien wie verrückt und schickten den Markt am nächsten Handelstag um sieben Prozent nach oben! Aber das war wieder falsch. Franklin Delano Roosevelt war entschlossen, die Unternehmen nicht so vom Zweiten Weltkrieg profitieren zu lassen, wie sie es im Ersten Weltkrieg getan hatten. Nach wenigen weiteren Tagen mit steigenden Kursen stürzte der Aktienmarkt in eine schwere Baisse und erreichte erst sechs Jahre später wieder das Niveau vom September 1939. Natürlich war die Repräsentativitätsverzerrung an diesem Irrtum schuld, und die beiden Ereignisse waren nicht so ähnlich, wie die Leute dachten.

In psychologischer Hinsicht sind Menschen nicht dafür geschaffen, all die Zufälligkeiten hinzunehmen, mit denen sie konfrontiert sind.[17] Es ist sehr unangenehm zu hören, dass die meisten Marktbewegungen zufällig sind und keine identifizierbare Ursache haben. Individuen verspüren ein psychologisch tief verwurzeltes Bedürfnis, zu wissen, warum etwas passiert. Und hier treten die Reporter und »Experten« auf den Plan. Sie sind mehr als glücklich, die Lücken in unserem Wissen mit Erklärungen zu füllen, die öfter falsch als richtig sind.

Dave: Da kenne ich ein persönliches Beispiel. Bevor ich im Juli 2000 die Technologieaktien gekauft habe, hat mein Broker diese Unternehmen mit den Händlern verglichen, die den Goldgräbern der 1850er-Jahre ihre Ausrüstung verkauft haben. Damals hielt ich das für einen klugen Vergleich, aber in Wahrheit waren beide Situationen sehr verschieden. Es ist interessant, dass mein Broker, der angeblich ein Experte ist, ebenso auf Selbstüberschätzung hereinfällt wie ich.

AB: Es gibt tatsächlich Hinweise, dass Experten sogar noch mehr zur Selbstüberschätzung neigen als Nichtexperten. Die sogenannten Experten sind darauf trainiert, die Welt auf eine bestimmte Weise zu analysieren, und sie verkaufen ihre Ratschläge auf der Basis, dass sie bestätigende – nicht etwa widersprüchliche – Hinweise finden.[18]

Denken Sie daran, dass die Analysten es 2000 nicht geschafft haben, ihre Gewinnprognosen für den Technologiesektor zu ändern, trotz der Nachrichten, dass mit ihrer Sichtweise dieser Branche etwas ganz entschieden nicht stimmte. Nachdem sie von den Unternehmen jahrelang mit extrem optimistischen Ausblicken gefüttert worden waren, hatten die Analysten keine Ahnung, wie sie die schlechten Nachrichten interpretieren sollten. Daher haben die meisten diese Nachrichten ignoriert.

Die Neigung zum Ausblenden schlechter Nachrichten war bei Analysten im Internetsektor sogar noch stärker ausgeprägt. Viele waren derart überzeugt, dass diese Aktien die Welle der Zukunft waren, dass die meisten von ihnen diese Aktien trotz der Flut scheußlicher Nachrichten erst abwerteten, *nachdem* sie um 80 oder 90 Prozent gefallen waren!

Die Konfrontation mit Nachrichten, die nicht mit dem eigenen Weltbild übereinstimmen, nennt man *kognitive Dissonanz*. Kognitive Dissonanz ist das Unbehagen, das wir verspüren, wenn wir Hinweise erhalten, die unserer Sichtweise widersprechen oder nahelegen, dass unsere Fähigkeiten oder Taten nicht so gut sind, wie wir dachten. Wir alle tendieren von Natur aus dazu, dieses Unbehagen zu minimieren, und das macht es für uns schwierig, unsere Selbstüberschätzung zu erkennen.

Erwartungstheorie, Verlustaversion und die Entscheidung, an Verlusttrades festzuhalten

Dave: Ich verstehe. Können wir über Einzelaktien sprechen? Warum habe ich am Ende immer so viele Verlierer im Depot?

AB: Erinnern Sie sich, dass Kahneman und Tversky die Behavioral Finance mit der Erwartungstheorie begründet haben? Ein Schlüsselkonzept ihrer Theorie war, dass Individuen einen Referenzpunkt bilden, von dem aus sie ihre Performance beurteilen. Kahneman und Tversky haben herausgefunden, dass Individuen von diesem Referenzpunkt aus von Verlusten viel stärker emotionalisiert werden als von gleich hohen Gewinnen. Die Forscher haben dieses Verhalten *Risikoaversion* genannt, und sie sagten, dass die Entscheidung, ein Investment zu halten oder zu verkaufen, dramatisch dadurch beeinflusst wird, ob die Aktie gestiegen oder gesunken ist. Mit anderen Worten: ob man damit einen Gewinn oder einen Verlust erzielt hat.

Dave: Eines nach dem anderen. Was ist dieser »Referenzpunkt«, von dem Sie sprechen?

AB: Ich will Ihnen eine Frage stellen. Wenn Sie eine Aktie kaufen, wie verfolgen Sie dann deren Performance?

Dave: Ich berechne, wie stark die Aktie gestiegen oder gesunken ist, seit ich sie gekauft habe.

AB: Genau. Oft ist der Referenzpunkt der Kaufpreis, den Investoren für die Aktie bezahlt haben. Die Anleger sind auf diesen Referenzpunkt fixiert und schließen alle anderen Informationen aus. Richard Thaler von der University of Chicago hat grundlegende Studien über das Anlegerverhalten durchgeführt und bezeichnet das als *mentale Kontoführung*.[19]

Wenn Sie eine Aktie kaufen, eröffnen Sie ein mentales Konto mit dem Kaufpreis als Referenzpunkt. Wenn Sie eine Gruppe von Aktien kaufen, denken Sie entweder an die einzelnen Aktien oder Sie fassen die Einzelkonten zusammen.[20] Ob Ihre Aktien einen Gewinn oder einen Verlust aufweisen, wird Ihre Entscheidung beeinflussen, die Aktie zu behalten oder zu verkaufen. In Konten mit mehreren Verlusten werden Sie diese Verluste zudem wahrscheinlich zusammenfassen, weil das Denken an einen großen Verlust keine so bittere Pille ist wie das Denken an viele kleinere Verluste. Die Realisierung von Verlusten zu vermeiden, wird zum Hauptziel vieler Investoren.

Dave: Sie haben Recht. Der Gedanke an die Realisierung der Verluste meiner Technologieaktien hat mich versteinern lassen.

AB: Das ist eine völlig natürliche Reaktion. Ihr Stolz ist einer der Hauptgründe, warum Sie nicht mit Verlust verkauft haben. Zu jedem Investment gehören ein emotionales und ein finanzielles Bekenntnis, das es schwer macht, die Sache objektiv zu bewerten. Sie haben sich gut gefühlt, als Sie Ihre Internetaktien mit einem kleinen Verlust verkauft haben, aber die Network-Aktien, die Sie danach gekauft haben, standen nie in der Gewinnzone. Sogar als sich die Aussichten eingetrübt haben, sind Sie diesen Aktien nicht nur treu geblieben, sondern haben noch weitere hinzugekauft, weil Sie auf eine Erholung hofften.

Die Erwartungstheorie sagt, dass viele Investoren so handeln werden, wie sie es getan haben – die Position und folglich auch das Risiko aufstocken, um ohne Verlust aus der Sache herauszukommen.[21] Interessanterweise haben Forscher herausgefunden, dass Anleger sehr wohl Fonds verkaufen und denen nachlaufen, die Gewinne verzeichnen. Aber Behavioral Finance hat auch dafür eine gute Erklärung. Bei Fonds kann man immer den Manager beschuldigen, dass er schlechte Aktien ausgesucht hat, was man nicht tun kann, wenn man selbst entschieden hat, welche Aktien man kaufen wollte.[22]

Dave: Ich habe nie Fonds gekauft, also kann ich nur mir selbst die Schuld geben. Ich glaubte, ich könnte meine Chancen erhöhen, die Verluste aufzuholen, wenn ich weitere Aktien kaufte, als die Kurse fielen.

AB: Sie und Millionen anderer Anleger. 1982 schrieb Leroy Gross ein Handbuch für Aktienbroker, in dem er dieses Phänomen »Get-even-itis« nannte.[23] Er meinte, es habe mehr Zerstörungen in Depots angerichtet als jeder andere Fehler.

Es fällt uns schwer einzugestehen, dass wir ein schlechtes Investment getätigt haben, und das anderen gegenüber zuzugeben ist noch schwerer. Aber um ein erfolgreicher Anleger zu sein, bleibt uns nichts anderes übrig, als das zu tun. Das Depot betreffende Entscheidungen müssen mit Blick nach vorn getroffen werden. Was in der Vergangenheit passiert ist, können wir nicht mehr ändern. Es handelt sich um »versunkene Kosten«, wie Ökonomen sagen. Wenn die Aussichten nicht gut sind, dann verkaufen Sie die Aktie, ob mit Verlust oder nicht.

Dave: Ich hielt die Aktien für billig, als ich zugekauft habe. Viele lagen 50 Prozent oder mehr unter ihren Hochs.

AB: Billig im Vergleich zu was? Billig relativ zum früheren Kurs oder zu den Zukunftsaussichten? Sie dachten, eine Aktie sei zu 40 billig, weil sie früher 80 gekostet hat. Sie haben aber nie daran gedacht, dass 40 vielleicht immer noch zu teuer war. Das demonstriert eine andere Erkenntnis von Kahneman und Tversky: *Verankerung* oder die Tendenz von Menschen, die mit komplizierten Entscheidungen konfrontiert sind, einen »Anker« oder eine bestimmte Zahl zu verwenden, um sich ihr Urteil zu bilden.[24] Den »korrekten« Aktienkurs herauszufinden ist eine derart komplizierte Aufgabe, dass es natürlich ist, den Kurs als Anker zu verwenden, an den man sich erinnert. Und dann den aktuellen Kurs als Schnäppchen zu betrachten.

Dave: Wenn ich Ihren Ratschlag befolge und meine Verlierer verkaufe, sobald sich die Aussichten eintrüben, werde ich mit meinen Trades viel mehr Verluste verzeichnen.

AB: Gut! Die meisten Anleger tun genau das Gegenteil, zu ihrem Schaden. Forschungen haben erwiesen, dass Investoren Aktien mit 50 Prozent höherer Wahrscheinlichkeit mit Gewinn als mit Verlust verkaufen.[25] Trader tun das, obwohl es eine schlechte Strategie ist – aus Sicht des Tradings und auch in steuerlicher Hinsicht.

Lassen Sie mich von einem Kurzfristtrader erzählen, den ich mit Erfolg beraten habe. Er zeigte mir, dass er mit 80 Prozent seiner Trades Geld verdiente, aber insgesamt verzeichnete er Verluste, weil er mit seinen Verlusttrades so viel Geld verlor, dass seine Gewinne dabei untergingen.

Nachdem ich ihn beraten hatte, wurde er ein erfolgreicher Trader. Heute sagt er, dass nur ein Drittel seiner Trades Geld verdient, aber unter dem Strich steht er weit in der Gewinnzone. Wenn die Dinge nicht so laufen wie von ihm geplant, verkauft er rasch seine Verlusttrades und behält seine Gewinner. An der Wall Street gibt es einen alten Spruch, der erfolgreiches Trading zusammenfasst: »Begrenze deine Verluste und lass deine Gewinne laufen.«

Regeln zur Vermeidung verhaltensbedingter Fallen

Dave: Ich fühle mich sicher genug, um bald wieder zu traden. Ich will nur die richtige Langfriststrategie lernen. Wie kann ich diese Verhaltensfallen umgehen und ein erfolgreicher Langfristanleger werden?

AB: Dave, ich bin froh, dass Sie nicht traden, denn Trading ist nur für eine sehr kleine Fraktion meiner Klienten das Richtige.

Um ein erfolgreicher Langfristanleger zu werden, müssen Sie sich Regeln und Anreize setzen, um Ihre Investments in der richtigen Spur zu halten. Das nennt man *Precommitment.*[26] Legen Sie eine Regel für die Asset-Allokation fest und halten Sie sich daran. Wenn Sie genug Wissen haben, können Sie das selbst tun, ansonsten können Sie es mit einem Anlageberater tun. Versuchen Sie nicht, Ihre Regel zu überdenken. Denken Sie daran, dass sich die grundlegenden Faktoren, die Gewinne generieren, viel weniger ändern, als wir denken, wenn wir das tägliche Auf und Ab der Börse betrachten. Eine disziplinierte Anlegestrategie ist fast immer eine gewinnbringende Strategie.

Wenn Sie wollen, müssen Sie nicht vollständig mit dem Trading aufhören. Wenn Sie Aktien für einen kurzfristigen Trade kaufen, stellen Sie einen absoluten Verkaufspunkt auf, um Ihre Verluste zu minimieren. Sie wollen Ihre Verluste nicht anwachsen lassen und darüber nachdenken, dass die Aktie vielleicht wieder zurückkommen wird. Erzählen Sie auch Ihren Freunden nichts über Ihre Trades. Der Wunsch, deren Erwartungen zu erfüllen, wird Sie noch mehr zögern lassen, einen Verlust zu realisieren und zuzugeben, dass Sie falsch lagen.

Dave: Ich muss zugeben, dass mir das Trading oft Spaß gemacht hat.

AB: Wenn Sie wirklich gern traden, dann richten Sie sich ein kleines Trading-Konto ein, das vom Rest Ihres Depots vollständig getrennt ist. Sämtliche Brokergebühren und Steuern müssen von diesem Konto bezahlt werden. Sehen sie es so, dass alles Geld, das Sie in dieses Konto stecken, vollständig verloren gehen könnte, weil das durchaus passieren kann. Und denken Sie nie daran, das strenge Limit zu überschreiten, mit dem Sie festlegen, wie viel Geld Sie in dieses Konto stecken.

Wenn das nicht funktioniert, wenn Sie wegen des Markts nervös sind oder einen Drang fühlen zu traden, rufen Sie mich an. Ich kann Ihnen helfen. Und wie man hört, gibt es »trockene« Trader, die Programme für anonyme Trader ausarbeiten, zugeschnitten auf Menschen, die der Versuchung nicht widerstehen können, zu oft zu traden.[27] Vielleicht sollten Sie sich solche Programme ansehen.

Kurzsichtige Verlustaversion, Depotüberwachung und die Aktienrisikoprämie

Dave: Weil ich an der Börse so schlecht abgeschnitten habe, dachte ich sogar daran, Aktien aufzugeben und bei Anleihen zu bleiben, obwohl ich weiß, dass das langfristig eine sehr schlechte Idee ist. Wie oft sollte ich mein Aktiendepot überprüfen?

AB: Eine wichtige Frage. Wenn Sie Aktien kaufen, ist es sehr wahrscheinlich, dass der Wert unter den Kaufpreis sinkt, wenn auch nur für kurze Zeit nach Ihrem Kauf. Wie haben schon darüber gesprochen, dass die Risikoaversion diesen Rückgang sehr verstörend macht. Weil aber der langfristige Aktientrend nach oben zeigt, sinkt die Wahrscheinlichkeit, dass Sie einen Verlust sehen werden, wenn Sie eine Zeit lang warten, bis Sie Ihr Depot überprüfen.

Zwei Ökonomen, Shlomo Bernartzi und Richard Thaler, haben geprüft, ob das »Überwachungsintervall« die Wahl zwischen Aktien und Anleihen beeinflusst.[28] Sie führten ein »Lernexperiment« durch, in dem sie den Versuchspersonen erlaubten, die Renditen zweier nicht identifizierter Asset-Klassen zu sehen. Einer Gruppe wurden die jährlichen Renditen von Aktien und Anleihen gezeigt, die anderen Gruppen sahen die gleichen Renditen, aber nicht die jährlichen. Die Renditen wurden zu Zeiträumen von fünf, zehn und 20 Jahren zusammengefasst. Dann wurden die Gruppen gebeten, eine Allokation zwischen Aktien und Anleihen zu wählen.

Die Gruppe, die Jahresrenditen sah, investierte einen weit kleineren Teil in Aktien als die Gruppen, welche die zusammengefassten Renditen in längeren Zeiträumen gesehen hatten. Das lag daran, dass die kurzfristige Volatilität der Aktien Leute davon abbrachte, sich für diese Asset-Klasse zu entscheiden, obwohl sie über längere Zeiträume die deutlich bessere Wahl war.

Diese Tendenz, Entscheidungen auf der Basis kurzfristiger Schwankungen zu fällen, wurde *kurzsichtige Risikoaversion* genannt. Weil in längeren Zeiträumen die Wahrscheinlichkeit geringer ist, dass Aktien Verluste aufweisen, würden von Risikoaversion beeinflusste Investoren mit höherer Wahrscheinlichkeit Aktien halten, wenn sie deren Performance seltener kontrollieren.

Dave: Das ist so wahr. Wenn ich mir Aktien im sehr kurzfristigen Rahmen ansehe, sehen sie so riskant aus, dass ich mich frage, warum sie jemand hält. Aber langfristig ist die überlegene Performance so überwältigend, dass ich mich frage, warum jemand keine Aktien hält.

AB: Genau. Bernartzi und Thaler behaupten, dass die kurzsichtige Risikoaversion der Schlüssel zur Lösung des Aktienprämienrätsels ist.[29] Jahrelang haben Ökonomen herauszufinden versucht, warum Aktien so viel höhere Renditen erzielt haben als festverzinsliche Wertpapiere. Studien zeigen, dass in Zeiträumen von 20 Jahren oder mehr ein diversifiziertes Aktiendepot nicht nur höhere inflationsbereinigte Renditen bietet, sondern tatsächlich sicherer ist als Staatsanleihen. Aber weil sich Anleger auf einen zu kurzen Investmenthorizont konzentrieren, scheinen Aktien sehr riskant zu sein, und man kann Investoren mit einer hohen Prämie verleiten, Aktien zu halten. Wenn Investoren ihr Depot nicht so oft auswerten würden, könnte die Aktienprämie dramatisch sinken. Bernartzi und Thaler haben gezeigt, dass die hohe Aktienprämie mit der kurzsichtigen Risikoaversion und der jährlichen Auswertung der Renditen konsistent ist. Aber sie haben auch gezeigt, dass unter der Bedingung, dass Investoren ihre Depot-Allokation nur alle zehn Jahre auswerten, die Aktienprämie nur um zwei Prozent höher sein muss, um Anleger in Aktien zu locken. Bei einem Auswertungszeitraum von 20 Jahren sank die Prämie auf nur 1,4 Prozent, bei 30 Jahren in die Nähe von einem Prozent. Die Aktienkurse müssten dramatisch steigen, um die Prämie auf diese niedrigen Niveaus zu senken.

Dave: Wollen Sie damit sagen, dass ich vielleicht nicht zu oft nach meinen Aktien sehen sollte?

AB: Sie können danach sehen, wann Sie wollen, aber verändern Sie Ihre langfristige Strategie nicht. Denken Sie daran, Regeln und Anreize zu setzen. Bekennen Sie sich zu einer langfristigen Portfolio-Allokation und ändern Sie sie nicht, wenn es keine signifikanten Hinweise darauf gibt, dass ein Sektor relativ zu seinen Fundamentaldaten massiv überbewertet wird, so wie die Technologietitel am Höhepunkt der Blase.

Antizyklisches Investieren und die Gefühlslage der Investoren: Strategien zur Erhöhung der Depotrenditen

Dave: Kann ein Anleger von den Verhaltensschwächen anderer profitieren und daraus überdurchschnittliche Renditen ziehen?

AB: Es kann profitabel sein, sich von der Masse fernzuhalten. Einen Investor mit abweichender Meinung nennt man *Contrarian* oder *Antizykliker*; jemand, der mit der vorherrschenden Meinung nicht einverstanden ist. Die antizyklische Strategie wurde erstmals von Humphrey B. Neill in einem Pamphlet mit dem Titel »It Pays to be Contrarian« formuliert. Es erschien 1951 und wurde später zu einem Buch mit dem Titel »The Art of Contrarian Thinking«. Darin erklärte Neill: »Wenn alle dasselbe denken, dann liegen wahrscheinlich alle falsch.«[30]

Einige antizyklische Methoden basieren auf psychologischen Indikatoren wie dem Investor-»Sentiment«. Dahinter steckt die Idee, dass die meisten Investoren unangemessen optimistisch sind, wenn die Aktienkurse hoch sind, und unangemessen pessimistisch, wenn sie niedrig sind.

Das ist kein neues Konzept. Der große Investor Benjamin Graham schrieb vor fast 80 Jahren: »Die Psychologie des Spekulanten kämpft heftig gegen seinen Erfolg. Denn wegen des Zusammenhangs von Ursache und Wirkung ist er am optimistischsten, wenn die Kurse hoch sind, und hat am wenigsten Hoffnung, wenn sie am Boden liegen.«[31]

Dave: Aber woher weiß ich, wann der Markt zu pessimistisch oder zu optimistisch ist? Ist das nicht subjektiv?

AB: Nicht ganz. Investor Intelligence, eine Firma in New Rochelle, New York, veröffentlicht seit langer Zeit einen Indikator des Investoren-Sentiments. Seit über 50 Jahren wertet die Firma zahlreiche Börsenbriefe aus und bestimmt, welcher Brief die Zukunft am Aktienmarkt optimistisch, pessimistisch oder neutral einschätzt.

Aus den Daten von Investor Intelligence habe ich einen Index des Investoren-Sentiments berechnet, indem ich die Relation von optimistischen zu pessimistischen Börsenbriefen ermittelt habe. Die neutrale Kategorie wird dabei weggelassen. Dann habe ich die Aktienrenditen gemessen, die auf diese Sentiment-Niveaus folgten.

Der Indikator seit Januar 1986 ist in Abbildung 21.1 zu sehen. Der Crash vom Oktober 1987 wurde von Pessimismus der Anleger begleitet. Immer wenn der Markt in den nächsten Jahren sank, wie zum Beispiel im Mai und im Dezember 1988 und im Februar 1990, befürchteten die Anleger einen neuen Crash, und das Sentiment sank deutlich. Das bullishe Sentiment sank auch um 50 Prozent während des Einmarschs des Irak in Kuwait, der Anleihenkrise 1994, der Asienkrise 1997, der Rettung von LTCM im Spätsommer 1998, der Terroranschläge im September 2001 und des Markttiefs 2002. Das Sentiment fiel auch am Tief der starken Baisse nach der Finanzkrise 2008 und während der Schuldenkrisen in Griechenland und Spanien. Dies alles waren großartige Zeiten für Investitionen.

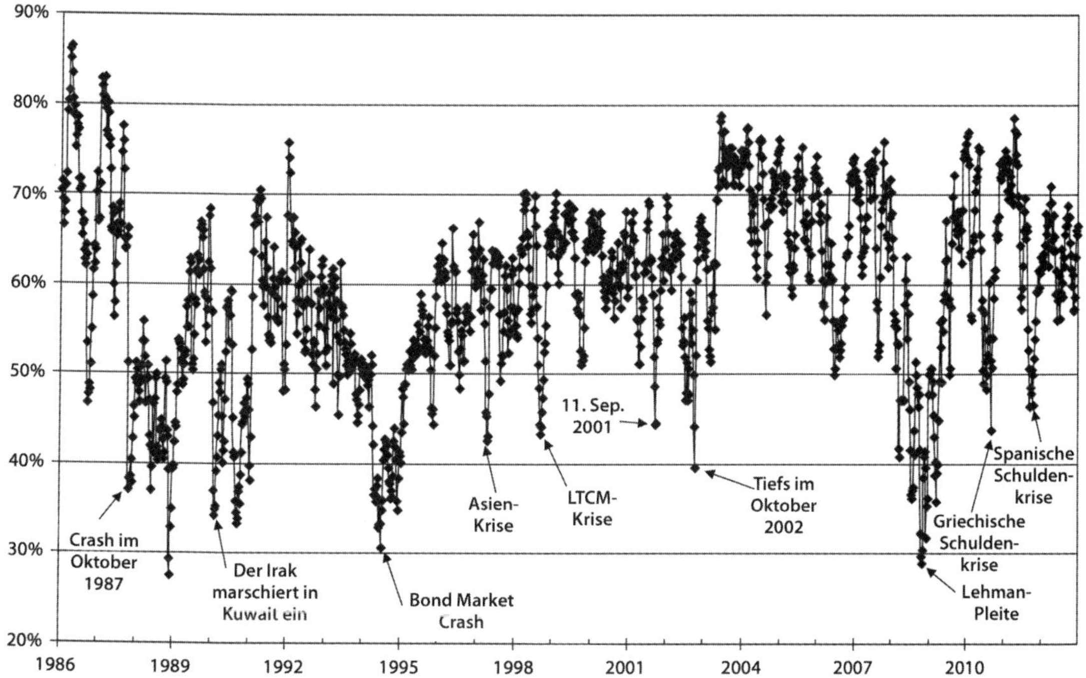

Abbildung 21.1: Der Sentiment-Indikator von Investor Intelligence

Bemerkenswert ist, dass der VIX, das Maß der implizierten Marktvolatilität, das aus Optionspreisen errechnet wird, praktisch zum gleichen Zeitpunkt nach oben schießt, wenn das Investoren-Sentiment abstürzt.[32] Die Ängstlichkeit im Markt, die man anhand der Prämien von Put-Optionen messen kann, ist mit dem Investoren-Sentiment stark negativ korreliert.

Außer Mode geratene Aktien und die Dow-10-Strategie

Dave: Kann man die antizyklische Strategie zur Auswahl von Einzelaktien anwenden?

AB: Ja. Contrarians glauben, dass die Umschwünge von Optimismus und Pessimismus einzelne Aktien ebenso erfassen wie die gesamten Märkte. Daher kann es eine profitable Strategie sein, Aktien zu kaufen, die gerade niemand haben will.

Werner De Bondt und Richard Thaler haben Depots aus Aktien untersucht, die in der Vergangenheit gewonnen oder verloren hatten, um zu sehen, ob Anleger die zukünftigen Renditen bisheriger Gewinner- und Verliereraktien übertrieben optimistisch oder pessimistisch sahen, wenn sie die Renditen der letzten Jahre studierten.[33] Depots aus Gewinner- und Verliereraktien wurden über Fünf-Jahres-Intervalle analysiert. Portfolios aus Gewinnern der

Vergangenheit blieben später um zehn Prozent hinter dem Markt zurück, während das »Verliererdepot« um 30 Prozent besser abschnitt als der Markt.

Eine der Erklärungen, warum diese Strategie funktioniert, bezieht sich auf die Repräsentativitätsheuristik, von der wir eben gesprochen haben. Die Menschen schreiben die jüngsten Trends von Aktienkursen viel zu weit in die Zukunft fort. Obwohl es Hinweise gibt, dass kurzfristiges Momentum positiv für Aktienrenditen ist, schneiden viele Aktien, die zuvor schwach waren, langfristig überdurchschnittlich ab, und viele frühere Gewinner entwickeln sich schwach. Eine weitere Strategie auf der Basis aus der Mode geratener Aktien nennt man *Dogs of the Dow* oder *Dow-10-Strategie.*[34]

Dave: Ich habe heute so viel Neues erfahren. Es sieht so aus, als sei ich in alle diese Verhaltensfallen getappt. Die gute Nachricht ist, dass ich nicht allein bin und dass Ihr Rat anderen Anlegern geholfen hat.

AB: Ihnen ist nicht nur geholfen worden, sondern sie haben auch finanziell profitiert. Bei vielen Menschen erfordert Erfolg beim Investieren ein viel tieferes Verständnis ihrer eigenen Psyche, als es der Erfolg in ihren Jobs oder sogar in ihren persönlichen Beziehungen tut. Es steckt viel Wahrheit in dem alten Spruch an der Wall-Street: »Der Aktienmarkt ist ein sehr teurer Ort, um herauszufinden, wer man ist.«

TEIL V:
Vermögensaufbau mit Aktien

22. Fonds, Indexing und der Wunsch, den Markt zu schlagen

Ich glaube nicht, dass Analysten, ganz zu schweigen von unerfahrenen Anlegern, Aktien auswählen können, die überdurchschnittliche Renditen erreichen. Daher glaube ich, dass ein Standarddepot mehr oder weniger den Dow Jones Industrial Average widerspiegeln sollte.

Benjamin Graham, 1934[1]

Wie können institutionelle Investoren hoffen, besser als der Markt abzuschneiden, wo sie doch selbst der Markt sind?

Charles D. Ellis, 1975[2]

An der Wall Street erzählt man sich eine alte Geschichte: Zwei Manager großer Aktienfonds wollen einen Campingurlaub in einem Nationalpark verbringen. Nachdem sie ihr Zelt aufgestellt haben, erwähnt der eine Manager, er habe gehört, der Parkverwalter habe die Warnung ausgesprochen, dass man in der Nähe des Campingplatzes Schwarzbären gesehen habe. Der zweite Manager lächelt und sagt: »Kein Problem. Ich kann ziemlich schnell laufen.« Der andere Manager schüttelt den Kopf und sagt: »Man kann einem Schwarzbären nicht davonlaufen. Auf Beutejagd erreicht so ein Bär 40 km/h.« Der zweite Manager antwortet: »Mir ist klar, dass ich nicht schneller laufen kann als der Bär. Die Hauptsache ist, dass ich schneller laufe als du!«

In der wettbewerbsintensiven Welt der Vermögensverwalter wird die Leistung nicht in absoluten Zahlen gemessen, sondern relativ zu einem bestimmten Maßstab. Zu den gängigsten Maßstäben im Aktienbereich zählen der S&P-500, der Wilshire-5000, globale Aktienindizes oder der Index, der an der Wall Street gerade »angesagt« ist. Es gibt aber einen wesentlichen Unterschied zwischen dem Investieren und so gut wie jeder anderen kompetitiven Aktivität. Die meisten von uns haben keine Chance, bei irgendeiner Tätigkeit, für die andere trainieren und ihre Fähigkeiten Stunde um Stunde verbessern, so gut wie diese Leute zu sein. Aber am Aktienmarkt kann man ohne jedes Training so gut wie ein *durchschnittlicher* Investor sein.

Der Grund dieser überraschenden Aussage basiert auf einer ganz einfachen Tatsache: Die Summe der Bestände aller Investoren muss gleich dem Markt sein, und die Performance des Markts muss definitionsgemäß der *durchschnittlichen* dollargewichteten Performance jedes einzelnen Anlegers entsprechen. Daher muss es für jeden Anleger-Dollar, der überdurchschnittlich abschneidet, einen anderen Anleger-Dollar geben, der sich schlechter entwickelt als der Markt. Durch Nachahmung der Gesamtmarktperformance werden Sie garantiert nicht unterdurchschnittlich abschneiden.

Aber wie ahmt man die Marktperformance nach? Bis 1975 war das praktisch nicht machbar, von den Möglichkeiten der reichsten Investoren einmal abgesehen. Wer kann schon Aktien von Tausenden Firmen halten, die an den US-Börsen gelistet sind?

Doch seit Mitte der 1970er-Jahre wurden Index-Fonds und dann ETFs entwickelt, die die Performance dieser breiten Aktienindizes nachbilden. In den vergangenen Jahrzehnten konnte der Anleger die Performance zahlreicher Marktindizes mit sehr niedrigen Kosten und sehr niedrigen Investitionen nachvollziehen. Und in den letzten Jahren wurden auf Basis der in Kapitel 11 vorgestellten Forschungen neue Indizes entwickelt, die es Anlegern ermöglichen könnten, die Durchschnitte zu schlagen.

Die Performance von Aktienfonds

Viele behaupten, das Streben nach der durchschnittlichen Marktperformance sei nicht die richtige Strategie. Wenn es genug schlecht informierte Trader gibt, die ständig schlechter abschneiden als der Markt, müsste es für informierte Anleger oder Profis, welche die Aktien studieren, doch möglich sein, den Markt zu schlagen.

Leider stützt die bisherige Bilanz der großen Mehrheit solcher aktiv gemanagten Fonds diese Überzeugung nicht. Es gibt zwei Möglichkeiten, die langfristige Performance von Fonds zu messen. Eine besteht darin, die Renditen aller noch existierenden Fonds im Untersuchungszeitraum zu berechnen. Aber die Renditen dieser Fonds werden vom sogenannten *Survivorship Bias* verzerrt, welcher die den Anlegern zur Verfügung stehenden Renditen zu hoch darstellt. Er existiert, weil Fonds mit schlechter Performance oft geschlossen werden. In die Datenbasis gehen also nur die erfolgreicheren mit überdurchschnittlichen Renditen ein. Die zweite und genauere Methode ist, Jahr für Jahr die durchschnittliche Performance aller Aktienfonds zu berechnen, die Investoren in diesem Jahr zur Verfügung standen.

Beide Berechnungsmethoden werden in Tabelle 22.1 gezeigt. Von Januar 1971 bis Dezember 2012 erreichte der durchschnittliche US-Aktienfonds eine jährliche Rendite von 9,23 Prozent; ein Prozent weniger als der Wilshire-5000 und 0,88 Prozent weniger als der S&P-500.

Die überlebenden Fonds brachten tatsächlich 0,25 Prozent mehr als der Wilshire-5000, aber unter Tausenden fanden sich nur 86 solche Fonds. Und alle diese Fondsrenditen sind ohne Kauf- und Rücknahmegebühren zu verstehen, die ihre Nettorenditen sogar noch stärker schmälern.[3]

Die unterdurchschnittliche Performance der Fonds findet nicht in jedem Jahr statt. Aktiv gemanagte Aktienfonds haben von 1975–1983, als kleine Aktien eine spektakuläre Jahresrendite von 35,32 Prozent aufwiesen, im Durchschnitt besser abgeschnitten als der Wilshire-5000 und der S&P-500. Aktienfonds schneiden generell gut ab, wenn kleine Aktien besser laufen als große, weil Geldmanager versuchen, durch den Kauf kleinerer Unternehmen die Performance zu verbessern. Aber seit 1983, als der Anstieg der kleinen Aktien endete, war die Performance der Aktienfonds schlechter als im Gesamtzeitraum. Sogar die überlebenden Fonds haben in den letzten drei Jahrzehnten schlechter abgeschnitten als der Wilshire-5000-Index.

	Alle Fonds	»Überlebende« Fonds	Wilshire-5000	S&P-500	Kleine Aktien	Alle Fonds minus Wilshire-5000	»Überlebende« Fonds minus Wilshire-5000
1971–2012	9,23 (17,67)	10,48 (17,27)	10,23 (18,18)	10,11 (17,74)	11,85 (21,93)	-0,99	0,25
1975–1983	18,83 (12,92)	20,28 (13,06)	17,94 (14,98)	15,84 (15,59)	35,32 (14,35)	0,89	2,34
1984–2012	8,92 (17,05)	9,72 (16,56)	10,19 (17,63)	10,44 (17,44)	8,54 (18,93)	-1,27	-0,47

Tabelle 22.1: Aktienfonds und Benchmark-Renditen, 1971–2012 (Standardabweichung in Klammern, alle Angaben in Prozent)

Der Prozentsatz der allgemeinen Aktienfonds, die in jedem Jahr zwischen 1972 und 2012 besser abgeschnitten haben als der Wilshire-5000 und der S&P-500, ist in Abbildung 22.1 zu sehen.

In diesem Zeitraum von 40 Jahren gab es nur zwölf Jahre, in denen die Mehrheit der Aktienfonds den Wilshire-5000 geschlagen hat. Mit zwei Ausnahmen fielen diese Jahre in einen Zeitraum, als kleine Aktien besser abschnitten als große. In den letzten 25 Jahren gab es nur sechs Jahre, in denen mehr als die Hälfte der Aktienfonds besser abschnitt als der breite Markt.

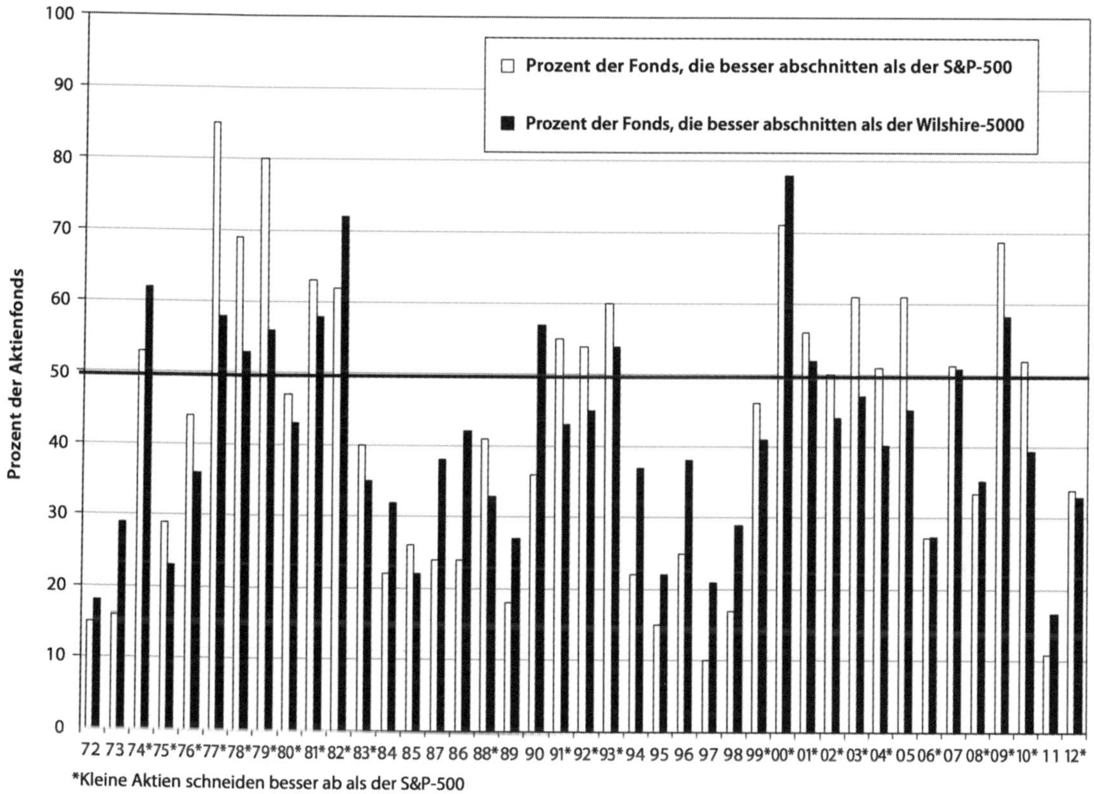

Abbildung 22.1: Prozentsatz der Aktienfonds, die besser abschnitten als die Marktindizes, 1972–2012

Die unterdurchschnittliche Performance der Fonds begann nicht erst in den 1970er-Jahren. 1970 verblüffte Becker Securities Corporation die Wall Street mit der Zusammenstellung der Erfolgsbilanzen der Manager von Unternehmenspensionsfonds. Becker zeigte, dass die mittlere Performance dieser Manager um ein Prozent hinter dem S&P-500 zurückblieb und dass nur ein Viertel von ihnen besser abschnitt als der Markt.[4] Diese Studie folgte auf wissenschaftliche Artikel, vor allem auf die von William Sharpe und Michael Jensen, die ebenfalls die schwache Performance der Aktienfonds bestätigten.

Abbildung 22.2 zeigt die Verteilung der Differenz zwischen den Renditen von 86 überlebenden Fonds seit Januar 1972 und den Wilshire-5000.

Nur 38 oder weniger als die Hälfte der 86 Fonds, welche die letzten 35 Jahre überlebt haben, konnten den Markt um mehr als ein Prozent pro Jahr schlagen, nur sieben um mindestens zwei Prozent. Andererseits schnitt mehr als die Hälfte der überlebenden Fonds schlechter ab als der Markt, und von diesen wiederum fast die Hälfte um mehr als ein Prozent jährlich. Und, wie oben zu Tabelle 22.1 erwähnt: Die tatsächlichen Renditen vieler dieser Fonds sind noch schlechter, weil die Zahlen weder Ausgabe- noch Rücknahmegebühren enthalten.

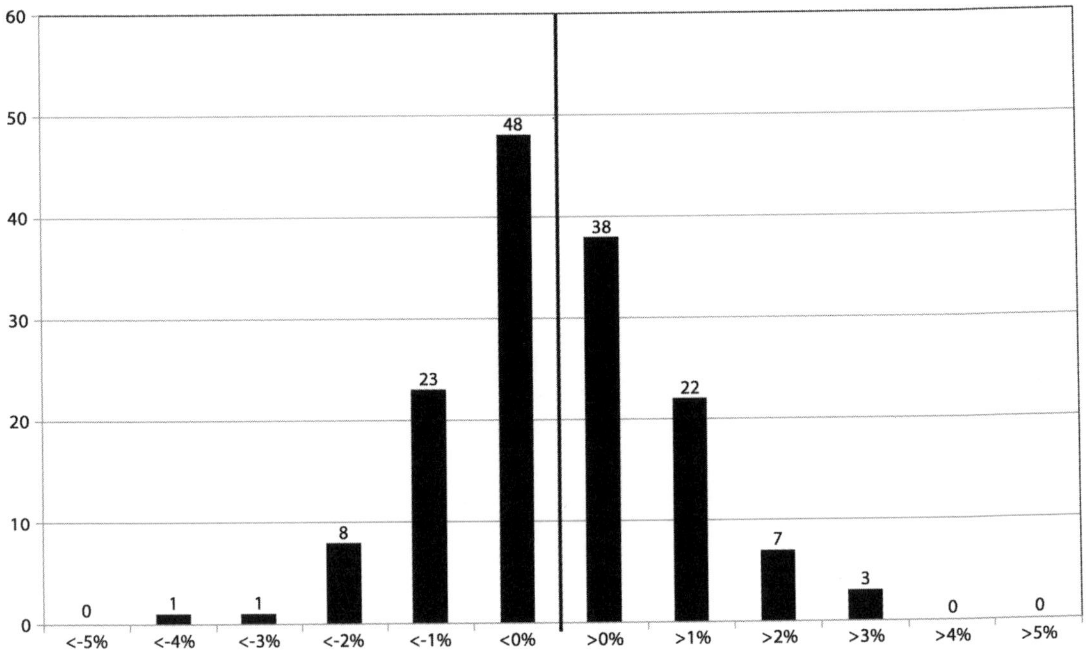

Abbildung 22.2: Die Performance überlebender Fonds relativ zum Wilshire-5000, 1972–2012

Trotz der allgemein schlechten Performance von Aktienfonds gibt es einige Gewinner, wie Tabelle 22.2 zeigt. Der Fonds mit der besten Performance im gesamten Zeitraum ist der Sequoia Fund, gemanagt von der Investmentfirma Ruane, Cunniff & Goldfarb, der Anlegern von 1972–2012 eine jährliche Rendite von 14,2 Prozent bescherte und die Rendite des Wilshire-5000 um vier Prozent jährlich übertraf. Der Fonds hält sich eng an Warren Buffetts Philosophie, ein großer Teil seiner Bestände ist in Berkshire Hathaway investiert. Auf Platz 2 liegt der Mutual Shares Z Fund von Franklin Templeton mit einer Rendite von 13,7 Prozent pro Jahr. Der Magellan Fund von Fidelity belegt mit einer jährlichen Rendite von 13,6 Prozent zwischen 1972 und 2012 den dritten Platz, gefolgt vom Columbia Acorn Fund (früher Liberty Acorn Fund), geführt von Charles McQuaid und Robert Mohn, mit 12,9 Prozent.

Fonds	Jährliche Rendite*
Sequoia Fund	14,2
Mutual Shares Z	13,7
Fidelity Magellan Fund	13,6
Columbia Acorn Fund	12,9
T Rowe Price Small Cap	12,9
Fidelity Contrafund	12,4

Fonds	Jährliche Rendite*
Davis NY Venture A	12,4
Invesco Comstock A	12,3
Fidelity Adv Diversified O	12,2
Janus Fund D	12,1
Wilshire-5000	10,2
S&P-500 Index	10,1
* alle Angaben in Prozent	

Tabelle 22.2: Die Fonds mit der besten Performance, 1972–2012

Trotz dieser schillernden Renditen kann hier auch das Glück eine große Rolle gespielt haben. Die Wahrscheinlichkeit, dass ein Fonds den Wilshire-5000 in diesem Zeitraum allein durch Zufall um vier Prozent oder mehr übertrifft, liegt bei 1 zu 12. Das bedeutet, dass von den 86 untersuchten Fonds sieben dies geschafft haben sollten. Es war aber nur einer.

Mit Glück konnte man die Performance von Magellan zwischen 1977 und 1990 allerdings nicht erklären. In diesem Zeitraum führte der legendäre Stockpicker Peter Lynch den Magellan Fund und übertraf den Markt um unglaubliche 13 Prozent pro Jahr. Magellan ging dabei ein wenig riskanter vor,[5] aber die Wahrscheinlichkeit, dass Magellan den Wilshire-5000 über 14 Jahre nur durch Glück so deutlich übertraf, liegt bei 1 zu 500.000!

Auf eine noch längere Bilanz der Outperformance kann Warren Buffett verweisen, der legendäre Investor in Berkshire Hathaway, einer kleinen Textilfirma, die er 1965 kaufte. Berkshire gehört nicht zum oben untersuchten Universum, weil es ein »geschlossener« Fonds ist, der börsennotierte und private Assets enthält. Buffetts annualisierte Rendite von 1972–2012 beträgt 20,1 Prozent pro Jahr, mehr als zehn Prozent pro Jahr höher als die Rendite des S&P-500. Die Wahrscheinlichkeit, eine solche Performance nur durch Glück zu erzielen, ist geringer als 1 zu 1 Milliarde.

1984, zu Ehren des 50. Jahrestags der Veröffentlichung von Graham und Dodds *Security Analysis*, hielt Buffett an der Columbia University eine Rede mit dem Titel »The Superinvestors of Graham-and-Doddsville«. Darin beschrieb er neun Geldmanager, die bei Weitem besser abgeschnitten hatten als der Markt, indem sie Value-orientierte Methoden anwendeten, die Graham und Dodd empfohlen hatten.[6] Buffetts Meinung wird von den Daten in Kapitel 11 gestützt, in dem die Outperformance der Value-Strategien gezeigt wurde.

Wie man geschickte Geldmanager findet

Es ist einfach zu sagen, dass Warren Buffetts und Peter Lynchs Leistungen die Folgen ihres Geschicks bei der Aktienauswahl waren. Aber bei weniger unsterblichen Portfoliomanagern ist es extrem schwer, mit einiger Sicherheit zu entscheiden, ob die überlegenen Renditen von Geldmanagern durch Geschick oder durch Glück verursacht wurden. Tabelle 22.3 berechnet die Wahrscheinlichkeit, dass Manager mit überdurchschnittlichen Fähigkeiten besser abschneiden werden als der Markt.[7]

Erwarteter Renditeüberschuss	Haltezeitraum						
	1 Jahr	2 Jahre	3 Jahre	5 Jahre	10 Jahre	20 Jahre	30 Jahre
1	54,1	55,7	57,0	59,0	62,7	67,6	71,2
2	58,1	61,3	63,8	67,5	74,0	81,9	86,7
3	61,9	66,6	70,1	75,2	83,2	91,3	95,2
4	65,7	71,6	75,8	81,7	89,9	96,4	98,6
5	69,2	76,1	80,8	86,9	94,4	98,8	99,7

Tabelle 22.3: Die Wahrscheinlichkeit einer überdurchschnittlichen Performance vor dem Hintergrund der historischen Risiken und Renditen von 1972–2012 (alle Angaben in Prozent)

Die Ergebnisse sind überraschend. Sogar wenn Geldmanager Aktien auswählen, von denen eine Überrendite im Vergleich zum Markt von einem Prozent pro Jahr erwartet wird, liegt die Wahrscheinlichkeit nur bei 62,7 Prozent, dass sie nach zehn Jahren über dem Marktdurchschnitt liegen werden. Bei einem Zeitraum von 30 Jahren sind es 71,2 Prozent. Wenn Manager Aktien aussuchen, die den Markt um zwei Prozent pro Jahr übertreffen, beträgt die Wahrscheinlichkeit einer Outperformance nach zehn Jahren nur 74,0 Prozent. Das bedeutet, es besteht eine Wahrscheinlichkeit von 1 zu 4, dass sie unter der durchschnittlichen Marktperformance liegen werden. Der nötige Zeitraum, bis man einigermaßen sicher sein kann, dass überlegene Manager besser abschneiden als der Markt, ist höchstwahrscheinlich länger als die »Probezeit« zur Bestimmung ihres wahren Könnens.

Einen schlechten Manager zu entdecken ist eine ebenso schwierige Aufgabe. Tatsächlich müsste ein Geldmanager fast 15 Jahre lang pro Jahr um vier Prozent schlechter abschneiden als der Markt, bevor man statistisch sicher sein könnte (»sicher« bedeutet eine Irrtumswahrscheinlichkeit von weniger als fünf Prozent), dass der Manager wirklich schlecht ist und nicht nur einfach Pech gehabt hat. In der Zwischenzeit wären Ihre Assets auf die Hälfte dessen gefallen, was sie wert wären, wenn Sie einfach den Index nachgebildet hätten.

Sogar Extremfälle sind schwer zu identifizieren. Natürlich würde man annehmen, dass ein Manager, der Aktien auswählt, von denen man annimmt, dass sie im Schnitt um fünf Prozent besser abschneiden werden als der Markt – eine Leistung, die seit 1970 kein überlebender Fonds geschafft hat –, schnell auffällt. Aber das ist nicht unbedingt so. Nach einem Jahr liegt die Wahrscheinlichkeit nur bei 70 Prozent, dass ein solcher Manager besser abschneidet als der Markt, und nach zwei Jahren sind es nur 76,8 Prozent.

Nehmen Sie an, Sie setzen einem jungen, unentdeckten Peter Lynch – jemandem, der langfristig pro Jahr um fünf Prozent besser abschneiden wird als der Markt – ein Ultimatum: Wenn er nach zwei Jahren nicht mindestens so gut liegt wie der Markt, wird er gefeuert. Tabelle 22.3 zeigt, dass die Wahrscheinlichkeit, dass er den Markt in zwei Jahren schlagen wird, nur 76,1 Prozent beträgt. Das bedeutet eine Wahrscheinlichkeit von fast 1 zu 4, dass er immer noch schlechter dastehen wird als der Markt, und Sie werden Lynch feuern, weil Sie ihn für unfähig halten, profitable Aktien auszusuchen!

Die Dauerhaftigkeit überdurchschnittlicher Renditen

Haben einige Geldmanager ein »heißes Händchen«, was bedeutet, dass sie, wenn sie in der Vergangenheit überdurchschnittlich gut waren, diese Leistung in der Zukunft wiederholen werden? Die Schlussfolgerungen zahlreicher Studien sind nicht eindeutig. Es gibt Hinweise, dass Fonds, die in einem Jahr überdurchschnittlich gut laufen, dies mit höherer Wahrscheinlichkeit auch im folgenden Jahr schaffen werden.[8] Diese kurzfristige Beharrlichkeit gibt es wahrscheinlich deshalb, weil die Manager einen bestimmten »Stil« pflegen, der über mehrere Jahre funktioniert.

Doch über längere Zeiträume findet die Fähigkeit von Fondsmanagern, weiterhin den Markt zu schlagen, weniger Unterstützung. Edward Elton, Martin Gruber und Christopher Blake behaupten, dass eine Outperformance drei Jahre andauert[9], aber Burton Malkiel, Jack Bogle und andere sind nicht dieser Meinung.[10,11] Jedenfalls kann sich die Performance plötzlich und unvorhersehbar ändern. Vielleicht hat Magellans unterdurchschnittliche Performance nach Peter Lynchs Abschied einige Investoren nicht gewundert. Aber Bill Millers heißes Händchen bei Legg Mason's Value Trust, der den S&P-500 ganze 15 Jahre hintereinander geschlagen hatte, kühlte sich 2006 und 2007 unerwartet ab.

Gründe für die unterdurchschnittliche Performance von Fonds

Die allgemein schwache Performance der Fonds im Vergleich zum Markt liegt nicht daran, dass die Fondsmanager Verliereraktien auswählen. Die Entwicklung bleibt hauptsächlich deshalb hinter den Vergleichsindizes zurück, weil die Fonds Gebühren und Transaktionskosten verlangen, die oft bei zwei Prozent oder mehr pro Jahr liegen. Auf der Suche nach überlegenen Renditen kauft und verkauft ein Manager Aktien. Das führt zu Brokergebühren und zur Bezahlung des Spreads, also des Unterschieds zwischen Brief- und Geldkurs. Zudem bezahlen die Anleger Managementgebühren (und möglicherweise auch noch Vertriebsgebühren) an die Organisationen und Einzelpersonen, die diese Fonds verkaufen. Und schließlich stehen die Manager oft mit gleichwertigen oder geschickteren Managern im Wettbewerb um die Aktienauswahl. Wie schon erwähnt, ist es mathematisch unmöglich, dass jeder besser ist als der Markt. Für jeden Dollar, der überdurchschnittlich abschneidet, muss ein Dollar eines anderen Investors schlechter laufen als der Markt.

Ein wenig lernen ist gefährlich

Es ist interessant, dass ein Anleger, der ein wenig über die Prinzipien der Aktienbewertung weiß, oft schlechter abschneidet als ein anderer, der gar nichts darüber weiß und sich entscheidet, mit seinem Depot einen Index nachzubilden. Nehmen wir einen Neuling als Beispiel – einen Investor, der gerade dabei ist, etwas über Aktienbewertung zu lernen. Das ist der Investor, an den die meisten Bücher mit Titeln wie *So schlagen Sie den Markt* verkauft werden. Ein Neuling bemerkt vielleicht, dass eine Aktie gerade einen sehr guten Gewinnbericht vorgelegt hat, aber der Kurs steigt nicht so stark, wie es der Neuling angesichts so guter Nachrichten für gerechtfertigt hält, und daher kauft er die Aktie.

Informierte Anleger wissen aber, dass spezielle Umstände zu diesem Gewinnanstieg geführt haben und dass sich diese Umstände in Zukunft wahrscheinlich nicht wiederholen werden. Deshalb verkaufen sie die Aktien herzlich gern an die Neulinge, weil sie wissen, dass der Kursanstieg nicht gerechtfertigt ist. Informierte Anleger beziehen eine Rendite aus ihrem Spezialwissen. Sie beziehen diese Rendite von den Neulingen, die ein Schnäppchen gefunden zu haben glauben. Uninformierte Index-Investoren, die nicht einmal wissen, wie hoch die Gewinne des Unternehmens sind, schneiden oft besser ab als der Investor, der gerade anfängt, etwas über Aktien zu lernen.

Der Spruch »Ein wenig lernen ist gefährlich« ist an den Finanzmärkten recht zutreffend. Viele scheinbare Anomalien oder Diskrepanzen in den Aktienkursen (oder in den meisten anderen Finanz-Assets) sind die Folge des Tradings informierter Investoren mit speziellem Wissen, das von anderen nicht leicht verarbeitet werden kann. Wenn eine Aktie zu billig oder zu teuer aussieht, ist die einfache Erklärung – dass emotionale oder ignorante Trader die Aktie nicht korrekt bewertet haben – meist falsch. Meistens gibt es einen guten Grund, warum Aktien den Kurs haben, den sie gerade haben. Daher schneiden Anfänger oft ziemlich schlecht ab, wenn sie auf der Basis ihrer eigenen Nachforschungen Aktien kaufen.

Von informiertem Trading profitieren

Wenn Neulinge besser informiert sind, werden sie zweifellos Aktien finden, die wirklich unterbewertet oder überbewertet sind. Das Trading dieser Aktien wird ihre Transaktionskosten und ihre Verlusttrades wegen schlechter Informationen allmählich ausgleichen. Ab einem bestimmten Punkt ist ein Trader dann vielleicht gut genug informiert, um die Transaktionskosten zu überstehen und die Marktrendite zu erreichen oder sogar zu übertreffen. Die Betonung liegt hier auf *vielleicht*, weil die Zahl der Investoren, die beständig den Markt schlagen konnten, doch recht klein ist. Und für Leute, die der Aktienanalyse nicht viel Zeit widmen, ist die Chance einer beständig überdurchschnittlichen Performance verschwindend klein.

Doch die scheinbare Einfachheit, Gewinner auszuwählen und Verlierer zu meiden, verlockt viele Trader zu aktivem Trading. In Kapitel 21 haben wir gelernt, dass Menschen eine inhärente Tendenz haben, sich selbst und ihre Performance als überdurchschnittlich einzuschätzen. Das Spiel des Investierens lockt einige der intelligentesten Leute der Welt an. Viele Investoren sind irrtümlich davon überzeugt, dass sie intelligenter sind als ihr Nachbar, der sich ebenfalls als Investor versucht. Es genügt aber nicht, so klug wie der Nachbarinvestor zu sein. Wenn man beim Finden der Börsengewinner durchschnittlich gut ist, dann führt dies zu einer unterdurchschnittlichen Performance, weil die Transaktionskosten die Renditen schmälern.

1975 schrieb Charles D. Ellis, Managing Partner bei Greenwood Associates, einen einflussreichen Artikel mit dem Titel »The Loser's Game«. Darin zeigte er, dass inklusive Transaktionskosten durchschnittliche Geldmanager den Markt in einem Maß übertreffen müssen, das unmöglich zu erreichen ist, weil sie ja selbst die wichtigsten Akteure am Markt sind. Ellis kam zu dem Schluss: »Im Gegensatz zu ihrem oft artikulierten Ziel, besser abzuschneiden als der Markt, schlagen Investmentmanager den Markt nicht, sondern der Markt schlägt sie.«[12]

Wie sich die Kosten auf die Renditen auswirken

Trading- und Verwaltungs-Kosten von zwei oder drei Prozent jährlich mögen im Vergleich zur Volatilität des Marktes von Jahr zu Jahr vielleicht gering aussehen, und sie mögen auch Anlegern unbedeutend erscheinen, die auf Jahresrenditen von 20 oder 30 Prozent aus sind. Aber solche Kosten sind sehr schädlich für die langfristige Akkumulation von Wohlstand. Die Investition von 1000 Dollar mit einer Gesamtrendite von elf Prozent pro Jahr, nahe der durchschnittlichen Nominalrendite seit dem Zweiten Weltkrieg, führt nach 30 Jahren zu einer Summe von 23.000 Dollar. Eine jährliche Gebühr von einem Prozent reduziert die Endsumme um fast ein Drittel. Bei Gebühren von drei Prozent beträgt die Endsumme nur knapp über 10.000 Dollar, was weniger als der Hälfte der Marktrendite entspricht. Jeder zusätzliche Prozentpunkt jährlicher Kosten erfordert von 25-jährigen Anlegern, zwei Jahre später in den Ruhestand zu gehen als ohne solche Kosten.

Die gesteigerte Popularität des passiven Investierens

Viele Investoren haben realisiert, dass die schwache Performance aktiv gemanagter Fonds relativ zu den Benchmark-Indizes deutlich impliziert, dass sie schon gut abschneiden würden, wenn sie nur die *gleiche* Rendite erreichten wie einer der breiten Indizes. Daher gab es in den 1990er-Jahren einen enormen Anstieg des passiven Investierens; der Platzierung von Fonds, deren einziger Zweck war, die Performance eines Index nachzuvollziehen.

Der älteste und populärste Index-Fonds ist der Vanguard 500 Index Fund.[13] Der Index, gegründet vom Visionär John Bogle, sammelte bei seinem Debüt 1976 nur 11,4 Millionen Anlegergelder ein, und nur wenige glaubten, dass dieses Konzept überleben würde. Doch langsam, aber sicher gewann das »Indexing« an Momentum, und Ende 1995 erreichten die Assets des Fonds 17 Milliarden Dollar.

In der Spätphase der Hausse der 1990er-Jahre stieg die Popularität des Indexing sprunghaft an. Ende März 2000, als der S&P-500-Index sein Allzeithoch erreichte, trug der Fonds den Titel des größten Aktienfonds der Welt, mit Assets von über 100 Milliarden Dollar. Indexing wurde so populär, dass in den ersten sechs Monaten 1999 fast 70 Prozent des investierten Geldes in Index-Fonds flossen.[14] 2013 hatten alle Vanguard-500-Index-Fonds mehr als 275 Milliarden Dollar an Assets, und Vanguards Total Stock Market Funds, in denen auch kleinere Aktien vertreten sind, zogen 250 Milliarden Dollar Anlegergelder an.

Eine der Attraktionen von Index-Fonds sind ihre extrem niedrigen Kosten. Die jährlichen Gesamtkosten des Vanguard 500 Index Fund betragen nur 0,15 Prozent des Börsenwerts (bei großen institutionellen Investoren sind es nur zwei Basispunkte). Wegen ihrer eigenständigen Tradingtechniken und Zinseinkünfte aus Wertpapierkrediten sind die Renditen der Vanguard S&P-500-Index-Fonds für Privatanleger in den letzten zehn Jahren nur neun Basispunkte unter den Index gesunken, und die Version für institutionelle Investoren ist tatsächlich besser gelaufen als der Benchmark-Index.[15]

Die Fallen beim nach Marktkapitalisierung gewichteten Indexing

Trotz der früheren Erfolge der Index-Fonds könnte ihre Popularität, vor allem die der am S&P-500 orientierten Fonds, für Index-Investoren in Zukunft Probleme verursachen. Der Grund ist einfach. Wenn schon die Aufnahme einer Firma in den S&P-500 den Aktienkurs steigen lässt, weil Index-Fonds diese Aktie kaufen müssen, halten Index-Fonds eine Reihe von überteuerten Aktien, die sich negativ auf die zukünftigen Renditen auswirken.

Ein Extrembeispiel für Überteuerung ereignete sich, als Yahoo!, die bekannte Internetfirma, im Dezember 1999 in den S&P-500 aufgenommen wurde. Nach Börsenschluss am

30. November kündigte Standard & Poor's an, dass Yahoo! am 8. Dezember in den Index aufgenommen werde. Am nächsten Morgen eröffnete Yahoo! mit 115 Dollar, fast neun Dollar höher als der Schlusskurs des Vortags, stieg weiter und schloss am 7. Dezember mit 174 Dollar, als die Index-Fonds die Aktien kaufen mussten, um den Index nachzubilden. In nur fünf Handelstagen zwischen der Ankündigung der Aufnahme in den Index und der formalen Mitgliedschaft stieg die Aktie um 64 Prozent. Die Umsätze an diesen fünf Tagen betrugen im Durchschnitt 37 Millionen Stück, mehr als das Dreifache der Umsätze an den vorangegangenen 30 Tagen. Am 7. Dezember, als Index-Fonds die Aktie besitzen mussten, stieg der Umsatz auf 132 Millionen Stück, was 22 Milliarden Dollar entsprach.

Diese Geschichte wiederholt sich bei den meisten Aktien, die neu in den Index aufgenommen werden, obwohl der durchschnittliche Kurszuwachs deutlich geringer ist als bei Yahoo! Standard & Poor's publizierte im September 2000 eine Studie, die beschrieb, wie die Aufnahme einer Aktie in den S&P-500 den Kurs beeinflusste. Diese Studie stellte fest, dass Aktien vom Ankündigungstag bis zum Datum der effektiven Aufnahme in den Index im Durchschnitt um 8,49 Prozent stiegen.[16] In den zehn Tagen nach der Aufnahme sanken diese Aktien dann im Schnitt um 3,23 Prozent oder etwa ein Drittel des Gewinns vor der Aufnahme. Aber ein Jahr später waren diese Verluste nach der Aufnahme wieder ausgelöscht, und der durchschnittliche Gewinn der Index-Neulinge lag bei 8,98 Prozent. Alle diese Prozentzahlen wurden den Bewegungen des Gesamtmarkts entsprechend korrigiert. Eine spätere Studie hat gezeigt, dass, obwohl der Gewinn vor der Aufnahme in den letzten Jahren gesunken ist, die Kurse nach der Ankündigung der Aufnahme noch immer um vier Prozent gestiegen sind.[17]

Fundamental gewichtete versus nach Marktkapitalisierung gewichtete Indexierung

Trotz der überteuerten Neuaufnahmen in den S&P-500-Index sind praktisch alle für Investoren bedeutenden Indizes wie die von Standard & Poor's, der Russell Investment Group oder Wilshire Associates *nach Marktkapitalisierung gewichtet*. Das bedeutet, dass jede Firma im Index nach ihrem *Marktwert* gewichtet ist, also dem Aktienkurs multipliziert mit der Zahl der ausgegebenen Aktien. Seit Kurzem adjustieren die meisten dieser Indizes die Aktienzahl, indem *Insider-Positionen* ausgeschlossen werden. Dabei handelt es sich um große Aktienposten, die von Insidern der Firma oder von Regierungen gehalten werden. Die letztgenannten Posten können vor allem in den Schwellenländern sehr umfangreich sein. Die Aktienzahl nach dieser Anpassung bezeichnet die Titel, die sofort handelbar sind.[18]

Nach Marktkapitalisierung gewichtete Indizes haben natürlich einige sehr gute Eigenschaften. Zunächst einmal repräsentieren diese Indizes, wie schon erwähnt, die durchschnittliche dollargewichtete Performance sämtlicher Investoren. Für jeden, der besser abschneidet als der Index, muss es also jemanden geben, der schlechter abschneidet. Hinzu kommt: Nach den Annahmen eines effizienten Markts gewährleisten diese Portfolios das »beste« Verhältnis zwischen Risiko und Rendite. Das bedeutet: Für jedes gegebene Risikoniveau bieten diese nach Marktkapitalisierung gewichteten Indizes die höchsten Renditen und für jede gegebene Rendite das niedrigste Risiko.

Aber die Annahmen, unter denen diese wünschenswerten Eigenschaften vorherrschen, sind sehr strikt. Nach Kapitalisierung gewichtete Portfolios sind nur dann optimal, wenn der Markt in dem Sinn effizient ist, dass der Kurs einer Aktie zu jedem Zeitpunkt eine unverzerrte Schätzung des wahren Werts des Unternehmens ist. Das bedeutet nicht, dass der Kurs jeder Aktie immer richtig ist; aber es bedeutet, dass es keine einfach erhältlichen Informationen gibt, die es Investoren ermöglichen, zu einer besseren Schätzung dieses wahren Werts zu gelangen. Wenn eine Aktie an einem effizienten Markt von 20 Dollar auf 25 Dollar steigt, beträgt die beste Schätzung der Änderung des zugrunde liegenden Firmenwerts ebenfalls 25 Prozent, und es gibt *keine* Faktoren, die nichts mit dem fundamentalen Wert zu tun haben, die den Aktienkurs ändern könnten.

Aber wie wir in Kapital 11 gelernt haben, gibt es viele Gründe für Aktienkursänderungen, die nichts mit einer Veränderung des Firmenwerts zu tun haben. Transaktionen aus Liquiditäts-, treuhänderischen oder steuerlichen Gründen können Aktienkurse beeinflussen, ebenso wie Spekulanten, die wegen unbegründeter oder übertriebener Informationen handeln. Wenn Kursveränderungen von Faktoren ausgelöst werden können, die nichts mit fundamentalen Veränderungen des Firmenwerts zu tun haben, sind die Kurse »lärmend« und nicht länger unverzerrte Schätzungen des wahren Werts. Wie in diesem Buch schon erwähnt, nenne ich diese Sichtweise auf den Markt die Hypothese vom lärmenden Markt und halte sie für eine attraktive Alternative zur Hypothese vom effizienten Markt, die die Finanzszene in den vergangenen 40 Jahren dominiert hat.

Wenn die Hypothese vom lärmenden Markt eine bessere Darstellung der Funktionsweise von Märkten ist, dann sind nach der Kapitalisierung gewichtete Indizes nicht mehr die besten Portfolios für Investoren. Ein besserer Index ist ein *fundamental gewichteter* Index, in dem jede Aktie nach einem Maß der fundamentalen Finanzdaten der Firma gewichtet wird; etwa Dividenden, Gewinne, Cashflows und Buchwert statt der Marktkapitalisierung der Aktie.[19]

Fundamental gewichtete Indizes funktionieren wie folgt: Nehmen wir an, man wählt die Gewinne als Maßstab des Firmenwerts. Wenn E die gesamten Dollar-Gewinne der Aktien im Index repräsentiert und E_j für die Gewinne der Firma j steht, dann beträgt die Gewichtung der Firma j im fundamentalen Index E_j/E und bezeichnet ihren Anteil an den Gesamtgewinnen statt am Marktwert, wie es in den nach Kapitalisierung gewichteten Indizes der Fall ist.

In einem nach Kapitalisierung gewichteten Index werden Aktien niemals verkauft, egal welchen Kurs sie erreichen. Wenn die Märkte effizient sind, dann repräsentiert ja der Kurs den fundamentalen Wert einer Firma, und daher ist kein Kauf oder Verkauf gerechtfertigt.

Wenn in einem fundamental gewichteten Index zwar der Aktienkurs steigt, nicht aber die Fundamentaldaten wie die Gewinne, werden diese Aktien verkauft, bis der Wert der Aktie im Index wieder auf das ursprüngliche Niveau gesunken ist. Das Gegenteil geschieht, wenn ein Kurs aus Gründen fällt, die nichts mit den Fundamentaldaten zu tun haben. In diesem Fall werden Aktien zum niedrigeren Kurs gekauft, um den Wert der Aktie zum ursprünglichen Niveau zurückzuführen. Diese Käufe und Verkäufe kennt man als *Ausbalancieren* des fundamental gewichteten Portfolios, und dies findet in der Regel einmal jährlich statt.

Einer der Vorteile fundamental gewichteter Portfolios ist, dass sie »Blasen« vermeiden, diese extremen Kursanstiege von Aktien, die nicht von Zuwächsen von Dividenden, Gewinnen oder anderen objektiven Maßen der Firmenwerte begleitet werden. Das war mit Sicherheit 1999 und 2000 der Fall, als die Technologie- und die Internetaktien wegen der Hoffnung, ihre Gewinne würden später ihre Kurse rechtfertigen, auf außergewöhnliche Bewertungsniveaus stiegen. Jedes fundamental gewichtete Depot hätte diese Aktien verkauft, als die Kurse stiegen, während nach Kapitalisierung gewichtete Indizes sie weiterhin hielten, weil die Hypothese von den effizienten Märkten annimmt, alle Kursanstiege seien gerechtfertigt.

Beachten Sie, dass die fundamentale Indexierung nicht identifiziert, welche Aktien überbewertet oder unterbewertet sind. Es handelt sich hier um einen »passiven« Index, und die Käufe und Verkäufe einzelner Aktien werden gemäß einer zuvor festgelegten Formel vorgenommen. Manche überteuerte Aktien werden gekauft und unterbewertete Aktien werden verkauft. Man kann aber nachweisen: Wenn die Kurse durch die These vom lärmenden Markt festgelegt werden, dann steigert im Schnitt ein fundamental gewichtetes Depot die Renditen stärker als ein nach Kapitalisierung gewichteter Index und reduziert die Risiken, wenn Aktien gekauft werden, die stärker sinken als die Fundamentaldaten, und Aktien verkauft werden, die stärker steigen als die Fundamentaldaten.[20]

Die Geschichte der fundamental gewichteten Indexierung

Die Motivation zur fundamental gewichteten Indexierung begann an den internationalen Märkten. In den 1980er-Jahren, als sich der japanische Aktienmarkt in einer Blase befand, suchten viele Investoren mit international diversifizierten Depots eine stabile Möglichkeit, die Gewichtung japanischer Aktien zu reduzieren. Damals formulierte Morgan Stanley Capital International (MSCI) einen internationalen Index, der jedes Land nicht nach der Marktkapitalisierung, sondern nach dem Bruttoinlandsprodukt (BIP) gewichtete und die Allokation in japanischen Aktien zum Glück reduzierte.[21]

1987 entwickelte und managte Robert Jones von Goldman Sachs' quantitativer Asset-Managementgruppe einen US-Aktienindex, in dem die Gewichtung jeder Firma deren Gewinn entsprach. Jones nannte seine Strategie »ökonomisches Investieren«, weil der Anteil jeder Firma im Index nicht mit der Marktkapitalisierung, sondern mit ihrer ökonomischen Bedeutung verbunden war.[22] Später entwickelte David Morris, Gründer und CEO von Global Wealth Allocation, eine Strategie, die verschiedene fundamentale Faktoren zu einer »Wohlstands«-Variablen bündelte.

2003 veröffentlichten Paul Wood und Richard Evans Studien über eine Methode auf fundamentaler Basis, die einen nach Gewinnen gewichteten Index der 100 größten Unternehmen auswertete.[23] Anfang 2005 publizierten Robert D. Arnott von Research Affiliates, Jason Hsu und Philip Moore einen Artikel im *Financial Analysts Journal* mit der Überschrift »Fundamental Indexation«, der die Schwächen der nach Kapitalisierung gewichteten Indizes aufdeckte und für Strategien auf fundamentaler Basis plädierte.[24] Im Dezember 2005 wurde von Powershares der erste fundamental gewichtete ETF (FTSE RAFI US1000) emittiert, der einen von Research Affiliates konstruierten Index auf der Basis von Umsätzen, Cashflows, Buchwerten und Dividenden nachbildete. Sechs Monate später emittierte WisdomTree Investments 20 ETFs auf Dividendenbasis, 2007 folgten sechs weitere auf Gewinnbasis.

Die historischen Daten zugunsten der fundamental gewichteten Indexierung sind beeindruckend. Von 1964–2012 betrug die Gesamt-Jahresrendite eines dividendengewichteten Index, der praktisch sämtliche US-Aktien enthielt, 10,84 Prozent pro Jahr, also 117 Basispunkte mehr als ein ähnliches, nach Kapitalisierung gewichtetes Depot aus den gleichen Aktien, während die Volatilität und das Beta des dividendengewichteten Portfolios geringer waren als die des nach Kapitalisierung gewichteten Depots. Diese überlegene Rendite bei gleichzeitig niedrigerer Volatilität war in allen Größensektoren und auch international zu beobachten. Speziell zwischen 1996 und 2012 übertraf ein dividendengewichteter MSCI EAFE-Index einen EAFE-Index um fast 3,5 Prozentpunkte pro Jahr.

Die langfristige Outperformance fundamental gewichteter Indizes beruht im Prinzip auf der Betonung von Value-Strategien. Aktien mit überdurchschnittlichen Dividendenrenditen oder unterdurchschnittlichen KGVs erhalten in fundamental gewichteten Indizes eine höhere Gewichtung als in nach Kapitalisierung gewichteten Indizes. Aber fundamental gewichtete Indizes sind besser diversifiziert als reine Value-Portfolios und wiesen im historischen Vergleich ein besseres Verhältnis zwischen Risiken und Renditen auf. Kurz gesagt, fundamental gewichtete Indizes weisen einige sehr attraktive Merkmale auf, welche die Vorherrschaft der nach Kapitalisierung gewichteten Indizes für Langfristanleger herausfordern.

Fazit

Die bisherige Performance aktiv gemanagter Aktienfonds ist nicht ermutigend. Die Gebühren, welche die meisten Fonds verlangen, gewähren Investoren keine überlegenen Renditen und können der Vermögensakkumulation signifikant schaden. Zudem ist ein guter Manager extrem schwer zu identifizieren, weil das Glück bei allen erfolgreichen Investments eine Rolle spielt.

Wenn man die Kosten mit einrechnet, bleibt ein großer Teil der aktiv gemanagten Aktienfonds hinter den Benchmark-Indizes zurück, und die meisten Anleger wären mit nach Kapitalisierung oder fundamental gewichteten Index-Fonds besser bedient.

23. Die Strukturierung eines Portfolios für langfristiges Wachstum

Die langfristige Perspektive führt in die Irre, was die aktuelle Situation betrifft. Auf lange Sicht sind wir alle tot. Die Wirtschaftsexperten machen es sich zu einfach, wenn sie in stürmischen Zeiten sagen, dass der Ozean wieder ruhig daliegen wird, wenn der Sturm erst einmal vorbei ist. Zudem ist eine solche Aussage völlig nutzlos.
John Maynard Keynes, 1924[1]

Mein bevorzugter Haltezeitraum: für immer.
Warren Buffett, 1994[2]

Niemand kann Keynes' Aussage widersprechen, dass wir auf lange Sicht alle tot sein werden. Aber dennoch muss das langfristige Ziel der Maßstab für die aktuellen Handlungen sein. Wer auch in schweren Zeiten seinen Fokus und seine Perspektive nicht aus den Augen verliert, wird mit großer Wahrscheinlichkeit erfolgreich sein. Das Wissen, dass das Meer nach dem Sturm wieder ruhig sein wird, ist nicht nutzlos, sondern enorm beruhigend.

Die praktischen Aspekte des Investierens

Im Prinzip ist es einfach, ein erfolgreicher Langfristinvestor zu sein, aber in der Praxis ist es schwierig. Es ist deshalb im Prinzip einfach, weil das Kaufen und Halten eines diversifizierten Aktienportfolios ungeachtet jeglicher prognostischer Fähigkeiten jedem Investor möglich ist; völlig unabhängig von seiner Intelligenz, seinem Urteilsvermögen oder seiner finanziellen Situation. In der Praxis ist es jedoch schwierig, weil Geschichten über Leute, die an der Börse schnell reich geworden sind, viele Menschen zu einem Spiel reizen, das sich stark von dem unterscheidet, was sie eigentlich beabsichtigt hatten.

Auch selektive Erinnerungen drängen uns in die falsche Richtung. Wer den Markt genau beobachtet, ruft oft aus: »Ich wusste doch, dass die Aktie (der Markt) nach oben gehen würde!

Wenn ich mich auf mein eigenes Urteil verlassen hätte, hätte ich viel Geld gewonnen!« Aber die Erinnerung trickst unseren Verstand aus. Wir vergessen die Zweifel, die wir hatten, als wir beschlossen, nicht zu kaufen. Der Rückblick kann unsere Erfahrungen verzerren und sich auf unser Urteilsvermögen auswirken. Dann wollen wir schlauer sein als andere Anleger, die ihrerseits das gleiche Spiel spielen.

Bei den meisten Investoren führt dieser Weg zu katastrophalen Ergebnissen. Wir gehen viel zu viele Risiken ein, unsere Transaktionskosten sind hoch, und wir bemerken, dass wir augenblicklichen Emotionen nachgeben – Pessimismus, wenn der Markt tief steht, und Optimismus, wenn er hoch steht. Das führt zu Frustrationen, weil unsere irregeleiteten Aktionen zu wesentlich niedrigeren Renditen führen, als wir erreichen könnten, wenn wir einfach im Markt bleiben würden.

Ratschläge für erfolgreiches Investieren

Gute Renditen zu erzielen erfordert einen langfristigen Fokus und eine disziplinierte Investmentstrategie. Die unten genannten Prinzipien stammen aus dem in diesem Buch beschriebenen Research und ermöglichen sowohl Neulingen als auch erfahrenen Investoren, ihre Ziele beim Investieren besser zu erreichen.

1. **Halten Sie Ihre Erwartungen im Rahmen der historischen Entwicklung. Historisch betrug die inflationsbereinigte Aktienrendite in den letzten 200 Jahren zwischen sechs und sieben Prozent. Das Durchschnitts-KGV lag bei 15.**
   Eine jährliche Realrendite von 6,5 Prozent, einschließlich reinvestierter Dividenden, führt in zehn Jahren fast zu einer Verdoppelung der Kaufkraft Ihres Depots. Wenn die Inflation innerhalb einer Spanne von zwei bis drei Prozent bleibt, liegt die nominale Aktienrendite bei neun Prozent jährlich, was eine Verdoppelung des Geldwerts Ihres Aktiendepots alle acht Jahre bedeutet.
   Trotz dieser exzellenten langfristigen Bilanz sind Aktienrenditen nicht unabhängig von ihrer Bewertung. Eine Realrendite von sechs bis sieben Prozent ist konsistent mit einem Markt, der ein KGV von etwa 15 aufweist.
   Es gibt aber keinen Grund, warum ein KGV von 15 immer die »richtige« Relation für Aktienkurse sein sollte. Kapitel 11 zeigt, dass es Gründe geben kann, zum Beispiel geringere Transaktionskosten und niedrigere Anleihenrenditen, warum der Aktienmarkt in Zukunft auf ein höheres KGV steigen könnte.

2. **Aktienrenditen sind langfristig viel stabiler als auf kurze Sicht. Im Gegensatz zu Anleihen entschädigen Aktien die Investoren für höhere Inflation. Wenn Ihr Anlagehorizont länger wird, sollten Sie daher einen höheren Teil Ihrer Assets in Aktien investieren.**

Der Prozentsatz Ihres Depots, den Sie in Aktien investieren sollten, hängt von individuellen Umständen ab. Aber auf Basis historischer Daten sollte ein Investor mit langfristigem Horizont den überwiegenden Anteil seiner finanziellen Assets in Aktien halten. Kapitel 6 hat gezeigt, dass in Anlagezeiträumen von mindestens 20 Jahren Aktien sowohl eine höhere Rendite als auch ein niedrigeres Inflationsrisiko aufwiesen als Anleihen.
Die einzigen risikofreien langfristigen Assets sind inflationsgeschützte Staatsanleihen. In den vergangenen Jahren lag die Realrendite dieser Anleihen zwischen –1 und +1 Prozent, also deutlich unter der historischen Aktienrendite. Die Differenz zwischen den Aktienrenditen und den Anleihenrenditen nennt man Aktienprämie, und sie begünstigte Aktien in allen Ländern, aus denen Daten verfügbar sind.

3. **Investieren Sie den größten Prozentsatz Ihres Aktienportfolios in Aktien-Index-Fonds mit niedrigen Kosten.**
   Kapitel 3 hat gezeigt, dass die breit gefassten Indizes wie der Wilshire-5000 und der S&P-500 seit 1971 besser abgeschnitten haben als fast zwei Drittel der Aktienfonds. Indem er Jahr für Jahr die gleiche Rendite erzielt wie der Markt, liegt ein Index-Investor wahrscheinlich recht weit vorn, wenn die langfristigen Renditen ermittelt werden.
   Es gibt viele ETFs und Index-Fonds, die die großen Marktindizes sehr genau abbilden. Wer in nach Kapitalisierung gewichteten Index-Fonds investiert, sollte auf jährlichen Gesamtkosten unter 0,15 Prozent bestehen.

4. **Investieren Sie mindestens ein Drittel Ihres Aktienportfolios in internationale Aktien, derzeit definiert als solche, deren Firmensitz nicht in den USA liegt. Aktien aus Ländern mit hohem Wachstum sind oft überteuert und liefern den Investoren schwache Renditen.**
   Heute entfällt nur die Hälfte des weltweiten Aktienkapitals auf die USA, und dieser Anteil sinkt rapide. In der heutigen globalen Wirtschaft ist der Besitz ausländischer Aktien ein Muss. In Zukunft wird der geografische Ort des Firmensitzes seine Bedeutung als Investmentfaktor verlieren. Was, wo und an wen eine Firma ihre Produkte verkauft, wird ein neues Klassifikationssystem dominieren.
   Trotz des Anstiegs der kurzfristigen Korrelation zwischen den Renditen in einzelnen Ländern sind die Argumente für internationales Investieren überzeugend. In allen untersuchten Ländern hat die Aktienrendite die Rendite von Anleihen und anderen festverzinslichen Wertpapieren in den letzten 100 Jahren deutlich übertroffen. Sie sollten Länder mit hohem Wachstum nicht übergewichten, deren KGV über 20 liegt. Die in Kapitel 12 präsentierten Daten zeigen, dass Anleger für solches Wachstum oft zu viel bezahlen.

5. **Im historischen Vergleich bieten Value-Aktien – solche mit niedrigeren KGVs und höheren Dividendenrenditen – höhere Renditen und niedrigere Risiken als Wachstumsaktien.**

Setzen Sie den Schwerpunkt Ihres Depots bei Value-Aktien, indem Sie passive indexierte Portfolios von Value-Aktien oder fundamental gewichtete Index-Fonds kaufen.
Kapitel 11 hat gezeigt, dass Aktien mit niedrigen KGVs und hohen Dividendenrenditen in den letzten 50 Jahren besser abgeschnitten haben als der Markt, und zwar mit niedrigeren Risiken. Ein Grund für diese Outperformance ist, dass Aktienkurse oft durch Faktoren beeinflusst werden, die mit ihrem wahren Wert nichts zu tun haben, zum Beispiel Liquidität und steuerlich motivierte Transaktionen, Spekulationen auf der Basis von Gerüchten oder die Käufe und Verkäufe der Momentum-Trader. Unter diesen Umständen bieten relativ zu ihren Fundamentaldaten tief bewertete Aktien den Investoren wahrscheinlich ein besseres Risiko-Rendite-Profil. Anleger können diese unangemessenen Kurse zum Kauf passiv gemanagter Portfolios von Value-Aktien oder fundamental gewichteter Indizes nutzen, die jede Aktie nicht nach dem Marktwert, sondern nach Dividenden oder Gewinnen gewichten. Im historischen Vergleich boten fundamental gewichtete Indizes höhere Renditen und niedrigere Risiken als nach Kapitalisierung gewichtete Indizes.

6. **Und schließlich: Stellen Sie feste Regeln auf, um Ihr Portfolio in der richtigen Spur zu halten, besonders wenn Sie dazu neigen, momentanen Emotionen nachzugeben. Wenn Ihnen der Markt besondere Angst einjagt, setzen Sie sich hin und lesen Sie das erste Kapitel dieses Buchs noch einmal.**
Stimmungsumschwünge der Investoren schicken Aktienkurse oft über oder unter ihre fundamentalen Werte. Die Versuchungen zu kaufen, wenn jeder optimistisch ist, und zu verkaufen, wenn jeder pessimistisch ist, sind schwer zu überwinden. Weil es so schwierig ist, sich von diesem Markt-Sentiment abzukoppeln, verzeichnen viele Investoren, die viel traden, schwache Renditen. Kapitel 21 zeigt, wie Behavioral Finance Investoren hilft, die üblichen psychologischen Fallen zu verstehen und zu meiden, die eine schwache Performance verursachen. Die Kapitel 1 und 5 halten Investoren das große Bild von Risiken und Renditen vor Augen.

Die Umsetzung des Plans und die Rolle eines Anlageberaters

Ich habe *Aktien für die Ewigkeit* geschrieben, um zu verdeutlichen, welche Renditen man von Aktien und Anleihen erwarten kann, und um die wichtigsten Faktoren zu analysieren, die diese Renditen beeinflussen. Viele Investoren werden dieses Buch für einen »Do it yourself«-Ratgeber über Aktienauswahl und Depotstrukturierung halten. Aber die richtigen Investments zu kennen, ist nicht dasselbe wie die richtige Anlagestrategie. Wie Peter Bernstein es im Vorwort so treffend ausgedrückt hat, gibt es viele Fallen auf dem Weg zum erfolgreichen Investieren, die Investoren daran hindern, ihre beabsichtigten Ziele zu erreichen.

Die erste Falle ist häufiges Trading im Rahmen des Versuchs, »den Markt zu schlagen«. Viele Anleger sind mit einer jährlichen Aktienrendite von neun Prozent nicht zufrieden, wenn sie wissen, dass es immer Aktien gibt, deren Kurse sich in den kommenden Monaten verdoppeln oder verdreifachen werden. Solche Juwelen zu finden ist extrem befriedigend, und viele träumen davon, den nächsten Unternehmensgiganten zu kaufen, solange er noch in den Kinderschuhen steckt. Aber die Hinweise sind überwältigend, dass Investoren, die solche Gewinner suchen, unter schwachen Renditen leiden, weil Transaktionskosten und schlechtes Timing die Renditen senken.

Investoren, die sich beim Aussuchen einzelner Aktien die Finger verbrannt haben, wenden sich bei der Suche nach höheren Renditen oft Fonds zu. Aber bei der Fondsauswahl gibt es ähnliche Hindernisse. »Heiße« Manager, mit überlegener Performance in der Vergangenheit, treten dann an die Stelle der »heißen« Aktien als neue Strategie, um den Markt zu schlagen. Folglich spielen viele Anleger dann das gleiche Spiel, das sie schon mit einzelnen Aktien gespielt haben, und erleiden unterdurchschnittliche Renditen.

Wer es schließlich aufgibt, die besten Fonds zu finden, gerät in Versuchung, eine noch schwierigere Strategie anzuwenden. Diese Investoren versuchen, den Markt zu schlagen, indem sie auf Marktzyklen und Timing setzen. Überraschenderweise sind es oft die am besten informierten Anleger, die in diese Falle tappen. Bei all dem Überfluss an Finanznachrichten, Informationen und Kommentaren ist es außerordentlich schwierig, sich von der vorherrschenden Marktmeinung abzusetzen. Folglich gibt es den Impuls, in Furcht zu verfallen, wenn der Markt sinkt, und gierig zu werden, wenn die Kurse stark steigen.

Viele versuchen, diesem Impuls zu widerstehen. Der Intellekt sagt vielleicht: »Bleib auf deinem Weg!«, aber das ist nicht einfach, wenn man so viele andere hört – einschließlich der angesehenen »Experten« –, die Investoren raten, sich schnell zurückzuziehen. Es ist leichter, dem zu folgen, was alle anderen tun, als unabhängig zu agieren. Und wie John Maynard Keynes es in seiner *Allgemeinen Theorie* so treffend ausgedrückt hat: »Die Lebensweisheit lehrt, dass es für den eigenen Ruf besser ist, konventionell zu scheitern, als unkonventionell Erfolg zu haben.«[3] Zu scheitern, indem man auf den Rat der »Experten« hört, ist viel leichter, als zu scheitern, weil man den Investment-Konsens zurückweist und sich von der Masse fernhält.

Was bedeutet das alles für den Leser dieses Buchs? Die richtige Investmentstrategie ist ebenso eine psychologische wie eine intellektuelle Herausforderung. Wie bei anderen Herausforderungen im Leben ist es oft am besten, sich professionelle Hilfe zu suchen, um ein gut diversifiziertes Portfolio zu strukturieren und zu managen. Wenn Sie sich dafür entscheiden, Hilfe zu suchen, wählen Sie einen professionellen Anlageberater, der den Grundprinzipien der Diversifizierung und des langfristigen Investierens zustimmt, die ich in diesen Kapiteln dargelegt habe. Jeder hat es selbst in der Hand, Investmentfallen auszuweichen und die großzügigen Belohnungen einzustreichen, die Aktien ermöglichen.

Abschließende Bemerkung

Der Aktienmarkt ist aufregend. Seine täglichen Bewegungen dominieren die Finanzpresse und markieren die Ströme von Milliarden Dollar Investitionskapital. Aber Aktienmärkte sind mehr als die Quintessenz und das Symbol des Kapitalismus. Aktienmärkte findet man heute in praktisch jedem Land der Welt, und sie sind die treibenden Kräfte hinter der Allokation des Kapitals der Welt und die fundamentalen Motoren des Wirtschaftswachstums. Die Hauptthese dieses Buchs, dass Aktien die beste Möglichkeit zur langfristigen Allokation von Vermögen bieten, ist heute noch so wahr wie damals, als ich 1994 die erste Ausgabe von *Aktien für die Ewigkeit* veröffentlicht habe.

Anmerkungen

Kapitel 1

1 Benjamin Graham und David Dodd, *Security Analysis*, New York: McGraw-Hill, 1934, S. 11.

2 Roger Lowenstein: »A Common Market: The Public's Zeal to Invest«, *Wall Street Journal*, 9. September 1996, S. A 11.

3 Kommentar in einer CNBC-Show im März 2009, am Tief der Baisse 2008/2009.

4 Irving Fisher, *The Stock Market Crash and After*, New York: Macmillan, 1930, S. xi.

5 »The Crazy Things People Say to Rationalize Stock Prizes«, *Forbes*, 27. April 1992, S. 150.

6 Raskob bot Investoren, die schnell reich werden wollten, einen alternativen Plan an, bei dem sich Investoren 300 Dollar liehen und 200 Dollar persönliches Kapital hinzufügten, um 500 Dollar in Aktien zu investieren. Obwohl dies 1929 sicher keine so gute Strategie war, wie das Geld ganz allmählich im Markt zu investieren, schnitt sogar dieser Plan nach 20 Jahren besser ab als Investments in kurzfristige Staatsanleihen.

7 Irving Fisher, *How to Invest When Prices are Rising*, Scranton, PA: G. Lynn Summer & Co., 1912.

8 Edgar L. Smith, *Common Stocks as Long-Term Investments*, New York: Macmillan, 1925, S. v.

9 Ebenda, S. 81.

10 »Ordinary Shares as Investments«, *The Economist*, 6. Juni 1925, S. 1141.

11 John Maynard Keynes, »An American Study of Shares Versus Bonds as Permanent Investments«, *The Nation & The Athenaeum*, 2. Mai 1925, S. 157.

12 Edgar Lawrence Smith: »Market Value of Industrial Equities«, *Review of Economic Statistics*, Bd. 9 (Januar 1927) S. 37–40 und »Tests Applied to an Index of the Price Level for Industrial Stocks«, *Journal of the American Statistical Association*, Beilage, März 1931, S. 127–135.

13 Siegfried Stern, *Fourteen Years of European Investment, 1914–1928*, London: Bankers's Publishing Co., 1929.

14 Chelcie C. Bosland, *The Common Stock Theory of Investment, Its Development and Significance*, New York: Ronald Press, 1937.

15 Aus dem Vorwort von Irving Fisher zu Kenneth S. Van Strum, *Investing in Purchasing Power*, New York: *Barron's*, 1925, S. vii. Van Strum war Autor der Wochenzeitschrift *Barron's* und bestätigte Smith' Research.

16 Robert Loring Allen, *Irving Fisher: A Biography*, Cambridge: Blackwell, 1993, S. 206.

17 *Commercial and Financial Chronicle*, 7. September 1929.

18 »Fisher Sees Stocks Permanently High«, *New York Times*, 16. Oktober 1929, S. 2.

19 Lawrence Chamberlain und William W. Hay, *Investment and Speculations*, New York: Henry Holt & Co., 1931, S. 55, Hervorhebung durch die Autoren.

20 Benjamin Graham und David Dodd, *Security Analysis*, 2. Ausgabe, New York: McGraw-Hill, 1940, S. 357.

21 Er schätzte die Unterbewertung auf etwa 25 Prozent des »inneren Werts«. Alfred Cowles III and Associates, *Common Stock Indexes 1871–1937*, Bloomington, IN: Principia Press, 1938, S. 50.

22 Wilford J. Eiteman und Frank P. Smith, *Common Stock Values and Yields*, Ann Arbor: University of Michigan Press, 1938, S. 50.

23 »Rates of Return on Investment in Common Stocks«, *Journal of Business*, Bd. 37 (Januar 1964), S. 1–21.

24 Ebenda, S. 20.

25 *Journal of Business*, Bd. 49 (Januar 1976), S. 11–43.

26 *Stocks, Bonds, Bills, and Inflation Yearbook*, 1983–1997, Chicago: Ibbotson and Associates.

27 William Baldwin, »The Crazy Things People Say to Rationalize Stock Prizes«, *Forbes*, 27. April 1992, S. 140–150.

28 Drei Monate später, im Dezember 1995, kapitulierte Shulman vor den Bullen und sagte, seine langjährige Betonung der Dividendenrendite sei ein Fehler gewesen.

29 Roger Lowenstein, »A Common Market: The Public's Zeal to Invest«, *The Wall Street Journal*, 9. September 1996, S. A 1.

30 Floyd Norris, »In the Market We Trust«, *New York Times*, 12. Januar 1997.

31 Henry Kaufman, »Today's Financial Euphoria Can't Last«, *Wall Street Journal*, 25. November 1996, A. A 18.

32 Robert Shiller und John Campbell, »Valuation Ratios and the Long-Run Stock Market Outlook«, *Journal of Portfolio Management*, Bd. 24 (Winter 1997). Das Shiller-Modell wird detailliert in Kapitel 10 vorgestellt.

33 *Newsweek*, 27. April 1998. Titelgeschichten über die Aktienbörse in großen Publikumszeitschriften hatten oft ein schlechtes Timing. Die Titelgeschichte »The Death of Equities« in *BusinessWeek* vom 13. August 1979 erschien 14 Jahre nach dem Börsenhoch und drei Jahre vor dem Beginn der größten Aktienhausse aller Zeiten.

34 Ich habe ihre Argumente im *Wall Street Journal* sofort zurückgewiesen (siehe hierzu mein Interview mit Jonathan Clements in »Throwing Cold Water on Dow 35.000 View« im *Wall Street Journal* vom 21. September 1999). Ich bezeichnete ihre Argumente als falsch und sagte, Aktien müssten höhere Renditen haben als inflationsgeschützte US-Staatsanleihen, deren Rendite damals vier Prozent erreicht hatte.

35 »Big Cap Tech Stocks Are a Sucker's Bet«, *Wall Street Journal*, 14. März 2000, S. A 8.

36 Paul Sloan, »The Craze Collapses«, *U.S. News & World Report Online*, 30. November 2000.

37 Das Wort *hedge* bedeutet »ausgleichen«. Wenn jemand an einem ausländischen Markt investiert, will er vielleicht widrige Währungsbewegungen mit Transaktionen am Forward-Markt hedgen oder ausgleichen. Hedgefonds haben oft, aber nicht immer Positionen eingenommen, die im Gegensatz zum Aktienmarkt standen.

38 Jeremy Grantham, »A Global Bubble Warns Against the Stampede to Diversify«, *Financial Times*, 24. April 1997, S. 38.

39 Nur wenige Tage vor der Lehman-Pleite lag der REIT-Index tatsächlich nur um 25 Prozent unter seinem Rekordniveau vom Juli 2007. Im Gegensatz dazu erreichten die Aktien aus der Baubranche schon im Juli 1995 ihr Hoch und hatten schon mehr als 60 Prozent verloren, als die Lehman-Krise ausbrach.

40 Siehe »At Lehman, How a Real-Estate Start's Reversal of Fortune Contributed to Collapse«, *Wall Street Journal*, 1. Oktober 2008.

Kapitel 2

1 Schon im Juni hatte Natixis, eine französische Investmentbank, alle Geschäftsbeziehungen zu Lehman abgebrochen. Anfang September berichtete *The Financial Crisis Inquiry Report*, dass JPMorgan, Citigroup und Bank of America mehr Sicherheiten von Lehman verlangten, mit der Drohung, sie würden »Lehman isolieren, wenn sie das nicht bekommen«.

2 Risikospreads wie der TED-Spread (Treasuries versus Eurodollars), der LIBOR-OIS-Spread (Libor gegenüber Fed Funds), Geldmarktpapiere versus Staatsanleihen und andere sprangen dramatisch an. Am Mittwoch war

der Bloomberg Financial Conditions Index of Risk auf vier bis fünf Standardabweichungen unter die normalen Niveaus auf Basis der Daten aus den letzten 16 Jahren gesunken. (Siehe Michael G. Rosenberg, »Financial Conditions Watch«, *Bloomberg*, 18. September 2008.)

3 Am Montag, dem 15. September, bewertete der Primary Fund Lehmans Geldmarktpapiere mit 80 Cent je Dollar. Am Dienstag postete er auf seiner Website: »Der Wert der von Lehman Brothers Holdings, Inc., emittierten Schuldverschreibungen (Nominalwert 785 Millionen Dollar), die von Primary Fund gehalten werden, wurde heute um 16.00 Uhr New Yorker Zeit mit null festgesetzt. Folglich beträgt der Nettovermögenswert des Primary Fund ab 16.00 Uhr 0,97 Dollar je Anteil.«

4 Ich erinnerte meine Studenten in den 1980er-Jahren, als die Zinsen kurzfristiger Staatsanleihen bei 16 Prozent lagen, daran, dass die Investoren in den 1930er-Jahren froh waren, wenn Renditen von zehn Basispunkten erzielten. Die Studenten schüttelten ungläubig die Köpfe, wir alle lachten über dieses kuriose Stück Geschichte und dachten, so etwas könne nie wieder passieren.

5 Die Standardabweichung der vierteljährlichen Veränderungen des nominalen BIPs fiel von 5,73 Prozent 1947 auf 2,91 Prozent im Zeitraum von 1983–2009.

6 The Jerome Levy Economics Institute of Bard College, Arbeitspapier Nr. 74, Mai 1992; siehe auch Robert Pollin, »The Relevance of Hyman Minsky«, *Challenge*, März/April 1997.

7 Subprime-Hypotheken waren nicht nur die Erfindung von Firmen an der Wall Street. Politiker, die Millionen von Amerikanern ihre erste Chance geben wollten, den »amerikanischen Traum« des Wohneigentums wahr werden zu lassen, forderten die halbstaatlichen Hypothekenbanken Fannie Mae und Freddie Mac dazu auf, Kredite an Schuldner zu vergeben, die unter normalen Umständen nicht kreditwürdig gewesen wären.

8 Da Hypotheken in Dollars denominiert sind, interessieren sich Anleihenkäufer nur für den nominalen, nicht für den realen Index.

9 Es trifft zu, dass es während der Großen Depression wesentliche nominale Wertverluste von Häusern gab und dass der Immobilienpreis-Index zwischen 1928 und 1932 um 25,9 Prozent sank. Aber das lag ausschließlich an der Deflation des allgemeinen Preis-Index, weil der Verbraucherpreis-Index fast um den gleichen Prozentsatz fiel. Da die Federal Reserve sich verpflichtet hatte, Deflation zu vermeiden, und das wegen der Macht zur Geldschöpfung auch tun konnte, wäre die Annahme recht vernünftig, dass Forscher diese Daten ignoriert haben.

10 »Absence of Fear«, CFA Society of Chicago Speech, 28. Juni 2007, berichtet von Robert Rodriguez, CEO von First Pacific, http://www.fpafunds.com/docs/special-commentaries/absence_of_f ear.pdf?sfvrsn=2

11 Deutsche Bank Trustee Reports, http:// csmoney.cnn.com/2007/10/15/markets/junk_mortgages.fortune/index.htm?postversion=2007101609.

12 Noelle Knox, »43 % of first time home buyers put no money down«, *USA Today*, 18. Januar 2006, S. 1 A.

13 Charles Himmelberg, Chris Mayer und Todd Sinai, »Assessing High House Prices, Bubbles, Fundamentals, and Misperceptions«, *Journal of Economic Perspectives*, Bd. 19, Nr. 4 (Herbst 2005), S. 67–92. Sie schrieben auch den Artikel »Bubble Trouble? Not Likely«, der auf der Herausgeberseite des *Wall Street Journal* (19. September 2005) am Hoch der Häuserpreise erschien.

14 Den Daten des Home Mortgage Disclosure Act zufolge stieg der landesweite Anteil von Kaufkrediten für Zweitwohnungen – definiert als »Gebäude, das nicht vom Eigentümer bewohnt wird« – von 8,6 Prozent (2000) auf 14,2 Prozent (2004). Das bedeutet eine durchschnittliche jährliche Steigerung um 16 Prozent in diesem Zeitraum. Die Gesamtzahl der Kaufkredite verdoppelte sich von 405.000 auf 881.200. Siehe Keunwon Chung, *Second Home Boom*, auf http://www.realtor.org/resorts/resorts/reisecondhomeresearch. Chung ist Statistiker bei der National Association of Realtors.

15 Robert Shiller, *Irrational Exuberance*, 2. Ausgabe, Princeton, NJ: Princeton University Press, 2005, Kap. 2. Siehe auch den *Forbes*-Kolumnisten Gary Shilling, z. B. »End of the Bubble Bailouts«, *Forbes*, 29. August 2006.

16 Dean Baker, »The Menace of an Unchecked Housing Bubble«, *Economist's Voice*, Bd. 3, Nr. 4 (2006), Artikel 1; »The Run-Up in Home Prices: Is It Real or Is It Another Bubble?«, *CEPR*, August 2002; und »The Housing Bubble and the Financial Crisis«, *Real-World Economics Review*, Nr. 46, 20. März 2008.

17 Andere, die vor der Wirtschaftskrise warnten, waren Gary Shilling (»End of the Bubble Bailouts«, *Forbes*, 29. August 2006), Wirtschaftsberater und *Forbes*-Kolumnist, und George Magnus (»What This Minsky Moment Means«, *FT*, 22. August 2007), Wirtschaftsberater bei UBS.

18 Viele, die die Dauerhaftigkeit des Preisanstiegs bezweifelten, merkten an: Wenn steigende Nachfrage zu einem Anstieg der Immobilienpreise führt, dämpft der folgende Anstieg des Angebots den Preisanstieg und führt zu einer Trendwende. Nur Faktoren mit fixem Angebot, wie rare Grundstücke, erleben einen dauerhaften Preisanstieg, wenn die Nachfrage dauerhaft steigt. Da die Grundstückskosten bei Wohnbauten nur etwa 20 Prozent der Gesamtkosten ausmachen, müssten die Grundstückspreise um das Fünffache steigen, damit sich der Wert eines Hauses verdoppelt.

19 Dies wurde nur drei Monate vor seinem viel zu frühen Tod im Alter von 68 Jahren veröffentlicht.

20 Aussage von Dr. Alan Greenspan vor dem Committee of Government Oversight and Reform, 23. Oktober 2008, S. 2.

21 Manche geben Greenspans naivem Glauben an die Börse und an die Hypothese vom effizienten Markt (Efficient Market Hypothesis oder EMH) die Schuld an seinem Schweigen. Aber wenn Greenspan die Marktpreise immer für richtig hielt, hätte er nie seine Rede über den »irrationalen Überschwang« im Dezember 1996 gehalten. Zudem besagt die EMH nicht, dass die Preise immer »richtig« sind. In der Tat sind sie fast immer falsch, wenn man an alle Informationen denkt, die später verfügbar werden. Die EMH besagt, dass wegen der Interaktion informierter Trader die Preise nicht so »offensichtlich« falsch sind, dass es für den durchschnittlichen Investor leicht wäre, davon zu profitieren. Wie oben angemerkt gab es sogar unter Experten große Meinungsverschiedenheiten, ob es einen Paradigmenwechsel am Häusermarkt gab, der die höheren Preise rechtfertigte.

22 John C. Taylor, Professor in Stanford und Autor von *Getting off Track: How Government Actions and Invention Caused, Prolonged, and Worsened the Financial Crisis* beschuldigte Greenspans Fed, die Zinsen zu lange zu niedrig gehalten zu haben. Andere, die der Fed die Schuld an der Immobilienkrise zuwiesen, waren Gerald O'Driscoll jun. vom Cato Institute, David Malpass, Präsident von Encima Global, und der Kongressabgeordnete Ron Paul aus Texas, ein hartnäckiger Kritiker der Fed.

23 BBC News. Quellen: Federal Reserve Bank, Bank of England und SIFMA, news.bbb.co.uk/2/hi/business/7073131.stm.

24 Diese Fonds trugen Fantasienamen wie High-Grade Structures Credit Strategies Enhanced Leverage Fund.

25 Bear Stearns und Citibank versuchten, sich zu schützen, indem sie Fonds und spezielle Investmentvehikel emittierten, die außerhalb der Bilanz geführt wurden. Als sich die Zahlungsausfälle häuften, beklagten sich Investoren, dass sie über die Risiken dieser Wertpapiere nicht vollständig informiert wurden, und die Rechtsberater der Firmen legten diesen nahe, viele dieser Hypotheken in die Bilanzen aufzunehmen.

26 Wenn die Verbindlichkeiten der Bundesregierung nicht explizit von der Zentralbank abgedeckt sind, gelten sie nicht mehr als »risikolos«, wie während der Krise in der Eurozone 2011 und 2012 deutlich wurde.

27 Die neue Einrichtung wurde Asset-Backed Commercial Paper Money Market Mutual Fund Liquidity Facility genannt.

28 Unverzinste Konten wurden von den Firmen für Löhne und andere Zahlungen verwendet. Auf ihre Sicherheit legte die Fed allergrößten Wert, um die Funktion des Zahlungssystems sicherzustellen.

29 1996 wurde die Relation zwischen den Trust Funds der FDIC zu den Einlagen, Designated Deposit Ratio genannt, auf 1,25 Prozent festgelegt, aber im September 2008 fiel sie unter 1,0 Prozent.

30 Bernanke promovierte acht Jahre nach mir auf dem gleichen Forschungsgebiet an der Fakultät für Wirtschaftswissenschaften. Obwohl diese Fakultät am MIT für ihre Orientierung an Keynes bekannt war, wurden auch monetaristisches Denken und insbesondere die Geschichte des Geldes intensiv behandelt.

31 Berichtet am 8. November 2002. Kapitel 13 liefert eine genauere Beschreibung der Geldpolitik.

32 12 USC 343. Hinzugefügt am 21. Juli 1932 (47 Stat. 715), ergänzt am 23. August 1935 (49 Stat. 714) und am 19. Dezember 1991 (105 Stat. 2386).

33 Siehe Kapitel 8 in Henry M. Paulson jun., *On the Brink*, New York: Hachette Book Group, 2010.

34 Siehe Peter Chapman, *The Last of the Imperious Rich: Lehman Brothers 1844–2008*, New York: Penguin Group, 2010, S. 262–263.

35 Bernanke, einem Republikaner, machte es keinen Spaß, diese Finanzfirmen zu retten. Bei einem Empfang im Rathaus von Kansas City im Juli 2009 sagte er: »Ich wollte nicht derjenige Chairman der Federal Reserve sein, der die zweite Große Depression verwaltete. Ich musste mir die Nase zuhalten. ... Ich bin ebenso angeekelt wie Sie (als ich die Finanzfirmen retten musste).« *Associated Press* berichtete am Montag, dem 27. Juli 2009: »Bernanke musste sich bei den Bankenrettungen die Nase zuhalten.«

36 Allan Meltzer, »What Happened to the Depression?«, *Wall Street Journal*. 31. August 2009.

Kapitel 3

1 Der Rückgang wäre stärker, wenn Quartalsdaten verfügbar wären. Das vierteljährliche BIP war bis 1946 nicht verfügbar.

2 Joseph Swanson und Samuel Williamson, »Estimates of National Product and Income for The United States Economy, 1919–1941«, *Explorations in Economic History*, Bd. 10, Nr. 1 (1972); und Enrique Martínez-García und Janet Koech, »A Historical Look at the Labor Market During Recessions«, Federal Reserve Bank of Dallas, *Economic Letter*, Bd. 5, Nr. 1 (Januar 2010).

3 Der Rückgang ereignete sich zwischen Juli 2008 und Dezember 2008, als die Ölpreise abstürzten.

4 Berechnet ab dem beschriebenen 27-prozentigen Rückgang des Preisniveaus (1/0,73).

5 Es gab noch weitere Faktoren, die den Rückgang des BIPs während der Großen Rezession bremsten und während der Großen Depression nicht vorhanden waren: die Existenz der FDIC-Einlagensicherung; großzügige Arbeitslosengelder; die automatische Verringerung der Steuern, weil die Einkommen und die Asset-Preise sanken, die den Rückgang des verfügbaren Einkommens bremsten, sowie die Expansion der Ausgaben durch die Regierung.

6 Aus Tabelle A 1 in Milton Friedman und Anna Schwartz, *A Monetary History of the United States*, 1867–1960, Princeton, NJ: Princeton University Press, 1963.

7 In realen Zahlen waren die Kursverluste von 1974 und 2008 fast identisch wegen der wesentlich höheren Inflation 1973 und 1974.

8 Am Vormittag des 20. Oktober erreichte der VIX (berechnet unter Verwendung geringfügig anderer Index-Optionen) fast 170. Seither erreichte der VIX das Niveau von 50 während der Asienkrise, 1998, als Long-Term Capital Management kollabierte, 2001 unmittelbar nach den Terroranschlägen vom 11. September und am Tief der vorhergehenden Baisse 2002. Mehr Details in Kapitel 18.

9 Siehe Kapitel 15 und 18 für eine detailliertere Analyse der Marktvolatilität und der Ereignisse, die sie auslösten.

10 In Dollar ausgedrückt fielen sämtliche Märkte um mindestens 50 Prozent. Italien, Finnland, Belgien, Russland, Griechenland und Österreich fielen um mindestens 70 Prozent und Irland um mehr als 80 Prozent. Nach der Erholung von den Tiefs im März 2009 fielen einige europäische Märkte während der Euro-Krise auf neue Tiefs, darunter Italien, Portugal, Spanien und Griechenland. Der Index der Börse Athen verlor ab seinem Hoch im September 1999 bis zum Juni 2012 92,7 Prozent.

11 Der JPMorgan-Index der Schwellenländerwährungen fiel von Oktober 2007 bis März 2009 relativ zum Dollar um 19 Prozent. In Lokalwährung berechnet fielen die Aktien aus den Schwellenländern um etwa 53 Prozent, fast ebenso stark wie die Börsen der entwickelten Länder.

12 General Growth Properties, Eigentümer einiger der besten Einkaufs-Malls in den USA, fiel von über 20 Dollar je Aktie zum Zeitpunkt der Lehman-Pleite unter 20 Cent, weil die Kreditgeber die Rückzahlung der Kredite verlangten.

13 Der spekulativere Morgan Stanley Dot-com-Index fiel von Januar 2000 bis März 2002 um 96 Prozent.

14 Im September 2012, zweieinhalb Jahre nach dem Baissetief, lagen diese Aktien immer noch 89 Prozent, 95 Prozent und 98 Prozent unter ihren Hochs.

15 Banken, die sich aus der Finanzkrise größtenteils heraushielten, zum Beispiel Wells Fargo, die am Tief der Baisse bis zu 80 Prozent ihres Aktienwerts verloren hatte, oder JPMorgan, die über 70 Prozent verloren hatte, erreichten 2013 neue Hochs.

16 Wegen des Rückgangs des Preisniveaus während der Großen Depression war der Rückgang der realen Gewinne sogar weniger stark als in den 1930er-Jahren. Näheres hierzu in Kapitel 9.

17 Eine vollständigere Erklärung finden Sie in Kapitel 10.

18 Gemessen an den Case-Shiller-Indizes erreichten die Immobilienpreise im Mai 2006 ihr Hoch und waren schon um acht Prozent gesunken, als der Aktienmarkt im Oktober 2007 sein Hoch erreichte. Die Preise für Wohnimmobilien lagen im Mai 2006 am höchsten.

19 MIT Center for Real Estate Prices, allgemeiner Index.

20 Atif Mian und Amir Sufi, »Household Leverage and the Recession of 2007–2009«, IMF Economic Review, Bd. 58, Nr. 1 (2010), S. 74–117.

21 Obwohl die Banknoten der Federal Reserve (die Währung) keine Rendite bieten, hielten die Investoren eine kleine negative Rendite für einen fairen Preis, Millionen Dollar in einem bequemen und sicheren Geldinstrument zu halten.

22 Trotz dieses Zitats leugnete King, gewusst zu haben, dass der Zins während der Finanzkrise manipuliert wurde.

23 Barclays behauptete, die U.K. Financial Services Authority billige seine niedrigen Zinsen, um während der Finanzkrise das Vertrauen in das Finanzsystem zu stützen.

24 Dies basiert auf einem arithmetischen Durchschnitt aus 19 Rohstoffen, wobei Erdölprodukte mit einem Drittel gewichtet sind.

25 Gemäß der Anwaltsfirma Davis Polk & Wardwell LLP in ihrem Text »Summary of the Dodd-Frank Wall Street Reform and Consumer Protection Act, Enacted into Law on July 21, 2010«.

26 Der Dodd-Frank Act verbietet auch die Verwendung anderer Finanzmittel, zum Beispiel des Stabilization Fund, der kurz nach der Lehman-Insolvenz eingerichtet wurde, um 50 Milliarden Dollar in Geldmarktfonds angelegte Gelder zu garantieren.

27 Einem im Januar 2013 veröffentlichten Bericht des Finanzministeriums zufolge hatte das Finanzministerium fast 405 Milliarden Dollar der TARP-Investitionen zurückbekommen, was knapp 97 Prozent der Ausgaben von 418 Milliarden Dollar entsprach.

Kapitel 4

1 Pew Research Center, »The Impact of Long-Term Unemployment«, 26. Juli 2010.

2 Dies kommt vom National Center for Health Statistics: *National Vital Statistics Reports*, www.cd.gov/nchs. Die Lebenserwartung nicht weißer Personen blieb hinter der der Weißen zurück, aber der Unterschied wird geringer und beträgt nun etwa vier Jahre.

3 James Vaupel, »Setting the Stage: A Generation of Centenarians?«, *Washington Quarterly*, Bd. 23, Nr. 3 (2000), S. 197–2000.

4 »Forever Young«, *Economist*, S. 15, 27. März 2004.

5 Pauline Givord und Jean-Yves Fournier, »Decreasing Participation Rates for Old and Young People in France«, Institute of Economics and Statistics, 2002.

6 Natürlich könnten Menschen auch früher in den Ruhestand gehen, falls sie danach ihren Konsum ausreichend einschränken. Der oben genannte Ruhestandszeitraum beruht auf der Annahme, dass Ruheständler mit 80 Prozent ihres vorherigen Konsums auskommen.

7 Siehe Robert D. Arnott und Denis B. Chaves, »Demographic Changes, Financial Markets and the Economy«, *Financial Analysts Journal*, Bd. 68, Nr. 1 (Januar/Februar 2012), S. 23; und Zheng Liu und Mark M. Spiegel, »Boomer Retirement: Headwinds for U.S. Equity Markets?«, *Federal Reserve of San Francisco Economic Letter*, 22. August 2011. Das erste populäre Werk über die Auswirkungen der Demografie auf die Aktienkurse war *The Great Boom Ahead* von Harry Dent, 1989. Seine Prognosen auf der Basis der Demografie einzelner Länder werden in *The Great Depression Ahead* (2009) geschildert.

8 Homi Khara, »The Emerging Middle Class in Developing Countries«, Working Paper No. 285, OECD Development Centre.

9 Charles Tansey, »Expanding U.S. Sales Overseas with Export Financing«, *Trade and Industry Development*, 29. Februar 2012, http://www.Tradeandindustrydev.com/Industry/Manufacturing/expanding-us-sales-overseas-export-financing-6169.

10 In den USA ist die Produktivität als Output je Arbeitsstunde definiert, in Europa dagegen oft als Output je Arbeitskraft.

11 Das Produktivitätswachstum war unmittelbar nach dem Zweiten Weltkrieg ein wenig höher, aber seit 1960 hat das Produktionswachstum in den USA keinen signifikanten Abwärtstrend gezeigt.

12 Robert Gordon, »Is U.S. Economic Growth Over? Faltering Innovation Confronts Six Headwinds«, NBER#18315, August 2012. Siehe auch die Antwort John Cochranes von der University of Chicago in seinem Blog auf http://johncochrane.blogspot.com/2012/08/gordon-on-gowth.html.

13 Tyler Cowen, *The Great Stagnation: How America Ate All the Low-Hanging Fruit of Modern History, Got Sick and Will (Eventually) Feel Better*, New York: Dutton Adult, 2011.

14 Dies sind nicht die Daten, als diese Dinge entdeckt wurden, sondern als sie in der Bevölkerung der USA und in den meisten anderen entwickelten Volkswirtschaften allgemein bekannt wurden.

15 Zitiert in *The Economist*, 12. Januar 2013, S. 21.

16 El-Erian schrieb »The New Normal«, das im Mai 2009 im monatlich erscheinenden *PIMCO Newsletter* veröffentlicht wurde. Bill Gross folgte einen Monat später mit »Staying Rich in the New Normal«. Darin beschrieb er die Wachstumsparameter der neuen Normalität.

17 Jeremy Grantham von GMO und Christopher Brightman von Research Affiliates.

18 Michael Rothschild, *Bionomics*, New York: Henry Holt, 1990.

19 Charles I. Jones, »Sources of U.S. Economic Growth in a World of Ideas«, *American Economic Review*, Bd. 92, Nr. 1 (März 2002), S. 234; und Charles I. Jones und Paul M. Romer, »The New Kaldor Facts: Ideas, Institutions, Population, and Human Capital, *American Economic Journal: Macroeconomics*, Bd. 2 (Januar 2010), S. 224–245.

20 Eine weitere optimistische Sichtweise finden Sie bei Martin Neil Baily, James M. Manyika und Shalabh Gupta, »U.S. Productivity Growth: An Optimistic Perspective«, *International Productivity Monitor*, Frühjahr 2013, S. 3–12.

21 Ben Bernanke, Ansprache im Bard College in Simon's Rock, MA, 18. Mai 2013.

Kapitel 5

1 G. William Schwert, »Indexes of United States Stock Prices from 1802 to 1897«, *Journal of Business*, Bd. 63 (Juli 1990), S. 399–426.

2 Eine Beschreibung früher Dividendenrenditen finden Sie in Walter Werner und Steven Smith, *Wall Street*, New York: Columbia University Press, 1991. Siehe auch die früheren Arbeiten von William Goetzmann und Philippe Jorion, »A Longer Look at Dividend Yields«, *Journal of Business*, Bd. 68, Nr. 4 (1995), S. 483–508, und William Goetzmann, »Patterns in Three Centuries of Stock Market Prices«, *Journal of Business*, Bd. 66, Nr. 2 (1993), S. 249–270. Eine kurze Beschreibung des früheren Aktienmarkts finden Sie in Anhang 1 am Ende dieses Kapitels.

3 William Goetzmann und Roger G. Ibbotson, »A New Historical Database for NYSE 1815–1925: Performance and Predictability«, Neudruck in *The Equity Risk Premium*, New York: Oxford University Press, 2006, S. 73–106.

4 Goetzmann und Ibbotson formten zwei Reihen von Aktienrenditen. In der einen nahmen sie an, dass Aktien, für die sie keine Dividenden finden konnten, auch keine Dividenden zahlten. In der zweiten nahmen sie an, dass auf diese Aktien die durchschnittlichen Dividenden der Titel gezahlt wurden, bei denen sie Auszahlungen fanden. Der Mittelwert beider Reihen liegt bei 6,52 Prozent; ein wenig mehr als die 6,4 Prozent, die ich ursprünglich geschätzt hatte.

5 Robert Shiller, *Market Volatility*, Cambridge, MA: MIT Press, 1989.

6 *Ibbotson Stocks, Bonds, Bills and Inflation (SBBI) Classic Yearbook*, jährlich veröffentlicht von Morningstar, New York.

7 Blodget, ein Ökonom im frühen 19. Jahrhundert, schätzte das Vermögen der USA damals auf fast 2,5 Milliarden Dollar. Also wären 1,33 Millionen Dollar nur etwa ein halbes Promille des Gesamtvermögens. Aus S. Blodget jun., *Economica, A Statistical Manual for the United States of America*, 1806 ed., S. 68.

8 Siehe Jeremy Siegel, »The Real Estate Interest from 1800–1990: A Study of the U.S. and the U.K.«, *Journal of Monetary Economics*, Bd. 29 (1992), S. 227–252. Hier finden Sie eine detaillierte Beschreibung, wie eine historische Renditereihe konstruiert wird.

9 Näheres hierzu in Kapitel 13.

10 Ironischerweise ist trotz der inflationären Neigung des Papiergeldsystems gut erhaltenes Papiergeld aus dem frühen 19. Jahrhundert auf dem Sammlermarkt ein Vielfaches des Nennwerts wert und hat Gold als Langfristinvestment bei Weitem hinter sich gelassen. Eine alte Matratze mit Papiergeld aus dem 19. Jahrhundert ist ein besserer Fund als die entsprechende Summe in Goldbarren!

11 Diese langfristige Realrendite von US-Aktien wurde von Andrew Smithers und Stephen Wright »Siegels Konstante« genannt. Siehe *Valuing Wall Street: Protecting Wealth in Turbulent Markets*, New York: McGraw-Hill, 2000.

12 Bill Gross, »The Death of the Cult of Equities«, *PIMCO Newsletter*, August 2012.

13 Das BIP-Wachstum ist konsistent mit dem Konsum etwa der Hälfte der jährlichen langfristigen Aktien-Realrendite durch die Investoren.

14 Die Renditen der TIPS schossen kurzfristig auf drei Prozent nach oben, weil die Investoren aus Furcht vor einer neuen Großen Depression eifrig Anleihen kauften, die sie vor Inflation schützen sollten.

15 Eine ausführliche Analyse der Aktienrisikoprämie finden Sie in Jeremy Siegel und Richard Thaler. »The Equity Premium Puzzle«, *Journal of Economic Perspectives*, Bd. 11, Nr. 1 (Winter 1997), S. 191–200 und, später erschienen, »Perspectives on the Equity Risk Premium«, *Financial Analysts Journal*, Bd. 61, Nr. 1 (November/Dezember 2005), S. 61–73, neu gedruckt in Rodney N. Sullivan, *Bold Thinking on Investment Management*, CFA Institute, 2005, S. 202–217.

16 Siehe Stephen J. Brown, William N. Goetzmann und Stephen A. Ross, »Survival«, *Journal of Finance*, Bd. 50 (1995), S. 853–873.

17 Elroy Dimson, Paul Marsh und Michael Stanton, *Triumph of the Optimists: 101 Years of Global Investment Returns*, Princeton, NJ: Princeton University Press, 2002.

18 Dimson, Marsh und Staunton, *Triumph of the Optimists*. Die Forscher fügten ihrer Liste seit der Publikation drei Länder hinzu.

19 *Triumph of the Optimists* könnte die langfristigen internationalen Aktienrenditen sogar *zu niedrig* dargestellt haben. Die US-Aktienmärkte und andere internationale Märkte, von denen wir Daten haben, schnitten in den 30 Jahren vor 1900 sehr gut ab, wo die *Triumph*-Studie beginnt. Die US-Aktienrenditen ab 1871 liegen deutlich über den Renditen ab 1900. Daten aus dem Vereinigten Königreich zeigen ähnliche Renditen.

20 Bis vor Kurzem war Dexter Corp. die älteste ununterbrochen tätige Firma. Dexter wurde 1767 gegründet und ist ein Hersteller von Spezialmaterialien, der im September 2000 von Invitrogen gekauft wurde, das 2008 mit Applied Biosystems zu Life Technologies Inc. fusionierte. Die zweitälteste war Bowne & Co. (1775), eine Spezialdruckerei. RR Donnelley kaufte Bowne 2010. Die ältesten Banken mit aktiven Märkten für ihre Aktien sind die First National Bank of Pennsylvania, 1782 gegründet (heute im Eigentum von Wells Fargo) und die Bank of New York Corp. (heute BNY-Mellon), gegründet 1784.

21 Werner und Smith, *Wall Street*, S. 82.

22 Zwei andere Kanäle, der Chesapeake and Delaware und der Schuylkill hatten bis 1825 über eine Million Dollar an Aktienkapital verkauft. Ich verdanke diese Beobachtung Stephen Skye, Präsident des Neversink Valley Museum of History and Innovation.

Kapitel 6

1 Irving Fisher et al., *How to Invest When Prices Are Rising*, Scranton, PA: G. Lynn Sumner & Co., 1912, S. 6.

2 R. Arnott, »Bonds, Why Bother?«, *Journal of Indexes*, Mai/Juni 2009.

3 Kapitel 21 über die Rolle der Psychologie bei Investments analysiert, wie die Aversion der Investoren gegen Verluste, egal wie klein sie sind, die Performance eines Portfolios beeinflusst.

4 Das würde bedeuten, dass die Anleihen*renditen* und die Aktienkurse in die gleiche Richtung tendieren.

5 Dieser Abschnitt, der Material für Fortgeschrittene enthält, kann ohne Kontinuitätsverlust übersprungen werden.

6 Eine exzellente Zusammenfassung dieser Literatur finden Sie bei Luis M. Viceira und John Y. Campbell, *Strategic Asset Allocation: Portfolio Choice for Long-Term Investors*, New York: Oxford University Press, 2002. Siehe auch Nicholas Barberis, »Investing for the Long Run When Returns Are Predictable«, *Journal of Finance*, Bd. 55 (2000), S. 225–264. Paul Samuelson hat gezeigt, dass die Rückkehr zum Mittelwert Aktienpositionen erhöht, wenn Investoren einen höheren Risikoaversions-Koeffizienten haben als die Allgemeinheit, was die meisten Forscher für zutreffend halten. Siehe Paul Samuelson, »Long-Run Risk-Tolerance When Equity Returns Are Mean Regressing: Pseudoparadoxes and Vindications of ›Businessmen's Risk‹«, in W. C. Brainard, W. D. Nordhaus und H. W. Watts (Hrsg.), *Money Macroeconomics, and Public Policy*, Cambridge, MA: MIT Press, 1991, S. 181–200. Siehe auch Zvi Bodie, Robert Merton und William Samuelson, »Labor Supply Flexibility and Portfolio Choice in a Lifecycle Model«, *Journal of Economic Dynamics and Control*, Bd. 16, Nr. 3 (Juli–Oktober 1992), S. 427– 450. Bodie, Merton und Samuelson haben gezeigt, dass Aktienpositionen mit dem Alter variieren können, weil Aktienrenditen mit dem Arbeitseinkommen korreliert sein können.

Kapitel 7

1 Chicago Gas Company, ein Gründungsmitglied des damals zwölf Aktien umfassenden DJIA, wurde zu Peoples Energy, Inc. und war bis Mai 1997 Mitglied des Dow Utilities Average.

2 Die Prozedur der Berechnung der Dow Averages, wenn eine neue Aktie aufgenommen oder ein Split vorgenommen wird, verläuft wie folgt: Die Kurse der im Index vertretenen Aktien werden vor und nach der Veränderung addiert und ein neuer Divisor wird bestimmt, der denselben Durchschnitt ergibt wie vor dem

Wechsel. Wegen Aktiensplits bewegt sich der Divisor in der Regel im Lauf der Zeit nach unten, aber der Divisor kann auch steigen, wenn eine höherpreisige Aktie durch eine mit einem niedrigeren Kurs ersetzt wird, wie es im September 2013 geschah.

3 Ein preisgewichteter Index hat folgende Eigenschaft: Nach einem Aktiensplit hat die betreffende Aktie geringere Auswirkungen auf den Durchschnitt und die Auswirkungen aller anderen Aktien werden ein wenig höher. Vor 1914 wurde der Divisor unverändert gelassen, wenn es einen Aktiensplit gab, und der Kurs wurde zur Index-Berechnung mit dem Split-Verhältnis multipliziert. Das führte dazu, dass steigende Aktien ein höheres Gewicht im Index erlangen; ähnlich wie heute bei den Value-gewichteten Indizes.

4 Diese Rendite ist wahrscheinlich eine Unterschätzung, denn die Durchschnittsrendite der Dow-Aktien ist tendenziell höher als die des Gesamtmarkts.

5 Eine ähnliche Situation, in der eine bewährte Benchmark wegen der Inflation nicht mehr tauglich war, finden Sie in Kapitel 10: »Ein böses Omen kehrt zurück«.

6 2004 ging Standard & Poor's zu einer »Float-adjustierten« Aktiengewichtung über. Dabei wurden Aktien ausgeschlossen, die von Insidern, anderen Unternehmen und Regierungen gehalten werden. Das reduzierte die Gewichtung großer Unternehmen wie Walmart im S&P-500-Index, weil viele Aktien von der Familie Walton gehalten werden.

7 Die 2013 gültigen Zulassungskriterien umfassen: (1) Die Marktkapitalisierung muss mindestens vier Milliarden Dollar betragen, (2) die US-Anteile fixer Assets und Umsätze müssen die höchsten Assets und Umsätze von allen sein (müssen aber nicht über 50 Prozent liegen), (3) das Unternehmen muss vier aufeinanderfolgende Quartale mit positiven Gewinnen nach den GAAP-Regeln aufweisen und (4) muss die Struktur der Unternehmensführung mit den Praktiken in den USA konform sein.

8 Es gibt zugegebenermaßen eine Art von doppelter Umsatzzählung im Handelssystem der Nasdaq, weil der Händler die Aktie eher selbst kauft, als die Rolle eines Auktionators einzunehmen. Siehe Anne M. Anderson und Edward A. Dyl, »Trading Volume: NASDAQ and the Nyse«, *Financial Analyst Journal*, Bd. 63, Nr. 3 (Mai/Juni 2007), S. 79.

9 Eng verbunden mit den CRSP-Indizes ist der Dow-Jones-Wilshire-5000-Index, der 1974 konzipiert wurde und etwa 5000 Aktien enthält.

10 Der ursprüngliche Value Line Index aus 1700 Aktien, der auf dem geometrischen Durchschnitt der Veränderungen der einzelnen Aktien basierte, war nach unten verzerrt. Das brachte Value Line schließlich dazu, den geometrischen Durchschnitt zugunsten eines arithmetischen aufzugeben, der repliziert werden konnte.

Kapitel 8

1 Kriterien für die Listung und andere Informationen finden Sie auf der Website von Standard & Poor's.

2 1997 wurden die SIC-Vorschriften ausgedehnt, um Firmen in Kanada und Mexiko einzuschließen. Die revidierte Liste wurde in North American Industrial Classification System (NAICS) umbenannt.

3 Fannie Mae und Freddie Mac wurden im Juli 2008 aus dem Index entfernt, als beide in Konkurs gingen.

4 Die Berechnungen in Tabelle 8.3 beinhalten die Renditen aus allen Spin-offs und Abspaltungen, während die in Tabelle 8.2 annehmen, dass alle Abspaltungen verkauft und in die Firma reinvestiert wurden.

5 Die Firma behielt ihr Tickersymbol »MO«, oder »Big Mo«, wie Trader Philip Morris liebevoll nennen.

6 Wenn die Firma privat bleibt, wird angenommen, dass die Renditen denen des S&P-500-Index entsprechen.

7 Diese Schätzung basiert auf detailliertem Research, das eine Outperformance in Höhe von 89 Basispunkten vom Beginn des Index bis Ende 2006 zeigte.

Kapitel 9

1 Robert Arnott, »Dividends and the Three Dwarfs«, *Financial Analysts Journal*, Bd. 59, Nr. 2 (März/April 2003), S. 4.

2 Die realen Gewinne der Aktien sind ungefähr um die Hälfte der Rate des realen BIPs gestiegen, während die NIPA-Unternehmensgewinne gleich stark wachsen wie das BIP.

3 Die Nachsteuergewinne der Unternehmen sind Tabelle 1.12, Zeile 45 des NIPA entnommen. Das »Volks-« oder »National«-Einkommen enthält (im Gegensatz zum »inländischen Einkommen«) die Rendite von US-Kapitalgewinnen an ausländischen Märkten.

4 Myron J. Gordon, *The Investment, Financing, and Valuation of the Corporation*, Homewood, IL: Irwin, 1962.

5 Das setzt auch voraus, dass Kapitalgewinne und Dividenden nicht unterschiedlich besteuert werden.

6 Firmen, die keine Dividenden zahlen, zum Beispiel Warren Buffetts Berkshire Hathaway, haben einen Wert, weil ihre Assets, die Cash-Renditen einbringen, in Zukunft liquidiert und an die Aktionäre ausgeschüttet werden können.

7 John Burr Williams, *The Theory of Investment Value*, Cambridge, MA: Harvard University Press, 1938, S. 30.

8 Obwohl die bei der Steuerbehörde gemeldeten Gewinne von diesen abweichen können.

9 Einen großen Teil dieser Informationen verdanke ich David Bianco, Chefstratege für US-Aktien bei der Deutschen Bank.

10 Diese Standards heißen nicht mehr FAS. Alle Regeln sind heute in einer »Bilanzstandard-Kodifizierung (ASC) zusammengefasst. Das FASB gibt heute ein »Bilanzstandard-Update« oder ASU heraus.

11 Siehe Dan Givoly und Carla Hayn, »Rising Conservatism: Implications for Financial Analysis«, *Financial Analysts Journal*, Bd. 58, Nr. 1 (Januar–Februar 2002), S. 56–74.

12 Die International Financial Reporting Standards (IFRS) erlauben in manchen Situationen eine Werterhöhung.

13 Diese Differenzen in den beiden Reihen veranlassten die BEA zur Herausgabe eines Informationstexts mit dem Titel »Comparing NIPA Profits with the S&P 500 Profits«, geschrieben von Andrew W. Hodge in *Survey of Current Business*, Bd. 91 (März 2011). Die BEA definiert *Unternehmensgewinne* als Einkommen aus der laufenden Produktion von US-Unternehmen, basierend auf »Anpassung, Ergänzung und Integration finanzbasierter und steuerbasierter Quellendaten«. Hodges deutet an, dass Tabelle 1.12, Zeile 45 die Daten zeigt, die am ehesten mit den S&P-500-Gewinnen vergleichbar sind.

14 Diese Unterkapitalisierung tritt in der Bilanzierung und bei den BIP-Berechnungen auf. Siehe Leonard Nakamura, »Investing in Intangibles: Is a Trillion Dollars Missing from GDP?«, *Business Review*, Federal Reserve Bank of Philadelphia, viertes Quartal 2001, S. 27–37. 2013 begann die BEA Forschung und Entwicklung als Investitionen in den BIP-Berechnungen zu berücksichtigen.

15 Diese Themen werden auch in Kapitel 13 diskutiert.

16 Analysten von der Wall Street prognostizieren operative Gewinne im Wissen, welche Posten diese Firmen traditionell in ihre Berichte aufgenommen und welche sie ausgeschlossen haben. Die GAAP-Gewinne werden selten prognostiziert, weil es schwer zu sagen ist, wann Firmen spezielle Rücklagen für Restrukturierungen bilden oder einmalige Posten wie Kapitalgewinne melden werden.

17 Die Marke von 65 Prozent dient oft als Benchmark für die Analyse, wie gut das Quartal für die Gewinne im Allgemeinen war.

Kapitel 10

1 Graham und Dodd, »The Theory of Common Stock Investment«, *Security Analysis*, New York: McGraw-Hill, 1940, 2. Ausgabe, S. 343.

2 *BusinessWeek*, 9. August 1958.

3 »In the Markets«, *BusinessWeek*, 13. September 1958, S. 91.

4 Molodovsky, »The Many Aspects of Yields«, *Financial Analysts Journal*, Bd. 18, Nr. 2 (März–April 1962), S. 49–62.

5 Siehe Jeremy J. Siegel, »The S&P Gets Its Earnings Wrong«, *The Wall Street Journal*, 25. Februar 2009, S. A 13.

6 Würden alle Gewinne als Dividenden ausgeschüttet, wäre die Dividendenrendite gleich der Gewinnrendite. Die Gewinnrendite kann von der oft zitierten ROE (Return on Equity oder Eigenkapitalrendite) abweichen, die normalerweise die Relation zwischen den Profiten und dem Buchwert der Aktien statt zum Marktwert misst.

7 2013 wurde Robert Shiller mit dem Nobelpreis für Wirtschaftswissenschaften ausgezeichnet, auch wegen seiner Arbeiten über die Volatilität des Aktienmarkts und über Behavioral Finance.

8 J. Y. Campbell und R. J. Shiller, »Valuation Ratios and the Long-Run Stock Market Outlook«, *Journal of Portfolio Management*, Winter 1998, S. 11–26. Ihre frühere Studie war Campbell und Shiller, »Stock Prices, Earnings and Expected Dividends«, *Journal of Finance*, Bd. 43, Nr. 3 (Juli 1988), S. 661–676. Robert Shiller postete am 21. Juli 1996 auf seiner Website ein Papier mit dem Titel »Price Earnings Ratios as Forecasters of Returns: The Stock Market Outlook in 1996«. Es diente als Basis für seine Präsentation bei der Federal Reserve.

9 Das CAPE-Modell kann knapp ein Drittel der Variation der zukünftigen realen Zehn-Jahres-Renditen erklären, ein hoher Wert für Aktienprognosegleichungen.

10 In Abbildung 10.3 wurden die geschätzten realen Aktienrenditen in den zehn Jahren nach dem Januar 2013 mit 6,54 Prozent (der langfristige Durchschnitt) festgesetzt. Das Shiller-CAPE-Modell geht für diesen Zeitraum von 4,16 Prozent aus. Wenn diese Prognose für die nächsten zehn Jahre eingesetzt wird, könnten die Prognose und die tatsächlichen Renditen Ende 2012 konvergieren.

11 In diesem Papier vom Juli 1996 prognostizierte Shiller, der reale S&P-500 werde in den nächsten zehn Jahren um 38,07 Prozent sinken. Obwohl der S&P-500 in diesem Zeitraum inflationsbereinigt um 41 Prozent stieg und die realen Aktienrenditen bei 5,6 Prozent lagen, wurden die Warnungen der CAPE-Relationen zutreffender, als sich die Hausse fortsetzte. Tatsächlich fiel der reale S&P-500 ab März 1999 um mehr als 50 Prozent, was Shillers Pessimismus rechtfertigte.

12 Andere Quellen beinhalten einen Anstieg der Gewinnwachstumsrate und die »Verzerrung durch Aggregation«, die entsteht, weil nur wenige Firmen für den Großteil der Verluste in einer Rezession verantwortlich sind. Siehe Jeremy J. Siegel, »The CAPE Ratio: A New Look«, Arbeitspapier, Mai 2013.

13 Die NIPA-Gewinne wurden mit dem gleichen Divisor angepasst, der für die S&P-Gewinne von 1967–2012 verwendet wurde und bis 1928 zurückreicht.

14 Joel Lander, Athanasios Orphanides und Martha Douvogiannis, »Earnings, Forecasts and the Predictability of Stock Returns: Evidence from Trading the S&P«, Federal Reserve, Januar 1997. Neudruck in *Journal of Portfolio Management*, Bd. 23 (Sommer 1979), S. 24–35. Der Text bezieht sich auf eine frühere Version, die im Oktober 1996 präsentiert wurde.

15 James Tobin, »A General Equilibrium Approach to Monetary Theory«, *Journal of Money, Credit, and Banking*, Bd. 1 (Februar 1969), S. 15–29.

16 Andrew Smithers und Stephen Wright, *Valuing Wall Street: Protecting Wealth in Turbulent Markets*, New York: McGraw-Hill, 2000.

17 Ein großer Teil dieses Materials stammt aus ausführlichen Studien von David Bianco von der Deutschen Bank über die S&P-500-Margen. Siehe Bianco, »S&P 500 Margins: Facts and Fiction«, *DB Markets Research*, 17. Mai 2013 und Bianco, *Monthly US Strategy Update*, 24. Januar 2013, S. 26.

18 Charles M. Jones, »A Century of Stock Market Liquidity and Trading Costs«, Arbeitspapier, 23. Mai 2002.

19 John B. Carlson und Eduard A. Pelz, »Investor Expectations and Fundamentals: Disappointment Ahead?«, Federal Reserve Bank of Cleveland, *Economic Commentary*, 1. Mai 2000.

20 Rajnish Mehra und Edward C. Prescott, »The Equity Premium: A Puzzle«, *Journal of Monetary Economics*, Bd. 15 (März 1985) S. 145–162.

21 Mehra und Prescott verwendeten die bis 1872 zurückreichenden Daten der Cowles Foundation. In ihrem Research erwähnten sie nicht einmal die Tendenz von Aktienrenditen, zum Mittelwert zurückzukehren. Das hätte die Aktienprämie noch stärker schrumpfen lassen.

22 Siehe Jeremy Siegel, »Perspectives on the Equity Risk Premium«, *Financial Analysts Journal*, Bd. 61, Nr. 1 (November/Dezember 2005), S. 61–73. Nachdruck in Rodney N. Sullivan (Hrsg.), *Bold Thinking on Investment Management, The FAJ 60th Anniversary Anthology*, Charlottesville, VA: CFA Institute, 2005, S. 202–217.

23 Chelcie C. Bosland, *The Common Stock Theory of Investment*, New York: Ronald Press, 1937, S. 132.

Kapitel 11

1 Graham und Dodd, »Price Earnings Ratios for Common Stocks«, *Security Analysis*, 2. Ausgabe, New York: McGraw-Hill, 1940, S. 530.

2 Griechische Buchstaben werden zur Kennzeichnung der Koeffizienten von Regressionsgleichungen verwendet. Beta, der zweite Koeffizient, wird aus der Korrelation der Rendite einer Einzelaktie (oder eines Portfolios) mit einem nach Kapitalisierung gewichteten Marktportfolio errechnet. Der erste Koeffizient, Alpha, ist die durchschnittliche historische Rendite der Aktie oder des Portfolios über oder unter der Marktrendite.

3 Siehe William Sharpe, »Capital Asset Prices: A Theory of Market Equilibrium Under Conditions of Risk«, Journal of Finance, Bd. 19, Nr. 3 (September 1964), S. 442, und John Lintner, »The Valuation of Risk Assets and the Selection of Risky Investment in Stock Portfolios and Capital Budgets«, Review of Economics and Statistics, Bd. 47, Nr. 1 (1965), S. 221–245.

4 Ab 1980 lag das Beta von ExxonMobil bei 0,60, das von IBM bei 0,93.

5 Eugene Fama und Ken French, »The CAPM Is Wanted, Dead or Alive«, *Journal of Finance*, Bd. 47. (1992), S. 427–466.

6 Eugene Fama und Ken French, »The CAPM Is Wanted, Dead or Alive«, *Journal of Finance*, Bd. 51. Nr. 5 (Dezember 1996), S. 1947–1958.

7 Benjamin Graham und David Dodd, *Security Analysis*, New York: McGraw-Hill, 1934.

8 Rolf Banz, »The Relationship Between Return and Market Value of Common Stock«, *Journal of Financial Economics*, Bd. 9 (1981), S. 3–18.

9 Diese Daten sind entnommen aus *Stocks, Bonds, Bills, and Inflation (SBBI) 2007 Yearbook*, Chicago: Morningstar Publications, Kap. 7.

10 Der Index der kleinen Aktien ist bis 1981 das unterste Quintil (20 Prozent) der NYSE-Aktien, dann entspricht er von 1982–2000 der Performance des Dimensional Fund Advisors Small Company Fund und ab 2001 ist er der Russell-2000-Index.

11 Graham und Dodd, *Security Analysis*, 2. Ausgabe, 1940, S. 381.

12 Siehe Robert Litzenberger und Krishna Ramaswamy, »The Effects of Personal Taxes and Dividends on Capital Asset Prices: Theory and Empirical Evidence«, *Journal of Financial Economics*, 1979, S. 163–195.

13 James P.O'Shaughnessy, *What Works on Wall Street*, 3. Ausgabe, New York: McGraw-Hill, 2003.

14 John R. Dorfman, »Study of Industrial Averages Finds Stocks with High Dividends Are Big Winners«, *Wall Street Journal*, 11. August 1988, S. C 2.

15 Interessanterweise schlägt ein gleiches Investment in die 30 Aktien des DJIA die Performance des S&P-500 von 1957–2012 um 80 Basispunkte, obwohl das Beta des Dow unter 1 liegt. Der geschäftsführende Herausgeber des *Wall Street Journal* hat letztlich die Verantwortung für die Auswahl der Dow-Aktien. Wie in Kapitel 7

erwähnt, werden die Titel im S&P-500 hauptsächlich auf Basis des Marktwerts ausgewählt, vorausgesetzt die Firma ist profitabel.

16 S. F. Nicholson, »Price-Earnings Ratios«, *Financial Analysts Journal*, Juli/August 1960, S. 43–50, und Sanjoy Basu, »Investment Performance of Common Stocks in Relation to Their Price-Earnings Ratio: A Test of the Efficient Market Hypothesis«, *Journal of Finance*, Bd. 32 (Juni 1977), S. 663–682.

17 Graham und Dodd, *Security Analysis*, 1934, S. 453. Hervorhebung durch die Autoren.

18 Sogar Graham und Dodd haben wohl gespürt, dass sie beim Thema eines »exzessiven« KGV flexibel sein mussten. In der zweiten Ausgabe, 1940 veröffentlicht, erscheint der gleiche Satz mit der Zahl 20 statt 16 als Obergrenze eines vernünftigen KGV! (Graham und Dodd, *Security Analysis*, 2. Ausgabe, 1940, S. 533).

19 Firmen mit keinen oder negativen Gewinnen wurden dem höchsten KGV-Quintil zugeordnet. Die Renditen wurden vom 1. Februar bis zum 1. Februar berechnet. So konnten Investoren tatsächliche statt geschätzter Gewinne im vierten Quartal verwenden.

20 Dennis Stattman, »Book Values and Expected Stock Returns«, unveröffentlichte MBA-Arbeit, University of Chicago; und Fama und French, »The Cross Section of Epected Stock Returns«.

21 Graham und Dodd, *Security Analysis*, 1934, S. 493–494.

22 Unveröffentlichte Arbeit zur Abschätzung des Alpha aus der Quintilauswahl von Value-Strategien von 1987–2006 unter Verwendung der Daten von Famas und Frenchs Website, http://mba.tuck.dartmouth.edu/pages/faculty/ken.french/data_library.html.

23 Diese Daten stammen von der oben erwähnten Website von French und Fama.

24 Es ist sehr schwierig, IPOs zum Ausgabepreis zu erhalten, vor allem solche, die stark nachgefragt werden, weil Investmentbanken und Brokerfirmen diese Aktien ihren besten Kunden zuteilen.

25 Etwa ein Drittel dieser Firmen überlebte in der aktuellen Unternehmensform bis zum 31. Dezember 2003. Wenn sie nicht überlebt hatten, habe ich stattdessen die Rendite des Ibbotson-Index der Aktien mit geringer Marktkapitalisierung verwendet.

26 John Y. Campbell (mit Jens Hilscher und Jan Szilagyi), »In Search of Distress Risk«, Neufassung eines Arbeitspapiers des National Bureau of Economic Research, Nr. 12362, Cambridge, MA, März 2007.

27 John Y. Campbell und Tuomo Vuolteenaho, »Bad Beta, Good Beta«, American Economic Review, Bd. 94, Nr. 5 (Dezember 2004), S. 1249–1275.

28 Behavioral Finance ist das Thema von Kapitel 21.

29 Siehe Jeremy Siegel, »The Noisy Market Hypothesis«, *Wall Street Journal*, 14. Juni 2006.

30 September 2006. Robert D. Arnott, Jason C. Hsu, Jun Liu und Harry Markowitz, »Can Noise Create Size and Value Effects?«, (24. Oktober 2011), AFA 2008 New Orleans Meetings Paper, erhältlich bei SSRN, http://ssrn.com/abstract=936272 oder http://dx.doi.org/10.2139/ssrn.936272.

31 Roger G. Ibbotson, Zhiwu Chen, Danial Y. J. Kim und Wendy Y. Hu, »Liquidity as an Investment Style«, noch nicht erschienen, *Financial Analysts Journal*.

32 Weitere Informationen siehe Kapitel 10, »Liquidity Investing« in *SBBI, 2013 Classic Handbook*.

Kapitel 12

1 Aus der Mitschrift einer Rede vor Jahresversammlung der *Financial Analysts Federation*.

2 Siehe den Abschnitt über weltweite Aktien- und Anleihenrenditen in Kapitel 5.

3 EAFE steht für Europa, Australasien und Fernost. Im Juni 2013 waren vertreten: Australien, Österreich, Belgien, Dänemark, Finnland, Frankreich, Deutschland, Hongkong, Irland, Israel, Italien, Japan, Niederlande,

Neuseeland, Norwegen, Portugal, Singapur, Spanien, Schweden, Schweiz und das Vereinigte Königreich. Kanada ist nicht vertreten. Griechenland wurde im Juni 2013 zum Schwellenland herabgestuft.

4 Martin Mayer, *Markets*, New York: Norton, 1988, S. 60.

5 Die fünf anderen waren die kanadischen Unternehmen Nortel Networks, Alcan, Barrick Gold, Placer Dome und Inco.

6 Die USA werden durch den S&P-500-Index vertreten, die entwickelten Länder außerhalb Nordamerikas werden durch den EAFE-Index repräsentiert (beschrieben in Anmerkung 3), Europa (iShares S&P Europe 350, Symbol: IEU) und die Emerging Markets (iShares MSCI Emerging Markets Index, Symbol: EEM).

7 Alle diese Firmen sind nach dem Marktwert der Aktien aufgelistet und enthalten keine Verbindlichkeiten. Eine Rangfolge nach der Gesamtheit der Assets würde daher davon abweichen, wie in den folgenden Tabellen gezeigt wird.

8 *Economist*, »Supermajordämmerung«, 3. August 2013, S. 22.

Kapitel 13

1 Martin Zweig, *Winning on Wall Street*, aktualisierte Ausgabe, New York: Warner Books, 1990, S. 43.

2 Linda Grant, »Striking Out at Wall Street«, *U.S. News & World Report*, 30. Juni 1994, S. 59.

3 »World Crisis Seen by Vienna Bankers«, *New York Times*, 21. September 1931, S. 2.

4 »British Stocks Rise, Pound Goes Lower«, *New York Times*, 24. September 1931, S. 2.

5 Die Zwölf-Monats-Inflation sank im Juli 2008 nach dem Kollaps der Ölpreise auf minus 2,1 Prozent, aber für das gesamte Kalenderjahr gab es während der Rezession nach der Finanzkrise keine Deflation.

6 Als die Regierung während des Bürgerkriegs Geld ohne Golddeckung herausgab, wurden diese Banknoten »Greenbacks« genannt, weil das einzige »Backing«, also die einzige Absicherung die grüne Drucktinte auf den Scheinen war. Aber nur 20 Jahre später tauschte die Regierung jede einzelne dieser Banknoten gegen Gold, was die Inflation durch den Bürgerkrieg völlig kompensierte.

7 »We Start«, *BusinessWeek*, 26. April 1933, S. 32.

8 Economic Report of the President, Washington D.C.: Government Printing Office, 1965, S. 7.

9 Economic Report of the President, Washington D.C.: Government Printing Office, 1969, S. 16.

10 2000 erlaubte der Kongress das Auslaufen des Humphrey-Hawkins-Act, aber die Gesetzgebung schrieb immer noch vor, dass der Chairman der Federal Reserve zweimal jährlich vor dem Kongress Bericht erstattete.

11 Siehe Irving Fisher, *The Rate of Interest*, New York: Macmillan, 1907. Die exakte Fisher-Gleichung für den nominalen Zinssatz ist die Summe des realen Zinssatzes plus der erwarteten Inflationsrate plus dem Kreuzprodukt aus dem realen Satz und der erwarteten Inflationsrate. Wenn die Inflation nicht zu hoch ist, kann man diesen letzten Term oft ignorieren.

12 Gallup-Umfrage vom 2. bis zum 5. August 1974.

Kapitel 14

1 »Science and Stocks«, *Newsweek*, 19. September 1966, S. 92.

2 Peter Lynch, *One Up on Wall Street*, New York: Penguin Books, 1989, S. 14.

3 Wesley C. Mitchell und Arthur Burns, »Measuring Business Cycles«, *NBER Reporter*, 1946, S. 3.

4 Die Daten von 1802–1854 stammen aus Wesley C. Mitchell, *Business Cycles: The Problem and Its Setting* – Studies in Business Cycles No. 1, Cambridge, MA: National Bureau of Economic Research, 1927, S. 444. Die Daten der US-Rezessionen kommen von der NBER-Website (http://www.nber.org), die Konjunkturzyklen seit 1954 auflistet.

5 Robert Hall, »Economic Fluctuations«, *NBER Reporter*, Sommer 1991, S. 1.

6 Kapitel 18 diskutiert den Aktiencrash 1987 und erklärt, warum er nicht zu einem wirtschaftlichen Niedergang führte.

7 Es gibt zwei Möglichkeiten, die Baisse von 2000–2002 zu behandeln. Die erste Interpretation ist, dass es eine Baisse gab, die auf Basis der Gesamtrenditen ihr Hoch am 1. September 2000 und ihr Tief am 9. Oktober 2002 erreichte, wobei der Verlust 47,4 Prozent betrug. Die zweite ist, dass es zwei Baissen gab: eine mit einem Absturz von 35,7 Prozent vom 1. September 2000 bis zum 21. September 2001, nur zehn Tage nach den Terroranschlägen vom 11. September, dann eine Rallye von 22,1 Prozent bis zum 19. März 2002 und schließlich eine weitere Baisse bis Oktober, mit einem Verlust von 33,0 Prozent.

8 Siehe »Does It Pay Stock Investors to Forecast the Business Cycle?«, *Journal of Portfolio Management*, Bd. 18 (Herbst 1991), S. 27–34.

9 Stephen K. McNees, »How Large Are Economic Forecast Errors?«, *New England Economic Review*, Juli/August 1992, S. 33.

10 »New Wave Economist«, *Los Angeles Times*, 18. März 1990, Business Section, S. 22.

11 Leonard Silk, »Is There Really a Business Cycle?«, *New York Times*, 22. Mai 1992, S. D 2.

12 Siehe Steven Weber, »The End of the Business Cycle?«, *Foreign Affairs*, Juli/August 1997.

13 *Blue Chip Economic Indicators*, 10. September 2001, S. 14.

14 *Blue Chip Economic Indicators*, 10. Februar 2002, S. 16.

15 Mitschrift des Meetings des Federal Open Market Committee am 11. Dezember 2007, S. 35.

Kapitel 15

1 Tabelle 15.1 schließt die Veränderung von 15,34 Prozent vom 3. bis zum 15. März wegen der Bankenschließungen nicht mit ein.

2 Dies ist eine Erweiterung des Researchs, das von David M. Cutler, James M. Poterba und Lawrence H. Summers erstmals veröffentlicht wurde, »What Moves Stock Prices«, *Journal of Portfolio Management*, Frühjahr 1989, S. 4–12.

3 Der Rückgang im Oktober 1989 wird zwar oft mit dem Zusammenbruch des Kaufversuchs in Zusammenhang gebracht, aber das erscheint fraglich, weil der Markt trotz ruhiger Nachrichtenlage schon deutlich gesunken war, ehe der Zusammenbruch bekannt wurde.

4 Virginia Munger Kahn, *Investor's Business Daily*, 16. November 1991, S. 1.

Kapitel 16

1 In der Regel werden sowohl der Mittelwert als auch die Spanne der Schätzungen veröffentlicht. Der Konsens der Schätzungen variiert zwischen den einzelnen Diensten ein wenig, aber die Schätzungen liegen meist nahe beieinander.

2 John H. Boyd, Jian Hu und Ravi Jagannathan, »The Stock Market's Reaction to Unemployment News: ›Why Bad News is Usually Good News for Stocks‹«, EFA 2003 Jahreskonferenz, Dezember 2002, Papier Nr. 699.

3 Martin Zweig, *Winning on Wall Street*, New York: Warner Books, 1986, S. 43.

Kapitel 17

1 Leo Melamed ist der Gründer von International Money Market, der Heimat des erfolgreichsten Index-Futures-Markts der Welt. Zitiert in Martin Mayer, *Markets*, New York: Norton, 1988, S. 11.

2 Peter Lynch, *One Up on Wall Street*, New York: Penguin, 1989, S. 280.

3 *2013 Investment Company Fact Book*, Investment Company Institute, S. 9.

4 Robert Steiner, »Industrials Gain 14,53 in Trading Muted by Futures Halt in Chicago«, *Wall Street Journal*, 14. April 1992, S. C 2.

5 »Flood in Chicago Waters Down Trading on Wall Street«, *Wall Street Journal*, 14. April 1992, S. C 1. Heute ist wegen des elektronischen Handels ein solcher Vorfall unmöglich, der vor 20 Jahren die Börse in Chicago lahmgelegt hat.

6 In der Tat bilden die 100 größten Aktien des S&P-500, *S&P-100* genannt, die meistgehandelten Index-Optionen. Optionen auf Basis des S&P-500 werden hauptsächlich von institutionellen Anlegern verwendet.

7 In Kapitel 18 werden wir den VIX erörtern, einen wertvollen Index der Volatilität von Optionen.

8 Der Originalartikel wurde 1973 veröffentlicht: Fischer Black und Myron Scholes, »The Pricing of Options and Corporate Liabilities«, *Journal of Political Economy*, Bd. 81, Nr. 3, S. 637–654. Fischer Black war schon verstorben, als der Nobelpreis 1997 verliehen wurde. Myron Scholes teilte sich den Preis mit William Sharpe und Bob Merton. Letzterer hatte zur Entwicklung der Formel beigetragen.

Kapitel 18

1 Dies basiert auf einem globalen Gesamtwert aller Aktien von 55 Billionen Dollar Ende 2012.

2 James Stewart und Daniel Hertzberg, »How the Stock Market Almost Disintegrated a Day After the Crash«, *Wall Street Journal*, 20. November 1987, S. 1.

3 Martin Mayer, *Markets*, New York: Norton, 1988, S. 62.

4 Der New York Stock Exchange Index ersetzte den Dow Jones Industrials bei der Berechnung der Zwei-Prozent-Regel.

5 Vor 1998 unterbrach die New York Stock Exchange den Handel für eine halbe Stunde, wenn der Dow um 350 Punkte fiel, und schloss die Börse für den Rest des Tages, wenn er um 550 Punkte fiel. Beide Maßnahmen wurden am 27. Oktober 1997 ausgelöst, als der Dow Industrials in Reaktion auf die Währungskrise in Asien um 554 Punkte fiel. Wegen scharfer Kritik an diesen Schließungen weitete die NYSE die Limits deutlich aus, um den Handel offen zu halten. Die neuen Handelslimits für die Schließung der Börse wurden bisher nie durchbrochen.

6 Als der Handel nach Erreichen des 350-Punkte-Limits wieder begonnen wurde, wollten die Trader so dringend aussteigen, dass das 550-Punkte-Limit innerhalb von Minuten erreicht wurde. Siehe auch Anmerkung 5.

7 SEC und CFTC, *Findings Regarding the Market Events of May 6, 2010*, September 30, 2010.

8 Diese wurden über den e-mini-Markt verkauft, bewertet mit etwa 50.000 Dollar je Kontrakt.

9 Diese Erklärungen wurden von der Chicago Monetary Exchange sofort angefochten. Sie behauptete, die große Verkaufsorder habe weniger als fünf Prozent der Gesamtumsätze am S&P-Futures-Markt in den 3,5 Minuten

vor dem Markttief um 1.45:28 Uhr betragen. Sie finden die Antwort des CME auf ihrer Website unter http://cmegroup.mediaroom.com/index.php?s=43&item=3068.

10 Tom Lauricella und Peter McKay, »Dow Takes a Harrowing 1010,14 Point Trip«, *Wall Street Journal*, 7. Mai 2010.

11 Bei Wertpapiergeschäften auf Kredit und Titeln mit Kursen unter drei Dollar sind die Limits höher.

12 Charles D. Ellis (Hrsg.), »Memo for the Estimates Committee, King's College, Cambridge, 8. Mai 1938«, *Classics*, Homewood, IL: Dow Jones-Irwin, 1989, S. 79.

13 Hierzu wird die Optionspreisformel von Black und Scholes verwendet. Siehe Kapitel 17.

14 Bis 2003 basierte der VIX auf dem S&P-100 (den 100 größten Aktien im S&P-500-Index).

15 John Maynard Keynes, *The General Theory of Employment, Interest, and Money*, First Harbinger Edition, New York: Harcourt, Brace & World, 1965, S. 157 (Dieses Buch wurde erstmals 1936 bei Macmillan & Co. veröffentlicht).

16 Robert Shiller, *Market Volatility*, Cambridge, MA: MIT Press, 1989. Der grundlegende Artikel zum Thema der überschüssigen Volatilität war »Do Stock Prices Move Too Much to Be Justified by Subsequent Changes in Dividends?«, *American Economic Review*, Bd. 71 (1981), S. 421–435.

17 Robert Shiller wurde 2013 mit dem Nobelpreis für Wirtschaftswissenschaften ausgezeichnet, teilweise für sein Research über Marktvolatilität.

18 Memorandum von Dean Witter, 6. Mai 1932.

19 Keynes, *Allgemeine Theorie*, S. 149.

Kapitel 19

1 Benjamin Graham und David Dodd, *Security Analysis*, New York: McGraw-Hill, 1934, S. 168.

2 Martin Pring, *Technical Analysis Explained*, 3. Ausgabe, New York: McGraw-Hill, 1991, S. 31. Siehe auch David Glickstein und Rolf Wubbels, »Dow Theory Is Alive and Well«, *Journal of Portfolio Management*, April 1983, S. 28–32.

3 *Journal of the American Statistical Association*, Bd. 20 (Juni 1925), S. 248. Kommentare im Aldine Club in New York am 17. April 1925.

4 Paul Samuelson, »Proof That Properly Anticipated Prices Fluctuate Randomly«, *Industrial Management Review*, Bd. 6 (1965). S. 49.

5 Allgemeiner: Die Summe des Produkts jeder möglichen Preisveränderung ist null. Dies nennt man einen *Martingale*, dessen Spezialfall ist ein *Random Walk*, also eine Zufallsbewegung (je 50 Prozent Wahrscheinlichkeit einer Aufwärts- und einer Abwärtsbewegung).

6 Abbildung 20.1 B umfasst den 15. Februar bis zum 1. Juli 1991; Abbildung 20.1 E umfasst den 15. Januar bis zum 1. Juni 1992, Abbildung 20.1 H umfasst den Zeitraum vom 15. Juni bis zum 1. November 1990.

7 Martin Zweig, *Winning on Wall Street*, New York: Warner Books, 1990, S. 121.

8 Siehe William Brock, Josef Lakonishok und Blake LeBaron, »Simple Technical Trading Rules and the Stochastic Properties of Stock Returns«, *Journal of Finance*, Bd. 47, Nr. 5 (Dezember 1992), S. 1731–1764. Die erste definitive Analyse gleitender Durchschnitte kommt aus einem Buch von H. M. Gartley, *Profits in the Stock Market*, New York: H. M. Gartley, 1930.

9 William Gordon, *The Stock Market Indicators*, Palisades, NJ: Investors Press, 1968.

10 Robert W. Colby und Thomas A. Meyers, *The Encyclopedia of Technical Market Indicators*, Homewood, IL: Dow Jones-Irwin, 1988.

11 Wenn sich Aktienkurse zufällig entwickeln, ist die Anzahl von Käufen und Verkäufen invers proportional zur Breite der Spanne.

12 Früher wurden die täglichen Hochs und Tiefs von Aktiendurchschnitten auf Basis des höchsten und des niedrigsten Kurses berechnet, den jede Aktie irgendwann im Lauf des Tages erreichte. Das nennt man das *theoretische Hoch* oder *Tief*. Das tatsächliche Hoch ist das höchste Niveau, das alle Aktien im Durchschnitt zum gleichen Zeitpunkt erreichen.

13 Narasimhan Jegadeesh und Sheridan Titman, »Returns to Buying Winners and Selling Losers: Implications for Stock Market Efficiency«, *Journal of Finance*, Bd. 48, Nr. 1 (März 1993), S. 65–91.

14 Moskowitz und Grinblatt fanden heraus, dass ein großer Teil des Erfolgs dieser Strategien eher auf das Kursmomentum von Branchen als auf das einzelner Aktien zurückzuführen ist. Siehe Tobias Moskowitz und Mark Grinblatt, »Do Industries Explain Momentum?«, *Journal of Finance*, Bd. 54, Nr. 4 (August 1999) S. 1249–1290.

15 Thomas J. George und Chuan-Yang Hwang, »The 52-Week High and Momentum Investing«, *Journal of Finance*, Bd. 59, Nr. 5 (Oktober 2004), S. 2145–2176.

16 Werner F. M. De Bondt und Richard Thaler, »Does the Stock Market Overreact?«, *Journal of Finance*, Bd. 40, Nr. 3 (Juli 1985), S. 793–805.

17 Glenn N. Pettengill, Susan M. Edwards und Dennis E. Schmitt, »Is Momentum Investing a Viable Strategy for Individual Investors?«, *Financial Services Review*, Bd. 15, Nr. 3 (2006), S. 181–197.

18 Burton Malkiel, *A Random Walk Down Wall Street*, New York: Norton, 1990, S. 133.

19 Siehe William Brock, Josef Lakonishok und Blake LeBaron, »Simple Technical Trading Rules and the Stochastic Properties of Stock Returns«, *Journal of Finance*, Bd. 47, Nr. 5 (Dezember 1992), S. 1731–1764, und Andrew Lo, Harry Mamayski und Jiang Wang, »Foundations of Technical Analysis: Computational Algorithms, Statistical Inference, and Empirical Implementation«, *Journal of Finance*, Bd. 55 (2000), S. 1705–1765.

20 Benjamin Graham und David Dodd, *Security Analysis*, 2. Ausgabe, New York: McGraw-Hill, 1940, S. 715–716.

Kapitel 20

1 Dies umfasst den dramatischen Zeitraum 1975–1983, in dem kleine Aktien Jahresrenditen von mehr als 30 Prozent aufwiesen.

2 Donald Keim, »Size-Related Anomalies and Stock Return Seasonality: Further Empirical Evidence«, *Journal of Financial Economics*, Bd. 12 (1983), S. 13–32.

3 Robert Haugen und Josef Lakonishok, *The Incredible January Effect*, Homewood, IL: Dow Jones-Irwin, 1989, S. 47.

4 Siehe Gabriel Hawawini und Donald Keim, »On the Predictability of Common Stock Returns: World-Wide Evidence«, in Robert A. Yarrow, Vojslav Macsimovic und William T. Ziemba (Hrsg.), *Handbooks in Operations Research and Management Science*, Bd. 9, North Holland, 1995, Kap. 17, S. 497–544.

5 Eine exzellente Zusammenfassung all dieser Ergebnisse finden Sie in Gabriel Hawawini und Donald Keim, »The Cross Section of Common Stock Returns: A Review of the Evidence and Some New Findings«, in Donald B. Keim und William T. Ziemba (Hrsg.), *Security Market Imperfections in Worldwide Equity Markets*, Cambridge: Cambridge University Press, 2000.

6 Jay Ritter, »The Buying and Selling Behavior of Individual Investors at the End of the Year«, *Journal of Finance*, Bd. 43 (1988), S. 701–717.

7 Edward M. Saunders Jun., »Stock Prices and Wall Street Weather«, *American Economic Review*, Bd. 83 (Dezember 1993), S. 1337–1345.

8 Natürlich leben viele Menschen in Neuseeland und Australien nördlich des Äquators.

9 R. A. Ariel, »A Monthly Effect in Stock Returns«, *Journal of Financial Economics*, Bd. 18 (1987), S. 161–174.

10 Die Differenz der Renditen der Dow-Aktien zwischen den ersten und den zweiten Monatshälften wird von der Einbeziehung der Dividenden akzentuiert. Derzeit schütten etwa zwei Drittel der DJIA-Aktien ihre Dividenden in der ersten Monatshälfte aus. Das bedeutet, dass der Unterschied zwischen den Renditen der ersten und der zweiten Monatshälfte größer ist als hier beschrieben.

Kapitel 21

1 David Dreman, *Contrarian Investment Strategies: The Next Generation*, New York: Simon & Schuster, 1998.

2 Frank J. Williams, *If You Must Speculate, Learn the Rules*, Burlington, VT: Freiser Press, 1930.

3 Daniel Kahneman und Amos Tversky, »Prospect Theory: An Analysis of Decision Under Risk«, *Econometrica*, Bd. 47, Nr. 2 (März 1979).

4 Robert Shiller, »Stock Prices and Social Dynamics«, *Brookings Papers on Economic Activity*, Washington, D.C.: Brookings Institutions, 1984.

5 Robert Shiller, »Do Stock Prices Move Too Much to Be Justified by Subsequent Movements in Dividends?«, *American Economic Review*, Bd. 71, Nr. 3 (1981), S. 421–436. Siehe Kapitel 18 für weitere Erörterungen.

6 Solomon Asch, *Social Psychology*, Englewood Cliffs, NJ: Prentice Hall, 1952.

7 Morton Deutsch und Harold B. Gerard, »A Study of Normative and Informational Social Influences upon Individual Judgement«, *Journal of Abnormal and Social Psychology*, Bd. 51 (1955), S. 629–636.

8 Charles Mackay, *Memoirs of Extraordinary Popular Delusions and the Madness of Crowds*, London: Bentley, 1841.

9 Siehe James Surowiecki, *The Wisdom of Crowds*, New York: Anchor Books, 2005.

10 Robert Shiller, »Conversation, Information, and Herd Behavior«, *American Economic Review*, Bd. 85, Nr. 2 (1995), S. 181–185; S. D. Bikhchandani, David Hirshleifer und Ivo Welch, »A Theory of Fashion, Social Custom and Cultural Change«, *Journal of Political Economy*, Bd. 81, (1992), S. 637–654, und Abhijit V. Banerjee, »A Simple Model of Herd Behavior«, Quarterly *Journal of Economics*, Bd. 107, Nr. 3 (1992), S. 797–817.

11 Brad Barber und Terrance Odean, »Trading is Hazardous to Your Wealth: The Common Stock Investment Performance of Individual Investors«, *Journal of Finance*, Bd. 55 (2000), S. 773–806.

12 B. Fischhoff, P. Slovic und S. Lichtenstein, »Knowing with Uncertainty: The Appropriateness of Extreme Confidence«, *Journal of Experimental Psychology: Human Perception and Performance*, Bd. 3 (1977), S. 552–564.

13 A. H. Hastorf, D. J. Schneider und J. Polefka, *Person Perception, Reading*, MA: Addison-Wesley, 1970. Man nennt dies auch den fundamentalen Attributionsfehler.

14 Als Referenz zu einem Modell, das Erfolg als Quelle der Selbstüberschätzung beinhaltet, siehe Simon Gervais und Terrance Odean, »Learning to Be Overconfident«, *Review of Financial Studies*, Bd. 14, Nr. 1 (2001), S. 1–27.

15 Als Referenz zu Modellen, die die repräsentative Heuristik als Quelle der Selbstüberschätzung beinhalten, siehe entweder N. Barberis, A. Shleifer und R. Vishny, »A Model of Investor Sentiment«, National Bureau of Economic Research (NBER), Arbeitspapier Nr. 5926, *NBER*, Cambridge, MA, 1997, oder Kent Daniel, David Hirshleifer und Avandihar Subrahmanyam, »Investor Psychology and Security Market Under- and Overreactions«, *Journal of Finance*, Bd. 53, Nr. 6 (1998), S. 1839–1886.

16 Als Referenz zum Data Mining siehe Andrew Lo und Craig MacKinlay, »Data-Snooping Biases in Tests of Financial Asset Pricing Models«, *Review of Financial Studies*, Bd. 3, Nr. 3 (Herbst 1999), S. 431–467.

17 Siehe Nassim Taleb, Fooled by Randomness: *The Hidden Role of Chance in Life and the Markets*, 2005.

18 Dreman, *Contrarian Investment Strategies.*

19 Richard Thaler, »Mental Accounting and Consumer Choice«, *Marketing Science*, Bd. 4, Nr. 3 (Sommer 1985), S. 199–214, und Nicholas Barberis, Ming Huang und Richard H. Thaler, »Individual Preferences, Monetary Gambles and Stock Market Participation: A Case for Narrow Framing«, *The American Economic Review*, Bd. 96, Nr. 4 (September 2006), S. 1069–1090.

20 Richard H. Thaler, »Mental Accounting Matters«, *Journal of Behavioral Decision Making*, Bd. 12 (1999), S. 183–206.

21 Hersh Shefrin und Meir Statman, »The Disposition to Sell Winners Too Early and Ride Losers Too Long: Theory and Evidence«, *Journal of Finance*, Bd. 40, Nr. 3 (1985), S. 777–792.

22 Siehe Tom Chang, David Solomon und Mark Westerfield, »Looking for Someone to Blame: Delegation, Cognitive Dissonance, and the Disposition Effect«, Mai 2013.

23 Leroy Gross, *The Art of Selling Intangibles*, New York: Institute of Finance, 1982.

24 Amos Tversky und Daniel Kahneman, »Judgement Under Uncertainty: Heuristics and Biases«, *Science*, Bd. 185 (1974), S. 1124–1131.

25 Terrance Odean, »Are Investors Reluctant to Realize Their Losses?«, *Journal of Finance*, Bd. 53, Nr. 5 (Oktober 1998), S. 1786.

26 Hersh Shefrin und Richard Thaler, »An Economic Theory of Self-Control«, *Journal of Political Economy*, Bd. 89, Nr. 21 (1981) S. 392–406.

27 Siehe Paul Sloan, »Can't Stop Checking Your Stock Quotes«, *U.S. News & World Report*, 10. Juli 2000.

28 Shlomo Bernartzi und Richard Thaler, »Myopic Loss Aversion and the Equity Premium Puzzle«, *Quarterly Journal of Economics*, 1995, S. 73–91.

29 Siehe Kapitel 5 für eine weitere Beschreibung des Rätsels um die Aktienprämie.

30 Humphrey B. Neill, *The Art of Contrary Thinking*, Caldwell, ID: Caxton Printers, 1954, S. 1

31 Benjamin Graham und David Dodd, *Security Analysis*, New York: McGraw-Hill, 1934, S. 12.

32 Eine Diskussion des VIX finden Sie in Kapitel 18.

33 Werner F. M. De Bondt und Richard H. Thaler, »Does the Stock Market Overreact?«, *Journal of Finance*, Bd. 49, Nr. 3 (1985), S. 793–805.

34 Diese Strategie wird sehr detailliert in Kapitel 11 diskutiert.

Kapitel 22

1 Benjamin Graham und Seymour Chatman (Hrsg.), *Benjamin Graham: The Memoirs of the Dean of Wall Street*, New York: McGraw-Hill, 1996, S. 273.

2 Charles D. Ellis, »The Loser's Game«, *Financial Analysts Journal*, Bd. 31, Nr. 4 (Juli/August 1975).

3 Die Fondsdaten stammen von Walter Lenhart von Vanguard Group. Siehe John C. Bogle, *Bogle on Mutual Funds*, Burr Ridge, IL: Irwin Professional Publishing, 1994. Hier finden Sie eine detaillierte Beschreibung der Daten.

4 Burton G. Malkiel, *A Random Walk Down Wall Street: The Time-Tested Strategy for Successful Investing*, 5. Ausgabe, New York: Norton, 1990, S. 362.

5 Die Standardabweichung des Magellan Fund in Lynchs Zeit als Verantwortlicher betrug 21,38 Prozent, verglichen mit den 13,88 Prozent des Wilshire-5000. Der Korrelationskoeffizient mit dem Wilshire-5000 lag bei 0,86.

6 »The Superinvestors of Graham-and-Doddsville«, *Hermes, the Columbia Business School Magazine*, 1984 (Neudruck 2004).

7 Man nimmt an, dass Geldmanager ihre Kunden den gleichen Risiken aussetzen, wie der Markt es tun würde, und die Geldmanager haben einen Korrelationskoeffizienten von 0,88 mit den Marktrenditen. Das war typisch für Aktienfonds seit 1971.

8 Darryll Hendricks, Jayendu Patel und Richard Zeckhauser, »Hot Hands in Mutual Funds: Short-Run Persistence of Relative Performance, 1974–1988«, *Journal of Finance*, Bd. 48, Nr. 1 (März 1993), S. 93–130.

9 Edwin J. Elton, Martin J. Gruber und Christopher R. Blake, »The Persistence of Risk-Adjusted Mutual Fund Performance«, *Journal of Business*, Bd. 68, Nr. 2 (April 1996), S. 133–157.

10 Burton G. Malkiel, *A Random Walk Down Wall Street*, 8. Ausgabe, New York: Norton, 2003, S. 272–274.

11 John C. Bogle, *The Little Book of Common Sense Investing*, Hoboken, NJ: Wiley, 2007, Kap. 9.

12 Ellis, »The Loser's Game«, *Financial Analysts Journal*, S. 19.

13 Fünf Jahre vor dem Vanguard-500-Index kreierte Wells Fargo einen ebenso gewichteten Index namens »Samsonite«, dessen Assets aber relativ gering blieben.

14 Heather Bell, »Vanguard 500 Turns 25, Legacy in Passive Investing«, *Journal of Index Issues*, 4. Quartal 2001, S. 8–10.

15 Die Anteile des Vanguard Institutional Index Fund Plus mit einem Mindestinvestment von 200 Millionen Dollar haben den S&P-500-Index in den zehn Jahren bis Ende Juni 2013 um drei Basispunkte hinter sich gelassen.

16 Roger J. Bos, *Event Study: Quantifying the Effect of Being Added to an S&P Index*, New York: McGraw-Hill, Standard & Poor's, September 2000.

17 Siehe David Blitzer und Srikant Dash, »Index Effect Revisited«, Standard & Poor's, 20. September 2004.

18 In der Praxis gibt es keine klare Trennungslinie zwischen Aktien, die jederzeit gehandelt werden können, und solchen, bei denen das nicht der Fall ist. Positionen von Index-Fonds können sogar weniger verfügbar sein als Aktien von Familienmitgliedern.

19 Der Offenheit halber sei gesagt, dass ich Investmentstrategieberater bei WisdomTree Investment bin, einer Firma, die fundamental gewichtete ETFs herausgibt.

20 Robert D. Arnott, Jason C. Hsu und Philip Moore, »Fundamental Indexation«, *Financial Analysts Journal*, Bd. 61, Nr. 2 (März/April 2005). Auch: Social Science Research Network (SSRN).

21 Henry Fernandez, »Straight Talk«, *Journal of Indexes*, Juli/August 2007.

22 Robert Jones, »Earnings Basis for Weighting Stock Portfolios«, *Pensions and Investments*, 6. August 1990.

23 Paul C. Wood und Richard E. Evans, »Fundamental Profit-Based Equity Indexation«, *Journal of Indexes*, 2. Quartal 2003.

24 Arnott, Hsu und Moore, »Fundamental Indexation«, *Financial Analysts Journal*.

Kapitel 23

1 John Maynard Keynes, *A Tract on Monetary Reform*, London: Macmillan, 1924, S. 80.

2 Linda Grant, »Striking Out at Wall Street«, *U.S. News & World Report*, 20. Juni 1994, S. 58.

3 John Maynard Keynes, *The General Theory of Employment, Interest, and Money*, New York: Harcourt, Brace & World, 1965, First Harbinger Edition, S. 158.

Über den Autor

Jeremy J. Siegel ist Professor für Finanzwissenschaften an der Wharton School der University of Pennsylvania, akademischer Direktor des Securities Industry Institute und Berater für Investmentstrategie bei WisdomTree Investments, das Exchange Traded Funds kreiert und vermarktet.

Stichwortverzeichnis

B

C

D

E

F

N

O

P

Q

R

S

T

X

Y

Z